DAS RELAÇÕES DA IGREJA COM O ESTADO

ROSA DIONÍZIO NUNES

DAS RELAÇÕES DA IGREJA COM O ESTADO

DAS RELAÇÕES DA IGREJA COM O ESTADO

AUTOR
ROSA DIONÍZIO NUNES

EDITOR
EDIÇÕES ALMEDINA, SA
Rua da Estrela, n.º 6
3000-161 Coimbra
Tel.: 239 851 904
Fax: 239 851 901
www.almedina.net
editora@almedina.net

EXECUÇÃO GRÁFICA
G.C. – GRÁFICA DE COIMBRA, LDA.
Palheira – Assafarge
3001-453 Coimbra
producao@graficadecoimbra.pt

Maio, 2005

DEPÓSITO LEGAL
227383/05

Toda a reprodução desta obra, por fotocópia ou outro qualquer processo,
sem prévia autorização escrita do Editor,
é ilícita e passível de procedimento judicial contra o infractor.

AGRADECIMENTOS

Quando se publica um livro contrai-se uma dívida de gratidão para com muitas pessoas e, como é habitual, será digno, da minha parte, proceder aos agradecimentos, mesmo sabendo que alguns, embora, quiçá de forma injusta, poderão ficar esquecidos. Na impossibilidade de citar todos os nomes, registo apenas alguns, esperando que a omissão não seja tida como sinal de ingratidão.

Quero agradecer a todos aqueles que me ajudaram a aqui chegar e, em particular, ao Senhor Professor Doutor Adriano J. Alves Moreira, meu Mestre, por ter comigo partilhado a sua sabedoria, bom senso, seus ensinamentos, entusiasmo e segurança que muito apuraram a minha resolução e pensamento. Ao Senhor Bispo D. Manuel Clemente, o meu grato reconhecimento pelo estímulo, ensinamento e a crítica didáctica que me dispensou. À Magnífica Reitora da Universidade Aberta, Prof. Doutora Maria José Ferro Tavares, o meu reconhecimento e gratidão bem ainda a todos os membros do Júri das minhas provas públicas de Doutoramento.

Agradeço também a todos aqueles meus mestres e discípulos que, ao longo da minha vida, foram capazes de ver em mim o melhor que havia e contribuíram para a pessoa que sou.

Os Editores que se prontificaram a levar a cabo a tarefa da publicação deste trabalho e que tiveram a gentileza de acreditar no projecto não me merecem menor gratidão. Todos são credores do meu reconhecimento.

DEDICATÓRIA

Pessoas há a quem este livro é dedicado, a cujo amor, respeito e apoio muito devo. São eles os meus filhos e o meu marido, o amigo certo na hora incerta. Não consigo imaginar a minha vida sem eles. Devo-lhes mais do que as minhas palavras conseguem sequer exprimir, por isso aqui fica o meu silêncio.

À memória da minha Avó que me deu o nome e à de minha Mãe.

«O que enriquece o Mundo é ser diferente.
Conservar os legados, mas juntar alguma novidade.
Contribuir (…). Receber de todos, guardar a herança e acrescentar.»

Professor Doutor ADRIANO MOREIRA,
in Tempo de Vésperas

CONTEÚDO

AGRADECIMENTOS 5

DEDICATÓRIA 7

CONTEÚDO 11

PREFÁCIO 15

INTRODUÇÃO 19

PARTE I

CAPÍTULO I – **Pressupostos e Categorias Fundamentais** 27

  1. Das Generalidades aos conceitos... 27
    1.1. Cultura e Religião 27
    1.2. Respeito e Tolerância 46
    1.3. De que Deus precisamos?.. 60

  2. A grande diferença... 71

  3. Guerra entre Ciência e Religião?... 74

CAPÍTULO II – **Das Convicções à Dialéctica** 81

  1. As funções do Estado e da Igreja 81
    1.1. Uma questão fundamental: os limites 81
    1.2. O Princípio da Subsidiariedade – no Estado e na Doutrina Social
       da Igreja 99

  2. Modelos de relação entre Estado e Igreja Católica 106

CAPÍTULO III – **Enquadramento Histórico**... 115

  1. De Constantino a Napoleão – Breve resenha histórica duma evolução 115
    1.1. Dos primeiros tempos 115

12   *Das Relações da Igreja com o Estado*

1.2. A Cristandade medieva: suas raízes e seu termo 123
1.3. O reencontro do caminho 129
1.4. A natureza e a oportunidade das Concordatas 139
    1.4.1. Napoleão e a Igreja Concordatária 139
    1.4.2. As Concordatas e as Missões colonizadoras: os Padroados 146

2. Um exemplo de Padroado 154

3. As Concordatas e os Regimes Autoritários................................... 168

4. A Santa Sé e o Triângulo Vermelho 189

CAPÍTULO IV – Enquadramento Político-Jurídico Português 199

1. Um pouco de história da génese dum Condado............................ 199
1.1. Da Fundação à Confirmação 199
1.2. Da Identidade religiosa portuguesa 210

2. A Igreja e o Estado – Dos Acordos celebrados entre Portugal e a
Santa Sé 225
2.1. Acordos anteriores a 1940 225
    2.1.1. Das várias Concórdias 229
    2.1.2. A primeira e uma série de Concordatas 234
2.2. Da Lei da Separação às vésperas da Concordata de 1940 260

3. Entretanto, a Concordata de 1940 266
3.1. Um estudo da sua génese... 266
    3.1.1. Um breve olhar sobre o Padroado do Oriente................. 270
3.2. Especificidades do Regime Concordatário de 1940.................. 274
    3.2.1. O Direito comum concordatário...................................... 274
    3.2.2. A aplicação da Concordata... 281
3.3. Concordata, Acordo Missionário e vocação missionária portu-
guesa 302

4. Poder do Estado e jurisdição da Igreja... 309
4.1. Interdependência com desígnios comuns? 309
4.2. Um Estado Laico? 320

5. Um estudo histórico – jurídico da Concordata de 1940.................... 327

6. O valor da Concordata de 1940 no Ordenamento jurídico português 340
6.1. A Concordata e a Ordem Constitucional portuguesa................. 340
6.2. A evolução do regime concordatário de 1940.......................... 348
6.3. Da aplicação concordatária de 1940 e do Acordo Missionário.... 396

7. Uma súmula necessária 414

PARTE II

CAPÍTULO V – **Das revisões da Concordata de 1940**............................ 423

1. A Primeira Revisão da Concordata – o Protocolo Adicional de 1975   423

2. A implantação do divórcio noutros países concordatários................ 443
   2.1. Alguns casos paradigmáticos...................................... 443
   2.2. Repensando a uniformidade e igualdade na legislação sobre o
        Divórcio 452

3. Que segunda revisão da Concordata?.................................... 459
   3.1. As propostas apresentadas.. 459
   3.2. As justificações... 469

4. Afinal, Concordata, sim ou não? – Que prevaleça o bom senso!...... 490

5. A Concordata de 2004: Atritos sanados?.............................. 498

CAPÍTULO VI – **Pluralismo e Liberdade**................................. 511

1. Os que vingam e os que soçobram...................................... 511

2. Das Liberdades Religiosas 523

3. «Braço secular» e Liberdade religiosa 528

DAS CONCLUSÕES E RECOMENDAÇÕES 535

REFERÊNCIAS BIBLIOGRÁFICAS... 557

PREFÁCIO

A oportunidade da revisão da Concordata *que regula as relações entre Portugal e a Santa Sé desde 7 de Maio de 1940, com a revisão pontual de 1975, foi definida pela leitura convergente, de ambos os signatários, das alterações da conjuntura e da resposta que melhor defendesse os interesses recíprocos envolvidos. Leitura que implicou da parte do Estado português assumir que este regime formalmente diferenciado reservado à Santa Sé, em relação às demais religiões com presença no território, corresponde com rigor ao facto de a Santa Sé ter personalidade internacional, um caso único na comunidade mundial, à presença na história e modelação da identidade portuguesa, à dimensão do património de interesse nacional e mundial que lhe está associado, à fidelidade da grande maioria dos portugueses ao catolicismo, ou pelo menos aos padrões culturais do cristianismo.*

O recente debate sobre a inclusão desta menção no texto do projecto da Constituição Europeia, a qual foi recusada por decorrência do afirmado carácter laico das democracias europeias, não impede que a realidade sócio-cultural de Estados membros, e são vários, exija uma atenção específica.

Por outro lado, esta decisão não significa discriminação para outras religiões praticadas por portugueses ou comunidades estrangeiras que habitam o solo nacional, antes instaura um padrão de referência para o progresso do princípio de igualdade de tratamento, tendo ainda em conta que não se confirmam os vaticínios positivistas que anunciam a extinção progressiva do apelo à transcendência. Ao contrário, o cristianismo com o maior número de baptizados em várias confissões, o Islão, o hinduísmo, o budismo, acrescendo o número indefinido de pequenas religiões, podem mostrar alguma secularização, mas atestam um forte apelo à transcendência.

16   *Das Relações da Igreja com o Estado*

No caso da Igreja Católica, a sua relação com o mundo europeu em particular, finalmente com o globalismo, talvez possam indicar-se três patamares fundamentais de evolução: um período de séculos em que foi íntima a relação da Igreja com o Estado, desde a legitimação do poder à participação no exercício, com os Reis exibindo títulos como Católico, Cristianíssimo, Fifelíssimo; a expulsão revolucionária da Igreja pelo Estado, que veio acompanhada do princípio da liberdade religiosa, e também da harmonização pelas Concordatas; e finalmente, a partir do Concílio Vaticano II, com a Igreja a afastar todas as organizações políticas, nenhuma podendo afirmar-se filha dilecta da Igreja, todas podendo beber da sua doutrina.

A história portuguesa regista várias modalidades de resposta à evolução: o Padtoado Português do Oriente, que teve no centro a qualidade de Mestres da Ordem de Cristo dos Reis de Portugal, realmente apenas terminou quando o Bispo de Macau perdeu a jurisdição sobre Malaca depois do Concílio; a Concordata *de 1940, acrescida do Acordo Missionário que ultrapassou ano de incerteza e conflitos, e que entregou à Igreja o ensino e a evangelização, perdendo a eficácia com a descolonização.*

Quando se recorda que em 1940, lavrando a segunda guerra mundial, a Santa Sé proclamou o reconhecimento pela acção portuguesa no mundo e vaticinou os altos serviços que ainda esperava dessa actividade secular, tem de reconhecer-se que os factos ultrapassaram largamente as leituras e vaticínios, e que a revisão seria necessária: aceitando, como se disse, a especialíssima componente histórica e cultural cristã na formação da identidade nacional, a Concordata *deveria vir a corresponder aos novos conceitos, que também são do Concílio Vaticano II, da relação da Igreja com o Estado, definir um paradigma de igual tratamento para todas as confissões numa sociedade portuguesa cada vez mais cosmopolita, fazer da cooperação o lema da relação entre ambas as faces da moeda, eliminar eventuais privilégios, designadamente na ordem fiscal, na educação para o exercício do civismo, e na assistência às Forças Armadas que agora deixaram de ser apoiadas no serviço militar obrigatório, apontando para uma revisão eventual da situação existente. A convergência da herança histórica na formação do Reino, do Padroado, do Acordo Missionário, presentes no tecido cultural dominante da população portuguesa, define esta* Concordata *como uma síntese de um elemento do conceito estratégico nacional que visa contribuir para que o diálogo entre*

Prefácio 17

as várias áreas culturais do mundo, em que pela primeira vez todos falam com voz própria, seja suficientemente consistente e autêntico para que as teses catastróficas do conflito das culturs não encontrem desenvolvimento nos factos.

É com atenção ao valor do respeito recíproco entre todas as confissões, e à tolerância pelas diferenças, que se entende fortalecer a marcha para a igualdade perante a lei, instaurar o clima de coexistência pacífica e cooperante numa sociedade crescentemente cosmopolita, e fazer do exercício responsável da cidadania o fiel do desenvolvimento humano sustentado.

Por isso, é oportuno e útil o texto da Doutora Rosa Dionízio Nunes, elaborado numa linha do programa da Universidade Aberta, esta a exigir e a esperar uma redefinição que corresponda ao interesse da consolidação das relações entre os Estados de língua oficial portuguesa, e que acompanhe o modelo instaurado por países com bem menores responsabilidades.

ADRIANO MOREIRA

INTRODUÇÃO

DAS RELAÇÕES DA IGREJA COM O ESTADO corresponde a um excerto significativo da Dissertação de Doutoramento em Antropologia, na vertente de Ciências Políticas e Religiosas, orientada pelo Senhor Professor Doutor Adriano Alves Moreira, apresentada na Universidade Aberta.

A este excerto foi acrescentado um novo ponto titulado «A Concordata de 2004 – Atritos sanados?», por forma a complementar o que na altura da entrega da Dissertação se encontrava ainda em projecto. A nova Concordata, assinada pelos Representantes do Estado Português e da Santa Sé, a 18 de Maio de 2004, mereceu-nos uma análise de pormenor e não apenas por ser oportuno, mas sobretudo por nos parecer legítimo, apresentá-la-emos nesta obra.

Encontramo-nos aprisionados entre duas eternidades. Por um lado, o passado dissipado, por outro, o futuro desconhecido, mas já, em parte, comprometido. Buscamos as nossas coordenadas e o nosso sentido de orientação. Aqui ficaram registados os pensamentos de muitos e os nossos transmitidos aos outros. Não debitados, antes propostos, para análise meditada e síntese final de cada um.

A tensão porventura encontrada nessa obra será, sobretudo, um desejo de educar que nos persegue. A Educação é, em nosso entender, não uma actividade específica, mas, sobretudo ou apenas, a intenção de estimular os outros, de modo perseverante, sempre no sentido de que o dia seguinte seja melhor. A importância do que pretendemos transmitir não é nossa, mas de quem o «ler», com sentido crítico.

Entendemos que uma das grandes conquistas da civilização ocidental talvez seja a liberdade de expressão e, nesse quadro, não existe a mínima razão para que os investigadores não cumpram o seu papel na busca da verdade acima de qualquer credo ou tendência política. Queremos deixar expresso que procuramos a verdade, numa atitude que inclui as causas, tentamos ser abrangentes e não esconder dados concretos e evidências mesmo que desenquadradas da teoria da moda.

Mesmo que afastados das Igrejas, todos reivindicam, sobretudo os jovens, chaves interpretativas que lhes permitam compreender o Mundo, pelo que esta obra tem como pretensão facilitar esta tarefa.

Entre um Mundo científico-tecnológico e um Mundo em crise ideológica, que é o nosso, de cariz dicotómico, leva-nos a inquirir como é que as religiões dão respostas que não apenas arregimentam como ainda sobrevivem aos múltiplos ataques?

Na perturbação que se generalizou, nas guerras que continuamente acontecem, na injustiça social que campeia, na avassaladora indiferença que grassa pelo «outro», ou pelo «próximo», num paradigma mais cristão, onde reside o espaço do respeito, onde está o caminho para a perfeição?

Em todo este contexto, afinal qual é o papel da Religião? A Religião é uma das dimensões da vida humana, parte integrante da cultura dos povos. Num Mundo de injustiças e de misérias, num Mundo de fome e de epidemias, qual o papel do Homem como pessoa?

Como disse Espinosa, existe um nexo entre as noções de bem e de mal, de liberdade e de salvação. As normas que governam a nossa conduta pessoal e social devem ser construídas a partir dum conhecimento profundo da humanidade, um conhecimento que estabelece o contacto entre nós e a Natureza ou Deus.

O êxito ou o fracasso da humanidade depende, em grande medida, do modo como cada pessoa e as instituições que governam a *res publica* forem capazes de incorporar as novas perspectivas da natureza humana, em métodos, princípios e leis. Concretamente e parafraseando António Damásio, a nova perspectiva respeita ao modo como os seres humanos poderão abordar conflitos latentes entre interpretações sagradas ou seculares da sua própria existência.

Deverá então o Estado reconhecer a importância do fenómeno religioso na sociedade ou, pelo contrário, desvincular-se do fenómeno religioso? Poderá o Estado desviar o olhar da importância social das Religiões? Deve o Estado Português estar separado da Igreja?

Nesta obra interrogamo-nos e tentamos esclarecer-nos. É urgente reflectir acerca de tudo isto quando tanto se fala em desenvolvimento sustentável. As possíveis reflexões que nos empenhamos em realizar juntos têm como suporte questões de relação entre Igreja Católica e Sociedade portuguesa, em diversas épocas históricas, pressupostos de ordem histórica e política que estão na base das Concordatas, a fim de se avaliar a justeza de determinações legais sobre a Igreja Católica que

Introdução

dela advieram e também aspectos da renovação do pensamento católico na ordem social.

Afinal, por enquanto, só conhecemos uma humanidade e um Mundo e aquela não pode fugir de si mesma e se as ortodoxias se vão extenuando em guerras ditas «santas» e os humanos continuam uns contra os outros no seu egoísmo ancestral, porque não tentar?

À nossa medida, mas também na nossa condição de «cidadãos do mundo» que aqui estamos de passagem, mas na ânsia de quando partirmos o deixarmos melhor do que quando aqui chegamos, porque não tentar um humanismo liberto do peso do «uno» das ortodoxias?

Se o não tentarmos não estamos à espera de sentenças político-religiosas que provocam muito mais abismos culturais do que aproximações? Tentaremos demonstrar que, apesar da enorme variedade de ideias, opiniões e modos de agir, é possível encontrar, na diversidade, uma estrutura que pode servir de ponto de partida à compreensão mútua sobre esta temática.

Vivemos num Mundo em intensa transmutação. Com a velocidade e permanente aceleração imprimidas pela tecnologização da sociedade problematizam-se novas questões engendradas principalmente pelas preocupações ético-axiológicas. A nossa condição humana altera-se continuamente, a concepção que temos do Homem e do Mundo modifica-se, o saber muda de estatuto e os nossos horizontes intelectuais expandem-se, mas também se deslumbram, restringidos na compulsividade da especialização *ad infinitum*.

Mas muito embora as sociedades contemporâneas beneficiem do conhecimento científico, tecnológico e do desenvolvimento, permanecem vítimas de graves conflitos económicos e culturais, permanecendo a preocupação de se definirem regras de conduta que se apliquem a toda a humanidade. Resta-nos saber como, apesar das incompatíveis diferenças económicas, filosóficas, políticas e religiosas, as pessoas se podem entender e chegar a acordo sobre todas estas questões.

Violência, sagrado e verdade estão frequentemente interligados e o regresso dum religioso não refreado, o «choque das civilizações», no dizer de Samuel Huntington, poderá assumir, neste nosso século XXI, dimensões catastróficas.

Na realidade, a violência nas nossas sociedades é uma forma de comportamento cuja origem tem de ser procurada na própria natureza humana. Repetindo o que disse Thomas Hobbes, no século XVII, *homo lupus hominis* (o homem é o lobo do homem) e sendo a violência uma forma de comportamento, as suas raízes têm de ser procuradas na biologia humana.

Na espécie humana, as respostas comportamentais, sejam elas emocionais, éticas e até religiosas, foram programadas, em elevado grau, por selecção natural, ao longo de milhares de gerações, com progressiva influência dos factores ambientais físicos, ecológicos, sociais e culturais.

O que se conhece hoje em matéria de Etologia, Antropologia, Psicologia e Neurobiologia não nos permite colocar mais a questão em termos dicotómicos e adversos entre materialistas e humanistas. Deste modo, na espécie humana existem, no cérebro, motivações inatas, seja na amígdala ou na ínsula, mais abrangentemente no sistema límbico, que instintivamente determinam comportamentos éticos e morais. Contudo, os instintos mais primitivos de agressividade não foram suprimidos sendo suficientemente fortes para assegurar a sobrevivência. Em vez da clássica afirmação de que a «cultura faz o Homem» haverá antes que inquirir até que ponto isso será verdade.

O apelo ao cumprimento de certas obrigações ou deveres, o respeito por convenções sociais, o reconhecimento do valor do trabalho, o patriotismo, o espírito de serviço, a abertura a grandes ideais da humanidade e a desígnios que caracterizaram gerações, deixaram de constituir determinantes de comportamentos, associados que estão a ideologias autoritárias e conservadoras.

A norma hoje é viver no presente, satisfazer o imediato no que respeita a desejos e aspirações. É a nova Era do prazer, da sexualidade sem compromissos, do culto do corpo, da exaltação da juventude e da liberdade sem restrições.

Fruto de ilusões transitórias, este individualismo irresponsável começa a entrar em choque com a alteração súbita das próprias condições que o proporcionaram. A globalização e as sucessivas recessões económicas levaram ao alastramento do desemprego, a competitividade e a concorrência aumentaram, a precaridade e a incerteza tornaram-se evidentes. Reforça-se o discurso ético, sobretudo em novas formas – respeito pelo ambiente e bio-ética.

A evolução é difícil de antever, mas talvez se caminhe para um individualismo responsável, com reforço dos valores da solidariedade e respeito para com o próximo, com sociedades mais capazes de resistir à massificação cultural e à mediocratização, sobretudo fruto de meios de comunicação social manipulados por interesses económicos.

Quantas vezes a religião serve de refúgio, de consolo para a desorientação perante um mundo de horizontes demasiado vastos e agressivos. Na última metade do século XX, tomámos consciência da importância do problema da identidade étnica e religiosa para as pessoas.

Assim, o Estado, partindo do princípio de que o exercício duma religião é uma dimensão importante da vida social, não deve negar aos seus cidadãos, o direito de os ajudar a realizar os projectos que condicionam a plena realização da sua vida por forma a assegurar novos meios para o bem-estar da humanidade, com dignidade, justiça, paz, ajudando a erradicar as raízes da violência.

Ao longo desses tempos, fazendo uso de alguma cautela nas análises, concluímos no sentido de que a maior parte dos juízos desfavoráveis em relação ao problema dos valores morais e dos julgamentos culturais e éticos da sociedade portuguesa assentam em inexactidões múltiplas e em omissões várias.

Já Espinosa nos havia dito – *cada um pense o que quiser e diga o que pensa,* mas devagar. Era preciso ter «caute», o que quer dizer «cuidado». Ainda hoje assim é. É preciso ter cuidado com o que se diz e com o que se escreve ou nem os ossos se aproveitam, como ouvimos dizer, recentemente, a um cientista português.

As posições ora assumidas pronunciam-se sobre o que pode ser pensado como uma questão civilizacional e histórica que transferiu a fé, antes colocada na Religião, para a Ciência e que deslocou os seus objectivos de conhecimento para um outro ideário.

Hoje, conscientes da força do progresso tecnológico, vive-se numa incerteza moral face à definição ética duma existência futura verdadeiramente humana, condicionada aleatoriamente pela acção técnica e científica combinadas com a economia e o consumismo hedonista como fim supremo da vida.

Neste registo aborda-se o papel da Religião na Sociedade e a necessidade do reconhecimento, por parte do Estado, da função social da Religião. Em defesa duma posição que equilibre a perspectiva de Cristo *«Dai a César o que é de César e dai a Deus o que é de Deus»,* esta obra advoga que o sentido da realidade deve ser procurado na dignidade e integridade humanas, não sendo possível viver sem um desígnio, pois, é ele que dá sentido às gerações.

Se o actual modelo civilizacional tiver alguma pretensão de sobreviver aos exageros da actual vivência tecnocêntrica, o sagrado não pode ficar entregue ao consumismo hedonista. Para tanto exige-se uma ética de referência e cidadãos bem formados, exigentes consigo próprios e com os outros e intervenientes.

Esta obra corresponde a uma teia narrativa e dialéctica, um pouco numa linha encadeada que, ao jeito de Pirandello, poderíamos referenciar como a de vários personagens à busca de autores, que seremos todos nós, simultaneamente tão próximos e frequentemente tão distantes.

PARTE I

CAPÍTULO I
Pressupostos e Categorias Fundamentais

1. Das generalidades aos conceitos

1.1. *Cultura e Religião*

O acto de *investigar* determina-se substantivamente, ou seja, como algo que acontece, que está realmente ao nosso alcance. A palavra *investigação* provém do étimo latino *investigatio*, palavra composta e derivada de *in* e *vestigium*. O prefixo *in* tem, neste caso, a conotação de *movimento,* significando 'para dentro de'. Por seu turno, o substantivo *vestigium*, significa 'vestígio, marca do pé, pégada'. Designa, pois, um acontecimento, algo que existe no Mundo, algo que aconteceu num determinado lugar e momento e deixou o seu sinal.[1]

Investigar é, assim, perscrutar, seguir a pista assinalada pelos vestígios, podendo igualmente significar encontrar respostas para questões que se nos coloquem. Por conseguinte, a investigação surge-nos como um processo simultâneo de procura e descoberta: procura na direcção que os vestígios indicam; descoberta do que eles significam. Procura/descoberta, neste binómio se define esta nossa investigação.

Vamos seguir uma pista assinalada pelos vestígios que dispomos e caminharemos, na esperança que surja uma figura coerente neste aglomerado de vestígios. A bem dizer vamos construindo uma pista no acto de tactear os vestígios, sendo que o termo, possivelmente, será uma desco-

---

[1] Cfr. SOUSA, F. A. de, (1992), *Novo Dicionário de Latim,* Porto: Lello e Irmão Editores, p. 509.

Veja-se ALVES, A., (1999), *Dicionário de Latim,* Lisboa: Software Jurinfor, Lda.

berta. A racionalidade da investigação consiste, sobretudo, na honestidade intelectual de enfrentar a manifestação dos vestígios, sem perverter, na constância e diligência em prosseguir.

O seu sucesso, quando referidos aos seus objectivos, não atingem a investigação em si mesma, mas sim o uso que, *a posteriori* se fizer do resultado. A investigação, enquanto tal, será sempre uma produção de conhecimento.

Neste início de século e de milénio, a paisagem cultural tem-se transmutado a um ritmo vertiginoso. Péricles dizia que *"o tempo é o mais sábio dos conselheiros"*, ao que podemos acrescentar – na condição de saber torná-lo proveitoso, pois, o tempo que passa ajuda-nos a amadurecer ideias e decisões, mas essencialmente a habituarmo-nos às novas atitudes e valores que vão surgindo de forma célere mal nos dando tempo para reflectir.

Uma das regras será saber aproveitar o tempo presente. Contudo há que ter fé e estar preparado para as surpresas que o futuro nos reserva e saber aproveitar cada segundo.[2] Esta será, a nosso ver, uma mistura harmónica entre prudência e sabedoria que pretendemos alcançar.

Será neste desejo de harmonia que sempre animou uma certa elite de pensadores humanistas que, provavelmente somos capazes de perscrutar a nossa igualdade, uma confluência comum em valores universais. Contudo, há que recordar que as sociedades não são belos e exemplares redutos de homogeneidade, sempre houve e haverá muito de heterogéneo, de diferente e até de incompreensível em cada sociedade.

Assistimos ainda nos dias que correm a permanentes confrontos entre pessoas, grupos ou nações que muito embora tenham a mesma Fé, pensam, sentem ou actuam de modos diferentes. Sociedades há em que o fundamentalismo religioso coincide com o poder civil e ainda não foram ultrapassados os tempos da intolerância e do ódio com fundo religioso.

Cada pessoa transporta consigo potenciais modos de pensar, de sentir e de agir resultantes duma aprendizagem contínua. Uma boa parte adquirida na infância, mas a restante decorre dentro dum percurso de vida próprio, social e culturalmente marcado.

---

[2] Assim se pronunciou Nietzsche ao referir que "Enquanto vivamos determinada experiência, abandonemo-nos ao puro acontecer, fechemos os olhos enquanto dura para não nos tornarmos contemplativos. Isso estragar-nos-ia a digestão do acontecimento, em vez de colhermos sabedoria, sairíamos dele com uma indigestão". Veja-se NIETZSCHE, F., *Humano, demasiado humano*, Lisboa: Relógio D'Água Editores, 1998, p. 31.

Capítulo I – Pressupostos e Categorias Fundamentais 29

Em analogia com as programações informáticas, quando nos referimos às aquisições instaladas no espírito de cada pessoa, poderá falar-se em 'programações mentais', ainda que saibamos das possibilidades de reacção evolutiva, criativa ou destrutiva relativamente ao que aprendemos por osmose e imitação.[3]

Porém, é um facto que 'desaprender' é muito mais difícil que aprender, pelo que a 'programação' significa as reacções prováveis duma pessoa ou grupo, tendo em atenção o seu passado. A essas 'programações', que começam na família e prosseguem na socialização escolar e demais meios onde nos inserimos, chamámos, genericamente, de *cultura*, termo que se presta a sentidos diversos, ainda que derivados do étimo latino que traduzia o *trabalho da terra*.

De acordo com E. Tylor, a *cultura é o complexo unitário que inclui o conhecimento, a crença, a arte, a moral, as leis e todas as outras capacidades e hábitos adquiridos pelo homem como membro da sociedade.*[4] Esta definição ficou clássica em Antropologia e continua a ser tida como base de discussão.

A perspectiva de Tylor era evolucionista, encontrando-se entre os aspectos mais significativos da definição o carácter unitário e a integralidade do conceito de cultura. Contudo, várias são as perspectivas para a análise do conceito *cultura*. A *cultura* como *complexo unitário* não é um acervo amorfo de valores e de instituições, mas antes uma estrutura, ou seja, um todo coordenado e sistematicamente integrado. O valor semântico faz da *cultura*, em todas as suas manifestações, uma espécie de linguagem singular que relaciona os homens entre si, especifica-a em estilos diversos pelos quais os indivíduos se identificam em grupos e na sociedade.

O carácter integral da *cultura*, poder-se-ia dizer ecuménico, leva Kluckhohn e Kroeber à busca duma definição exacta que chegue a pôr em destaque os seus elementos constituintes. Num dos seus ensaios de resenha, estes autores são levados a propor uma definição que, para ser compreensiva, é falha de clareza e demasiado prolixa:

> *"A cultura consiste em padrões explícitos e implícitos de comportamento e pelo comportamento, adquiridos e transmitidos por símbolos que*

---

[3] Este conceito de 'programação mental' é similar ao de *habitus* proposto por Pierre Bourdieu. Veja-se BOURDIEU, P., *Les sens pratique,* Paris: Minuit, 1980, p. 89.

[4] A primeira formulação do conceito antropológico de *cultura* pertence a Edward B. Tylor, 1871: 5, *Primitive Culture,* London.

constituem as aquisições distintivas dos grupos humanos, incluindo as suas materializações em artefactos; o núcleo essencial da cultura consiste em ideias tradicionais, isto é, historicamente derivadas e seleccionadas e especialmente em valores com elas relacionadas; os sistemas culturais podem considerar-se, por um lado, como produtos da acção e, por outro, como elementos condicionantes de acção sucessiva". [5]

Em Antropologia, o termo *cultura* abarca todas as actividades da vida dum grupo social, das mais simples às mais complexas, sob a forma dum fenómeno colectivo que conduz à distinção dos grupos.

Os factores essenciais da cultura interagem e dado que se trata dum processo dinâmico encontram-se em todas, destacando-se o *anthropos* – o homem na sua realidade individual e pessoal; o *ethnos* – o povo ou a comunidade; o *chronos* – o tempo, ou seja, a condição ao longo da qual e em continuidade, a actividade humana se desenvolve e o *oikos* que corresponde ao ambiente natural no qual o homem actua.

A multiplicidade de culturas exprime-se pelo pólo da uniformidade e pelo da diversidade. Primeiro porque todos somos *Homo Sapiens sapiens,* o que corresponde a uma identidade natural com um valor fundamental fornecendo a explicação radical da uniformidade, enquanto a diversidade das situações espaciais e cronológicas se torna motivação determinante para que cada homem altere e se adapte, a seu modo, ao ambiente onde se insere.

Cada variante particular, conquanto diversa, comporta em si características comuns do fenómeno cultural e, por conseguinte, sendo um conjunto orgânico e sistemático de valores e de instituições. Pode definir-se *cultura* como o conjunto das práticas e dos comportamentos sociais inventados e transmitidos no grupo: a língua, os ritos e os cultos, mas também o *habitat* que são, entre outros, alguns dos seus elementos essenciais.[6]

A *cultura* é, deste modo, uma aquisição social e não uma herança genética, muito embora a natureza humana e a personalidade estabeleçam com ela fronteiras ténues e mesmo relações inevitáveis. O conceito de *cultura* resulta de numerosos estudos e pode ser tido como resultado de processos históricos por meio dos quais o homem reage aos estímulos internos e externos do seu ser e do ambiente.

---

[5] Cfr. KLUCKHOHN, C.; KROEBER, A. L., 1972, *Il concetto di cultura,* Bolonha, p. 367.

[6] Em termos antropológicos esta é uma das definições de *cultura.* Veja-se FAVROD, C-H., (1977), *A Antropologia,* Lisboa: Publicações Dom Quixote, p. 70.

Assim sendo, a *cultura* emerge como um conjunto de interpretações, de valores e de normas que são transmitidas e condicionam a vida de cada indivíduo, que persiste para lá da vida de cada um, constituindo a característica que diferencia várias sociedades. O conceito antropológico de *cultura* e a valorização de todas as variantes culturais levam a uma avaliação de relatividade nos confrontos da própria cultura.

Por conseguinte, a relação entre pessoa e *cultura* é ambivalente. Tem sentido passivo quando se considera a cultura como matriz da personalidade humana, mas tem sentido activo dado o contributo que cada pessoa empresta à formação da cultura.

Não duvidamos de que, se a cultura for considerada como um todo íntegro, como é sugerido pela definição de Tylor, ela ultrapassa as instituições e as actuações individuais, sendo que o aforismo clássico *homo sum, nihil humanum a me alienum puto* (sou homem, não há nada de humano que me seja estranho), permanece actual.

No Mundo ocidental contemporâneo, *cultura* pode ser sinónimo de *civilização* cujas manifestações são, entre outros, o saber, a arte e a literatura, diz-se mesmo que a civilização europeia mergulha as suas raízes em duas culturas básicas, a greco-romana e a judaico-cristã, sem esquecer os enriquecimentos que resultaram dos contactos com a civilização árabe.[7]

O conceito de *civilização* representa o modelo ideal das relações entre cidadãos e o termo serviu de base à orientação do viver humano que, no sentido humanístico, traça a linha de diferenciação entre os povos, considerando-se civilizados os povos do mundo clássico e cristão, em oposição aos outros povos do mundo e de outras religiões.

Estas distinções oferecem-nos uma visão etnocêntrica, tendo vindo a impor-se o respeito e a aceitação de todas as culturas. O termo *civilização* pode ser reservado para indicar uma especialização da cultura em relação à configuração especial caracterizada pela organização residencial da urbe.[8]

---

[7] A distinção entre *cultura* e *civilização* pode fazer-se de modo mais preciso tendo por base a etimologia latina da palavra civilização. *Civilitas* deriva de *civis* – cidadão, ligado a *civilis,* que significa educado, afável, contrapondo-se a *peregrinus* e *hostis* correspondentes a estranho ou estrangeiro. O conceito etimológico de civilização apresenta-se, por conseguinte, associado a uma forma de vida citadina o que se interliga com a história ocidental e as suas raízes greco-romanas.

Cfr. KLUCKHOHN, C. e KROEBER, A. L., *Ibidem,* pp. 17-18.

[8] Os termos *cultura* e *civilização* apresentam-se diferenciados em estudos antropológicos, sobretudo italianos. Autores há que empregam o termo *civiltà-civilização* para exprimir uma manifestação superior ou territorialmente importante da *cultura,* como

Das Relações da Igreja com o Estado

Civilização é tida, repetindo Samuel Huntington, como uma entidade cultural, sendo que tanto a civilização quanto a cultura se referem ao modo de vida global dum povo, considerando-se a *civilização como uma cultura em sentido amplo*. Ao que se acrescenta, citando Durkheim e Mauss, que *"é uma espécie de ambiente moral que envolve um certo número de nações, sendo cada cultura nacional apenas a forma particular do todo"*.

Por seu turno, Dawson, Spengler e Braudel, apresentam as suas definições de *civilização* como sendo: "o produto de «um processo particular e original de criatividade cultural que é o trabalho de um determinado povo.»" ou «é o inevitável destino da cultura (...) uma conclusão, o produto que sucede à produção», acrescentando que uma *civilização* é "para Braudel, «um espaço, uma 'área cultural', uma colecção de características e fenómenos culturais.»"[9]

E como argumenta Huntington, as *civilizações* são globais e não têm fronteiras bem definidas, mas são também mortais dependendo a sua longevidade da resistência das associações humanas.

Outros estudiosos, entre eles Tentori, adoptaram a solução de sociólogos americanos como Alfred Weber, entendendo por *cultura* o aspecto ideológico, ou seja, os valores teóricos e interpretativos, enquanto por *civilização* atentam o aspecto concreto, isto é, as elaborações práticas e institucionais expressas pelas sociedades no tempo e relacionadas com as situações espaciais.[10]

---

sendo uma especialização da cultura. Daí que Grottanelli observe o seguinte: *"No uso etnológico costuma principalmente empregar-se o termo civilização no que se refere às formas superiores e territorialmente difundidas e importantes (como a khmer, maia, indiana...), reservando o outro (cultura) para designar as formas mais simples e localmente circunscritas (...) e o fenómeno complexivo nos contextos técnicos (processos da cultura, formas e elementos culturais)"*.

Registe-se contudo que, em relação a *civilização*, é feita referência a "formas superiores" o que expressa um juízo de valor não oferecendo um critério exacto de medida. Afinal quais seriam os aspectos 'superiores' da cultura e os elementos espirituais e institucionais, transmitidos através dos tempos? O valor duma *cultura* está na sua essência como produto da actividade mental do homem, logo, o critério da difusão territorial não é suficiente para opor um termo ao outro. Veja-se GROTTANELLI, V. L., (1966), *Ethnologica*, vol. I, Milano, p. 58.

[9] Veja-se HUNTINGTON, S. P., (1999), *O Choque das Civilizações e a mudança na Ordem Mundial*, Lisboa: Gradiva-Publicações, Lda., pp. 45 e 46.

[10] Cfr. TENTORI, T., (1966), *Antropologia Culturale*, Roma, pp. 7 e 8.

Capítulo I – Pressupostos e Categorias Fundamentais 33

Tentori define *cultura* como sendo "*a disposição para enfrentar a realidade, disposição que se constitui nos indivíduos quando membros duma sociedade historicamente determinada e determinante*", enquanto o termo *civilização* serve para referir "*o complexo das actividades económicas e sociológicas, das ideologias, das crenças, das manifestações artísticas, dos conhecimentos e aplicações técnicas e científicas característicos de cada uma das sociedades humanas*".[11]

Esta foi, contudo, uma distinção já abandonada pela Antropologia por não oferecer uma exactidão suficiente para estes conceitos e, em simultâneo, um instrumento adequado de pesquisa.

As *civilizações* distinguem-se pela história, língua, cultura, tradição, dum modo especial, pela religião, pois, pessoas de civilizações diferentes apresentam pontos de vista diferenciados sobre as relações entre Deus e o Homem, o Estado e o cidadão e mesmo entre o indivíduo e o grupo, mas também são diferentes as perspectivas relativamente à importância dos direitos e das responsabilidades, a igualdade e a hierarquia.[12]

---

[11] *Ibidem.*

[12] O Cardeal Ratzinger, prefeito da Congregação para a Doutrina da Fé, aquando das Jornadas de Teologia, que tiveram lugar na cidade do Porto, em 2001, anunciou o fim da civilização ocidental. Afirmou ele que vivemos um naufrágio semelhante ao do Império Romano. A Europa, e por extensão a América, "aparece, nesta hora de brilho e sucesso exterior, vazia por dentro". Vazia porque rejeitou as forças que a apoiavam, a sua herança cultural e religiosa, tal é o caso da Carta dos Direitos Fundamentais da U.E. que não menciona o respeito pelo 'sagrado'. Ainda segundo o Cardeal alemão Ratzinger, a Igreja Católica, embora tenha resistido à heresia e a si mesma, não vê claramente maneira de resistir a uma civilização hedonista e ao relativismo cultural.

Também os Bispos portugueses, em Abril de 2001, apresentaram, através duma Nota Pastoral resultante da Conferência Episcopal Portuguesa, sob o título ***Crise de Sociedade, Crise de Civilização*"**, um conjunto de 'factos e de fenómenos' que consideram 'sintomas preocupantes' duma alteração cultural que anuncia uma 'crise de civilização'.

Na mesma é formulado um apelo 'à sociedade civil' no sentido de ter um papel cada vez mais decisivo na 'coisa pública', contrariando a tendência actual, que vai no sentido da 'diminuição progressiva da participação dos cidadãos'. Na referida Nota Pastoral é afirmado que as regras 'inspiradoras dos comportamentos', as próprias leis e o sentido global da vida individual e comunitária deixaram de se basear em 'padrões éticos de valores', decorrendo 'ao sabor' de critérios 'imediatistas e pragmáticos', através dos quais certos grupos pretendem provocar 'rupturas fracturantes' na tradicional cultura portuguesa e à influência da doutrina da Igreja Católica na sociedade. O documento em causa apresenta-

34 *Das Relações da Igreja com o Estado*

Cada vez mais a perda de controlo da Família na educação dos seus membros, por razões várias que não virá ao caso esmiuçar, poderá conduzir ao enfraquecimento da própria coesão social.

Aquilo que cada indivíduo faz dos seus sentimentos, a forma como os exprime ou se relaciona com o que o rodeia pode ser modificado pela cultura.[13] A 'natureza humana' é a abstracção de tudo o que os humanos têm em comum, digamos que é uma herança genética ou o *hardware* que determina o funcionamento psíquico e psicológico de base. A *cultura* deve assentar na dignidade da pessoa, na liberdade com responsabilidade.[14]

Por seu turno, a personalidade representa a panorâmica pessoal de 'programas mentais' próprios, pois, fundamenta-se em traços, uns genéticos outros adquiridos, sob a influência da 'programação colectiva', ou seja, a *cultura* e da experiência pessoal.

-se dividido em nove pontos e nele fica expressa a opinião dos Bispos portugueses face aos 'sintomas de mutação cultural' com referência ao 'exercício da liberdade sem limites', ao 'fenómeno da corrupção que tolda o valor da liberdade económica', à 'crescente marginalização social' geradora de 'insegurança', à 'falta de confiança no sistema judicial'.

Estes dois últimos pontos são também postos em destaque num estudo apresentado, em Junho de 2000, numa Dissertação de Mestrado, apresentada na Universidade Aberta, da autoria de Patrícia Nunes, sob o título *Justiça: Futuro Domínio Feminino?*.

[13] Como diz António Damásio "afinal a consciência começa por ser um sentimento (...)". Veja-se DAMÁSIO, A. (2000), *O Sentimento de Si,* Mem Martins: Publicações Europa-América, p. 355.

[14] Ainda na Nota Pastoral da C.E.P. (Conferência Episcopal Portuguesa), de 26 de Abril, é feita referência à 'falta de apoio e protecção à família' e ao poder político se encontrar 'fragmentado e enfraquecido' e a haver 'sintomas preocupantes de perda de confiança nas instituições' e uma maior margem para a 'ilegalidade e para a anomia' afirmando-se que 'o que é legal não significa o bem moral', sendo considerado 'um sintoma preocupante das sociedades ocidentais, em que a ordem se afasta da ordem ética, o que leva muitos a considerar como moralmente legítimo o que é simplesmente legal'. Em suma, os Bispos portugueses apostam na defesa duma sociedade 'justa e harmónica', em que a cultura assente na dignidade da pessoa humana, na liberdade com responsabilidade, em nome da vida que é 'o primeiro valor a defender e a promover'. Este princípio, da dignidade da pessoa, também é apresentado, embora duma forma bem mais pragmática, no primeiro capítulo da Carta dos Direitos Fundamentais da União Europeia. As reflexões e análise apresentadas pelos Bispos portugueses não apenas representa uma denúncia como um contributo para uma 'reflexão comunitária e colectiva' dos portugueses, em que a Igreja também participa. É mesmo uma chamada de atenção para o facto de Portugal ter nascido 'como país independente num enquadramento eclesial claro, dimensão que nunca deixou de estar presente, mesmo que de forma dialéctica, no evoluir da nossa já longa história. Vários momentos houve em que forças de influência, ideológica ou política, normalmente importadas, tentaram diminuir, ou mesmo anular, esta matriz cristã da nossa cultura'.

Capítulo I – Pressupostos e Categorias Fundamentais 35

Os processos de modernização económica e de mudança social têm enfraquecido o Estado-nação como fonte de identidade. Nos mais variados lugares do Mundo, a religião tem procurado preencher este vazio e, não raras vezes, estes movimentos são designados de *fundamentalistas*.

George Weigel apontou a *'dessecularização do mundo'* como sendo um dos factos sociais dominantes do século que ora terminou, enquanto o renascimento da religião, intitulado por Gilles Kepel como *la revanche de Dieu*, fornece uma base para a identidade e para o empenhamento que ultrapassa as fronteiras e aglutina as civilizações.

Concluindo e repetindo Huntington diremos que

> "(...) de todos os elementos objectivos que definem as civilizações, o mais importante é, normalmente, a religião, como os Atenienses salientaram. Em larga medida, as maiores civilizações na história humana têm estado intimamente identificadas com as grandes religiões mundiais; pelo contrário, as pessoas que fazem parte da mesma etnia e têm a mesma língua, mas não a mesma religião, podem massacrar-se mutuamente (...)"[15]

Após esta análise conjuntural não iremos, ao usar o termo *cultura*, enveredar por nenhuma difícil tomada de posição filosófica acerca da natureza da mesma nem da questão a respeito da autonomia do conceito de *civilização* em relação à cultura. Assim, *cultura* será usada no sentido de modelos de comportamento traduzidos em vigências das comunidades em função duma escala de valores assumida pelo grupo.

As referidas vigências são objecto de estudos antropológicos dizendo respeito ao modo de honrar a divindade, salvaguardar a vida e a hierarquia social. Para os ocidentais, a identificação destas respostas colectivas, face aos desafios do Mundo, tornou-se numa questão importante. Cada grupo, com uma identidade própria, criou juízos sobre a sua superioridade face aos demais.

Doutrinadores houve, como Las Casas, António Vieira e mais recentemente Gilberto Freire, que lutaram no sentido de implantar a regra da igualdade, no plano da dignidade dos valores de todos os sistemas culturais. Outros houve que afirmaram e defenderam a superioridade duns grupos face a outros. Enquanto homens da ciência, como Montesquieu, pro-

---

15 Como apela Samuel P. Huntington, em *O Choque das Civilizações*, sobre os riscos dos conflitos entre civilizações no futuro. *Ibidem*, pp. 46 e ss..

curaram fazer decorrer a diversidade dos sistemas das variadas condições ambientais e políticas em que cada grupo, de forma isolada, vivia.

Queiramos ou não reconhecer, o mito racial[16], seja ele ariano, negróide, mestiço ou até mesmo erroneamente judaico, "implantou-se como um divisor e continua hoje a desempenhar um papel fundamental", mostrando-se ainda capaz de pôr em perigo a paz mundial.[17]

Mesmo não desejando aprofundar não se trata dum facto duvidoso afirmar-se que a Paz no mundo é afectada pelos mitos raciais e quando assim não é, é o Livro Sagrado que é chamado à colação pelos revolucionários que escutam a palavra dos seus chefes religiosos.[18]

As tensões provocadas pela diversidade cultural e as diferenças de opinião religiosas e políticas, ganharam, com certos acontecimentos recentes, uma dimensão dramática. Essa diversidade, como salientava Lévi-Strauss, é, contudo, um fenómeno natural, que originou e continua dando origem aos piores conflitos e às mais terríveis exclusões.[19]

Hoje, com todos os povos interdependentes e o mundo a funcionar como uma unidade, colocam-se em confronto todos os sistemas culturais o que obriga à criação duma escala universal de comparação no plano da dignidade dos valores dos ditos sistemas, partindo do suposto da igual dignidade de todos os homens, como ensina a Bíblia.

A actividade cultural do homem procede por forças e vias complexas, por altos e baixos, quase por sístole e diástole, de acordo com a escolha livre do próprio homem. Se se pretende compreender a fundo o complexo fenómeno da *cultura,* convém não descurar o fundamento natural que permite ao Homem desenvolver a actividade mental e criar *cultura.*

---

[16] Neste problema dos contactos entre sistemas culturais diferentes o conceito de *raça* foi posto em causa por filósofos e cientistas e substituído, eufemisticamente, pelo de *etnia.*

[17] Veja-se o que a propósito refere MOREIRA, Adriano, (1999), *Estudos da Conjuntura Internacional,* Lisboa: Publicações Dom Quixote, p. 71.

[18] Assim acontece com os problemas políticos gerados no Afeganistão, Irão, Palestina e Israel, entre outros.

[19] Atente-se no que já dizia Claude Lévi-Strauss, no seu célebre ensaio *Race et Histoire*: "Por fim e fundamentalmente devemos perguntar-nos em que consiste esta diversidade, com o risco de ver os preconceitos racistas, apenas desenraizados da sua base biológica, voltarem a formar-se num novo campo." Veja-se LÉVI-STRAUSS, C., *Race et Histoire,* Paris: Gonthier, 1996, p. 11.

Quando a *cultura* é considerada na sua totalidade sistemática, revela-se como um ideal de vida, uma matriz ou um modelo, no qual cada membro se integra e pelo qual se configura. Da conformação com um modelo específico de cultura, cada um extrai o sentido da própria identidade cultural e, por consequência, adquire-se um termo de confronto e de distinção em relação aos outros modelos culturais.

Aquilo que para uma determinada *cultura* é um valor, aquilo que está integrado no sistema, aquilo que é padrão, adquiriu força coerciva e obriga cada pessoa duma sociedade, e ela própria no seu conjunto, ao respeito do seu cumprimento. Entre os aspectos mais significativos da definição *tyloriana* encontra-se o carácter unitário e a integralidade do conceito de *cultura*.

A *cultura* apresenta-se assim como a característica peculiar do Homem, enquanto o orgânico é natureza, o superorgânico é a *cultura*. De facto, é o produto mais genuíno da actividade mental, isto é, do pensamento humano, sendo tudo o que o homem vai acrescentando à natureza. Repetindo-se que a relação entre pessoa e a cultura é algo ambivalente, pois, tem sentido activo porque cada pessoa oferece o seu contributo à formação da cultura, tendo, em simultâneo, sentido passivo na medida em que se considera a cultura como matriz da personalidade humana. Justamente por isso White, admite *cultura* como sendo "uma classe de coisas e de acontecimentos, dependentes da simbolização, considerada num contexto extra-somático."[20]

Em sentido lato, as *culturas* são os estilos de vida dos povos. A multiplicidade das culturas exprime-se através de dois pólos: o da diversidade e o da uniformidade. O conceito antropológico de *cultura* e a valorização de todas as variantes culturais conduzem, necessariamente, a uma avaliação de relatividade nos confrontos da própria cultura.

Como bem o havia visto Lévi-Strauss, ainda no *Race et Histoire,* a noção "de evolução social ou cultural não constitui, quando muito, senão um processo sedutor, mas perigosamente cómodo, de apresentação dos factos". (p. 22)

---

[20] Veja-se WHITE, L. A., (1959), "The concept of Culture", *in American Anthropologist,* 51, p. 234.

38   *Das Relações da Igreja com o Estado*

Acrescentemos, repetindo Lévi-Strauss, que

> *"(...) os progressos realizados pela humanidade desde as suas origens são tão claros e tão gritantes que qualquer tentativa para os discutir se reduziria a um exercício de retórica. E, no entanto, não é tão fácil, como se pensa, ordená-los numa série regular e contínua". (p. 29)*

Os grupos humanos pensam, sentem e agem de modos diferenciados e assim nos confrontamos com o *relativismo cultural* que, se por um lado, nos alerta para o facto de não devermos aplicar os nossos critérios culturais para analisar culturas alheias, por outro, obriga-nos a cumprir normas para com a nossa própria sociedade.[21]

Contudo, mesmo informados e dispostos a atitudes de *relativismo cultural,* cujo significado fundamental leva ao respeito por todas as culturas, os grupos, as sociedades e as nações, enquanto organismos colectivos, apresentam dificuldades em aceitar-se mutuamente, dificuldade tanto maior quanto maiores são as suas diferentes 'programações' colectivas.

Como se ainda não bastasse, a humanidade depara-se com modos de acção generalizados, resultantes de ideologias provenientes de interesses político-económicos, que confundem os indivíduos por força das perversões culturais a que, quase de forma espontânea, dão origem.

Impõe-se-nos, por isso, falar não apenas de Religião como de *Relativismo Moral* e de *tolerância*. Se *relativismo* é de abordagem complexa tratando-se de diferenças individuais, ele adquire uma dimensão mais significativa quando somos confrontados com a diversidade cultural.

É necessário admitir as diferenças, impôr uma uniformidade convencional para permitir a vida em comum e encontrar uma via de convergência onde possam coexistir as diferenças legítimas.

Será que o ser humano pode singularizar no seio dos diversos ensinamentos, sobretudo religiosos, que recebe, essa parte maior de imperativos morais universais que se encontram em comum ao nível da humanidade, colocando em segundo plano as convenções e rituais de origem cultural e eminentemente relativos?

A resposta poderá residir na tese do *relativismo moral* que consiste em afirmar que todas as posições morais são relativas ao tempo, ao espaço e respectivo contexto cultural, mas também às sensibilidades individuais.[22]

---

[21] Entre outros veja-se HERSKOVITS, M. J., (1948), *Man and his work,* New York: Blackwell, cap. 4.

[22] Cfr. WONG, D. B. (1984), *Moral Relativity,* Berkeley: University of California Press.

Capítulo I – Pressupostos e Categorias Fundamentais   39

A *multiculturalidade* é um facto objectivo, porém objecto de múltiplos discursos ideológicos que ora o enaltecem ora o desvalorizam consoante os quadros formais ou as convicções de quem discursa.

Em resposta à confrontação das diferentes culturas, a universalidade poderá construir-se, paulatinamente, pela argumentação a propósito de situações práticas, tendo em atenção que pelo debate de ideias é necessário aceitar que diferentes pessoas, diferentes culturas, apresentem respostas contraditórias.

A *cultura* não é uma 'forma orgânica', como diziam os românticos, assim como não se encontra 'estruturada como uma linguagem', isto é, nem tudo se ajusta e a cada novo contacto uma cultura integra outros elementos. As *culturas* são conglomerados de fragmentos de diversas origens.

As *culturas* europeias são exemplos típicos desses agregados, embora com uma herança comum, pelo menos duas tradições, a judaico-cristã e a greco-romana, conservaram, cada uma, um número suficiente de traços específicos para que os seus contactos mútuos tragam surpresas e consequentemente mutações.

Podemos, em forma de síntese, definir *cultura* como o conjunto das práticas e dos comportamentos sociais dum grupo, ou mais simplesmente tudo aquilo que o Homem acrescenta à Natureza. Parafraseando Bronislaw Malinowski, corresponde a um conjunto de respostas às necessidades elementares do Homem, insistindo-se na interacção das necessidades naturais e culturais, representando a Religião um conjunto de prescrições e proibições a que ninguém se pode escusar, constituindo o respeito pelos *tabus* a atitude religiosa por excelência. Durkheim vê, sobretudo nos ritos colectivos, um meio de exaltar a solidariedade social.

Diga-se, no entanto, que foi através do trabalho que os indivíduos formaram as *culturas* como modelação de si mesmos e da Natureza. Abriu-se assim o caminho para a vontade de poder e de dominar a Natureza. E Natureza implica os outros.

O domínio reforçou-se quando o Homem se sentiu desafiado pelos obstáculos que foi encontrando. Aumentou a sua agressividade e aguçou o seu engenho.[23] Começou, então a utilizar a razão analítica, que exige

---

[23] Veja-se a este propósito de domínio HEIDEGGER, M., (1989), *Ser e Tempo,* Petrópolis: Editora Vozes, pp. 243-300.

objectividade, de forma a distanciar-se da realidade com o propósito de estudá-la, acumular experiências e assenhorar-se da natureza.

À medida que foi avançando nesta azáfama objectivista, o humano foi criando artefactos que lhe dispensaram o desgaste das energias e aumentaram as potencialidades dos seus sentidos. Gradualmente, mais e mais trabalho é feito por máquinas que substituem, em grande medida, a força de trabalho humano.

Toda a lógica do trabalho configura o situar-se sobre as coisas para dominá-las, colocando-as ao serviço dos interesses pessoais e colectivos. No centro se coloca o ser humano, dando origem ao *antropocentrismo*. Deste modo se instaura uma atitude centrada no ser humano e tudo passa apenas a ter sentido na medida em que a ele se ordenam e satisfazem seus desejos. Nega a relativa autonomia que elas têm, mais ainda, esquece a conexão que o próprio ser humano guarda com a natureza e com todas as realidades, por ser parte do todo. Ignora-se que o sujeito último da vida, da sensibilidade, da inteligibilidade não somos, em primeiro lugar, nós, mas antes o próprio universo. O *antropocentrismo* desconhece todas as imbricações, os elos que existem.

Contudo, temos de convir que a Natureza não é muda. Ela fala, evoca, emite mensagens de beleza, grandeza, força, mas também de perplexidade. A revolta da Natureza põe a nu uma economia sem humanismo e um mercado global sem rosto, sem moral e sem controlo.

Sabemos, racionalmente, que o multiculturalismo, a coabitação com a diferença, devem, obrigatoriamente, fazer parte duma Nova Ordem Mundial. Não basta ter poder. A procura da verdade precede o poder na ordem das finalidades do Homem; ou pelo menos assim deveria acontecer porque só a verdade lhe pode conferir legitimidade ética.

A relação Homem/Natureza não poderá ser sujeito-objecto. O ser humano pode e deve escutar e interpretar os sinais da Natureza. Tem de ser uma relação de co-existência, não poderá ser uma relação de domínio sobre, mas antes de convivência, nunca pura intervenção. Todos nos devemos sentir ligados e re-ligados uns com os outros, formando um todo orgânico único, diverso e sempre includente. Esse todo remete a um último Elo que tudo re-liga, sustenta e também dinamiza. Este Mistério seduz e atrai como o Sol. O ser humano possui, em si, transcendência e, por isso viola todos os tabus e ultrapassa todas as barreiras e se contenta apenas com o infinito.

Um novo *ethos* deve ser construído de tal forma que permita uma nova convivência entre os humanos e com os demais seres. Deverá propi-

Capítulo I – Pressupostos e Categorias Fundamentais   41

ciar um novo encantamento face à majestade do universo e complexidade das relações que sustentam todos e cada um dos seres.[24] Sentimos que urge construir este novo *ethos* civilizacional que nos permita dar um novo salto de qualidade na direcção de formas mais cooperantes de convivência, duma renovada veneração pelo Mistério.

Esse novo 'contrato social' terá de ter por base uma participação respeitosa do maior número viável de valorização das diferenças, acolhendo complementaridades e interdependências. Toda esta convergência deverá ser construída a partir da diversidade de culturas, de modos de produção, de tradições e de sentidos de vida.

Resta-nos saber de onde vamos derivar esse novo *ethos* civilizacional. Estamos convictos de que ele deve emergir da natureza mais profunda do ser humano. A falta de esperança que é imobilizadora e a resignação, quase sempre amarga, deverão ser suplantadas. A fonte que será seiva para toda esta alteração deverá partir do próprio Homem e será a base para um novo sentimento religioso.[25]

Há que criar um novo sentido ético e moral, o que em conjunto com o novo *ethos* propiciará uma nova razão, instrumental, emocional e espiritual que transformará a ciência, a tecnologia e a crítica em curas para a Humanidade e para a Terra. Essa nova ética terá de nascer duma nova forma de ver o Mundo. Mas qual será essa nova forma de ver o Mundo? De que *ethos* está a Humanidade a precisar?

Até agora e ilusoriamente, o ser humano se entende como o vértice do processo de evolução, o centro de todos os seres (antropocentrismo) e considera que tudo o resto só tem sentido quando ordenadas ao ser humano, podendo delas dispor a seu bel-prazer. Quando São João da Cruz, um místico, diz que o ser humano é chamado a ser Deus por participação, que imagem pressupõe do Homem? Talvez a resposta esteja num ser

---

[24] *Ethos,* em grego, significa 'toca', sendo tido como o conjunto de princípios que regem, transculturalmente, o comportamento humano para que seja efectivamente humano no sentido de ser consciente, mas também livre e responsável. Ele ganhará forma em morais concretas (atitudes, comportamentos e valores) consoante as várias tradições culturais e espirituais. O *ethos,* de acordo com Leonardo Boff, está no próprio humano, entendido na sua plenitude que inclui o infinito, precisando o homem voltar-se sobre si mesmo para redescobrir a sua essência.

[25] Veja-se JOHNSON, G., (1997), *Fogo na mente. Ciência, Fé e a busca da Ordem,* Rio de Janeiro: Campus.

humano com capacidade de dialogar com o Mistério (entenda-se por Deus) e entrar em comunhão com Ele.

As religiões, através dos mitos da criação, do fim do mundo e da plasmação do ser humano, contribuíram para decifrar a natureza humana, enquanto, cada vez mais, vem cabendo às ciências, sobretudo empíricas, hermenêuticas e holísticas, esse papel. Todas elas de forma implícita encerram uma antropologia, ou seja, uma certa compreensão do Homem.

Acreditamos, contudo, que as mitologias junto com as religiões encerram, mais do que as ciências e as filosofias, os grandes esclarecimentos da essência humana. Aí as culturas não apenas projectaram, geração após geração, grandes visões como acumularam reflexões e aprofundaram sabedoria que passaram adiante.

Mas hoje, atulhados de aparatos tecnológicos, vivemos tempos de impiedade e de insensatez. Interessa-nos apresentar as dimensões específicas da experiência religiosa, salientar as suas diferenças com a experiência profana do Mundo.

Não insistiremos sobre os inumeráveis condicionalismos que esta experiência sofreu no decurso do tempo, apenas se dirá que ela se explica essencialmente pelas diferenças da economia e da organização social.

Muitos acreditam que o mal-estar generalizado que a humanidade está vivendo advém do abandono da *Religião*. Esquecendo-se Deus tudo é possível.[26] Verdade é que o Homem da modernidade entrou num acelerado processo de secularização, renegando Deus para legitimar e justificar os pactos sociais. A *Religião*, no entanto, persiste muito embora não consiga ser fonte de sentido transcendente para a sociedade. O Homem moderno criou um 'complexo de Deus'. Ele próprio se comporta como se o fora. Pensa que tudo pode, que não existem limites à sua pretensão de tudo saber e de tudo dominar.[27]

Mas cabe perguntar: será que a *Religião* consegue, por si só, corrigir esse desvio do Homem? Sem dúvida que ela pode revitalizar uma dimensão da existência, o espaço institucional do sagrado e reforçar o seu poder histórico-social, mas não origina, como diz Leornado Boff:

> *"(...) um modo de ser mais solidário e compassivo. Nem ipso facto origina uma espiritualidade capaz de tudo religar (...) O decisivo não são as*

---

[26] Mas por outro lado, como diz o Cardeal Ratzinger, *se Deus não está presente em nós, tudo se torna completamente insuficiente.*

[27] A este propósito do Homem ter atingido demasiado desenvolvimento que o deixa atordoado. Veja-se ARRIGHI, G., (1997), *A ilusão do desenvolvimento,* Petropólis: Vozes.

Capítulo I – Pressupostos e Categorias Fundamentais 43

religiões, mas a espiritualidade subjacente a elas. É a espiritualidade que une, liga e re-liga e integra. Ela e não a religião ajuda a compor as alternativas de um novo paradigma civilizatório."

E acrescenta: "Ao 'complexo de Deus' devemos propor 'o nascimento de Deus' dentro de cada pessoa e da história da humanidade, e sua epifania no universo."[28]

A vida religiosa da Humanidade apresenta expressões variadas que são fatalmente condicionadas pelos múltiplos momentos históricos e estilos culturais, mas para o assunto de que nos ocupamos, não é a variedade infinita das experiências religiosas que nos interessa, mas, antes os seus elementos de unidade.[29]

Seja qual for o grau da dessacralização do Mundo, o Homem, que adoptou por uma vida profana, não consegue abolir completamente o comportamento religioso, pois, até a existência mais dessacralizada conserva mesmo assim traços duma valorização religiosa do Mundo.[30] O homem religioso recusa-se a viver unicamente no que se designa por 'presente histórico'; ele esforça-se por tornar a unir-se a um tempo sagrado referenciado à 'eternidade'.

E como bem o havia visto C. Jung, *"O Mundo moderno está dessacralizado; por isso está em crise. O Homem tem de voltar a descobrir uma fonte mais profunda na sua vida espiritual"*.

Para progredir é necessário que os homens colaborem sendo preciso que saibam que a humanidade é farta em possibilidades imprevistas que, ao surgirem, os deixam sempre estupefactos.

Vivemos no advento duma sociedade moldada pelo progresso científico e tecnológico e por novos parâmetros no que concerne à informação. Nossos quadros de interpretação habituais estão a perder sentido devendo os valores ser equacionados.

Assiste-se ao progressivo esvaziar da linearidade tutelar das ideologias bipolarizadoras, ao suscitar de novos conceitos e à transformação

---

[28] Veja-se BOFF, L., (1999), *Saber cuidar: ética do humano – compaixão pela terra,* Petrópolis: Editora Vozes, p. 21.

[29] Não será benéfico tentar discutir, com base na filosofia ou na metafísica, se uma religião é melhor ou pior que outra. O importante é que seja eficaz para cada caso, como assevera o Dalai Lama. A diversidade existente entre as várias tradições religiosas representa uma riqueza e são semelhantes na medida em que todas sublinham a importância do amor e da compaixão no contexto da ética.

44   *Das Relações da Igreja com o Estado*

radical das relações de poder num novo pano de fundo do debate político-social, no qual se assume com particular acuidade, entre outras, a problemática ecológica e a da automatização da sociedade.

Neste contexto, que previsibilidade e que significado terá a prática religiosa dos cidadãos?

Comecemos, pois, por abordar o conceito de *Religião*. Mais do que um acréscimo ou um complemento, trata-se duma verificação, no fundo, é um problema metodológico e talvez também de escolha.

Não existe unanimidade, entre os estudiosos da matéria, no que concerne à natureza do conceito de *Religião*. Com efeito, que linha seguir para dar à ideia de Religião um sentido seguro e unívoco, principalmente sob o aspecto da continuidade deste trabalho?

A *Religião* é uma característica central definidora das civilizações e de acordo com Christopher Dawson "as grandes religiões são os alicerces em que assentam as grandes civilizações."[31] Certos estudiosos, opcionalmente de tendência racionalista, transferem a questão do conceito de religião para a base linguística. Façamos também esse percurso partindo da palavra latina *religio*.

A propósito da etimologia da palavra *religio* ela pode advir de *religio a religando*, ou seja a derivação do termo do verbo *religare*, sendo que *religião* adquire o sentido de 'laço', de 'vínculo'. Religar pode significar o estabelecer duma relação de causa e efeito entre dois factos.[32]

Mas também a derivação da palavra pode advir do verbo *relegere* e assim *Religião* deve entender-se como 'releitura', 'reeleição' ou mesmo 'revisão', conduzindo à identificação e à escolha positiva do soberano Poder divino.[33]

Graneris[34] observa que Santo Agostinho não tem um pensamento definido e seguro a este respeito, deixando entender que adere ora a uma ora a outra. Por outras palavras, na espiritualidade agostiniana, integram-

---

[30] Veja-se a este título Mircea Eliade. ELIADE, M., (1999), *O Sagrado e o Profano*, Lisboa: Livros do Brasil.

[31] Cfr. DAWSON, C., (1978), *Dynamics of World History*, Sherwood Sugden Co., p. 128.

[32] De acordo com o Dicionário da Língua Portuguesa Contemporânea, Academia das Ciências de Lisboa e Fundação Calouste Gulbenkian, Lisboa: Editorial Verbo, 2001, p. 3175.

[33] A este respeito veja-se GRANERIS, G., (1935), *La religione nella storia delle religioni*, Turim, pp. 51-59.

[34] *Ibidem*, pp. 57-58.

Capítulo I – Pressupostos e Categorias Fundamentais   45

-se *religio* a *re-ligando* e *religio* a *re-legendo,* no sentido de proporcionar a intuição e a penetração tridimensional da *Religião.*[35]

Edward Tylor, [1832-1917] define *Religião* como sendo: "a crença em seres sobrenaturais", podendo encontrar-se o termo definido como "faculdade ou sentimento que nos leva a crer na existência de entes supremos como causa, fim ou lei universal."[36] Por sua vez, Raul Brandão, numa atitude tipificada como determinista, afirmava, nas *Ilhas Desconhecidas,* o seguinte: "Este homem é um produto do isolamento e da religião." (p. 48)

Goethe [1749-1832], sob uma aparente classificação das religiões, denuncia a noção fundamental da *Religião* como *Erfurcht* (respeito).[37] De acordo com este pensador, toda a espécie de atitude religiosa reduz-se à noção de 'respeito', será, por conseguinte, o respeito que se dirige a tudo o que se encontra acima do nível humano, sendo a primeira forma de eliminação do medo.

Repetindo o Dalai Lama dir-se-á que

> *"O medo é uma das coisas que precisam ser superadas para que a iluminação se possa alcançar. O estado da ausência do medo é algo a conquistar. Mas isso não prova que deva ser considerado uma das emoções perturbadoras".*[38]

Tem de existir um equilíbrio entre desenvolvimento material e espiritual, sendo que esse equilíbrio só poderá ser atingido se tiver por base o amor e a compaixão, ou seja, a essência de todas as Religiões.[39] Não se deve ignorar que o fim último de todas as Religiões será formar seres humanos melhores. Seres humanos melhores significa que são mais compassivos, menos egoístas e mais tolerantes.

---

[35] Não sendo nossa intenção entrar em grandes debates filológicos, mesmo porque não possuímos conhecimentos sequer suficientes para prosseguirmos, e tendo apenas em vista a exactidão, recorremos aos esclarecimentos apresentados por Lieberg que assevera que a etimologia correcta do *religio* é *religere.*
Veja-se LIEBERG, G., (1974), '*Considerazioni sull'etimologia e sul significato Relegio' in* Rivista di Filologia e d'Istruzione classica, p. 59.

[36] Cfr. Dicionário Enciclopédico de Língua Portuguesa, Lisboa: Publicações Alfa, 1992, p. 1014.

[37] Considerada como significativa esta noção é apresentada pelo poeta e pensador alemão, do século XIX, Goethe, nos célebres Wilhelm Meisters Wander jahre, citado por Leeuw, G. van Der, (1960), *Fenomelogia della Religione,* Turim: Boringhieri, p. 89.

[38] Veja-se GOLEMAN, D., (2000), *Emoções que curam / Conversas com o Dalai Lama,* Lisboa: Rocco – Temas e Debates, p. 168.

1.2. *Respeito e Tolerância*

Respeito é, ainda hoje, uma palavra muito utilizada na Religião Cristã, principalmente orientada para tudo o que transcende os limites do ser. Se a passagem de Goete permanecesse como um momento alto, mas isolado, teria uma importância histórica relativa, porém, o certo é que este critério do 'respeito' parece deparar com sintonias ao longo dum desenvolvimento plurissecular e milenar, avaliado pela própria religiosidade.

O Livro dos Salmos enuncia que *'o início da sabedoria é o temor do Senhor'*, o mesmo acontecendo, embora com expressões literalmente diferentes, no texto bíblico em que se insiste no *temor* a Deus, sendo confirmado o tema fundamental do *respeito*. Valerá a pena recordar como o binómio: *religião/respeito* se encontra também expresso nas grandes tradições orientais, tanto no Confucionismo como no Taoísmo.[40]

Será de realçar que a maior parte dos valores universais, tidos como indispensáveis, mesmo no século XXI, estão, desde há muito, inscritos nas tradições culturais das grandes civilizações, sejam elas Orientais ou Ocidentais.[41] Eles reflectem as concepções morais e os ideais de verdade, humanidade, justiça e paz. Sejamos claros: a questão não é ideológica, política, religiosa. É, na sua essência, humana e moral.

Para cultivarmos estes valores universais há que promover, pela Educação *com valores*, o enriquecimento recíproco entre as culturas, pois, elas

---

[39] Neste Mundo moderno, a ordem e o destino da humanidade passaram a ser conduzidos pelo próprio homem. A Ciência permitiu-lhe um poder secularizado, racional que pretende demarcar um terreno próprio propondo-se suplantar, mesmo erradicar ou silenciar, o divino e a tradição metafísica. A dessacralização do Mundo, a fé na verdade e no progresso dos factos desvendados pela ciência, a par do desejo de emancipação humana face às ideologias tradicionais, encontram a sua maior expressão na resposta do astrónomo Pierre Laplace a Napoleão, quando este lhe questiona onde se encontra Deus no seu 'Sistema do Mundo': "Não necessito dessa hipótese".

[40] Veja-se *Filosofia Oriental – Confúcio, Lao Tse*, (1968), Barcelona: Ediciones Zeus.

[41] Tal como refere Samuel Huntington, em *O Choque das Civilizações*, a utilização de 'Ocidente e Oriente' para identificar áreas geográficas, mesmo que se opte pelo semi-meridiano de Greenwich, é confusa e etnocêntrica, colocando-se a questão de estar a leste ou a oeste de quê? Depende do sítio onde nos encontramos, esboça, por conseguinte, uma localização relativa. Como refere Huntington ao citar William E. Naff, «Reflexions on the question of 'East' and 'West' from the point of view of Japan» "(...) Presumivelmente, referiam-se, inicialmente, às partes ocidental e oriental da Eurásia. (...) Durante grande parte da história chinesa, o Ocidente significava a Índia, ao passo que «no Japão o 'Ocidente' queria significar, normalmente, a China.". Cfr. HUNTINGTON, S. P., *Ibidem*, p. 52.

Capítulo I – Pressupostos e Categorias Fundamentais   47

são compatíveis e complementam-se.[42] As *culturas* precisam de viver em liberdade, enriquecendo e evoluindo umas com as outras, não necessitando de proteccionismos.[43]

De novo fazemos nossas as palavras de Lévi-Strauss, em *Race et Histoire*, afirmando que a "necessidade de preservar a diversidade das culturas num mundo ameaçado pela monotonia e pela uniformidade não escapou certamente às instituições internacionais. (...) É a diversidade que deve ser salva, não o conteúdo histórico que cada época lhe deu (...)". (p. 66)

Cada Religião possui a sua norma de Bem e de Verdade e recorrendo à tolerância cada comunidade religiosa aspira a converter o 'outro' à sua própria Verdade.[44] A *tolerância*, como bem viu Lévi-Strauss,

> *"não é uma posição contemplativa dispensando indulgências ao que foi e ao que é. É uma atitude dinâmica, que consiste em prever, em compreender e em promover o que quer ser. A diversidade das culturas humanas está atrás de nós, à nossa volta e à nossa frente. A única exigência que podemos fazer valer a seu respeito (exigência que cria para cada indivíduo deveres correspondentes) é que ela se realize sob formas em que cada uma seja uma contribuição para a maior generosidade das outras."* (p. 66)

---

[42] Como anteriormente referimos, entenda-se *Cultura* como conjunto de valores, atitudes, pressupostos, orientações e crenças entre pessoas numa sociedade, sendo a sua importância como factor estruturante ou não da abertura à modernidade uma questão em aberto, mais ainda quando se fala da existência de culturas mais susceptíveis e capazes de promover o desenvolvimento do que outras.

[43] Assim se expressou Mario Vargas Llosa, escritor peruano, na conferência/debate "Ciência, Cultura e Religiões", na Fundação Calouste Gulbenkian, em 15 de Outubro de 2002. A sua noção de *cultura* tem por base uma dimensão espiritual da vida humana em que os conhecimentos e as crenças se confundem, oferecendo uma perspectiva e uma ordem que nos leva a entender o Mundo dum determinado modo. Ela é tida como o meio mais eficaz para reconhecer a humanidade do outro, sendo que as diferenças entre as várias etnias, crenças e línguas oferecem ao Mundo uma estimulante diversidade. Nunca como agora a humanidade teve ao seu dispor tantos recursos científicos, tecnológicos e económicos para combater os males atávicos como a fome, a guerra, a opressão e os preconceitos, contudo eles persistem.

[44] Cumpre seguir num verdadeiro espírito ecuménico. Como referiu, no Casaquistão, o Papa João Paulo II, *todos os crentes devem unir esforços para que Deus não Se torne refém das ambições dos homens.*

Ainda e a propósito não será despiciendo recordarmos *Os 7 pecados sociais* definidos por Gandhi: Política sem princípios / Comércio sem moral / Riqueza sem trabalho / Educação sem carácter / Ciência sem humanidade / Prazer sem consciência e Religião sem sacrifício.

Neste domínio, a Antropologia Religiosa mostra-nos a importância do fenómeno religioso como motor da evolução humana, sendo preciso não instrumentalizar a fé para fins políticos.[45] Mircea Eliade provou a existência duma tradição mítica comum a toda a Humanidade, em que os símbolos religiosos são universais, sendo o sagrado parte integrante da consciência humana definindo o próprio *Homo Sapiens*.[46]

Para Eliade, o *Homo Sapiens* é o *Homo Religious,* graças ao qual a Humanidade alcança um novo estado de consciência, a dimensão do sagrado, a noção do mundo invisível, sendo o espaço e o tempo religiosamente qualificados.[47]

A busca duma explicação da presença do Homem na Terra, do significado da vida, do bem e do mal, do sofrimento e do prazer, da morte e do pós-morte, não dá tréguas ao Homem e o seu esforço de interpretação nunca atinge o fim.

A partir desta procura incessante definem-se os valores conceituais de base e determinam-se as normas racionais do comportamento, numa visão e numa prática de vida que relaciona o homem com toda a Natureza.

Toda a forma de Religião propõe um sistema de pensamento ou doutrina. Para o antropólogo, todas as religiões são verdadeiras e dignas de atenção, porque exprimem uma necessidade humana e constituem parte essencial da cultura.

Pessoas há que se sentem estimuladas à procura e à contemplação; outras que, embora sensíveis ao mistério, apenas esporadicamente ficam a meditar nele; outras há, que permanecem indiferentes e quase cépticas perante certas realidades e, em particular, perante as explicações ensaiadas por outros homens. Esta diversidade de atitudes condiciona a personalidade individual sendo esta uma diversidade que se encontra em todas as culturas.

---

[45] Sobre esta temática veja-se SCHWARZ, Fernand, (1993), *A Tradição e as Vias de Conhecimento,* S. Paulo: Nova Acrópole.

[46] Assim se expressou Mircea Eliade, *'L'Epreuve du Labyrinte',* Entrevista com Claude-Henri Rocquet, Belfond, 1978, p. 176. Veja-se também ELIADE, M.; KITAGAWA, J. M., (1985), *Studi di storia delle religioni,* Florença: Nuova Sansoni.

[47] *Ibidem.*

Capítulo I – Pressupostos e Categorias Fundamentais 49

O *relativismo moral,* a que anteriormente aludimos, implica admitir e respeitar posturas intelectuais e sociais, que pressupõem inevitavelmente uma assimetria na relação com o 'outro'.

Numa dialéctica de rejeição do 'outro' e opressão ao 'outro' residirá a expressão de muitos *fanatismos*[48]. O *relativismo moral* é, em si, não uma posição ética, mas antes uma posição sobre a ética. Em rigor, trata-se duma posição meta-ética.

Ser *relativista moral* é pensar que todas as posições éticas são relativas não apenas face ao lugar como ao tempo, às sensibilidades e ao contexto cultural. Toda essa heterogeneidade dá lugar ao medo, à rejeição, mas também à *tolerância*.

De facto, a *tolerância* surge como um conceito que só pode acontecer, porque temos consciência da nossa dificuldade em reconhecer a alteridade. Será que o desacordo moral é fundamental e irredutível ou antes superficial e redutível?

Esta questão é de difícil resolução, na medida em que se, por um lado, para poder afirmar que existem diferenças reais nos juízos morais dos grupos humanos é necessário dispor dum método de descrição transcultural que permita estabelecer comparação; por outro lado, após um período em que se insistiu na diversidade, passou a admitir-se uma ampla uniformidade das condutas humanas, ligadas às necessidades da vida em comum, senão mesmo a uma natureza humana universal.

O problema do *relativismo moral* é o da constatação de que existem códigos morais diferentes mesmo dentro duma mesma cultura.[49]

Há que não negligenciar a contribuição de tradições morais e religiosas, largamente representadas entre os cidadãos, especialmente por parte dos poderes públicos que devem reconhecer os limites da sua competência.

Mas como ouvimos um dia, nesta Universidade, um conferencista afirmar: "C'est trés beau de dire' – Ce sont des paroles modernes." A posição meta-ética pode inspirar atitudes morais como a não intervenção e tolerância ou o cepticismo e convencionalismo.

---

[48] São ainda muitos os fanáticos religiosos. Do latim *fanaticus,* significa pessoa que se julga inspirado pelo espírito divino e que se encontra animado de excessivo zelo por uma religião, defendendo-a de modo obsessivo e recorrendo a todos os meios para a expandir.

[49] Cfr. CANTO-SPERBER, M., (1996), *Dictionnaire de Philosophie morale,* Paris: Presses Universitaires de France, pp. 1290-1296.

Numa atitude prudente, Lévi Strauss sugere, no seu Relatório à UNESCO, que *"os desvios diferenciais"* entre culturas são uma riqueza a preservar na construção duma *"civilização mundial"*[50]

Coloca-se, de novo, a questão do universal. Existirá um critério universal que nos diga se um determinado sistema de valores ou de normas é moralmente melhor ou pior que outro?

Henri Atlan,[51] considera que as ambiguidades concorrem, não raras vezes, para o acordo, destacando que é mais fácil concordar quanto a conclusões do que quanto às motivações e aos raciocínios que a elas conduzem. Isto augura um certo optimismo na busca duma forma de universalismo pragmático.

Por seu turno, a antropóloga Françoise Hértier interroga-se acerca da noção de *tolerância* como mediadora entre o Eu e o Outro, pois, independentemente da diversidade das culturas, a revolta da consciência a alguns actos que a inspiram será uma componente estrutural omnipresente.

Já os Gregos conheciam uma tolerância mínima em relação ao bárbaro, mesmo durante as guerras, se bem que implicando o respeito da vida depois do fim dos combates e o respeito das crenças. Porém, foi só a partir do século XIX, com o livre pensamento, que o termo *tolerância* teve efectivamente uma conotação positiva. A autocrítica das próprias convicções face às dos outros, vai da atitude de aceitar o 'outro' tal qual ele é; vai da atitude do desprezo ao reconhecimento duma verdade exterior a nós próprios.

---

[50] Veja-se, de novo, LÉVI-STAUSS, C., *Race et Histoire, (1952)*, p. 9. Observemos, de passagem, o que ele nos diz acerca do paradoxo do progresso cultural: "(...) todo o progresso cultural é função de uma coligação entre as culturas. Esta coligação consiste no pôr em comum (consciente ou inconscientemente, voluntário ou involuntário, intencional ou acidental, procurado ou obrigado) das *possibilidades* que cada cultura encontra no seu desenvolvimento histórico; finalmente admitimos que esta coligação era tanto mais fecunda quanto se estabelecia entre culturas mais diversificadas". (*Ibidem,* p. 62) Trata-se dum processo que pode ser resumidamente apresentado assim, também no dizer de Lévi-Strauss: "para progredir, é necessário que os homens colaborem; e, no decurso desta colaboração, eles vêem gradualmente identificarem-se os contributos cuja diversidade inicial era precisamente o que tornava a colaboração fecunda e necessária". *Ibidem,* p. 65.

[51] Henri Atlan é professor de Biofísica nas Universidades de Jerusalém e de Paris VI. Cfr. ATLAN, H. (1994), *À tourt ou à raison. Intercritique de la science et du mythe,* Paris: Éditions du Seuil.

Capítulo I – Pressupostos e Categorias Fundamentais 51

Poderá, então, hoje, tolerar-se a intolerância? Ou aceitá-la sem protestar não será aceitar a injustiça?

Certo é que a lógica das 'guerras de religião' recusam ao 'outro' a possibilidade de pensar e de assumir-se de modo diferente. Com a globalização, as novas tecnologias e com o advento da interactividade, que deixou de ser um fenómeno marginal, alguns dos condicionalismos mais substantivos que tínhamos ainda num passado recente estão a desaparecer e a tornar plausíveis novas configurações.[52]

Contudo, persistem certos paradoxos, potenciando um elenco de eventuais perversões que inibem os cidadãos de exercerem, de forma efectiva, a sua cidadania. A hegemonização do poder e o controlo dos *media* sobre a formatação das expectativas dos próprios cidadãos são disso exemplo.

Um outro dilema com o qual a sociedade se vem confrontando consiste na desafectação dos cidadãos face aos assuntos públicos, não raras vezes por não se reverem no sistema o que, a progredir, pode provocar uma sociedade desresponsabilizada, num crescendo anómico preocupante.

Quantos serão os portugueses que sabem algo acerca do Projecto de Lei n.º 66/VIII – da Lei da Liberdade Religiosa e da laicização do Estado bem como das suas posteriores implicações ou do Projecto de Resolução n.º 41/VIII que se pronuncia pela abertura e realização do processo de revisão da Concordata de 7 de Maio de 1940?[53]

Acreditamos que falta aos sistemas educativos ensinar a pensar e a não odiar, desenvolvendo primeiro na criança, depois no jovem e no adulto, a consciência espontânea do justo e do injusto.

Neste contexto, as tradições espirituais e religiosas trarão a sua contribuição pela educação, indicando aos mais novos a disciplina e a aprendizagem da gestão de si mesmo. A ética da pedagogia não deve ser a inacção do relativo. Deve antes ser a acção para princípios de vida que deveriam contribuir para aumentar o património da humanidade.

---

[52] Sobre o debate à volta do impacto das novas tecnologias da informação na efectivação da democracia veja-se SCHEER, Léo, (1997), *A Democracia Virtual,* Lisboa: Edições Século XXI, pp. 101 e ss..

[53] Estes Projectos, ora referidos, entre outros sobre idêntica temática, subiram a plenário da Assembleia da República Portuguesa, no dia 30 de Março de 2000.

52 Das Relações da Igreja com o Estado

Quem verdadeiramente ensina não quer o conhecimento para si mesmo, acaba assim por transformar-se num veículo de transmissão de todo o conhecimento que lhe chega.[54]

Somos acidentais. De facto, o confronto com aquele que é diferente faz-nos perder a nossa segurança, pôr em causa a nossa identidade; e da segurança ao conflito é um passo. A violência parece ser a resposta, assaz como, à diferença encontrada, quer esta seja sócio-económica, quer seja de opinião, étnico-cultural, religiosa, ou outra. A diferença é com alguma frequência encarada como um confronto na qual tem de existir melhor e pior, vencedor e vencido, nunca como complementaridade. A educação deve permitir a descoberta da realidade diferente do 'outro' como algo que nos completa, em vez de me diminuir, algo que nos enriquece e nos faz crescer, como escreveu Antoine de Saint-Exupéry: *"Se sou diferente de ti, em vez de te lesar, aumento-te."*.[55]

Mas retomemos o nosso propósito de abordar a ideia de *tolerância*. É preciso admitir as diferenças, impor uma uniformidade convencional para permitir a vida em comum, em sociedades cada vez mais pluralistas, tentando encontrar uma via de convergência onde coexistam as diferenças legítimas ou legitimadas.

Tolerância, do indo-europeu *tol-tel-tia,* donde derivam *tollere* que significa 'retirar', 'levantar' e mesmo 'destruir' e *tolerare* cujo significado é 'levar', 'suportar', mas também 'combater'. No conceito de *tolerância* estão, por conseguinte, presentes tanto a ideia de 'apoio' como a de 'luta'.[56]

---

[54] Face a este título 'Respeito e Tolerância' a primeira reflexão que nos ocorre como docentes de longa data, é que a diversidade étnica na Escola deve ser uma vivência enriquecedora, mesmo que problemática. A rejeição da diferença é um fenómeno provavelmente tão antigo como o ser humano. Todo aquele que é diferente de mim (no aspecto, na cor da pele, nos costumes, no modo de pensar e de viver) põe-me em causa, questiona-me e leva-me a interrogar-me sobre quem sou e como sou. O reconhecimento de que se pode ser como eu sou, mas também como o outro é, não será, de todo, espontaneamente evidente. Sartre descreve essa tomada de consciência da diferença que nos põe em causa, tomando como exemplo o Homem Branco em confronto com o Homem Negro.

Cfr. SARTRE, J-P, (1956), *Orfeu Negro, in* Aujoulat, L-P, Aujourd'hui l'Afrique.

Esse caminho de crescimento deve permitir-nos descobrir, como dizia o Chefe Índio Seattle, na sua carta ao Presidente dos E.U.A., em 1854, que "por fim talvez sejamos irmãos!".

[55] Cfr. SAINT-EXUPÉRY, A., (1943), *Lettre à un Otage,* New York: Brentano.

[56] Também se poderá referir a sua origem do latim *tolerantia,* como sendo a capacidade ou qualidade de admitir e respeitar as ideias ou comportamentos com que não se

Capítulo I – Pressupostos e Categorias Fundamentais　　　　53

O problema da *tolerância,* quando referido à pluralidade, questiona a relação que cada comunidade estabelece com a alteridade e insistir na tolerância será sempre algo semelhante ao apontar a diferença. Queremos com isto dizer que quando falamos em *tolerância*, estamos a falar da cisão, da divisão que toda a realidade humana comporta.

A própria ideia de 'humanidade' se questiona de cada vez que apelamos (ou não) à *tolerância*, sendo esta uma palavra-chave da modernidade ocidental. É claro que se queremos ser humanos temos de desenvolver discursos de humanidade. O paradoxo reside justamente no abismo que separa os discursos da prática.[57]

O recurso à palavra *tolerância* em discursos prolixos de intenções humanistas torna-se, bastas vezes, um equívoco. É justamente este equívoco que comporta dificuldades à 'tolerância', sobretudo quando se trata de abordar o conceito como um valor inerente à própria vivência pacífica em sociedade.

A título de exemplo, e tratando-se duma área que nos é cara, por formação, avalie-se, no âmbito das Relações Interculturais, as vivências multiculturais e multiétnicas que, por razões diversas e não apenas económicas, somos levados a viver actualmente, na Europa.

É o próprio Concelho Nacional de Educação quem configura este problema ao afirmar que *"(...) A única virtude generalizável no nosso tempo é a tolerância."*[58] Discursos há que são autênticas proclamações de intenções que nem sempre traduzem tolerância, outros que, de tão desprendidos do poder contrabalançam a ambivalência dos outros com o sonho duma harmonia plena. Este contrabalançar, que percorrendo um pouco as filosofias de vida e as religiões de todos os povos, vai fazendo da *tolerância* algo de compreensível.

Temos de ter em atenção que ela se inscreve no real-social, assim sendo a tolerância encontra-se e reencontra-se também no campo político e no religioso. Será compreensível que o *retorno ao religioso* apareça

---

concorda. *In* Dicionário da Língua Portuguesa Contemporânea, Academia das Ciências de Lisboa e Fundação C. Gulbenkian, Lisboa: Editorial Verbo, p. 3579.

[57] É bem verdade que, por vezes, exprimimos um sentimento de inquietude relativamente à sociedade hedonista em que o prazer é o que vale, com cada vez menos referências e relativamente desordenada, mas procuramos não transmitir uma ideia de intolerância, mesmo por que conscientes de que, como afirmava Karl Popper, *ninguém sabe o suficiente para ser intolerante.*

[58] Asserção inclusa no ponto VII da Recomendação n.° 2/92 – Ética e valores – Entre a justiça e a felicidade, do Conselho Nacional de Educação.

54 *Das Relações da Igreja com o Estado*

como alternativa ao primado da Razão, abandonado pelos condicionalismos modernos como princípio de avaliação quer ética quer gnosiológica.

Seguindo esta ordem de ideias, as investigações de Jacques Cauvin evidenciam que na História da Humanidade o *sagrado* precede o *profano*, na medida em que a "terra cozida foi primeiro utilizada para fazer estatuetas divinas e somente dois mil anos mais tarde o seu uso utilitário em forma de louças surgiu".[59]

As culturas ligadas à classe social, ao sexo, à religião ou às gerações fazem sentido a partir das categorias definidas para caracterizar as culturas nacionais e, enquanto culturas específicas, explicam muitos quadros de intolerância aos quais não damos grande importância, absorvidos como estamos pelo fardo dos confrontos étnicos resultantes dos movimentos migratórios deste final de século.

A Religião é uma característica central definidora das civilizações e, repetindo as palavras de Christopher Dawson, a que já fizemos alusão, as "grandes religiões são os alicerces em que assentam as grandes civilizações"[60] e, como diz Samuel Huntington, "(...) o mundo pós-guerra fria é um mundo de sete ou oito civilizações maiores. As afinidades e diferenças culturais moldam os interesses, os antagonismos e as associações de Estados.".[61]

Pensando seriamente no relativismo implicado no conceito de tolerância, face às diversidades culturais, sem referir o autor da primeira grande ponte entre o conceito e a realidade seria ilógico – John Locke (1632-1704).

Rejeitando o conhecimento inato e baseando-se na capacidade humana da reflexão e no empirismo dos sentidos, Locke não deixou de admitir o conhecimento intuitivo da existência de Deus, defendendo os 'direitos naturais' à vida, à liberdade e à propriedade, opondo-se aos que proclamavam a legitimidade divina dos monarcas.

Para Locke, a *tolerância* nada tem a ver com o direito, mas com o respeito à fé e à salvação das almas. Um dos seus argumentos prende-se com a capacidade de cada um cuidar da sua alma com vista à salvação. É

---

[59] Veja-se a referência feita, a este respeito, por SCHWARZ, F., (1993), *A Tradição e as Vias de Conhecimento, Ibidem*, p. 348.

[60] Cfr. DAWSON, C., (1978), *Ibidem*, p. 128.

[61] Cfr. HUNTINGTON, S. P., (1999), *Ibidem*, p. 30.

Capítulo I – Pressupostos e Categorias Fundamentais 55

na *fé* que reside a força e a eficácia da religião e, por isso, ninguém deverá entregar a outrém a capacidade de decidir sobre esta matéria do seu foro íntimo como se pode entender das suas palavras:

> *"Ninguém pode deixar de lado o cuidado da sua salvação eterna, a ponto de deixar a outrém, seja príncipe ou súbdito, o cuidado de lhe prescrever um culto ou de lhe impor uma fé (...)"*[62]

A liberdade do juízo é essencial ao Homem, liberdade essa que não sendo exactamente um direito é um poder indestrutível, porque a força do entendimento não permite que uma força exterior exerça a coacção.

Ou seja: a *tolerância* é uma questão das consciências, pois, como afirmou Locke:

> *"(...) a religião verdadeira e salutar consiste na fé interior da alma, sem a qual nada vale diante de Deus, a natureza do entendimento humano é de tal ordem que não pode ser constrangido por nenhuma força exterior. (...) O próprio Deus não salvará os que não quiserem."*[63]

E porque a *tolerância* não é um direito civil, é algo que tem a ver com amor ao próximo, há que denunciar os que tomam a Religião como pretexto para exercer poder.

Não cremos que este início de século seja necessariamente um momento de crise, será, sobretudo, um momento de viragem dentro dum processo de desenvolvimento, e, por conseguinte, um grande momento de fé e de desafio. A Fé, que ora abordamos, é a tida como crença nos ensinamentos, nos preceitos da Religião, tida como a primeira das três virtudes teologais.[64] A Fé num Deus pessoal não vem ensombrar a verdadeira estatura do *Homo Sapiens sapiens*, antes abrir-lhe horizontes de infinito e dar-lhe uma dimensão sem fronteiras. Ela não pode ser considerada como um substituto da inteligência, pois, apenas quem sabe usar a sua, de modo correcto, estará preparado para ter Fé.

Seguramente, aquele que não pensa, não recorre à sua capacidade de discernir não pode ter Fé livre, mas apenas crendice e seguidismo. O Concílio Vaticano II, na sua mensagem aos pensadores e cientistas, faz esta

---

[62] Assim se expressa LOCKE, J., *Carta sobre a tolerância*, Lisboa: Ed. 70, p. 92.
[63] *Ibidem*, pp. 93-102.
[64] Conforme a Grande Enciclopédia Portuguesa Brasileira, vol. 10, p. 1015.

chamada de atenção ao dizer: *"Há a possibilidade de um profundo acordo entre a verdadeira ciência e a verdadeira fé, servindo uma e outra a única verdade. Não impeçais esse precioso encontro. Tende confiança na fé, a grande amiga da inteligência."*[65]

Se a Fé está constitutivamente referida a Deus, que é infinito, não será tarefa da Teologia colocar permanentemente perguntas, questionar ilimitadamente? Será tempo de colocar no centro das preocupações da Igreja as reais aspirações da humanidade pelo sentido da vida e pela procura do Deus vivo.

Ainda recentemente Umberto Eco, que se confessa laico, escrevia em carta aberta ao Cardeal Martini, de Milão, que, se fosse um viajante proveniente de longínquas galáxias, ao encontrar-se perante uma humanidade que soube propor-se o modelo de Cristo, com a vida oferecida em holocausto pela salvação dos outros, o perdão dos inimigos, oferecendo a outra face *"consideraria esta espécie miserável e infame, que cometeu tantos horrores, redimida pelo simples facto de ter conseguido desejar e crer que tudo isto é a Verdade"*.[66]

O Homem é um ser organizado para acreditar e parafraseando Teixeira de Pascoaes *"o destino do Homem é ser consciência do Universo em ascensão contínua para Deus."*[67]

Mas acontece, não raras vezes, que se tenta desarticular a obra do seu autor, sendo que o óbvio é o menos óbvio, existindo evidências que de tão evidentes necessitam de clarificações. Como temos vindo a demonstrar continua não existindo unanimidade no que se refere à natureza do conceito de Religião, dada as divergências de perspectivas e orientações dos estudiosos modernos, podendo-se, no entanto, definir *Religião* como sendo *"o complexo das inter-relações do homem com poderes sobre-humanos."*[68]

Recapitulemos: o termo *Religião* é tido como a faculdade ou sentimento que nos conduz a crer na existência de um ente supremo como

---

[65] Cfr. Concílio Ecuménico Vaticano II, *Mensagem do Concílio à Humanidade*, Braga: Editorial A. O., 10.ª edição, 1987, p. 532.

[66] Veja-se Eco, Umberto, (1996), *In cosa crede chi non crede?*, Roma, p. 79.

[67] Assim se expressou T. de Pascoaes. Veja-se Pascoaes, Teixeira de, *O grito que Deus ouve,* Braga: Editorial A. O., 2.ª edição, 1995, p. 83.

[68] Cf. Grande Enciclopédia Portuguesa Brasileira, vol. 25, p. 23.

Capítulo I – Pressupostos e Categorias Fundamentais

causa, fim ou lei universal.[69] Não obstante a simplicidade da definição existem diferenças no modo de considerar a Religião, sendo que existem duas correntes que se diferenciam: uma considera tratar-se dum aspecto da vida psíquica humana, é a conclusão feuerbachiana, enquanto a concepção hegeliana pressupõe que Deus é uma essência objectiva.

Religião é algo como a *re-união* entre o Homem e o Universo. A etimologia latina, a que já aludimos, explica-nos essa *re-união* com Deus e com o Universo. Uma religião surge num determinado momento histórico, encarnando em si a necessidade dum povo, não somente na parte metafísica e ontológica, mas também na social, económica e política. Objectiva-se no satisfazer um povo nas suas necessidades, incluindo a de protegê-lo.

Repetindo André Malraux diremos que "Não podemos escapar a Deus"[70] ou usando outra expressão: "a pessoa é um animal incuravelmente religioso."[71] Mas observemos, ainda que de passagem, o que disse Fernando Pessoa (Bernardo Soares – Livro do Desassossego): *"Deus é a alma de tudo"*.

Para garantir o sentido positivo da existência humana toda a *cultura* tem de valorizar a sua dimensão religiosa. E dada a pluralidade e especificidade das diversas culturas será de destacar a necessidade do diálogo inter-religioso. Por conseguinte, as religiões devem aprender a viver com as suas imperfeições, renovando-se na adaptação às diferenças, não sendo viável existir paz entre as nações na ausência de paz entre as religiões. Para tanto é necessário que os Estados não marginalizem as religiões, nas quais se baseia a autêntica fraternidade humana. A fé constitui não apenas um bem pessoal como comunitário, uma força ética e de coesão social.[72]

---

[69] *Ibidem.*

[70] Assim afirmou um ministro da Cultura Francesa, André Malraux. Veja-se MAL-RAUX, A. (1971), *François, la fraternité au bord du fleuve,* Paris: Éditions du Cerf, p. 19.

[71] Cfr. ALAIZ PRIETO, A. (1994), *As seitas e os cristãos,* Lisboa: Edições S. Paulo, p. 55.

[72] A este propósito e neste sentido se manifestou o Professor Mário Pinto, Director da Faculdade de Ciências Sociais e Humanas da Universidade Católica Portuguesa, na Conferência sobre "Ciência, Cultura e Religiões". A previsão de Samuel Huntington apresentada em 1993, na revista Foreign Affairs, no artigo intitulado "The Clash of Civilizations?", formulava os eventuais conflitos que poderiam resultar da anarquia internacional e da ausência de valores partilhados, os quais emergiriam mais entre civilizações do que entre Estados ou ideologias. "No mundo pós-guerra fria, as diferenças mais importantes entre os povos não são ideológicas, políticas ou económicas. São culturais." Tem havido dificuldade em criar condições de superação da actual desordem internacional uma vez que

Exercitar ou aprofundar a vertente religiosa do ser humano é uma consolidação da sua identidade antropológica e não uma alienação ou fuga, como muitos querem fazer crer. Um verdadeiro humanismo integral não pode colocar de parte a dimensão religiosa da pessoa.

Queiramos ou não aceitar o ser humano busca o Absoluto, encontre ou não o rosto de Deus. Uns seguem pelo caminho do compromisso de justiça social ou da arte, da ética ou da estética, por vias de agnosticismo ou mesmo de ateísmo, mas que pode ser interpretado como busca do Deus desconhecido, mesmo porque os ideais de causas humanitárias sejam eles Justiça, Liberdade, Solidariedade e Paz, são-no também de Religião.

A falta de rumo, de valores, de referências são sintomas destes tempos de dúvida e de incerteza, sendo de capital importância criar projectos mobilizadores e criadores de sentido. Muito embora já Aristóteles (384-322 a. C.), na *Metafísica* (XII, capítulo 7.º), tenha formulado, duma forma sistemática, a teoria da degenerescência religiosa da Humanidade essa ideia tem vindo a ser retomada várias vezes.

Também Averroes (Ibn Roshd, 1126-1198), que teve uma profunda influência sobre o pensamento islâmico, na sua interpretação da religião concluía que todas as religiões monoteístas eram verdadeiras, mas partilhava a opinião de Aristóteles segundo a qual, num Mundo eterno, as religiões apareciam e desapareciam várias vezes.

Ao longo da História da humanidade, religiões houve que hoje nos parecem estranhas; umas foram substituídas, outras desapareceram. Este é um fenómeno natural, pois, na dimensão espácio-temporal nenhuma forma perdura e tudo é substituível.[73]

---

a dinâmica actual conduz as sociedades em diferentes direcções gerando conflitos. A tentação da 'demonização do outro e do diferente' é grande, por isso a rivalidade pode ser substituída pelo choque das civilizações de que fala Huntington. Importa ultrapassar estas reacções imediatistas através da prática da tolerância e a aceitação do direito à diferença, sendo-se intransigente na defesa dos valores essenciais da condição humana.

[73] Actualmente, como nos diz Mircea Eliade, em *O Sagrado e o Profano*, p. 20, "Os historiadores das religiões estão partilhados entre duas orientações metodológicas divergentes mas complementares: concentram uns a sua atenção em primeiro lugar sobre as *estruturas* específicas dos fenómenos religiosos, interessam-se outros de preferência pelo *contexto* histórico desses fenómenos;" Veja-se o caso de Rudolf Otto, em *Das Heilige,* citado por Mírcea Eliade, que se aplicou na análise das modalidades da *experiência religiosa.* Cfr. ELIADE, M., *O Sagrado e o Profano, Ibidem*, p. 23.

Mas como se justificam essas mudanças? Como dizia Camões, num dos seus sonetos, *"Mudam-se os tempos, mudam-se as vontades, / Muda--se o ser, muda-se a confiança; / Todo o mundo é composto de mudança, / / Tomando sempre novas qualidades."*

Não devemos, pois, ignorar que uma religião se insere num determinado contexto histórico e ao surgir está envolta em símbolos e metáforas para que todos a possam compreender. Com o decorrer dos séculos as circunstâncias históricas variam e a mensagem original vai perdendo impacto. E quando a mensagem se torna rígida surgem os dogmas de fé, dogmas esses que foram úteis num certo momento e contexto social, mas que se converteram em elementos que travam, por vezes, a *cultura* e a *civilização*.

Não acreditamos que seja a mensagem religiosa que claudica, mas antes as pessoas que a transmitem sem a necessária espiritualidade e tolerância, diremos melhor, respeito, para que ela seja devida e correctamente entendida. Não importa de que mensagem religiosa se trata, o mal reside quando, num determinado momento, esta se converte em algo de negativo ou sem força para ajudar o Homem na sua caminhada, pois, ele necessita de razões contundentes que o ajudem a dar um sentido à Vida. A este sentimento há quem lhe chame fé religiosa.

Necessitamos crer que tudo o que fazemos tem algum valor e nos conduz a algum lado, mesmo porque a excessiva proliferação de enganos tornou compreensível o temor e a desconfiança.

As religiões, nos tempos que correm, encontram-se numa fase involutiva, dado que as suas mensagens, transmitidas desde há mil, dois mil ou mais milhares de anos, deixaram de ter, em parte, a flexibilidade necessária para poderem corresponder às necessidades do Homem no momento presente.[74] A crise essencial com que nos defrontamos talvez seja mais de

---

[74] A expansão do conhecimento só foi possível porque os séculos XIX e XX viveram ao som nietzscheniano do *requiem* da 'morte de Deus', tendo como pano de fundo as ideias positivistas. O estádio positivista, argumentado por Augusto Comte, subsequente à idade teológica e à metafísica, deu início a uma nova etapa da razão, da ciência e da subordinação do espírito subjectivo ao objectivo e racional, baseados em factos observados e em leis. Comte, à semelhança do 'novo cristianismo' preconizado por Saint-Simon, idealizou uma 'religião da humanidade', capaz de apoiar a ciência e de favorecer a coesão social, pondo de parte a Teologia.

Com Karl Marx, a religião é reduzida à legitimação ideológica dum tipo de sociedade assente na exploração do homem pelo homem. Tida, metaforicamente, como "o

ordem moral e espiritual, não será uma questão religiosa. O Homem não deixou propriamente de acreditar em Deus, mas sim, quando muito, em alguns dogmas de Fé.

1.3. De que Deus precisamos?

A tendência humana, como dizia o Professor Agostinho da Silva, seria a de pensar disperso, mas o povo grego lançou a ideia de que o importante é pensar coerentemente o Universo. Trata-se da Filosofia, a qual incita a pensar coerentemente os fenómenos que aparecem, mas apresenta um perigo que é o de cada pessoa acabar por construir uma verdade e considerar-se Senhor dela e, por conseguinte ter quase à mão uma Inquisição pronta a agir.

Com a Ciência acontece o mesmo. Há o perigo de pensarmos que o Universo é totalmente racional, que tudo se encontra dentro do campo duma determinação de lógica matemática quando, afinal a própria Física Quântica nos alerta para o facto de concordar que a Vida tem mais de imaginação do que a Matemática nos fazia supor.

Dizia Pascal que *"o excesso de verdade é pior que o erro"*. Pelo facto do ser humano ser simultaneamente *sapiens* (inteligente) e *demens* (demente), vive uma ambiguidade estrutural. Nele se mesclam o bem e o mal, o simbólico e o diabólico, a sabedoria e a insensatez. Na sua totalidade esta situação é insuperável, muito embora a devamos encarar com realismo aprendendo as lições que revelam sobretudo a de sabermos exercer a compaixão com nós próprios.

ópio do povo", a religião serviria de explicação das desigualdades sociais existentes, ensinando o povo a aceitá-las com resignação enquanto aguardaria uma vida extraterrena, mais justa.

Por seu turno, Max Weber, em 1905, pensa que a religião não é necessariamente uma força conservadora, antes possui fortes potencialidades para produzir grandes transformações sociais. No fundo, Weber ressalta a influência dos valores e das crenças na determinação dos comportamentos económicos e, em geral, na orientação da acção.

Contrariamente a Weber, Émile Durkheim considera que, por definição, *a religião* baseia-se na distinção entre sagrado e profano, referindo que a fronteira entre ciência e religião é permeável, dado que os objectos de investigação científica podem coincidir com as especulações religiosas sobre a natureza, o homem e a sociedade, ainda que sujeitas a um crivo, separadas de preconceitos e subjectividade. Sobre esta distinção nos debruçaremos mais adiante.

Capítulo I – Pressupostos e Categorias Fundamentais 61

A injunção de Sócrates *"Conhece-te a ti mesmo"* refere-se justamente à consciência dos nossos próprios sentimentos no momento em que eles acontecem. Não terá sido por acaso que Emanuel Kant,[75] em 1784, disse que "o ser humano é uma madeira tão nodosa que dela não se pode talhar vigas rectas."

A grande tarefa humana será a de construir o equilíbrio entre o excesso e a carência, fazendo-o com moderação e autocontrole. Daí se retira que deverão coexistir o *logos,* a razão e as estruturas de compreensão e o *pathos,* o sentimento, a empatia, a dedicação e a comunhão com o diferente.

Observemos, mais uma vez de passagem, o que disse, a propósito de Deus, Fernando Pessoa, embora correndo o risco de, em parte, nos repetirmos:

> *"Deus é a alma de tudo. Nunca compreendi que quem uma vez considerou este grande facto da relojoaria universal pudesse negar o relojoeiro em que o mesmo Voltaire não descreu.*
> *Compreendo que, atendendo a certos factos aparentemente desviados de um plano, se atribua a essa inteligência suprema algum elemento de imperfeição. Isso compreendo, se bem que o não aceite. Compreendo ainda que, atendendo ao mal que há no mundo, se não possa aceitar a bondade infinita dessa inteligência criadora."* (B. Soares, *Livro do Desassossego,* p. 249)

Mais adiante, Pessoa apresenta a sua incredulidade perante o facto de que:

> *"(...) se negue a existência dessa inteligência, ou seja, de Deus, é coisa que me parece uma daquelas estupidezes que tantas vezes afligem, num ponto da inteligência, homens que, em todos os outros pontos dela, podem ser superiores".*

Será o sentimento que nos torna sensíveis ao que nos rodeia.[76] À Humanidade assiste-lhe a intuição de que algo mais existe na Natureza

---

[75] No seu livro *Ideia de uma história universal do ponto de vista cosmopolítico,* E. Kant deixou-nos esta mensagem como sendo o paradigma da condição humana.

[76] Mais do que o cartesiano **cogito ergo sum** (penso, logo existo), valerá mais *sentio ergo sum* (sinto, logo existo). Daniel Goleman, na sua obra *Inteligência Emocional,* revela-nos esta realidade e com base em investigações empíricas sobre o cérebro humano e a ajuda da ciência neurológica, mostra o que Platão (427-347 a. C.), Santo Agostinho (354-430), Pascal (1623-1 662) e Heidegger (1889-1976) também já nos tinham ensinado: a dinâmica suporte do Homem não é outra senão o *pathos* – é o sentimento, é, por outras

62 *Das Relações da Igreja com o Estado*

e que a vida provavelmente continua para além da morte, mas o que ela não acredita é nos contextos, que embora válidos noutros tempos, se tornaram anacrónicos.

Há que reencontrar o sentido de unidade que o mundo tem vindo a perder. A Religião, sendo mais o resultado de sistemas de valores culturais preexistentes do que causa de diversidade cultural, terá sido o factor que mais abismos criou, pois determinou perseguições e, ainda hoje, estigmatiza culturas nacionais ou mesmo franjas da população.

Por exemplo, as grandes religiões ou *Religiões do Livro* tiveram os seus cismas: o cristianismo dividiu-se entre católicos, ortodoxos e protestantes; o judaísmo em liberais e ortodoxos e o islamismo separou-se em sunitas e chiitas. Apesar disso, a adopção duma Religião foi desde há muito um elemento que associado ao poder político contribuiu para o reforço de valores nacionais que se tornam essenciais à educação, mas que, por vezes, originou (ou origina?) manifestações de intolerância e também belíssimos escritos, de cariz filosófico, sobre tolerância.

Não nos assiste a ideia de redefinir a noção de *identidade*, mesmo porque esta é uma questão da Filosofia que vem desde o *"Conhece-te a ti mesmo e conhecerás o universo e os deuses"* divisa de Sócrates até Sigmund Freud, passando por tantos outros mestres.[77]

---

palavras, a lógica do coração. Goleman conclui que "a mente racional leva um ou dois momentos mais para registar e reagir do que a mente emocional; o primeiro impulso é o do coração, não o da cabeça.".

Cfr. GOLEMAN, D., (1997), *Inteligência Emocional,* Lisboa: Temas e Debates.

[77] Da inscrição no templo de Apolo 'Conhece-te a ti mesmo'. Geralmente não se admite que, na realidade, a violência nas sociedades humanas, ontem como hoje, é uma forma de comportamento, cuja origem deve ser procurada na própria natureza humana. As respostas comportamentais, sejam elas emocionais, éticas ou até mesmo religiosas, foram programadas, por selecção natural em que a necessidade desempenha funções primordiais, no decurso de milhares de gerações, com sucessiva influência dos factores ambientais, sociais e culturais. Por razões que se prendem a esta evolução pode afirmar-se que o comportamento agressivo tendencial da espécie humana é um dado de facto, por outras palavras, trata-se duma realidade biológica impressa nos genes primitivos, que foi sendo modificada por influências externas de modo a adquirir acrescidas vantagens sociais.

Uma vez mais, os antigos pensadores, de entre eles os gregos e os chineses tinham razão. A título de exemplo veja-se o caso dos pensadores chineses dos séculos VI e IV a. C. que advogaram a unidade do que existe e a complementaridade das suas manifesta-

Capítulo I – Pressupostos e Categorias Fundamentais 63

Abordá-la hoje exigiria muito mais competência do que possuímos, pelo que nos propomos apenas tentar compreender a razão que leva tantos a negar a sua Fé ou a cometerem crimes em nome da sua identidade religiosa. Bastará rever os diferentes conflitos que se desenrolam no mundo para nos darmos conta de que nenhuma pertença prevalece de modo absoluto.

Entre os elementos que constituem a *identidade* de alguém, existe uma certa hierarquia que não é imutável. Ela muda com o tempo e modifica profundamente os comportamentos. O grave é que, muitas vezes, estas mudanças são fruto de modismos quando não de interesses vários.

ções. Pode, deste modo inferir-se que existe, ainda hoje, interacção entre o garantir a sobrevivência e o aumentar o conforto e/ou prazer, pedindo emprestadas, para esta descrição, as palavras de António Damásio. Assim sendo, na espécie humana continuam existindo no cérebro motivações inatas que instintivamente determinam comportamentos éticos e morais, enquanto os instintos mais primitivos de agressividade ainda não foram suprimidos.

Será de inquirir até que ponto a cultura 'faz' o Homem. A grande maioria dos comportamentos agressivos derivam do sobrepovoamento do território ou do esgotamento dos recursos naturais dum dado momento. O aumento da violência e criminalidade será tanto maior quanto maior for o país e quanto mais tolerantes forem as suas instituições.

Numa sociedade individualista, há maior convicção do direito irrestrito aos bens e prazeres, do indivíduo ser juiz dos seus actos, não sendo, normalmente, motivado pelos valores do trabalho, nem tendo espírito de serviço nem de esforço, recusa obrigações ou deveres. Vive-se o presente não se antevendo perspectivas de futuro. Talvez, se bem analisado o contexto, não se possa esperar mais duma sociedade massificada sob o ponto de vista cultural, em que a unidade familiar se encontra erodida, em que o lar não oferece aconchego e respaldo, porque os pais não estão disponíveis para isso por estarem mais preocupados em assegurarem a subsistência.

Não sendo fácil caracterizar, muito menos de forma sintética e precisa, como o pretendemos fazer, a sociedade actual dos países ocidentais, corremos o risco de confundir manifestações de peso diferente e enveredar por indevidas generalizações, torna-se ainda mais difícil, tal como afirmou Maquiavel, por que nenhuma geração em transformação se compreende a si mesma e, na realidade, falta-nos, no mínimo, o distanciamento suficiente, para separar características profundas de fenómenos superficiais, passageiros e conjunturais.

No caso português, tal como noutros países, a sociedade não é homogénea, sendo o traço mais marcante um acentuado individualismo hedonista, que raia o narcisismo, aliado a uma necessidade de independência e desejo de libertação de regras. A norma é viver o presente com a satisfação imediata dos desejos, em que só conta os direitos e muito pouco os deveres.

Veja-se, para um estudo mais aprofundado do tema, António Damásio. DAMÁSIO, A., (2000), *O Sentimento de Si*, Mem Martins: Publicações Europa-América, Lda.

A identidade não nos é entregue na sua forma inteira e definitiva; ela constrói-se e transforma-se no decorrer da nossa existência. Ela é constituída por pertenças múltiplas, algumas ligadas a uma história étnica e outras não; algumas associadas a uma tradição religiosa e outras não.

E só a partir do momento em que formos capazes de ver, em cada um de nós, as contribuições diversas, as mestiçagens e as influências subtis e contraditórias, se poderá criar uma relação diferente com os demais. Deixa de haver «nós» e «eles».

Na era da mundialização/globalização, com toda a aceleração imprimida a nossas vidas, impõe-se uma nova concepção da identidade. Não podemos contentar-nos em impor aos milhões de humanos desamparados a escolha entre a afirmação excessiva da sua identidade e a perda de toda a identidade; entre a desintegração e o integrismo.

Se as pessoas se sentirem constrangidas a escolher entre a negação de si mesmas e a negação do outro, estaremos a contribuir para a formação de legiões de descontentes, de seres desprovidos da sua identidade. Por toda a parte, cruzam-se humanos que diferem uns dos outros pela religião, pela língua, pela etnia ou até mesmo apenas pela nacionalidade.

Por todo o lado, desenvolvem-se tensões, mais ou menos ancestrais, entre imigrantes e população autóctone; caucasóides e negróides ou mongolóides; católicos e protestantes; judeus e islâmicos; sikhs e hindus; gregos e turcos, para mais não referir.

Em qualquer lugar é possível encontrarmos divisões. Em cada sociedade, existem homens e mulheres que transportam em si pertenças contraditórias, pessoas que vivem as linhas de fractura étnicas, religiosas ou outras. Apenas aqueles, de entre estes, que forem capazes de assumir plenamente a sua diversidade, a sua identidade, nas diversas comunidades e culturas, serão os portadores dos elos de aglutinação sem se auto-destruirem.

Segundo estatísticas recentes, somos cerca de 6 mil milhões de seres humanos a viver na Terra. Tem interesse apresentar, pese embora a frieza dos números, a atitude religiosa da população mundial. Mais de um sexto não tem religião. Perto de dois mil milhões, sensivelmente um terço da humanidade, é cristã e um sexto católica.

Capítulo I – Pressupostos e Categorias Fundamentais 65

No quadro I apresenta-se a distribuição dos dados recolhidos.[78]

Quadro I

A Viver a Religião	Totais
Cristã	1 939 000 000
Católica	965 000 000
Islâmica ou Muçulmana	959 000 000
Hindu ou Hinduísmo	749 000 000
Confucionismo	351 000 000
Budista	341 000 000
Xintoísta	66 000 000
Taoista	37 000 000
Hebraica ou Judaísmo	20 000 000
Sikhs	18 000 000
Outras religiões	823 650 000
Não crentes ou indiferentes	277 000 000

Não será de deixar de registar que os finais do século XIX e inícios do XX foram tempos de perturbações sociais que demoraram a acalmar. Foram tempos duma profunda crise religiosa que foi esmorecendo a vida cristã, um pouco por todo o lado.

Os ventos do positivismo francês, do cientismo e do materialismo alemão, foram gradualmente gerando a convicção de que a fé religiosa correspondia a um estádio superado da evolução da humanidade.[79]

---

[78] Veja-se Estatísticas das Religiões do Mundo *in Fides*, n.º 3167/96 e *Internacional Bulletin of Missionary Research*, (1995), vol. 19, n.º 1, p. 25.

[79] De acordo com a terminologia de Max Weber, a verdade não é apenas uma operação de convenção baseando-se os domínios científicos mais em 'juízos de facto' e menos em 'juízos de valor'. Como diz Luís Archer, a ciência na medida em que se projecta sobre o homem e afecta o seu futuro social e biológico, concede-lhe poderes que pertenciam anteriormente ao domínio exclusivo da natureza. As ciências naturais conseguiram alcançar, segundo ele, com base na ideia de 'Deus oleiro' que molda o homem a partir do lodo. Nem o homem se poderá jamais explicar totalmente pela ciência, nem esta poderá ser totalmente absorvida pelo homem.

Cfr. ARCHER, L., (1992), em "Ciência e Religião. Uma nova perspectiva" *in Brotéria. Cultura e Informação,* vol. 135, 1992, pp. 34-45.

Para Edward O. Wilson, fundador da sociobiologia, os filósofos, sociólogos, teólogos e moralistas podem pedir a reforma e ir descansar em paz, porque os problemas que

Mais: a partir da Revolução Francesa o ser humano consciencializou-se da sua capacidade de 'fazer história', sendo agente de transformação da ordem social. O Catolicismo foi então posto no banco dos réus tendo sido condenado em nome da Razão. Vale a pena sublinhar que a discussão deste tema torna-se desconcertante quando o que está em análise é o próprio homem, uma vez que verdade e certeza não andam a par, e que a verdade duma teoria nunca é absolutamente certa. A Religião passou a ser tida como uma marca fossilizada do passado apenas útil para o desenvolvimento dos mais atrasados. Acabaria naturalmente por sucumbir quando o Iluminismo a todos abarcasse.[80]

---

eles longamente procuravam resolver com os seus métodos primitivos, vão ser cientificamente explicados a partir da herança humana de genes animais que evoluíram de acordo com leis hoje conhecidas. Na sua última encíclica do século XX, *Fides et Ratio,* João Paulo II, em 1998, falou da fé e da razão como sendo 'as duas asas do espírito humano' que podem conduzi-lo à Verdade e a Deus.

[80] Talvez não seja despiciendo relembrarmos o pesado legado, de vários ramos reformistas protestantes, que o Iluminismo recebeu. A falta de unidade pode ser uma das suas marcas. A mensagem reformista poderá, de modo muito sintético, traduzir-se na livre interpretação, quase individual, dos Evangelhos, podendo admitir-se que cada um possa construir a sua própria religião. Isto traduz-se num profundo desentendimento em relação a questões essenciais para a vida dos homens e, consequentemente, para a vida das sociedades. Pretenderam remover as tradições das comunidades cristãs e os ensinamentos dos diversos concílios ecuménicos. As divergências, com raiz iluminista, revelaram-se perturbadoras para a Paz das Nações.

Mesmo nos países católicos notam-se esboços de formação de religiões para uso individual. Contudo, durante ainda alguns séculos, os povos mantiveram-se indiferentes a toda esta confusão e fiéis às suas crenças, tradições e aos seus usos. Poderá dizer-se que foi esta fidelidade que permitiu a conservação dos traços fundamentais da cultura e civilização ocidental. Contudo, com o passar do tempo e com a preocupação dominante dum célere acesso de todos aos supostos benefícios duma civilização separada de bases morais, foi possível contaminar quase todos os estratos sociais e por esta via se chegou ao que hoje temos.

Nada mais se podia esperar a partir do momento em que se confundiu a Igualdade, indiscutível a nível da dignidade da condição humana, com os erróneos entendimentos de Igualdade que foram estendendo consumando-se numa anarquia que transformou as sociedades em novas Torres de Babel, em que ninguém se entende, com ambientes de generalizada imoralidade, com corrupção, analfabetismo à mistura com iliteracia, onde coexistem elevadas taxas de criminalidade e frustrações das populações às quais tudo se prometeu e pouco foi dado.

A morte dos deuses e a deificação do próprio Homem conduziram a tudo isto. E enquanto não se encararem, com verdade e determinação, as causas deste estado das coisas, que tem por base tudo ser posto em dúvida, ao sabor das preferências individuais, que,

Capítulo I – Pressupostos e Categorias Fundamentais 67

Os Iluministas ainda, durante um certo tempo, foram travados por ideias e conhecimentos herdados do passado e pela disciplina recebida no seio familiar e noutras instituições, mas com base no pressuposto duma Igualdade ilusória, mesmo que avessa à Natureza e ao mais elementar bom senso, foram subvertendo tudo e todos.

Como se pode inferir da leitura do Quadro I, cinco Religiões, com maior número de seguidores: Cristianismo, Islamismo, Hinduísmo, Budísmo e Judaísmo, nasceram no Oriente donde "vem tudo, o dia e a fé", como nos recorda Fernando Pessoa.[81] Por sua vez, as Religiões do Livro (Judaísmo, Cristianismo e Islamismo) abarcam, ainda na actualidade, o maior número de crentes.

O ser humano é tão naturalmente religioso que para negar a religião cai noutra como a do cientismo ou da exploração ideológica da ciência. O ateu, ao ignorar que a Religião está intrínseca na natureza humana, pronta a despontar ao primeiro sinal de contacto com as obras da Criação, não faz senão destruir as fontes da própria vida.[82]

---

em razão da própria natureza humana, dificilmente se apartam de egoísmos que podem conduzir à ruína da vida em sociedade. Não será pela permanente discussão de todos os princípios que se assegura a continuidade da convivência social, nem tão-pouco pelo somatório de igualdades que se prossegue o bem comum.

A salvaguarda das sociedades e da sua cultura pressupõe, neste momento, elevados esforços a todos, para os quais, e em razão das circunstâncias que foram referidas, não nos encontramos propensos. No caso português, para além do optimismo cristão e da crença em milagres, que sempre parece terem acontecido, assegurando a nossa continuidade como povo e como Nação, através das piores provações e crises, estamos em crer que a nossa sociedade, porque em crise e em desespero de causa, irá encontrar energias adormecidas e ressurgir. Assim o povo e os seus líderes não se dispersem e não se coloquem ao serviço de miragens universalistas enganadoras.

A actual conjuntura internacional deve levar-nos a entender que aos cristãos cabe preservar a sua cultura e a sua civilização, enquanto aos portugueses, em particular, terá de ser confiada a continuidade deste país, na intransigente defesa da essência nacional e colectiva, atendendo, no entanto, ao respeito pelos valores alheios não descurando os ensinamentos colhidos através dos tempos, mesmo porque sem sabermos donde viemos, nunca saberemos para onde vamos ou deveremos ir.

[81] Sendo "A fé o instinto da acção". De dois excertos de Odes de Álvaro de Campos, Pessoa, F., *in Obra Poética*, Rio de Janeiro: Editora Nova Aguilar, 1994, p. 313.

[82] Veja-se a este propósito o que disse o Cardeal Gonçalves Cerejeira ao entender que o ateu honesto continua sendo cristão por infidelidade ao seu ateísmo, quando, por exemplo, a sua virtude se opõe ao seu interesse. Nas suas acções pode ter perdido algures a Fé, mas continua a respirá-la do meio cristão onde se move e sente-a vibrar quando inter-

68   *Das Relações da Igreja com o Estado*

Na evolução da história da Humanidade houve, por vezes, ocasiões onde um pequeno factor teve tais consequências que acabou por mudar drasticamente o rumo de muitos povos. Muito se tem especulado sobre as razões da expansão do Mundo Português, indo-se desde o resultado do espírito aventureiro até à execução duma missão de carácter religioso.[83]

Diariamente são-nos apresentadas versões tendenciosas dos acontecimentos. Quando se trata de assuntos de cariz político ou religioso, torna-se ainda mais premente ter acesso a mais do que uma versão, de molde a podermos ficar com uma noção mais objectiva.[84] O contacto com a cultura portuguesa, ainda hoje, é considerado benéfico pela grande maioria dos povos que o estabeleceram. E, embora nem sempre pacífico, não houve imposição da fé ou aniquilamento sistemático de culturas.

Portugal, ontem como hoje, decerto terá, neste início de século e de milénio,um papel no diálogo intercultural e inter-religioso entre o Ocidente e o Oriente, entre o Norte e o Sul.

Não terá sido por acaso que decorreu, em Lisboa, no mês de Setembro, do ano de 2000, o XIII Encontro Internacional de Povos e Religiões, sob o tema Oceanos de Paz – Religiões e Culturas em diálogo.

Uma fonte importante da alteração moderna dos valores será o ideal de liberdade individual. Os liberais, de que adiante iremos relacionar com o decréscimo do poder da Igreja, dividem a vida humana em duas esferas – a pública e a privada. A sociedade, ou o Estado, tem o direito de vigilância sobre aquela, mas não sobre esta.

Como todo o campo da opinião é domínio do privado, daí advém a liberdade de pensar, de dizer o que se pensa, de crer ou não e de escolher

---

pelado pela voz da sua própria consciência. Mas também na sua consciência pessoal pode ver "o resumo hereditário de necessidades sociais que atravessaram os seus antepassados durante numerosas gerações". Cfr. CEREJEIRA, M. G., (1924), *A Igreja e o Pensamento Contemporâneo,* Coimbra: Coimbra Editora, Lda., pp. 53, 184-186.

[83] Da história da colonização portuguesa ficou registado o facto de qualquer pessoa que se tornasse católico nos territórios portugueses adquiria a cidadania, independentemente da sua origem étnica. A Igreja Católica foi e continua sendo uma grande difusora da nossa cultura e civilização ocidental.

[84] Talvez seja tempo de desfazer os múltiplos nós deliberadamente atados no último meio século a fim de se conhecer as grandezas e as misérias desse passado, o que só será possível se a Verdade não for dominada por 'actores' demasiado ansiosos em polarizar virtudes, escondendo erros e branqueando a História nos pontos que lhes interessa, enquanto enegrecem outros. A palavra final irá caber às gerações descomprometidas com este lapso de tempo. Só assim se fará a História deste país, como dizia o nosso saudoso mestre Dr. João Bernardo de Oliveira Rodrigues.

Capítulo I – Pressupostos e Categorias Fundamentais 69

estes ou aqueles valores, ou até mesmo de os rejeitar a todos. A tolerância, ou respeito das escolhas individuais, será aceitável no que concerne a factos corriqueiros, mas não quando se trata da verdade e do bem. Ela pode significar indiferença.

Todas estas asserções preocuparam e preocupam muitos autores. De entre eles, em França, destaque-se Louis de Bonald, justamente porque a sua posição é uma das mais radicais – a dum defensor da teocracia, ou Estado religioso.[85]

Do seu pensamento podemos destacar a vertente crítica que continua a ter actualidade. Para ele a sociedade, desde o século XVII, perdeu a sua relação aos valores, apontando a culpa ao materialismo, entendido como preferência pelos valores materiais face aos espirituais e como filosofia que reduz o homem a uma máquina, não lhe reservando lugar ao princípio espiritual.

Qualquer sociedade não deve ter por finalidade "multiplicar os homens e proporcionar-lhes riquezas e prazeres mas, antes de mais, fazê-los bons e torná-los felizes".[86] A substituição dos valores espirituais pelos materiais é a consequência inevitável duma transformação que lhe está subjacente dado que os valores sociais são substituídos pelos individuais, preferindo-se o bem-estar do indivíduo que se sobrepõe ao da conservação da sociedade que permanece. A sociedade é da natureza do Homem pelo facto de todo o ser humano vir ao mundo integrado numa comunidade, sendo incapaz de sobreviver sem a ajuda dos outros.

Muitos foram, contudo, os que adoptaram a existência dum contrato social e imaginaram a invenção da sociedade pelos indivíduos, pensando a sociedade à imagem duma associação voluntária. Eis como, a esse respeito, se manifestou Bonald:

> "A filosofia do último século só viu o homem e o universo, nunca a sociedade.[87] Por *um lado, e atrevendo-me a usar uma expressão familiar, fez em pedaços os Estados e as famílias, onde não viu pais, nem mães, nem*

---

[85] De entre as várias obras de L. BONALD destacam-se: *Législation primitive*, 3 vols., 1829; *De la chrétienté et du christianisme*, in *Oeuvres*, t. XII, 1830; *Mélanges littéraires, politiques et philosophiques*, 2 vols., 1838; *Théorie du pouvoir politique et religieux*, 3 vols., 1854.

[86] Veja-se BONALD, L., (1838), *Mélanges littéraires, politiques et philosophiques*, Paris, t. I, p. 238.

[87] Bonald refere-se ao século XVIII.

filhos, nem senhores, nem servos, nem poderes, nem ministros, nem súbditos, mas apenas homens, ou seja, indivíduos, cada qual com os seus direitos, e não pessoas ligadas entre si por laços. Confundiu tudo ao querer tornar tudo igual, e dissolveu tudo ao querer libertar tudo. Por outro lado, apenas propôs às nossas afeições o género humano, toda a Humanidade, e aniquilou-se ao querer alargá-las para além da capacidade dos nossos corações e da possibilidade das nossas relações."[88]

De todo este modo de pensar advém a sua crítica à ideia de direitos do homem como direitos do indivíduo, sendo a transcendência que se pode oferecer a uma sociedade ateia. Se Deus morreu, então tudo é permitido, algo que Bonald assim formula: "Os homens, se Deus não existe, nada podem legitimamente uns sobre os outros, e todo o *dever* cessa entre os seres no ponto em que cessa o *poder* sobre todos os seres.".[89]

Portanto, o indivíduo é o termo comum de duas oposições, a que existe entre Deus e a sociedade e a que existe entre o Homem e Deus, o que estabelece a solidariedade entre valores sociais e religiosos.

Por conseguinte, a tolerância como respeito das escolhas individuais pode não ser aceitável quando se trata da Verdade e do Bem. Como refere Bonald quando afirma que:

"A tolerância absoluta, ou indiferença, não é adequada nem à verdade nem ao erro, que nunca podem ser indiferentes (...). A tolerância absoluta (...) não conviria, portanto, senão ao que não fosse verdadeiro nem falso, ao que fosse indiferente em si.".[90]

Face à liberdade de culto, esta só será admissível se tivermos de antemão decidido que Deus é um assunto indiferente, pois, poder-se-á questionar se haverá maior absurdo do que defender que todas as maneiras de honrar a divindade são indiferentes, mesmo as mais opostas entre si? Será que se alguém aceitar, em simultâneo, a Bíblia e o Corão, não significa que no fundo é indiferente à mensagem de Verdade que ambos os livros sagrados pretendem conter?

---

[88] *In Mélanges littéraires, politiques et philosophiques*, t. II, pp. 246-247.

[89] Conforme se encontra em BONALD, L. (1829), *Législation primitive*, t. I, p. 142.

[90] Cfr. BONALD, L., (1838), *Mélanges littéraires, politiques et philosophiques*, Paris, t. I, p. 208.

Capítulo I – Pressupostos e Categorias Fundamentais

Foi, com base em pressupostos similares que Bonald aconselhou a cultivar a busca da Verdade. O progresso duma sociedade, seguindo este raciocínio, consiste na eliminação das zonas de dúvida e deste modo, *"(...) à medida que as luzes vão aumentando na sociedade, deve haver menos tolerância absoluta ou indiferença acerca das opiniões. O homem mais esclarecido seria, portanto, em relação às opiniões, menos indiferente ou menos tolerante. (...) O homem é, e deve ser, intolerante, em relação a tudo o que se afasta, em todos os géneros, do verdadeiro, do belo e do bom."*[91]

E vão-se esquecendo ideias perigosas, como a compaixão, a solidariedade, a preocupação com os outros e, em termos mais gerais, os valores humanos como ouvimos um dia de Noam Chomsky. Parafraseando Fernando Pessoa, temos de confessar que o problema subsiste, mas subsiste porque subsiste a nossa imperfeição.

2. A grande diferença

Talvez o *igualitarismo* seja o principal responsável pela destruição dos valores nas sociedades modernas. Todos têm os mesmos direitos não se distinguindo as diferentes *pessoas* sociais. A aceitação da igualdade de todos é um elemento necessário à moderna doutrina da tolerância, mas nem por isso suficiente. Mas a igualdade real é evidentemente impossível, tanto porque os seres humanos não são dotados de forma igual, como porque nem todos os lugares na sociedade são equivalentes.

A igualdade será particularmente pertinente quando se trata de afirmar a tolerância em relação aos estrangeiros a fim de evitar a xenofobia, mas pode existir falta de tolerância no seio duma mesma sociedade, se não for admitido o direito de cada um de agir livremente, como é o caso, entre outros, da intolerância religiosa. A tolerância necessita não apenas da igualdade, mas também da liberdade.

Mas, se é viável pedir a igualdade de todos perante a lei, o mesmo não acontece com a liberdade: esta só é um bem se for limitada. Muitos esquecem os dois sentidos da palavra liberdade: por um lado, o direito de fazer o que se quer, por outro, o direito de desfrutar aquilo que é permitido no interior duma sociedade.

---

[91] *Ibidem*, pp. 209 e 215.

É este o paradoxo constitutivo da liberdade e, consequentemente da tolerância, já que, para existirem, implicam as próprias negações ainda que de modo parcial. De facto, se cada um fizer o que bem entender, depressa a sua liberdade se reduzirá a nada pelo simples facto dos outros procurarem fazer o mesmo, ou seja, o limite da liberdade seria o limite da força e o mais fraco não teria qualquer liberdade.

Foi neste sentido que J. J. Rousseau opôs a liberdade civil à independência natural, o direito de beneficiar da protecção social ao direito de prejudicar o outro e ensinava a preferir o primeiro termo ao segundo, dado que a liberdade civil é limitada, pois para aquém dum limite temos o direito de fazer tudo o que entender, mas para além desse limite temos de nos submeter às regras e às leis emanadas da sociedade de que fazemos parte.[92]

Permitam-nos que seja aberto um parêntesis e nele seja proposto o conceito de *paz*. Esta não se ensina; a *paz* cria-se ao ritmo em que conseguimos aprender a viver não *em paz*, mas *a paz*.

O viver *em paz* está mais próximo da noção de ordem, poder-se-á mesmo traduzir por tolerância, enquanto viver *a paz* passa muito para além da tolerância, é já a interdependência, um conceito muito mais cristão do que a tolerância.[93]

O conceito de *tolerância* assenta, tal como se acabou de referir, num paradoxo irresolúvel: a afirmação de que todos são diferentes e de que todos são iguais. Se estivermos atentos às lições da História facilmente descortinaremos que afinal, com o tempo, a Humanidade tem um apreço pela Paz, pela Justiça e pela Verdade que tem triunfado sobre a crueldade e a opressão. Antigamente talvez fosse suficiente desejar Paz na nossa própria terra e na sua vizinhança, contudo hoje é muito mais apropriado falarmos de Paz mundial e isto por que a interdependência humana é tão notória que a única paz digna desse nome é, efectivamente, a mundial.

Mais uma vez há que distinguir entre *paz*, como mera ausência de guerra e *paz* como um estado de tranquilidade construído sobre o profundo sentimento de segurança que advém da compreensão mútua, da tolerância pelo ponto de vista do outro e do respeito pelos seus direitos. Parafra-

---

[92] O que faz falta na esfera das relações internacionais, conforme afirmou o Dalai Lama, na sua passagem por Lisboa, neste ano de 2002, é, sobretudo, um sentido de maior ou mais partilhada responsabilidade. Vivemos num Mundo, em intensa transmutação, em que a interdependência é maior e os comportamentos irresponsáveis tornam-se, a cada dia, mais perigosos.

[93] Como ouvimos do nosso Professor Ruben Cabral, em Março de 1995, na Universidade Católica Portuguesa.

seando o Dalai Lama diremos que a *paz* no Mundo depende da paz existente no coração das pessoas, o que, por seu turno, depende de cada um de nós praticar a ética, disciplinando a reacção aos pensamentos, emoções negativas e desenvolvendo qualidades espirituais básicas.[94]

A interdependência afirma o carácter único, a unicidade de cada ser humano. Na unicidade de cada ser humano não há lugar para a noção de diferença, apenas para a noção de igualdade. Não há, pois, nem contradição, nem paradoxo.

As democracias proclamaram a separação do público e do privado, e, portanto, da acção e da opinião, tendo como recurso para abolir os crimes agir sobre as consequências, e para o fazer são levadas a multiplicar e reforçar as leis. Esta foi a resposta ao problema posto pelo desaparecimento da moral pública. Trata-se, contudo, duma resposta insuficiente dado que substituiu a lei moral, à qual se pode aderir com a consciência, por uma lei puramente formal, à qual temos de estar submetidos simplesmente porque é a lei, não porque seja justa.

Será também insuficiente como resposta uma vez que a legislação suporta o peso da regulamentação da sociedade. As leis não só aumentam em número como se tornam mais opressoras, justamente porque é necessário que a lei civil englobe todas as acções quando a lei moral ou religiosa deixa de poder dirigir as vontades.[95]

Por muitos foi abandonada a ideia tradicional de que ao legislador cumpre auscultar os sentimentos dos povos e não impor-lhes as excelências de concepções pessoais, ou de grupos dominantes. Assim se vão acumulando as normas desajustadas e contraditórias, que deixaram de merecer o respeito dos seus destinatários.

A crise que hoje se vive, em vários domínios, incluído o da Justiça, poderá não derivar de causas endógenas a cada um dos domínios. Talvez uma das causas possa ser encontrada na crise moral que afecta o nosso País; outra, poderá ser assacada aos excessos e à incapacidade verificada no plano da produção legislativa, embora haja quem advogue, em sua defesa, a complexidade da vida social. Por respeito aos dados históricos e por respeito a nós próprios, recusamo-nos a subscrever tais justificações.

---

[94] Os problemas duma Nação deixaram de poder ser resolvidos apenas por ela porque, dada a interdependência, isso se tornou impossível sem a cooperação doutros países. Por conseguinte, será tão errado do ponto de vista moral, como insensato do ponto de vista prático, que as pessoas ou as Nações lutem pelo seu bem-estar sem consideração pelas aspirações dos que os rodeiam. Há que considerar a conciliação de todos os interesses.

[95] Assim se manifesta Bonald. Veja-se BONALD, L., (1829), *Ibidem*, t. I, p. 263.

3. Guerra entre Ciência e Religião?

A luta contra o integrismo não deve ser por uma 'integração' que obrigue os 'outros' a deixar de ser aquilo que são, mas antes uma luta para que o sejam de modo mais profundo, mais sério, e para que, com o seu contributo e experiência específica, enriqueçam as noções actuais de cidadania e de vida que lhes dão um sentido humano – ou divino, de acordo com a linguagem de cada um.

Em todas as religiões, e não apenas no Cristianismo, existem pessoas que se esforçam para que a religião que professam em vez de ser alienada e alienante, seja uma força de libertação.

Cada vez mais a tolerância tem de ser um valor a ser assimilado, devendo-se a John Locke o estabelecimento da primeira grande ponte entre o conceito e a realidade. Ao rejeitar o conhecimento inato e baseando-se no empirismo dos sentidos e na capacidade humana da reflexão, Locke admite o conhecimento intuitivo da existência de Deus, afirmando a certa altura, na sua Carta sobre a tolerância, que "Uma Igreja é uma sociedade livre e voluntária".[96]

Uma Igreja nasce da necessidade de afirmar publicamente a sua Fé, servir e honrar a Deus em comum e publicamente. Ela forma-se pelo livre acordo dos que pensam ser a verdadeira religião e repetindo Locke

> *"Seja o que for que se possa pôr em dúvida em matéria de religião, uma coisa pelo menos é certa: é que nenhuma religião, que não se tome como verdadeira pode ser para mim verdadeira e útil."*[97]

Tolerância é uma palavra-chave da chamada modernidade ocidental. Provavelmente se os europeus não se vissem confrontados com algumas 'ameaças' provindas de povos não europeus, a 'tolerância' não seria uma palavra tão divulgada entre nós. Isso não significa que o conceito que pretendemos transmitir, e que atrás abordamos com maior profundidade, devesse ser esquecido, antes pretendemos afirmar que quando falamos em tolerância estamos a falar da cisão, da diferença, da divisão que toda a realidade humana contém.

Para Locke, todo o poder do Estado baseia-se num contrato social, onde a revolta constitui um direito. Estas reflexões, que frutificaram no

---

[96] Veja-se, de novo, LOCKE, J., *Carta sobre a tolerância, Ibidem*, p. 94.
[97] Cfr. Locke, J., *Ibidem*, p. 105.

Capítulo I – Pressupostos e Categorias Fundamentais   75

século XVIII, sobretudo nos movimentos revolucionários franceses e norte americanos, são, no entanto, realizadas num período histórico em que persiste a ideia dum mundo ordenado, onde tudo faz sentido.

Locke viveu numa Inglaterra marcada pelas perseguições religiosas, onde floresceu uma nova monarquia que reivindica direitos e vinganças. A Igreja Anglicana possui uma autoridade absoluta tanto sobre a Fé como sobre o culto.

Mesmo entre os anos de 1648 e 1660, época em que os independentes cultivaram a tolerância relativamente ao caminho escolhido por cada homem para chegar a Deus, considerava-se que a liberdade tinha limites na razão do Estado, o que, na prática, significava a proibição do culto católico.

É neste contexto que Locke faz as suas reflexões e na 'Carta sobre a Tolerância' expressa alguns argumentos essenciais: *"(...) todo o poder do Estado só diz respeito aos bens civis, e se restringe ao cuidado das coisas deste mundo..."*[98]

Deste modo, fica expressa a distinção e separação radicais entre as funções do Estado e as da Igreja, ou seja, entre a comunidade política e a sociedade religiosa. O bem público corresponde à conservação e defesa da segurança, da integridade e da prosperidade comuns a uma sociedade está inerente à razão da constituição do Estado. A primeira grande ideia de Locke é a de que não existe qualquer ligação entre o Estado e a Igreja, cuidando um dos bens e a outra das almas.[99]

Convém recordar que Locke estava absolutamente imbuído do espírito evangélico do Calvinismo permitindo-se, por isso, afirmar que a tolerância é *"o principal critério da verdadeira igreja."*[100]

No entanto, as religiões ainda desencadeiam paixões. Se se pode afirmar que a memória do homem é curta e volúvel, o mesmo não se poderá dizer da memória colectiva das religiões, pois, actos de violência cometidos contra religiões são, não raras vezes, transpostos para o carác-

---

[98] *Ibidem.*

[99] É fundamental não apenas evitar repetições como acessibilizar o discurso científico, sem a utilização dos artifícios de linguagem que Popper considerava tornarem, na senda de Hegel, o discurso intelectual incompreensível, pelo que iremos, apenas sumariamente, abordar a argumentação de Locke, a qual no próximo ponto pretendemos desenvolver. Cfr. POPPER, Karl, *"Liberté et responsabilité intellectuelle" in La leçon de ce Siècle*, Paris: Anatolia, p. 139.

[100] Cfr. LOCKE, J., *Ibidem*, p. 89.

ter teológico ou místico da religião vitimizada e, por vezes, também da agressora.

Não será de ignorar que uma religião se encontra num determinado contexto histórico. Maomé, por exemplo, pregou uma mensagem com um certo cariz violento, o que se justifica, na medida em que povo árabe necessitava duma força suplementar para conseguir ultrapassar o estado de escravidão em que vivia na época.

Na Índia, Buda apareceu quando o brahmanismo velava a religião com ritos esotéricos desprovidos de conteúdo espiritual. Buda transmitiu uma ideia simples de como chegar ao auto-conhecimento e como conhecer o universo e chegar até Deus.

A profanação de lugares sagrados e suas repercussões na vida dos povos, como ocorreu recentemente no Médio Oriente, merece ser referida porque islão e judaísmo nunca se apresentaram como inimigos teológicos.[101] Contrariamente ao Cristianismo que, durante séculos, tentou substituir o Judaísmo como a religião eleita de Deus, o Islamismo sempre respeitou a Fé mais antiga e esse respeito era recíproco.

Perante a pluralidade de opções religiosas, ultrapassadas que foram, pelo menos globalmente e em teoria, os tempos da intolerância e do ódio com fundo religioso, relembremos, a propósito, as palavras de Paulo VI, numa intervenção no Concílio Vaticano II, sobre liberdade religiosa:

> *"A Igreja faz sua a aparição, tão universalmente sentida hoje, à liberdade civil e social em matéria religiosa. Que ninguém seja forçado a acreditar; mas também igualmente que ninguém seja impedido de acreditar e professar a sua fé, direito fundamental da pessoa humana."*[102]

A Fé não deve ser nunca um «ópio do povo», mas antes servir para a libertação do próprio Homem.[103] Nem tão pouco poderá existir rivalidade

---

[101] Reportamo-nos, concretamente, aos acontecimentos de Outubro de 2000, quando em Nabus, o túmulo de José, onde, de acordo com a tradição, está sepultado o filho favorito de Jacob, foi incendiado por palestinianos; enquanto para estes, a morte de sete manifestantes, pela polícia israelita, no Monte do Templo, em Setembro do mesmo ano, foi um acto de profanação da mesquita Al-Aqsa, em Haram al-Sharif ou Nobre Santuário, considerado o 3.º lugar sagrado da Fé Islâmica.

[102] Esta intervenção aconteceu em 1965, aquando da aprovação da Declaração *Dignitatis humanae* sobre liberdade religiosa, *in **L'Osservatore Romano**, 1995, 7.*

[103] Aliás, diga-se que Marx não fez uma crítica filosófica da religião, mas antes uma crítica política: na luta pela libertação das classes exploradas e oprimidas, debatia-se, numa Europa dominada pelo espírito da 'Santa Aliança' – entre o alto clero e os príncipes contra qualquer movimento democrático ou socialista, com uma religião que, efectiva-

Capítulo I – Pressupostos e Categorias Fundamentais 77

entre Fé e Ciência. Sendo uma das razões o facto da Ciência ser um modo positivo de conhecimento, enquanto a Religião é um modo de estar na vida.

Quer a Ciência quer a técnica, independentemente dos seus sucessos, podem dar ao Homem os meios para atingir qualquer fim, mas nunca os fins últimos, que só o Homem pode, de modo livre e responsável, atribuir à sua vida. Por conseguinte, não existe concorrência ou sequer exclusão recíproca, entre a Ciência que nos fornece meios mesmo que poderosos e uma Fé com a qual decidimos os fins a seguir.[104] Contudo, com a introdução das teorias ditas marxistas, todas as expressões humanas da vida social, foram destruídas ou desfiguradas.

A Fé foi considerada uma «ideologia» de resignação e o ateísmo 'religião' de Estado.[105] Vem a propósito referir o que afirma John Polinghorne acerca do ateu considerando que lhe escapa a dimensão sobrenatural e o valor que ela acrescenta ao positivo das coisas, dos seres e dos fenómenos.[106]

Nos dias de hoje, não obstante a multiplicidade de problemas prementes ainda por solucionar entre Ciência e Religião, a sobreposição ética entre ambas tem encontrado uma maior ligação no que concerne à crise ecológica com a consequente degradação da Natureza como um todo. A direcção proposta para uma parceria que prossiga na tentativa de resolução deste problema passa pela definição duma perspectiva ética, concretamente, duma visão justa e sustentável da sociedade humana que viva em harmonia com o ambiente e em paz com ela mesma.

---

mente, tinha o papel demasiado passivo, ou seja, de «ópio do povo». No entanto, Marx frisava que a Fé não é sempre nem em qualquer lugar um «ópio do povo», declarando que o Cristianismo era, ao mesmo tempo, 'um reflexo' e um protesto contra a miséria do Homem. Cfr. MARX, K., *Oeuvres Philosophiques,* Gallimard, La Pléiade, t. III, p. 383.

[104] Esta concepção arcaica teve lugar com o Positivismo, ou seja numa concepção de 'cienticismo' totalitário que pretendeu que todos os problemas da vida podiam ser resolvidos, até mesmo as questões dos *fins* últimos e do sentido da vida.

[105] Marx, na *Introdução à Crítica da Filosofia do Direito de Hegel,* considerava como «ópio do povo» o espírito da «Santa Aliança» voltado contra os povos, via na religião «uma expressão da miséria humana e também um protesto contra esta miséria». Muito embora tenha ocorrido a 'implosão' da U.R.S.S., na última década do século XX, o certo é que o marxismo não morreu, mas sim e apenas a sua trágica caricatura. Cfr. MARX, K., *Ibidem,* t. III, p. 383.

Há que dar prioridade à unidade da Humanidade e oportunidade ao desabrochar, em cada Homem, da plenitude da sua Humanidade, como dizia o Professor Doutor Manuel Patrício, numa sessão do curso de Mestrado da Universidade Aberta, em 1997.

[106] Veja-se POLKINGHORNE, J., (1994), *Science and Christian Belief,* Londres: Society for Promoting Christian Knowledge, p. 70.

78 — Das Relações da Igreja com o Estado

A *nova era espiritual* pretende construir elos entre Ciência e Religião, buscando uma unidade holista, de molde a ultrapassar dualismos entre Ciência e Fé, partindo de descobertas da Física Quântica e da exigência ética na preservação da vida no Mundo.[107]

Tanto a Ciência quanto a Religião são produto do Homem, do seu modo de pensar as coisas, duma lógica comum e duma certa dose de incerteza. De entre os múltiplos tipos de interacção entre Ciência e Religião, Ted Peters adere ao modelo da sobreposição ética em função da reconhecida necessidade da Teologia se pronunciar eticamente sobre questões que respeitam à sociedade como um todo, evitando-se que ciência e religião se expressem em linguagens diferentes. A primeira exprime-se com a linguagem dos factos, explicando como as 'coisas são', enquanto a segunda se expressa com a dos valores, explicando como 'as coisas devem ser'.[108]

Ainda de acordo com Peters, existem elementos de proximidade entre pensamento científico e teológico. Um deles é o facto do mundo científico também possuir uma certa dose de fé. Claro que não se trata duma fé em sentido religioso, mas antes de fé na racionalidade do mundo e na capacidade racional da mente para o conhecer, fazendo com que, por vezes, a Ciência tenha por base fundamentos não submetidos a prova, sendo, por conseguinte, pura convicção.

O outro elemento de proximidade entre pensamento científico e teológico diz respeito à necessidade de remodelação do pensamento teológico de molde a adoptar um carácter hipotético que, tal como sucede na Ciência, submete os princípios fundamentais a análise. Assim, os dogmas não podem ser imutáveis ou eternos. Com tudo isso será de assegurar e de preservar as respectivas autonomias e especificidades, mesmo porque o tempo do Papa Leão XIII e da fundação do Observatório Astronómico do Vaticano (1891), já passou, sendo que a sua função era mostrar ao Mundo que a Igreja era capaz de fazer boa ciência e rivalizar com as demais instituições científicas.

A possibilidade duma coexistência pacífica, entre Ciência e Religião, em que a paz é obtida através do respeito mútuo, depende da necessidade duma espécie de bilinguismo, pensando na religião e na ciência

---

[107] A este propósito recordo o que diz Frank Tipler: "Galileu teve problemas sérios quando ousou invadir o terreno dos filósofos e teólogos". Cfr. TIPLER, Frank (2003), *A Física da Imortalidade,* Lisboa: Editorial Bizâncio, p. 33.

[108] Veja-se PETERS, Ted (1998), *Science and Theology. The new Consonance,* Colorado: Westview Press, pp. 11-39.

Capítulo I – Pressupostos e Categorias Fundamentais 79

como entidades autónomas, com especificidades próprias, mas complementares.[109]

Nesta perspectiva, Ciência e Religião são dois modos complementares da compreensão humana, sendo desaconselhável a existência de fronteiras. Digamos, parafraseando o Cardeal Cerejeira, que não é objecto da Religião transmitir-nos uma concepção científica do Mundo, mas antes ensinar-nos algo sobre Deus e sobre as relações do homem com Deus.

Observemos, de passagem, algo muito peculiar a respeito do posicionamento de Lamarck: *"a vontade de Deus é em toda a parte expressa pela execução das leis da natureza, visto que estas leis d'Ele provêm"*. Assiste-se mesmo a uma espécie de co-habitação pacífica, ou coincidência, entre o espírito científico e o religioso em muitos dos grandes nomes da Ciência.[110]

Nem a fé é um domínio exclusivo da religião, nem a confirmação das crenças pertence unicamente à ciência, pois esta também conhece incertezas porque inerente a ser um produto humano, exactamente como a religião.

Será plausível questionar se o sábio cristão se deve contentar com uma prudente dicotomia entre a fé e a sua investigação, fazendo a distinção entre o 'porquê' metafísico e o 'como' científico. Ou pode, como fez Pierre Teilhard de Chardin, colocar em sinergia as exigências da sua investigação e as interrogações da sua fé?[111]

De acordo com João Paulo II, quer a Ciência quer a Religião devem possuir seus princípios próprios, as suas normas de procedimento, suas diversidades interpretativas e retirar as suas próprias conclusões.

---

[109] A este propósito é sugestiva a expressão do Teólogo Langdon Gilkey, que defende que a Ciência se preocupa com o 'como', enquanto, a Religião se preocupa com o 'porquê'.

[110] Outros grandes cientistas patentearam a conciliação entre Ciência e Fé. A título de exemplo fica: Kepler, Newton e Pasteur. Veja-se, de novo, a obra de CEREJEIRA, M. G., *A Igreja e o Pensamento Contemporâneo,* Coimbra: Coimbra Editora,1924, pp. 49 e 50.

[111] A relação dum certo antagonismo entre investigação científica e crenças religiosas poderá ter os dias contados dada a atitude de abertura e diálogo de João Paulo II. O Papa opõe-se às posições de antagonismo ou de separatismo, propondo uma união em complementaridade, uma 'aprendizagem mútua', uma 'busca comum', indo mais longe ao preconizar uma 'abertura entre Igreja e as comunidades científicas', ou seja uma colaboração entre iguais, sem pretensão de supremacia.

Dentro deste contexto e para uma análise mais profunda veja-se o artigo, de Luís Archer, intitulado "Ciência e Religião. Uma nova perspectiva" *in Brotéria. Cultura e Informação,* (1992), vol. 1135, pp. 34-45.

Das Relações da Igreja com o Estado

A Ciência pode purificar a Religião da superstição e do erro, enquanto a Religião pode purificar aquela da idolatria e dos falsos absolutos. É justamente numa proposta de complementaridade e interacção que o Papa considera existir espaço para o diálogo ecuménico e surgimento duma Igreja universal.

Contudo, a parceria da Igreja neste domínio não deverá ser indiscriminada, assimilando apenas as teorias bem fundamentadas e que fazem parte da cultura intelectual do tempo. Será, ainda de acordo com João Paulo II, de defender a não obrigatoriedade da Igreja se pronunciar sobre a veracidade das teorias científicas, mesmo que as adopte.[112]

Para que tudo isto aconteça será preciso que quer a comunidade científica quer as estruturas da Igreja estejam abertas para aceitar as mudanças impostas pelo diálogo que entre elas aconteça. No discurso do Papa há um nítido apelo ao termo dum processo complexo de tensões que tem perdurado ao longo da história da humanidade, através de relações de tolerância e cooperação entre Ciência e Religião. Virá a propósito referir o que foi dito por Cerejeira "toda a verdade é dogmática" concluindo, através de citações que "o catolicismo não impede de pensar senão aqueles que não são capazes de o fazer."[113]

Em suma, o conflito entre Ciência e Religião que já é antigo, provêm dum tempo em que era insuficiente a análise dos limites e do carácter do conhecimento científico, a par de noções erradas da própria religião, não descurando que temos o pensamento na católica. Embora com objectivos e métodos diversos, verifica-se a convergência entre ambas no sentido das atitudes. Ciência e Religião identificam-se na raiz, pois ambas caminham no sentido da busca da Verdade.[114]

Terá aqui cabimento a frase de Diderot, *"Deve-se exigir que eu busque a verdade, mas não que eu a encontre"*.

---

[112] *Ibidem,* pp. 38-42.

[113] Veja-se CEREJEIRA, M. G., "Estudos", C.A.D.C., ano I, n.º 12, Abril de 1923, p. 353.

[114] Isto implica a defesa da verdade, exigindo espírito crítico e o valor da razão, não ignorando que na selva do relativismo a verdade e o erro se podem equivaler. Realizou-se, em Espanha, no final de Agosto de 2002, uma reunião internacional, sobre as três religiões monoteístas, através da ciência. Foi fundada então, a 25 de Agosto, a *International Society for Science and Religion.* O presidente eleito, Rev. John Polkighorne, iniciou o seu discurso do seguinte modo: "Science and religion are both searching for truth".

Veja-se in *Research News E Opportunities in Science and Theology,* vol. 3, n.º 2, Outubro de 2002, p. 2.

CAPÍTULO II
Das Convicções à Dialéctica

1. As Funções do Estado e da Igreja

1.1. *Uma questão fundamental: os limites*

Muito embora conheçamos a asserção de que *"A convicção mata a busca da Verdade"* e que a Ciência é, acima de tudo, a arte do incerto, certo é, porém, que necessitamos estar persuadidos de determinados factos.[115] Todas as disputas científicas podem, em princípio, ser solucionadas através de observações com as quais todos concordam, mas, todas elas podem ser colocadas de novo em aberto quando aparecerem novas que sugiram que a resolução foi prematura. Com a Política e a Religião as coisas não são bem assim.

Goethe alerta-nos para os perigos da convicção. Em suas mãos, uma simples lenda medieval sobre um Dr. *Faustus* que vendera a alma ao diabo e acabara desgraçado, transformou-se num relato subtil da relação entre o Homem e a Natureza. *Fausto* fala das promessas e dos perigos da ciência, de homens a tentarem ser deuses. *Fausto* morre após ter renunciado à busca da imortalidade, mas ele é redimido ou antes paga o preço?

Goethe afirmou que o maior perigo da vida reside na certeza. Permanece, deste modo, profundamente ambíguo. Desde sempre tem havido disputas entre a Ciência e a Religião, como acabamos de referir no ponto anterior. O 'oceano' da ignorância que exige uma explicação sobrenatural é menor do que já foi, mas todos ignoramos quando – se alguma vez isso acontecer – é que ele se evaporará completamente.

---

[115] F. Nietzsche manifestou-se neste sentido ao referir que "As convicções são mais perigosas para a verdade do que para a mentira".

Das Relações da Igreja com o Estado

Sem certezas, pretendemos identificar o fundamento e natureza das funções do Estado e da Igreja. Comecemos então pelo conceito de *Estado*. O termo deriva de *'estar'*: uma realidade que está firme, sendo o Estado a organização mais importante e estável da sociedade, é, pois, a mais alta forma de organização da vida social. A palavra *'Estado'* não era conhecida, neste sentido, pelo Latim que, para exprimir esse conceito usava termos como *'res publica'* ou *'civitas'*.

Por sua vez, o termo *'Estado soberano'* surge, no século XVI, com Nicolau Maquiavel, na obra *O Príncipe*. Para Maquiavel 'razão de Estado' significa que, para defender o direito absoluto da sua sobrevivência e estabilidade, o Estado poderia realizar acções proibidas ao simples cidadão. Cabe ao Estado a salvaguarda do bem comum, sendo este entendido como o conjunto das condições de vida duma sociedade que favorecem o bem--estar e o progresso humano de todos os cidadãos. Por conseguinte, bem comum comporta todas as condições que promovem o progresso cultural, espiritual, moral, económico de todos, sem exclusão de nenhum cidadão.

De certo modo é anterior à constituição de qualquer sociedade (porque consiste na realidade das relações estáveis entre as pessoas) e, em simultâneo, deve ser fruto do empenhamento de todos.

Todas as realidades sociais, como, por exemplo, a Família e a Escola, são chamadas a velar pelo 'bem comum', sendo cada um de nós e todos em conjunto responsáveis por ele. O verdadeiro Estado deve ter inscrito na sua dinâmica o princípio do bem comum, tendo como inegociável o respeito devido a toda a pessoa, cabendo-lhe reconhecer as realidades sociais a todos os níveis, estando aberto à colaboração internacional. Este é o ideal de Estado que emerge na nossa Constituição.

De acordo com Marcelo Caetano *"as sociedades primárias que se juntam para constituir uma sociedade política procuram nesta maior segurança (...) a instituição do poder político é um instrumento de defesa externa e de paz interna."*[116]

Para além da segurança, o Estado busca a manutenção da justiça, o bem-estar material dos cidadãos, assegurando, desta forma, o que podemos chamar de ordem.

O relativismo implicado no conceito de *tolerância* face às diversidades culturais não se pode desligar dos ditames da consciência apre-

---

[116] Cfr. CAETANO, M., (1987), *Manual de Ciência Política e Direito Constitucional*, Coimbra: Almedina, p. 143.

Capítulo II – Das Convicções à Dialéctica   83

sentados por Locke que admitiu o conhecimento intuitivo da existência de Deus.

Retomando as reflexões de Locke diremos que o bem público, para o qual o Estado se constituiu, corresponde à conservação e defesa da segurança, da integridade e da prosperidade comuns a uma sociedade; o Estado ocupa-se dos bens temporais, sendo estes reconhecidos na lei, cabendo aos magistrados fazer cumpri-la, pelo que *"(...) todo o poder do Estado só diz respeito aos bens civis, e se restringe ao cuidado das coisas deste mundo".*[117]

Pelo contrário, uma Igreja, sendo uma 'sociedade livre e voluntária', nasce da necessidade de afirmar publicamente a sua fé, servir e honrar a Deus em público e em comum. Ela própria se forma pelo livre acordo dos que pensam ser a verdadeira religião: *"Seja o que for que se possa pôr em dúvida em matéria de religião, uma coisa pelo menos é certa: é que nenhuma religião, que não se tome como verdadeira pode ser para mim verdadeira e útil."*[118] Assim argumenta Locke sobre a existência duma radical distinção e separação entre as funções do Estado e as da Igreja, logo, entre a comunidade política e a religiosa. Enquanto o Estado cuida dos bens, a Igreja cuida das almas e, porque a Igreja é independente do Estado, a tolerância não tem a ver com o direito, mas antes com o respeito pela Fé, o domínio do espiritual.

Cada Homem deve ser capaz de cuidar do seu espiritual, sendo na Fé que reside a força e a eficácia da Religião. John Locke dá largas à ideia fundamental da separação entre Estado e Igreja, defendendo o papel particular da Igreja na salvação das almas, acentuando o facto dela não exercer força coactiva tendo o poder de argumentar e exortar como está presente nesta passagem: *"(...) as exortações, as admoestações, os conselhos são as armas desta sociedade, graças às quais os seus membros devem ser mantidos no dever."*[119]

Em matéria de crenças, a liberdade do juízo é essencial ao Homem, sendo que esta liberdade não é exactamente um direito, mas antes um poder indestrutível dado que a força do entendimento não permite a coacção por uma força exterior. Assim, a verdade não se defende ou não se impõe a não ser por meios espirituais, logo o recurso à violência sendo contrário ao direito à liberdade é vão e ineficaz suscitando a resistência e

---

[117] Cfr. LOCKE, J., *Ibidem,* p. 94.
[118] Cfr. LOCKE, J., *Ibidem,* p. 105.
[119] *Ibidem,* p. 96.

o fortalecimento dos crentes na sua Fé, levantando conflitos e revoltas como resposta a perseguições.

Ainda de acordo com Locke, e por via das interferências entre a Fé e o Poder, há que ditar regras para que o bem público seja assegurado e se mantenha a tolerância do Estado. É assim que a Carta sobre a Tolerância acaba por revelar-se absolutamente prática e política. Locke acaba explicando como os assuntos religiosos, ligados à Fé, ao dogma ou ao culto, não vão contra os interesses do Estado nem se relacionam com ele, salientando que o princípio de legislar sobre as 'coisas indiferentes' se dirige à segurança dos bens de cada indivíduo e do Estado, pois, *"o que não é permitido na casa e na vida civil, também o não será nas reuniões religiosas ou no culto."*[120]

John Locke considera que ocorrem situações em que não é possível evitar o confronto entre decisões políticas e as condutas de consciência, entendendo por consciência a interpretação da lei divina e da lei natural a que cada pessoa adere por si mesmo e em função da qual busca a salvação.

Coloca-se o problema da autoridade do Estado *versus* consciência. Considerando que serão raros os conflitos entre o que o Estado legislar, em vista do bem público e em que as igrejas pratiquem a tolerância, apenas nos casos em que o conflito seja mesmo inevitável haverá que determinar em que medida o juízo privado de cada pessoa não o dispensa do bem público pois,

> *"(...) se o Estado é governado de boa fé e se as decisões do magistrado visam verdadeiramente o bem comum dos cidadãos, isto (o conflito) raramente acontecerá; se, por acaso, tal acontecer, digo que cada um se deve abster da acção declarada ilícita pela própria Consciência e submeter-se à pena que lhe não é ilícito suportar.*
>
> *Com efeito, o juízo privado de cada um acerca de uma lei feita em vista do bem público, ou acerca dos assuntos políticos, não suprime a obrigação e não merece a tolerância."*[121]

Neste contexto levantam-se várias questões que não obtêm resposta universal como sejam as de saber o que é considerado inconveniente para o bem comum? Ou mesmo como se podem colocar todas as pessoas a entender de igual modo o bem comum, dada a interpretação da lei divina conduzir a diferentes consciências?

---

[120] *Ibidem*, p. 108.
[121] Cfr. LOCKE, J., *Ibidem*, p. 115.

Talvez tenha sido por isso que Locke não defendeu, de forma clara, a tolerância em nome da consciência, pois poder-se-ia igualmente invocar a consciência a favor dos piores fanatismos ou dogmatismos. Antes colocou, em oposição, o imediatismo da consciência, uma filosofia da reflexão e da mediação pela Razão. Deixou, contudo, a cada pessoa, a missão de agir de acordo com a sua consciência, com a condição de demonstrar a sua Fé, aceitando submeter-se às sanções da lei, mesmo com o risco de liberdade ou de vida.

Como consequência de toda esta argumentação e respeitando o interesse comum da sociedade civil, onde as consciências maioritariamente se formaram a partir dos princípios base da Sagrada Escritura, Locke excluiu de serem abrangidos pela tolerância todos os que, no exercício do poder público, se arrogam dum 'direito divino'; os papistas e também os ateus e isto porque *"A palavra, o contrato e o juramento de um ateu não podem constituir algo de estável e de sagrado, pois (...) suprimida a crença de Deus, tudo se desmorona"*.[122]

Locke viveu num mundo onde a 'moralidade' e o 'compromisso' eram palavras a honrar, defendendo uma tolerância aplicada ao exercício da liberdade, não significando permissividade, mas antes o dever de obedecer a obrigações e o direito de realizar a natureza humana. Mas, parafraseando Jean Baubérot, a liberdade, quando se afirma como valor moral e político, deprecia a tolerância, remetendo-a para a condescendência.

Em última análise, não será tolerância admitir o que vai contra a existência da comunidade política e da paz civil instituídas. Muito embora tenha começado por fundamentar a sua doutrina sobre a Tolerância na distinção radical entre o domínio da política e o da fé, Locke aproximou-os, de forma gradual, terminando por admitir 'direitos à tolerância', em nome da liberdade essencial do Homem e da salvaguarda dos Estados. As religiões continuam associadas a interesses políticos e económicos, mais ainda, cada religião tem a sua própria 'programação mental', a sua 'consciência', e a sua 'interpretação' do facto religioso, como diria Locke: "o seu critério de verdadeira Igreja".

Os tempos são outros, mas obrigam-nos a lutar pela 'liberdade essencial ao Homem', em nome dum mundo que se anuncia como 'Aldeia Global', onde os mais desenvolvidos ajudarão todos os restantes a sê-lo... Contudo esquecemos frequentemente do outro limite, aquele que a reflexão de Locke leva a reconhecer a salvaguarda dos Estados.

---

[122] *Ibidem*, p. 118.

Nas palavras de Clemenceau *"governar é tornar tranquilos os bons cidadãos e intranquilos os desonestos"*,[123] sendo necessário que o Estado reconheça uma função social à Religião.

A sentença **"Dai a César o que é de César e dai a Deus o que é de Deus"** (Mt. 22,20) foi a resposta de Cristo aos que o pretendiam desacreditar, quer aos olhos do povo se aceitasse o imposto romano, fosse aos olhos do ocupante se a isso se recusasse. Mas, com esta resposta, Cristo introduziu uma dualidade fundamental que iria condicionar o comportamento dos seus seguidores.

É justamente esse dilema que estamos agora explanando com a convicção de que nem sempre é fácil discernir o que *é de César e o que é de Deus,* dilema esse que tem acompanhado, embargado e dificultado mesmo as decisões políticas dos cristãos. Esse dilema começou a atravessar-se na vida dos católicos, sobretudo a partir da Reforma, do século das Luzes e do Liberalismo, quando, acabada a hegemonia do Papado nas instâncias do poder universal no Ocidente, se instalaram, nas Nações católicas, progressivamente secularizadas, a separação da Igreja e do Estado, as perseguições do poder jacobino e os regimes Concordatários.

Será de salientar que esta opção, imposta ou apresentada por Cristo, não surge de forma tão marcante nos países com Igrejas 'nacionais', produto da ruptura com Roma ou doutros factores, onde não ocorreu colisão entre os interesses públicos e os religiosos, coincidindo, normalmente, em pacífico compromisso.

Contudo, em alguns destes países onde se estabeleceu um Bill of Rights ou ainda um Catholic Relief Act que iam garantindo o funcionamento da Democracia, num incremento do direito fundamental à liberdade religiosa, o crescimento dos 'papistas', com estigma dualista, fez surgir o problema da fidelidade nacional.[124]

---

[123] Referimo-nos a Georges Clemenceau, médico e político francês que viveu entre 1841 e 1929.

[124] Aos católicos ingleses, em 1870, aquando do Concílio Vaticano I e da definição da *infalibilidade* do Papa, foi assacada, publicamente pelo 1.º Ministro Gladstone, a suspeita de falta de patriotismo, desafiando-os a optar entre as duas fidelidades – ao Papa ou ao Rei.

O problema ficou sanado com a resposta de John-Henry Newman: "Entre o Papa e a Rainha de Inglaterra, eu escolho a minha consciência".

Mais recentemente, na década de cinquenta, do século XX, noutro país, concretamente os E.U.A., um grupo de americanos opunha-se à candidatura de John F. Kennedy à presidência, argumentando que, sendo católico, não podia ser um bom americano.

Para os católicos, a universalidade do cristianismo expressa-se na obediência ao Papa, que governa a Igreja e é o garante da sua unidade, criando aos fiéis uma dupla obediência, pois, todos os cristãos, membros da comunidade de crentes são, em simultâneo, membros da cidade dos homens, onde, com a força inspiradora da fé, se devem empenhar no progresso da sociedade.[125]

A supra-nacionalidade da Igreja de Roma, mesmo no período da Cristandade em que, durante séculos, a sua autoridade foi unanimemente aceite, conheceu crises, conflitos e litígios difíceis de dirimir, fruto de disputas de poder, mas também do dilema de distinguir o que *é de Deus do que é de César*. Não tem sido fácil. Com a modernidade foram muitos os conflitos entre os católicos e os 'outros', os agnósticos, os ateus, os jacobinos, os liberais, os maçons, ou seja todos os 'espíritos fortes' que partilhavam o poder.

Sobretudo padres, religiosos e bispos insurgiram-se (e insurgem-se) contra posições anti-clericais ou até mesmo anti-religiosas nos jogos da política, ainda que lhes pudesse custar perseguições ou até mesmo o exílio. Contudo, os homens da cultura, católicos e leigos, custaram a emergir, pareciam como que resignados à 'religião de sacristia', onde os seus adversários, instalados no poder, os confinavam concedendo-lhes, quando muito, liberdade individual para a fé.[126]

No Evangelho de S. João (17,14), no qual é descrita a última Ceia, encontra-se um 'discurso' de Cristo aos discípulos terminando com uma oração a Deus a quem os confia dizendo "eles que estão no Mundo" e "Entreguei-lhes a tua palavra e o mundo odiou-os porque eles não são do mundo, como eu não sou do mundo".

---

[125] Como foi afirmado no Concílio Vaticano II, referindo-se aos membros da Igreja como sendo cidadãos de duas cidades: "O Concílio exorta os cristãos, cidadãos de uma e outra cidade, a desempenhar com zelo e fidelidade as suas tarefas terrestres, deixando-se guiar pelo espírito do Evangelho." *in Concílio Ecuménico Vaticano II, Constituição pastoral Gaudium et spes,* n.° 43.

[126] Nomes como John-Henry Newman, Max Scheler e Picasso, vêm à tona da memória como paradigmáticos desta retirada para uma presença no mundo com fraca visibilidade da intelectualidade católica. O Papa Leão XIII tinha preconizado através da encíclica *Aeterni Patris*, em 1879, e que estava sendo praticado nos seminários e universidades pontifícias era o ensino da doutrina de S. Tomás de Aquino, proclamado 'padroeiro das escolas católicas', tornando-se uma espécie de fortaleza mental contra o Positivismo, o neo-Kantismo e o modernismo.

Ocorre assim uma dicotomia "de ser e não ser" que também aparece em S. Paulo (2 Cor 6,1-10) na asserção "estar no mundo como se não estivessem, chorar como se não chorassem" traduzindo bem a situação especial do cristão que será sempre peregrino, nunca sendo plena e completamente devotado ao **"que é de César"**, pois, sempre lhe será imposta a escolha e a separação do **"que é de Deus"**.

Aliás, como afirmou o Concílio Vaticano II, os católicos são cidadãos de "duas cidades", com exigências, críticas e armando-se em consciência moral de todas as pessoas.

Por conseguinte, todos os membros da Igreja devem contribuir positivamente para a construção da sociedade e que a mesma depende do seu empenhamento em nome de Cristo, com o espírito do Evangelho, procurando solucionar os problemas da comunidade humana.

De igual forma todos os que têm a responsabilidade de orientar a *res pública* (coisa pública) não podem esquecer que muitos cidadãos são membros activos e conscientes da Igreja estando comprometidos, mas imbuídos de valores da sua fé, na sociedade. Esta consciencialização e reconhecimento de que muitos cidadãos são membros de *"duas cidades"* ajudará a situar as relações Igreja/Estado, na prossecução do bem comum.

Com a crescente secularização da sociedade foi-se configurando o denominado **Estado laico**, com todas as liberdades religiosas exigidas onde se afigura uma difícil colaboração. A liberdade e os direitos do Homem, hoje a base comum para o possível entendimento entre os católicos e os "outros", no que a todos pertence, no fundo não deixam de ser passíveis de diferentes interpretações.

O Concílio, na citada Constituição Pastoral (*Gaudium et spes,* n.º 40), apresenta a definição de Igreja como sendo *"simultaneamente assembleia visível e comunidade espiritual, a Igreja caminha com toda a humanidade e partilha o destino terrestre do mundo".* Assim sendo, a Igreja Católica, como comunidade visível, é uma comunhão universal que não se reduz aos limites geográficos e culturais dos Estados e das Nações.[127] Por conseguinte, a Igreja tem de ser encarada, pela sociedade, como estrutura visível e organizada não se confinando ao respeito do âmbito pessoal da fé.

---

[127] Aliás, *Católico* advém do grego *Katholikós* que significa «geral, universal. Cfr. MACHADO, J. P., (2003), *Dicionário Etimológico da Língua Portuguesa*, Lisboa: Livros Horizonte, p. 99.

Capítulo II – Das Convicções à Dialéctica

O Papa Pio XI lançou, no final da década de 20, a Acção Católica. Era o seu próprio 'exército', "nem de direita nem de esquerda", uma espécie de cruzada moral, em que os fiéis agrupados cerravam fileiras, com a responsabilidade dum mandato episcopal, e iam para os respectivos meios sociais e profissionais.

A influência da Acção Católica não foi apenas benéfica como foi enorme. Permitiu aos leigos um outro estatuto eclesiástico chamando-
-os à responsabilidade e tornando-os despertos para as exigências do Evangelho.

Contudo, esse estatuto estava ferido de ambiguidade na medida em que lhe era conferida *"uma missão específica",* soando como injunção aos católicos para intervirem na construção da sociedade civil. Mas conduzia alguns a uma certa luta pelo poder o que levava a que alguns eclesiásticos se ressentissem e os ignorassem evitando, deste modo, qualquer possível comprometimento.

Tudo isto por que a participação na vida temporal, como cidadãos católicos, conduzia alguns à área do pensamento político e a tentativas de o traduzir na prática. Esta atitude deu origem a duas espécies de católicos: os que permaneciam *"apenas católicos"* e os que seguiam a sua consciência no exercício legítimo da razão no pensar do político e nas escolhas que daí advêm.

Já em 1925, Unamano julgou poder falar-se em *'agonia do cristianismo',* pois, como escreverá Sartre, em *As Palavras,* a propósito dos burgueses de 'antes de 14': "A boa sociedade acreditava em Deus para não falar dele". Foram tempos difíceis esses, numa Europa laicizada. No conjunto, uma atmosfera fácil, pagã, atravessada por expressões dum desequilíbrio social que raiava o escandaloso. Quanto mais os católicos tinham a sensação de estarem cercados melhor percebiam que as suas fileiras diminuíam.

A descristianização do Ocidente, começada no século XIX, mais ou menos profunda consoante os países, foi parcialmente determinada pelos acontecimentos políticos e sociais – código civil, industrialização, mobilidade social e migração, desenvolvimento dos transportes e rápida difusão das ideias. Essa descristianização, que pressupõe uma cristianização superficial ou incompleta, manifesta-se primeiramente por um abandono progressivo das práticas do culto, mas também pela paganização dos costumes e das mentalidades.

Mesmo nos meios rurais, os párocos vêem a sua audiência subtrair-
-se a favor de liberais, sobretudo do professor primário – o *antipároco,*

no dizer de Thiers, que se transformou num servidor entusiasta da República laica.

Uma parte da burguesia estará no poder, evoluindo para um jacobinismo, progressivamente mais anticlerical, raiando o anti-religioso, enquanto, a outra parte, graças à educação recebida nos colégios religiosos, se aproxima da Igreja. É esta que tem contribuído para manter uma elite que, nos tempos mais difíceis, tem assegurado a renovação do pensamento católico.

Essa ambiguidade esteve presente em Portugal, no Estado Novo, onde a persistência dum *statu quo* concordatário que não fosse persecutório, como havia sido a Primeira República, era preferida, tanto pelos católicos como pela hierarquia, a uma posição crítica ou competitiva, legalizada, em relação ao governo da Nação.

Fruto também desta atitude que pretendia evitar a divisão dos católicos e que se estabelecesse qualquer antagonismo entre eles, diminuindo o seu peso social na intervenção política, sempre que necessário, foi a aceitação dos partidos 'confessionais', os quais foram muito importantes após a II Guerra Mundial, sendo de destacar os políticos católicos que lançaram os alicerces do que é hoje a União Europeia – Robert Schumann, De Gasperi e Adenauer.

Os teólogos católicos reconhecem os valores da autonomia das realidades terrestres no âmbito duma racionalização progressiva do ordenamento da comunidade humana, inserindo-se na Teologia da criação, onde, tanto o Homem como a Razão, são criação de Deus necessitando da redenção.

Neste final e início de século estão bem patentes os abismos de mesquinhez e crueldade a que nos pode levar o endeusamento de ideologias políticas quando, na **recusa de Deus, se deixa que César tome conta de tudo.** Deste modo se responde, em parte, à questão que atrás colocamos referente ao sucesso e rápida expansão da mensagem cristã numa sociedade civil que lhe era hostil a vários níveis.

A ideia e a prática da tolerância estão, pois, intrinsecamente relacionadas com dois princípios dos Estados democráticos modernos, designados por Igualdade e Liberdade. A fé na universalidade da Humanidade e na igualdade de princípio entre os indivíduos forma, por seu turno, o ponto de partida do *humanismo* clássico.

Contudo, a ideia de Humanismo não surge no século XVI, dado que a podemos encontrar nos primeiros cristãos e até mesmo antes. Certo é que é então, após os Descobrimentos, com a maior diversidade humana, ela recebe um novo impulso que vigora até hoje. Um dos casos mais marcantes das ideias constitutivas do *Humanismo,* para além do Padre António Vieira entre outros, deve-se ao dominicano espanhol Bartolomeu de Las Casas, defensor dos Índios, o qual pôs de lado a sua actividade de evangelizador para se dedicar à salvaguarda do que entendia ser os direitos naturais de todos os seres humanos:

> "As leis e as regras naturais e os direitos dos homens são comuns a todas as nações, cristãs e gentias, qualquer que seja a sua seita, lei, estado, cor e condição, sem qualquer diferença".[128]

Em síntese, o Princípio da Igualdade estabelece um primeiro fundamento à prática da tolerância sendo necessário reconhecer que os seres humanos são iguais para admitir que permanecem diferentes.

Este princípio fundamenta a doutrina Humanista, que, por seu turno, é aceite pelos Estados democráticos, o que não significa que neles reine a igualdade de direitos, mas apenas que é possível lutar nesse sentido partindo desta referência.[129]

O segundo Princípio dos Estados Democráticos reside na Liberdade limitada, princípio igualmente presente no Humanismo da Idade Clássica e onde toma a forma dum combate pela tolerância religiosa. No seguimento da Revolução Francesa, será, no entanto, extensivo ao domínio inteiro do político. Cumpre inquirir onde passa a fronteira entre privado e público e como delimitar o domínio que a sociedade deve regulamentar.

Em nosso entendimento, é Espinosa, quem oferece a primeira solução ao defender o direito à liberdade de opinião, concretamente religiosa, com base neste raciocínio: *ninguém tem o direito ou o poder de deixar de ser Homem, sendo da sua natureza fazer uso da sua razão e produzir juízos, sendo inútil restringir essa liberdade.*

Tudo a que pode aspirar um Estado será reprimir as manifestações exteriores desses juízos, ou seja, impor a hipocrisia, não sendo evidente que um Estado aja contra os seus próprios interesses obrigando os seus cidadãos a tornarem-se hipócritas.

---

[128] Veja-se Las Casas, B. de, "Lettre au prince Philippe", *in Las Casas et la défense des Indiens,* Col. "Archives" Julliard, 1971.

[129] Virá, no entanto, a propósito referir que, em nome da fraternidade, nos tempos da Revolução Francesa, na própria França "se imolaram em 3 anos mais vítimas que a Inquisição imolou em 3 séculos". Veja-se CEREJEIRA, M. G., (1943), *Vinte Anos de Coimbra,* Lisboa: Edições Gama, pp. 10 e 11.

A este propósito as palavras de Espinosa continuam sem perda de actualidade quando questiona:

"Que pior condição se pode conceber para um Estado que aquela em que os homens de vida recta, porque têm opiniões diferentes e não sabem dissimular, são enviados para o exílio como malfeitores?"[130]

Espinosa não ignora a necessidade de traçar um limite à Liberdade, posto que nos últimos capítulos do seu Tratado refere a definição da *"(...) medida precisa na qual essa liberdade pode e deve ser concedida sem perigo para a paz do Estado e o direito do soberano"*, permitindo, em simultâneo, manter a religião no domínio do privado e, consequentemente, da livre escolha.

Para tanto há que saber interpretar a oposição entre 'privado e público' como a que acontece entre pensar e agir. Assim, devemos dispor da liberdade total de raciocinar, enquanto são apenas aceitáveis as acções que não lesam o interesse da comunidade.

Parafraseando Espinosa diremos que num Estado democrático todos estão de acordo em agir segundo uma lei comum, mas não em julgar e raciocinar em comum. Contudo, não nos iludamos, a palavra torna bem mais difícil a separação entre pensar e agir. Se considerarmos a 'palavra' também como acção, não podemos reclamar para ela a liberdade sem restrições e a tolerância de opinião.

Foi face a esta ambiguidade que Espinosa encarou a hipótese de acrescentar um novo critério para traçar o limite entre privado e público, asseverando que ao Estado não cabe assegurar o bem-estar dos cidadãos, mas antes evitar o mal que podem causar uns aos outros, sendo a felicidade individual do foro privado. Por outras palavras, haverá Liberdade em tudo, excepto no que prejudica os outros.

Pode, no entanto, pôr-se em dúvida a eficácia deste critério. Novo paradoxo se nos apresenta. Estando de acordo com Espinosa, em que se deve praticar a tolerância, porque só ela pode assegurar a conservação da liberdade, sabe-se, no entanto, que para a Liberdade existir deve ser limitada mesmo ignorando como traçar os seus limites.[131]

Contudo, uma tentativa de dar uma visão diferente do liberalismo surge-nos com John Locke, a que anteriormente fizemos referência. A

---

[130] Cfr. ESPINOSA, B. de, *Tratado Teológico-Político, XX,* Lisboa, 1988.
[131] Veja-se o paradoxo constitutivo da liberdade a que nos referimos em 1.1.4., p. 53.

proposta de Locke tem alguns pontos em comum com a de Espinosa, na medida em que também pretende estabelecer uma fronteira entre o domínio 'público e privado', ao qual dizem respeito, nomeadamente, os assuntos da religião, mas também o bem-estar pessoal.

De novo recorremos a Locke, na sua Carta sobre a Tolerância, para dizer que: "O bem público é a regra e a medida das leis. (...) As leis não velam pela verdade das opiniões, mas pela segurança e integridade dos bens de cada um e do Estado."[132]

A liberdade de consciência é total, no entanto, a fronteira entre interior e exterior não é estanque, sendo que as convicções íntimas acarretam comportamentos que estão dependentes da vida social. Mas aqui surgem divergências entre as propostas de solução de Locke e Espinosa.

Para Locke, o critério de separação, de fronteira, é o bem comum, devendo o que for contrário ser perseguido pelas leis, enquanto o que lhe for indiferente deverá ser deixado à discrição dos indivíduos. Por conseguinte, o bem comum é um valor absoluto que permite avaliar as qualidades de cada acção. Assim sendo, a tolerância só será eficaz se conjugada com a ideia dum bem público cuja recusa constitui o limite do intolerável.

Neste sentido, o bem comum não é directamente um produto da tolerância, mas antes apresentam uma complementaridade necessária. Caberá ao Estado o direito de não tolerar a recusa do que é denominado por contrato social – a vida em comum, na qual há uma renúncia à independência a fim de se obter protecção.

Ainda de acordo com Locke, o Ateísmo conduz a uma renúncia extrema, pois, não havendo Deus tudo é permitido. Contudo a moral pode basear-se na Humanidade e não em Deus e assim sendo a manutenção do contrato pode não comportar uma justificação teológica.

Podem, contudo, surgir outros conflitos por um Estado estar no direito de não tolerar as acções dos que, no seu interior, defendem os interesses dum outro Estado: o dever nacional vem aqui em lugar do dever humanitário, ou quando no interior dum Estado não são tolerados os que praticam a discriminação em relação a membros desse Estado e reclamam para si próprios determinados privilégios.[133]

Toda esta evocação sobre *Liberdade* e *Tolerância*, leva-nos a constatar que podemos defender a tolerância tanto em nome da igualdade como

---

[132] Cfr. LOCKE, J., *Ibidem,* pp. 49 e 69.

[133] Neste contexto iremos reflectir sobre a Lei da Separação e da revisão da Concordata, em Portugal.

em nome da liberdade, sendo necessário reconhecer a cada pessoa a dignidade humana. A prudência e o juízo sobre cada caso particular, deve ter em atenção a parte desempenhada pelo Estado. Embora a tolerância, como vimos, seja um conceito de vocação universal, a forma que ela deve tomar deve ter em conta o contexto histórico, cultural e político.

Mesmo em Estados Democráticos discursos há que fazem da tolerância um mero adereço teatral, uma camuflagem hábil, em que se permite exercer a violência com total impunidade. Cada ser humano pode pertencer, simultaneamente, a um Estado e a uma Igreja, sendo a tolerância uma questão de consciências, não sendo um direito civil, é algo que se relaciona com o amor ao próximo.

Aparentemente todas as sociedades conhecem a distinção entre Poder Temporal e Poder Espiritual. A confusão entre estes poderes é variável, o próprio poder espiritual o é, na nossa tradição, laico ou religioso. Muitos são os que hoje aceitam o divino sob o benefício da dúvida e da liberdade crítica.

Voltemos, pois, às funções da Igreja na sociedade. Por exigência temática vamo-nos reportar exclusivamente à Igreja Católica. O papado, em resposta às mudanças políticas e sociais que se foram instaurando ao longo dos séculos, lutou para sobreviver e continuar a exercer influência, num ambiente de liberalismo, de secularismo e do Estado – nação emergente. Tentou proteger a Igreja defendendo a integridade do seu poder temporal em declínio, enquanto a maioria dos Estados modernos europeus tendiam para estabelecer a separação entre a Igreja e o Estado.

No século XIX, foi bem notória a opressão da Igreja Católica levada a cabo pelo Estado, sendo os seus bens pilhados, o clero e as ordens religiosas privadas do seu campo de acção, vendo mesmo as suas escolas ocupadas ou encerradas pelo Estado. Na viragem do século, a Igreja sentiu a necessidade de codificar as suas leis de forma a garantir aos novos Papas, o domínio espiritual.

Assim, nasceu o Código do Direito Canónico, a vigorar a partir de 1917, cujas leis, isoladas do seu antigo contexto histórico e social, criavam os meios de estabelecer, impor e defender uma nova relação de poder exercida pelo clero católico.[134]

---

[134] Em parte esta compilação deve-se a Eugénio Pacelli, um jovem advogado do Vaticano, o qual colaborou na nova redacção das leis da Igreja. Eugénio Pacelli mais tarde Pio XII, foi o Papa, dos anos da 2.ª Guerra Mundial, entre os anos de 1939-58. Cfr. CORNWELL, J., (1999), *Hitler's Pope,* London: Penguin Group.

Capítulo II – Das Convicções à Dialéctica

De acordo com Gonçalves Pereira, a Igreja Católica é a própria comunidade de fiéis, sendo que a personalidade jurídica apenas cabe à Santa Sé.[135]

Pelo Tratado de Latrão,[136] é reconhecida à Santa Sé a sua soberania como *"atributo inerente à sua natureza, em conformidade com a sua tradição e com as exigências da sua missão no Mundo."*[137]

Aliás, a Santa Sé sempre foi reconhecida e exerceu o *ius legationis* e o *ius tractuum*, mesmo por Estados de população predominantemente não católica, muito embora o poder papal tenha conhecido no plano temporal, ao longo dos tempos, diversas situações anómalas.

Como marco estabelece-se o ano de 1870, pois, até esta data, o Sumo Pontífice *"exercia, além do seu magistério espiritual universal, prerrogativas temporais inerentes à qualidade de Bispo de Roma, e que correspondiam a uma situação estadual"*.[138]

O papel internacional da Santa Sé, sobretudo no plano político, não advinha da soberania, mas da chefia da Igreja Católica, como o afirmam os autores que acabamos de citar. Quando, no último dia do ano de 1870, Roma é anexada ao Estado Italiano, pela *Lei das Garantias,* a soberania papal é extinta, ficando estabelecida a soberania e a independência da Santa Sé no domínio espiritual sendo negado o seu poder temporal.[139] A capacidade jurídica internacional da Santa Sé baseia-se no *ius legationes,* através de agentes diplomáticos que gozam das mesmas prerrogativas dos seus homólogos diplomatas, podendo ser *permanentes* e neste caso denominados Núncios, sendo *extraordinários* denominam-se Legados.

---

[135] De acordo com KOCK, H., *Holy See, in* Encyclopedia, t. 10, p. 230 e segs.; QUOC, N. D., *et al.* (1987) *Droit International Public, 4.ª ed.,* Paris, pp. 409 e segs.. Citados por GONÇALVES PEREIRA, A.; QUADROS, F. de, (1993), *Manual de Direito Internacional Público,* Coimbra: Livraria Almedina, p. 370.

[136] Em 11 de Fevereiro de 1929, com os *Acordos de Latrão,* foi posto fim à clausura papal. O pacto regulou, no tempo de Mussolini, as relações da Itália com o Vaticano. Estes acordos compreendem, para além dum acordo financeiro, uma *Concordata* com a intenção de regular a situação do culto católico na Itália e o *Tratado de Latrão,* que regula as relações entre a Santa Sé e a Itália.

[137] Cfr. artigo 2.º do *Tratado de Latrão.*

[138] Cfr. GONÇALVES PEREIRA, A.; QUADROS, F., *Ibidem,* p. 370.

[139] Contudo, ao Sumo Pontífice foi retirada a soberania sobre os templos e palácios da Santa Sé que passaram a pertencer à Itália e os seus súbditos desde que tivessem nacionalidade italiana ficaram adstritos a todos os deveres que resultassem dessa mesma cidadania. Assim surge a *Questão Romana,* em 1870. O protesto Papal veio, através da encíclica *Ubis nos,* no ano seguinte, só ficando resolvida com o *Tratado de Latrão,* em 1929.

Ainda no âmbito da sua capacidade jurídica, enquanto Estado, a Santa Sé tem *o ius tractuum* o que lhe permite celebrar tratados internacionais conhecidos como *Concordatas* quando o seu objectivo é regular a situação jurídica da Igreja Católica num certo Estado.

Normalmente, a Santa Sé participa no reconhecimento de novos Estados ou até mesmo Governos, em tudo semelhante à acção dos Estados, não tendo, contudo, intervenção, pelo menos directamente, nos conflitos temporais entre Estados. Justamente como temos assistido nos últimos tempos, principalmente no pontificado de João Paulo II.

Aliás, conforme se encontra estabelecido no artigo 24.°, do Tratado de Latrão, em que a Santa Sé declara que pretende

> *"(...) permanecer alheia aos conflitos temporais relativos aos outros Estados, e às reuniões internacionais convocadas para este fim"* salvaguardando *"a menos que as partes em litígio façam apelo unânime à sua missão de paz, reservando-se em cada caso a faculdade de fazer valer o seu poder moral e espiritual."*

Fazendo nossas as palavras de Gonçalves Pereira diremos que a Santa Sé, embora não sendo um Estado com capacidade jurídica plena, goza dos direitos que são essenciais à prossecução da tarefa espiritual que constitui a sua razão de ser.[140]

De acordo com Seidl-Hohenveldem, quer a Santa Sé, quer o Estado do Vaticano (e a Igreja Católica), são sujeitos do Direito Internacional, em igualdade de circunstâncias, com capacidade jurídica em tudo idêntica à dum Estado soberano, embora sem o *ius belli*.[141]

No âmbito das competências internas, de acordo com o Direito Internacional, todo o Estado soberano tem, através duma regra consuetudinária, a plenitude da competência territorial. O mesmo será dizer a exclusividade, significando o direito de recusar o exercício de qualquer acto de autoridade por parte dum outro Estado no seu território.[142] Mas tem tam-

---

[140] Trata-se de uma posição original como defende Gonçalves Pereira, *op. cit.*, p. 375, argumentando que todos os actos internacionais são apenas celebrados pela Santa Sé, logo só ela é tida como sujeito de Direito Internacional, estando o poder político nas mãos do Sumo Pontífice.

[141] Veja-se SEIDL-HOHENVELDERN, I., (1987), *Volkerrecht*, 6.ª ed., Colónia, pp. 172 e 173.

[142] Sobre esta temática veja-se, de novo, GONÇALVES PEREIRA, A.; QUADROS, F., *op. cit.* p. 330.

bém a competência pessoal, sendo esta a que maior interesse apresenta para o desenvolvimento desta temática.

Mas retomemos o nosso propósito inicial de acessibilizar o discurso científico, sem recorrermos a grandes divagações nem à utilização de artifícios de linguagem que Popper, na senda de Hegel, considerava tornarem o discurso intelectual incompreensível, levando a uma cidadania circunscrita.[143]

O Estado é, pois, considerado como uma forma avançada da organização das sociedades, a sua qualidade e adaptação às exigências do bem comum definem o desenvolvimento das mesmas. O Estado Democrático, na sua legitimidade, nas suas estruturas e poderes, advém da sociedade civil, culturalmente adulta para poder definir o bem comum que busca e as estruturas apropriadas para o atingir. Será esta compreensão do Estado, como serviço da comunidade, que fundamenta a sua autoridade democrática.

Por conseguinte, ao Estado compete conduzir à harmonia do todo que é a comunidade, a diversidade dos elementos, as suas instituições, potencialidades, projectos e objectivos, em ordem ao bem comum. A autoridade do Estado democrático promove, nos cidadãos, a obrigação da obediência, o que aumenta a responsabilidade dos que exercem a autoridade.

Dentro desta linha de pensamento, é a sociedade civil, em toda a sua complexidade, que exige e justifica o Estado, como sua organização político-administrativa, tendo como objectivo o bem comum. Por conseguinte, o Estado define-se em relação ao bem das pessoas, em relação à sociedade tida como um todo.

Na verdade, o papel fundamental do Estado é servir os cidadãos e a sociedade civil; por isso são os direitos sociais, como direitos fundamentais dos indivíduos, que fundamentam e, em simultâneo, limitam a intervenção do Estado. No entanto, a efectivação dos direitos sociais não é monopólio estatal.

A tese de que a tarefa da efectivação dos direitos sociais não é reserva do Estado, mas compete também à sociedade, é autorizadamente defendida pelo prof. Jorge Miranda que cita, a propósito, diversas disposições constitucionais. A este propósito escreve o Professor Jorge Miranda: "existe uma instância participativa nos direitos sociais, fundada, ainda e sempre, no respeito da personalidade: porque se cura de prestar bens e ser-

---

[143] Cfr. POPPER, K., "Liberté et responsabilité intellectuelle", *in La Leçon de ce Siècle,* Paris: Anatolia, p. 139.

98   *Das Relações da Igreja com o Estado*

viços à pessoa, não apenas é preciso contar com o seu livre acolhimento, como ainda é mais vantajoso pedir-lhe que, por si ou integrada em grupos, contribua para a sua própria promoção (...)".[144]

O poder do Estado actual está muito mais condicionado visto que tem de respeitar as imposições e limitações resultantes, sobretudo, dos princípios da Subsidiariedade e da Proporcionalidade.[145]

Cabe ao Estado o dever de zelar e orientar a aplicação dos direitos humanos, sendo que a responsabilidade primeira cabe às instituições e diferentes grupos que compõem a sociedade. A tendência actual, e julgamos que de todas as épocas, vai no sentido das pessoas esperarem do Estado o cumprimento de todas as tarefas na prossecução do bem comum, o que significa a renúncia ao cumprimento de obrigações individuais e um alheamento dos seus deveres de cidadania.[146] *"A ideia de Estado"*, escreveu Julius Evola, com certa objectividade, *"confunde-se com a imagem terrestre do caminho."*[147]

---

[144] No que concerne à nossa Constituição, o citado constitucionalista refere os artigos 63.º, 64.º, 67.º e 75.º, entre outros. São inequívocos os nossos textos constitucionais na medida em que expressamente colocam a par a sociedade civil e o Estado no dever de satisfazer direitos sociais, como é o caso do art. 67.º, n.º 1 que diz "A família, como elemento fundamental da sociedade, tem direito à protecção da sociedade e do Estado e à efectivação de todas as condições que permitam a realização pessoal dos seus membros".

Cfr. MIRANDA, Jorge,(1993), *Manual de Direito Constitucional,* Tomo IV; Direitos Fundamentais, Coimbra, p. 104.

[145] Quanto a estes dois princípios convém deixar dito que o princípio clássico da Subsidiariedade, mal querido e detestado por todas as posições doutrinárias e ideológicas estatistas, que preferem a intervenção do Estado à iniciativa privada, determina quando deve o Estado intervir e quando deve abster-se perante os legítimos interesses e iniciativas dos cidadãos e da sociedade civil.

Um seu destacado defensor é Jacques Delors que escreve: "Tenho frequentemente a impressão de que a subsidiariedade é infelizmente um princípio cuja aplicação se defende para os outros, mas não para si próprio." E acrescenta: "a subsidiariedade não pode ser apenas um estado de espírito, ou uma ardente obrigação; é indispensável, para além disso, dar-lhe efectivo cumprimento."

Cfr. "Le Principe de Subsidiarité, Colloque de l'Institut Européen d'Administration Publique à Maastricht, le 21 Mars 1991". DELORS, J., *Le Nouveau Concert Européen,* Paris: Éditions Odile Jacob, 1992, p. 166.

[146] Cabe à Educação cumprir a tarefa de ajudar a formar cidadãos de uma comunidade livre, combinando a transmissão do saber com a liberdade e o incentivo à participação. Há que criar instituições que ensinem a pensar para saber agir com responsabilidade. Tentamos fazer passar esta mensagem na nossa Dissertação de Mestrado em Relações Interculturais – Educar para as Cidadanias, Universidade Aberta.

[147] Veja-se EVOLA, J., (1989), *Le Taoisme,* Paradès, p. 12.

1.2. *O Princípio da Subsidiariedade – no Estado e na Doutrina Social da Igreja*

A respeito dos fundamentos e natureza das funções do Estado e da Igreja, dos poderes de intervenção de ambos, já se explicitou o suficiente e muito ficou implícito nas considerações anteriores. Talvez seja o momento de fazer uma menção mais formal ao Princípio da Subsidiariedade que, por um lado, fundamenta as intervenções positivas do Estado social e por outro lhe limita os abusos.

Se existe uma área onde o Estado Português apresenta restrições para a sua intervenção esta é a cultura. Para sermos mais precisos convém apresentar o ponto 2, do artigo 43.°, da nossa Constituição: "*o Estado não pode programar a educação e a cultura segundo quaisquer directrizes filosóficas, estéticas, políticas, ideológicas ou outras*".

A tese de que não é reserva, nem tão pouco monopólio do Estado, a tarefa de efectivar os direitos sociais, é defendida, como já referimos anteriormente, pelo constitucionalista Professor Jorge Miranda que diz existir

> "*(...) uma instância participativa nos direitos sociais, fundada, ainda e sempre, no respeito da personalidade, porque se cura de prestar bens e serviços à pessoa, não apenas é preciso contar com o seu livre acolhimento, como ainda é mais vantajoso pedir-lhe que, por si ou integrada em grupos, contribua para a sua própria promoção*".[148]

Acrescentando que "*A interconexão de liberdades e direitos sociais afigura-se óbvia, quer no processo histórico da sua formulação, quer no momento actual de exercício e efectivação.*"

Contudo, existe o risco de se inverterem os seus efeitos quando se transformem numa quase imposição as prestações de serviços do Estado, negando ou discriminando as liberdades pessoais e as próprias iniciativas da sociedade civil.

Devido à plasticidade da Democracia, o futuro permanece em aberto e a forma como se configurará depende, em parte, da nossa actuação no presente em que não podem ser despiciendas as novas tecnologias

---

[148] Assim se pode ler na Constituição da República Portuguesa nos artigos 52.°, n.° 3; 54.°, n.° 5, alínea *e*); 56.°, n.° 2 e 77.°, entre outros. Dentro deste âmbito consulte-se MIRANDA, Jorge, (1993), *Manual de Direito Constitucional, Tomo IV, Direitos Fundamentais*, Coimbra, pp. 104 e ss..

que, embora possam gerar efeitos perversos, têm de ser enfrentados e derrogados.

Mas tudo isso passa, inexoravelmente, por cidadãos bem formados, sobretudo eticamente, mas também informados, exigentes e intervenientes. O Princípio da Subsidiariedade começa por dar fundamento ao próprio Estado e às suas funções, quer as denominadas clássicas, quer as que caracterizam o moderno Estado democrático e social.

O Estado social, defendido, por exemplo, pela doutrina social da Igreja, contrapõe-se às duas posições extremas – o modelo de tipo norte--americano e um modelo maximalista do tipo Estado-providência, pois, por um lado assenta numa concepção personalista e social e, por outro lado, numa concepção de Estado necessário, mas subsidiário.

O Papa João Paulo II, na Encíclica social *Centesimus Annus*, referindo-se ao Estado social, afirma que nos últimos anos se assistiu

> *"(...) a um vasto alargamento dessa esfera de intervenção (do Estado), o que levou a constituir, de algum modo, um novo tipo de Estado, o 'Estado de Bem-Estar'. Esta alteração deu-se em alguns países para responder, de modo mais adequado, a muitas necessidades e carências, dando remédio a formas de pobreza e privação indignas da pessoa humana"*.[149]

É ainda João Paulo II quem reconhece a valência da intervenção positiva, mesmo no domínio económico, dum Estado, muito embora, na mesma Encíclica, destaque os excessos duma intervenção desnecessária quando, através da autonomia dos cidadãos, quer seja individualizada ou colectiva, são atingidos resultados requeridos pelo bem comum e a solidariedade social.

Neste mesmo sentido, a Encíclica continua, asseverando que o Estado assistencial apresenta anomalias e defeitos, os quais

> *"(...) derivam de uma inadequada compreensão das suas próprias tarefas. Também neste âmbito se deve respeitar o princípio da subsidiariedade: uma sociedade de ordem superior não deve interferir na vida interna de uma sociedade de ordem inferior, privando-a das suas competências, mas deve antes apoiá-la em caso de necessidade e ajudá-la a coordenar a sua acção com a das outras componentes sociais, tendo em vista o bem comum"*.[150]

---

[149] Veja-se a Encíclica *Centesimus Annus*, n.º 48.
[150] *Ibidem*.

Capítulo II – Das Convicções à Dialéctica   101

E a dado passo acrescenta que é pernicioso quando o Estado intervém directamente irresponsabilizando a sociedade, pois, *"(...) provoca a perda de energias humanas e o aumento exagerado do sector estatal (...)"* e num documento fundamental do Concílio Vaticano II, é feito um alerta aos governantes no sentido da não interferência excessiva e um apelo aos cidadãos no sentido de se preocuparem

> *"(...) individualmente ou em grupo, em não atribuir à autoridade pública um poder excessivo, [e evitem] reclamar de uma maneira inoportuna vantagens ou auxílios demasiados que diminuem a responsabilidade das pessoas, das famílias e dos grupos sociais".*[151]

O que se encontra de mais significativo numa proposta religiosa como a cristã, nas suas várias alternativas, é que ela só vale como proposta em liberdade e será inserindo-se nas estruturas da liberdade humana, em geral e também nas da liberdade de ensino, em particular que ela poderá efectuar-se, independentemente dos seus fundamentos próprios e autónomos. No Estado assistencial, as anomalias e defeito derivam duma inadequada compreensão das suas próprias tarefas. Continua a fazer todo o sentido o dever de respeitar o princípio da subsidiariedade, pois, ao intervir directamente, o Estado pode estar a irresponsabilizar a sociedade.

Numa passagem da Constituição pastoral *Gaudium et Spes,* tida como principal documento do Concílio Vaticano II, encontra-se mais um alerta neste sentido ao ser dito:

> *"Preocupem-se os governantes em não impedir as associações familiares, sociais e culturais, os corpos e as instituições intermédias, ou em privá-los da sua acção legítima e eficaz, mas antes se esforcem por promovê-los activa e ordenadamente".*[152]

Sendo que o alerta é feito nos dois sentidos ao Estado e aos cidadãos, como acima se transcreve, a fim destes exercerem uma cidadania verdadeiramente activa. A contenção do Estado nos limites da sua legitimidade de acção objectiva-se, pois, pelo Princípio da Subsidiariedade, pelo qual a instituição política não deve tomar a si aquilo que cabe aos cidadãos executar.

Com o natural exagero das simplificações embora numa análise subjectiva deparamo-nos com um paradoxo: censuramos a dependência do Estado, mas imploramos continuamente a sua protecção.

---

[151] Como consta da Constituição pastoral *Gaudium et Spes,* n.º 75, parágrafo 2.
[152] *Ibidem.*

O princípio da Subsidiariedade opõe-se ao perigo duma socialização exagerada, em que as pessoas perdem muito da sua dignidade humana. Primeiro deve estar o cidadão, antes do Estado – no exercício dos direitos e, logo, no dos deveres e responsabilidades.

Ao Estado pertence tornar acessíveis aos cidadãos os meios necessários a uma vida digna, cabendo a cada um, com iniciativa própria, contribuir para que tal aconteça. Compete à sociedade civil, no seu aprofundamento cultural, aferir, periodicamente, se o Estado que tem, está apto a exercer essas funções na busca do bem comum aperfeiçoando-o pelos mecanismos da democracia participativa.

A doutrina social da Igreja afastou-se duma definição de Estado que o identifique com a sociedade, considerando-o como a *personificação jurídica da Nação*. Considera, pois, que é a sociedade civil, na complexidade da sua própria composição, que não apenas exige como justifica o Estado, como sua organização política e administrativa, no objectivo da prossecução do bem comum.

O Estado define-se em relação ao bem das pessoas, sendo a distinção entre Estado e sociedade tida como condição indispensável da liberdade. Será esta compreensão do Estado, como serviço da comunidade, que fundamenta a sua autoridade democrática, competindo-lhe conduzir à harmonia, a pluralidade dos elementos, instituições, potencialidades e projectos, em ordem ao bem comum. A autoridade do Estado gera, nos seus membros, a obrigação da obediência, aumentando a responsabilidade de quem exerce a autoridade.[153]

Compete à sociedade civil, no seu aprofundamento cultural, como acabamos de referir, não apenas aferir se o Estado que tem está ou não apto a exercer essas funções na busca do bem comum, como também tentar aperfeiçoá-lo de modo a adaptá-lo às exigências da sociedade.

Também será líquido inferir que a hegemonização do poder por parte dos grandes conglomerados internacionais, o controlo que levam a efeito através dos *media* sobre a formatação das expectativas dos próprios cidadãos, remete-nos para uma maior e mais atenta fiscalização, efectivando--se, assim, uma autêntica cidadania.

---

[153] Cfr. *Gaudium et spes*, n.º 74.2.

Capítulo II – Das Convicções à Dialéctica

Aliado ao Princípio da Subsidiariedade encontra-se o da Proporcionalidade. É sobre ele que, de seguida, nos vamos, sumariamente, debruçar.

De acordo com o Professor Jorge Miranda, este princípio está, sobretudo, *"ao serviço da limitação do poder político, enquanto instrumento de funcionalização de todas as actuações susceptíveis de contenderem com o exercício de direitos ou com a adstrição a deveres."*

Concluindo que *"a invocação do bem-estar não pode servir para, em nome da efectivação dos direitos económicos, sociais e culturais, se sacrificarem hoje quaisquer liberdades públicas"*.[154]

Contudo, há receios a propósito da abertura a novos direitos sociais, principalmente, como defende Jorge Miranda, *"por os direitos sociais inculcarem intervenções do Estado compressivas ou potencialmente compressivas dos direitos de liberdade"*.

No entanto, o mesmo constitucionalista português vai esclarecendo que em virtude da maioria desses direitos emergirem *"como instrumentais em relação aos direitos, liberdades e garantias, não há então que temer pela liberdade, desde que não se perca, em nenhum caso, o ponto firme representado pelos direitos liberdades e garantias assegurados pela Constituição (...)"*.[155]

Mas, o que acontece no momento presente, é que, cada vez mais, a sociedade se vem confrontando com a desafectação dos cidadãos face aos assuntos políticos, talvez por eles não se reverem no sistema vigente o que, a ter continuidade, pode provocar uma sociedade totalmente desresponsabilizada, num crescendo anómico, que reputamos de preocupante.[156]

Por forma a obviar tal problema haverá que promover o debate, incentivando uma cidadania responsável e actuante, sendo de manter a velha estabilidade, como conceito substantivo, mas nunca à custa de cidadãos usados como meros consumidores passivos do poder, sofrendo dum estatuto de menoridade.

Será, pois, lícito questionar se será viável manter o modelo actual de representação política num contexto em que a própria sociedade se arregimenta para promover outro tipo de soluções. Das múltiplas propostas, das

---

[154] Cfr. MIRANDA, J., *Ibidem*, p. 269.

[155] *Ibidem*, p. 155.

[156] Veja-se sobre esta problemática LIPPHART, Arend, (1997), 'Unequal Participation: Democracy's Unresolved Dilemma', *in American Political Science Review*, n.° 9, Março de 1997, pp. 1-14.

104   *Das Relações da Igreja com o Estado*

mais radicais às menos problemáticas, o que interessa é reter a abertura a um novo leque de possibilidades que os avanços tecnológicos possibilitam e que a plasticidade do modelo democrático permite.

Somos dos que acreditam que numa Democracia, o jogo nunca acaba porque os dados estão continuamente a ser lançados, havendo a constante necessidade de produzir saber, problematizando-o, desconstruindo-o e, sobretudo, divulgando-o.

Haverá que preconizar modelos operacionais mais refinados que reflictam a matriz dos novos ritmos sociais e incorporem as novas valências tecnológicas, provocando o sistema político no sentido da respectiva abertura ao potencial existente na sociedade, convocando-a no sentido da sua protagonização acrescida.

A Igreja reconhece e promove a dignidade do Estado e a sua função na construção da harmonia da sociedade, sendo claro, a esse respeito, o Concílio Vaticano II quando diz:

> *"A fim de que a comunidade política não se desagregue, seguindo cada qual a sua opinião, requer-se uma autoridade que coordene as forças de todos os cidadãos para o bem comum, não mecânica nem despoticamente, mas principalmente pela força moral que se apoia na liberdade e no sentido da responsabilidade pessoal. Portanto, é evidente que a comunidade política e a autoridade pública se fundam na natureza humana e que, por conseguinte, pertencem à ordem estabelecida por Deus, embora a determinação do regime político e a designação dos governantes se deixem à livre vontade dos cidadãos."*[157]

Deste modo se infere que a Igreja reconhece a dignidade do Estado, ao afirmar que a sua autoridade gera a obrigação de obediência, exprimindo-se dum modo particular no espírito de serviço competente e desinteressado levado a cabo por todos os cidadãos na prossecução do bem comum. Não terá sido por acaso que, João Paulo II, proclamou S. Tomás Moro como Patrono dos Governantes e dos Políticos.[158]

---

[157] Cfr. *Gaudium et spes*, n.º 74.2-3.

[158] Foram várias as petições de alguns chefes de Estado e dirigentes políticos a favor da proclamação de S. **Tomás Moro** como seu Patrono. O Papa acabou por proclamá-lo por Carta Apostólica sob Forma de *Motu* Próprio, no 23.º ano do seu pontificado, em Outubro do ano 2000. Tomás Moro, político inglês dos séculos XV e XVI, dada a sua sensibilidade religiosa procurou servir o rei e o país, mas quando Henrique VIII pre-

Capítulo II – Das Convicções à Dialéctica

Serão várias as razões desta proclamação contando-se entre elas a necessidade sentida, sobretudo pelos políticos, de modelos credíveis que apontem o caminho da verdade numa época de múltiplos desafios.[159] Nesta sociedade tecnotrónica, a nossa condição humana altera-se, a concepção que temos do homem e do mundo modifica-se, o saber muda de estatuto e os nossos horizontes intelectuais alargam-se num caleidoscópio cultural marcado por novas complexidades.[160] Nada deixa de reflectir os novos paradoxos axiológicos e os referentes ideológicos deste mundo

tendeu assumir o controlo da Igreja na Inglaterra, pediu a sua demissão de Chanceler do Reino por não querer dar o seu apoio ao plano do Rei. Essa tomada de posição de recusar qualquer compromisso contra a própria consciência, custou-lhe a prisão na Torre de Londres.

Tomás Moro não prestou o juramento pedido, dado que o mesmo comportaria a aceitação dum sistema político e eclesiástico que preparava o caminho para um despotismo incontrolável, acabando por ser decapitado. Tomás Moro, na sua *Utopia*, atendendo ao pormenor interessante de fazer dum marinheiro português o principal personagem do seu livro, leva-nos a descobrir, através dele, a misteriosa terra onde a vida quotidiana decorria duma forma absolutamente perfeita. Afinal, a *Utopia*, publicada na cidade de Lovaina, no ano de 1516, publicitava a existência dum Estado ideal.

São de **Winston Churchill**, em 1956, as seguintes palavras sobre Tomás Moro: "A resistência de Moro e Fisher à supremacia real foi um acto nobre e heróico. Eles tinham consciência das deficiências do sistema católico existente, mas odiavam e temiam o nacionalismo agressivo que estava a destruir o mundo cristão". *In A History of the English Peoples,* Vol. II, pp. 64 e 65, New York: Barnes & Noble, 1993.

[159] Com efeito, as transformações no sistema aberto de mercado têm sido muito profundas. Alteram-se as regras de funcionamento, surgem novos pólos aglutinadores, diversificam-se as estratégias, exige-se uma compatibilidade crescente, assiste-se ao redesenho da arquitectura empresarial e a tecnologia deixa, progressivamente, de se constituir enquanto factor de diferenciação. Os fenómenos económicos estão a alterar as estruturas sociais, enquanto as conquistas científicas, sobretudo no domínio das biotecnologias, tornam mais premente a exigência de defender a vida humana em todas as suas expressões. Entretanto as promessas duma nova sociedade são apresentadas com sucesso a uma opinião pública no mínimo distraída, requerendo urgentes e sagazes decisões políticas a favor da pessoa humana. O exemplo de Tomás Moro, com o seu ideal supremo da justiça, pode ajudar nesse desafio.

E repetindo Churchill "Eles (Moro e Fisher) viam que a ruptura com Roma trazia consigo a ameaça de um despotismo liberto de qualquer constrangimento. Moro destacou-se como o defensor de tudo o que havia de melhor no mundo medieval. Ele representa para a história a sua crença em valores espirituais, e o seu sentido instintivo de transcendência.". *Ibidem,* pp. 64-65.

[160] O conceito de 'sociedade tecnotrónica', para caracterizar a sociedade pós-industrial, é atribuído a Brzezinski por Sartori. Cfr. SARTORI Giovanni, *Elementos de Teoria Política,* (1992), *Ibidem,* p. 274.

106   *Das Relações da Igreja com o Estado*

em profunda, multifacetada e acelerada mutação. O Homem continuará a precisar de modelos.

Por isso, João Paulo II ao proclamar S. Tomás Moro como Patrono dos Governantes e dos Políticos, aludiu *"a tais exemplos de perfeita harmonia entre fé e obras"*:

> *"Esta harmonia do natural com o sobrenatural é talvez o elemento que melhor define a personalidade (de Moro). O homem não pode separar-se de Deus, nem a política da moral: eis a luz que iluminou a sua consciência.*
>
> *(...) De facto, a defesa da liberdade da Igreja face a indevidas ingerências do estado é simultaneamente uma defesa, em nome do primado da consciência, da liberdade da pessoa frente ao poder político. Está aqui o princípio basilar de qualquer ordem civil respeitadora da natureza do homem".*[161]

Será também por isso, que o Estado deve respeitar e favorecer o Princípio da Subsidiariedade. Ao Estado não incumbe, em relação à Religião, apenas afirmar princípios constitucionais e depois deixar de criar as condições necessárias ao exercício desses direitos.

2. Modelos de relação entre Igreja Católica e Estado

Somos dos que acreditam que devíamos ser ensinados a pensar, a redescobrir aquilo que sentimos no nosso íntimo, a conhecermo-nos a nós próprios, a sabermos elevar-nos moral e espiritualmente, promovendo o amor em vez do ódio, a paz em vez da guerra, tudo isso para que a Humanidade possa viver a concórdia.

Concórdia não é sinónimo de igualdade, pois, cada um de nós é diferente do outro. Concórdia é a capacidade de nos aceitarmos com as nossas imperfeições e diferenças, por direito próprio. Não importa a forma que damos ao conceito de Deus, o importante é senti-lo. Imbuídos deste espírito, entenderemos as velhas e as novas formas religiosas e entenderemos aqueles que não acreditam em Deus, não por uma questão de tolerância, mas por respeito.

---

[161] Excerto do discurso proferido por João Paulo II, em Roma, a 31 de Outubro de 2000.

Entre um Mundo tecnológico e científico e um Mundo em crise ideológica, ficamos perplexos como é que as Religiões ainda dão respostas que arregimentam e conseguem sobreviver. Afinal, as religiões são apenas formas históricas de compreensão da divindade. E embora haja sociedades, neste final / início de século e de milénio, em que o fundamentalismo religioso coincide com o poder civil, entre nós vigora o princípio, a propósito da fé em Deus e da prática duma religião, de que *"Ninguém seja impedido; ninguém seja forçado."*

Partamos então do conceito de 'concórdia'. Do latim *concordia*, significa 'união de vontades' de que resulta harmonia; conformidade de pareceres e paz. Concórdia, como acordo e contrato, também será objecto deste nosso estudo, mas em momento próprio, agora apenas nos referimos ao seu conceito. O mesmo acontecendo com o termo concordata.

Do latim medieval *concordata* (estar de acordo; acordar), Concordata define um tratado ou convenção ente a Santa Sé e um Estado sobre as principais questões que dizem respeito à implantação da Igreja Católica nesse Estado.[162] Trata-se, pois, duma convenção entre um Estado e o Vaticano sobre as relações entre o Estado e a Igreja.

A celebração duma concordata com a Santa Sé não implica contudo, a confessionalidade do Estado, ou seja, que a religião católica seja a religião oficial. Como exemplo do exposto fica, entre muitas outras, a concordata de 1940, entre o Estado português e a Santa Sé, em que tal princípio não se encontra consignado no texto concordatário, a cujo facto se dará, a seu tempo, maior enfoque, o mesmo não acontecendo com as concordatas italiana, de 1929 e espanhola, de 1953, em que ficou estabelecido, no texto concordatário, o princípio de que a Religião Católica é a única religião destes Estados.

Podemos acrescentar que houve concordatas e acordos religiosos entre a Santa Sé e Estados, como foi o caso dos Alemães e do antigo Império Russo, em que o catolicismo era minoritário e mais recentemente foram estabelecidos acordos ou *modus vivendi,* sem as formalidades jurídicas típicas das concordatas, com países comunistas, como foi o caso da Hungria, Checoslováquia e Jugoslávia.

Muitos países, dum modo ou doutro, têm celebrado concordatas ou acordos com a Santa Sé, de modo a garantir, através dum instrumento jurídico, a situação da Igreja e dos católicos, dado que reconhecem a Santa Sé

---

162 Diciopédia 99, Porto: Porto Editora, Multimédia.

108 *Das Relações da Igreja com o Estado*

como sociedade jurídica independente, não sentindo dificuldades em celebrar tais acordos.

As Concordatas, por conseguinte, estipulam-se entre um Estado temporal e uma sociedade religiosa espiritual representada pela Santa Sé. São acordos negociados entre a Santa Sé e os Governos, posteriormente submetidos a ratificações de forma semelhante ao que acontece com os tratados internacionais. Só que deles se distinguem por as Concordatas serem estipuladas entre duas sociedades diversas, independentes, embora os católicos, membros da Igreja são, simultaneamente, súbditos do Estado contratante.

Tanto o Estado quanto a Igreja têm interesses comuns e como refere o Concílio Vaticano II, ambos procuram o bem do Homem, ainda que de ordem diversa, podendo isso mesmo inferir-se dos excertos de textos da Constituição Pastoral *Gaudium et Spes*, n. 76, que a seguir se transcrevem:

> *"A Igreja (...) é ao mesmo tempo, sinal e vanguarda da dignidade da pessoa humana. (...) A Igreja e o Estado exercerão tanto mais eficazmente este serviço para bem de todos quanto mais cultivarem entre si uma sã cooperação, tendo em conta as circunstâncias de tempo e de lugar".*

A ligação entre os bens temporais e espirituais é muito forte, sendo grande o influxo mútuo, devendo existir acordo entre ambas as sociedades que os promovem. Justamente nesse sentido se manifestou o Concílio Ecuménico Vaticano II ao referir-se às relações Igreja-Estado:

> *"É de grande importância, sobretudo onde existe sociedade pluralística, que se tenha uma concepção exacta das relações entre a comunidade política e a Igreja, e, ainda, que se distingam claramente as actividades que os fiéis, isoladamente ou em grupo, desempenham em próprio nome como cidadãos guiados pela sua consciência de cristãos, e aquelas que exercitam em nome da Igreja e em união com os seus pastores.*
>
> *(...) No domínio próprio de cada uma, comunidade política e Igreja são independentes e autónomas. Mas, embora por títulos diversos, ambas servem a vocação pessoal e social dos mesmos homens".*[163]

Mas tanto a Bíblia quanto o Tora e o Corão exploram as regras que regem a existência: a criação, a hereditariedade, o lugar do homem na natureza, o bem e o mal, o destino e a salvação. Não raras vezes se ignora que existiu uma longa história de interferência da autoridade do Estado

---

[163] Veja-se, de novo, a Constituição pastoral *Gaudium et Spes n.º 76*.

Capítulo II – Das Convicções à Dialéctica

na jurisdição eclesiástica. Diga-se que, no caso português, a liberdade de culto da Igreja Católica esteve garantida desde a fundação da nacionalidade.

Fazendo uma breve chamada de que esta não era a regra, podemos referir que tanto para o Ocidente quanto para o Oriente, desde o século II ao IV, houve a participação geral da comunidade por ocasião da eleição do bispo, existindo dúvidas de que se trate dum direito efectivo dos leigos ou dum direito de aclamação.[164]

Já no século IV se assiste a uma alteração nas eleições episcopais, pois, o Concílio de Niceia ordena que os bispos sejam nomeados pela maioria dos bispos da mesma província.[165] Contudo, é apenas no século V que se torna mais evidente a influência do poder estatal no direito de eleição dos bispos. Assim se constata a interferência progressiva do poder civil na nomeação dos bispos. Com Carlos Martel e com os sucessores de Carlos Magno, esta intervenção é bem patente, tendo provocado a Querela das Investiduras, tendo a Igreja rejeitado o procedimento da autoridade civil.

A 'Concordata' de Worms, no século XII, entre o Papa Calisto II e o Imperador Henrique V, regulou as questões fundamentais, tornou-se a base, o *modus vivendi* entre o poder da Igreja e o poder do Estado.[166] Contudo, com a crise do Cisma registou-se um certo regresso do poder estatal na escolha dos bispos.

A partir do século XVI, diversos monarcas, de França, Espanha e de Portugal, entre outros, receberam da Santa Sé, o privilégio de apresentar candidatos às dioceses, reservando, o Papa, o direito de confirmação. O direito de nomeação foi visto como uma espécie de direito de padroado.

No século XX, com a primeira Guerra Mundial e as grandes alterações verificadas, a liberdade de nomeação do Papa foi alargada não ape-

---

164 De acordo com Ploechl, a eleição era pelo levantar de mãos ao que se seguia a imposição das mãos. PLOECHL, W. M., (1963), *Storia del diritto canonico,* Milano: Massimo, pp. 66-68.

165 Veja-se CLAEYS-BOUAERT, F., (1953), *'Éveques' in Dictionnaire de Droit Canonique,* V, Paris, 575.

166 Para a Igreja, a Concordata de Worms, quis significar a restauração da eleição canónica contra a investidura secular. Cfr. AIMONE BRAIDA, P. V., (1978), *L'intervento dello Stato nella nomina dei vescovi,* Roma: Città Nuova, p. 28.

110   *Das Relações da Igreja com o Estado*

nas de direito mas de facto, havendo uma restrição no privilégio de nomeação régia. É oportuno recordar que com a proclamação da República Portuguesa, em Outubro de 1910, as relações diplomáticas entre Portugal e a Santa Sé foram cortadas.

A Igreja, nesta época, em Portugal, é espoliada e perseguida 'legalmente' por decreto do ministro da Justiça, Afonso Costa, que mandou pôr em vigor as leis do Marquês de Pombal contra os jesuítas e as de Joaquim António de Aguiar relativas às casas religiosas. A *Lei da Separação,* de 20 de Abril de 1911, é a expressão máxima dos ataques, apesar de enfermar de alguns pontos inconstitucionais.[167]

Pelo artigo 2.°, da referida Lei

> *"(...) a religião catholica apostolica romana deixa de ser a religião do Estado e todas as igrejas ou confissões religiosas são igualmente autorizadas, como legitimas agremiações particulares, desde que não offendam a moral publica nem os princípios do direito politico português".*

Digamos que esta é a primeira lei de Liberdade Religiosa promulgada no nosso país.

Na mesma Lei, no capítulo IV, artigo 62.°, fica determinada a pertença e propriedade do Estado de

> *"Todas as cathedraes, egrejas e capellas, bens immobiliarios e mobiliarios, que teem sido ou se destinavam a ser applicados ao culto publico da religião catholica e à sustentação dos ministros d'essa religião e de outros funccionarios, empregados e serventuarios d'ella, incluindo as respectivas bemfeitorias e até os edificios novos que substituiram os antigos, são declarados, salvo o caso de propriedade bem determinada de uma pessoa particular ou de uma corporação com individualidade juridica, pertença e propriedade do Estado e dos corpos administrativos, e devem ser, como taes,arrolados e inventariados, mas sem necessidade de avaliação nem de imposição de sellos, entregando-se os mobiliarios de valor, cujo extravio se receiar, provisoriamente à guarda das juntas de parochia ou remettendo-se para os depositos publicos ou para os museus".*

---

[167] Pela Constituição de 21 de Agosto de 1911, era garantida a liberdade de consciência, de crença, de religião, bem como o culto público de qualquer religião, sendo a lei da separação, uma lei especial que fixa as condições do seu exercício. Muitos párocos foram perseguidos tendo-se refugiado em casa de paroquianos que não aceitaram certas arbitrariedades e puseram cobro às mesmas.

Pelo Código de Direito Canónico de 1917, ficou, no entanto, determinado que os bispos passavam a ser nomeados livremente pelo Papa. Antes de eclodir a Segunda Guerra Mundial(1939-1945), o direito de apresentação era limitado à França, Principado do Mónaco, Perú, Haiti e às Índias Orientais portuguesas.

É uma invenção dos finais do século XIX, a ideia da primazia papal. O modelo piramidal da autoridade católica, na pessoa do Papa, que governa a Igreja, não existia. A autoridade da Igreja Católica estava amplamente difundida, existindo muitas esferas de autoridade.

Foi Pio XII quem ajudou a lançar a ideologia do poder papal, poder por ele assumido antes da Segunda Guerra Mundial e iniciado mesmo antes dele ser Papa. Eugénio Pacelli,[168] futuro Papa Pio XII, ainda como advogado do Vaticano, viveu o descontentamento do papado face ao apropriamento dos Estados Pontifícios pelo novo Estado – nação de Itália.

Convenhamos que foi difícil para os Papas, dos finais do século XIX princípios do século XX, considerarem-se independentes do *status quo* político da Itália, tornados agora seus meros cidadãos.

Embora de modo relutante, desde a Reforma, o Papado reajustara-se às realidades duma cristandade dividida, no meio da ameaça permanente das ideias iluministas e dos novos modos de encarar o Mundo. Perante as mudanças político-sociais, fruto da Revolução Francesa, o papado foi lutando não apenas pela sua sobrevivência como também pela continuidade do exercício da sua influência num clima de liberalismo, secularismo, de espírito científico e de industrialização reinante.

Ao longo do século XIX, a Igreja Católica, como refere D. Manuel Clemente, *"(...) aprofundou como nunca a ligação ao seu centro romano. Os católicos mais definidos e militantes de cada país encontravam na ligação ao papa a garantia maior da respectiva liberdade religiosa, por vezes coibida pelos governos liberais, geralmente muito nacionalistas."*[169]

Digamos que os Papas se viram compelidos a proteger a Igreja e a defender, em simultâneo, a integridade do seu poder temporal em evidente declínio. Notória era a posição adoptada pela maioria dos Estados europeus perante a separação entre a Igreja e o Estado, como acabamos de apresentar no caso português.

---

168 Veja-se CORNWELL, J., *Ibidem*, p. 11.

169 Cfr. CLEMENTE, M., (2000), *A Igreja no Tempo*, Lisboa: Grifo – Editores e Livreiros, Lda., p. 100.

Assistia-se a uma complexa oposição entre o sagrado e o secular, tornando-se a Igreja Católica objecto de opressão, sendo os seus bens e riquezas espoliados, sendo, por consequência, o clero e as ordens religiosas privados do seu campo de acção, enquanto a educação religiosa passava para o controlo do Estado.

As humilhações ao papado eram frequentes, pelo que a Igreja vivia dilacerada, quer externa quer internamente dadas as posições de pressão, uns defendendo uma primazia papal outros uma maior distribuição da autoridade pelos bispos.[170]

Foi Pacelli quem, na viragem para o século XX, colaborou na nova redacção das leis da Igreja condensadas depois no Código de Direito Canónico e estabeleceu uma Concordata com o *Reich,* tratado entre a Igreja-Estado, concretamente entre o papado e a Alemanha como um todo, na pessoa de Hitler.[171] Por este acordo, impunha-se a nova lei da Igreja aos católicos alemães garantindo privilégios às escolas católicas e ao clero, em contrapartida a Igreja renunciava à acção política.[172]

O Papa João XXIII, quando convocou o Concílio Vaticano II, pretendeu rejeitar o modelo monolítico e centralizado da Igreja e apoiar uma comunidade humana de tendência colegial e descentralizada, baseada na metáfora *Povo de Deus peregrino.*

No início do terceiro milénio de cristandade, assiste-se, com João Paulo II, a um modelo piramidal da Igreja, sendo ele um Papa carismático que aglutina católicos e não católicos, num mesmo desígnio ou objectivo – a criação duma humanidade mais justa e fraterna.

---

[170] O extremo verifica-se quando os Papas, Pio VII e Pio VIII, foram presos, por ordem de Napoleão. Cfr. CORNWELL, J., *Ibidem.*

[171] Este Código foi publicado e posto em vigorar em 1917, conforme se fez referência na p. 37.

[172] Seguindo a doutrina proclamada nos Evangelhos e as palavras de Jesus: *"Dai César o que é de César e daí a Deus o que é de Deus"* regista-se a abdicação do catolicismo político alemão em 1933, por ordem final de Pio XI. O que, de acordo com alguns estudiosos, garantiu a ascensão do nazismo sem oposição da comunidade católica. Contrariamente ao que tinha acontecido sessenta anos antes quando os católicos alemães combateram as perseguições do *Kulturkampf.* Esta 'luta de culturas ou entre culturas' – o termo surgiu em 1873, no contexto da luta política desencadeada por Bismark, 1.º ministro da Prússia, teve como objectivo o de submeter a Igreja Católica ao controlo do Estado. Veja-se CORNWELL, J., *Ibidem,* p. 14.

Capítulo II – Das Convicções à Dialéctica   113

Mas, quais são as causas da progressão assombrosa do cristianismo no decurso de todo este tempo?

Esta Religião foi passando de boca em boca por mercadores, viajantes, escravos, judeus helenizados ou simplesmente gentios convertidos. Não podemos ignorar que a ' missão' cristã beneficiou dum contexto histórico e geográfico privilegiado e do Império Romano ter sido a pátria do Cristianismo.

Sem querer fazer desta dissertação uma narrativa histórica, consideramos necessário recorrer à História para melhor conhecermos a evolução das relações entre o Estado e a Igreja. Assim sendo partamos da sua emergência ou de Constantino.

CAPÍTULO III
Enquadramento Histórico

1. De Constantino a Napoleão – breve resenha histórica duma evolução

1.1. *Dos primeiros tempos*

A rápida expansão da mensagem cristã, no século I, continua a deslumbrar, principalmente porque ela acontece numa sociedade bastante desgastada pelo cepticismo religioso, onde a lei do mais forte arrasava gente humilde e uma multidão de escravos.

Então, como foi capaz uma doutrina de seduzir mesmo exigindo aos seus fiéis uma perfeição à imagem dum Deus e um perdão aos próprios inimigos?

Primeiro há que situar no espaço e no tempo para melhor compreender as características da sociedade mediterrânica onde ela nasceu e se expandiu. Com Augusto, o Império unira finalmente os povos da bacia mediterrânica numa coesão política, jurídica e administrativa, estreitando laços cada vez mais firmes entre regiões até então separadas.

À paz e à prosperidade do Império unificado correspondeu o desenvolvimento da cidadania, do intercâmbio de experiências e ideias, da unidade social. O Estado romano permitiu e patrocinou a coexistência florescente dos mais variados cultos de todas as províncias do Império, mas o Cristianismo não apareceu como religião para um povo, mas como uma fé para todos, a unir todos os povos e tinha, justamente por isso, mais cedo ou mais tarde, que entrar em conflito com o politeísmo que excluía de modo frontal. Assim, a oposição ao Cristianismo não se fez esperar e veio a cristalizar-se na lei. Era o bem comum que estava em causa face a uma minoria.

116 *Das Relações da Igreja com o Estado*

Durante este longo período em estudo – De Constantino a Napoleão, mais concretamente do século IV ao XIX, a História da Igreja oferece aspectos muito diversos. Até ao final do século XIII, está a Igreja à frente do Mundo Ocidental, guiando, sob a sua autoridade, todas as forças temporais e espirituais da Europa. Mas, a partir do século XIV, afirmam-se, progressivamente, os princípios do Estado laico, que irão subtraindo ao Papado o império da sociedade.

Resta saber se quando o Papado se torna mais forte à custa do povo de Deus, a Igreja Católica perde influência moral e espiritual em detrimento de nós todos. Não pretendendo ir muito longe nesta linha, contudo continua a admirar a rápida expansão da mensagem cristã num mundo com sociedades profundamente desgastadas pelo cepticismo religioso.

Continua a intrigar, até nos dias de hoje, a sedução exercida por uma doutrina que exige aos seus fiéis uma perfeição à imagem divina e perdoar os inimigos. No começo do século IV, os cristãos rondariam os seis milhões, uma décima parte dos cidadãos do Império Romano.[173]

Após um período muito conturbado, com muitas perseguições, em que para além de Imperadores como Nero, Domiciano, Trajano e Marco Aurélio, o comum dos cidadãos encontrava, nos cristãos, a razão das desgraças que sobre eles se abatiam como fruto do descontentamento dos deuses, surgiam interregnos de acalmia.

Ainda nos primeiros anos do século IV, com Diocleciano, os cristãos não tinham a vida facilitada, pois vários éditos foram publicados com ameaças de prisão e morte, aliadas à destruição de templos e queima de livros de culto.

Com um Edito do imperador Galério, em 311, os tempos de provação aproximaram-se do fim. Finalmente era permitida a religião cristã, com a condição desta não ser contra as leis do Império. Em Fevereiro de 313, os imperadores Licínio e Constantino, através do acordo de Milão – o *Edito de Milão,* concederam, a todos os súbditos do Império Romano, a liberdade de religião e restituíram aos cristãos os templos e demais património confiscado.[174]

---

[173] D. Manuel Clemente, na obra *A Igreja no Tempo – História Breve da Igreja Católica,* interroga-se sobre "Que sedução poderia exercer aí (bacia mediterrânica do século I) tal doutrina, que exigia aos seus fiéis uma perfeição à imagem da divina, um perdão alargado aos inimigos, a superação das inclinações distorcidas da carne?", p. 9.

[174] Trata-se menos dum acto jurídico, celebrado em 313, do que dos resultados concretos das conferências levadas a cabo entre Licínio e Constantino: liberdade dos cultos,

Capítulo III – Enquadramento Histórico

O Cristianismo emergia da clandestinidade, porque, com Constantino, em Roma, no coração do Império, realizava-se um milagre: surgira um imperador cristão. Mas quando e como foi que Constantino abraçou o cristianismo? Ele quem era? Eis algumas das questões a que muitos historiadores não cessam de dar as mais díspares respostas.

Em quem devemos acreditar? No bispo Eusébio de Cesareia que fez de Constantino um modelo de virtude? Mas será que o facto de Constantino só ter recebido o baptismo, em 337, no seu leito de morte se torna uma prova da sua falta de fervor cristão, muito embora os baptismos tardios terem sido frequentes nos primeiros anos da Igreja?

Ou antes se deve fazer fé na lenda, segundo a qual, os seus soldados colocaram nos seus escudos o símbolo cristão, após ele ter tido uma visão da cruz de Cristo com a inscrição: *Neste sinal vencerás?*

Outros ainda, afirmam que Constantino foi tornado cristão por influência de sua mãe, Santa Helena. O certo é que, desde o início do seu reinado, Constantino manifestou uma simpatia militante pelo cristianismo como se torna evidente o *Édito de Milão,* a que aludimos.

Contudo, no Oriente, Licínio, contentava-se em ser tolerante. Apenas no Ocidente, desde 323, os símbolos cristãos começavam a tomar o lugar dos pagãos, por exemplo, nas moedas.

O próprio vocabulário cristão infiltrava-se na legislação e os julgamentos dos tribunais episcopais tornam-se oficialmente válidos, tendo as Igrejas tido a faculdade de construir um património próprio. Somente em 324, quando Constantino se torna o único senhor do Império, Constantinopla, antiga Bizâncio, torna-se especificamente cristã, contudo, evitou hostilizar ou perseguir os pagãos, firmando, deste modo, a vitória do cristianismo pelos actos mais significativos.

Entretanto, Constantino manteve a linha autoritária de Diocleciano. Aliás, no século IV, seria de todo impensável estabelecer a separação entre o poder temporal e o espiritual. O Imperador mantinha-se preocupado com os interesses do Estado, ao mesmo tempo que com os dos cristãos. Tornou obrigatório o repouso dominical tendo convocado o Concílio de Niceia, onde foi adoptado o Credo.[175]

---

reparação dos prejuízos sofridos pelos cristãos, no entanto, apenas com Teodósio (379-
-395) é que cessou a situação privilegiada do paganismo.

[175] Foi o próprio Constantino quem não só convocou como presidiu ao primeiro Concílio Ecuménico, em Niceia, em 325, decidindo as medidas que seriam tomadas contra os hereges, mesmo que depois se tenham tornada seu protector. Contudo, a paz não

118   *Das Relações da Igreja com o Estado*

Muito embora o seu Código Penal contivesse excessiva severidade, Constantino fez reviver muitas leis de carácter humano, proibindo a consulta dos oráculos, mas muita da sua acção leva a acreditar que a sua adesão à doutrina cristã não foi senão um cálculo político. Aliás, a sua intolerância, é mesmo afirmada por Cornwell, nos seguintes termos:

> *"No Primeiro Concílio de Niceia, em 325, o imperador Constantino determinou que a Páscoa não deveria competir com a Páscoa dos Judeus. «É impróprio que na festa mais sagrada se sigam os costumes dos Judeus. De futuro, voltemos as costas a esse povo odioso» declarou ele. Seguiram-se uma série de medidas imperiais contra os Judeus: impostos especiais, proibição de novas sinagogas, interdição de casamentos mistos entre cristãos e judeus".*[176]

A fusão do Cristianismo com a vida do Império comportou, no entanto, algumas ambiguidades. Entre elas a do imperador olhar a Igreja como parte do Império e o Cristianismo como força de coesão social.

A Igreja, pode dizer-se ainda hoje, foi profundamente marcada pela experiência de cristandade constantina. Mas será que se pode afirmar que, desde então, a Igreja vive enfeudada ao Estado?

Não nos podem restar dúvidas de que a Igreja se colou à estrutura administrativa aperfeiçoada por Diocleciano. A Igreja adaptou-se à estrutura do Império, aproveitando o quadro administrativo para a sua organização, mantendo bispos nas cidades e fazendo coincidir a metrópole eclesiástica com a província. Contudo, a diferença residia no seguinte: enquanto os funcionários imperiais eram 'nomeados' pelo Imperador, os bispos eram eleitos pelo clero local e pela população, sendo bem distinta a autoridade civil da religiosa.

---

surgiu em Niceia porque, divididos sobre o sentido da palavra *consubstancial,* os bispos hesitaram entre diversas fórmulas. Como já fizemos referência, foi necessária a autoridade de Teodósio (379-395) para que, pelo Édito assinado em 380, em Tessalónica, todos os povos submetidos ao Império Romano fossem chamados a aderir "à fé transmitida aos romanos pelo apóstolo Pedro, ou seja, à fé professada pelo pontífice Dâmaso e pelo bispo de Alexandria, que consiste no reconhecimento da Santíssima Trindade do Pai, do Filho e do Espírito Santo".

Consulte-se, a propósito de datas dos Éditos, CHRISTOPHE, Paul, (1997), *Pequeno Dicionário da História da Igreja,* S. Paulo: Apelação.

[176] Cfr. CORNWELL, J., *Ibidem.*

Capítulo III – Enquadramento Histórico 119

A Igreja representava, desde logo, um poder espiritual, sem o qual o próprio Império já não poderia ser concebido. Não sendo o recíproco verdadeiro, na medida em que, quando, no século V, acontece a decadência do Império Romano no Ocidente, esta não se fez acompanhar pela queda da Igreja Católica, justamente porque forte e independentemente organizada.[177]

De entre os diversos cultos, o judaísmo aparecia sem grande preocupação proselitista, enquanto o Cristianismo se impunha como uma fé para todos, a levar a todo o lado e a unir todos os povos. Justamente por isso, não raras vezes, razões de Estado colidiram com as da Fé. Contudo, só hoje e anacronicamente, dada a concepção da autonomia do espiritual e do temporal, se pode projectar para o século IV, que cada benesse do imperador à Igreja trazia consigo a intromissão daquele na vida religiosa.

Mesmo porque, no Império pagão, o imperador era simultaneamente o chefe religioso e logo feito cristão não iria deixar de intervir na vida religiosa. Pelo Edito de Tessalónica, a que em nota da página anterior nos referimos, o imperador Teodósio ordenou que todos os povos sob a sua autoridade vivessem 'na fé que o santo apóstolo Pedro transmitiu aos Romanos'.[178]

Com a liberdade concedida à Igreja, esta provocou a cristianização da cultura e da vida aliada à sua mundialização não a livraram de contaminações. A cristianização da vida do Império conduziu à própria concepção cristã da ordem temporal. A Igreja ganhou em número de adeptos, mas, como em tudo, nem sempre 'quantidade significa qualidade'.

Depois de Constantino, ao universalismo romano aliou-se o cristão, quando a Igreja se foi impregnando da intelectualidade romana imbuída de ideias ecuménicas. Sobre esta herança, conseguiram os Concílios ecuménicos dos séculos IV e V, fixar o sentido e as certezas da doutrina cristã.[179]

---

[177] Quando, em 395, o Imperador Teodósio morre, a Igreja já encontrara a paz e a protecção necessárias à sua solidez e liberdade.Contudo,também permanecem os seus inimigos que, ao longo dos séculos,vão tentar usurpá-la.

[178] O segundo concílio ecuménico, reunido em Constantinopla, no ano de 381, imposto por Teodósio, fez triunfar a fé nicena, tornando-se o catolicismo ortodoxo a religião oficial de todo o Império Romano. Com Teodósio foi destruído o antigo politeísmo romano e, em simultâneo, o cristianismo foi beneficiado com vários privilégios fiscais e judiciais. Os bens confiscados aos templos pagãos foram entregues às Igrejas.

[179] O fundamental cristão, em termos de fé, expresso no Credo, com a divindade do Filho, consubstancial ao Pai, a divindade do Espírito, entre outros, foram fixados nos Concílios de Niceia (325), Constantinopla (381), Éfeso (431) e de Calcedónia, em 451. Nos

As invasões dos séculos IV e V, vieram, porém, por em causa o mundo romano cristianizado bem como a sua estrutura. Novos senhores ditaram a lei e a insegurança veio por fim ao intercâmbio e à civilização dialogante.

Na Idade Média, a acção da Igreja, perante dificuldades acrescidas, procurou salvar a herança cultural e, neste contexto, a acção da Igreja ficou reduzida aos projectos de evangelização. Progressivamente foi alargando a sua influência e o que mais lhe importava era transformar a natureza do poder e seus fins. Foi neste quadro que Carlos Magno foi apresentado como protector do Povo de Deus, tendo para tanto a Igreja o sagrado.

Nos alvores do século IX, com Carlos Magno e o Papa Leão III, surgiu a ideia duma pátria cristã, onde fosse viável despontarem a cultura e a humanidade. Pena que tenha sido efémera. A Cristandade ocidental correu o risco do regresso à barbárie, não desistindo contudo de restaurar a unidade europeia.

Apenas no século X se conseguiu estabelecer o Sacro Império Romano-Germânico, com a sagração do Imperador Otão I, pelo Papa João XII. A acção ficou a dever-se aos bispos alemães, estabelecendo-se uma interdependência entre Otão e os Bispos, o que conduziu a graves confusões entre a missão espiritual e a missão temporal.

Foi esta ambiguidade que levantou, posteriormente, a *Questão das Investiduras*. Apenas nos homens da Igreja é que o Imperador germânico encontrou os colaboradores competentes e eruditos para os postos cimeiros com funções temporais, sendo considerados pelo imperador como seus funcionários e subordinados.

No século XI, ainda foi o Imperador Henrique III que presidiu, em Worms, à eleição do Papa alsaciano Leão IX. Tal escolha, contudo, não poria em causa a intromissão dos dirigentes temporais na vida interna da Igreja, dado que Leão IX, rodeou-se de colaboradores romanos todos empenhados na restauração da independência da Igreja.

Concílios, quando geral e ecuménico, porque convocado, presidido e aprovado pelo Papa, reúnem-se prelados da Igreja para deliberarem sobre assuntos relacionados com a Fé, costumes e disciplina eclesiástica. Por conseguinte, dependem de concílios os assuntos relacionados com o governo espiritual das almas. Na antiga disciplina da Igreja eram precedidos de jejum e orações em que era invocado o Espírito Santo. Veja-se *Grande Enciclopédia Portuguesa e Brasileira*, 7, p. 361 e ss..

Os seus sucessores, Alexandre II e Nicolau II, não prodigalizaram esforços no sentido de reformar o modo de eleição do Papa, que passou a ser feita pelos cardeais evitando, deste modo, as interferências dos poderes temporais.[180]

A luta pela independência interna da Igreja, face à intromissão do poder temporal, inscreve-se num movimento amplo, que se iniciou no século V. O Papa Gelásio I já reivindicara a autonomia espiritual, numa carta sua ao imperador do Oriente, Anastásio.

Nesta carta, o Papa Gelásio I, exponha a teoria segundo a qual existem no mundo dois poderes – o dos príncipes e o dos pontífices. Enquanto, o dos primeiros se exerce sobre os seus súbditos e visa a condução da ordem temporal; o dos segundos, exerce-se sobre as almas dos fiéis, para a sua salvação.

Com Gregório VII, no final do século XI, esta doutrina seria aprofundada, acrescentando este que, dada a origem e instituição divinas, o poder espiritual deverá ser tido como superior dado que existe pela magnitude de Deus. Posta esta prerrogativa, caberá ao Papa o poder de ligar e desligar os súbditos da obediência a um Príncipe. O seu maior objectivo talvez tenha sido moralizar os costumes sacerdotais e tentar 'converter' príncipes associando-os à sua acção reformadora. Mas, só após a sua morte, as suas ideias triunfaram.

No Ocidente, o poder pontifício sobrepõe-se aos poderes temporais, atingindo o seu auge com o Papa Inocêncio III, já no século XIII, a que corresponde a época dos mais significativos triunfos da Igreja, quer interna quer externamente. Poderá afirmar-se que todas as manifestações humanas eram inspiradas numa concepção teológica num plano todo ele dirigido para Deus.

Por conseguinte, no século XIII, com o Papa Inocêncio III, ocorre a confirmação da doutrina hierárquica, em que o poder espiritual se sobre-

---

[180] A Questão das Investiduras, luta difícil e demorada, viria a encontrar uma certa solução em 1122, pela Concordata de Worms, entre o Papa Calisto II e o imperador germânico Henrique V, em que se excluía a concessão pelo imperador de qualquer poder espiritual, prometendo não intervir nas eleições eclesiásticas, mas era-lhe concedido um certo poder de arbitragem, além da concessão das *regalia* – domínio temporal ligado ao cargo. Veja-se TOURAULT, Philippe, (1998), *História Concisa da Igreja,* Mem Martins: Publicações Europa América.

122   *Das Relações da Igreja com o Estado*

leva, pela sua finalidade, podendo o Papa intervir na vida dos Estados, sempre que a conduta dos chefes temporais dificulte a salvação dos súbditos.[181]

Foi com Inocêncio III que os povos cristãos da Europa integraram uma realidade mais comum, reflexo da sua união eclesial, pois, este Papa foi o verdadeiro chefe da Europa ao impor a Filipe Augusto, de França, o respeito pelo matrimónio.

Em Portugal, Inocêncio III interveio no conflito entre D. Sancho I e os bispos de Coimbra e do Porto; e, no sentido inverso ao da antiga investidura leiga, fez eleger o imperador romano Frederico II.[182]

Sob a égide da Igreja romana, com o auxílio dos missionários cristãos que ao evangelizarem uniram ideais, foi restaurada, com solidez, a unidade europeia que havia sido perdida com a queda do Império Romano do Ocidente. A vida das nações europeias organizou-se em coincidência com a fé cristã. Digamos que a Igreja passa a confundir-se, de facto, com a Europa Ocidental.

---

[181] Desde o Papa Gregório VII (1073-1085) que fora pronunciada a supremacia papal sobre todos os outros poderes, iniciara-se a preeminência temporal e espiritual, muito embora, reis, príncipes e bispos não tenham parado de recalcitrar. Este Papa afirmara a superioridade do pontífice sobre todas as cabeças coroadas da Cristandade. Anteriormente, o título real era considerado como divinamente conferido; com Hildebrando e seus sucessores, o mundo medieval, mal orientado, foi informado de que dependia apenas do Papa decidir quem poderia governar.

Mais tarde, com Urbano II (1088-1099), concretamente em 1095, iniciara-se as Cruzadas. Um século depois, Inocêncio III, (1198-1216), sobrinho do Papa Clemente III, que havia estudado Teologia em Paris e leis em Bolonha, não teve dúvidas sobre não só a santidade do seu papel, como se havia tornado, segundo as suas próprias palavras: "mais alto do que o homem, mas mais baixo do que Deus", tinham-lhe confiado para "governar não só a igreja universal, mas também o mundo inteiro", sendo ele o único guardião terreno da verdade absoluta e irrefutável. A ele se deveu a transferência da corte papal para o Vaticano. Pelas transformações do século XII, a Igreja estava desorganizada, desacredita e mesmo corrompida. A Leste, Jerusalém continuava nas mãos dos muçulmanos; na península itálica, havia sido retirado ao papado as terras donde, noutros tempos, foram extraídos rendimentos e prestígio temporal; enquanto, a Oeste, alastrava a chaga da heresia. A cultura occitana da devoção religiosa e dos sentimentos puros escapava-se aos traçados da cristandade tradicional.

Veja-se TOURAULT, Ph., (1998), *Ibidem.* Consulte-se ALMEIDA, A. R.de, (1996), *Para ler a História da Igreja em Portugal,* Porto: Editorial Perpétuo Socorro.

[182] Este filho do imperador Henrique VI e de D. Constança, herdeira da Sicília, foi eleito imperador romano, devido à mãe ter atraído o favor do Papa Inocêncio III, concedendo muitos privilégios à Santa Sé. Cfr. Grande Enciclopédia Portuguesa e Brasileira, p. 813.

1.2. *A Cristandade Medieva – suas raízes e seu termo*

Em si mesma a Igreja encontrou sempre a força necessária para superar os momentos de crise e para se auto-superar. A um período de grande abatimento como o foi o século X, a Igreja soube libertar-se da tutela feudal, o que durou dois séculos.

De acordo com D. Manuel Clemente, terá sido a partir de França e da Ordem de S. Bento, directa e exclusivamente dependente da Santa Sé, sem estar sob a tutela dos senhores temporais, que surgiu o exemplo o qual serviu de modelo e de 'fermento'.[183]

"Deste modo", diz D. Manuel Clemente – *"se foi multiplicando pela Europa dos séculos X e XI uma constelação de comunidades de alta espiritualidade, outras tantas raízes da reforma eclesial mais profunda que preparavam."*[184]

A Cristandade Medieval, como conjunto de povos sob a égide da Igreja de Roma, foi mais do que uma realidade política e social, pois, perante ela as diferenças entre as nações esbatiam-se.

Prevalecia a consciência duma comunhão de fé que impregnava todos os actos da vida, quer individual quer colectiva. Conseguiu restaurar a unidade europeia que havia sido perdida, no século V, com a queda do Império Romano do Ocidente. A Cristandade, no entanto, almejou fazer da sociedade europeia a Igreja e, com a pressa, apresentou êxitos e fracassos resultantes da confusão com que pretendeu absorver o temporal e o espiritual.[185]

A Igreja, no dizer de D. Manuel Clemente, *"representaria toda a sociedade humana, obediente ao desígnio divino, (...) mais que um Estado, era o Estado, mais que uma sociedade, era a sociedade acabada."*[186]

---

[183] Este acontecimento ocorreu em 11 de Setembro de 909, quando Guilherme da Aquitânia doou as terras de Cluny à Santa Sé, com a condição de nelas ser construído um mosteiro sujeito à regra de S. Bento. Nessa época, como nos diz D. Manuel Clemente, nascia uma comunidade cristã 'livre' da tutela dos senhores temporais, como o reconheceu o Papa João XI, em 932. Cfr. CLEMENTE, M., *Ibidem,* p. 51.

[184] *Ibidem,* p. 52.

[185] No século XII, falava-se de 'amor cortês'. A promoção da mulher, à qual o culto da Virgem não foi estranho, encontrou uma aliada na Igreja. Percorrendo compilações canónicas dos concílios e sínodos, do século XI, vêem-se Bispos e Papas lutarem contra o adultério, divórcio, violação, rapto e vícios que a violência feudal não fazia mais que favorecer. Foi nesta época que canonistas elaboraram legislação sobre o Casamento, em que a Igreja enriquece o pacto conjugal com ritos solenes como o uso da aliança.

[186] *Ibidem,* p. 58.

124 Das Relações da Igreja com o Estado

Os séculos XII e XIII foram os séculos da Cristandade. A Cristandade luta – fundam-se as Ordens militares, como a do Templo e a da Cavalaria.

Ela torna-se uma instituição eclesiástica, na qual os nobres se alistam no intuito de defenderem a religião – a Fé de Cristo e os oprimidos. Organizam-se as Cruzadas, a primeira das quais ainda no século XI, enquanto a segunda e terceira no século XII e as restantes no século XIII.

A Cristandade Medieval formava uma fortíssima unidade, em que se conseguiram esbater as dificuldades entre Papas e senhores temporais, de Imperadores a vassalos, que se manteve até ao século XIV. Nela se desenvolvia uma vida interna não apenas intensa como criadora. Ela também trabalha e santifica-se criando as Ordens de S. Bento e as Medicantes, algumas como a da S.S. Trindade para resgatar os cristãos feitos reféns pelos mouros. Surgem também instituições de caridade como os albergues e as gafarias. Floresce e prolifera a santidade. Por outro lado, a Cristandade estuda e desde o século XII começam a criar-se institutos de alta cultura, mais tarde denominados Estudos Gerais e depois Universidades. Na teologia e na filosofia, os mestres dedicam-se ao estudo de Aristóteles e conseguem elaborar uma síntese original da sua filosofia e do dogma cristão.

Nas universidades, a Igreja sintetizou a cultura e soube estabelecer uma síntese de razão e de fé, tentou criar uma sociedade perfeita da humanidade redimida, mas, em simultâneo, lúcida. Todos foram chamados a participar na construção dum sistema social perfeito, o que se tornou a chave do sucesso desse desígnio. S. Tomás de Aquino é considerado um dos expoentes máximos da sua consecução.[187]

---

[187] Será de reclamar para S. Tomás de Aquino a distinção entre acção *humana* e acção do *homem* e que ainda hoje terá de ser tomada em consideração se o que efectivamente pretendemos é uma sociedade verdadeiramente humana. Assim, o significado desta distinção reside no facto de haver acções, designadas como *humanas,* que são características e constitutivas do homem, enquanto ser, como é o caso de ler, compreender, amar, praticar a justiça, enquanto outras há que não lhe sendo exclusivas, como alimentar-se, dormir, locomover-se, são consideradas acções do *homem.* Esta distinção, embora pareça, não é pura especiosidade artificiosa, pois as acções do *homem,* conquanto interfiram na sua vida e circunstâncias, no entanto não são determinantes relativamente ao sentido da sua existência enquanto homem. Ao passo que as acções *humanas* são determinantes para o sentido da sua existência como ser humano.

De acordo com S. Tomás de Aquino, existe, na consideração valorativa das acções humanas, três variáveis que devem ser ponderadas, sendo elas: a 'materialidade' do acto

Mesmo nas Cruzadas se reflectiu essa unidade da cristandade, que não se fechou em si própria, sendo antes a expressão da vitalidade da fé, comunhão entre o político e o religioso.[188]

Contudo, as sociedades muito coesas, como foi o caso da Cristandade Medieval, ganham em força, mas tendem a perder em tolerância, para mais tendo sido urdida na confusão entre o religioso e o profano.

Assim, a heresia que tocava na fé, retalhava a ordem social e só neste contexto se podem compreender as Cruzadas e depois a Inquisição. As Cruzadas foram, em simultâneo, movimentos políticos e religiosos, dos povos da Cristandade, que unificados contra atacaram o povo islâmico invasor. É certo que foram a expressão duma vitalidade da fé perigosa-

---

em si, ou seja, algumas serão 'boas' outras 'más'; a 'formalidade' do acto, que corresponde à intenção do acto em si e como terceira variável temos a das 'circunstâncias' em que decorre a acção que, por si só, poderá alterar o significado das outras duas. Ou seja, as circunstâncias são determinantes na qualidade ética da acção.

Esta distinção deve ser chamada à colação quando tanto se fala em crise da Justiça em Portugal. Esta crise que pode ter causas múltiplas, não nos parece derivar apenas de causas endógenas, ou seja, do próprio sistema. Como uma causa exógena podemos apontar a crise moral que a todos afecta, a que acresce os excessos e a incapacidade que se registado no plano da produção legislativa. Não será possível, a nosso ver, legislar tanto em condições satisfatórias de ponderação num lapso de tempo tão curto, nem se afirme, em sua defesa, que a vida social se tornou mais complexa. Essa inegável complexidade não explica tais excessos, na medida em que eles derivam principalmente duma viciosa postura dos legisladores a quem cumpria, tradicionalmente, primeiro auscultar os sentimentos dos povos e não impor-lhes concepções pessoais ou grupais que, não raras vezes, não chegam a merecer o respeito do povo a quem se destinam.

[188] A propagação da fé fez-se também através da pregação desarmada, pela persuasão com o exemplo de vida como foi o caso de São Francisco de Assis e da criação de escolas missionárias como a aprovada pelo único Papa português João XXI, em que se preparava os evangelizadores, ensinando as línguas e as crenças dos povos que se pretendia converter. As Cruzadas, como expedições dos cristãos do Ocidente à Terra Santa, na Idade Média, tinham como objectivo expulsar os muçulmanos. A primeira Cruzada resultou dum apelo do imperador Aleixo Comernio, do império bizantino, ao Papa Urbano II, pedindo socorro face ao avanço dos Turcos. No Concílio de Clermont, em 1095, o pontífice no seu eloquente discurso suscitou uma entusiástica resposta de todos os países da Europa Ocidental. Nesse discurso, apelou a todas as camadas da sociedade, com motivos como o espírito de entusiasmo religioso; o amor da luta e aventura e também o de melhorar a sorte. Os Papas concederem Bulas com muitas graças e indulgências aos que em cooperaram em tal empreendimento. Entre as consequências das Cruzadas, em particular para a Igreja, apresenta-se o seu enriquecimento e o aumento do seu poder. Veja-se ALMEIDA, A. R. de, (1996), *Ibidem; Grande Enciclopédia Portuguesa e Brasileira, 8*, p. 171.

126 *Das Relações da Igreja com o Estado*

mente mesclada, embora com alguma brutalidade dos meios, mas temos de ter em conta que a perda da Terra Santa representava a perda do 'favor' divino. Havia que resgatá-lo a todo o custo o que só seria conseguido com a recuperação da Palestina.

Só neste contexto se podem e devem compreender as Cruzadas. O apogeu da Cristandade Medieval encontra-se no século XIII. Com Inocêncio IV, foi possível ao Papa, como autêntico chefe da Cristandade, depor o imperador Frederico II da Alemanha e o nosso rei D. Sancho II, considerados inaptos para o cumprimento da sua missão, enquanto colocava outros no seu lugar, após libertar os súbditos do juramento de fidelidade.[189]

O poder político era compelido a atingir os objectivos da salvação das almas dos seus súbditos e a síntese conseguia-se nos domínios tanto temporais quanto espirituais.[190]

Entretanto, em 1300, em Roma, o Papa Bonifácio VIII (1294-1303) assiste à celebração do primeiro jubileu universal. São aos milhares os fiéis que acorrem, mas é também o último ano de glória para o pontífice romano. A Cristandade medieva foi uma composição efémera do Cristianismo no Mundo e estava a chegar ao fim. Gradualmente foi-se desagregando no todo que a unia, em termos de cultura, organização política e eclesial, mas igualmente na própria religião e fé.[191]

---

[189] Ainda que hoje a prestação de juramentos nos pareça de menor importância, o homem medieval pensava doutro modo, pois, a prestação dum juramento correspondia a um compromisso contratual. Conferia um peso sagrado à ordem existente. Nenhum reino, classe social ou laço de vassalagem poderia ser criado sem ter por base um elo ajuramentado, mediado pelo clero, entre o divino e o indivíduo. A distância de séculos que nos separa do homem medieval seria ainda mais intimidante se não fosse a verdade que se esconde por detrás do axioma enunciado, no século XVIII, por um discípulo de David Hume: "O passado não tem existência excepto como uma sucessão de estados mentais presentes".

[190] Desta mesma época destaca-se Luís IX, rei de França (1226-1270), uma das figuras que mais lutou pela unificação das terras do Ocidente. Canonizado em 1297, pedia que se evitassem as palavras duras, semente de querelas, na batalha e na cruzada, o que evidenciava um verdadeiro sentido cristão de respeito pelo 'outro', mesmo que fosse inimigo. Segundo ele, como ministro de Deus, a sua função era a de não deixar que 'nenhuma injustiça se escondesse'. O triunfo do papado só foi completo em Dezembro de 1250, quando Inocêncio IV regressou a Roma.

[191] No início do século XIII, mais concretamente entre 1209 e 1229, decorreu a Cruzada Albigense. Ela foi lançada pelo mais poderoso Papa da Idade Média, Inocêncio III. Cruzada lançada, não contra os muçulmanos, na distante Palestina, mas contra cristãos dissidentes na Europa, representou um cataclismo da Idade Média. Ela foi uma sangrenta campanha de cerco, batalha e fogo posto, levada a cabo pelos apoiantes da Igreja Católica a fim de eliminar os hereges denominados por albigenses ou cátaros. Inicialmente condu-

Capítulo III – Enquadramento Histórico

A Igreja evangelizara nações e dera-lhes um sentido de missão para uma era de paz que congregasse a Europa devastada. Como na Aliança Antiga houve que proteger o Povo de Deus, mas esta tentativa que resultou a partir do século XI até ao XIII, teve o seu epílogo.

Ao Império cristão unificado, no qual coube a síntese religiosa, política e cultural, com o seu apogeu no século XIII, sucedeu um novo período de pulverização do poder político, de apropriação, por parte dos senhores temporais, das instituições eclesiásticas.

Com o Papa Bonifácio VIII (1294-1303) e seus sucessores, o papado foi humilhado acabando por cair na órbita francesa, de Clemente V (1305--1314) a Gregório XI (1370-1378).[192]

---

zida por um guerreiro, Simão de Montfort e seguida de perto pelo monge Arnoldo Amaurino, esta Cruzada foi a brutal resposta às perguntas colocadas por uma heresia popular e estabeleceu precedentes sinistros para o modo como a Cristandade havia de encarar as futuras dissidências.

A Inquisição, guiada desde a sua fundação, em 1233, pelos intelectuais da ordem dominicana, forneceu o modelo para o controlo totalitário da consciência individual na era moderna. Em meados do século XIV, a Inquisição já havia removido da Cristandade quaisquer vestígios da heresia cátara. Sem a Cruzada Albigense decerto que a constituição da Europa teria sido bem diversa. Na realidade, o verdadeiro pomo da discórdia entre a ortodoxia católica e a cátara residia no papel e no poder do Mal na vida.

A fé Cátara residia num Deus de luz, que regia o espiritual, alheado do material. Competia ao indivíduo decidir se estava disposto a renunciar ao material em troca duma vida de abnegação. Se assim não agisse voltaria a este mundo, ou seja, reencarnaria, até estar apto a seguir uma vida impecável que lhe permitiria ascender ao paraíso. Tida como subversiva, era a repugnância cátara face à prestação de juramentos e à não aceitação de impostos e dízimos a pagar à Igreja. Mesmo esta sumaríssima descrição da fé cátara dá uma ideia do quanto esta perfeita heresia representava para os poderes instituídos. Roma não podia permitir-se ser publicamente humilhada por este povo rebelde. Sob variados aspecto, a aversão despertada pelos hereges encobria uma antipatia mais profunda que punha frente a frente o fervor espiritual do século XII e a cultura de legislação e codificação do século XIII. Digamos que a civilização ocidental estava numa encruzilhada. Acrescentemos que a 'excentricidade' espiritual do povo cátaro, do Languedoc (Linguagem do sim) não teria sido viável sem a tibieza ou o acordo tácito dos seus senhores feudais. Por volta da passagem para o século XIII, a causa da insubordinação religiosa estava apoiada no feudalismo fragmentado da região. De acordo com o historiador R. Moore, a criação do aparelho persecutório, no final do século XII, foi o resultado natural, embora evitável, do Estado nascente. O exemplo encontra-se na Île de France. Veja-se MOORE, R. I., (1987), *The Formation of a Persecuting Society,* New York: Blackwell e *The Birth of Popular Heresy,* Toronto: University of Toronto Press, 1995.

[192] No fim do século XIII, a Europa tinha a mesma linguagem arquitectónica – o gótico. Ela é a expressão duma fé comum, da unidade moral e uma síntese espiritual. A paz

128 *Das Relações da Igreja com o Estado*

O conflito com Filipe IV, o *Belo*, rei de França, é disso exemplo. Durante os anos de 1309 a 1377, o papado esteve estabelecido em Avinhão, por conseguinte, fora de Roma, *"progrediu tanto na organização interna e burocratização da vida eclesial, como decaiu no sentimento dos mais espirituais. Entre um e outro desses momentos, do apogeu ao declínio da hierocracia, alguma coisa de muito importante se passara."*[193]

O Papa afirmaria, energicamente, a supremacia do seu poder, mas o rei, apoiado por legistas, não se submeteu, antes se insurgiu contra o pontífice.[194] Estes foram os resultados directos da doutrinação e divulgação do Direito Romano que duraram séculos.

O papado fora humilhado pelo rei de França, acabando por ficar estabelecido em Avinhão. Naturalmente, ressentiu-se com a alteração na sua organização interna e burocratização da vida eclesial. Registou-se, assim, o declínio, se não mesmo a queda da hierocracia.[195]

Alterava-se, deste modo, o quadro institucional da Cristandade Medieval, transferindo-se o poder do Papa para os príncipes, que se associa à rivalidade entre os reinos.

---

das Catedrais reflecte a paz de Deus e elas testemunham o contributo para a saída da época feudal. Ao Papa Bonifácio VIII sucedeu, durante um ano, o Papa Bento XI, a que se seguiram os papas Clemente V, João XXII, Bento XII, Clemente VI, Inocêncio VI, Urbano V e finalmente Gregório XI. Segundo a lista elaborada por Mons. Angelo Mercati para o Anuário Pontifício. Ainda de acordo com o mesmo, houve Papas duvidosos, tal é o caso de Nicolau V, entre 1328 e 1330.

[193] Este poder do sagrado decai progressivamente essencialmente devido à "divulgação do Direito Romano, a partir da escola de Bolonha (desde o fim do século XI), fora criando, à volta dos reis europeus, um escol de partidários da independência soberana dos príncipes face ao papado, que fizesse deles, nos seus reinos, os detentores dum poder ilimitado, à maneira do dos antigos imperadores de Roma. Os efeitos desta doutrinação fizeram-se sentir um pouco por toda a parte, e assumiram consequências radicais na referida actuação de Filipe o Belo, rei de França, em relação aos protestos hierocráticos de Bonifácio VIII". Cfr. CLEMENTE, M., *Ibidem*, p. 65.

[194] É neste contexto que surge a obra *De planctu Ecclesiae*, escrita por Álvaro Pais, futuro bispo de Silves, que traduz toda a angústia cristã.

[195] Entenda-se *hierocracia* como sendo o primado do poder espiritual, que se iniciou com o Papa Gelásio I, (492-496) e começou a declinar com Bonifácio VIII, que após ter acolhido, em Roma, milhares de peregrinos, aquando do 1.º Jubileu – 1300, foi desacatado pelo rei francês, Filipe, o Belo. Este foi, como atrás referimos, o resultado dos efeitos da doutrinação que partiu da escola de Bolonha, onde começou a ser divulgado o Direito Romano. Voltava a ser posta em causa a independência soberana dos príncipes face ao papado. Pretendia-se que os príncipes, nos seus reinos, fossem detentores de poderes ilimitados como o fora nos tempos dos imperadores romanos.

1.3. *O Reencontro do Caminho*

Seria de todo absurdo estabelecer termos de comparação entre o século XIII e o seguinte, mas não será descabido afirmar que o XIV trouxe consigo a semente das interrogações. Tudo iria ser questionado, começando pela unidade do Ocidente. Até então, tudo parecia equilíbrio e síntese.

Em torno do Papa organizava-se uma sociedade, com uma língua única – o Latim, que parecia encontrar no cristianismo toda a sua força. Os próprios soberanos integravam-se numa hierarquia que nada parecia poder derrotar. Mas, um pouco por todo o lado, vão aparecendo tratados escritos sem ser em latim. Começava a deslatinização, era um verdadeiro fenómeno de laicização associado ao surgimento das línguas nacionais e dos nacionalismos. Esta laicização havia sido transposta para o plano político pela luta que oporá Filipe, o *Belo,* um neto de S. Luís, ao Papa Bonifácio VIII. Ele irá ser o coveiro da supremacia pontifícia.

Tinham sido já vários os antagonismos que dominaram a longa luta que opusera o Papado ao Império pelo governo do Mundo. Surge então a Guerra dos Cem Anos, que dilacerou a Europa, a partir de 1337, que é assolada pela 'peste negra', as quais aliadas dizimam grande parte da sua população.Com a cisão política veio também a cultural.[196]

Será neste ambiente espiritual, diga-se bastante agitado, que se sucedem buscas de salvação e de paz. Aqui se integra a questão das indulgências que respondiam à remissão da pena temporal, resultante do pecado, obtida através dum acto de piedade da Igreja. Com o regresso do pontífice a Roma a situação tendia para a normalidade, só que a Igreja entra internamente em crise. É o Cisma do Ocidente (1378-1417). Coexistem três Papas: um em Roma; outro em Avinhão e um terceiro, em Pisa.

Mas a Igreja resiste, dada a sua forte estrutura, embora perca a sua autoridade pontifícia no conceito social. O ambiente de apostasia tem aqui o seu início, dada a debilidade da consciência católica. Com a Renascença e o redescobrir da cultura greco-romana, assiste-se ao desprezo por tudo o que havia sido veiculado durante a Idade Média.

Novos ideais e motivações como o Humanismo, individualismo e primado do Estado, foram enformando a actuação dos reis e mesmo de

---

[196] A síntese cultural que teve em S. Tomás de Aquino, o seu expoente máximo, a que aludimos em nota anterior, começou a ser contestada quando se dissociavam as Verdades da Razão das da Fé.

130   *Das Relações da Igreja com o Estado*

alguns Papas, como senhores temporais do território do papado, já afectado pelo Cisma do Ocidente.

O Cisma,[197] dividiu as nações cristãs na obediência a mais do que um Papa, como atrás se faz referência, no entanto teve o mérito de desenvolver a doutrina dos Concílios, estando a autoridade dos mesmos sobreposta à do Papa.[198]

No fundo tudo isto fez gerar uma vontade de independência, sobretudo naqueles como os senhores temporais e a burguesia que pretendiam ampliar o seu poderio e património, que era, em parte, obstacularizado pelos privilégios do clero. Acrescia a isto os horrores, a que atrás nos referimos, relacionados com a Guerra dos Cem Anos e a peste negra que perturbaram os espíritos. É neste contexto que surgem as indulgências, a que já aludimos, tidas como um bilhete comprado para a entrada no céu, após a morte.

O Cisma do Ocidente deixara da Igreja, uma triste impressão nas gentes. A Igreja estava dividida em obediências conflituosas a diferentes Papas, o que enfraquecia sobremaneira a sua unidade conseguida na Idade Média. Esta vontade de autonomia não foi só apanágio da Igreja, ela fez-se sentir, sobretudo também entre aqueles a quem a antiga proeminência da Igreja estorvava os senhores temporais, que tentavam alargar o seu poderio à custa do património sob jurisdição eclesiástica.

Da Renascença, a Igreja saia desfigurada e com inúmeras sombras, impondo-se-lhe uma reforma. As respostas teológicas da época, dadas no Concílio de Trento,[199] não foram capazes de apaziguar os ânimos de reformadores protestantes como Lutero. Não foi possível obstar aos progressos de nova cisão.

Aos interesses nacionais e temporais vieram juntar-se a divergência doutrinal, sendo que a Europa, sobretudo a França e a Alemanha, começou a dividir-se e não apenas por questões religiosas.

---

[197] Refere-se ao Cisma do Ocidente, entre 1377-1417, que dividiu a Cristandade, tendo chegado a existir três Papas em simultâneo, cada qual com os seus defensores.

[198] Esta divisão, no seio da própria Igreja, fez desenvolver a doutrina conciliarista, a qual defendia a sobreposição da autoridade dos concílios à do Papa. Só após o Concílio de Constança, em 1 417, é que esta doutrina é esbatida com a eleição do Papa Martinho V (1417-1431).

[199] O Concílio de Trento decorreu entre 1545-1563, onde se definiram artigos de fé, a condenação de heresias e o estabelecimento de leis eclesiásticas.

Capítulo III – Enquadramento Histórico

O Concílio de Trento foi uma tentativa de reforma, na vida interna da Igreja, com excesso e acumulação continuada de benefícios, procurando definir um clero renovado que fosse capaz de dar respostas às imensas necessidades dos humanos. À actividade pastoral, caritativa e educativa, juntaram-se outros cristãos preocupados com a vivência dos Evangelhos. Era o renovar da Igreja, agora com dezasseis séculos. Ela havia começado por oferecer resistência ao Império Romano, quando foi perseguida.

Recapitulemos, sinteticamente, por um pouco, todo este percurso. Com Constantino, quando o cristianismo foi reconhecido, a Igreja aproveitou a unidade política do Império para não apenas se consolidar como para se organizar. Seguiu-se um período de tréguas que não durou muito, pois, com a Queda do Império Romano do Ocidente, em 476, a Igreja viu-se só num mundo bastante conturbado.

Gradualmente, com a evangelização da Europa, recolheu frutos. De entre eles, destaca-se ter o Papa, em 800, coroado Carlos Magno como imperador do Ocidente, ao que se seguiu um período de paz cristã. Mas, em meados do século IX, a desagregação do Império carolíngio e a sua consequente pulverização pelos senhores feudais fizeram com que houvesse um aproveitamento temporal das instituições eclesiais e com ele acaba por cair o projecto com que o Papa sonhou e que apenas se concretiza no século XII, tendo o seu apogeu na sociedade europeia do século seguinte.

Só após a reforma gregoriana, surge uma Cristandade unida sob a protecção papal. A essa Cristandade medieva foram-se substituindo os Estados, que na Renascença e na Idade Moderna, esgotaram, não apenas na vontade dos monarcas como nas constantes lutas internacionais, as esperanças de uma renovada unidade cristã e de paz.

O enfraquecimento contínuo do papado possibilitou que o poder civil fosse aumentando na vida das igrejas. Entre os Estados que, a partir do século XVI, romperam com a Santa Sé, contam-se os da Alemanha, da Escandinávia e da Inglaterra, sendo que, neste caso último, o rei chamou a si a chefia das igrejas.[200]

Contudo, nas nações que permaneceram católicas, a força do poder civil também se fez sentir, dado que os representantes destas nações inter-

---

[200] Trata-se de Henrique VIII, embora as razões fossem mais de defesa de interesses pessoais.

vieram, progressivamente, na vida eclesial, submetendo a Igreja aos interesses do Estado, lesando, desta forma, a sua unidade.[201]

Todo o facto histórico deve ser entendido dentro do seu contexto espácio-temporal, justamente por isso, para melhor se compreender o período da Inquisição, será conveniente referir que à sua constituição presidiu a consideração medieval da heresia, tida, na esfera civil como acto criminoso e na esfera religiosa como algo pecaminoso, numa sociedade que não era capaz de discernir o sagrado do profano.

A lei civil, da generalidade dos países da Europa, quer católicos quer protestantes, previa penas contra os hereges. Assim, o crescimento progressivo do poder do Estado e o seu controlo sobre a Igreja, com o respectivo consentimento desta, permitiu o surgimento do tribunal da Inquisição.

No século XIII, a Inquisição havia aparecido como consequência da Cruzada contra os Albigenses, resultando um controlo papal contra a heresia. Os juízes-teólogos entregavam os hereges à autoridade civil, que, por seu turno, os punia como inimigos da fé e da paz.

A repressão moderna da heresia ou das minorias religiosas pretendeu, sobretudo, assegurar a uniformidade nacional de acordo com o credo do seu chefe, sendo que esta identidade da nação era prática corrente no século XVI.

Dum modo muito sucinto, embora tosco, pode dizer-se que a passagem da Idade Média para a Idade Moderna, consistiu na mudança duma concepção ética teocêntrica, sendo que o fundamento do comportamento ético e moral está em Deus como moral heterónoma, para uma concepção antropocêntrica, mais racional.

Por outras palavras, a ideia de perfeição cristã é transmutada pela da racionalidade do comportamento humano, hipótese essa que não aboliu Deus antes o tornou garante supremo da racionalidade humana. O critério de comportamento passa a ser o da 'vida correcta' mais consentânea com os preceitos ditados pela razão.

Na Península Ibérica, o controlo sobre a heresia exerceu-se principalmente sobre os judeus, minoria étnica e religiosa, que, dada a diferença

---

[201] É o processo designado por *Regalismo* que decorreu em três séculos, através de realizações concretas, com objectivos comuns, como foi o caso da Áustria, com José II, da França com Luís XIV e em Portugal, com D. José I, no governo do Marquês de Pombal, a que adiante faremos maior referência.

Capítulo III – Enquadramento Histórico

social e religiosa, acusados pela morte de Cristo, suscitava uma crescente intolerância e os transformava em 'bode expiatório' de toda e qualquer decepção colectiva, veiculado pelo 'libelo do sangue'.[202]

Os Judeus ficaram sujeitos às leis contra a heresia caso persistissem nas práticas judaicas visto terem sido forçados, ainda no século XV, à conversão ao Cristianismo, sendo comum

> *"(...) a prática de conversões impostas e de baptismos, sobretudo de meninos judeus. Surgiu uma disputa entre os Franciscanos e os Dominicanos quanto ao direito de os príncipes baptizarem à força os filhos dos Judeus, como uma extensão da sua soberania sobre os escravos das suas terras."*[203]

A Idade Média assistiu a uma forte perseguição aos Judeus *"pontuada ocasionalmente por apelos ao comedimento por parte de papas mais esclarecidos. Os cruzados fizeram dela uma missão, perseguindo e matando judeus a caminho (e no regresso) da Terra Santa."*[204]

Perante todo este rol de intolerância, que ainda o século XX assistiu, perguntámo-nos, tal como Cornwell, *"(...) porque é que os cristãos não exterminaram todos os Judeus nos primeiros tempos do Império Cristão (?)"*

A resposta vêm-nos de forma liminar, pelo mesmo autor, nos seguintes termos: *"De acordo com a fé cristã, os Judeus deveriam sobreviver e continuar a sua diáspora como sinal da maldição que haviam feito recair sobre o seu povo."*[205]

---

[202] O 'libelo do sangue' teve o seu início na Inglaterra, no século XII, baseado na crença de que os Judeus sacrificavam crianças cristãs e no mito de que roubavam hóstias consagradas para com elas praticarem ritos repugnantes, o que implicava a prática da magia, com o intuito de destruir a Cristandade. A este respeito veja-se PO-CHIA HSIA, R., (1988), *The Myth of Ritual Murder: Jews and Magic in Reformation Germany,* Yale.

[203] De acordo com os Franciscanos, os Judeus eram considerados escravos por decreto divino, não sendo esta teoria admitida pelos Dominicanos. Cfr. CORNWELL, J., (1999), *Ibidem,* p. 31.

[204] *Ibidem,* p. 31.

[205] Os Papas do primeiro milénio apelavam ao comedimento, contudo não apelaram ao termo da perseguição, nem mesmo a uma mudança de atitude. Assim se manifestou Inocêncio III, no século XIII, resumindo o ponto de vista papal do primeiro milénio. "As palavras deles – 'Que o sangue Dele caia sobre nós e sobre os nossos filhos'. – lançaram uma culpa hereditária sobre toda a nação, que os persegue como uma maldição onde quer que vivam ou trabalhem, desde o nascimento até à morte". Veja-se CORNWELL, J., (1999), *Ibidem,* p. 31.

134 Das Relações da Igreja com o Estado

A repressão levada a cabo pela Inquisição gozou de algum favor popular, sobretudo porque se vivia um tempo de inseguranças várias em que apenas a unanimidade confessional parecia garantir o favor divino.

A fundação da Inquisição, tanto em Espanha quanto em Portugal, teve um cunho fortemente estatal, mesmo porque o papado resistiu em autorizá-la, sobretudo no nosso país. Cabia à Inquisição apurar e julgar delitos de âmbito religioso e moral.[206] O aumento progressivo do seu poder representou, para o papado, algumas dificuldades.[207] Alguns cristãos, mais esclarecidos, opuseram-se a este tribunal político-religioso, de entre eles alguns membros do clero, como foi o caso do Padre António Vieira, grande defensor dos índios e dos cristãos-novos, que acabou, também ele, prisioneiro da Inquisição.

Não raras vezes, embora vinculada ao Rei e ao Papa, a Inquisição portuguesa não hesitou em desobedecer ao poder real e às próprias ordens do Papa. Os inquisidores que deveriam ser pessoas "nobres, clérigos de ordens sacras que primeiro serviam como deputados"[208] revelavam pouca confiança nos escritos do Papa e do Rei. A dependência formal do tribunal em relação ao poder civil e eclesiástico declarava-se no momento da nomeação do inquisidor-geral. A proposta cabia ao Rei e a nomeação ao Papa, mas o certo é que o Tribunal prosseguia a sua acção autonomamente dirigida pelo Conselho Geral, cabendo a este determinar as diferentes Inquisições.

Na sociedade destes tempos não havia ninguém nem nada que respeitasse à consciência que escapasse à alçada dos inquisidores. Ao Padre António Vieira, em reunião do Conselho de Estado, atribui-se a asserção

---

[206] De entre os delitos de âmbito moral destacavam-se os de bigamia e sodomia, enquanto, no domínio religioso, cabia julgar os delitos de práticas relacionadas com o judaísmo, protestantismo e feitiçaria. Veja-se DEDIEU, Jean-Pierre, (1993), *A Inquisição*, Porto: Editorial Perpétuo Socorro e GONZAGA, J. B., (1993), *A Inquisição em seu mundo*, São Paulo: Editora Saraiva.

[207] A Inquisição resistiu ao Papa Clemente X (1670-1676) que a suspendeu (século XVII) e mesmo ao Papa Inocêncio XI (1676-1689), que não apenas mandou verificar os processos como suspendeu os inquisidores. Durante o século XVIII, a Inquisição identificou-se com o absolutismo régio, como foi o caso, no reinado de D. José I, durante o governo do Marquês de Pombal, sendo reforçado o seu carácter estatal e através da Inquisição perseguiu os seus opositores entre o clero.

[208] Foi a Bula de 1531 que desencadeou, com cobertura jurídica, a primeira grande vaga de perseguição aos cristãos-novos. Veja-se ANDRADE, José Justino, *Regimento do Santo Ofício da Inquisição dos Reinos de Portugal – Regimento de 1640, in Collecção Chronologica da Legislação Portuguesa 1634-1640*, p. 256.

Capítulo III – Enquadramento Histórico 135

de que os inquisidores viviam da fé: "Sustentam a vida com a fé e a minha religião sustenta a fé com a vida".[209]

Hereges, marranos ou mártires são algumas das designações dos condenados pelos Tribunais do Santo Ofício. Eles foram o corpo do espectáculo – sacrifício, anualmente imolado nas praças de Portugal, para que fosse mantida viva a chama da fé.

Mais concretamente para que todas as dúvidas de então, quer fossem ideológicas, sociais ou políticas, se aplacassem na dialéctica do medo e do terror incutidos e do inimigo descoberto, mesmo que enganos houvesse. Não era preciso descobrir as causas dos insucessos, da miséria e dor que era o Pão- nosso de cada dia.[210]

Não era necessário ir à procura quando ali mesmo estavam os que recusavam a misericórdia e desafiavam a cólera divina que se abatia sobre o povo de Deus, o povo de Portugal, o novo *'povo eleito'*.

Virá a propósito referir como surgiu a crença do *'povo eleito'*. Uma antiga história Yiddish (língua falada por judeus asquenazins e que nasceu na Renânia, há mais de mil anos. Em Israel esta língua foi banida, pois representa a língua dos «ghettos», das perseguições, em oposição ao

---

[209] Ainda dentro deste contexto será de referir a luta travada entre D. João IV e os Inquisidores por causa do rei ter suspendido o confisco do dinheiro e fazenda mercantil dos homens da nação presos pelo santo tribunal. A administração dos bens confiscados aos homens da nação, perseguidos e condenados por hereges, com verdade ou não, cabia ao Inquisidor-geral e servia os gastos correntes e os vencimentos dos ministros do Santo Ofício. Daí as palavras do padre António Vieira – "os inquisidores sustentam a vida com a fé".Cfr. BAIÃO, António,(1919), *Episódios Dramáticos da Inquisição Portuguesa,* Porto: Renascença Portuguesa, vol. III, p. 279.

[210] Certos autores como António José Saraiva referem que foi necessário 'fabricar' judeus para a própria sobrevivência do tribunal inquisitorial. Concordamos com a sua teoria na medida em que "Judeus e cristãos-novos são entidades inteiramente distintas, embora haja entre elas uma ligação histórica" e acrescenta "Realidade religiosa vimos que a não tinham estes novos cristãos que mal davam pretexto à inculpação por motivo religioso". Cfr. SARAIVA, A. J., (1969), *Inquisição e Cristãos-Novos,* Lisboa: Editorial Inova, pp. 24 e 25. Dentro do mesmo contexto veja-se também FERRO TAVARES, M. J., (1981), *Os Judeus em Portugal no Século XV,* Lisboa. Por seu turno, Fortunato de Almeida diz que "É bem aceitável a hypotese de que o monarcha pretendesse pelo restabelecimento da Inquisição obstar às invasões do protestantismo" e acrescenta que "o número de víctimas seria muito maior, se a Inquisição não tivesse livrado o país do horror das guerras religiosas, que fizeram derramar ondas de sangue nos países onde penetrou a reforma protestante". Veja-se FORTUNATO DE ALMEIDA, (1915), *História da Igreja em Portugal,* tomo III, parte II, pp. 290 e ss..

136 *Das Relações da Igreja com o Estado*

hebraico tido como única língua morta que ressuscitou), refere este apelo dos judeus a YHVH:

> *"Tu elegeste-nos entre todas as nações. Ó Deus, que tens Tu, então, contra nós?"*

Mas comecemos pelo início. A eleição do povo judeu encontra a sua origem no Génesis, quando Deus se dirige a Abraão dizendo: *"Tornar-te-ei uma grande nação; abençoar-te-ei, tornarei glorioso o teu nome (...), abençoarei aqueles que te abençoarem; e quem te ultrajar será amaldiçoado por Mim; e através de ti serão felizes todas as famílias da terra"*.

E acrescenta ainda: *"Se o distingui, foi para que ele diga aos seus filhos e à sua casa para seguirem o caminho do Eterno, praticando a virtude e a justiça"*.

Esta aliança de Deus com Abraão implica mais obrigações que vantagens. Por ela é imposta uma conduta que deve servir de exemplo às outras nações, embora muitos, por se crerem o *'povo eleito'*, desenvolvam um complexo de superioridade.

Retomemos o caminho após o parêntese aberto com a breve explicação sobre o conceito de *'povo eleito'*.

Na Idade Moderna, assiste-se, da África às Américas, passando pelo Oriente, a uma gigantesca obra de propagação da fé e cristianização dos costumes. Os missionários modernos souberam servir-se das redes de comunicação que a expansão e o comércio europeus foram tecendo, para levarem a mensagem cristã a todo o lado.

Das missões mais difíceis, até ao século XIX, sobressai a de África pela escassa presença de europeus a Sul do Saara. Maior sucesso teve na Ásia, principalmente na Índia, Japão e China, embora levantando algumas questões como a dos 'ritos', que foi mal resolvida, em meados do século XVIII, com a sua recusa por Roma.

A coroa portuguesa tinha direito e dever de Padroado nos territórios ultramarinos, pelo que só sob a sua tutela ali actuariam missionários quer nacionais quer estrangeiros.[211] Sem dúvida que existiram ambiguidades,

---

[211] De acordo com a Grande Enciclopédia Portuguesa e Brasileira, vol. 19, pp. 940-941, "(...) e que o *padroado* de todas as Igrejas do Oriente ficasse à Ordem de Cristo"

pois, nem sempre a Fé e o Império assumiam um prudente distanciamento. Gradualmente, as exigências da justiça proposta nos Evangelhos foram-se impondo, denunciando a opressão dos índios e a escravatura.

Certo é que o poder absoluto e o liberal puseram em causa o trabalho missionário, sobretudo através da extinção das ordens religiosas. Mas quando estas se foram reconstituindo, a Europa, da Revolução Industrial e do colonialismo oitocentista, soube tirar dividendos no sentido de consolidar a sua hegemonia quer política quer civilizacional. Sem dúvida, este foi um trabalho difícil e moroso, mas que até hoje perdura como se pode ver pela permanência das cristandades autóctones, nos territórios sujeitos à descolonização.

Desde o Tratado de Vestefália, no século XVII, que pôs termo às guerras da religião, que a divisão religiosa da Europa não sofreu alterações. Os cultores europeus da ciência e da filosofia, fossem de origem católica ou não, buscaram uma certa unidade e uma religiosidade racional, que fosse além da controvérsia das diferentes confissões. Esta tendência teve o seu apogeu no século XVIII com os deístas ingleses e franceses que procuraram, na religião 'natural', o sucedâneo do Cristianismo tradicional.

Herdaram do Cristianismo as ideias base desprovidas do sobrenatural, secularizaram a caridade cristã em filantropia e aliaram a elas as reflexões de J. J. Rousseau.

Surgem, um pouco por todo o lado, alterações na concepção do Mundo, nomeadamente, do clero e da nobreza como agentes de mudança histórica. Com a Revolução Francesa ocorre o desmoronamento dum mundo ocidental que se entendia ainda como Cristandade, ou seja, dum mundo organizado, legitimado e compreendido a partir da autoridade divina e dos seus representantes na Terra.

Em 1790, em França, com a aprovação da Constituição Civil do Clero, começam a existir os desentendimentos entre a Igreja e os ideais da Revolução ocorrida no ano anterior, tudo por que os legisladores integravam a vida eclesial na estatal, determinando unilateralmente não apenas a sua organização como a escolha dos ministros do culto, sem estabelecer previamente qualquer entendimento com o papado, ficando reduzida a dimensões meramente simbólicas a ligação ao centro romano.

---

e "(...) o real Padroado das igrejas em terras de infiéis foi uma herança que passou para a coroa portuguesa com a acessão da Casa de Avis ao trono de Portugal". *In* OLIVEIRA MARTINS, *História de Portugal,* II, 5, I, p. 6.

138 Das Relações da Igreja com o Estado

Tanto os padres como os bispos seriam escolhidos, pelas populações, católicas ou não, das respectivas circunscrições, como se de funcionários públicos se tratassem. Como diz Pierre Vallin[212]:

> *"A originalidade da revolução Francesa foi compreendida habitual-mente a partir do papel que foi dado à Declaração dos direitos do homem. Por outro lado, parecia ser dela que decorria a justificação teórica das medidas que atribuíam à vida eclesiástica uma constituição decretada pela autoridade civil. Nesta lógica, os direitos do homem opõem-se aos direitos de Deus."*

É ainda Vallin quem, mais adiante, acrescenta: *"A Declaração dos direitos do homem manifesta mais claramente a pretensão dos soberanos a dominar a vida religiosa e a própria Igreja."*

As medidas, aprovadas na Constituição referida, tiveram a oposição do Papa Pio VI, coadjuvado pela maioria do clero francês, enquanto outros as acataram dando origem a uma Igreja Constitucional. Pio VI viu-se, pois, confrontado com a perspectiva duma Igreja francesa cismática após a aprovação, em 1790, da Constituição Civil do Clero, morrendo prisioneiro das tropas francesas que o haviam destituído do seu cargo de chefe dos Estados Papais.

O ideário da Revolução pretendeu substituir, na alma do povo, a fé cristã pelo novo culto da Humanidade racional e progressiva. As tradições que enquadravam o modo de vida cristão foram alteradas como foi o caso da substituição do calendário gregoriano pelo da Revolução sendo as festas litúrgicas substituídas pelas cívicas.

No tempo do Terror (1793-1794), tanto os refractários à Constituição Civil do Clero quanto os seguidores da Igreja Constitucional não foram poupados quer ao degredo e à expulsão quer à morte. Só a partir de 1794 se assistiu ao abrandamento das perseguições e dos excessos da própria Revolução Francesa, passando a haver uma certa liberdade de cultos, alheando-se deles o próprio Estado. A Igreja viu-se então confrontada com novos problemas e perigos inéditos fruto da modernidade.[213]

---

[212] Cfr. VALLIN, P. (1985), *Les chrétiens et leur histoire*, Paris, pp. 275 e 276.

[213] A Revolução Francesa constitui uma trama de acontecimentos, muitos dos quais têm ainda um enorme aglomerado de problemas inexplorados. Os dois principais proble-mas, intrincados nesta temática que temos vindo a explanar, dizem respeito ao clero cons-

Contudo, se no ideário liberal se pretendia o Homem livre de ordens e sujeições, restituído a uma hipotética inocência natural, numa sociedade civil desvinculada da fé e da comunidade cristã, na prática viveu-se um cortejo de horrores.

1.4. *A Natureza e a oportunidade das Concordatas*

1.4.1. *Napoleão e a Igreja Concordatária*

Face a múltiplos ataques que foram da ironia contra as superstições à crítica do dogma e à própria negação de Deus, a Igreja Católica manteve-

---

titucional e à descristianização. O chamamento de muitos ex-religiosos para o apostolado paroquial, no final do século XVIII, explica, em parte, a vida difícil da Igreja constitucional, uma vez que com a descristianização levada a cabo pelo governo revolucionário francês, veio o medo, sempre mau conselheiro. A par disto, a 'despadrização', o casamento dos padres decretado oficialmente, em 1793, a indiferença, a facilidade e a tentação instalaram-se nalguns párocos abandonados pelos poderes espiritual e temporal, como diz Pierre Pierrard, na sua *História da Igreja Católica*. Será de referir que, algum clero francês, soube honrar a Igreja, como se pode verificar pelas *Acta sanctorum*. Muitos padres ajuramentados, sem serem traidores ou apóstatas, refugiaram-se no seio das suas famílias a fim de poderem continuar vivos. A Igreja encontrava-se em completa desordem. No tempo do Directório (1797-1799), reinou o saque, o desrespeito, quase geral, pela Igreja: o Papa Pio VI, feito prisioneiro aos 83 anos de idade, enquanto as igrejas eram vandalizadas e saqueadas. A venda dos bens nacionais provocou a desafectação e a destruição de muitos edifícios religiosos, a guerra civil e o vandalismo transformaram o rosto da França religiosa. As abadias e as igrejas serviram para tudo. Desde prisões a colégios, de oficinas a armazéns, de cavalariças a forjas. A estas ruínas materiais associaram-se as espirituais. Este não foi um fenómeno passageiro uma vez que a cessação do culto e destruição dos seus sinais, aliados à abdicação de grande parte do clero, deixou muitas cicatrizes, mas a fé sobreviveu, embora sob formas insólitas. E é ao nível da vida sacramental que o cristianismo mais sofreu com a Revolução Francesa. Uma cristandade já de si hesitante vê-se agora confrontada com duas realidades. Por um lado, contesta-se a Igreja dividida entre dois episcopados; por outro, é-lhe injectado o veneno do relativismo.

Com o surgimento de Napoleão, em 1799 e com Pio VII, em 1800, renasce a esperança, quer para a França, quer para a Igreja. Não se julgue, no entanto, que Napoleão Bonaparte (Imperador entre 1804 e 1814), pretendeu pôr fim à anarquia religiosa por uma questão de fé. Simplesmente fê-lo por considerar a Religião como um mecanismo indispensável ao governo dum Estado e à sua pacificação. Estava cônscio da influência do padre sobre o povo. Napoleão desde logo considerou que era necessário e urgente restabelecer o culto católico, uma vez que o catolicismo era a religião a que a maioria dos franceses ainda estava ligada.

-se na defensiva. O que atrás ficou dito constitui uma trama superficial de acontecimentos que englobam muitos problemas que não chegarão sequer a ser aqui avocados. Podemos, no entanto, especificar dois desses problemas que, segundo nossa opinião, dominam os restantes: o da descristianização e o do clero constitucional, a que nos referimos na nota da página anterior.

Entre 1800 e 1823, decorreu o papado de Pio VII, que foi raptado por Napoleão e forçado a viver prisioneiro em França, durante três anos. As revoluções na América Latina levantaram novas questões ao modo de pensar da Igreja face à autoridade política legítima bem como às relações da Igreja com o Estado. A própria conquista da Itália, por Napoleão, dando ao filho o título de Rei de Roma, e a imposição unilateral dos seus *'Artigos Orgânicos'*, foi vista como um *finis ecclesiae*.

Em diversos países europeus, a extinção das ordens religiosas aliada ao confisco dos bens eclesiásticos e ao controle das nomeações episcopais pelo novo poder, são exemplos do combate travado entre os Estados liberais e a Igreja.

Assim, ao longo do século XIX, surgiu um movimento oposto ao liberalismo, de molde a restaurar, a velha ordem da Cristandade Medieval, vendo a religião não demolida pela Revolução Francesa, como a única força capaz de salvar a sociedade dando-lhe coesão e unidade. O novo poder liberal, do século XIX, move à Igreja uma perseguição constante, em nome da liberdade, enquanto esta condena todas as formas de liberalismo em defesa dos direitos de Deus e da sua própria liberdade *(libertas ecclesiae)*. Por conseguinte, no século XIX, o princípio foi-se impondo, mesmo nos países que acordaram com a Igreja Católica certos compromissos mútuos, no modelo da nova Concordata França-Santa Sé, promulgada em 1801.

Mas vejamos primeiro o percurso até à promulgação da Concordata entre Napoleão e a Santa Sé. Napoleão Bonaparte (Imperador de França entre 1804 e 1814) ainda como Primeiro Cônsul, pretendeu acabar com a anarquia religiosa reinante. Não por aderir a um movimento de fé, mas tão-somente, pelo seu espírito arguto e ambicioso, tendo a noção da influência do padre sobre as massas populares, confirmada pela sua experiência em Itália.

Para Napoleão, a Religião correspondia a um mecanismo indispensável ao governo dum Estado e à sua pacificação. Apesar de dez anos de perturbações, a religião católica continuava sendo a religião de eleição dos franceses. Assim sendo, havia que restabelecer o culto católico.[214]

A Igreja constitucional, poderia dar-lhe o quadro duma possível ressurreição da Igreja galicana, uma vez que o entendimento com o papado, porque assim reconhecido no resto do Mundo, representava variadas vantagens. Em primeiro lugar porque a maioria dos franceses, belgas e renanos preferiam a Igreja de Roma, depois porque seria uma forma de suplantar os Estados católicos da Europa.

Com Napoleão Bonaparte, a política de descristianização desaparece, retomando a Igreja o seu caminho. Ele tem presente a força do sentimento religioso. Ao pretender construir um império sólido e coeso, ele coloca o acento na própria religião. Começa com três decretos consulares que garantem a liberdade dos cultos, caminho para a tão importante paz religiosa que será efectivada com o Papa. Com Pio VII vai entender-se, após dez anos de Cisma.

E foi justamente o Papa que deu os primeiros passos neste sentido, assinando em Paris, a 15 de Julho de 1801, a Concordata. Com ela foi devolvido à França (melhor dizendo ao Império, pois a Bélgica, a Itália e a Renânia estavam sob o domínio francês, entre outros territórios) o livre exercício dos cultos, restabelecendo também a hierarquia eclesiástica, muito embora com muitas concessões feitas a Bonaparte.[215]

O clero concordatário, vigiado e hierarquizado, encontrava-se submetido a um bispo, senhor da sua diocese e tido como guardião dos cos-

---

[214] De Napoleão Bonaparte dizia-se que era católico na Vendeia, em Itália ultramontano (adepto da doutrina e atitudes favoráveis à primazia romana nos assuntos da Igreja Católica) e muçulmano no Egipto. A sua ditadura, fruto da anarquia e das suas qualidades geniais, durou dez anos. Face à Igreja e ao Papa não apenas agiu com uma ambição sem limites como a exemplo dum 'rei cristianíssimo'. Jacobino, fruto do Século das Luzes, viveu apoiando e apoiado por uma burguesia voltairiana.

[215] Entre as concessões saliente-se a redução do antigo episcopado francês para doze bispos constitucionais impostos ao Papa Pio VII, sendo tolerados monges por estes serem úteis nas escolas e nos hospitais. Foram mandados acrescentar à Concordata, por Bonaparte, setenta e sete artigos orgânicos de espírito marcadamente josefista e galicano que impunham, entre outras coisas, a proibição de todas as manifestações de colegialidade episcopal; codificação apertada da organização do culto; ingerência do Estado na organização eclesiástica; ensino da Declaração dos Quatro Artigos de 1682 e autorização governamental para a introdução em França das actas pontifícias. Os protestos papais de nada valeram. Por seu turno, a venda de bens nacionais da Igreja foi interrompida enquanto o catolicismo era equiparado aos outros cultos.

142 *Das Relações da Igreja com o Estado*

tumes e da ordem. As acções de graças e orações aquando das vitórias do Imperador consolidavam a fidelidade do povo ao regime.

Em 1806, foi imposto o *Catecismo Imperial* a todas as igrejas do império, comportando no IV Mandamento de Deus um acrescento relativo aos deveres dos súbditos ao seu Imperador, estabelecendo graves sanções, como a condenação eterna, a quem não cumprisse.

De facto, o Estado era laico e a atmosfera geral nada tinha de cristã, pois a corte permanecia jacobina. Os intelectuais do tempo estavam dominados pelo racionalismo, não podendo ser contrariadas por apologias, mesmo que brilhantes, dum Chateaubriand. O clero era reduzido e escasso de espíritos pensantes.

O Código Civil de Napoleão, com os fundamentos da nova sociedade francesa, foi feito, por burgueses liberais, no espírito revolucionário da época. Para os seus mentores eram coisas essenciais a não-confessionalidade do Estado, a exacerbada protecção da propriedade privada e a laicidade dos vínculos matrimoniais. Aliás, inquietou muitos católicos o monopólio imposto ao ensino pela Universidade imperial, na medida em que, não apenas o espírito laico como a exaltação da noção de lucro era impostos em detrimento da de serviço, sendo capazes de impregnar as mentalidades europeias da época.[216]

Perante determinadas cedências, a velha Europa escandalizou-se, mas ainda assistiu ao ritual de unção feito a Napoleão, em Paris, pelo próprio Papa Pio VII, em 1804. Contudo, a Napoleão cabe o mérito de devolver vida à Igreja, mesmo que, para ele, a religião católica não tivesse passado dum meio ou engrenagem da sua 'máquina' imperial.

---

[216] A 2 de Fevereiro de 1808, as tropas francesas ocuparam Roma, respondendo Pio VII com a recusa de dar a instituição canónica aos bispos apresentados por Napoleão. A resposta não se fez esperar. A 17 de Maio do ano seguinte, os Estados pontifícios eram anexados ao Império, sendo dois meses mais tarde o Papa levado de Roma para Savona. Era o apogeu de Napoleão e nada lhe oferecia suficiente resistência. Tenta ainda, em Junho de 1812, arrancar de Pio VII, em Fontainebleau, um projecto de Concordata, que não fosse o Papa se ter retractado, em 24 de Março de 1813, teria feito de Napoleão o dono e senhor da Igreja. No começo de 1814, Napoleão liberta o Papa, mas o fim do seu império está aí. As restaurações vão-se sucedendo um pouco por toda a Europa: os Bourbons regressam a Madrid, Paris e Nápoles; os Habsburgos a Florença e a Milão; os Braganças a Lisboa; os Oranges a Bruxelas; os Hohenzollern ao Reno; os czares a Varsóvia e o Papa Pio VII a Roma. É um autêntico regresso ao passado, com alguma prudência e certa violência pelo meio, ao 'antigo regime' de que nada de suficientemente marcante separara a Europa.

Após o fim do imperialismo Napoleónico, o regresso ao passado fez--se paulatinamente, ora com prudência ora, algumas vezes, com violência. A contra-revolução teve teóricos como Bonald. A Igreja associou-se a este movimento.

Até ao final do século XIX e início do XX, a Revolução será tida, para uns, como a raiz do Mal, numa terra envenenada pelo racionalismo, pelo laicismo e pela maçonaria. A sociedade encontra-se dividida. Dum lado, estão os *liberais*, que bem fortalecidos pela Revolução, vão querer influenciar tudo: o Governo, as relações sociais, o trabalho e as relações internacionais.

Do outro lado, estão os do movimento contra-revolucionário. Altar, Trono e Sociedade, são os pilares essenciais a recuperar. Os senhores do Mal tinham posto o Estado no lugar de Deus, o povo no lugar do rei, e a burguesia, egoísta, tinha ocupado o lugar da aristocracia, cuja vocação era servir. As palavras-chave da mentalidade da época, embora nem sempre dos factos, passam a ser: *Legitimista, Conservador e Católico.*

A Igreja Católica soube aprofundar a ligação das igrejas ao centro romano apresentado os inconvenientes das igrejas 'nacionais'. Os católicos de cada país encontraram na ligação ao Papa uma garantia da liberdade religiosa, não raras vezes obstruída pelos governos liberais mais nacionalistas. Não devem ser subestimadas as dificuldades sentidas pela Igreja, na Europa, desde a Revolução Francesa até à Primeira Guerra Mundial.

Em França, por volta de 1850, apresentavam-se vozes clericais discordantes da teoria e prática dos liberais que pretendiam manter a Igreja afastada dos assuntos civis. A par desta corrente católica e dinâmica de cariz antiliberal, assumia-se outra que propunha aproveitar do ideário liberal o que fosse favorável à Igreja na sua missão evangelizadora e de salvação do Mundo. Para os defensores desta corrente, a separação do Estado e da Igreja poderia libertá-la da tutela, sempre comprometedora, daquele. Era isso que acontecia nos Estados Unidos da América e na Bélgica, onde o regime de separação apenas apresentou vantagens à Igreja Católica permitindo salvaguardar direitos aos católicos.[217]

Na década de 30, tendo por suporte e difusão, sobretudo, as ideias de Lamennais, o jornal L'Avenir, defendia o regime de separação Estado--Igreja e o respeito pelos direitos do Homem o melhor garante da religião.

---

[217] Tal foi o caso da Irlanda, entre 1829-1845; da Prússia, em 1848 e também na Alemanha, quando no ano de 1852 se constituiu um partido católico que defendeu, sobretudo no Parlamento, e com sucesso os ideais e a vida da Igreja.

A nova mensagem, tendo por divisa *Deus e Liberdade*, arvorava que devia ser total a liberdade da esfera eclesial face ao poder político, daí resultando que a liberdade de consciência, culto, educação, imprensa e associação levaria a que a vida religiosa crescesse de forma autónoma e livre de todo o controlo social.

O Concílio Vaticano I, veio, em 1870, reconhecer que a Santa Sé não apenas garantia a liberdade da Igreja como também confirmava a fé. O Papa Gregório XVI, viu-se na encruzilhada entre a perspectiva clássica da Igreja perante os direitos devidamente constituídos da autoridade pública e a busca pela independência dos polacos católicos, durante a revolução de 1830-1831, contra o domínio czarista.

Perante tal cenário e porque não comungava do ideário liberal desenvolveu a doutrina do *Quod aliquantulum* nas condenações a Lamennais.[218] Primeiro, na encíclica *Mirari vos,* qualifica a opinião "de que se pode ganhar a salvação eterna por qualquer profissão de fé que seja, desde que os costumes sejam rectos e honestos", como sendo uma "opinião perversa e um delírio", tendo depois, na encíclica *Singulari nos*, apresentado uma censura mais explícita, por não comungar dos ideais do liberalismo, influenciado quer pelos princípios doutrinais quer pela experiência concreta.

Ainda na primeira Encíclica, Gregório XVI advogou que a liberdade de consciência e a liberdade de opinião 'plena e sem limites' nasce do indiferentismo. Contudo, no entender do pontífice, a reivindicação de liberdades individuais esquecia os direitos prévios da verdade religiosa, a qual deve ser tutelada pelos Estados e acatada por todos, por isso, na citada encíclica tivesse rejeitado o indiferentismo.

A realidade político-eclesiástica dos países latinos e não só, que haviam aderido ao liberalismo, contrariava e tornava indefensável o princípio da separação entre o Estado e a Igreja face à liberdade eclesial. Ficava claro, para a Santa Sé, como o Liberalismo era contrário às instituições eclesiais, sobretudo em domínios como a espiritualidade, pensamento, assistência e educação.

---

[218] Lamennais no seu Ensaio sobre o indiferentismo em matéria de religião, de 1817, defendeu, tal como Joseph de Maistre, em Do Papa, que a ordem europeia só encontraria solidez no acatamento da tutela infalível do Pontífice Romano. Passou a criticar o liberalismo filosófico: o homem que toma o subjectivismo como regra da sua crença negará consecutivamente todas as verdades, sendo que, de acordo ainda com Lamennais, o cepticismo paralisador só se evita na aceitação duma verdade que todos tenham de admitir, começando pela crença em Deus.

Era nítida a actuação estatal face ao controlo exercido sobre o ministério eclesiástico, expulsão de congregações religiosas e vários obstáculos colocados entre os católicos e Roma. O Papa Pio IX soube, o seu significado pessoalmente, quando se viu na contingência de ter de fugir de Roma, aquando da Revolução de 1848, a fim de não abdicar do domínio temporal. No seu entender o Estado do Vaticano era o garante imprescindível da liberdade de actuação do sucessor de Pedro. A sua rejeição radical face ao liberalismo está presente na Encíclica *Quanta Cura,* bem como o anexo *Syllabus Errorum,* a que já nos referimos.[219]

Ambos os documentos foram entendidos como prova da incompatibilidade da Igreja Católica face ao mundo moderno. Digamos que a Revolução liberal pôs termo à intimidade entre os poderes temporal e religioso que caracterizou o *Antigo Regime.*[220]

Com o seu sucessor, Leão XIII, permaneceu a preocupação de defender e promover a verdade cristã, fundamentou as competências específicas do Estado e da Igreja e soube distinguir entre o ideal e a circunstância concreta, possibilitando situações intermédias rumo ao futuro incitando os católicos, mesmo quando a prática do Estado não lhes era favorável, ao exercício duma cidadania activa.[221]

A Igreja começou a perceber que devia estar livre para se dirigir à sociedade civil identificando-se com ela, não se subjugando ao poder do Príncipe. O Liberalismo político associava-se ao económico dando origem a desigualdades sociais cada vez mais marcantes, fruto duma exploração por parte de certos empresários menos escrupulosos face a trabalhadores, muitos deles deslocados do meio rural para o urbano, fez com que surgissem vários movimentos reivindicativos e revolucionários.

A par, foram surgindo, um pouco por todo o lado, obras de assistência de cariz católico. Cresceram rapidamente tentando dar resposta às necessidades imediatas acompanhando os mais carenciados.

---

[219] Nesta Encíclica, publicada em 08 de Dezembro de 1864, as ideias e as práticas do Liberalismo foram recusadas sobretudo como um ideal de progresso e civilização.

[220] A revolução liberal expulsou a Igreja e praticou o mais simbólico dos actos dessa orientação quando, em 20 de Setembro de 1870, instalou em Roma a capital do novo Reino italiano. Veja-se Silva Rego, A. da, *Documentação para a História das Missões do Padroado Português do Oriente,* Nota Introdutória, (ix), da autoria de Adriano Moreira, Vol. I, Lisboa: Fundação Oriente.

[221] O Papa Leão XIII, em 1888, através da Encíclica *Libertas,* encara a realidade ao incitar os católicos a participar na vida pública mesmo quando a ideologia do Estado seja oposta aos princípios cristãos.

146   *Das Relações da Igreja com o Estado*

À obra de assistência dos católicos aliava-se a acção de padres e religiosos quer nas paróquias quer nos hospitais. Esta acção caritativa reflectiu sobre causas e soluções germinando, com ela, a doutrina social cristã que tem vindo a crescer até aos nossos dias e foi uma resposta da cidadania activa proposta por Leão XIII.[222]

1.4.2. *As Concordatas e as Missões colonizadoras europeias: os Padroados*

Como noutra parte se fez referência, Concordata, neste contexto, define-se como um acordo estabelecido entre o Papa, como legítimo representante da Santa Sé e o governo dum Estado, acerca de matéria religiosa.

Para melhor compreender o alcance e a inserção no processo histórico e político é conveniente recordar o conceito operacional de Concordata. Assim, e como nos refere o Professor Adriano Moreira

> *"Trata-se de um acordo entre a Santa Sé e um Estado, e a semântica tem sido variada (pacto, convenção, tratado), assim como o objecto varia entre a definição de um normativismo, e a resolução de um ponto concreto, eventualmente conflituoso. Não parecem existir hoje divergências de opiniões sobre a natureza das Concordatas, que são tratados internacionais celebrados entre soberanos, embora as soberanias intervenientes se definam em relação a ordens diferentes de interesses."*[223]

Conforme o Direito Internacional Público, as Concordatas são acordos concluídos entre um Estado e a Igreja. Os *internacionalistas* classificam as Concordatas como autênticos acordos ou tratados internacionais, ou seja, alegam tratar-se de acordos celebrados entre autoridades soberanas que, devendo proceder em simultâneo sobre assuntos idênticos, acor-

---

[222] A encíclica *Rerum Novarum*, de 15 de Maio de 1891, requer a intervenção do Estado em defesa dos operários. Nela defende-se o direito à propriedade privada como meio para a realização livre e responsável de cada pessoa, fica definida a justiça salarial que garantirá a subsistência digna e o direito à organização dos trabalhadores em sindicatos.

Da *Rerum Novarum* à *Centesimus Annus,* encíclica de João Paulo II, os Papas foram construindo a Doutrina Social da Igreja, unindo princípios evangélicos com realidades sócio-económicas e de desenvolvimento humano, em geral, apresentando sempre a família como célula da sociedade.

[223] Este excerto foi retirado da N.I.(viii), da obra coligida e anotada por Silva Rego, A. da, *Documentação para a História das Missões do Padroado Português do Oriente,* (1991), Vol. I, Lisboa: Fundação Oriente.

dam entre si sobre a forma de exercer o poder, combinando a sua acção e salvaguardando determinados interesses morais, estipulando num campo misto, no intuito de prevenir possíveis atritos.

Trata-se, por conseguinte, de regular as relações entre o poder espiritual e o temporal, relações essas que têm carácter internacional. Contudo, muitos são os que põem em causa ser a Igreja um Estado e afirmam que esta matéria eclesiástica e religiosa não faz parte do objecto do Direito Internacional. Levantam igualmente dúvidas, a respeito da forma de punir, pelo Papa, a falta de cumprimento ou de execução das concordatas, por parte dos Estados.[224]

Por seu turno, os *ultramontanos* consideram as concordatas como privilégios do Papa concedidos aos Estados, argumentando sobretudo a matéria, objecto das concordatas, ser apenas do foro espiritual.

Por sua vez, os *jurisdicionalistas* equiparam as concordatas a leis, fundamentando a sua tese na existência de duas partes distintas: uma, o Estado soberano que tem a seu cargo a exigência da ratificação e publicação das concordatas e, da outra parte, está o Papa, chefe da instituição Igreja, de que fazem parte os fiéis, que por seu turno são súbditos do Estado em causa.

Na verdade, no passado, diversas concórdias e concordatas foram celebradas entre os Reis e os Bispos duma Nação, recebendo *a posteriori* a confirmação pontifícia, como veremos relativamente ao nosso país.

Contudo, as Concordatas modernas, no seu modo de celebração e nos seus efeitos, assemelham-se a Tratados Internacionais, pois, são negociadas entre os governos e a Santa Sé, em nome da Igreja Católica no país.

Aliás, como em geral nos Tratados Internacionais, as Concordatas após serem promulgadas e entrarem em vigor, constituem leis internas quer para a Igreja quer para o Estado. Ao longo dos tempos, como atrás referimos, várias foram as designações atribuídas às Concordatas. Em princípio todos estes documentos, embora lhe sendo atribuídas diferentes designações, têm idêntico valor jurídico, embora se reserve o nome de Concordata para os actos mais importantes e solenes.

Para além de Concórdias; *Modus vivendi*; Acordos, quando se trata de documentos de menor relevância, surgem também as designações de Privilégios, não raras vezes onerosos e concedidos pela Santa Sé e Pazes quando eram celebrados acordos para sanar litígios entre o Estado e a Igreja.

---

[224] Estas dúvidas foram, em parte, dissipadas após o tratado de Latrão (1512-16), recuperando a Igreja o seu poder temporal sobre o Estado da cidade do Vaticano.

Mais recentemente designaram-se por Acordos e Protocolos, quando se trata de pontos muito restritos ou introdução de alterações de pormenor em Concordatas, contudo, prevaleceu a designação de Convenção, tal é o caso da nossa Concordata de 1940, cujo título é *Sollemnis conventio*.[225] As Concordatas são, por vezes, classificadas como sendo *gerais* quando se destinam a regular de modo genérico e de forma abstracta, a situação jurídica da Igreja num Estado.

A primeira Concordata geral, de que se tem notícia, foi a celebrada entre Pio VII e Napoleão, que serviu para regular a situação jurídica da Igreja em França, muito perturbada pelas convulsões resultantes da Revolução Francesa, do século XVIII. A seguir a esta muitas outras foram surgindo com países como a Espanha, a Itália e Portugal como fica claro da leitura do seu preâmbulo ao dizer que a mesma se destina a *"regular por mútuo acordo e de modo estável a situação jurídica da Igreja Católica, para a paz e maior bem da Igreja e do Estado."*

As Concordatas podem também ser consideradas como *particulares* ou de *índole restrita,* quando o seu conteúdo se restringe a determinados pontos concretos os quais se pretende ver resolvidos por mútuo acordo, sendo delas exemplo as mais variadas concordatas ou acordos celebrados em Portugal anteriormente a 1940.

Sendo a Concordata uma lei única, da Igreja e do Estado, obriga ambas as partes e, por consequência, se dúvidas surgirem quanto à sua interpretação, estas devem ser solucionadas por mútuo acordo, principalmente por se tratar dum tratado bilateral, o mesmo acontecendo quando se trata de declarar a sua denúncia ou rescisão. Contudo, não raras vezes, elas são rescindidas apenas por uma das partes, normalmente o Estado. Aquando das independências das colónias com subsequente formação de novos Estados, não se consideram aplicáveis as estipulações das concordatas que ali vigoravam.

Durante a Idade Média, muitas foram as lutas empreendidas, pelas nações peninsulares, em defesa da Fé cristã. Após a sua libertação do poder muçulmano puderam apresentar à Igreja o seu reconhecimento, compensando-a das perdas tidas no próximo Oriente, fruto do avanço dos Turcos e da revolta protestante.

---

[225] Como é o caso do Protocolo celebrado entre Portugal e a Santa-Sé, em 15 de Fevereiro de 1975, a fim de alterar, na Concordata de 1940, o artigo XXIV, relativo ao divórcio.

Capítulo III – Enquadramento Histórico

Com os Descobrimentos, no século XVI, a Igreja obteve um vastíssimo campo de acção, estando a Península Ibérica à frente da civilização ocidental. Esta empresa gigantesca, que ainda hoje se nos afigura desmedida, resultou mais da disposição dos espíritos do que dos recursos que eram parcos.

Consolidada que havia sido a nossa independência, ficamos livres para renovar, em terras de infiéis, a Cruzada. Conquistar Ceuta equivalia a não apenas assegurar a navegação do Mediterrâneo como também a defender a Península de novas invasões dos infiéis.

D. João I acedeu a esta empreitada após tomar consciência que seria *serviço de Deus: "(...) cá por mui grande honra nem proveito que se me dello possa seguir, se não achar que é serviço de Deus, não entendo de o fazer, porque somente aquella cousa é boa e honesta na qual Deus inteiramente é servido."* A conquista de Ceuta é tida como o prólogo de toda a epopeia dos Descobrimentos e marca o início dos tempos modernos.

Em princípio, toda a obra dos Descobrimentos e conquistas, foi uma Cruzada religiosa. Assim foi entendida por Martinho V, na Bula *Sane charissimus,* de 4 de Abril de 1418, pela qual concedeu indulgências a todos quantos auxiliassem D.João I na prossecução da campanha de África, recomendando às autoridades eclesiásticas que pregassem a cruzada, por se tratar de dilatar a Fé cristã.

Uma das razões que imperaram no espírito de seu filho, o Infante D. Henrique, de acordo com Azurara, foi o desejo de *"acrescentar em a santa fé de nosso senhor Jhu Xpô, e trazer a ella todallas almas que se quisessem salvar."*[226]

As Bulas *Rex regum,* de Setembro de 1436 e de Janeiro de 1443, do Papa Eugénio IV, continham concessões de indulgências. A lenda do Preste João, Rei e Sacerdote, tido como grande potentado e fervoroso adepto de Cristo pela pregação de São Tomé, baseia-se no aparecimento da evangelização do Apóstolo na Ásia. Este Rei lendário é sucessivamente localizado na Índia malabárica, na Tartária, na China, de seguida na Mesopotâmia e Arménia e, por último, na Etiópia, misturando-se mitos com realidades.

---

[226] Diversos historiadores nacionais e de acordo com as teorias de Joaquim Bensaúde, o plano do Infante era defender a Cristandade, detendo o avanço do Islamismo, procurando uma aliança com o lendário Preste João das Índias. Veja-se os caps. IV e V da Crónica da Guiné e BENSAÚDE, J., (1943), *A Cruzada do Infante,* Lisboa.

Na Bula de Janeiro de 1455, *Romanus Pontifex,* o Papa Nicolau V, evoca os esforços do Infante D. Henrique para se pôr em relação *"com o povo da Índia que passa por honrar a Cristo".* Era a esperança de *"o induzir a ajudar os Cristãos contra os Sarracenos e outros inimigos da fé."* Outros pontífices foram renovando essas graças e indulgências, até que, desde o ano de 1591, ficou estabelecida a concessão regular e periódica da Bula da *Cruzada.*

Não podemos, contudo, descurar que embora as expedições tivessem tido como primeiro impulso a defesa e o dilatar da Fé, cedo se tornaram também numa empresa política e comercial.

Fácil não será, porém, afirmar qual terá sido o elemento preponderante, no entanto, o sagrado e o profano, o político e o eclesiástico sempre estiveram aliados, sendo que a Igreja e o Estado se auxiliaram mutuamente e de comum acordo.

Foi neste sistema de auxílio mútuo, com conjunção de esforços, que se enquadra a concessão do Direito de *Padroado,* dos Papas aos reis portugueses da época. Não foi de imediato nem duma única vez que o Direito de *Padroado* foi concedido. Foi um direito progressivo, espaçado no tempo por cerca de oitenta anos e cedido por sucessivas concessões em que se destacam os seguintes documentos:

O primeiro deles, a Bula *Dum diversas,* de 18 de Junho de 1452, o Papa Nicolau V, concede ao rei português D. Afonso V e aos seus sucessores, a possibilidade de adquirir os domínios aos infiéis e de possuírem os seus bens, em troca é-lhes pedida a exaltação da fé e o aumento da Cristandade.

Pela Bula *Romanus Pontifex,* atrás referida, que data de 8 de Janeiro de 1455, Nicolau V doa de novo os territórios africanos ao nosso citado monarca proibindo a entrada de quem quer que seja sem a licença deste. O rei fica com o direito de erigir igrejas e outros lugares sagrados e com o consentimento dos superiores eclesiásticos pode enviar clero para aí administrarem os sacramentos.

Ao monarca cabe o monopólio do comércio nos territórios africanos e quem o exercer sem autorização fica sujeito à excomunhão. Também respeita ao *Padroado* os privilégios cedidos a favor do rei, através da bula *Inter caetera,* de 13 de Março de 1456, pelo papa Calisto III, que concede ao Prior da Ordem de Cristo, não apenas a jurisdição espiritual nos territórios ultramarinos como o poder de erigir e conferir benefícios eclesiásticos.

Todos os privilégios reverteram para o rei quando o mestrado da ordem de Cristo passou, em 1551, para a coroa portuguesa.

Contudo, a primeira referência expressa ao *Padroado* real, nos territórios ultramarinos, só a encontramos na bula datada de 7 de Junho de 1514, *Dum fidei constantiam,* de Leão X, na qual é concedido ao monarca português, D. Manuel I, o direito de apresentação para todos os benefícios nas terras adquiridas nos dois anos anteriores e nas futuramente adquiridas, sendo que nas restantes o direito pertencia ainda à Ordem de Cristo.[227]

A concessão não está baseada na dotação de igrejas, mas nos eminentes serviços prestados pelo rei, na sujeição ao domínio cristão de terras outrora sob o domínio muçulmano. O mesmo papa, Leão X, ao erigir a diocese do Funchal, 5 dias depois, pela bula *Pro excellenti praeminentia,* atribuiu ao Rei, D. Manuel I, o direito de apresentação do Bispo D. Diogo Pinheiro.

Através do breve *Dudum pro parte*, também de Leão X, datado de 31 de Março de 1516, é conferido aos reis de Portugal, o direito universal de *Padroado* em todas as igrejas sob o seu domínio.

A bula *Aequum reputamus,* do papa Paulo III, de 3 de Novembro de 1534, que erege a diocese de Goa,[228] colige todas as disposições dos documentos anteriores bem como os direitos e deveres inerentes ao Padroado.

Justamente, por isso, as bulas que eregem outras dioceses reproduzem as disposições da bula *Aequum reputamus,* sendo considerada o principal fundamento do nosso *Padroado.*[229]

São vários os direitos e as obrigações do *Padroado* português de entre os quais se destacam: a construção, conservação e reparação das igrejas, mosteiros e demais lugares de culto das dioceses, bem como a dotação de objectos necessários para o culto; deputação e sustentação dos eclesiásticos e seculares necessários para ministrar o serviço religioso.[230]

---

[227] De entre a bibliografia sobre esta temática e para uma síntese veja-se Oliveira, M., *História da Igreja,* Lisboa, U. Gráfica, 4.ª ed., 1959 e *Documentação para a História das missões do Padroado Português do Oriente*, (1991), coligida e anotada por SILVA REGO, A. da, *Ibidem.*

[228] A diocese de Goa abrangia o território desde o Cabo da Boa Esperança passando pela Índia até à China, com todos os domínios descobertos ou a descobrir pelos portugueses.

[229] A respeito do Padroado atente-se nas nossas principais fontes: GRENTRUP, Teodorus, (1925), *Jus Missionarium,* I, Steyl Hollandiae; SILVA REGO, A., (1940), *O Padroado Português do Oriente – Esboço histórico,* Lisboa: Agência Geral das Colónias; JORDÃO, Levy Maria (1868), *Bullarium Patronatus Portugalliae,* Tomo I, Olisipone.

[230] É comum encontrar-se em livros que têm por base uma aturada investigação genealógica alguns dados referentes ao padroado. Tal é o caso de Genealogias das ilhas de

Nos documentos papais respeitantes ao *Padroado* Português, fossem eles *bulas* ou *breves,* não se encontram expressos os missionários nem a propagação da fé entre os infiéis, sendo esta uma distinção face aos documentos do *Padroado* Espanhol. Esta dissemelhança é atribuída à diferenciação existente entre os dois sistemas de colonização. Enquanto os espanhóis invadiam, sujeitavam e evangelizavam à força os povos pagãos do interior, os portugueses limitavam-se a erguer fortalezas nos sítios onde aportavam e estabeleciam relações comerciais com os indígenas, sem existir uma verdadeira colonização com domínio pela força.

A partir do século XVI, foram vários os monarcas que receberam da Santa Sé o privilégio de apresentar candidatos às dioceses, tendo-lhes sido outorgados privilégios, contudo o Papa reservava-se o direito de confirmação. Por conseguinte, o direito de nomeação foi visto como uma espécie de direito de Padroado, tendo tido no século XVIII larga difusão na Áustria, Baviera, em Espanha, França, Portugal e na Saxónia.[231]

O Papa Júlio II, em 1508, com a bula *Universalis Ecclesiae,* concedeu idênticos direitos de nomeação para as terras do ultramar. Em 1516, Leão X concedeu, pela primeira vez numa Concordata com a França, o direito de nomeação ao rei. Pelo Concílio de Trento, é confirmada a pretensão do direito de livre nomeação, por parte do Sumo Pontífice, contida nas Decretais, tendo sido depois reclamada por Bento XIV, em 1756, na constituição *In postremo.* Novamente, em meados do século XVIII, os Papas acentuaram este seu direito, muito embora nada tivesse alterado.

No século XIX, o direito de Padroado de Espanha e de Portugal ampliou-se ao ultramar, tendo as Repúblicas da América do Sul cha-

---

S. Miguel e Santa Maria, de Rodrigo Rodrigues e coligido pelo Dr. João Bernardo de Oliveira Rodrigues, nosso saudoso mestre de História.Dele se extraiu o seguinte excerto: "José do Canto pretendia, como legal representante de sua Esposa D. Maria Guilhermina Brum da Silveira, reaver os bens que constituíam o padroado do convento de Santo André, fundado no século XVI por Diogo Vaz Carreiro e sua mulher, Beatriz Rodrigues Camelo, de que fora o último padroeiro seu sogro, António Francisco Taveira Brum da Silveira, falecido em 1827." Cfr. RODRIGUES, R., (1998), *Genealogias das ilhas de S. Miguel e Santa Maria,* Ponta Delgada: Sociedade Afonso Chaves – Associação de Estudos Açoreanos, p. xviii.

[231] Não cabe aqui uma detenção mais aprofundada sobre as faculdades concedidas aos monarcas portugueses, para tanto consultar LEITE, A., (1989) "Teriam os reis de Portugal verdadeira jurisdição eclesiástica?" *in XX Semana Luso-Española de derecho Canonico, Derecho Canonico y Pastoral en los Descobrimientos luso-españoles y perspectivas actuales,* Salamanca: Universidade Pontifícia, pp. 103-111.

mado a si o direito de padroado ou de apresentação, por meio de Concordatas.[232]

No início do século XX, a provisão das igrejas era feita por livre colação, por apresentação da autoridade política ou por eleição, mas após as mudanças verificadas durante a I Grande Guerra, a liberdade de nomeação do Sumo Pontífice foi mais abrangente verificando-se restrições no privilégio de nomeação régia.

Em países como a Austrália, Bélgica, Brasil, Inglaterra, Irlanda, Luxemburgo, Malta, México, Países Baixos, Rússia, E.U.A. e Uruguai, não havia intervenção da autoridade civil, pelo que a livre colação competia ao Papa, estando sob a sua alçada o completo processo para a provisão, nomeação e designação da pessoa, aliado ao juízo de idoneidade e instituição canónica.

Em 1917, pelo Código do Direito Canónico, pela primeira vez, uma lei eclesiástica promulga o princípio dos Bispos serem nomeados livremente pelo Papa, ou seja, a livre colação.

No final dos anos trinta, antes de eclodir a II Grande Guerra, a provisão das igrejas era feita pelo sistema da eleição em algumas dioceses alemãs, austríacas e suíças. Será de recordar que as novas situações determinadas pela I Grande Guerra já se encontravam estabilizadas tendo a Santa Sé assinado Concordatas com alguns Estados. O direito de nomeação ou apresentação era limitado à Alsácia-Lorena (França), ao Haiti, Índias Orientais portuguesas, Mónaco e ao Perú, outros casos havia, como Argentina, Bolívia, Paraguai e Venezuela, mas não reconhecidos pela Santa Sé.

Como com esta dissertação não se pretende apenas generalizar, mas antes nunca deixar de enquadrar o caso português, consideramos, pois, oportuno fazer referência às Concordatas sobre o Padroado Português com alusão explícita à extensão territorial e decadência do referido Padroado, então será esta a nossa próxima pretensão.

---

[232] No século XIX e inícios do século XX o direito de nomeação ou padroado por parte do poder civil era prática corrente em países como a Argentina, Áustria, Baviera, Bolívia, Chile, Costa Rica, Equador, Espanha, Guatemala, Haiti, Honduras, Hungria, Nicarágua, Portugal, S. Salvador e Venezuela. Nestes países, a autoridade eclesiástica não procedia ao acto de designação da pessoa também denominado de 'provisão canónica'. Contudo, em Hannover, Províncias do Alto Reno, Prússia e Suíça, a eleição pela qual a designação da pessoa compete ao clero (os eleitores), a autoridade local exerce a provisão canónica seguida da confirmação pela Santa Sé.

154 Das Relações da Igreja com o Estado

2. Um exemplo de Padroado – Da Evolução à Decadência do Padroado Português do Oriente

Em Portugal, a partir do século XIV, o provimento das dioceses, passou a ficar reservado à Santa Sé, o que significa que a autoridade pontifícia foi prevalecendo à autoridade do monarca, no que concerne à escolha dos bispos.

Até ao século XV, as relações entre a Igreja e o Estado eram incertas e mal definidas, sendo frequentes as invasões de jurisdição de parte a parte. Não vamos fazer menção às quezílias entre D. João I e os Bispos, à intervenção de Martinho V com a bula *Nom sine magna* de Agosto de 1426, em que deplora os abusos cometidos pelo monarca na esfera da liberdade da Igreja e que conduziu à assinatura, no ano seguinte, duma Concordata procurando-se solucionar questões importantes, mas que levou a críticas do clero sobretudo no referente ao artigo 87.º.[233]

Como atrás se refere, com a descoberta de novas terras, no século XV, tem origem o Padroado, cujos principais deveres e direitos foram, entre os mais significativos, a apresentação para benefícios eclesiásticos; fundação e dotação de igrejas, mosteiros e lugares santos das dioceses e a deputação dos clérigos necessários para o culto e salvação das almas.

É, contudo, como anteriormente referimos, na bula de 1514, do Papa Leão X, *Dum fidei constantiam,* que é feita, pela primeira vez, referência expressa ao Padroado real nas colónias portuguesas, na qual o papa concede a D.Manuel I o direito de apresentação para todos os benefícios nas terras descobertas nos últimos dois anos e nas que de futuro viesse a adquirir.[234]

Por ordem da Santa Sé organizou-se a actividade missionária para evangelização das terras descobertas, sob a égide de Portugal, constituindo-se assim, especialmente na China, Índia, Indochina e Japão, o chamado Padroado Português do Oriente.

---

[233] A este propósito veja-se ALMEIDA, F., (1967), *História da Igreja em Portugal, I,* Porto: Portucalense, p. 99.

[234] Logo no início do seu reinado, D. Manuel I quis obter o direito de apresentação ou padroado, tal como fora concedido por Sisto IV aos reis de Castela, mas foi-lhe negado. Aliás, há registos em ALMEIDA, F., *op. cit.,* p. 301, de que foi no reinado de D. Afonso V que a coroa usou do privilégio de nomear e apresentar bispos para o provimento das dioceses, muito embora não haja documentos escritos que dê aos reis portugueses esta prerrogativa.

Primeiramente, as expedições de além-mar foram empreendidas para a defesa e dilatação da Fé, transformando-se, progressivamente num empreendimento político e comercial. Não será fácil dizer qual foi, de acordo com as ideias de então, o elemento preponderante. Certo será que o sagrado e o profano, o eclesiástico e o político sempre estiveram, inexoravelmente, unidos e que a Igreja e o Estado se prestaram mútuo auxílio.

Foi neste sistema de conjugação de esforços que os Papas foram sucessivamente concedendo aos reis de Portugal o direito de Padroado. A originalidade do Padroado português reside no facto dos territórios ultramarinos estarem subordinados à jurisdição espiritual da Ordem de Cristo, estando esta directamente sujeita ao Papa pelo menos até à erecção do bispado do Funchal, pela bula *Pro excellenti praeminentia*, de Leão X, em 1514, que atribui ao rei o direito de apresentação do bispo.

Nunca foi contestada, pela Santa Sé, a extensão do Padroado português na América e em África, o mesmo não acontecendo quanto ao Extremo Oriente em que houve graves discordâncias. Estas diziam respeito a se o direito de Padroado abrangeria apenas os territórios efectivamente ocupados pelos portugueses ou toda a Ásia Oriental, incluindo a China e o Japão.[235]

Alguns estudiosos da matéria afirmam que, de princípio, a Santa Sé conferiu o direito de Padroado a todo este espaço, estivesse ele ou não efectivamente ocupado por portugueses, tanto mais que os Papas desta época apenas tinham para confiar a defesa e dilatação da Fé aos dois povos peninsulares, pois, só estes navegavam até às novas terras e ninguém mais o podiam fazer sem o consentimento e auxílio de Portugal e de Espanha.[236]

A partir do século XVII, a Santa Sé passou a enviar missionários para as terras do Oriente em que não se exercia a soberania portuguesa, independentemente da autorização dos monarcas portugueses.

---

[235] A Congregação da Propaganda reconheceu por Decreto, datado de 9 de Novembro de 1626, que o direito do Padroado abarcava territórios que não se encontravam, politicamente, sob jurisdição portuguesa.

[236] Convém não descurar que foi o Papa Alexandre VI quem, pela bula *Inter caetera,* datada de 4 de Maio de 1493, dividiu o mundo em duas partes, dando o hemisfério oriental aos portugueses e o ocidental para os espanhóis. Apenas um ano depois em Junho de 1494 é que, praticamente o mesmo, ficou acordado entre os dois países, pelo Tratado de Tordesilhas.

Sob pena de excomunhão *latae sententiae* ninguém, sem a licença dos reis de Portugal e Espanha, podia entrar nestas terras reservadas.

156 *Das Relações da Igreja com o Estado*

A Santa Sé não necessitava de revogar qualquer privilégio socorrendo-se do direito que lhe assistia de defender e dilatar a Fé, jamais limitado por qualquer concessão. O nosso Padroado foi, sobretudo, afectado pelas mesmas causas que determinaram a decadência do Império ultramarino e que se prendem com as alterações do idealismo heróico, a subordinação, no período de 1580 a 1640, ao domínio espanhol a que se aliou a intrusão dos ingleses e dos holandeses no nosso território de além mar.

O padre holandês Philippus Baldeus, que viveu no século XVII e assistiu à transferência de muitas das praças portuguesas para as mãos dos holandeses, por total abandono da governação de Lisboa, deixou um bom relato sobre a história dos cristãos são-tomenses de Cochim e de diversas outras partes do Índico.[237]

Os Tribunais do Santo Ofício, sobretudo a Inquisição de Goa, perseguiram os cristãos considerados pouco ortodoxos, como foi o caso do sentenciado à fogueira autor da "Relation de l'Inquisition de Goa". Foram autênticos instrumentos do poder duma hierarquia eclesiástica, cuja principal pretensão era a supremacia.

Também em Lisboa, Coimbra e Évora, a Inquisição se afastou da transmissão da Fé cristã envolvendo-se em actividades contrárias aos interesses portugueses e às directrizes Templárias mantidas pelos monarcas. São disso exemplo as condenações, levadas a cabo pelo Santo Ofício, na pessoa de Damião de Góis e do padre António Vieira.[238]

---

[237] BALDEUS, (1672), *Reisen,* Amesterdam, citado por DAEHNARDT, R., (1991) *A Missão Templária nos Descobrimentos,* Lisboa: Ed. Nova Acrópole, p. 125.

[238] O ano de 1536 foi o ano da instauração do Santo Ofício em Portugal. Contudo, juridicamente, está vinculada à bula de Clemente VII, *Cum ad Nihil Magis,* de 17 de Dezembro de 1 531. Mas são os próprios papas Clemente VII e Paulo III que confirmam a perseguição desencadeada após a bula atrás referida. As Inquisições de Lisboa, Coimbra, Évora e Goa tinham como cabeça o Conselho Geral e o Inquisidor Geral. Cada uma dispunha de instalações, de funcionários e duma área reservada para a caça ao herege.

A Santa Inquisição ateve-se ao jogo político de Espanha e de Roma, tendo, no século XVII, o Padre António Vieira, condenado pela sua obra *Esperança de Portugal,* acusado os inquisidores de serem *"mais castelhanos que os próprios castelhanos".* Não se pode ignorar que um terço dos bens confiscados aos condenados revertia a favor de quem os denunciava e o restante a favor do tribunal. Já no reinado de D. João III, o qual consentiu que fosse posto termo à Ordem de Cristo, se havia perdido o cariz de missão templária com o qual se havia iniciado a construção do Mundo Português.

Muito ficou por saber dado que a História é sempre escrita pelo vencedor e este, normalmente, apresenta a versão que lhe é mais conveniente. Torna-se necessário cruzar

Mas interrompamos por um pouco a marcha da história geral, para atendermos a certos ditames da Inquisição contra a vida. Os inquisidores apresentavam-se como tribunal, Santa Inquisição ou Santo Ofício.

No entanto, o ofício não consistia apenas em julgar

> *"(...) mas em inquirir, devassar, «esquadrinhar os segredos da alma», usando uma expressão de Manuel Fernandes Vila Real. Nesta inquirição--inquisição alimentavam-se da denúncia, canalizada por uma malha apertada de informações relativas à consciência e aos actos mais secretos, recorrendo indirectamente ao confessionário e expressamente aos locais sagrados, aos objectos de culto e da fé."*[239]

Das suas sentenças de morte não havia apelo nem para o Rei nem para o Papa. E a morte pelo fogo dava lugar a uma festa, onde tanto se podia imolar cristãos-novos como velhos; homens e mulheres, que ardiam como chama de fé.

Como referimos, em nota da página anterior, o próprio Papa Clemente VII, pela bula *Sempiterno Rege*, revoga a bula de 1531 impondo instrução, absolvição, soltura e anulação ou incorrerão na indignação de Deus. Por sua vez, o seu sucessor Paulo III, pelo breve *Romanus Pontifex*, de 26 de Novembro de 1534, manda suspender o procedimento contra os hereges e soltar os presos que não fossem relapsos.

No ano seguinte, de novo Paulo III, pelos breves *Inter Cetera* e *Dudum postquam*, de 17 de Março de 1535, estabelece o perdão e exige a suspensão do procedimento contra os cristãos-novos. Mas de nada serviram.

A Inquisição actuava como uma verdadeira polícia de investigação e secreta, mas a estes poderes juntavam o de se erguerem acima de todos os outros tribunais. As dúvidas ou «crimes» contra o culto único tornavam-se crimes contra o Estado, o braço secular do poder eclesial.

Como diz António Coelho, a Inquisição portuguesa

> *"não se intrometeu apenas com problemas da fé ou não fez somente política usando as armas do Evangelho e da fé. Entrou no terreno especifi-*

---

dados a fim de se obter luz sobre o que realmente aconteceu. Nos últimos anos apareceram estudos relevantes sobre as inquisições, de entre eles destacamos: BRAGA, Isabel, (2002), *Os Estrangeiros e a Inquisição Portuguesa,* Lisboa; Hugin Editores Lda. e COELHO, António, (2002), *Inquisição de Évora,* Lisboa, Editorial Caminho S.A..

[239] Cfr. COELHO, A., *Ibidem,* p. 555.

158   *Das Relações da Igreja com o Estado*

camente político. Opôs-se, por exemplo, quanto pôde, à movimentação política que advogava o perdão dos cristãos-novos e a todas as medidas do Poder que visassem o controlo das contas do Fisco real ou que retirassem à Inquisição o sequestro e a expropriação dos bens das suas vítimas."[240]

Com D. João III, o frade entra no Paço, ou para sermos mais explícitos: o Paço tornou-se frade, no entanto e usando-se a expressão de Gil Vicente *"O Paço em frade tornado / nem é Paço nem é nada."*[241]

Para melhor entendermos a realidade da Inquisição não se pode recorrer ao Evangelho, mas antes a determinadas circunstâncias da época. À sua instituição presidiu a consideração da heresia como algo de pecaminoso na esfera religiosa e de criminoso na esfera civil, numa sociedade em que não se distinguia o sagrado do profano.

Na época, século XVI, a lei civil de Portugal, como da generalidade dos países da Europa católica ou protestante, previa penas contra os hereges. Para a sua instituição contribuiu também o facto do crescimento progressivo do poder do Estado e o seu controlo sobre a Igreja, muito embora com a anuência desta.[242]

O poder da Inquisição, em Portugal, não parou de crescer, sobretudo com o cardeal D. Henrique, que foi seu segundo inquisidor-geral (1539--1580), sendo ele próprio também, e em simultâneo, nos últimos dois anos, rei de Portugal.

A Inquisição portuguesa, como atrás fizemos referência, atingiu um poder superior aos dos bispos, não estando deles dependente. Embora vinculada ao Rei e ao Papa, a Inquisição portuguesa não hesitou, como referimos, em desobedecer a ambos os poderes instituídos.[243]

---

[240] *Ibidem,* p. 559.

[241] Veja-se GIL VICENTE, *Romagem dos Agravados, in* Obras Completas, Lisboa: Livraria Sá da Costa, 4.ª edição, 1968, vol. V, p. 16.

[242] Aliás, como referimos no capítulo anterior, a Inquisição Portuguesa embora instaurada posteriormente à espanhola, que foi fundada em 1478, teve, como ela, um cunho fortemente estatal. Conforme diz D. Manuel Clemente, na sua obra aqui citada, "É possível que os Reis Católicos pretendessem também controlar com ela a oposição anárquica das populações ao judaísmo. Coisa semelhante sucedeu com a portuguesa. O papado resistiu em autorizá-la, mas a pressão de D. João III consegui-a em 1536." p. 91.

[243] A título exemplificativo veja-se o caso do desembargador cristão-velho Gil Vaz Bugalho, preso sob a acusação de judaísmo, consegui do Papa dois breves ordenando a sua libertação, aos quais o cardeal infante D. Henrique não acedeu, condenando-o, ele mesmo, à fogueira após quinze anos de prisão. Cfr. Arquivo Nacional da Torre do Tombo, Inquisição de Évora, Processo n.º 8 760.

Capítulo III – Enquadramento Histórico

Aos inquisidores cabia a direcção da Inquisição respectiva, com poderes vários como o de prender, interrogar, julgar, atormentar e condenar, assim procedendo contra todas as pessoas eclesiásticas, seculares e regulares independentemente do estado e condição a que pertencessem. Nada que respeitasse à consciência, nem ninguém na sociedade escapava à sua alçada.

As torturas eram, por vezes, de extrema crueldade. Permitam-nos apresentar mais três casos, passados na Inquisição de Évora. Comecemos pelo novo admoestamento a Inês Fernandes, de 45 anos, natural de Serpa, que ocorreu no início do ano de 1594. Três anos antes, a mesma mulher havia resistido a um 'trato esperto' e de novo resiste, desta vez no potro; outro caso é o de Isabel Gomes, também ela de 45 anos, meia cristã-nova, casada com um cristão-velho de Arraiolos, que foi posta a tormento em 1640 e após lhe aplicarem um trato esperto, «por lhe ter rebentado o sangue nos braços», veio a falecer no dia seguinte.

O mesmo aconteceu com Álvaro Fernandes Castanho, de 64 anos, natural de Loulé, que em 1636, após ter sofrido três 'tratos espertos', ficou «pisado no peito e ensanguentado», acabando por sucumbir.

Muitos eram, no entanto, os que se suicidavam por não aguentarem o sofrimento que lhes era infligido. Tal foi o caso de Diogo Nunes, advogado de 50 anos, residente em Beja, relatado, deste modo, por um companheiro de cela «quando acordou, viu estar ao dito Diogo Nunes enforcado da grade da fresta. E estava dependurado sem lhe chegarem os pés ao chão».

Igual fim escolheu para si Catarina Lopes, de 40 anos, casada, também ela residente em Beja, pondo termo à vida, em 19 de Março de 1587, sendo as suas ossadas e estátua queimadas a 2 de Agosto seguinte.[244]

O memorando do padre Gaspar de Miranda constitui um implacável registo de barbaridades como se pode entender por estas suas palavras:

> *"Desde que os prendem até que os soltam padecem muitos e graves tormentos nos corpos, e nas almas, principalmente os que estão em tal cárcere que por si só é tormento (...)"*

---

[244] Cfr. Arquivo Nacional da Torre do Tombo, Inquisição de Évora, Processo n.º 11 298 e n.º 8 269, respectivamente.

E a dado passo acrescenta:

"Comummente se dão tão cruéis que toda a vida duram os sinais. E algumas pessoas ficam aleijadas e inúteis, outras morrem neles ou perigam gravissimamente (...). Assim os constrangem a confessar falsidades de si e de outros."[245]

A Inquisição acabou por se tornar quase um Estado dentro do Estado Português.[246] O seu domínio, ao próprio papado, apresentou dificuldades, como anteriormente referimos.[247]

---

[245] Conforme os processos n.º 8 514, n.º 11 192 e 10 531, da Inquisição de Évora, no Arquivo Nacional da Torre do Tombo. Veja-se o códice 868, fls. 128 v. e 129, da Biblioteca Nacional de Lisboa, *in* Reservados, Fundo Geral (Fundo António Joaquim Moreira).

No que respeita às acusações do jesuíta Gaspar de Miranda veja-se *Ibidem,* fls. 129 e 129 v.. Todo o processo podia começar, sobretudo na Quaresma, com a chegada dos visitadores a uma terra qualquer do país. Aí eram recebidos com pompa e circunstância estando presente nas igrejas o Edital de Fé que assim começava a instigação à denúncia de vizinhos, amigos e familiares: "Venham denunciar e manifestar ante nós o que souberem dos casos que abaixo vão declarados (...)" e seguia-se o rol de factos considerados 'inimigos da fé'.

In Regimento de 1640, p. 375, citado por Coelho, A., *Ibidem.*

[246] Poder-se-á mesmo referir que, no século XVIII, a Inquisição se identificou com o absolutismo régio, sobretudo, no reinado de D. José, no governo do Marquês de Pombal que lhe reforçou o seu carácter estatal e com ela, ou por ela, perseguiu os seus opositores.

[247] A dependência formal do tribunal do Santo Ofício em relação ao poder civil e ao eclesiástico declarava-se no momento da nomeação do novo inquisidor-geral. Enquanto a proposta cabia ao Rei, a nomeação cabia ao Papa, mas, com ou sem ele, o tribunal prosseguia a sua acção sendo dirigido autonomamente pelo Conselho Geral que não se coibia de dar os seus pareceres.

Veja-se o caso da carta, datada de 23 de Março de 1585, em que os deputados do Conselho Geral se dirigiram ao rei Filipe I (II de Espanha) nestes termos: "por morte do inquisidor-geral, ao Conselho fica todo o poder que ele tinha até ser por Vossa Majestade nomeado outro e provido pelo Santo Padre. E assim se escreveu logo às Inquisições e ao visitador que anda no reino do Algarve prosseguissem em seus cargos e ofícios, como dantes faziam, e o mesmo se escreve à Inquisição da Índia."

In Arquivo Nacional da Torre do Tombo, Inquisição, Manuscritos da Livraria n.º 1 328, fl. 1. O texto refere-se ao interregno entre o Inquisidor-geral D. Jorge de Almeida (1580-1585) e a nomeação do Cardeal arquiduque Alberto, Arcebispo de Toledo e cardeal Prior do Crato, sobrinho e futuro genro de Filipe I que foi Inquisidor-geral entre 1586 e 1593.

Acrescente-se que o Conselho Geral, formado por quatro membros, para além das competências de dispensar, comutar ou perdoar as penas e penitências, tinha vastos pode-

Capítulo III – Enquadramento Histórico

A Inquisição resistiu-lhe não cumprindo as suas ordens. Repetiu-se mais tarde, com o Papa Clemente X, que, em 1674, a mandou suspender, o mesmo acontecendo com Inocêncio XI, que mandou verificar os seus processos, em 1676, tendo mandado suspender os inquisidores dois anos depois, mas a tudo ela resistiu.

Mas retomemos o percurso histórico que vínhamos fazendo. Como resultado de tudo isto e também da nossa perda de soberania no Oriente, viemos aí a ser substituídos pelos ingleses e holandeses que eram protestantes e, por conseguinte, inimigos da fé católica.[248]

Por conseguinte, a nossa capacidade de suprir as necessidades das missões ficou diminuída o que fez com que a Santa Sé tentasse provê-las de outra forma.

Com o Marquês de Pombal, inicia-se a desorganização das Ordens religiosas que teve continuidade no liberalismo até à sua supressão em 1834.

O Padroado português ficou, deste modo, privado de muitos dos seus missionários, estando quase exclusivamente confiado à actividade do clero de Goa, no que resultou bastante insuficiente para manter e muito menos expandir a Fé.

Nos primeiros tempos e por determinação dos monarcas portugueses, confirmada pelos Papas, apenas se podiam dirigir para o Oriente os missionários, mesmo que de outras nações, que embarcassem em Lisboa.

Contudo, o Papa Paulo V, em 1608, revogou este privilégio a favor dos missionários das Ordens Medicantes ao que se seguiu a concessão de Urbano VIII às outras Ordens religiosas e, em 1673, por ordem do Papa

---

res, inclusive o de tirar dúvidas aos inquisidores, fiscalizar as Inquisições dos três distritos, pelo menos de três em três anos, indicar os livros proibidos (*Index*), mas também confirmar bulas "de graça aos novamente convertidos", a qual deveria ser analisada, na presença do inquisidor-geral, pois, era desejo dos membros do Conselho Geral "ver se nas tais bulas há falsidade ou alguma cousa de que convenha dar conta a sua Santidade", *in* Biblioteca Nacional de Lisboa, Reservados, Fundo Geral (Fundo António Joaquim Moreira), códice 867 (Casos mais notáveis dos autos-de-fé de 1600 a 1741), fls. 265, art. 26.º.

Numa leitura *a priori* esta atitude dos inquisidores pode revelar pouca confiança nos escritos do Papa, muito embora, em matéria de dogma, seja infalível.

[248] Convém recordar que, entre 1580 e 1640, Portugal ficou sob o domínio espanhol, o que contribuiu de certo modo, para o difícil controlo dum tão vasto império, levando a um certo facilitismo na entrada de outros povos nas nossas possessões ultramarinas. Tal foram os casos da Baía, no Brasil e de Timor ocupados pelos Holandeses, sendo que este último território português nunca mais conseguimos recuperar na íntegra e apenas se tornou independente neste ano de 2002, após ter passado por diversas e graves vicissitudes.

162   *Das Relações da Igreja com o Estado*

Clemente X estendeu-se esta concessão aos clérigos seculares. Deste modo, foram para o Oriente muitos missionários que não eram controlados por Portugal.

Como Portugal não podia cumprir as suas obrigações missionárias, muito embora estivessem em vigor antigas bulas pontifícias que proibiam a alteração das circunscrições sem a autorização dos nossos Reis, a Santa Sé começou a enviar bispos, sem o consentimento daqueles, para o Japão Tonquim e Cochinchina. Eram apenas vigários apostólicos, que embora tenham sido contestados e impugnados pelos monarcas, pouco houve a fazer dada a vastidão do território e a complexidade e as nossas fracas possibilidades de manutenção missionária.

O Papa Gregório XVI, em 1838, através do breve *Multa praeclara* quase que põe termo ao Padroado português fora dos territórios mais ou menos sob o nosso domínio.[249] Há muito que as igrejas do Padroado se encontravam em deplorável estado de abandono e como Portugal não tomava providências, o Papado foi erigindo vicariatos apostólicos.

O supra citado breve apenas acabou de desligar da jurisdição portuguesa as cristandades localizadas fora das nossas possessões ultramarinas.[250] Todas estas medidas originaram sérios conflitos entre os missionários do Padroado e os da Congregação *De propaganda Fide*.

Esses conflitos foram bastante prejudiciais não apenas à vida religiosa como ao reconhecimento dos nossos direitos históricos. Sentiu-se, pois, necessidade de celebrar concordata sobre o Padroado do Oriente. Progressivamente, as nossas relações com Roma, que haviam ficado bastante tensas nos primórdios do Liberalismo, foram melhorando e foi possível entabular, com a Santa Sé, negociações relativas ao restabelecimento do Padroado do Oriente, as quais foram fixadas na Concordata de 1857, celebrada entre Pio IX e D. Pedro V.[251]

De notar que mesmo em território desmembrado, aquando do breve de Gregório XVI, foi possível encontrar plataformas de entendimento e de

---

[249] A este propósito ver do Padre Niceno de Figueiredo, *Pelo Clero de Goa,* Bastorá, 1939.

[250] Veja-se Lourenço, Agapitus, *Utrum fuerit Schisma Goanum post Breve «Multa Praeclare» usque ad annum 1849,* ao, 1947.

[251] Os representantes foram o Cardeal Camilo di Pietro e Rodrigo da Fonseca Magalhães, ficando por esta concordata reconhecido "o exercício do padroado da coroa portuguesa." Esta concordata foi posteriormente aclarada, no que dizia respeito à Índia e aos bens das antigas dioceses de Nanquim e Pequim, através de notas de 10 de Setembro de 1859.

Capítulo III – Enquadramento Histórico 163

restabelecimento do Padroado do Oriente, pelo que a referida Concordata de 21 de Fevereiro foi tida como um valioso triunfo para Portugal, muito embora na prática se tenha verificado a sua inexequibilidade.

Isto porque muito embora tivéssemos ficado bastante reduzidos ainda assim era demasiado vasto o domínio do nosso Padroado e muito difícil provê-lo de bons missionários. Deste modo Portugal não teve como cumprir os encargos assumidos. Nova Concordata teve de ser assinada, em 23 de Junho de 1886, entre D. Luís e Leão XIII, pela qual se erigiram novas dioceses e se limitaram os encargos.[252]

Em Portugal, quer o governo quer a Igreja, não se mostraram capazes de cumprir os compromissos assumidos pela Concordata, justificados, principalmente, pelo fraco número de missionários e de clero diocesano. Após todas estas vicissitudes e de se negociar e celebrar esta nova Concordata, assinada em Roma, ficou substancialmente reduzido o Padroado Português do Oriente.

Com a implantação da República, em 1910, inicia-se um período de intolerância face à religião, que culminou com a Lei da Separação do Estado das Igrejas, de 20 de Abril de 1911, a que já fizemos referência.[253] A primeira República portuguesa, de acordo com Jean Pailler, "não deixou outra recordação senão a de uma longa anarquia, entrecortada por guerras civis."[254]

O clero português foi posto à prova com o fim da Monarquia e o advento da República. O anticlericalismo reinava, fazendo confundir padres com Monarquia e Igreja com velha ordem não apenas política como mental.

A Lei da Separação privou a Igreja de imóveis e recursos, perigando o exercício do culto e a formação do clero. Dadas as circunstâncias adveio a consequente falta de vocações e envelhecimento do clero, tanto assim foi que, no final do primeiro quartel do século XX, o patriarcado de Lisboa dispunha de pouco mais de 300 padres para uma população de cerca de um milhão e meio de pessoas.

---

[252] Foram plenipotenciários desta Concordata o cardeal Luís Jacobini e Martens Ferrão, a mesma foi aclarada por 3 notas reversais datadas de 1887, 1890 e 1891, a qual vigorou até ao fim da Monarquia, em 1910.

[253] Cujo autor, Afonso Costa, pretendia extinguir o catolicismo em Portugal, em poucas gerações. Veja-se *Lei da separação do Estado das Igrejas*, de 20 de Abril de 1911, principalmente os artigos 2.º, 10.º e 189.º.

[254] Cfr. PAILLER, J., (2002), *D. Carlos I, Rei de Portugal*, Lisboa: Bertrand Editora, p. 19.

164 *Das Relações da Igreja com o Estado*

Em Portugal, pela referida Lei da Separação, deixou de ser reconhecida a personalidade jurídica da Igreja e da Santa Sé e das suas instituições, como se pode concluir do seu artigo 2.º. Consequentemente, as relações diplomáticas tradicionais com a Santa Sé foram suspensas pelo governo Provisório da República e, posteriormente, abolidas pela lei de 10 de Julho de 1913.

Por estas leis, previu-se que os seus princípios e principais disposições se aplicariam ao Padroado português do Oriente, muito embora os governantes de Macau e de Goa, apesar de considerados 'bons republicanos', se tenham oposto à aplicação da Lei da Separação ao Padroado. Os governantes destes territórios ultramarinos entenderam, talvez por patriotismo, dever manter-se dado o prestígio que dava e pelo influxo que através dele, Portugal podia exercer.

Deste modo, o Padroado do Oriente ficou, sob o ponto de vista jurídico, numa situação dúbia, embora o Estado continuasse a subsidiar os seus missionários mesmo fora dos domínios portugueses.

Certo é, porém, que com a Lei da Separação, o Governo de Portugal, muito embora assumisse uma atitude aberrante da condição de Padroeiro, conservou o Padroado no Oriente, concretamente na China e na Índia, desinteressando-se, contudo, dele em África e em Timor.[255]

Após a Revolução de 28 de Maio de 1926, as relações entre o Estado e a Igreja, sobretudo pelo Decreto 11 887, de 6 de Julho, reataram-se embora de forma precária, pois, era reconhecida apenas 'personalidade jurídica das igrejas', mas ainda não a da Igreja Católica nem da Santa Sé como se pode ler no preâmbulo do citado Decreto.

Resumindo, os Acordos de 1928 e 29, concluídos durante a vigência do chamado Estado Novo, foram entendidos pelos seus opositores como uma derrota, enquanto para os seus apoiantes foram julgados como uma vitória da nossa diplomacia, porquanto o Padroado estaria ou extinto ou numa posição jurídica muito delicada, trazendo os Acordos alguma consistência. Os primeiros apontavam como uma derrota pelo simples facto de ocorrer a supressão da florescente Diocese de Damão, que incluía Bombaim e agrupava cerca de cem mil católicos.[256]

---

[255] Veja-se o art. 190.º da referida Lei e o art. 3.º do Decreto de 22 de Novembro de 1913.

[256] Para uma clarificação desta situação registam-se as palavras do Doutor Oliveira Salazar, proferidas na Assembleia Nacional, *in Diário das Sessões*, n.º 89, de 27 de Maio

Capítulo III – Enquadramento Histórico

Por outro lado, dado todo este imbróglio jurídico criado com a Lei da Separação, não havia a certeza da validade da Concordata de 1886 acerca do Padroado. Restava saber se se mantinham em vigor os privilégios concedidos a Portugal, por parte da Santa Sé, relativos às missões do Oriente, uma vez que o Estado deixara de ser confessional e católico, assumindo uma posição agnóstica.

Perante toda esta situação, o Acordo concordatário de 1886 tornara--se inadequado e inexequível e, por isso, como se encontra sumariamente enumerado no preâmbulo do novo acordo, foi celebrada, em 13 de Abril de 1928, uma nova Concordata entre a Santa Sé e Portugal, acordo esse que se restringia à parte religiosa do Padroado.

Diversos são os seus atributos, mas o seu título é *Acordo,* embora no texto se refira a *Protocolo,* pois, trata-se duma autêntica concordata ou tratado dado o modo de negociação como foi celebrado.[257]

Ao tempo, este Acordo foi tido como um triunfo para Portugal, pois, receou-se que a Santa Sé extinguisse o Padroado Português do Oriente, dadas as convulsões políticas e ideológicas por que passou a República.

Nesta Concordata, de 1928, mantinha-se o Padroado pleno nas Dioceses de Macau, Goa, Cochim e Meliapor e o semi-padroado nas Dioceses de Bombaim, Quilon, Mangalor e Trichinópolis, ficando a cargo do Presidente da República a apresentação do candidato ao Episcopado daquelas Dioceses e depois nomeado pela Santa Sé.

No seu texto também foram delimitadas algumas circunscrições eclesiásticas, assim a Diocese de Damão foi extinta cujo território português estava incorporado na Arquidiocese de Goa e o da Índia transferiu-se para Bombaim, sendo o Arcebispo alternadamente de nacionalidade britânica e portuguesa.

---

de 1940 – "O Padroado do Oriente, que os Acordos de 28 e 29 não conseguiram arrancar à precária situação em que o colocou a Lei da Separação de 1911, foi finalmente salvo e consolidado (pela Concordata de 1940) como era aliás de justiça, devido ao esforço português, mas não era talvez de direito escrito, no qual a Igreja se estribava. Embora reduzido de extensão e de importância pelas muitas contingências dos tempos passados, o Padroado do Estado Português em territórios estranhos à sua soberania é o público reconhecimento da nossa evangelização e marca, através dos tempos, o prestígio espiritual de um povo que, alargando pelo mundo as fronteiras da Pátria, ainda estendeu mais a fé do que o Império."

[257] A justificação encontra-se também na assinatura aposta pelos plenipotenciários havendo subsequentemente troca dos instrumentos de ratificação, no dia 3 de Maio de 1928.

No artigo IV, do referido texto concordatário, previa-se igualmente que os limites daquelas dioceses seriam mais tarde fixados e alterados se fosse mais conveniente. Assim se procedeu, no ano seguinte, com o Acordo de 11 de Abril que foi ratificado conforme o estipulado nos tratados ou acordos concordatários.

Nos artigos 45 e 46, da Constituição da República Portuguesa, de 1933, admitia-se a possibilidade da existência civil e personalidade jurídica das associações e organizações religiosas.

No entanto, já em 1918, as relações diplomáticas tradicionais entre a Santa Sé e Portugal haviam sido restabelecidas ficando, deste modo, constitucionalmente reconhecida a personalidade jurídica pública e 'internacional' da Santa Sé ou da Igreja Católica que ela representa, perante o poder civil.

Mesmo a Concordata de 1940 não modificou *de facto* o Padroado, sendo, no entanto certo que influiu na situação *de jure*, como ficou expressamente garantido no artigo XXIX.[258]

O Estado português podia negociar, com a Igreja ou com a Santa Sé, Tratados ou Convenções, manter relações diplomáticas com a Santa Sé, ao nível de nunciatura e embaixada, reconhecendo-se, expressamente, a personalidade jurídica da Igreja Católica no artigo I da Concordata de 1940, com o Acordo Missionário e que a seu tempo daremos maior destaque.

Pelo Acordo de 18 de Julho de 1950, assinado pelos plenipotenciários da Santa Sé e do Governo português, sobre o Padroado do Oriente[259] que ficou reduzido aos territórios de Goa, Damão e Diu, ainda ligados a Portugal.

Por conseguinte, após a independência da Índia, pelo Acordo celebrado em 18 de Julho de 1950, assinado em Roma, o Estado português renunciou aos seus direitos de Padroado ou de semi-Padroado relativamente às dioceses no território da União Indiana, ficando o Padroado restrito às Dioceses de Goa e Macau, sendo que esta comporta territórios chineses e duas paróquias em Singapura e Malaca.

---

[258] Reportemo-nos, de novo, às palavras do Professor Oliveira Salazar a que fizemos referência em nota anterior e que ora sintetizamos: "O Padroado do Oriente (...) foi finalmente salvo e consolidado (...)".

[259] As alterações resultaram da independência da União Indiana, em 15 de Agosto de 1947, antes incorporada no Império Britânico.

Por seu turno, em 1941, Timor, ao constituir-se diocese separada de Macau entrou no mesmo regime das dioceses portuguesas de África,[260] deixando de pertencer ao Padroado Português do Oriente.

Pelo Tratado celebrado em 31 de Dezembro de 1974, Portugal reconheceu a soberania da Índia sobre os territórios de Goa, Damão e Diu tendo renunciado ao direito de Padroado naqueles territórios ficando reduzido à Diocese de Macau, sendo que Macau, em Dezembro de 1999, passou a ser Região Administrativa Especial da República Popular da China.

Como se infere do que ficou dito, todas as Concórdias, Convenções, Acordos e Concordatas entre a Santa Sé e Portugal foram de carácter restrito e pontual, destinando-se a solucionar problemas específicos, o mesmo não acontecendo com a Concordata de 1940 que é de âmbito geral e destina-se a 'regular por mútuo acordo e de modo estável, a situação jurídica da Igreja Católica em Portugal, para a paz e bem da Igreja e do Estado'. Depois desta Concordata, como se referiu, houve Acordos bilaterais entre Portugal e a Santa Sé, alguns dos quais nem foram tornados públicos os seus textos.[261]

---

[260] Com a independência de algumas colónias do Ultramar português, entre 1974 e 75, a organização eclesiástica desses novos países alterou-se e autonomizaram-se, tendo sido revogadas tacitamente as normas concordatárias que se lhes aplicavam.

[261] Veja-se o caso do Acordo de 1952 que reduziu os dias Santos e os que permaneceram foram equiparados a feriados nacionais.

De novo estão os mesmos a ser revistos pelo governo actual, no intuito de não 'prejudicar' a produção da riqueza nacional. Pretende-se aproximar os feriados dos fins de semana a fim de evitar 'pontes'. É opinião de alguns economistas que ao serem respeitados os feriados de raiz religiosa o País acaba por pagar um alto preço em termos económicos por estes se manterem intocáveis.

Acrescentemos que o que corresponde ao pomo da discórdia, entre a Igreja e o Governo, em termos de feriados católicos, diz respeito aos seguintes 6 dias: Sexta-feira Santa, Quinta-feira – Corpo de Deus (festa móvel), 15 de Agosto; 1 de Novembro; 8 e 25 de Dezembro (Natal). Apenas estes são feriados religiosos nacionais.

Ao todo, o País festeja 13 dias feriados nacionais sendo eles: 1 de Janeiro; Terça-feira de Carnaval; Sexta-feira Santa; 25 de Abril; 1 de Maio; 10 de Junho; Corpo de Deus (Quinta-feira); 15 de Agosto; 5 de Outubro; 1 de Novembro; 1, 8 e 25 de Dezembro. Os dias 13, 24 e 29 de Junho são feriados apenas em alguns Concelhos.

3. As Concordatas e os Regimes Autoritários

Todos os grandes Concílios foram pontos de chegada e de partida que definiram a auto-compreensão da Igreja e a sua relação com o Mundo. Assim, no de Niceia, a Igreja declarou a fé essencial, que três séculos haviam seleccionado, abrindo novas etapas de evangelização; no de Trento, a Igreja esclareceu alguns pontos obscuros e tutelou uma vasta reforma pastoral; no Vaticano I compilou um século de forte centralização eclesial que se manteve, enquanto o do Vaticano II, na década de sessenta, uniu anteriores caminhos de reflexão a fim de dar continuidade à presença e acção da Igreja no Mundo.

Mundo esse que é cada vez mais apelativo ao profano e que pela tecnologização da sociedade se problematizam novas questões engendradas pelas preocupações ético-axiológicas que decorrem da investigação científica e das suas implicações sociais.[262]

No decorrer do século XIX, muitos milhares de clérigos e religiosos foram expulsos das suas terras europeias de origem, verificando-se a destruição da vida monástica em alguns países católicos, sendo o nosso um deles. A entrada do século XX, em França, foi mesmo assinalada com o encerramento de mais de dois milhares de escolas católicas.

Durante o pontificado de Pio IX, entre 1846 e 1878, não só se perderam os Estados Papais como o Papa se tornou 'prisioneiro do Vaticano', tendo a Igreja na Alemanha sofrido a *Kulturkampf,* de Bismark, a que correspondeu o aprisionamento de metade da hierarquia prussiana.

Por seu turno, durante o pontificado de Leão XIII, entre os anos de 1878 a 1903, a atitude anticatolicismo francesa pode ser considerada excessiva, muito embora o Papa tenha tentado promover a adesão dos católicos franceses à Terceira República. Em 1904, verificou-se mesmo, já no pontificado de Pio X, o corte das relações entre a França e a Santa Sé, perante a insistência da Itália, com o apoio da Grã-Bretanha.

O Papa Benedito XV, cujo pontificado decorreu entre 1914 e 1922, foi excluído, por uma cláusula secreta do Tratado de Londres, de participar na conferência de paz após a I Guerra Mundial.

Explanando os factos de forma moderada, estas não terão sido, de todo, as circunstâncias históricas mais propícias para que os Papas

---

[262] Cfr. BROCKMAN, John, (1995), *The Third Culture Beyond the Scientific Revolution,* New York: Simon and Schuster, p. 18.

tivessem uma visão benigna da organização política denominada de De-mocracia.

Múltiplos foram os factos que levantaram novas questões à forma de pensar da Igreja em relação à autoridade política legítima e às relações da Igreja com o Estado.

Ao avaliarmos a posição da Igreja Católica em relação à Democracia, não podemos subestimar as dificuldades sentidas pela Igreja na Europa desde a Revolução Francesa até à II Guerra Mundial. Dificilmente as déca-das deste período deixaram de ter crises.

Com a Revolução Russa de 1917, consolidou-se o repto do comu-nismo ateu. Os anos 20 levantaram muitos desafios de ordem social e polí-tica à doutrina da Igreja sobre o Homem e a Sociedade.

A crise económica desnorteou grande parte da população europeia que facilmente foi mobilizada para atitudes nacionalistas ou revanchistas como as de Mussolini e de Hitler, que souberam aproveitar o delírio de multidões, espiritualmente perturbadas, para impor ideários totalitários e de cariz belicoso.

A viragem em direcção à Democracia, na Europa, não trouxe consigo uma primavera de liberdade religiosa, produziu antes, em determinados sectores, novas teorias de supremacia do Estado e novas políticas de sub-jugação eclesiástica.[263]

A rejeição papal de todas as coisas modernas, no século XIX, em que está inclusa a Democracia, é o *Syllabus* datado de 1864, do Papa Pio IX[264], no qual a última das propostas condenadas diz que *"O Papa romano pode e deve conformar-se e concordar com o progresso, o libera-lismo e a civilização moderna"* e para melhor entendermos esta condenação convém relembrar que Pio IX entendia o *Liberalismo* como uma ameaça.

O seu significado, nos assuntos públicos, correspondia à adopção de políticas anticlericais baseadas no jacobinismo ideológico, ou seja, a rei-vindicação de que a razão autónoma do Homem era o primeiro e único princípio da organização política, a qual excluía as normas morais trans-cendentes da vida pública.

---

[263] Tal como foi dito, no início do século XX, por Russell Hittinger, era correcto afirmar que 'Alguns Estados europeus queriam agir como as igrejas muito mais do que a Igreja queria ser um Estado'.

[264] *Syllabus* em latim significa sumário ou índice. Neste formulário Pio IX referiu todas as afirmações contemporâneas concebidas como condenáveis ou heréticas. Esta com-pilação de 'erros do mundo moderno' é um anexo à encíclica *Quanta Cura*.

Neste contexto, 'liberdade religiosa' tanto significava hostilidade activa relativamente à religião, quanto indiferença religiosa por parte dos governos que consignavam a Igreja "(...) à sacristia enquanto [se tenta] secularizar todas as instituições do Estado."[265]

A avaliação da Democracia, feita pela Igreja Católica, estava, por conseguinte, e desde o século XIX, associada à questão da liberdade religiosa, ou, de modo mais abrangente, à questão Igreja-Estado.

Não será, pois, de admirar que desde o absolutismo real, os Papas tenham lutado para manter a *libertas ecclesiae*, ou seja, a liberdade de acção interna da Igreja, perante repetidas tentativas de circunscrever essa liberdade, como foi o caso de ser o monarca a desempenhar um papel mais importante na nomeação dos Bispos e no controlo da comunicação entre estes e o Papa.

Com a decadência do Absolutismo, o Estado secular estava determinado a controlar a Igreja. Cabe aqui apresentar o seguinte argumento: Foi a secularização da mente europeia, do século XIX, associada às novas reivindicações dum Estado com uma expansão em crescendo que acompanharam essa mesma secularização, que constituíram a principal causa da profunda rejeição da Igreja em relação à Democracia.

A justificação talvez resida no seguinte silogismo: Se a Democracia significava liberalismo e este significava secularismo, e secularismo implicava uma concepção jacobina da política, encontrando-se a liberdade da Igreja radicalmente limitada pelo Estado, então não seria viável qualquer aproximação entre catolicismo e democracia, justamente pelas mais sérias razões teológicas.[266]

No início do século XX estavam em vigor muitas Concordatas, negociadas ao longo de séculos, entre a Santa Sé e vários Estados de todo o Mundo, que permitiam o envolvimento secular.

Neste contexto, convém agora recordar o mais influente eclesiástico entre os anos de 1930 a 1950 – Eugénio Pacelli, que se tornou Pio XII, ajudou a lançar a ideologia do poder papal – poder assumido em 1939, nas vésperas da 2.ª Guerra Mundial e que manteve até 1958.

---

[265] Deste modo se pronunciou GRAHAM, Robert A., (1959), *Vatican Diplomacy: A study of Church and State on the International Plane,* New Jersey: Princeton University Press, pp. 301-302.

[266] Dentro deste contexto e para maior aprofundamento, veja-se MARITAIN, Jacques, (1986), *Christianity and Democracy,* São Francisco: Ignatus Press.

Os objectivos de Pacelli e a sua influência diplomática não se podem dissociar das pressões da instituição nem tão-pouco da história atribulada da sua época.[267] Eugénio Pacelli nasceu em Roma, num período em que o papado se encontrava descontente com a apropriação dos Estados Pontifícios pelo novo Estado-nação de Itália.

Esta perda de soberania fez com que o papado tivesse mergulhado numa crise, considerando-se os Papas dependentes do *status quo* político da Itália, por conseguinte era-lhes difícil gerir e proteger uma Igreja em conflito com o Mundo.

Coube a Pacelli, ainda como advogado do Vaticano, colaborar na nova redacção das leis da Igreja, condensadas no Código de Direito Canónico publicado em 1917. Como antes fizemos referência, já desde o século XIX que a maior parte dos Estados europeus tendiam para a separação entre a Igreja e o Estado, ou sendo mais precisos, tendiam para uma complexa oposição entre o trono e o altar, entre o império e o papado, entre o laicado e o clero, entre o secular e o sagrado. A Igreja tornou-se objecto de opressão na Europa, o que conduziu a um anseio de revalorização e de renovação.

Ao longo do século XIX, o desenvolvimento dos modernos Estados -nação assistiu ao abandono progressivo e voluntário do envolvimento secular na nomeação dos bispos ficando o mesmo na mão da Santa Sé. Embora transformada numa lei universal,[268] absoluta e intemporal, não

---

[267] Não tem sido fácil falar para ninguém falar, sem alguma paixão, de Pio XII (1939-1958). Uns dizem que foi um conservador inspirado em medidas ultrapassadas a respeito do ecumenismo e do apostolado missionário; outros, consideram-no quase um santo. Viveu numa época de grande crise para a humanidade. Talvez de pouco sirva dizer, quando tantos o criticam sobre não ter actuado energicamente contra os excessos do nazismo, acerca do acolhimento feito aos judeus, no Vaticano. Talvez os que mais o criticam negativamente não tenham uma visão total das suas encíclicas e mensagens dirigidas aos públicos mais díspares, sobretudo através da rádio, no intuito de instaurar o espírito cristão em todas as acções humanas. Acabada a II Guerra Mundial, outras lutas se impuseram à Europa exangue. As divisões políticas com a bipolarização do mundo, o deixa andar e os anos loucos tornaram tudo 'sedutor', mas ao mesmo tempo assustador. Por toda a parte se espalha um espírito de renovação católico com a ligação mais estreita com a tradição, com a história e com a ciência., com homens como o padre P. Teilhard de Chardin. Mas, embora a Igreja tivesse tido dificuldade em se adaptar à criação de institutos seculares, uma certa lucidez permitiu aos católicos consciencializarem-se da importância da sua acção humana na transformação das estruturas, nas relações sociais e no problema que representava a descristianização.

[268] Cfr. Cânone 329.2.

tendo por suporte, nem a tradição, nem a história, ela foi justificada por Sweeney do seguinte modo:

> *"Se a Igreja é concebida como uma máquina única, com apoio divino concentrado no topo, nada mais sendo pedido aos bispos a não ser que accionassem eficientemente essa máquina, é absolutamente normal que eles devessem ser nomeados por Roma"*[269]

No entanto, na prática, a nova lei sobre a nomeação dos bispos foi contestada. Em vigor ainda, como se disse, encontravam-se muitas Concordatas, que ao longo de séculos haviam sido negociadas entre a Santa Sé e muitos Estados, as quais estabeleciam regras específicas.[270]

O envolvimento secular era permitido pelas Concordatas, justamente por isso, Pacelli entendeu que algumas Concordatas, mais especializadas, teriam de ser "renegociadas ou rescindidas caso o Código de Direito Canónico entrasse em vigor".[271]

Após ter sido publicado o Código, em Maio de 1917, Pacelli teve a incumbência de erradicar todos os obstáculos à sua total implementação. Eugénio Pacelli foi também encarregue de projectos na área das relações internacionais, o mais importante dos quais envolveu as questões Igreja – Estado em França, onde havia um forte anticlericalismo.

As políticas de Pacelli sobre a Igreja e o Estado e a sua consequente presidência a uma Igreja monolítica e triunfalista, foram moldadas nos debates sobre a história da relação entre a Terceira República Francesa e a Santa Sé.

Para melhor precisarmos toda esta viragem nas relações Igreja-Estado, no século XX, e qual foi a resposta da instituição Igreja face a toda esta problemática, propomo-nos particularizar alguns casos particulares.

Cumpre-nos averiguar e apresentar o fruto das nossas pesquisas no sentido de explicar como foi que a Igreja se tornou, dum modo tão célere, uma defensora institucional do projecto democrático na História. Estas questões não têm apenas um interesse abstracto. Afinal a Igreja Católica é, neste limiar do século XXI, a maior comunidade religiosa do Mundo.

---

[269] Veja-se SWEENEY, Garrett, (1977), *Bishops and Writers,* Cambridge, p. 208.

[270] Veja-se a este título ASTORI, R., "Diritto Comune e normativa concordataria. Un scritto inedito di Mons Pacelli sulla decadenza degli accordi tra chiesa e stato", *in Stiria Contemporanea,* 4 de Agosto de 1991, pp. 685-701.

[271] *Ibidem.*

Veja-se, então, algumas relações Igreja-Estado. Comecemos pela França. Nos finais do século XIX, devido ao antagonismo entre o governo francês e a hierarquia católica, o Papa Leão XIII, esboçara um abrandamento suave da posição do papado face a uma atitude monárquica.

No entanto, a hierarquia francesa não se mostrava disposta em aceitar o republicanismo mesmo que o encorajamento viesse do Papa. O "caso Dreyfus"[272] veio despoletar a questão e em simultâneo foi aproveitado pelo governo Waldeck-Rousseau, no início do século XX, que tirou partido de nova onda anticlericalismo em França e aprovou um decreto que proibiu o ensino às ordens religiosas, muitas das quais emigraram para os países limítrofes e também para os E.U.A.. Nos anos subsequentes foram encerradas mais de treze mil escolas católicas.[273]

Contudo, Pio X, eleito numa fase culminante da perseguição anticlerical em França, não deu tréguas à República Francesa e recusou aprovar candidatos a dioceses propostos pelo governo e apresentou um protesto oficial ao rei de Itália, Vittorio Emanuele II, quando, em 1904, o presidente francês Loubet, anunciou uma visita a Roma.

A resposta do governo francês foi o corte de relações diplomáticas com o Vaticano e um decreto que consagrava a separação entre o Estado e a Igreja. Coube a Pacelli elaborar um relatório oficial sobre a história recente das relações entre a Santa Sé e a França.

Neste relatório, Pacelli acusou o governo francês de sectarismo fanático, enquanto a crise aumentava com o controlo dos bens da Igreja por parte do governo francês. A fim de libertar a Igreja da influência secular e colocando o bem da Igreja em primeiro lugar, Pio X entregou os bens da Igreja ao Estado francês. Como reacção a França expulsou o clero e os religiosos das suas igrejas e mosteiros, exercendo o controlo jurisdicional sobre a Igreja.

---

[272] O caso Dreyfus dividiu a França entre 1894-1906. Hoje, fala-se dum «caso Dreyfus» sempre que alguém é suspeito de qualquer coisa, não pelo que tenha feito, mas pelo que é.

Dreyfus, oficial judeu, por ter sido acusado de vender segredos militares franceses, fora condenado a trabalhos forçados, acusação aceite de imediato pelos bispos franceses numa atitude considerada anti-socialista. O abade Cros manifestou-se de forma infame e o jornal *Civiltà Cattolica* publicou, a este respeito, entre outras asserções que "O Judeu foi criado por Deus para fazer o papel de traidor em todo o lado".

Citado por RHODES, A., (1983), *The Power of Rome in the Twentieth Century*, Londres, p. 122.

[273] Consultar HALES, E. E., (1958), *The Catholic Church in the Modern World*, Londres, p. 252.

174 *Das Relações da Igreja com o Estado*

No entanto, Pio X estava decidido a exercer o primado absoluto sobre a Igreja como entidade administrativa espiritual, doutrinal e legal com total separação de soberanias, formando uma hierarquia eclesial, cujo topo pertencia ao Papa. Ele acreditava que era perniciosa para a Igreja a mistura entre Política e Religião [274] e esta mesma ideia estendeu-se aos partidos políticos católicos não apenas franceses como italianos e alemães.

Para ele ainda estava presente na memória o sucedido com os católicos perseguidos pelo regime de Bismark durante o *Kulturkampf* (veja-se nota da p. 101), em 1870, que acabaram por se unir para se defenderem. Será curioso acrescentar que à medida que o poder temporal de Pio IX se desfizera, o seu prestígio espiritual tinha crescido. É preciso ter em conta que a chamada *"questão romana"* não só deturpou certas perspectivas como manteve um sectarismo de 'direita' que servia de resposta a um sectarismo de 'esquerda' porque o laicismo e todas as leis que inspirou foram o reflexo da defesa das democracias nascentes.[275]

O Papa Pio X não conseguiu ver nenhum papel para o pluralismo dos padres laicos dentro da estrutura piramidal da Igreja que ele preconizava. Este mesmo ponto de vista irá ser defendido e repetido pelo Cardeal Pacelli quando, na sua qualidade de Secretário de Estado do Vaticano, favoreceu uma Igreja dócil, submissa e silenciosa que entra em conversações com o Partido Nazi alemão, ultrapassando o Partido Católico do Centro.

Pouco tempo antes do início da I Guerra Mundial, foi assinado um Acordo entre a Sérvia e a Santa Sé, na presença de quem negociara e redigira o documento – Eugénio Pacelli. Durante as negociações com a Sérvia não estiveram presentes, por parte da Áustria, nem representantes da Igreja nem do governo.

---

[274] São do Historiador e Jornalista Carlo Falconi as seguintes palavras acerca da posição do catolicismo político de Pio X – "Antes de mais, acreditava que a mistura de política com religião era algo de híbrido e perigoso para a Igreja; depois, porque de um modo geral e em especial nessa época, os partidos católicos encorajavam a participação de padres na política; finalmente, porque os considerava inúteis, porque os católicos poderiam sempre procurar apoio para as suas pretensões religiosas nos partidos laicos favoráveis à Igreja ou, pelo menos, não hostis em relação a ela".

Cfr. Falconi, C., (1967), *Popes in the Twentieth Century*, Londres, p. 76.

[275] Poder-se-á afirmar que, pelo menos até ao final da I Guerra Mundial, a vida pública foi marcada pela ruptura confessional e incomunicabilidade entre as "duas cidades", obrigadas a combater-se e a ignorar as suas possíveis virtudes.

Capítulo III – Enquadramento Histórico

Por estar em desacordo com estas ausências, o Embaixador austríaco junto da Santa Sé, manifestou-se, nos primeiros dias do ano de 1913, através dum memorando, dirigido a Pacelli, nos seguintes termos:

> *"(...) a começar por um artigo publicado num jornal de Belgrado em Novembro do ano anterior – sobre as tentativas por parte da Sérvia de reformular a protecção aos católicos dentro dos seus territórios. Avisava o Vaticano que o governo austríaco encarava o seu protectorado balcânico (que detinha «desde tempos imemoriais») «não como uma questão de direitos mas como uma questão de deveres»."*[276]

Neste memorando diplomático era criticada a ideia de que a Sérvia estaria alterando os seus procedimentos face aos católicos tidos como estrangeiros sem poder na vida política e cultural do país. Era refutada a ideia de que na Sérvia estaria a ocorrer um processo de emancipação dos católicos, libertando-os do domínio austríaco e substituindo por nacionais os padres estrangeiros.

Como último ponto, deste memorando, o embaixador austríaco pedia a confirmação da Santa Sé sobre a necessidade de conservar o protectorado. A esta nota, dirigida a Pacelli, outras se seguiram com pedidos de esclarecimento e imposição de condições para alteração do acordo do protectorado.[277]

Por seu turno, o arcebispo Rafaele Scapinelli, núncio da Santa Sé, em Viena, também em 1913, relatava a Pacelli os seus encontros com diplomatas sérvios, manifestando a sua opinião sobre o acordo. Segundo ele, uma concordata poderia abrir novas perspectivas à influência católica naquela região dos Balcãs, *"(...) onde os católicos são considerados estrangeiros, não tendo qualquer poder de influência na vida política e cultural do país"*[278] concluindo com palavras proféticas:

> *"Todavia, a Áustria parece decidida a endurecer a sua posição em relação à Sérvia, e existe o sentimento da possibilidade iminente de uma guerra com este país, caso a situação se agrave. Não seria melhor deixar [as negociações da Concordata] por agora, em vez de se correr riscos num*

---

[276] Veja-se outros pormenores em CORNWELL, J. (1999), *Hitler's Pope, Ibidem*, pp. 54 e 55.

[277] De acordo com documentos da Secretaria de Estado do Vaticano, SRS [Sezione per i Rapporti con gli Stati]: Áustria-Hungria (1913-14), Fasc. 449, fólios 53-54, *in* CORNWELL, J., *Ibidem*.

[278] Veja-se Cornwell, J., *Ibidem*, p. 55.

176 *Das Relações da Igreja com o Estado*

perigoso e incerto conjunto de circunstâncias que só podem terminar com a humilhação militar da Sérvia? Porque a Sérvia constitui um foco de atracção para a ambição dos Estados balcânicos do Sul – todos eles parecendo destinados a ameaçar a integridade do Império Austro-Húngaro."[279]

A tensão, na Áustria, não regrediu. A Áustria apenas exigiu à Santa Sé a clarificação de direitos de protecção na Concordata ou o seu adiamento, sendo claro para alguns da Cúria romana que a Sérvia não inspirava confiança pretendendo apenas a Concordata no intuito de eliminar a influência austríaca.[280]

Por seu turno, o Cardeal Gaspari, apoiante da Concordata, afirmou: "A Áustria já não tem direito ao estatuto de protectorado após a retirada da Turquia dessa região.", enquanto o Cardeal del Val, argumentando a favor da Concordata, referiu que

> *"Recusar seria dar pretexto aos Eslavos para tornarem os católicos cada vez mais reféns. E não esqueçamos que os Sérvios não procuraram... Estão, pois, interessados em regularizar a situação. Uma oportunidade destas pode nunca mais vir a surgir. Seja como for, o protectorado austríaco já não funciona, e nem é sequer viável."*[281]

Por este acordo, a Sérvia garantia a liberdade de religião, de culto e de educação e o direito da Santa Sé impor, aos clérigos e súbditos católicos do seu país, o novo Código de Direito Canónico. À Sérvia competia pagar estipêndios ao arcebispo de Belgrado, ao bispo da actual Skopje e ao clero a exercer as funções eclesiásticas nas comunidades católicas.

Mas com esta Concordata eram também revogados os direitos do antigo protectorado do Império Austro-Húngaro sobre os enclaves católicos nos territórios da Sérvia, acabando com os laços de lealdade para com o império. A Cúria tinha consciência que se a Sérvia se retirasse das negociações a situação dos católicos nos Balcãs ficaria bem pior que antes das negociações para a Concordata.

Independentemente dos apelos de Viena, Pacelli estava decidido a pôr termo ao estatuto de protectorado dados os interesses da política cen-

---

[279] Cfr. documentos da Secretaria de Estado do Vaticano, fólio 38, citado por CORNWELL, J., *Ibidem.*

[280] De acordo com uma nota de advertência do Cardeal Ferrata. Citação de Cornwell, John, *Ibidem*, p. 57.

[281] *Ibidem*, p. 57.

Capítulo III – Enquadramento Histórico

trista papal mesmo que em desfavor ou benefício dos católicos, muito embora e como medida conciliatória tenha promovido, junto dos austríacos, a ideia de direitos de *patronatus* [282]

Foram opções. E como qualquer opção implicou uma renúncia. Esta teve as repercussões que todos conhecemos na história da humanidade.

O Cardeal Gaspari, consciente do dilema que estavam a viver os negociadores da Cúria, repetiu as observações feitas pelo arcebispo Scapinelli, embora noutros moldes:

> *"A principal razão que levou a Sérvia a recorrer a esta concordata é fazer uma abertura em relação às comunidades eslavas que estavam submetidas ao Império Austro-Húngaro, e eliminar todos os obstáculos que pudessem surgir de considerações religiosas ou culturais.*
> *O que eles estão a tentar fazer é mostrar que o reino da Sérvia mantém relações cordiais com a Santa Sé e dar garantias de liberdade e bem-estar aos católicos."*[283]

Por estas palavras podemos inferir que a Cúria apercebeu-se, talvez já não a tempo de retroceder, que o Vaticano havia caído numa armadilha perpetrada pela Sérvia. A causa primeira que levou o Vaticano ao compromisso insuficientemente ponderado foi o desejo de exercer uma autoridade papal, de forma directa, sobre os católicos dos Balcãs, aliado às perspectivas de desenvolver, no Leste, uma acção missionária.

A Sérvia arrastara o Vaticano para os conflitos da política balcânica e este não soube aquilatar o alcance da contribuição da Concordata para o agravamento das tensões, sempre latentes, naquela região.

De tudo isto resultou um ponto negativo para a diplomacia do Vaticano não apenas em matéria de cultura e de relações políticas, mas também na capacidade de criar um crescendo de tensão e ruptura entre países, com o poder de provocar medo e insegurança.

A Santa Sé, não era, como ainda hoje não o é, um mero observador apenas preocupado com o bem-estar espiritual dos católicos. Fosse na Sérvia, no Leste ou noutra qualquer parte do Mundo, o Vaticano foi e continua sendo, sobretudo através do Papa, um actor na cena mundial, com as suas ambições e objectivos que pretende ver concretizados.

---

[282] Diga-se, contudo, que estes direitos eram apenas honoríficos, pois, não eram compatíveis com o direito canónico.

[283] Veja-se CORNWELL, J., *Ibidem,* p. 58.

178   *Das Relações da Igreja com o Estado*

Mas afinal a quem beneficiava a Concordata?

Digamos que a ambas as partes. À Sérvia, porque com ela se dissipavam as dúvidas sobre o espírito sectário da cristandade ortodoxa, realçando as suas ambições imperialistas de edificar um foco de união entre os povos eslavos. Ao Vaticano, porque não apenas ponha termo a séculos de antagonismo entre Roma e o 'cisma' ortodoxo, como também viria a abrir perspectivas de evangelização dos ritos romano e ortodoxo tanto na Rússia quanto na Grécia. Mas mais do que isso. A Concordata garantia ao Papa poderes de nomeação de bispos e prelados. A Concordata incluía fundos governamentais para os padres, bispos e professores de religião católica.

Apenas foi desfavorável ao Império Austro-Húngaro, pois, nem tãopouco foi feita uma referência aos direitos de *patronatus*. Na região, a hierarquia católica passava a dever obediência à Sérvia. Tendo, a este propósito, o jornal austríaco *Die Zeit,* a 25 de Junho de 1914, um dia após a assinatura da Concordata, sob o título "Nova Derrota", argumentado que

> *"Isto representa uma enorme perda de influência, para a qual a Áustria deve mostrar-se altamente sensível.*
>
> *A Áustria fez grandes sacrifícios, para nada, ao longo dos séculos, em representação dos católicos dos Balcãs, incluindo a Albânia, onde também iremos perder o estatuto de protectorado."*[284]

Mas refira-se alguns dos aspectos em que esta opção era desfavorável ao Império Austro-Húngaro. Primeiro porque se tratava duma humilhação diplomática comprovada pela questão dum editorialista, do *Arbeiterzeitung,* no dia 26 de Junho de 1914 "Depois desta humilhação, voltará a voz da Áustria a ser ouvida?", a que se seguiu a do jornal vienense *Die Zeit*

> *"(...) Porque é que a Áustria faria um esforço financeiro nesses territórios dos Balcãs em benefício do nosso protectorado, que é muito mais político do que religioso, para acabar por abrir mão dele em poucas semanas, e sem luta?"*[285]

---

[284] Citado por CORNWELL, J., (1999), *Hitler's Pope, Ibidem,* p. 59. Aliás, a ideia do Vaticano sancionar que um país europeu católico fosse protector de cidadãos católicos noutro Estado-nação não católico era prática comum da era colonial. São vários os exemplos do exercício deste estatuto em troca de vantagens políticas e comerciais. Citemos o caso da França que explorou até 1905, ano em que ocorreu a ruptura com o Vaticano, o seu estatuto de protectora no Extremo e Médio Oriente.

[285] Alguns jornalistas austríacos consideraram a Concordata Sérvia como a maior derrota diplomática do governo de Viena de acordo com a declaração do embaixador italiano, em Viena e citado por CORNWELL, John, (1999) *Ibidem,* p. 53.

Em segundo lugar, porque reforçava a Sérvia que via aumentada a sua influência eslava. Como resultado registou-se uma escalada da retórica anti-sérvia com apelos à acção que culminou com o assassinato do arquiduque da Áustria, em Sarajevo, que fez despoletar a 1.ª Guerra Mundial.

Nesta época e mesmo posteriormente, as Concordatas eram vistas como um compromisso indissolúvel, assim se depreende das palavras de Merry del Val – *"Se pensarmos que estes sérvios não são de confiança, mais uma razão para os amarrarmos com uma concordata."*

Terá sido este mesmo pensamento que, vinte anos depois, Pacelli, já como Pio XII, teve ao negociar com Hitler?

Convenhamos que não será lícito dissociarmos a acção do Homem da sua época. Os objectivos de Pacelli e a sua influência, quer como diplomata quer como Papa, não podem isolar-se dos auspícios e das pressões da instituição. Comungamos a ideia de que os Papas do século XX foram homens de consciência, sobrecarregados pela história atribulada das instituições.

Como poderiam eles, após a perda de soberania dos Estados Pontifícios, considerar-se independentes do *status quo* político da Itália? Como poderiam os Papas, estando o papado em crise, proteger e conduzir uma Igreja em conflito com o mundo moderno?

O papado, em confronto com os novos senhores da Europa que tendiam para a separação entre o Estado e a Igreja, tentou proteger a Igreja universal, defendendo também a integridade do seu poder temporal em declínio.[286]

Certo é que esta Concordata com a Sérvia, composta por vinte e dois artigos e assinada em 24 de Junho de 1914, exprimia a expansão da autoridade papal sobre a Igreja Católica a nível local, controlando a nomeação dos bispos.

Por ela, o Vaticano fora arrastado para uma armadilha, pois, não soube medir quanto é que a Concordata iria agravar as tensões nos Balcãs. Era-lhe suficiente, como atrás fizemos menção, o abrir perspectivas de

---

[286] Terá, porventura, algum interesse referir que o facto do papado ter sido, pela força, afastado das preocupações temporais e territoriais, iria permitir-lhe elevar-se, distanciar-se e assistir à irradiação da sua autoridade, num mundo que, embora não se confunda com a Cristandade, está marcado por uma civilização desumana e materialista, está reconhecido, mesmo que de forma confusa, ao Papa por defender os direitos essenciais do indivíduo e lembrar algumas grandes verdades.

180 *Das Relações da Igreja com o Estado*

desenvolver acção missionária no Leste e o ampliar dos poderes do Papa ao exercer directamente a sua autoridade sobre os católicos dos Balcãs.

Pelo seu artigo 1.° ficava estabelecido que a Religião Católica Apostólica Romana seria praticada livre e publicamente na Sérvia, enquanto pelo 4.° e 20.°, os respectivos articulados asseguravam que cabia ao Papa nomear os candidatos às dioceses, notificando o governo sérvio para não haver objecções políticas e se dúvidas houvesse quanto à interpretação dos artigos caberia à Santa Sé e ao governo Sérvio encontrar solução, de comum acordo, dentro dos preceitos do Direito Canónico.

A Concordata, como se disse atrás, incluía fundos doados, pelo governo, para manutenção e crescimento da Igreja Católica na Sérvia. Não será difícil perceber quanto a Áustria se sentiu lesada, pois, não apenas estava em causa a sua perda de influência, mas, sobretudo, todo o seu empenhamento, durante séculos, de representar os católicos dos Balcãs e, em simultâneo, tendo a consciência de que a Concordata constituía o melhor instrumento de propaganda a favor da Grande Sérvia dado que os agitadores se serviriam do apoio dos padres e bispos para levar acabo a sua luta e isto porque o principal obstáculo a uma união entre Sérvios e Croatas era o cisma entre as religiões ortodoxa e católica.

A gota de água para a declaração de guerra foi o assassinato do arquiduque Francisco Fernando. O Papa Pio X faleceu dois meses depois. Não se encontram contudo indícios de que Sua Santidade tenha compreendido o papel da Santa Sé, através da Concordata, para o aumento das tensões entre a Sérvia e o Império Austro-Húngaro.

Nos anos subsequentes, a Santa Sé, por iniciativa de Pacelli, em matéria de relações internacionais, prosseguiu com renegociações das Concordatas que não estavam de acordo com o Código de Direito Canónico.

Uma das primeiras acções do papa sucessor, Bento XV, foi demitir o Cardeal Merry del Val do cargo de secretário de Estado. Contudo manteve o Juramento Antimodernista, a censura a livros elaborados por membros do clero e as restrições apostas no Código da Lei Canónica.

O Papa Bento XV, cujo pontificado decorreu entre 1914-1922, com o seu espírito ecuménico, desenvolveu uma actividade intensa de forma a minorar os sofrimentos causados pela 1.ª Guerra Mundial. Ele assistiu ao avanço do catolicismo Inglês e à independência da Irlanda e da Polónia o que fez reforçar o conjunto de nações tipicamente "romanas". No quadro da lei de separação Estado/Igreja, soube favorecer um *modus vivendi* com a Itália e com a França.

Convenceu-se de que a Santa Sé, permanecendo imparcial, tinha o direito de reivindicar o direito à influência, só que por se manter neutral conquistou o desprezo de ambas as partes conflitantes. A Igreja Católica, através de Pacelli, com a Cruz Vermelha Internacional e o governo Suíço, negociou trocas de prisioneiros e muitos elementos do clero exerceram trabalho humanitário de apoio aos prisioneiros de guerra de ambos os lados.[287]

A 13 de Maio de 1917, o Papa Bento XV consagra Pacelli arcebispo de Sardes (ou Sardi), em Munique, com o intuito de promover a proposta de paz do Papa junto do *Kaiser* Guilherme II.[288]

Do encontro entre o representante do Papa e o *Kaiser* registam-se as palavras deste último nas suas memórias:

> *"O que há-de pensar um soldado católico quando sempre ouviu falar apenas dos esforços dos socialistas e nunca de um esforço do papa, para o libertar dos horrores da guerra. Se o papa nada fizesse havia o perigo de a paz ser imposta ao mundo pelos socialistas, o que significaria o fim do poder do papa e da Igreja Romana."*[289]

Ao que Pacelli lhe terá respondido: *"Tem toda a razão! É o dever do Papa. Ele tem de agir. É por intermédio dele que o mundo tem de reconquistar a paz."* Foi deste modo que Pacelli apoiou o papel místico do Papa, a sua vocação para interferir e influenciar os destinos das nações.

Mas face à proposta de paz da Santa Sé, a França e a Inglaterra não responderam, enquanto os Estados Unidos da América, através do presidente Woodrow Wilson, responderam nestes termos:

> *"Não podemos levar a palavra dos actuais governantes da Alemanha suficientemente a sério para confiarmos na sua disposição conciliatória numa conferência de paz."*[290]

---

[287] Eugénio Pacelli foi promovido, por Bento XV, a Secretário do Departamento dos Assuntos Extraordinários e foi nestas funções que negociou a troca e busca de prisioneiros, bem como angariou fundos para a compra de alimentos e medicamentos pela Santa Sé. Veja-se HATCH, A.; WALSHE, S., (1957), *Crown of Glory: The life of Pope Pius XII*, London, p. 62.

[288] No Domingo em que, em Fátima, três crianças portuguesas: Lúcia, Francisco e Jacinta, viram a Virgem Maria que lhes disse: "Venham aqui no dia 13, durante seis meses, a esta mesma hora, e dir-vos-ei quem sou e o que quero".

[289] Conforme foi publicado, em tradução inglesa, no *New York Times*, de 17 de Outubro de 1922.

[290] Veja-se CORNWELL, J., *Ibidem*, p. 69.

182   *Das Relações da Igreja com o Estado*

A Revolução Russa de 1917, consolidou o repto do comunismo ateu, enquanto a I Guerra Mundial havia mostrado bem, quais eram as competências específicas da Igreja e do Estado, abrindo portas para um entendimento desejável. Cabia à Igreja ultrapassar a posição defensiva e incitar os católicos à participação efectiva na vida pública como cidadãos de "duas cidades".

Uma Religião reduzida a uma espécie de autodefesa espiritual ou a um entesouramento não tinha nenhuma possibilidade de seduzir as massas comprometidas com movimentos mais abrangentes e conquistadores. Poderá dizer-se que foi com o Marxismo que a Igreja se viu mais frequente e tragicamente ameaçada. Em várias situações foi notória a falta de 'poder' do Papa e a falta de clareza dos intermediários.

A título de exemplo, vejamos o caso do pedido do rabino de Munique, Werner. Este solicitou a Pacelli que interviesse junto do Papa para que o governo italiano desbloqueasse a exportação de folhas de palmeira para a Festa dos Tabernáculos da comunidade judaica na Alemanha.

Pacelli não usou de frontalidade rejeitando um pedido dos judeus. Prevaleceu o ora denominado *'politicamente correcto'*. Em vez de apresentar a Werner a ausência de relações diplomáticas entre a Santa Sé e o governo italiano, o que obstacularizaria o pedido, pois, continuava por solucionar a Questão Romana, preferiu contornar e apresentar a seguinte resposta que conhecemos através duma carta de Eugénio Pacelli ao cardeal Gaspari:

> *"(...) respondi cortesmente ao rabino acima referido... que enviara um relatório urgente ao Santo Padre sobre o assunto, mas que previa que, em consequência dos atrasos das comunicações em tempo de guerra, era duvidoso que recebesse uma resposta a tempo e que o Santo Padre se atrasaria a explicar a questão em profundidade ao governo italiano."*[291]

Quando, em 11 de Novembro de 1918, o armistício foi assinado, a paz não voltou de imediato à velha Europa. Em Munique surge uma revolução bolchevista assistindo-se a uma total separação entre a Igreja e o Estado.

Não devemos ignorar que a Alemanha estava humilhada e pressionada pela paz de Versalhes (1919). Cabia à Santa Sé exercer pressão na marcação das fronteiras e dos territórios em disputa. Antes da guerra, a Alemanha havia sido o país do Mundo que mais fundos havia doado à Santa

---

[291] Cfr. Vaticano SRS, Germania, 1917, fasc. 852, fólio 4. Citado por CORNWELL, J., *Ibidem*, p. 71.

Sé. No pós-guerra, os católicos representavam cerca de um terço da população alemã, tendo o Partido Católico do Centro emergido da guerra como uma das maiores forças políticas. Contudo, a determinação dos católicos em desempenhar um papel decisivo no ressurgimento da Alemanha muito pouco ficou a dever aos ensinamentos sociais ou aos incentivos do Papa.

A partir das ideias políticas e religiosas de Max Scheler, o qual acreditava que a ética cristã podia proporcionar aos indivíduos e, consequentemente, às sociedades uma orientação em situações sócio-políticas concretas, torna-se mais fácil compreender o sentido das aspirações da chefia política dos católicos. De acordo com este filósofo e cientista, o cristianismo é uma religião social.[292]

Na sua percepção havia um fosso entre catolicismo social e a ideologia piramidal da supremacia papal. Scheler opunha-se a uma avaliação da pessoa que negasse a solidariedade com os outros, logo opunha-se a um estilo comunista de colectivismo que negasse a responsabilização e a dignidade da pessoa.[293] Nos tempos difíceis da guerra, Scheler afirmou que os católicos não deviam oferecer à Alemanha e à Europa, em geral, a ortodoxia católica estrita, muito menos o poder papal do Vaticano ou a apologética, mas antes uma influência beneficente e auto determinante dos grupos e comunidades menores.

Tudo isto representava o oposto do novo Código da Lei Canónica de 1917, em que a concentração da autoridade da Igreja na pessoa do Papa era a dominante. Na Alemanha do pós-guerra era importante um espírito de tolerância e conciliação entre protestantes e católicos.

Em 1922, foi eleito Pio XI. A este Papa não faltou a lucidez nem a coragem, muito embora valorizasse os princípios de ordem e autoridade na vida social e se sentisse grato a Mussolini pela resolução da chamada Questão Romana – o contencioso entre a Itália e o Vaticano.

Os pactos de Latrão, em 1929, deram ao Papa a soberania plena sobre o Vaticano, garantindo a independência política posta em causa, em 1870, aquando da conquista italiana de Roma.

Pio XI, abriu um novo período da História da Igreja. Não hesitou em denunciar os excessos totalitários, viessem eles de que quadrante viessem.

---

[292] Max Scheler, contemporâneo de Eugénio Pacelli, é considerado o mais destacado filósofo católico e cientista político alemão. Filho de pai protestante e mãe judia, influenciou de forma decisiva o pensamento católico europeu durante o século XX.

[293] Veja-se sobretudo a introdução de Giancarlo Caronello em SCHELER, M., *Il Formalismo nell'Etica e l'Etica Materiale del Valori*, Milano, 1996.

Assim, na encíclica *Non abbiamo bisogno,* do ano de 1931, rejeitou a pretensão fascista do monopólio educativo.

Seis anos mais tarde, na encíclica *Divini Redemptoris,* opunha-se ao comunismo, considerando-o intrinsecamente perverso no seu ateísmo. Enquanto na encíclica *Mit brennender Sorge* rejeitava o nazismo por idolatrar o Estado e a raça.[294]

Em qualquer dos casos foi sempre a *pessoa* que Pio XI pretendeu defender, como deixou expresso, nesta última encíclica, por estas palavras: *"O homem como pessoa tem direitos recebidos de Deus, que hão-de ser defendidos contra qualquer atentado da comunidade que pretendesse negá-los, aboli-los ou impedir o seu exercício."*

O Papa Pio XI, fez com que a discussão católica sobre a democracia avançasse, sobretudo com a encíclica social *Quadragesimo Anno* que definia o que haveria de se tornar o princípio da doutrina social católica: o da subsidiariedade, a que já nos reportámos em capítulo anterior.

De acordo com este princípio, a tomada de decisão e o poder de regular deviam ser deixados ao nível mais baixo da sociedade compatível com a realização do bem comum. Por este princípio, social e ético, que visa regular as relações entre o indivíduo e a sociedade e entre as comunidades, por ser anti-estatista, estabelecem-se limites ao poder do Estado. Ele visa combater a excessiva tendência que o Estado moderno tem em chamar tudo a si.

Com Pio XI a Igreja passou, como foi afirmado na época, a uma nova espécie de *'reconquista cristã'*. Com ele, a Igreja tentou recristianizar um Mundo em grande parte afastado senão mesmo exterior a ela. Para conseguir os seus intentos de encontrar uma nova resposta pastoral, o Papa, passou a preocupar-se com a formação do clero.

Começa por traçar o perfil do padre para os novos tempos – um apóstolo entusiasmado e motivador das consciências para chamar à militância cristã. Fá-lo através da encíclica *Ad Catholici Sacerdotii.*

---

[294] No Vaticano, Pio XI, embora quase sozinho, tinha a certeza de estar a defender o que a Humanidade tinha de mais precioso. Por isso, em 1931, na sua carta *Non abbiamo bisogno,* denuncia a incompatibilidade do cristianismo com aquilo que chamou: "estatolatria pagã" própria do fascismo. Depois, em Março de 1937, na encíclica *Divini Redemptoris* e na *Mit brennender sorge,* estigmatizando todo o estatismo, o racismo e o paganismo essenciais ao nacional-socialismo, recordou os direitos inalienáveis do "homem enquanto pessoa". A guerra, depois encarregou-se de lhe dar razão, revelando a que abismos podia realmente conduzir o desprezo do homem.

O tempo anterior criticara a Igreja, quanto à formulação da doutrina e ao modo de implantação na sociedade. Perante a Reforma no campo religioso, o Humanismo no campo filosófico, a Igreja havia-se colocado numa atitude defensiva.

Era chegada a hora da Igreja se actualizar, de compreender a nova concepção de vida, de se adaptar aos novos tempos. À formação do clero Pio XI aliou a motivação dos leigos para o apostolado.

Mas talvez tivesse imposto regras não consentâneas com as realidades ou os interesses dos católicos face a uma **cidadania plena**. Foi justamente quando os católicos alemães estavam marcando a diferença na sociedade e política alemãs e em que os políticos protestantes enveredavam por estreitar laços com a Santa Sé que uma iniciativa do Vaticano veio subverter o processo. Para melhor entender o mesmo, será conveniente apresentar um preâmbulo que se espera esclarecedor.

As Concordatas estabelecidas entre a Santa Sé e os Estados, durante séculos, tinham sintetizado uma multiplicidade de acordos de forma a garantir os direitos de definir a doutrina, o culto e a educação, de igual modo abrangia leis relacionadas com o direito de propriedade, a formação do clero, as nomeações dos bispos, bem como as leis sobre sacramentos como o casamento e a sua anulação.

Anteriormente à I Guerra Mundial, os termos das Concordatas eram feitos como 'por medida', pois, chegavam a variar, não apenas de país para país, como também dentro de cada Estado, de acordo com os costumes, o apoio secular e as circunstâncias. Com o Código de Direito Canónico de 1917, como anteriormente fizemos referência, assistiu-se a uma nova política de Concordatas por parte da Santa Sé.

A Concordata, partia do princípio do direito do Papa de obrigar os fiéis, sem consulta prévia, à aceitação das condições nela estipulada. Pela Concordata ficaria regulada toda a vida eclesiástica e a dos fiéis, nas práticas do catolicismo, tendo a mesma base em qualquer lugar do Mundo onde fosse acordada.

Em 1933, seria assinada a Concordata do Reich, cabendo o papel decisivo a Eugénio Pacelli e a Adolfo Hitler. Pacelli sonhou com uma superconcordata que, de forma igualitária, imporia, a todos os católicos da Alemanha, toda a força da lei canónica. Pacelli conduziu as negociações, em nome do Papa Pio XI, ignorando os fiéis e o clero alemães já dentro do sistema da nova ordem.

Este foi um acto de suprema chefia e centralização do poder papal e que, de acordo com Pacelli, representava a fonte da unidade católica, da sua

186 Das Relações da Igreja com o Estado

cultura e autoridade, mas em confronto com os ideais dos católicos alemães que preconizavam o catolicismo pragmático, pluralista e comunitário.[295]

Contudo, Adolfo Hitler, antes de assinar a Concordata, impôs a retirada dos católicos alemães da acção sócio-política, o que implicava o desmembramento voluntário do Partido do Centro, afinal o único partido democrático viável que sobrevivera na Alemanha e que era um dos últimos obstáculos à implantação da sua ditadura.

De acordo com Cornwell, a política de concordatas de Pacelli *"não se concentrava tanto nos interesses da Igreja germânica como, e sobretudo, no modelo piramidal da autoridade da Igreja que estava em preparação desde Pio IX."*[296], ao que acrescenta:

> *"(...) Pacelli não se preocupava com o destino das fés paralelas, das comunidades ou das instituições religiosas, nem com os direitos humanos e a ética social. As queixas contra o regime nazi provenientes do episcopado alemão, quando surgiram, eram principalmente fruto da preocupação com as transgressões contra os interesses católicos, citados nos termos da concordata, e eram canalizadas através do Vaticano."*

Mas não será que a grande preocupação de Pacelli vinha do passado? A História desde Bismarck, vinha dizendo ser necessário assegurar o poder papal na Alemanha, sobretudo agora que o tempo era favorável, de acordo com a Constituição de Weimar e urgia negociar concordatas com cada um dos Estados alemães e tentar a possibilidade de celebrar uma Concordata com o *Reich?*

Tanto assim parecia ser que a nova Constituição reservava ao Reich amplos poderes no domínio de educação religiosa. O Estado da Baviera, com grande número de católicos e os seus fortes elos de ligação com a Igreja de Roma, foi o ponto de partida para Eugénio Pacelli estabelecer a primeira Concordata modelo com a centralização do poder papal.

Ainda num passado recente, Pacelli tinha tido a experiência de que não seria de aceitação fácil certos governos perderem a sua interferência na eleição dos bispos. Assim aconteceu em Colónia, que apesar da Constituição de Weimar, não era do agrado geral alterar a bula papal *De salute animarum.*[297]

---

[295] Baseado nas ideias de Scheler e dos seus seguidores políticos católicos do pós--guerra como Erzberger, a que anteriormente se fez referência.

[296] Veja-se CORNWELL, J., *Ibidem*, p. 84.

[297] Germania, SRS, fólio 10, Vaticano, 1919, citado por CORNWELL, J., *Ibidem*, p. 87.

Capítulo III – Enquadramento Histórico

A separação constitucional entre Igreja e Estado a favor do Vaticano que Pacelli tentava estabelecer não era aceite de ânimo leve podendo mesmo ter graves consequências para as relações entre a Santa Sé e os católicos alemães.[298] Havia que ponderar, não 'pisar em ramo verde' e foi isto que Pacelli fez.

Eram múltiplas as diferenças entre os Estados alemães e, sobretudo entre a Alemanha católica e a protestante luterana, desde 1520. Martin Lutero havia desafiado a autoridade papal tendo por convicção que Roma enaltecia as suas próprias ordenações "acima dos mandamentos de Deus". Este acto de apostasia, era sagrado para o protestantismo alemão. Conseguir o reconhecimento oficial do governo com a anuência da imposição do Código da Lei Canónica de 1917, representava para Pacelli abolir o último obstáculo à sua implementação na maior e mais poderosa população católica do Mundo: a alemã.

As delongas com o estabelecimento de concordatas parciais, o caso da Bávara, em 1924 e depois a Prussiana, em 1929, foram protelando, talvez em demasia, a Concordata com o *Reich*, pois, o momento era inoportuno por este estar envolvido em perigosas e sucessivas crises internas e externas.

Pacelli poderia ter chegado à assinatura da Concordata com o *Reich* no início da década de 20, sem ter comprometido a acção política e social católica, mas a assinatura de tão importante documento só veio a acontecer em 1933.

Como consequência de alguns fracassos diplomáticos o que na perspectiva de Scholder criou *"(...) o fatal ponto de partida do qual, em 1933, Hitler forçaria o catolicismo germânico à capitulação em poucas semanas."*[299]

Hitler tinha consciência que um confronto com a Igreja Católica, na Alemanha, seria desastroso, por isso aproveitou-se, vendo na Concordata, como fizemos referência, uma oportunidade para garantir a retirada voluntária do catolicismo político com o qual não queria estabelecer confrontos.

Por mais estranho que possa parecer, os pensamentos de Pio X,[300] relativamente à França e de Pio XI relativamente à Itália, bem como de

---

[298] Veja-se SCHOLDER, Klaus, (1987), *The Churches and the Third Reich,* London, Vol. I, p. 61.

[299] Assim perspectiva o historiador da Igreja alemã, Klaus Scholder. SCHOLDER, K., (1987) *Ibidem*, p. 61.

[300] Atente-se no que anteriormente dissemos a esse respeito e que foi apresentado por Carlo Falconi referente a Pio X, em nota desta dissertação.

188   *Das Relações da Igreja com o Estado*

Pacelli, no caso da Alemanha, face à mistura de política com religião era considerado híbrido e perigoso para a Igreja, vão também ser expressos por Adolf Hitler, numa carta ao padre Magnus Gott, nos seguintes termos: *"(...) considero, sempre e em todas as circunstâncias, que é uma infelicidade a religião, seja sob que forma for, ligar-se aos partidos políticos."*[301]

Para Hitler, a politização da religião era perniciosa.

Contrariando estas ideias está a experiência vivida, no pós-guerra, pelos católicos alemães, que inseridos no Partido Católico do Centro, e a que atrás fizemos referência como fiéis à visão de Scheler, foram capazes de conduzir a um crescimento sem precedentes tanto através de actividades religiosas quanto culturais e políticas.

Registou-se não apenas uma proliferação de associações e publicações quanto de sindicatos e de vocações religiosas. A própria Constituição de Weimar libertou dos condicionalismos as reuniões religiosas o que veio também contribuir para a expansão das práticas católicas.

Contudo, em 1931, começaram a tornar-se perigosas, para a prossecução dos ideais nazis, as críticas católicas publicadas em jornais e nos púlpitos das igrejas.[302] A Igreja havia sentido que desde que a Alemanha se tinha transformado no III Reich, submetido à ditadura de Hitler, a Europa passara a viver entre a guerra e a submissão. Foram muitos os católicos que alertaram para os perigos eminentes duma nova guerra no caso dos nacionais-socialistas prosseguirem com mensagens de ódio e violência.[303]

---

[301] Veja-se Paul Hoser. HOSER, P., "Hitler und die Katholischer Kirche", *Vierteljahreshefte fur Zeitgeschichte,* Julho de 1994, pp. 485 e ss..

[302] No jornal *Die Arbeit (O Trabalho),* na edição de Agosto de 1931, o jornalista católico Walter Dirks apresentava como 'guerra aberta' a reacção dos católicos ao nazismo, afirmando que "A ideologia dos nacionais-socialistas está em notório e explícito contraste com a Igreja Católica." Por seu turno, os Bispos da Baviera publicaram uma directiva para o clero nestes termos: "Como guardiões dos verdadeiros ensinamentos sobre fé e moral, os bispos devem advertir os seus fiéis contra o nacional-socialismo, enquanto e na medida em que ele proclamar opiniões culturais e políticas incompatíveis com os ensinamentos católicos." Cfr. SCHOLDER, K. (1987), *Ibidem,* Vol. I, p. 134.

[303] Assim se manifestou o deputado católico do *Reichstag,* de seu nome Karl Trossmann, na sua obra *Hitler e Roma:* "(...) um partido brutal, que anulará todos os direitos dos povos" e que Hitler estava a arrastar "a Alemanha para outra guerra que só poderá ter um fim mais desastroso que a anterior." Citado por CORNWELL, J., *Ibidem,* p. 108.

Certo é que o Vaticano não estava em uníssono com a Igreja Católica Alemã, talvez, por um lado porque os nazis não tinham mostrado tendência em destruir a cristandade, antes tinham apresentado atitudes apaziguadoras na direcção da Igreja Católica, por outro, porque problemas graves se levantavam noutras partes do Mundo.

4. A Santa Sé e o *Triângulo Vermelho*

Em pleno século XX, os temores da Santa Sé iam no sentido do que chamou de *Triângulo Vermelho* – a Rússia Soviética, o México e a Espanha.[304] Primeiro Lenine, depois Estaline com os dogmas comunistas não se cansavam de perseguir e aviltar a religião ortodoxa, mas também a Igreja Católica. De entre os cerca de milhão e meio de católicos, muitos foram torturados e deportados para um *gulag*.

De igual modo, no México, desde o século XIX, que os católicos estavam a ser perseguidos em revoluções indígenas de estilo comunista, mas em 1924 a situação agravou-se com a presidência de Galles, tendo a Igreja Católica passado à clandestinidade neste país. Pio XI, em 1926, denuncia este regime na sua encíclica *Iniques afflictusque,* apelando à resistência ao referir que no México "tudo aquilo que apele para Deus, tudo aquilo que se assemelhe ao culto público, é proscrito e esmagado."[305]

Pio XI tomou consciência da impossibilidade de estabelecer, onde quer que fosse que surgisse, compromissos com regimes totalitários do tipo comunista, o mesmo não acontecendo com os regimes totalitários de direita. Comprovando-o está o pacto estabelecido entre a Santa Sé e a Itália, em 1929, pelo qual Pio XI e Mussolini põem termo à chamada Questão Romana que datava de 1870 e a que anteriormente fizemos refe-

---

[304] Antes de Nietzsche, já K. Marx havia entendido que "a morte de Deus" era a condição essencial da libertação e da promoção do homem e que, como Proudhon, a resignação cristã não passava duma ilusão (Veja-se a sua *Filosofia da Miséria).* O socialismo marxista opõe à Igreja Católica uma contra-igreja, uma nova 'religião' com seus dogmas e *Catecismos* como o de *Engels* e o de *Jules Guesde.* Os católicos reagiram, embora lentamente, com "obras" como a Sociedade de S. Vicente de Paulo, numa verdadeira acção social contra a miséria e a exploração 'do homem pelo homem'.

[305] De acordo com o historiador Henri Daniel-Rops este apelo à resistência, vindo de Pio XI, conseguiu aniquilar os elementos anti-religiosos no México. Veja-se DANIEL-ROPS, H., (1963), *A Fight for God: 1870-1939,* London, pp. 327 e ss..

rência e que na sua essência representava o reconhecimento da soberania sobre o Estado do Vaticano e direitos territoriais sobre vários edifícios e igrejas em Itália.

Pelas expropriações, entretanto levadas a cabo pela Itália, esta indemnizou a Santa Sé. Pelo Tratado de Latrão, o catolicismo passou a ser a única religião reconhecida em Itália. Trata-se dum acordo estabelecido conforme o preceituado no novo Código de Direito Canónico, em contrapartida o pacto obrigava à dissolução do Partido Popular Católico (democrático), tendo os católicos recebido instruções da Santa Sé para se retirarem da política, abrindo-se um vazio político que permitiu ao Partido fascista prosperar.

Pelo seu artigo 43.° podia acontecer a participação organizada dos leigos no apostolado da Igreja – a denominada Acção Católica. Contudo, só lhe era permitido desenvolver a sua actividade "(...) fora de todos os partidos políticos, e em dependência directa da hierarquia da Igreja, para a disseminação e implementação dos princípios católicos", contendo, no mesmo articulado, referências expressas à proibição de todo o clero de Itália em inscrever-se ou participar em qualquer actividade político-partidária.

Por conseguinte, o Tratado de Latrão incluía uma série de medidas que mutilavam o catolicismo político e social, ou seja, uma verdadeira cidadania, afinal como era desejo de Pio X e que Pacelli pretendia introduzir na Concordata com o *Reich*. Pouco tempo após a assinatura do Tratado de Latrão, em notícia publicada em 22 de Fevereiro de 1929, Hitler, apreciava favoravelmente o acordo e ponha em confronto a posição democrática do Partido Católico do Centro face ao espírito do tratado assinado pela Santa Sé.

Certo era que o Vaticano encorajava uma desconfiança relativamente à social-democracia, considerando-a precursora do socialismo, logo do comunismo. Talvez por isso quando, em 1930, em plena crise económica, o Partido Católico do Centro, alemão pretendia colaborar com os sociais-democratas a fim de estabilizarem, o seu líder Kaas foi pressionado/ /influenciado por Pacelli a aliarem-se antes ao Partido Nazi, apenas porque este tinha declarado guerra ao socialismo e ao comunismo.

Após várias tentativas infrutíferas de Pio XI, através de Pacelli, para impor a 'sua' Concordata com o *Reich,* coube a vez de a apresentar ao católico Chanceler Bruning que foi inflexível quanto à impossibilidade de uma Concordata com o *Reich* favorecer a Igreja Católica na questão das escolas apresentando a seguinte argumentação:

"Dada a crise na Alemanha como chanceler católico, estava fora de questão colocar sequer o problema. A maioria dos grandes estados germânicos tinha concordatas, e havia negociações prometedoras nos restantes. Se eu tentasse impor a possibilidade de uma Concordata com o Reich nesta altura, desencadearia a fúria protestante, por um lado, e a total perplexidade por parte dos socialistas."[306]

Citando a encíclica *Quadragesimo anno*, de Pio XI, que celebrava o quadragésimo aniversário da *Rerum novarum,* do Papa Leão XIII, Bruning criticava o Papa por encorajar um corporativismo italiano de estilo fascista. Ignorando as realidades políticas apresentadas, Pacelli insistiu, até que numa audiência com o Papa Pio XI, Bruning expressou a sua opinião de católico de que não era sensato estabelecer concordatas com regimes totalitários acrescentando:

"A experiência mostrou que as concordatas contêm sempre o risco de, passo a passo, a Igreja ser obrigada a ceder cada vez mais terreno em áreas em que a concordata for ambígua. Acabaria por se dar um verdadeiro choque quando todos os católicos percebessem instintivamente que tinham de colocar-se do lado do Vaticano. Os desacordos sobre questões que tivessem ficado menos claras seriam difíceis."

Foi o fim das negociações entre Pacelli, em nome de Pio XI, e o Chanceler Bruning. Já antes, Pio XI, na encíclica, a que atrás aludimos, *Non abbiamo bisogno (Não temos necessidade)*, denunciara a forma incorrecta como o governo de Mussolini transgredia os artigos do Tratado de Latrão e como tratava de forma ominosa a Acção Católica, que veio confirmar a posição de Bruning que salientara a fragilidade das concordatas com dirigentes totalitários.

No entanto, Eugénio Pacelli não desistiu e tentou estabelecer uma Concordata em Baden. Aliou-se a Ludwig Kaas, secretário geral do Partido Católico do Centro, e não desistiu dos seus reais intentos e tal como dizia Rousseau: *"É preciso conhecer as diferenças entre os homens, não porque o particular seja precioso em si mesmo, mas para adquirir luzes sobre o homem em geral."*

Decerto que Pacelli conhecia bem Kaas e sabia que comungavam certas ideias. Mas será possível conhecer os outros? Já Montaigne afir-

---

[306] Citado por SCHOLDER, H., *Ibidem,* Vol. I, p. 152.

mava: *"Não digo os outros senão para mais me dizer"* e muitos são os que ainda hoje partilham o seu cepticismo.[307]

Kaas considerava o Tratado de Latrão como um acordo ideal entre o Estado totalitário moderno e a Igreja. Kaas argumentava que sendo a Igreja autoritária compreendia, melhor que ninguém, o Estado autoritário, proclamando deste modo e duma forma aberta todo o conteúdo do Código do Direito Canónico, ao afirmar que

> *"Ninguém poderia compreender melhor a pretensão a uma lei abrangente, como a exigida pela Igreja, do que um ditador que estabeleceu, na sua esfera própria, um edifício fascista radical, hierárquico, que não é nem pode ser posto em causa."*[308]

Finalmente, em Julho de 1933, Pacelli atingia os seus intentos – a Concordata com o *Reich*. Talvez nunca imaginasse que a assinatura daquela Concordata implicaria a aprovação moral do nacional – socialismo. À distância fácil se torna fazer essa leitura, mas a incerteza aguda é regra em todos os domínios e continuará a sê-lo pelos tempos fora.

Na sua visão a Concordata com o *Reich* representava

> *"(...) não apenas o reconhecimento oficial (por parte do Reich) da legislação da Igreja (cujo fundamento é o Código do Direito Canónico), mas também a adopção de muitas cláusulas desta legislação, e a protecção de toda a legislação da Igreja."*[309]

Esta visão de Pacelli não coincidia com a de Hitler que poucos dias antes havia declarado que o facto do Vaticano ter assinado uma Concordata com a nova Alemanha significava não apenas que a Igreja Católica reconhecia o Estado nacional-socialista como também provava que o nacional-socialismo não era hostil à religião.

Repetindo Cornwell diremos que: *"Só um ditador com a inteligência de Hitler poderia ter visto na Concordata um meio de enfraquecer a Igreja Católica na Alemanha."*[310]

---

[307] Veja-se MONTAIGNE, M. de, *Essais, in Oeuvres complètes,* Paris: Gallimard, 1967, p. 26.

[308] Ludwig Kaas citado por CORNWELL, J., *Ibidem,* pp. 124 e 125.

[309] Excerto dum artigo de Eugénio Pacelli, publicado em 26 de Julho de 1933, no *L'Osservatore Romano* como resposta à posição assumida por Hitler numa carta dirigida ao Partido Nazi.

[310] *Ibidem,* p. 127.

Esta Concordata, veja-se como decalcada no Tratado de Latrão e, por conseguinte, em tudo idêntica a ele, proibia a acção política dos católicos e garantia liberdades restritas à Igreja Católica no que concerne à prática e à educação religiosa, permitia a Hitler acabar com a ameaça católica na Alemanha.

Afinal, era a própria Santa Sé, que retirava os católicos de toda a acção sócio-política e louvava Hitler pela sua cruzada antibolchevista. Contudo, a maioria dos bispos alemães continuavam em franca oposição a Hitler, proibindo o acesso de dirigentes nazis católicos aos sacramentos. Mas entretanto, a Igreja protestante Alemã obteve um acordo semelhante à Concordata católica, tendo pouco depois acontecido uma declaração conciliatória dos bispos com os nazis, nestes termos:

> *"Sem revogar o juízo feito nas suas anteriores declarações relativamente a determinados erros religioso-éticos, considera o episcopado que pode acalentar a confiança de que as designadas proibições e advertências gerais deixaram de ser consideradas necessárias."*

E como a justificar a perda de cidadania patente na própria Concordata e a necessidade de submissão, acrescenta ainda a declaração:

> *"Para os cristãos católicos, para os quais a voz da Igreja é sagrada, não é necessário, no presente momento, fazer especiais admonições para que sejam leais ao governo legítimo e cumpram conscienciosamente os seus deveres de cidadania, rejeitando, em princípio, qualquer comportamento ilegal ou subversivo."*[311]

Muitas das ilações retiradas destes acordos, face à possível conivência ou aval papal ao sistema vigente – o Fascismo, quer em Itália quer na Alemanha, pode não passar de cogitações que podem não ser tidas como asserções, dado que a Santa Sé, durante séculos, assinou tratados com monarcas e governos inimigos dos valores e crenças da Igreja.[312]

O artigo 31.º da Concordata com o *Reich,* apresentava, no seu articulado, o perigo da cláusula da despolitização, pois, proibia toda e qualquer espécie de acção social em nome da Igreja Católica.

---

[311] Veja-se HELREICH, Ernest, (1979), *The German Churches under Hitler: Background, Struggle and Epilogue,* Detroit, p. 239.

[312] Não nos podemos deixar de situar no tempo: Uma breve euforia seguida, a partir de 1929, duma grave crise económica havia acentuado o desequilíbrio moral.

A sua leitura foi entendida, pelos nazis, como se viu mais tarde pelos massacres infringidos a jovens católicos, como qualquer actividade pública católica podia ser definida como política.

A Igreja Católica, na Alemanha, rapidamente se apercebeu que embora tivesse pastores dedicados e eficazes e eficientes organizações sociais e políticas de leigos de nada lhes servia, já que rapidamente se encontraram num estado de inércia auto-imposto.

Afinal a cláusula reconhecia o poder da Santa Sé de não apenas controlar como coagir o clero católico da Alemanha o que significava que a Concordata não era mais do que um acordo entre um Estado e uma Igreja autoritários.

Eram nítidos alguns artigos da Concordata em que havia cumplicidade católica com o regime, sobretudo os que se relacionavam com a Educação católica, tida como a mais importante área de vantagem da Igreja no Tratado.[313] Por outro lado, o clero católico foi, através da burocracia, obrigado a fornecer atestados anti-semitas, de forma indirecta através de dados relativos a registos de casamentos e baptismos.

Enfim, foi uma opção, como acabou por assumir Pacelli, entre um acordo que respeitasse as suas condições ou a virtual eliminação da Igreja Católica na Alemanha.[314] Apesar de muitos discursos sobre a Paz, o certo é que Pio XI não refreou o entusiasmo da hierarquia eclesiástica face à guerra como se apercebe das palavras do bispo de Terracina face ao ataque de Mussolini à Etiópia. É dele esta declaração:

> *"Ó Duce! hoje, a Itália é fascista e os corações de todos os Italianos batem em uníssono com o teu. A nação está pronta para qualquer sacrifício, para garantir o triunfo da paz e das civilizações romana e cristã (...) Deus te abençoe."*[315]

---

[313] Pelo artigo 21.º da Concordata, os custos da educação de alunos católicos eram subsidiados, em todo o tipo de instituições, da primária ao secundário, o que significava um privilégio face à Lei Contra a Superpopulação das Escolas e Universidades Alemãs que estabelecia quotas rigorosas com o intuito de reduzir o número de alunos judeus. Pelo artigo 23.º, os pais católicos podiam solicitar ao governo novas escolas católicas. Veja-se a versão, em inglês, da Concordata com o Reich in *British and Foreign State Papers,* Vol. 136, pp. 697-705.

[314] Veja-se a conversa tida entre Pacelli e Ivone Kirkpatrick, representante britânica no Vaticano, citado por CORNWELL, J., *Ibidem,* p. 150.

[315] Citado por RIDLEY, Jasper, (1997), *Mussolini,* Londres, p. 263.

Capítulo III – Enquadramento Histórico

Pio XI, pouco ou nada falou sobre a guerra a não ser que a considerava 'deplorável'. Será que não o 'devia' fazer como sinal de 'gratidão' por ter recuperado o seu poder temporal das mãos de Mussolini?

Em 1929, pelo Tratado de Latrão, havia sido restabelecido o carácter de Estado da Santa Sé, o que significara também a recuperação da base institucional para estabelecer relações diplomáticas. Por toda a parte, incluindo os Estados Unidos da América, através do Presidente Roosevelt, era incentivada a cooperação entre Igreja e Estado no combate ao comunismo, considerando Sua Santidade tudo bem pior sob o 'bolchevismo'.

Como acabamos de referir todos os temores da Santa Sé estavam focalizados no que denominou de *Triângulo Vermelho:* Rússia Soviética, México e Espanha. Voltemo-nos mais concretamente para a Espanha de então.

A Espanha, estava dividida entre anarquistas, anticlericais e militares apoiados na Igreja, passando da ditadura de Primo de Rivera para a Frente Popular e depois para a guerra civil. Esta começou em 1936 e durou mais de dois anos (1936-1939). Durante este período a Igreja Católica foi sujeita a fortes atrocidades praticadas pelos anarquistas. Pio XI denunciou o empreendimento marxista que dera início à guerra e abençoou os que lutavam por defender os direitos e a honra de Deus.

Na encíclica *Mit brennender Sorge (Com Profunda Preocupação)*, está patente a frontalidade do Papa ao condenar o tratamento dado à Igreja pelo *Reich*. Nela o Santo Padre exortava os jovens católicos a combater as hostilidades feitas ao cristianismo na Alemanha.

O panorama geral não era nada animador. As garantias com que o Tratado de Versalhes julgou proteger a paz, foram caindo uma a uma. Hitler aumentava não só a sua audácia como consolidava a confiança dos seus partidários e aliados. Entretanto, a França respondia ao rearmamento alemão com notas diplomáticas, bem como à absorção da Áustria, enquanto o governo italiano se irritava com as sucessivas sanções por causa da guerra da Etiópia, vendo apenas, como única saída, a celebração dum entendimento com o III *Reich*.

Na Europa era nítida a formação de dois blocos: o das democracias, que viviam à sombra da vitória de 1918 e o das ditaduras apostadas em consagrar as suas economias a adquirir artefactos bélicos.

Prevendo um futuro trágico, o Papa Pio XI, na sua alocução de Natal de 1937, afirmou:

"Para chamar as coisas pelos seus nomes: na Alemanha, é a perseguição religiosa [...]. É uma perseguição à qual não falta nem a força e a violência, nem as pressões e as ameaças, nem as manhas da astúcia e da mentira."

Em 1938, pouco faltou para o inevitável acontecer, mas o choque, quando a mobilização já decorria, foi suspenso pela conferência de Munique, inspirada por Mussolini.

O Papa Pio XI havia apelado aos povos para que enveredassem pelo caminho da paz, mas apercebeu-se que em Munique havia acontecido não apenas a capitulação, mas, sobretudo, a derrota das democracias. No fim da sua vida, no ano de 1939, Pio XI parecia lamentar a política de Concordatas da Santa Sé, assumida desde 1913, contudo, apesar de algumas pistas, nada ficou provado quanto aos verdadeiros intentos deste Papa.

Em 1939, Pio XII sucede a Pio XI, deparando-se com outro conflito mundial. Nada era novo para Eugénio Pacelli, agora eleito Papa. No tempo de Bento XV trabalhara no apoio às vítimas da guerra. Como ele próprio explicou, as denúncias públicas dos crimes contra a humanidade dos nazis redundariam em maiores atrocidades.

Porque acreditava que os católicos poderiam sempre procurar apoio para as suas pretensões religiosas nos partidos laicos favoráveis à Igreja ou, pelo menos que não lhe fossem hostis levou-o, tal como a Pio X, a favorecer uma Igreja dócil e silenciosa, colaborando com o Partido Nazi, passando por cima do Partido Católico do Centro, tido como o último obstáculo no percurso de Adolfo Hitler para a ditadura.

De acordo com alguns Ministros dos Negócios Estrangeiros, Pio XII abdicara da sua autoridade moral, tentado manter-se equidistante das democracias e das ditaduras fascista e nazi.[316] Era dever do Papa, de acordo com os mesmos, encontrar um modo de deixar claro ao Mundo a incompatibilidade entre a adoração a Deus e a adoração ao Estado.

Alguns políticos de então esperavam que, através da Rádio Vaticano, o Papa usasse da sua influência e fizesse um apelo à razão, condenando a violência e recomendando a paz. Este apelo foi feito e repetidas algumas frases, por Lorde Halifax, numa comunicação ao povo britânico.

---

[316] Veja-se o caso de *Sir* Andrew Noble e *Sir* Orme Sargent, citados por John Cornwell, *Ibidem*, pp. 222-223.

Deste apelo retêm-se algumas das suas palavras:

"Nada se perde pela paz. Tudo se perde pela guerra... Que os homens recomecem a negociar (...) Tenho comigo a alma desta Europa histórica, filha da fé e do génio cristãos. Toda a humanidade quer pão, liberdade, justiça. E não armas. Cristo fez do amor o cerne da sua religião."[317]

Era notório o receio do Papa em ofender as partes beligerantes, por isso se manteve quase neutral. Teria medo do impacto retaliatório que um protesto seu poderia ter contra as populações católicas da Alemanha e da Polónia? A cooperação não evita a dureza do golpe. Os modelos podem ser muitos, mas as tentações são fortes e nada é gratuito.

Através do *L'Osservatore Romano*, Pio XII apelou à paz, sempre com retórica moderada destinada a amenizar o que tinha para transmitir. Tornou-se um alvo fácil de ataques tanto no Vaticano como em Castel Gandolfo, onde se refugiou durante a guerra.

Já na encíclica *Summi pontificatus (Do Sumo Pontificado)*, Pio XII condenava o aumento do secularismo e daquilo a que chamava *'laicismo'*, exortando a uma nova ordem mundial, pela qual todas as nações fossem capazes de reconhecer o reino de Cristo. Enquanto denunciava a idolatria do Estado, Pio XII colocava o Estado-nação em oposição ao indivíduo e à família nuclear, como se não fosse possível a existência de espaço para existir vínculos sociais complexos entre eles.

Para Pio XII, o ecumenismo significava que os irmãos cristãos separados veriam que o caminho que trilhavam estava errado e voltariam a unir-se com o papa de Roma. Foi este o seu objectivo expresso, em 1944, na encíclica *Orientalis ecclesiae decus (Roma e as Igrejas Orientais)*. Defendia a unidade com o fito de formar uma só Igreja de Jesus Cristo como frente comum e unida contra os inimigos da religião.

Quase no fim da II Guerra Mundial, em 1944, propôs a sã democracia e uma organização internacional dos povos para evitar novos totalitarismos e garantir a paz. As aspirações à paz e à unidade, ainda que contrastadas por duas guerras mundiais manifestaram-se também entre os cristãos, visando a aproximação de protestantes, ortodoxos e católicos.

---

[317] De acordo com CHADWICK, Owen, (1986), *Britain and the Vatican during the Second World War*, Cambridge, p. 74.

Foi ainda durante o pontificado de Pio XII, mais concretamente em 1940, que se assinou, em Roma, depois de três anos de difíceis e delicadas negociações, a *Concordata e o Acordo Missionário,* entre a Santa Sé e a República Portuguesa. Foi a primeira convenção deste género celebrada no seu pontificado e que, a seu tempo, iremos apresentar com detalhe.

Na segunda metade do século XX, o Mundo, em geral, e a Igreja Católica, em particular, foram-se dando conta que eram as democracias liberais as que melhores condições apresentavam para a prática do princípio da subsidiariedade.

CAPÍTULO IV
Enquadramento Político-Jurídico Português

1. Um pouco da história da Génese dum Condado

1.1. *Da Fundação à Confirmação*

Dedicaremos esta parte ao estudo da sociedade, da política e do papel da Igreja na génese de Portugal. Seremos muito mais concisos do que gostaríamos mas, provavelmente, alargar-nos-emos mais do que o tema requer, no que respeita à sociedade, sobretudo por aquilo que diz o Códice de Toulouse: *"Per ço, com pus digna cosa és bom, que nulla cosa que al Món sia, e deu ésser devant totes coses, primerament cové que parle bom dels bòmens, que les altres coses..."*[318]

Os povos que viveram no século XII, nos reinos cristãos ibéricos, começaram a viver melhor, quando conseguiram manter os sarracenos mais ou menos controlados, apaziguados que estavam os grandes focos externos. Contudo a insegurança manteve-se devido à ambição dos senhores locais, mas gradualmente a fragmentação senhorial foi desaparecendo, embora se tivesse de esperar até ao século XIII para que se voltasse a fazer sentir o poder real.

Para tanto terá contribuído o crescimento demográfico a que não foi alheia a ausência de pestes e a consolidação de grandes territórios em mãos de poderosos condes e duques, o que, em simultâneo, dificultava as guerras entre senhores, nas quais era mais sacrificada a população campe-

---

[318] Entenda-se por tradução: "Por isso, como o homem é o mais digno de tudo o que há no mundo, e assim deve ser perante todas as coisas, convém primeiramente que o homem fale dos homens antes de falar de outras coisas...".

200   *Das Relações da Igreja com o Estado*

sina; também a Igreja contribuiu para que os belicosos senhores compreendessem a necessidade da Paz de Deus, reduzindo os dias destinados a batalhar.

Essa nova sociedade, mais calma, contribuiu para melhorar as condições gerais de vida da maior parte da população. Segundo Bourin-Derruau: *"O século XII é um século de imenso crescimento do espaço agrícola"*, facto que também é destacado por Duby:

> *"A produtividade agrícola tinha crescido e, com ela, as rendas, portanto, mantinham os ingressos e os impostos funcionavam; numa palavra, os nobres tinham mais rendimentos do que os seus antepassados."*[319]

Na Península Ibérica, na parte muçulmana, e após a fragmentação dos reinos, no século XI, encontrava-se instalado o reino dos almorávidas, que viria a desaparecer no ano de 1145; esta parte sarracena ir-se-á reduzindo cada vez mais pelas acções levadas a cabo pelos reinos cristãos da Reconquista, em suma, pelos reinos de Aragão, Castela e de Navarra.

Nestas acções contra os sarracenos viria a colaborar um novo reino, o de Portugal, que nasce no século XII. Assim, na Península confirmam-se os avanços dos reinos cristãos: os castelhanos, os aragoneses-catalães e os portugueses reduziam o território muçulmano ocupando até ao Algarve, o vale do Guadalquivir e o reino de Múrcia e as ilhas Baleares.

Deste modo, consolidaram-se os novos reinos com o território conquistado que lhes deu a força interior para manter a hegemonia real face à própria nobreza. Nos finais do século XIII, os reinos ibéricos cristãos, incluindo Portugal, tinham-se afirmado plenamente.

O pensamento da Igreja constituía a ideologia dominante na Idade Média. Eram os depositários da cultura e da instrução. Até ao século XII, todas as fontes escritas provêm dos clérigos e os seus escritos reflectem e difundem a cultura dominante. Em simultâneo, a Igreja procurou impregnar com os seus valores toda a sociedade e, principalmente, os seus dirigentes.

Antes do século XII, toda esta ideologia foi urdida nos mosteiros e em Roma velava-se para que o poder civil enveredasse pelo caminho da Cristandade, que pretendeu que o poder civil, representado pelos reis

---

[319] Sobre este período, do século XII e XIII, veja-se Bourin-Derruau, Monique, (1990), *Temps d'équilibres, temps de ruptures, XIIIe. Siècle*, Paris: Éditions du Seuil e Duby, Georges, (1990), *A Sociedade Cavaleiresca*, Lisboa: Teorema.

Capítulo IV – Enquadramento Político-Jurídico Português

estivesse submetido à autoridade eclesiástica. Aliás, Gregório VII, no século XI, explica muito bem este facto na sua obra *Dictatus Papae:*

> *"Somente o pontífice de Roma é universal, só ele pode casar os imperadores, todos os julgamentos hão-de estar submetidos à sua correcção, não podendo ele ser julgado por ninguém, a Igreja romana nunca se equivocou e, segundo o testemunho das Escrituras, nunca se equivocará."*

Contudo, Gregório VII teve a percepção de que a organização eclesiástica não estava de acordo com esses elevados princípios e justamente por isso impulsionou uma reforma com o objectivo de eliminar a *simonia* (o negócio com os cargos eclesiásticos) e o *nicolaísmo* (a incontinência do clero e o casamento dos presbíteros), pugnando pela soberania do espírito sobre a matéria.

A política generalizada de todos os reinos, incluindo os da Península Ibérica, que tentavam consolidar as suas dinastias pelo renovado prestígio real, era a de ampliar o seu poder e território: no interior, retirando força à nobreza, incorporando senhorios; no exterior, acrescentando novas terras aos seus domínios, por duas vias – a guerra e o casamento.

Por todo o Ocidente cristão surgiram as novas ordens medicantes com conventos urbanos, onde ensinavam toda a gente e inseriram novos centros de ensino, as *universitas*, corporações de professores e alunos. São Tomás de Aquino, no século XIII, o mais característico representante da escolástica, atraído pela filosofia grega, ligou a cultura clássica à cristã. Mas não foram apenas mudanças no ensino que as ordens medicantes introduziram foi também o desenvolvimento do fervor da fé cristã ao povo.

A esse respeito Duby explica que:

> *"Nos finais do século XIII o cristianismo volta a ser uma religião popular, graças às ordens medicantes, algo que desaparecera durante séculos; dão-se sermões em língua vulgar e apresenta-se uma nova imagem de Cristo. Há uma piedade que se populariza e que até aí era apenas apanágio de um número reduzido de eclesiásticos, monges e cónegos. O cristianismo da Igreja dominante enriquece-se agora com os valores da sensibilidade saídos do fervor popular."*[320]

Ainda no século XI, a Igreja vê-se confrontada com um dilema: vinha preconizando a recusa total do uso da violência nos séculos de militância

---

[320] Cfr. DUBY, G., *Ibiem*, p. 34.

primitiva, optava agora, ao proclamar a cruzada no Concílio de Clermont, por uma doutrina protectora das virtudes guerreiras.[321]

Afinal um concílio de paz acabaria por converter-se numa declaração de guerra. Estes sentimentos contraditórios existentes no seio da Igreja medieval manter-se-ão durante o tempo que duraram as diversas cruzadas, uma vez que lançar-se a reconquistar os lugares Santos de cruz numa mão e espada na outra era apenas um dos aspectos surpreendentes e, por vezes, paradoxais, que o estudo das Cruzadas nos dá a conhecer.

A contradição entre o espírito cristão e o modo secular como a sociedade medieva o levou a cabo não comporta em si uma visão negativa sobre o sentimento papal expresso no Concílio de Clermont.

Urbano II tinha uma autêntica preocupação pelo destino da Terra Santa e dos peregrinos que a demandavam dadas as notícias que recebera dos embaixadores. O Papa fora informado que Bizâncio estava a lutar contra os sérvios, sem ajudas, a manter a fronteira do Danúbio contra os bárbaros do Norte e a travar o poder crescente dos infiéis seljúcidas na Palestina.

Mas recordemos alguns factos. Antes de Constantino, o serviço militar era incompatível com o cristianismo, pois os cristãos não podiam estar ao serviço do mal. A seguir a Constantino, a Igreja aceitou a guerra como um mal necessário e justificado. Santo Agostinho proclamou que:

> *"É preciso que a guerra emane do poder legítimo, com uma intenção isenta de qualquer interesse material pessoal, somente para proteger as populações ou para reconquistar terras, bens ou pessoas arrebatadas pela força".*

Estabeleceu-se uma diferença, clérigos e monges não podiam usar armas nem derramar sangue dado estarem ao serviço de Deus e os laicos ao serviço do mundo. Gradualmente iam-se reportando alguns actos e retirando ensinamentos ao Antigo Testamento, por exemplo, referindo-se a 'Deus dos exércitos'.

---

[321] No ano de 1067, já o Papa Alexandre II havia falado nesta possibilidade com diversos senhores ocidentais, por isso, a ideia de cruzada que Urbano II poria em execução após o concílio de Clermont, em 1095, já não era nova no seio da Igreja. A cruzada constituía o resultado da real valorização ideológica do estatuto do cavaleiro ao serviço da Igreja, permitindo-lhe combater directamente, de modo explícito, ao serviço de Deus. Com a cruzada o Papado tinha às suas ordens a força dos exércitos, libertando-os do poder dos príncipes laicos. Os sentimentos que moveram Urbano II a proclamar a cruzada eram de preocupação pelo estado de Jerusalém que se encontrava 'em mãos dos infiéis'.

Carlos Magno foi recebido como um novo David ao dar início às campanhas de cristianização pela força das armas. Faltava, contudo, a sacralização do guerreiro que ia combater sob a direcção da Igreja e por uma causa justa, chegando-se ao ponto de algumas igrejas recrutarem directamente guerreiros, *milites eclesiae,* como foi o caso de Roma, com Leão IX.

Os infiéis podiam ser mortos sem qualquer espécie de escrúpulos como se pode inferir das palavras de S. Bernardo:

> *"Se um cavaleiro morre, é um bem para ele próprio; se mata, fá-lo por Jesus Cristo, porque não é em vão que leva consigo a espada: é minis-tro de Deus para vingar os infiéis e defender as virtudes dos bons. Certa-mente, quando se mata um infiel, não se é um homicida, é-se, se me permi-tem dizer assim, um malicida."*

Perante a apresentação de todos estes factos convém recordar toda uma série de condicionalismos que estiveram naturalmente presentes no pensamento de Urbano II quando se dirigiu para o Concílio. Por um lado: as notícias dum ambiente hostil em relação a Jerusalém e o sentimento oci-dental e, em particular do papado, a fim de recuperar os Lugares Santos; por outro lado, a impaciência da Igreja face à dilatação da Fé cristã aliada à intensificação da emotividade religiosa, o belicismo inerente à sociedade cavalheiresca que procurava, fora dos seus reinos, motivos de glória e enriquecimento.

Como último motivo refira-se o sucesso obtido pelos reinos cristãos durante a Reconquista contra os muçulmanos, sendo lícito inquirir se não seria de tentar algo semelhante nos Lugares Santos?

Foi deste modo que um Concílio regular, onde se havia de tratar essencialmente de problemas relacionados com a disciplina eclesiástica, no âmbito da reforma gregoriana, a fim de ditar normas sobre simonia, investidura dos clérigos pelos senhores laicos, serviu para fazer referência à paz de Deus, prometer a indulgência plenária a todos os que *'iam liber-tar a Igreja de Deus em Jerusalém'*. O Papa, no sermão pós-conciliar, lan-çou a ideia de cruzada.

É sabido que as experiências humanas são infinitamente diversas e o que é surpreendente não é o facto de continuar a existir sentimentos intra-duzíveis, especificidades incomunicáveis, mas, bem pelo contrário, que, desde que se faça o esforço, consigamos comunicar e entender-nos: de pessoa para pessoa, de cultura para cultura.

204 *Das Relações da Igreja com o Estado*

Afinal o desentendimento é a norma, mas o entendimento é sempre possível e existe. É, portanto, este que é necessário explicar. Há muito conhecimento que não é universal, mas os conceitos podem sê-lo: bastará não confundir uns e outros para que fique aberta a via da investigação. A compreensão duma cultura não passa dum caso particular. O 'outro' pode ser diferente de nós no tempo e então o seu conhecimento diz respeito à História. Justamente para melhor compreendermos, o português que somos hoje, vemos necessidade de recorrer ao estudo do passado deste povo.

Não vamos contudo, iniciar esta parte da dissertação pelos tempos da difusão do Cristianismo na Península Ibérica, não só porque o tempo urge, mas sobretudo por uma questão de orientação metodológica. Partiremos, pois, do tempo quando, de além-Pirinéus, num verdadeiro espírito de Cruzada, pregada por Urbano II, se alistaram, nos exércitos de Afonso VI, fidalgos, entre os quais D. Raimundo e D. Henrique de Borgonha, que pelo casamento com a infanta D. Teresa, veio a governar o *Condado Portucalense*.

Era o final do século XI. Foi esse tempo de luta contra os Muçulmanos que atraiu a atenção da Cristandade europeia para a Península Ibérica. Contudo, desde os fins do século IX, existem referências a um condado Portucalense, de fronteiras imprecisas, mas englobando terras no Minho e ao Sul do Douro. A designação derivou da principal povoação ser *Portucale*, junto da foz do rio Douro.

Afonso VI, de Leão e Castela, possuía, no final do século XI, grande prestígio na Europa cristã, tendo despendido avultadas somas para a construção do templo de Cluny III. Talvez por isso e pela sua ligação a Santo Hugo, o representante da Ordem de Cluny, se possa explicar a vinda à Península de D. Henrique, membro da casa dos duques da Borgonha.

De acordo com a maioria dos historiadores é difícil precisar quando acontece a independência e a organização do Estado português. Primeiro porque nada acontecia como agora com a formação dum Estado. Foi um processo forjado em várias etapas. O que se sabe é que aconteceu já na época em que governava o Condado Afonso Henriques, filho de D. Henrique e de Dona Teresa.

D. Afonso Henriques, após ter a confirmação de foral, em 1128, revolta-se contra seu primo assumido 'imperador de toda a Espanha'. Em 1137, restabeleceu-se a paz de Tui e Afonso Henriques promete ao imperador *"fidelidade, segurança e auxílio contra os inimigos"*, mas poucos anos mais tarde começa a apresentar-se como *infans, portuga-*

lensium princeps, muito embora este título não significasse a independência do reino.

O seu reconhecimento, como soberano duma nova Nação, só seria viável se o Papa de Roma o aceitasse; as condições para isso foram o pagamento dum tributo e a sujeição da nova igreja cristã directamente a Roma. As políticas estatais pouco ou nada têm a ver com a mensagem de Cristo. D. Afonso Henriques escolheu o reconhecimento do Papa, pois, só este lhe podia perdoar o acto de rebeldia contra o Reino de Leão.[322]

Data de 1143, o encontro, em Samora, entre D. Afonso Henriques, o imperador D. Afonso VII e um cardeal romano vindo na qualidade de legado do Papa para presidir ao Concílio de Valhadolid. De acordo com J. Hermano Saraiva, admite-se que o Cardeal tenha trazido instruções de Roma, no sentido de apaziguar os dois príncipes cristãos desavindos num pólo da cristandade.[323]

Ainda segundo o mesmo historiador, após esta reunião, D. Afonso Henriques enviou para Roma uma declaração, de típica enfeudação ao Papa, em que se constituía, bem como os seus sucessores, *censual* da Igreja de Roma, ou seja, dependente e sujeito ao tributo de 4 onças de ouro, bem ainda *homem e cavaleiro do Papa e de S. Pedro,* com a condição de a Santa Sé o defender de todos os outros poderes eclesiásticos ou civis.

O último acto do processo político de independência ocorreu em 1179 e corresponde ao reconhecimento formal, por parte da Santa Sé, através da bula *Manifestis Probatum* concedida pelo Papa Alexandre III, a 23 de Maio. Por conseguinte, assim o julgamos, a formação de Portugal não poderá desligar-se do quadro da política dos reinos cristãos da Península Ibérica.

Nos anos recuados da fundação nacional, o desejo de independência poderá ter tido como base razões tipicamente senhoriais da conjuntura feudal. A fundação de Portugal terá tido como consequência um desejo de aumento territorial à custa das regiões maometanas do Sul. Pode ficar-se com a ideia de que a Sul existia um país islâmico, que D. Afonso Henriques conquistou, expulsando os mouros, introduzindo a religião cristã e colonizando com a ajuda dos cavaleiros nórdicos.

---

[322] Vivia-se uma época em que o papado tinha domínio sobre o temporal. A autoridade do Papa teve muitas ocasiões de ser exercida no Ocidente. Ele teve, por vezes, intervenção na escolha dos soberanos na Europa.

[323] Veja-se SARAIVA, J. H., (1978), *História Concisa de Portugal,* Mem Martins: Publicações Europa-América, p. 47.

Porém, D. Afonso Henriques apenas tomou a chefia desta região aos Árabes, deixando-os viver no reino, por ele formado, dando inclusive privilégios aos povos árabes e judeus que aí viviam. A expulsão dos mouros de Portugal só ocorrerá quatro séculos depois, com a Inquisição, no reinado de D. João III.

Esta primeira expansão começou em nome do Imperador de 'toda a Espanha' ou no do Condado. A fuga aos deveres de vassalagem por parte do nosso primeiro monarca não terá constituído um desejo de autonomização cultural, mas antes um processo de aumento do poder pessoal.[324]

Sobre as forças que servem de suporte ao processo de independência, cada historiador apresenta a sua hipótese, entre elas, tem maior credibilidade, a da rivalidade existente entre os barões portucalenses e os da Galiza, a do apoio prestado pelos bispos portugueses interessados na consequente independência das suas dioceses a que se acrescenta a força do povo e do seu Rei. Desde a independência passando depois pela expansão do território, D. Afonso Henriques teve a colaboração do clero. Assim, na conquista de Santarém estiveram, no exército, os Templários. A tomada de Lisboa foi também conseguida com os esforços diplomáticos, junto de cruzados, do bispo do Porto, D. Pedro Pitões, e do arcebispo de Braga, D. João Peculiar, a pedido do monarca.

Parte das conquistas e do povoamento do Alentejo e Algarve foram conseguidas pelas ordens monástico-militares, sobretudo pelos cavaleiros de Sant'Iago. Como recompensa o rei fez grandes doações do tipo semi-feudal em que a administração das terras era entregue a estas ordens. Com a conquista do Algarve surgiram conflitos com Castela. Os limites definitivos de Portugal, na Península, foram fixados apenas em 1297, pelo Tratado de Alcanizes. De entre as classes sociais, a que Fernão Lopes classificaria simplesmente de *grandes* e de *miúdos,* eram os homens do clero, de entre a população cristã, os únicos que tinham cultura literária e dispunham de direito, hierarquia própria e exerciam um poder diferenciado do poder civil.

O poder eclesiástico sobreponha-se ao régio, dado que a Igreja representava Deus no Mundo e Ele estava acima de todo e qualquer mortal. Esta posição levou, como atrás se fez referência, a que ocorressem lutas entre o *papado* (poder religioso) e o *império* (poder civil).

---

[324] Isto se pode inferir da síntese feita por SOARES, Torcato de S., (1985), 'D. Afonso I', *in Dicionário de História de Portugal,* Porto: Livraria Figueirinhas, pp. 36-39.

Capítulo IV – Enquadramento Político-Jurídico Português 207

D. Afonso Henriques assumiu uma política hábil tendo protegido o clero, fazendo doações tendo em troca os seus apoios na sua luta pela independência, como afirma Saraiva. Foi D. João Peculiar o conselheiro que levou a bom termo as negociações entre D. Afonso Henriques e Roma.

O cardeal Guido de Vico, veio, em 1143, a Portugal, como legado do Papa Inocêncio II, a fim de dirimir vários conflitos eclesiásticos, tendo perante ele, o monarca prestado juramento de *vassalagem à Santa Sé.*[325] Contudo, no século XIII, surgiram as grandes lutas entre os dois poderes.

A cultura oficial teve como único agente e difusor a Igreja, mesmo porque o clero como organização centralizada era anterior à monarquia, sendo que as primeiras dioceses datam da fixação romana na Península Ibérica. A intensidade do sentimento religioso está patenteada na abundância da construção religiosa bem como nas peregrinações sobretudo a Santiago de Compostela, na Galiza.

Perante o que se acaba de expor poder-se-á afirmar e, com fundamento, que Portugal, como Nação, nasceu no seio da Igreja, pois, quando o Condado Portucalense se tornou independente, constituindo o Reino de Portugal, a Igreja estava livre e forte e deu-lhe o suporte necessário. O próprio Direito Canónico, talvez por falta de legislação civil, expandira-se e ocupava áreas que seriam da competência dos Estados.

Certo é também que a independência de Portugal aconteceu durante o apogeu do poder papal no domínio civil – de Alexandre III a Honório III, sendo o Papa considerado não apenas o chefe supremo da Igreja, como também o do poder temporal de toda a Cristandade.

Como os súbditos eram quase todos cristãos não é de admirar que o poder dos Papas e dos Monarcas versasse sobre matérias comuns e, por isso mesmo, tivessem surgido muitos conflitos entre a Igreja e os Reinos da Europa.

---

[325] Através da carta *Claves regni,* D. Afonso Henriques deu forma jurídica às negociações que tivera com o cardeal delegado a que atrás aludimos. A carta de enfeudamento assinada pelo arcebispo de Braga e pelos Bispos do Porto e Coimbra foi levada ao Papa Lúcio II, por D. João Peculiar. Pela carta *Devotionem tuam,* de 1 de Março de 1144, o Papa respondia e prometia protecção da Sé apostólica apenas dando a D.Afonso Henriques o tratamento de *Dux.* O que deu origem, por parte de D.Afonso VII, a um protesto à Cúria romana.

Somente em 1179, pela bula *Manifestis probatum,* o Papa Alexandre III, reconhece D. Afonso Henriques como Rei, confirmando-lhe e aos seus sucessores a protecção da Santa Sé para a defesa do reino e dos territórios que conquistasse.

208   *Das Relações da Igreja com o Estado*

Estes conflitos eram resolvidos, normalmente, por mútuo acordo, estabelecendo-se as respectivas competências ou delimitando-se os exercícios dos poderes. O Reino de Portugal não fugiu à regra da época, sendo a causa mais comum das intervenções do Papa em Portugal, na 1.ª Dinastia, as desavenças entre o clero e a coroa. As contendas mais significativas, no Reino, abrangeram um século e o seu principal fundamento que iremos aprofundar no próximo capítulo reporta-se à posse

> *"(...) sempre disputada de dois privilégios, que resumiam essencialmente todas as pretensões da ordem eclesiástica: isenção absoluta da jurisdição secular e imunidade completa dos bens da Igreja."*[326]

Dos dois lados sempre houve excessos que só podem ser explicados e compreendidos se nos colocarmos dentro do espírito da época. Não raras vezes, o Direito, o bom-senso e a Justiça não foram respeitados por uma ou por ambas as partes.

O Rei D. Sancho I, numa carta dirigida a D. Martinho, bispo do Porto, a todo o clero em geral e aos burgueses da mesma cidade, que concede ao referido bispo que *"(...) possua a dita cidade como antes a possuiu D. Fernando, bispo do Porto, ou algum dos seus predecessores"* terminando por ordenar ao pretor e alvazis de Coimbra que entreguem a homens do bispo as suas herdades e outras coisas, como as possuiu o bispo D. Fernando.[327]

Após a morte de D. Fernando, tudo leva a crer que os burgueses ocuparam algumas propriedades episcopais, pelo que D. Sancho teve de intervir a favor do bispo, reconhecendo-lhe os direitos anteriormente estabelecidos. Será de notar, contudo, que embora D. Sancho pudesse ter justificado a posse do prelado com o diploma de D. Teresa, apenas se limitou a confirmar uma situação de facto.

No caso dos desentendimentos entre o bispo do Porto, os cidadãos e o Rei, historiadores como Alexandre Herculano fazem convergir num só

---

[326] Veja-se GAMA Barros, *História, I*, pp. 280 e 285.

[327] *Corpus Codicum*, II, pp. 43 e 45. De referir que no Porto sucederam-se dois bispos com idêntico nome: Martinho Pires (1186-1189) e Martinho Rodrigues (1191-1235). Embora a carta não esteja datada parece entender-se que tenha sido dirigida ao primeiro destes prelados. Desta carta poder-se-á inferir que o começo das questões com os bispos se teriam esboçado com D. Fernando Martins (1176-1185) por este ter estabelecido inovações com as quais os burgueses não se haviam conformado, pois, teria alargado os direitos senhoriais e, por outro, teria recusado confirmar o foral.

Capítulo IV – Enquadramento Político-Jurídico Português 209

momento histórico factos que teriam ocorrido em tempos diversos. Embora a sentença sobre o foral desagradasse aos burgueses, não se prova que fosse para se libertarem da vassalagem que alguns deles tomaram parte em desacatos contra o bispo.

E enquanto os burgueses apresentaram em juízo a carta de foral, o bispo respondeu-lhes com a carta de couto.[328] A pedido do bispo do Porto, a concessão de D. Sancho foi confirmada pelo Papa Inocêncio III, em 1212, tendo-se seguido outras confirmações mais explícitas da carta da rainha, com a sua reprodução, pelo Papa Honório III, cinco anos depois e por D. Afonso II, em 1218, entre outras. Por fim, foi incluída no foral de D. Manuel I à cidade do Porto.[329] Contudo, são de registar as desavenças entre o bispo Martinho Rodrigues e o Monarca, quando este se intrometeu nas questões entre o bispo e os cónegos. Pois, se dúvidas houvesse entre o cabido e o prelado, aquele não deveria queixar-se ao rei senão depois de ter recorrido ao arcebispo, sendo o motivo: *"ut et regis animum contra me sine ratione non ualeat commouere"*, pretendendo o bispo que tais questões não saíssem do foro eclesiástico e que não oferecessem pretextos para que o rei se desgostasse com ele.[330] Desacatado na sua autoridade, o Bispo lançou interdito na cidade tendo os oficiais do rei praticado violência contra ele e seus familiares que o obrigaram a sair do Porto e a recorrer ao Papa.[331]

---

[328] Alexandre Herculano soube traçar os conflitos de D. Martinho Rodrigues e seus cónegos com os burgueses e com o monarca. De notar e de acordo com a maioria dos historiadores, D. Sancho deu inteira razão ao prelado. São dois os documentos expedidos por D. Sancho. O primeiro dos quais é a sentença na qual, em súmula, se poderá entender o seguinte: Tendo tomado conhecimento da causa entre D. Martinho e os cidadãos do Porto, a propósito da carta de foro da mesma cidade, que eles diziam haverem os seus antecessores obtido de D. Hugo e também da alegação de que não deviam ser vassalos da Igreja devendo, por isso, o bispo respeitar o seu foral, após ouvir as razões de ambas as partes, D. Sancho considerou nula a carta de foro, decidindo que os cidadãos fossem considerados vassalos da Igreja do Porto devendo obediência. Ordenou D. Sancho que a referida Igreja possuísse a cidade com tudo o que estava contido na carta de doação da avó, D. Teresa, da qual teve conhecimento, admitiu e aprovou. O segundo documento é um decreto, dirigido a todo o reino, no qual tornou pública a mesma decisão. Veja-se *Corpus Codicum*, II, p. 44 e 46.

[329] Cfr. *Corpus Codicum*, II, p. 37 e *Forais Manuelinos da Cidade e Termo do Porto*, edição da Câmara Municipal do Porto, 1940, pp. 9 e 10.

[330] Cfr. *Censual do Cabido*, p. 500.

[331] O Papa Inocêncio III (1198-1216), como em nota anterior o referimos, foi um dos homens, a par com S. Tomás de Aquino, mais marcantes da História do século XIII,

210   *Das Relações da Igreja com o Estado*

A discórdia foi sanada com a intervenção de Inocêncio III, que impôs ao rei não se envolver futuramente em questões do clero.[332] Mas novo conflito se instaurou entre o bispo e o Rei, estando os motivos explicitados na bula *Graves oppressiones*, tendo na contenda os oficiais do rei sido apoiados pelos burgueses. Questiona-se se agiram para se libertarem, pela força, do senhorio episcopal ou se terão sido apenas aliciados para executarem as ordens de D. Sancho I.[333]

1.2. *Da Identidade Religiosa portuguesa*

Para podermos abordar esta temática da identidade religiosa dos portugueses, teremos de enveredar pelas generalizações. E qualquer generalização implica um certo reducionismo, sendo toda ela apenas uma espécie de caricatura, uma vez que se acentuam determinados traços mais marcantes enquanto outros se omitem por que poderão parecer-nos menos característicos. Mas, tal como na boa caricatura, esperamos que se encontrem aqui tanto os que são excelentes espelhos dos traços fundamentais como os que recolhem a essência da alma do retratado.

De acordo com estudiosos da matéria: "não se poderá falar de uma situação sócio-religiosa portuguesa, mas de várias, segundo os meios sociais, as idades, o sexo, a preparação intelectual."[334] Significa isto que a multiplicidade de caracteres existe e que teremos de simplificar tendo em

---

no Ocidente. Dele diz-se que foi "Mais rei que padre, mais papa que santo". A sua acção política, a *plenitudo potestatis,* foi constantemente reivindicada, pois considerava-se o administrador de Deus na Terra e a cabeça da Igreja. O poder temporal (político) estava submetido ao espiritual e este ao eterno. Para este Papa, a salvação do Ocidente residia na congregação de todos os homens, príncipes, clérigos, monges e fiéis, sob o seu comando. Foi este ideal que apresentou aos Padres do IV Concílio de Latrão, em 1215. Multiplicou as bulas e as legações, perseguindo a imoralidade por toda a parte.

[332] Trata-se da Bula *Petentium desideriis,* em Suma do Bulário Português, n.° 1 803.

[333] Na bula de 13 de Maio de 1210 está especificada a indignação de D. Sancho face a D. Martinho Rodrigues por este se ter recusado a assistir ao casamento do futuro D. Afonso II com sua parente D. Urraca, filha do rei de Castela, não tendo o bispo recebido e acompanhado os noivos aquando da sua passagem pelo Porto. Como represália, o rei ordenou que o bispo e outros membros do clero fossem feitos prisioneiros.

[334] Assim o afirmaram, numa Conferência apresentada no III Congresso Nacional de Religiosos, em 1978, em Fátima, os Professores Augusto da Silva e Manuel Vaz Pato, da Universidade de Évora, sob o tema "Análise da Sociedade Portuguesa Hoje – A realidade sócio-religiosa".

Capítulo IV – Enquadramento Político-Jurídico Português   211

atenção que a humildade é a verdade, tendo presente que *"eu pertenço à história antes mesmo de me pertencer"*,[335] ou melhor ainda, como observa Ortega y Gasset: *"Eu sou eu e a minha circunstância"*.

Cada um de nós tem uma matriz cultural, muito embora sem determinismos, mas com a imposição de certos condicionalismos que nos fazem ser quem somos. Temos a consciência de que a História de Portugal seria inexplicável sem a existência dum vincado sentimento religioso, concretamente cristão e católico, sendo certo que a alma lusitana está "grávida de divino".[336]

Portugal nasce com a ajuda da Igreja, muito embora, no momento em que se funda, a monarquia portuguesa herda principalmente mediante a bula *Manifestis Probatum,* três nações sediadas no mesmo território – a cristã, a islâmica e a judaica.[337]

Trata-se duma herança singular, que nos propõe uma cultura triádica, pese embora a ocidentalização do cristianismo. Estas três culturas tinham em comum serem de carácter religioso, muito embora os credos a que estavam ligadas fossem incompatíveis, sendo comum, após a reconquista, o inexorável processo de destruição de tudo o que pudesse recordar a cultura dos vencidos.[338]

---

[335] De acordo com Paul Ricoeur, citado por SILVA, Lúcio, "Ser Português", *in Forum 1994, 15-16,* Braga: Universidade do Minho, p. 3.

[336] Referindo-se à visão de Pessoa, assim o afirma A. Quadros. Veja-se QUADROS, António, (1986), *Fernando Pessoa, Portugal, Sebastianismo e Quinto Império,* Mem Martins: Publicações Europa-América, p. 175.

[337] O próprio D. Afonso Henriques protegeu os mouros que ficaram na região de Lisboa, depois da conquista como se confirma numa *Carta de Segurança* de 1170 em que proíbe que sejam maltratados por cristãos ou judeus. Os Judeus estavam na Península desde o tempo romano, quer fossem, em determinadas épocas, pouco tolerados e mesmo perseguidos, representaram sempre uma *élite* cultural tendo servido para a formação de quadros superiores da administração.

[338] O povo português é, por excelência, um povo *do Livro.* O *Livro* é a *Bíblia,* do grego *biblion,* que significa «livro». Os judeus e os cristãos empregam o termo Bíblia para designar o seu Livro sagrado. Não será despiciendo acrescentar que a estes se podem juntar os islâmicos por se considerarem descendentes de Abraão. No entanto, a palavra «Bíblia» não tem, para uns e outros, o mesmo conteúdo. Sem pretender apresentar um estudo exaustivo do assunto dir-se-á que a Bíblia dos cristãos é constituída pelo Antigo e Novo Testamentos, enquanto a judaica compreende: o Pentateuco ou *Tora; o Neviim* ou os Profetas e os Hagiógrafos ou *Ketuvim.* A *Tora,* o mais sagrado escrito da liturgia judaica, é constituída por cinco livros: Génesis, Êxodo, Levítico, Números e Deuteronómio. Começa com a Criação do Mundo e termina com a entrada dos hebreus na Terra Prometida. Logo, o Antigo Testamento corresponde à Bíblia dos judeus, enquanto o Novo

A obra de irradicação violenta aconteceu em várias fases estando bem marcada pela expulsão de muçulmanos e judeus, no século XV, tendo a Inquisição desempenhado um forte papel na destruição sistemática das suas culturas, como atrás, por alguns exemplos, deixamos expresso.

A monarquia Portuguesa, confessadamente católica, obedecendo sempre a Roma, não dispunha de experiência no domínio da jurisdição política de forma a enquadrar os não-cristãos, ou seja, os judeus e os muçulmanos. Justamente por isso teve de criar *nações estantes* para eles. Eram um povo separado, com a sua própria lei, mas politicamente obediente à Coroa. Os monarcas portugueses considerava-os um povo estante, uma nação estrangeira sediada no Estado, em oposição à nação *essente,* formada pelos católicos.

A contradição cultural aliada ao genocídio cultural e o triunfo do grupo que possuía a cultura técnica e literalmente menos desenvolvida deixaram marcas no modo de ser português. De entre estas marcas podemos destacar, parafraseando J. H. Saraiva, a intolerância religiosa, chauvinismo ideológico, tendência para identificar a nação como um credo único. Ao que ainda se pode acrescentar

> *"(...) um permanente cepticismo em relação aos ideais, uma legitimação tácita da hipocrisia e do oportunismo, uma permanente desconfiança em relação à inovação cultural, sempre suspeita de implicar riscos para a segurança do Estado e para a unidade moral da Nação".*[339]

Não sendo pois, de estranhar que, mesmo no século XII, e repetindo Saraiva, o judeu Maimódes, na sua *Epístola sobre a Apostasia,* defendia o criptojudaísmo, ou seja, o direito moral de professar intimamente uma crença embora aparentando professar outra.

Reforçando a imagística podemos referir que enquanto a paróquia era o "gueto" cristão, a alfama era o "gueto" muçulmano e o judeu ficava um pouco misturado por paróquias e alfamas. A grande maioria dos muçulmanos estava moçarabizada, isto é, eram cristãos de costumes islâmicos ou árabes de vida cristã.

Testamento corresponde ao fundamento do cristianismo. Contudo, o próprio texto dos livros comuns difere sensivelmente. Por exemplo enquanto os cristãos atribuem a Deus o nome de Javé ou de Jeová, para os judeus não é possível pronunciá-lo, sendo apenas escrito pelo tetragrama "YHVH".

[339] Veja-se Saraiva, J. H., *Ibidem,* p. 79.

Capítulo IV – Enquadramento Político-Jurídico Português 213

Digamos então que a monarquia portuguesa, ao adaptar a legislação visigótica, o direito romano e a experiência marranática dos muçulmanos, configurava uma gente irredutível, cuja garantia de existência se baseava no absolutismo da religião.[340]

Quase todas as leis régias, desde o início da monarquia até praticamente aos finais do século XV, contemplaram, apesar de alguns desvios, os foros judaicos como sejam o direito de propriedade e de circulação, o direito de casa de oração e direito de alimentação e de bebida.

A própria lei de, no crepúsculo, recolher à alfama, é claramente de protecção. Prevaleceu um estado de convivência mais ou menos pacífica, mais do que coexistência, entre as três nações aqui sediadas.

Tantos séculos depois, o Papa João Paulo II refere que a Sinagoga é um grande protesto: o Único não incarna.[341] O Deus do judeu é o nosso Deus, mas, enquanto para os cristãos Deus se aproximou da humanidade, através de Cristo e o cristianismo se apresenta como vocação da modernidade, para o povo judeu Deus continua longínquo, intocável e imutável.

Certo é que até ao primeiro quartel do século XVI, os judeus (diga-se cristãos-novos) gozaram duma paz relativa, com consentimento do clero, muito embora no Estado a cultura judaica estivesse bastante diluída. A partir daí, com o aparecimento da Inquisição, as relações de coexistência foram, no mínimo, perturbadas.[342]

No século XIV, para escapar às exações antijudaicas, cerca de cem mil judeus submeteram-se ao baptismo e, porque a isso foram obrigados, tornaram-se cristãos, ditos «novos».

Entre estes *conversos* muitos atingiram posições de destaque no governo e até na Igreja, o que fez aumentar o ressentimento dos «cristãos

---

[340] Para maior aprofundamento da matéria em causa consulte-se De los Rios, J. A., (1960), *Historia social, Política y Religiosa de los Judios de España y de Portugal,* Madrid.

[341] Veja-se João Paulo II, (1994), *Atravessar o limiar da Esperança,* Lisboa, p. 38.

[342] No seu ensaio *Réflexions sur la question juive,* Jean-Paul Sartre nota que contrariamente a uma opinião difundida, não é o carácter judaico que provoca o anti-semitismo, mas antes este que cria o judeu. O antijudaísmo, hoje anti-semitismo (termo que só surgiu em Hamburgo, em 1879, pela pena de Wilhelm Marr, para designar o ódio aos judeus, muito embora a palavra seja incorrecta na medida que semitas serão os descendentes de Sem, o filho mais velho de Noé e antepassado de Abraão, o pai de todos os monoteístas – hebreus, islâmicos e cristãos) existe porque os judeus recusam a assimilação, mas também, mesmo que assim não fosse, o anti-semita estaria ao seu lado para lhe lembrar a sua origem. A história dos *marranos* ilustra bem esta nossa asserção.

velhos», além disso, os *marranos* foram acusados de se terem mantido secretamente fiéis à religião judaica. Em 1480, a Inquisição obrigou-os a submeterem-se a terríveis e meticulosas investigações destinadas à descoberta dos cristãos novos ou marranos «judaizantes».[343]

Diga-se, em abono da verdade, que a Inquisição, como atrás referimos, não foi objectivamente criada para inquisicionar o povo judeu, pois, D. João III solicitou à Santa Sé a instituição dentro do quadro da Contra--Reforma, no intuito de obstar ao proselitismo dos movimentos reformistas luteranos e contra as heresias.[344] Apesar de tudo, a romanidade e a catolicidade são vectores inequívocos da tradição portuguesa.

Portugal nasceu, como se fez referência, mediante a bula *Manifestis probatum* do Papa Alexandre III, o qual reconheceu um reino em Cruzada e que dava provas de empenho na expansão da cristandade. Ainda hoje o catolicismo continua sendo a "mais orgânica e tradicional das nossas vivências culturais."[345]

Em Portugal, a Igreja Católica está ligada à própria história da nacionalidade e esteve sempre presente em todos os momentos da própria expansão do Império e, consequentemente, da Fé. Cada pessoa tem uma matriz cultural e precisa ter uma história por alicerce, sem determinismos, que nos fariam prisioneiros, mas tendo consciência dos condicionalismos com os quais contamos.

Por mais que não se aceite, o português não está preparado para abandonar totalmente as suas raízes, mesmo que se diga laico, ateu ou agnóstico. A assimilação, como disse Sartre, é apenas "um sonho" de alguns.

---

[343] Muitos, como já fizemos referência, acabaram na fogueira, para gáudio e aproveitamento de uns tantos cristãos velhos, depois de terem sido torturados para confessarem a sua suposta fidelidade aos rituais dos seus ancestrais. Depois seguiram-se os decretos de expulsão por volta de 1492, que salvo melhor opinião, minaram muito o bem-comum. Muitos foram os que partiram para o exílio, outros optaram por ficar, aparentemente esquecidos do seu judaísmo. Todavia, alguns continuaram a praticar e a perpectuar uma religião «marrana» respeitadora dos rituais judaicos fundamentais.

[344] Caberá às instituições eclesiais dar resposta aos muitos pedidos já feitos no sentido de suscitar uma nova história da Inquisição com rigor não apenas documental e científico, mas também jurídico. O Papa João Paulo II, na sua visita a Israel, pediu perdão, ao povo judeu, também pelos pecados do Santo Ofício.

Há que deplorar "todos os ódios, perseguições e manifestações de anti-semitismo, efectuadas em qualquer altura e por quaisquer pessoas, contra os judeus." *Declaração sobre as Religiões não Cristãs,* n.º 4, Concílio Vaticano II.

[345] De acordo com LOURENÇO, E., "Fascismo e cultura no antigo regime", *in Jornal de Letras,* 16 de Março de 1983.

Capítulo IV – Enquadramento Político-Jurídico Português 215

Mesmo quando o português quer esquecer, apagar, negar a sua origem, a religião e a tradição transmitidas pelos seus pais, até mesmo o seu nome e apelidos, surge sempre 'algo' para lhe lembrar tudo o que ele realmente é.

Num país com forte presença da Igreja Católica, apesar dos índices secularizadores e de religiosidade privada, como é o caso de Portugal, ressaltam sempre manifestações de fé.[346]

Por conseguinte, a história deste país explica-se através dum vincado sentimento religioso, concretamente cristão e católico. Referindo-se à visão de Fernando Pessoa, foi dito que "a alma lusitana está grávida de divino".[347]

Portugal, na sua diáspora, construiu Igrejas e hospitais, mas também escolas, talvez resultante da nossa influência judaica, pois, no *Talmude* (interpreta, discute e comenta a Bíblia – é de certo modo, o código de processo da Lei judaica) pode ler-se: *"Toda a cidade onde as crianças não forem à escola está destinada a perecer".*

Parafraseando Manuel Pinto diremos que

> *"(...) estaremos ainda longe de uma percepção adequada daquilo que foi este relacionamento, no que teve de interajuda, de conflito, de promiscuidade. Entre uma perspectiva laudatória e uma perspectiva anti-religiosa, faz-nos falta a pesquisa livre e rigorosa e a análise crítica."*[348]

---

[346] A respeito da situação actual da religião católica, em Portugal, o Cardeal Patriarca de Lisboa, D. José Policarpo, tem vindo a identificar algumas tendências: Primeiramente, a 'privatização da fé' e a sua subjectivação, fenómenos que progressivamente tentam desvalorizar a dimensão social e institucional da religião, bem como acentuar uma perspectiva 'utilitarista' duma Religião 'à medida' e conforme as necessidades, em que as pessoas são 'consumidores de produtos religiosos'. Depois, a vigência dum 'modelo de mercado aberto', que advém da existência dum pluralismo religioso e da livre concorrência entre os diferentes credos, numa espécie de lei 'da oferta e da procura' face às respostas e alternativas divinas.

Assim fica, em parte, explicado o 'sucesso' dos novos movimentos religiosos em Portugal, país maioritariamente católico em que aumenta, de década para década, o número dos não praticantes católicos. Faltará talvez fazer uma análise mais subjectiva e auto-crítica do fenómeno, como a que é apresentada por teólogos como Hans Kung e Herbert Haag que alertam para factos como: a constituição hierárquica da Igreja, a necessidade da Igreja Católica rever algumas das suas leis e dogmas e que talvez sejam causas para o aumento da distância entre catolicismo institucional e sociedade portuguesa.

[347] Assim o refere António Quadros. Veja-se QUADROS, A., (1986), *Ibidem*, p. 175.

[348] Veja-se PINTO, Manuel, "Credibilidade da acção pastoral da Igreja Católica – Contributos para uma reflexão", *in Theologica*, II série, vol. XXXII, 2, (1997), U.C.P., Braga: Faculdade de Teologia, p. 274.

No contexto europeu, Portugal não é excepção. Toda a história da formação da Europa se deve, em grande medida, à actividade da Igreja, concretamente, através do Papa, dos bispos e das ordens religiosas.

Mas será excepção noutro aspecto. Será, pois, conveniente deixar a definição, em espírito e em matéria, da missão portuguesa no Mundo afirmada pelo Infante D. Henrique. Com ele terá nascido verdadeiramente a Nação naquilo que ela se distingue de todas as outras, que é a sua descontinuidade geográfica na unidade espiritual.

Se o que define uma Nação é, principalmente, a sua missão no Mundo, de acordo com José António Primo de Rivera – uma "unidade de destino no universal " e não apenas pela estabilidade de fronteiras, podemos então dizer que Portugal é a mais antiga Nação pelo menos da Europa.

Vejamos então, de modo sumário, alguns dos vários momentos em que a intervenção da Igreja foi decisiva para a sua formação. O primeiro desses momentos foi o reconhecimento do Reino de Portugal como nação independente. O papel da Igreja foi preponderante, nomeadamente da Santa Sé, representada pelo Cardeal Guido de Vico, o qual mediou a conferência de Zamora, em 1143, tendo D. Afonso Henriques prestado vassalagem ao Papa Inocêncio II.[349]

Outro desses momentos aconteceu aquando do Interregno de 1383--1385, em que a soberania portuguesa ficou em risco perante Castela e em que foi indispensável o contexto religioso que rodeou e integrou a actuação do Condestável Nuno Álvares Pereira e o Mestre da Ordem de Avis, futuro Rei D. João I.

A própria empresa dos Descobrimentos associa-se à Religião, na medida em que o financiamento das pesquisas científicas do Infante D. Henrique veio, em parte, da Ordem de Cristo. O próprio Infante costumava dar, como última directriz aos seus marinheiros, a célebre ordem: *'Trazei--me notícias do reino do Preste João.'* Esta busca incessante da ligação portuguesa ao Reino Cristão da Abissínia, em África, tem raízes profundas, que vieram através da Ordem do Templo.

---

[349] Aliás, diga-se que o papado de Inocêncio II foi assinalado pela sua intervenção na escolha dos soberanos em casos de contestação. Assim aconteceu também em Inglaterra, onde, após a morte de Henrique I, o Papa apoiou os direitos de Matilde contra Estevão de Blois e também na Alemanha, onde Henrique da Baviera foi preterido a favor do candidato romano Conrado de Hohenstaufen (III). No essencial a direcção geral da cristandade era confiada ao Papa. Viveram-se séculos de verdadeiro duelo entre uma sociedade bastante marcada pelo feudalismo e uma Igreja que, embora mantendo a sua autonomia, pretendia proteger a liberdade do homem.

Capítulo IV – Enquadramento Político-Jurídico Português

Não será por acaso que se pode dividir a História de Portugal em duas fases: antes e depois da viagem de Vasco da Gama.[350] Descobrimentos, em Portugal, significou missionação na medida em que o binómio *'Fé e Império'* esteve associado à ideia de Pátria, sendo indissociável a religião cristã e a ideia de Pátria. Baste, a propósito, as palavras do Papa Nicolau V:

> *"Foi imensa a nossa alegria ao saber que o nosso querido filho Henrique, Infante de Portugal, seguindo os exemplos de seu Pai, o Rei D. João, de ilustre memória, inflamado no zelo das almas como intrépido atleta e soldado de Cristo, impusera a si mesmo a missão de divulgar nas regiões mais remotas e mais desconhecidas, o nome de Deus Criador, e assim alargar o grémio da fé católica".*[351]

Na época da Restauração, em 1640, a intervenção da Igreja foi de primeira importância, bastando para o justificar o papel de diplomata do Padre António Vieira. Mas para o bem e para o mal, em períodos de glória como em tempos de crise, a Igreja Católica e a Pátria portuguesa caminharam lado a lado, oscilando entre respeito e intromissões de parte a parte, com histórias de idílio e episódios de zanga, ora com compromissos ora com cedências.

Assim o foi na época de convulsões e revoluções, normalmente com forte espectro anti-religioso, como o caso do Liberalismo, que culminou com a expulsão das ordens religiosas, em 1834 e a revolução de 1910, para a implantação da República, em que se repetiu a sistemática perseguição à Igreja.

E o mesmo não se repetiu com a revolução de 1974, dado o bom-senso do clero e, sobretudo, dos seus Bispos e do Patriarca de Lisboa. Afinal, Portugal nasceu à sombra da Igreja e o catolicismo foi, desde sempre, um elemento formativo da alma da Nação portuguesa e também um traço marcante do carácter do seu povo.

Repetindo o Professor Oliveira Salazar, diremos que

> *"Nas suas andanças pelo Mundo – a descobrir, a mercadejar, a propagar a fé – impôs-se sem hesitações a conclusão: português, logo católico. A uniformidade católica do País foi assim, através dos séculos, um dos mais poderosos factores da unidade e coesão da Nação Portuguesa".*[352]

---

[350] De acordo com SILVA, L. C., (1996), em *Brotéria*, vol. 143, p. 162.

[351] Veja-se Nicolau V, *Bula* de 1454.01.08.

[352] Veja-se SALAZAR, A. de O., *Discursos*, vol. IV (1943-1950), Coimbra: Coimbra Editora, p. 372.

Quando, como ultimamente vem acontecendo, se pretende fazer uma leitura pagã ou laicizante da História de Portugal, está a desvirtuar-se o seu autêntico sentido. A história da nossa expansão ultramarina, colonização e convívio secular que até hoje perdura com os povos autóctones de África, da Ásia e do Brasil, apesar de todas as humanas limitações, teve um quê de humanidade que nos tornou positivamente ímpares.[353]

A expansão dum povo, a busca de espaço livre na tentativa de melhorar o seu bem-estar, nem sempre precisa de ser conseguida em prejuízo de outrem. Certo é que o contacto com a cultura portuguesa ainda no século XXI é considerado benéfico pela grande maioria dos descendentes dos povos descobertos pelos homens do Infante.

Desde há muito que se estabeleceu, de forma intencional, interna e internacionalmente, a confusão entre as atitudes dos povos conquistadores e as dos descobridores.

Certo é, que com a desculpa da introdução da Fé, por eles considerada 'única e verdadeira', impuseram os conquistadores a recolha do ouro e da prata dos nativos para pagar os custos da sua acção missionária e o seu bem-estar. Em consequência assistiu-se à extinção de culturas e religiões e ao massacre das respectivas populações.

Na história da expansão portuguesa, apesar das humanas limitações, não existe nada parecido, pois, embora nem sempre pacífica, não houve, no entanto, aniquilamento sistemático de culturas ou imposição da Fé.

Baste os testemunhos da vontade de depositar confiança e de criar amizade nos novos contactos com culturas tão longínquas da europeia que desde logo acompanhou o pensamento dos descobridores portugueses e a oferta de armas e armaduras feita por Vasco da Gama quando chegou à Índia.

Não existirão dúvidas de que quem oferece armas a um potencial adversário deseja mostrar-lhe que vem como amigo e que deposita confiança no seu relacionamento. Até nas convulsões sociais o povo português é cordialmente revolucionário, cordialidade que se manifesta também nas diversas expressões da religiosidade popular.

Através da religiosidade nacional vem ao de cima as qualidades e defeitos da alma lusitana. Aí se encontra, como alguém disse, a supersti-

---

[353] Não dá para esquecer a força do catolicismo deixado pelos portugueses e a guarda secreta da bandeira portuguesa, por um autóctone timorense, por mais de vinte anos, na esperança de voltar a 'encontrar-nos'.

ção, o ritualismo e o devocionismo pietista, mas também a fé a toda a prova, a esperança à prova de desespero, a confiança ilimitada, a abertura à paternidade de Deus e a fidelidade à palavra dada e aos valores dos nossos maiores.

Difícil será não verificar, em Portugal, expressões da nossa religiosidade tanto em forma material como imaterial, sendo que na própria língua portuguesa se encontram palavras e expressões que nos reportam a Deus e à sua providência, a Cristo, à Virgem e aos Santos. Sendo certo que em tudo isso há muita rotina, praxes sociais e mesmo superstição, não deixa, no entanto, de constituir um manancial a investir na qualidade de vida de todo um povo.[354]

Após uma certa vaga iconoclástica que se seguiu ao Concílio Vaticano II,[355] muito se tem realizado, sobretudo através da Exortação apostólica de Paulo VI.

A fim de expurgar os elementos negativos da religiosidade popular, foi chamada a atenção para os benefícios da religiosidade popular na medida em que se for *"(…) bem orientada, sobretudo mediante uma pedagogia de evangelização, é algo rico em valores. Assim, traduz em si uma certa sede de Deus ..."*.[356]

Afinal, o Homem é um ser organizado para acreditar e como disse Teixeira de Pascoaes *"o destino do homem é ser consciência do Universo em ascensão contínua para Deus"*.[357]

---

[354] Mesmo respeitando os que assim pensam não nos eximimos de referir o número de portugueses que trazem consigo crucifixos ou medalhas da Virgem, ou que clamam *Meu Deus!*, em situações de desespero ou de angústia. Uns são crentes, mas também muitos que se auto-proclamam ateus e agnósticos.

Já Fernando Pessoa dizia que "a palavra escrita é um elemento cultural e a falada apenas social" sendo que "a linguagem falada é natural, enquanto a escrita é civilizacional".

[355] O Concílio Vaticano II, reunido entre 1962 e 1965, num mundo bipolarizado, em plena *Guerra Fria,* constituiu o acontecimento mais marcante do Catolicismo mundial desde a Reforma do século XVI. Entre variados legados reformadores, o Concílio tentou encetar um diálogo entre a Igreja e a cultura contemporânea. A dádiva a si mesmo, de acordo com o Concílio, é o caminho certo para a verdadeira felicidade humana. Numa cultura que ensina que a liberdade significa afirmação de si mesmo e autonomia radical de qualquer autoridade externa, isto pode bem parecer fraqueza.

[356] Veja-se Paulo VI, *Evangelho aos homens de hoje – Exortação apostólica 'Evangelii nuntiandi',* n.º 48, Braga: Editorial A. O., 7.ª ed., 1990, p. 38.

[357] Assim o afirma PASCOAES, T. de, *O grito que Deus ouve,* Braga: Editorial A. O., 1995, p. 83.

220 Das Relações da Igreja com o Estado

Mesmo os ditos ou tidos por "não crentes", em algum momento, serão capazes de asserções como esta de Torga, num Domingo de Ramos, feita ao Padre Avelino Augusto da Silva, no adro duma Igreja portuguesa:

"Como sabe, não pratico nenhuma religião. Mas se o fosse a fazer era na Igreja católica. Vê-se que Deus desce à terra. O que é nosso é aproveitado para chegarmos a Deus: é a água e o azeite, o pão e o vinho, os ramos e as flores. Por aqui anda a verdade". [358]

Para que a vida faça sentido nenhum indivíduo consegue viver sem uma história, uma narrativa sobre donde veio e para onde vai. Foi por isso que o Concílio Vaticano II deixou a mensagem de que não existe nada verdadeiramente humano que não encontre eco no coração dum cristão. A Igreja propõe um encontro com Deus que liberta o Homem da confusão das interrogações sem resposta que a todo o tempo se lhe colocam e uma interpretação da origem e destino da sua história. [359]

Acrescente-se que a maioria dos portugueses define a sua cultura como sendo cristã e católica, entendendo-se por 'cultura' a forma como um grupo pensa, sente, vive, se organiza, celebra e partilha a vida.

Toda a cultura tem subjacente um sistema de valores, de significações e modos de ver o mundo que se expressam pela linguagem, gestos, símbolos, ritos e estilos de vida. [360]

Será oportuno recorrermos às estatísticas para melhor falarmos sobre a religiosidade dos portugueses, assim e, de acordo com os resultados do censo de 1991, do Instituto Nacional de Estatística, declararam-se católicos 6 524 980 pessoas, correspondendo a cerca de 95% dos que responderam à

---

[358] Retirado duma conferência proferida, no dia 28 de Abril de 1998, na Fundação Calouste Gulbenkian.

[359] Poderá dizer-se que o Cristianismo triunfou no Império Romano, não somente devido à força da sua doutrina, mas também porque ela permitia às pessoas daquela época, ter vidas mais tolerantes e com esperança num futuro melhor. A doutrina debelou não só a estreiteza de espírito e a intolerância reinante na antiguidade pagã, como providenciava um aliciante estilo de vida em alternativa à crueldade e venalidade da época. A agonia de medo vivenciada na época está bem patente nas palavras de Cristo ao suplicar ao Pai, ainda no jardim de Getsémani, na véspera da sua morte: "Se é possível, afaste de mim este cálice" (Mateus 26,39). Esta agonia é, ainda hoje, considerada uma metáfora para a condição humana.

[360] Veja-se a propósito Documentos da Congregação Geral 34 da Companhia de Jesus, *Decreto 4 – A nossa Missão e a cultura,* nota 3, 1996, Lisboa: Cúria Provincial, p. 83.

Capítulo IV – Enquadramento Político-Jurídico Português

questão sobre a religião que praticavam.[361] São dados que devem ser respeitados, cabendo à Igreja Católica aproveitar o seu conhecimento para melhor agir e isto porque o ateísmo está caindo em desuso e evoluindo para o relativismo indiferentista que irá provavelmente ter ao cepticismo.

E, como diz Enrique Rojas,

> *"(...) o relativismo, cepticismo e finalmente niilismo têm um tom devorador, porque deles emerge um homem pessimista, desiludido, indiferente à verdade por comodidade, por não aprofundar questões essenciais. Assim surge a ideia do consenso como juiz último: o que disser a maioria é a verdade."*[362]

A Religião, tal como a língua, é o factor distintivo das pessoas duma cultura em relação às de outra. E, como diz Samuel Huntington, o cristianismo ocidental é, historicamente, a característica singular mais importante da civilização ocidental.[363]

---

[361] Acrescente-se que 3,26% se declararam sem religião a que corresponde 225 334 pessoas, sendo que as percentagens de protestantes e ortodoxos atingem os 0,53 (36 932) e 0,16 (11 319) respectivamente. É de registar que estes valores assemelham-se aos do censo de 1981. Uma sondagem realizada em Dezembro de 1992, objecto duma tese de doutoramento em Sociologia da Religião, da autoria de Carlos Martins de Oliveira, sob o título *Atitudes e Comportamentos Religiosos dos Portugueses na Actualidade*, 1995, Universidade de Évora, apresenta os seguintes dados referentes aos maiores de 18 anos, a residir em Portugal continental: Católicos – 87,7%; Indiferentes – 4,7%; Crentes sem religião – 3,7%, Crentes com outra religião – 2,1% e Descrentes ou ateus – 1,8%. O catolicismo de cerca de metade dos que dizem católicos é essencialmente não praticante, trata-se duma cultura católica mais do que um catolicismo vivo e estruturado. Estas manifestações culturais de cristianismo latente devem ser acarinhadas, aperfeiçoadas e estimuladas ao crescimento.

Cfr. OLIVEIRA, C. M., *Ibidem*.

Veja-se ainda a respeito destes dados estatísticos o n.° 1 264 do Expresso-Revista, de 18 de Janeiro de 1997, pp. 41-49. No entanto, convenhamos que cerca de 23% dos portugueses respeitam o Domingo e participam na missa. Será de certo a Igreja Católica a única instituição que consegue, uma vez por semana, ao longo do ano, agregar, num mesmo sentimento e prática, mais de dois milhões de portugueses. O católico de hoje assume-se com maior autenticidade no que a religião tem de compreensão, coerência e fé. Contudo, ser católico não praticante 'fica bem' e, sobretudo, exige pouco. Aliás, é esta a cultura do não-compromisso que se encontra bastante disseminada na nossa sociedade. Para muitos, o sacrifício é socialmente incorrecto e religiosamente alienante, ao contrário do prazer que é, cada vez mais, exaltado.

[362] Cfr. ROJAS, E., (1993), *El hombre Light – Una vida sin valores*, Madrid: Ediciones Temas de Hoy, 5.ª ed., p. 50.

[363] Veja-se HUNTINGTON, S., *Ibidem*, p. 79.

222 *Das Relações da Igreja com o Estado*

Queira ou não admitir-se a Igreja católica tem ainda hoje, em Portugal, muito poder que deve saber gerir. Urge saber gerir este poder com critérios de serviço, sem pretensões nem arrogância, com espírito evangélico e justiça social. Há que ter presente que o poder é como a cadeira. Ou nos servimos dela para descansar e readquirirmos forças para trabalhar ou nela nos instalamos esperando que nos sirvam e aí o poder de servir degenera em serviço do poder.

Foi forte o papel da evangelização feita pelos portugueses.[364] Para um verdadeiro estudo da História de Portugal há que tomar como base dos critérios sistematizadores um princípio de essência.

Se, como dizia Freitas da Costa,

"O que define Portugal, o que nos individualiza entre as outras Nações, é aquilo que o árabe encarregado (quando da conquista de Lisboa) de responder ao "ultimatum" do nosso primeiro Rei, luminosamente classificava como ambição do espírito: "basta uma floresta a um bando de leões e não vos bastarão a vós o mar e a terra porque vos não move a necessidade mas a ambição do espírito ...".

Então, como ele próprio acrescenta, o que nos move é:

"(…) o espírito de missão, afã de levar mais além no espaço o conceito de vida de que se é portador; não é o desejo de um Império económico ou terreno, não é sequer a ânsia de domínio político – é a vocação de transmitir a outros a Verdade de que se está possuído".[365]

Digamos, ainda repetindo Freitas da Costa, que

"Portugal se tem definido como unidade espiritual, independente da unidade geográfica; melhor – Portugal só se define inteiramente, sob o ponto de vista material, quando essa unidade espiritual, para realizar-se em missão (a missão que é consubstancial à Nação), se reparte geograficamente por territórios distantes uns dos outros quando se chega a ter a "vida pelo mundo em pedaços repartida".[366]

---

[364] Para aprofundar este tema, consultar LOPES, António, *Dioceses fundadas nos territórios ultramarinos e padroado português a partir de Lisboa com seus respectivos Bispos,* Lisboa: Biblioteca Evangelização e Culturas, 1994.

[365] Veja-se Eduardo Freitas da Costa em *Não discutimos a Pátria* – antologia de textos do Prof. Oliveira Salazar, Lisboa: Nova Arrancada – Sociedade Editora, S.A., p. 12.

[366] COSTA, E. F., *Ibidem.*

Ao mesmo tempo que nos lançamos, ousadamente, na mais bela empresa da História do Mundo, abrimos caminhos por onde levamos a civilização a todos os homens, inventamos, estudamos a fauna e a flora das terras descobertas e as disseminamos.

Ensinamos os textos sagrados e a vida de Cristo ao mesmo tempo que descobrindo e estudando línguas e religiões desconhecidas até então, lançamos os fundamentos, com a expansão do Cristianismo, da unidade moral do Homem no Mundo. Assim, a nossa vocação foi apostólica e missionária.

Queiramos ou não admitir, o povo português tem uma vocação missionária. Para continuarmos a nossa missão no Mundo não há necessidade de procurar sequer adaptar fórmulas e normas estrangeiras, será apenas necessário, como referia Múrias, *"(...) retomar o sentido de continuidade que se havia perdido, pelo regresso às permanentes da nossa actividade multi-secular, ou, doutra forma, pelo reencontro da nossa própria personalidade, tal como a história no-la revela"*.

E a dado passo Múrias acrescenta que assistimos ao paradoxo de *"(...) confiarem em nós muito mais os estranhos de que nós próprios. (...) Aceitamos (...) a decadência tornando-a fatalidade e muito mais grave (...) é a nossa conformidade com ela"*.[367]

Fechado o ciclo do Império ultramarino português, não se encerra o ciclo da missionação. Alguns políticos, mesmo confessando-se laicos e agnósticos, recordam a necessidade de missionários para facilitarem o diálogo inter-religioso e **intercultural**. E como reafirma o Concílio Vaticano II "a Igreja é, por natureza, missionária", logo precisa de ter as portas abertas para todos, renovando o apelo de Cristo e que os portugueses tão bem souberam realizar aquando dos Descobrimentos: "Ide por todo o mundo e pregai a boa nova a toda a criatura".

Foram, sobretudo os missionários, quem aguentou as convulsões da nossa descolonização nada exemplar e as suas sangrentas sequelas, permanecendo junto das populações autóctones para as defender dos neocolonialistas sem nenhum sentido de humanidade sequer afinidades culturais. Em Moçambique, para se chegar a uma paz, mesmo que instável, foi necessária a mediação da Igreja, o mesmo acontecendo em Timor, para que vingasse a causa dos direitos humanos.

---

[367] Cfr. MÚRIAS, Manuel, *Portugal: Império,* Lisboa, 1939, pp. 7-19.

224   *Das Relações da Igreja com o Estado*

A reflexão, feita na segunda metade do século XX, convence-nos de que muito do que nela é apresentado permanece com um elevado grau de actualidade, pois, preconiza que o futuro do catolicismo em Portugal *"(…) muito depende da teologia do matrimónio, visto já não ser dos indivíduos considerados estatisticamente, mas das famílias e das unidades familiares que esperamos a renovação da vida religiosa"*.[368]

Só viverá sabiamente quem aprender a aceitar a complexidade plural das pessoas e concretamente a realidade, bastante complexa da Igreja. E parafraseando Miguel Torga todo o português tem em si todos os Alcáceres-Quibir e todas as Aljubarrotas.[369]

Em cada português há uma *Mesquita* mourisca, um *Mosteiro* de Santa Maria das Vitórias e uma *Sinagoga*. Em nós prevalece a feira e o templo e travamos relações de proximidade quer com D. Nuno Álvares Pereira quer com o conde João Fernandes Andeiro.

Importa aprender a ter uma boa relação com os paradoxos da Igreja: divina e humana, universal e particular, una e dividida, santa e pecadora. Não se exija da Igreja, de nós mesmos e dos outros aquilo que não podemos ser.

Ser simplesmente o que somos já exige grandes lutas. A natureza humana é o que é. Capaz do melhor, mas do pior também. Por isso mesmo é que cabe à Escola, à Família, à Igreja, esforçarem-se por formar cidadãos para a vida em sociedade, em liberdade, em justiça, em paz e em espírito de entreajuda. Não tenhámos ilusões: o ser humano comporta, *semper promptus* a ser activado, o espírito de agressividade e o eterno conflito entre *eros* e *tanathos*. O bem tem sempre consigo o preço de algum mal. O instinto de luta, competitividade e egoísmo cativam ainda o comum dos mortais. Séculos de civilização cristã, pregando o desapego ao "bezerro de ouro", a fraternidade e a paz, ainda não o conseguiram.[370]

---

[368] Esta reflexão está inserida no *Apud Miriam,* Ano II, n.° 11, 1955, pp. 509.

[369] Veja-se TORGA, M., *O Divino e o Homem,* Lisboa: Rei dos Livros, 1993, p. 228.

[370] A expressão "Adorar o bezerro de ouro" advém do episódio bíblico narrado no *Êxodo* 32, 1-35. Moisés demorara-se no monte Sinai para receber, de Jeová, as Tábuas da Lei. O povo, desesperado por não ter uma divindade a quem adorar, pede a Aarão que lhe 'construa' um deus. Este, com os brincos de ouro das mulheres fez um bezerro, cultuado pelos hebreus que dançam embriagados. Moisés, ao regressar vê o povo enfraquecido e abúlico, reduz o bezerro a pó, lança-o à água, obrigando o povo a bebê-la. Para que recuperarem a energia e a agressividade, ordena aos homens que matem «o seu irmão, o seu amigo, o seu próximo». Nesse dia morreram 3 mil homens. O bezerro de ouro representa a idolatria, a luxúria e a ociosidade. Na mitologia egípcia é representado com Hórus e o boi Ápis.

Capítulo IV – Enquadramento Político-Jurídico Português

Vocação missionária se tem designado à tendência universalista, profundamente humana do povo português, sobretudo devido à sua espiritualidade e ao seu desinteresse. Ninguém ignora a existência, através da história, de incidentes e lutas entre reis e bispos; governos e clero; Estado e Cúria, mas convenhamos que não os houve entre Nação e Igreja.

Não houve, pelo menos até ao momento presente, lutas de interesses temporais ou de influências políticas, como resultado da rebelião da consciência contra a Fé. Como referiu o Professor Oliveira Salazar, aquando da sua tomada de posição face aos princípios fundamentais da Concordata em relação com a política nacional:

> *"Não há em toda a história apostasia colectiva da Nação, nem conflitos religiosos que dividissem espiritualmente os portugueses. Com maior ou menor fervor, cultura mais ou menos vasta e profunda (...) podemos apresentar perante o mundo, ao lado da identidade de fronteiras históricas, o exemplo raro da identidade de consciência religiosa"*.[371]

Não podia nem pode pôr-se, ontem como hoje, o problema de qualquer incompatibilidade entre a política da Nação e a liberdade evangelizadora da Igreja, mesmo porque uma fez sempre parte essencial da outra.

2. A Igreja e o Estado – Dos Acordos entre Portugal e a Santa Sé

2.1. *Acordos anteriores a 1940*

Convém recordar, o que aqui já foi dito, sobre os ensinamentos do Concílio Ecuménico Vaticano II sobre as relações Igreja-Estado:

> *"É de grande importância, sobretudo onde existe sociedade pluralística, que se tenha uma concepção exacta das relações entre a comunidade política e a Igreja, e, ainda, que se distingam claramente as actividades que os fiéis, isoladamente ou em grupo, desempenham em próprio nome como cidadãos guiados pela sua consciência de cristãos (...)"*[372]

---

[371] Veja-se o seu Discurso de 25 de Maio de 1940. *In Discursos, Ibidem.*
[372] De acordo com a Constituição pastoral *Gaudium et Spes* n.º 76.

226 *Das Relações da Igreja com o Estado*

Não se ignora contudo, que, tanto a Igreja quanto a comunidade política, são independentes e autónomas, muito embora ambas devam servir a vocação pessoal e social das mesmas pessoas.

Várias têm sido as razões aduzidas, um pouco por toda a parte, mesmo por católicos, para contestarem a celebração de Acordos e para exigirem a abolição das existentes. Apresentemos então, de forma sucinta, as mais significativas. Dizem que sendo a Igreja uma sociedade religiosa com objectivo meramente espiritual deve manter-se inteiramente livre a fim de poder, em plenitude, exercer a sua missão evangelizadora sem comprometimento com os poderes temporais. Para além disso, a Igreja, ao negociar com um Estado iguala-se ao poder temporal, descendo da sua condição espiritual e sobrenatural, perdendo, deste modo, o seu carácter religioso maculando-se com a política.

Apoiando estas mesmas razões encontram-se passagens na Constituição pastoral que reflectem isso mesmo, ou seja, que a Igreja

> *"(...) não coloca as suas esperanças em privilégios outorgados pela autoridade civil; pelo contrário, renunciará ao exercício de alguns direitos legitimamente adquiridos, quando conste que o seu uso põe em dúvida a sinceridade do seu testemunho, ou novas condições de vida exigirem outras disposições".*[373]

Destes e doutros textos similares do Concílio, como o da Declaração sobre a Liberdade Religiosa, que expressa que *"A liberdade da Igreja é princípio fundamental nas relações entre a Igreja e os poderes públicos e toda a ordem civil"*[374], poder-se-á inferir que os Acordos, porque contrários ao espírito e à letra dos documentos conciliares, devem ser abolidos.

Será inegável que houve e talvez ainda ocorram intromissões da Igreja no domínio das realidades temporais bem como dos Estados na vida da Igreja. Certo é também que muitas destas situações foram sancionadas por Acordos e Concordatas, sendo que, não raras vezes, houve tolerância dum ou doutro poder, como terá sido o caso, até 1910, da apresentação dos Bispos, por parte das autoridades civis e que ainda acontecia, por exemplo, em Espanha, em 1953 e na Argentina até 1966. Por seu turno, outras cláusulas que representem autênticos privilégios para a Igreja, deverão ser abolidas.

---

[373] *Ibidem.*
[374] Veja-se Declaração sobre a liberdade religiosa, n.º 13.

Efectivamente, em teoria, não deveriam ser necessários Acordos ou Concordatas entre a Igreja e os Estados. Bastariam leis ou tomada de medidas que garantissem a respectiva autonomia e a cooperação para o bem comum. Mas o que, normalmente acontece é que as leis do Estado relativas a assuntos religiosos ou pecam por defeito ou são injustas e nalguns casos persecutórias.[375]

Daqui se poderá tirar a ilação de, na prática, ser necessária a existência de Concordatas ou Acordos que resolvam, satisfatoriamente e de comum acordo, pontos marcantes de interesse para ambos os poderes e que sejam como que uma Magna Carta que salvaguarde a posição dos católicos num país.

E, mais uma vez, para uma melhor explanação dos factos, apelamos ao texto da encíclica *Gaudium et Spes*

> *"É certo que a missão própria que Cristo confiou à Sua Igreja não é de ordem política, nem de ordem económica ou social: o fim que lhe marcou é de ordem religiosa. Mas precisamente desta missão religiosa fluem uma missão, luz e forças que podem servir para estabelecer e consolidar a comunidade humana segundo a lei divina."*[376]

Por conseguinte, a assinatura de Concordatas, entre a Santa Sé e os Estados, inscreve-se neste sentir de missão da Igreja que tem como objectivo a salvação cuja universalidade, como refere o Papa, na sua visão ecuménica, *"não significa que ela se destina apenas àqueles que de maneira explícita crêem em Cristo e entraram na Igreja. Se é destinada a todos, a salvação deve ser posta concretamente à disposição de todos."*[377]

Ainda na mesma Encíclica é reafirmado que a Igreja "(…) *em razão da sua missão e competência, não pode confundir-se de modo nenhum com a comunidade política, nem está ligada a nenhum sistema político; ela é, ao mesmo tempo, sinal e salvaguarda da dignidade da pessoa humana."*[378]

Pouco depois do fim da I Guerra Mundial, em 1919, o Vaticano publicou uma *Raccolta* ou colectânea de todas as concordatas celebradas entre

---

[375] Veja-se apenas a título de exemplo a Lei da Separação, que, por confissão pública do seu principal autor, se destinava a acabar com o catolicismo em Portugal em "duas ou três gerações".

[376] Cfr. *Gaudium et Spes* 42

[377] Assim se manifesta o Santo Padre na Encíclica *Redemptoris Mission,* 10.

[378] *Ibidem,* 20.

228   *Das Relações da Igreja com o Estado*

a Santa Sé e as autoridades civis, com início no final do século XI.[379] Algumas concordatas foram efémeras, não raras vezes por incumprimento dos governos, enquanto outras tiveram um longo período de vigência como foi o caso da Concordata estabelecida entre Leão X e a França, em 1516, que a preservou de cair no protestantismo e vigorou até à Revolução de 1789. A ela se seguiu outra, denominada Concordata de Napoleão e que vigorou durante um século, regulando as relações entre o Estado e a Igreja, até à lei francesa da Separação, que data de Dezembro de 1905.[380]

Entre todas as Concordatas também são célebres duas das portuguesas estipuladas, no ano de 1289, entre D. Dinis e o Papa Nicolau IV.[381] Podemos afirmar que tiveram ampla vigência, cinco séculos, durando até ao advento do liberalismo, caso não se admita que caducaram virtualmente na época pombalina. Pelo modo como foram elaboradas, os nossos anti-

---

[379] Esta colecção *Raccolta di Concordati su materie ecclesiastiche tra la Santa Sede et le Autorità Civili,* Roma: Tipografia Poliglotta Vaticana, 1919, pp. XX-1140, compreende separados em 133 títulos ou números, outros tantos pactos concordatários com documentos anexos, sempre que possível conferidos com os seus originais, começando na concessão da Legacia Siciliana, atribuída pelo Papa Urbano II a Rogério, Conde da Calábria e Sicília, a 5 de Julho de 1098 e termina na Concordata celebrada entre Pio X e o monarca Pedro, da Sérvia, assinada em 24 de Junho de 1914. Embora, em rigor, não se trate duma edição autêntica ela tem o carácter de publicação oficiosa, sendo lícito inferir que, ao autorizá-la, o Papa Bento XV pretendeu oferecer modelos e subsídios de estudo para futuras Concordatas projectadas pela Santa Sé. O estudo das Concordatas inseridas na *Raccolta,* oferecem ao investigador matéria para meditação, sobretudo porque alguns dos diplomas são marcos na História europeia que puseram fim a lutas religiosas ou iniciaram longos períodos de paz social e colaboração fecunda entre o Estado e a Igreja. A fim de citar apenas alguns casos, embora já aqui abordados, refira-se as Concordatas de Worms (III) de 1119 e 1122, que no século XII, puseram termo à Questão das Investiduras, lutas entre a Santa Sé e o Império germânico; o mesmo acontecendo, em 1801, que não apenas pacificou a França como restaurou o culto católico após a Revolução de 1789 – a Concordata Napoleónica (LXXIV).

[380] Será incorrecta, a nosso ver, a posição dos que a partir da afirmação da separação da Igreja e do Estado e da afirmação do Estado laico, se excluem completamente do fenómeno religioso. Esta foi, por exemplo, a situação da França, em que uma lei do século XIX, criou esse laicismo absoluto que levou a uma posição de desconfiança do Estado, designadamente, em relação às chamadas seitas.

[381] Estas Concordatas, a que ora nos referimos (XVIII e XIX), têm, respectivamente, onze e quarenta artigos e puseram fim às lutas entre o clero e a coroa, no tempo da dinastia afonsina, a que anteriormente nos referimos quando abordamos os conflitos entre D. Sancho I e o bispo do Porto, D. Martinho Rodrigues. Foram elas que estabeleceram as bases duma cooperação fecunda entre a Igreja Católica e a Nação portuguesa, tendo sido incorporadas nas Ordenações afonsinas e no direito público subsequente.

Capítulo IV – Enquadramento Político-Jurídico Português

gos jurisconsultos, consideravam-nas como *Concórdias,* sendo celebradas entre os prelados e o monarca. Ora os prelados só de *per si* não podem celebrar Concordatas de carácter geral, no sentido rigoroso da palavra, com o poder civil, sendo indispensável a satisfação do Sumo Pontífice para que sejam válidas.[382]

2.1.1. *Das várias Concórdias*

Recorrendo-nos duma justificação recente, diremos que utilizando os mais variados meios, de entre eles, o estabelecimento de Acordos e de Concordatas com os Estados, a Igreja,

> *"(...) não só comunica aos homens a sua vida divina mas ainda projecta, de certo modo, sobre todo o universo, o reflexo da sua luz, sobretudo sanando e elevando a dignidade da pessoa humana, formando a coesão da sociedade e dando à actividade diária dos homens um sentido e um significado mais profundo."*[383]

Não será um despropósito, ainda que em forma de sinopse, recordar os vários Acordos, Concordatas e Concórdias que, ao longo da nossa História, se celebraram entre a Santa Sé e Portugal. Na generalidade, todos eles destinaram-se a resolver, por acordo bilateral, problemas, alguns dos quais conflituosos, entre os dois poderes – Igreja e Estado, para o bem de ambas as partes.

Afinal, Portugal nasceu, como nação independente, no seio da Igreja. De facto, o Cristianismo estava estabelecido em toda a Península Ibérica vários séculos antes, apresentando-se a Igreja pujante nas dioceses do Norte e pronta para dar o seu contributo na reconquista do Sul, aos mouros. Em grande medida, por ausência de legislação civil, o direito canónico ocupava áreas da competência dos Estados, ocorrendo a nossa independência no apogeu do poder papal no domínio civil.[384]

Não será, pois, de admirar que, por toda a Europa cristã, surgissem numerosos conflitos entre a Igreja e os Estados na pessoa dos seus Reis,

---

[382] Veja-se o que referimos sobre o assunto na primeira parte.

[383] De acordo com *Gaudium et Spes,* 40.

[384] Entre 1139 e 1227, durante os pontificados de Alexandre III e Honório III, o Papa era considerado não apenas o Chefe máximo da Igreja, mas também o super-soberano, mesmo no plano temporal, de toda a Cristandade. O poder dos Papas e dos Reis exercia-se sobre os mesmos súbditos quase na totalidade cristãos.

230 *Das Relações da Igreja com o Estado*

sendo urgente geri-los, por mútuo acordo. Mesmo sem conflitos convinha delimitar o exercício de poderes e as respectivas competências surgindo, deste modo, os tratados ou acordos que obrigavam ambas as partes.

De forma genérica, designemo-los por Acordos. Uns destinaram-se a dirimir diferendos ou controvérsias, enquanto outros a obter privilégios onerosos ou prerrogativas. Reportemo-nos concretamente a Portugal.[385]

Poder-se-á dizer que o primeiro destes Acordos, a que atrás aludimos, foi o acto de vassalagem prestado por D. Afonso Henriques ao Papa.[386] Pela Paz de Zamora, assinada, em 1143, entre Afonso VII de Leão e o monarca português, foi reconhecido, a este, o título de Rei. Contudo, D. Afonso Henriques, receou que o Rei de Leão, intitulado Imperador das Espanhas, voltasse a exercer o seu domínio sobre o território português, daí que, a exemplo de outros monarcas europeus de então, D. Afonso Henriques tenha resolvido oferecer o reino de Portugal à Igreja de Roma declarando-se vassalo do Papa.

Perante tal facto, o monarca português comprometeu-se, por si e seus sucessores, a pagar anualmente uma tensa de quatro onças de ouro como penhor e garantia da sua vassalagem, por conveniência pois, de acordo com o direito feudal, ninguém podia ser vassalo de mais dum suserano.[387]

O Papa Lúcio II, em 1144, aceitou a vassalagem pedida e prometeu protecção material e moral ao *"Dux Portugalensis* e à sua terra". Trata-se dum autêntico pacto ou tratado que, apesar de não ter tido negociações prévias, a não ser a intervenção do Cardeal Guido de Vico, se estabeleceu entre Portugal e a Santa Sé, podendo ser designado como Acordo ou Concordata.

Muitos outros aconteceram, igualmente sem negociações prévias, como foi o caso da expansão portuguesa, em que a pedido dos Reis portu-

---

[385] Na *Raccolta* encontramos, relativos a Portugal e em português quando o caso o exige.

[386] Para além da *Raccolta* citada anteriormente, veja-se REGATILLO, S. J., *Concordatos,* Santander, 1933; GIANNINI, I., *I concordat postbellici,* Milano, 1929.

[387] A D. Afonso Henriques deparou-se-lhe um colaborar astuto, D. João Peculiar, mestre-escola da Sé de Coimbra, que participou no 2.º Concílio de Latrão (Abril de 1139) tendo estabelecido boas relações com o Papa Inocêncio II e com o Cardeal Guido de Vico. Foi D. João Peculiar, o conselheiro discreto e prudente de D. Afonso Henriques, que levou a bom termo as negociações com Roma.

Veja-se OLIVEIRA, M. de, (1994), *História Eclesiástica de Portugal,* Mem Martins: Publicações Europa-América, p. 86.

Capítulo IV – Enquadramento Político-Jurídico Português 231

gueses, os Papas concederam o direito de Padroado com muito maiores prerrogativas que o padroado de simples apresentação para os cargos ou benefícios eclesiásticos existente no restante território português.

Ao longo da História portuguesa foram ocorrendo celebrações de autênticos pactos ou tratados onerosos, que obrigavam ambas as partes. Os Papas concederam privilégios como os de não poderem ser criadas, suprimidas ou alteradas as circunscrições eclesiásticas ultramarinas sem a iniciativa ou o consentimento dos Reis portugueses. Eram privilégios onerosos, autênticos acordos entre a Santa Sé e Portugal, com faculdades, prerrogativas e a obrigação dos monarcas promoverem a evangelização através de missionários.

Um pormenor a abordar é o de que a Igreja, embora D. Afonso Henriques tenha fundado Portugal dentro das fronteiras do antigo reino católico suevo, demorou algum tempo a reconhecer a independência.

Herdeira do Império Romano, sobretudo no domínio das ambições do poder temporal, a Igreja Católica mantinha um regime feudatário sobre todos os territórios onde impusera a sua fé, daí que só reconhecesse o reino de Portugal, onde reinava D. Afonso Henriques desde 1143, a 13 de Abril de 1179, através da Bula *Relatum est* do Papa Alexandre III.

O tributo de quatro onças de ouro, pago à Santa Sé, em 1144, durante o pontificado de Lúcio II, a que atrás fizemos referência, aumentou para quase o dobro e apenas um presente de mil morabitinos conseguiu despertar algumas boas vontades.

Aliás, como a seguir tentaremos demonstrar, as relações entre os reis da primeira dinastia e a Igreja não foram das melhores, iniciando-se os atritos mesmo com os Papas, entre eles Lúcio II, a quem D. Afonso Henriques prestou vassalagem, mas que lhe respondeu considerando-o, apenas, *"Dux portugallensis"* e designando por *"terra"* o seu reino, mesmo quando o soberano se intitulava de Rei na sua carta de vassalagem e qualificava de reino os seus domínios adquiridos.

Perante o impasse, o tributo deixou de ser enviado para Roma e, já no reinado de D. Sancho I, tendo o Papa Celestino III (1191-1194) reclamado os atrasos, o Rei respondeu-lhe ter seu pai pago mil morabitinos por conta de dez anos de tributação.

No entanto, a explicação não foi tida em consideração, pois, o novo Papa, Inocêncio III, retorquiu com o argumento de que os mil morabitinos tinham sido um presente de D. Afonso Henriques ao Papa.

A D. Sancho I, por ter no Paço uma mulher com quem se aconselhava, valeu-lhe uma reprimenda do Papa Inocêncio III, através da Bula

232 *Das Relações da Igreja com o Estado*

Si diligenter attenderes, de 23 de Fevereiro de 1211, alegando que *"sem olhar ao perigo de sua alma, conservava uma feiticeira no Paço e se aconselhava com ela, defendendo os excomungados, os usurários e os inimigos da Igreja".* Perante tal situação, D. Sancho I sentiu-se compelido a enviar quinhentos e quatro morabitinos por conta da dívida reclamada pelo Papa.[388]

Os pactos bilaterais estipulados entre a Santa Sé e o Estado português tiveram, por conseguinte, o seu início na primeira dinastia e continuam nos nossos dias.

Comecemos então pela Concórdia de 1210, estabelecida entre D. Sancho I e os Prelados, a qual surge para dirimir sérios conflitos entre o monarca e o Bispo do Porto, D. Martinho Rodrigues, a que anteriormente já fizemos referência.

Esta Concórdia, estendeu-se a todas as dioceses do Reino, após ter sido confirmada pelo Papa Inocêncio III, através da bula *Iustis petentium desideriis.*[389] As injúrias e injustiças cometidas foram perdoadas, restituindo, o Rei, os bens dos quais se apossara e prometendo não voltar a envolver-se nos assuntos eclesiásticos sem ser solicitado. Caso outro conflito surgisse entre ambos teriam de recorrer a uma sentença do Arcebispo de Braga ou do Papa.

Contudo, durou pouco o efeito desta Concórdia, pois, os agravos e as queixas sucederam-se, pelo que, no reinado de D. Afonso II, nova Con-

---

[388] Contudo, o seu sucessor, Afonso II, teve de pedir, a Inocêncio III, a confirmação do reino, no que foi atendido pela Bula *Manifestis probatum,* de 16 de Abril de 1212, com a condição do confirmado pagar à Santa Sé, na pessoa do Arcebispo de Braga, a quantia anual de dois marcos de ouro. D. Afonso II só satisfez a pretensão após uma Bula de admoestação, tendo entregue o tributo correspondente a 28 anos, ao legado apostólico na Península, Frei Gonçalo. Veja-se o que em notas anteriores se escreveu a propósito do poder do Papa Inocêncio III.

[389] Esta Bula data de 13 de Maio de 1210. Veja-se a compilação dos mais antigos Acordos, concórdias e concordatas levada a cabo por G. Pereira de Castro, nas obras *De Manu Regia (1622-1625),* 2.ª ed. Lisboa (1742), colocada no *Index* dos livros proibidos em 26 de Outubro de 1640, dado o seu espírito regalista e *Monomachia sobre as Concórdias que os Reis fizeram com os prelados em Portugal,* Lisboa 1638.

Sobre este estudo baseamo-nos particularmente em colectâneas, para além da *Raccolta,* onde estão reproduzidas algumas concordatas. A título de exemplo foram consultadas as obras de: BRAZÃO, E., (s.d.) *Colecção de Concordatas estabelecidas entre Portugal e a Santa Sé de 1238 a 1940,* Lisboa; BORGES, Libânio, *Concordatas e Concórdias Portuguesas,* Vila Real, 1953; ALMEIDA, Fortunato de, *História da Igreja em Portugal,* Porto: Portucalense, 1967.

Capítulo IV – Enquadramento Político-Jurídico Português

córdia teve de ser estabelecida, prometendo o Rei reparar o mal feito e assentando sobre observâncias relativas às competências das duas jurisdições e bens da Igreja.

Durante o reinado de D. Sancho II, foram celebradas duas Concórdias com a Igreja, estando apresentados, em vários artigos, pontos versando temas relativos ao foro eclesiástico e bens da Igreja, no intuito de solucionar querelas, algumas das quais provinham do reinado anterior, comprometendo-se o Rei a cumprir e a fazer observar.[390]

Mas, como continuaram os conflitos, com excessos e abusos, entre as autoridades eclisiásticas e o Rei e seus agentes, foi estabelecida nova Concórdia entre D. Sancho II e o novo Arcebispo de Braga.[391] Ainda como 'Regedor do Reino', o futuro D. Afonso III, assinou em Paris, em 1243, um Acordo com Prelados portugueses.

Sobre os Santos Evangelhos, o ainda Conde de Bolonha, jurou aceitar e cumprir os mesmos pontos sobre matérias eclesiásticas da Concórdia anterior. Este Acordo que assenta em matérias sobre o clero foi, de início, cumprido, mas após sentir o trono consolidado, D. Afonso III caiu em excessos tal como os monarcas anteriores. Imiscuiu-se na nomeação dos Bispos e outros membros do clero, usurpou bens eclesiásticos principalmente das ordens militares e, por isso, foi repreendido e excomungado pelo Papa Gregório X, sendo com esses excessos e abusos que a Igreja se procurava defender.

---

[390] A primeira das Concórdias, assinada em Coimbra, a 25 de Junho de 1223, apresenta alguns capítulos cuja autenticidade é questionada. Foi estabelecida entre D. Sancho II e o Arcebispo de Braga, D. Estevão Soares da Silva.

[391] Esta concórdia foi incluída na Bula *Si illustris Rex Portugaliae,* do Papa Gregório IX, datada de 15 de Abril de 1238, dirigida a D. Estevão Soares da Silva e na qual regista as suas queixas "contra as perseguições feitas à Igreja e seus ministros pelo Rei, difamando-os, roubando-os, obrigando os clérigos a comparecer nos tribunais seculares e a servir no exército, promovendo e destituindo curas de almas, e infligindo-lhes outras perseguições insuportáveis".

Por último, o Papa adverte o Rei português para que se abstenha de tais procedimentos, tendo D. Sancho II, mal teve conhecimento do conteúdo da Bula, escrito ao Arcebispo de Braga prometendo cumprir o estipulado. Mas dada a sua inconstância rapidamente as queixas se multiplicaram junto do Papa Inocêncio IV, que, em 1243, no Concílio de Lião, na presença de vários bispos portugueses, resolveu depor o monarca português e substituí-lo por seu irmão D. Afonso que até à morte de D. Sancho II, em 1248, foi Regedor do Reino.

Veja-se a referência à convenção (XIII), celebrada entre D. Sancho II e o Papa Gregório IX, na *Raccolta, ibidem,* bem como o juramento do Conde de Bolonha (XIV).

234   *Das Relações da Igreja com o Estado*

Seguiram-se dois breves pontificados,[392] a que sucedeu a eleição do português Pedro Julião ou Pedro Hispano, com o nome de João XXI. Entretanto, o Bispo de Lisboa, D. Mateus, recomendou ao Rei que se manifestasse disponível para resolver os conflitos junto do novo Papa.

Assim aconteceu. Como resposta, o Papa João XXI acedeu de forma conciliatória, muito embora as negociações não chegado a acontecer dada a morte do Papa. Mesmo assim e, perante diversos dignitários civis e eclesiásticos, tal foi o caso do Bispo de Évora, o Rei D. Afonso III, gravemente doente, prometeu reparar os agravos, restituir e indemnizar os ofendidos, pelo que quando morreu já se encontrava absolvido da excomunhão.

Temos de nos situar no tempo. Nos primórdios da nacionalidade muito a custo foi desbravado parte do inóspito território com que se formou, primeiro o Condado Portucalense e depois, o Reino de Portugal. Por isso, os reis da nossa 1.ª dinastia, primeiro com a capital em Guimarães, depois fixada em Coimbra e, após D. Afonso III, em Lisboa, calcorreavam as terras do reino, de vila em vila, com as leis e os forais no dorso de mulas, assessorados por legistas a dizer o Direito – *juris dicere,* a castigar, a fazer justiça, a receber queixas dos povos, a ouvir e a providenciar de imediato e *in loco.*

Não havia outro modo de unificar a legislação e a justiça, prover aos desmandos dos prepotentes, desfazer opressões e remediar injustiças. Duma nesga de terra ermada por sucessivas algaras, fossados e razias, povoada por descendentes de godos e celtas, de hispano romanos, de judeus que vieram e de mouros que ficaram, nasceu, assim, um reino individualizado e uno, sob o poder dum rei, com uma bandeira, uma mesma língua, um mesmo ideal, nobreza, clero e povo irmanados pelos mesmos desígnios e finalidades, a viver um presente comum, possuindo reminiscências de passado e sonhos de futuro igualmente comuns.

2.1.2. *A primeira e uma série de Concordatas*

O sucessor de D. Afonso III, D. Dinis, procurou cumprir as promessas do pai, mas logo se apercebeu que era necessário estabelecer verdadeiras negociações e acordar concessões e princípios, de ambas as partes,

---

[392] Concretamente, no ano de 1276, os de Inocêncio V e Adriano V.

Capítulo IV – Enquadramento Político-Jurídico Português

a fim de evitar conflitos que ciclicamente apareciam. Lembremo-nos dos conflitos com o Bispo do Porto, sanados nas Cortes de Leiria, em 1254 e, mais graves, com o Papa Inocêncio IV.

Em 1282, na Guarda, reuniu-se o Rei com os Prelados e após negociações com cedências mútuas, assentaram numa série de artigos que foram enviados ao Papa Martinho IV o qual não aprovou, na totalidade, esta Concórdia, tendo remetido as alterações que propunha.

Mas só no pontificado de Nicolau IV, em 12 de Fevereiro de 1289, foi possível, após reunião, em Roma, com múltiplas negociações de Prelados portugueses e de procuradores e plenipotenciários régios, assinar o texto definitivo da Concordata, composta por 40 artigos e um complemento constituído por mais 11 artigos que servem de esclarecimento.

Os assuntos versados nestes 51 artigos, sancionados por D. Dinis e confirmados pelo Papa Nicolau IV e incluídos na Bula *Occurit nostrae considarationi,* de 7 de Março, deste ano de 1289, são quase os mesmos das anteriores Concórdias e constituíram lei do Reino, fazendo parte das *Ordenações Afonsinas.*[393]

Poderá afirmar-se que esta foi a primeira Concordata bilateral, dado que foram estabelecidas normas concretas, observadas por ambas as partes, não surgindo graves conflitos como até então, o que demonstra a sua eficácia. Teve, por outro lado, a particularidade de ter sido negociada pelos Prelados portugueses, por parte da Igreja e pelos Procuradores e Plenipotenciários régios, recebendo a confirmação do Papa e a sanção do Rei.[394]

Ainda no reinado de D. Dinis foram assinadas mais duas concórdias, sendo que a primeira foi celebrada, em 1330, entre o Rei e os Bispos da Guarda, Lamego, Porto e Viseu com o intuito de satisfazer vários agravos de somenos importância, enquanto o Acordo, com 22 artigos, estabelecido

---

[393] Veja-se Livro II, Títulos I e II. Os assuntos destas concórdias versam sobre a imunidade do clero e liberdade eclesiástica, a isenção dos clérigos de serviços públicos, o padroado, a jurisdição eclesiástica e civil, a apresentação ou nomeação para benefícios, a aquisição de bens pelas instituições da Igreja e seus eclesiásticos. Apresentam-se também algumas alterações aos costumes e prática vigentes bem como do direito canónico, pois, também são tratados o direito de asilo e inquirições. Embora controversas foram incluídas nas *Ordenações Afonsinas* e em legislação posterior. Veja-se *Ordenações Afonsinas.,* Lisboa: Fundação Calouste Gulbenkian, 1998.

[394] Por este motivo costuma ser apresentada nos tratados de Direito Público Eclesiástico como Concordata.

236 *Das Relações da Igreja com o Estado*

entre o Rei e o Bispo de Lisboa, procurou distinguir e demarcar o que era pertença do Bispo e o que era do Rei.[395]

Em 1361, nas Cortes de Elvas, foram apresentadas ao Rei D. Pedro I, por escrito, várias queixas e agravos por parte de Bispos e outros dignitários eclesiásticos, entre os quais o Arcebispo de Braga. Um dos agravos referia-se ao *Beneplácito Régio*, tendo o Rei dado resposta concordada com os Prelados, passando a ser considerada lei do reino e consequentemente foi incluída nas referidas Ordenações.[396] Com D. Fernando, seu sucessor, não há registo de acordos entre Portugal e a Santa Sé.

No entanto, no reinado de D. João I foram celebradas duas Concordatas, a primeira das quais, constituída por 12 artigos, foi assinada em Évora, sendo a segunda, composta por 84 artigos, assinada em Santarém, no ano de 1427. Ambas as Concórdias foram incluídas nas *Ordenações Afonsinas*.[397]

Durante o reinado de D. Afonso V, realizaram-se duas Concórdias pouco relevantes. Na primeira, datada de Outubro de 1455, o Rei, em Santarém, respondia em 15 artigos às queixas apresentadas, pelos "Arcebispos, Bispos, Prelados e cleresia dos ditos nossos reinos, que a elas vieram", concretamente às Cortes de Lisboa, realizadas no ano anterior. Pela segunda, cerca de 3 anos mais tarde, o Rei respondia, em Almeirim, a queixas e a pedidos de medidas a tomar pelo poder civil e apresentados, umas e outros, pelos Prelados.

Os reis da 2.ª dinastia modernizaram o Estado. Com D. João II o poder afirmou-se presente, atento e consciente: *Pola Ley e pola Grey.* O poder central e local, ligados em entendimento: Rei, chancelarias, concelhos e povos.

A autoridade, a disciplina, os negócios de Estado, internos e externos, as Ordenações do Reino, as Varas da Justiça e da Administração, a cari-

---

[395] A Concórdia pode ser considerada um complemento aos artigos anteriormente concordados e que foram incluídos também nas *Ordenações Afonsinas* Livro II, Título II, o mesmo acontecendo com o texto do Acordo que se encontra no dito Livro, Título IIII, que assim começa: "EM NOME DE DEOS AMEN. Saibham todos quantos efte eftormento virem, e leer ouvirem, que na era de mil trezentos e quarenta e fete annos (...)". Veja-se *Ordenações Afonsinas, Ibidem,* pp. 33-47.

[396] Veja-se Livro II, Título V, das *Ordenações Afonsinas, – Dos artigos, que foram acordados em Elvas ante El Rey D. Pedro, e a Clerizia,* p. 61.

[397] Conforme Livro II, Títulos VI e VII, respectivamente, pp. 88-95. Ainda como nota registe-se a substituição da **Era de César pelo ano do nascimento de Cristo**, pelo que foram retirados **38 anos** na contagem do tempo.

Capítulo IV – Enquadramento Político-Jurídico Português

dade, a assistência e a cultura, os mosteiros e as universidades, os concelhos e os vizinhos, as casas das Câmaras, as Vereações, as irmandades, os Juízes dos lugares e os de fora, as cortes, a apresentação, discussão e votação dos capítulos, rei, clero, nobreza e povo, juntos a providenciar o bem da Nação.

Durante o reinado de D. João II não se encontram registos de acordos com a Santa Sé, o mesmo não acontecendo com D. Manuel I.[398] A pedido de D. Manuel I, o Papa Leão X, através da Bula *Providum Universalis Ecclesiae*, de Abril de 1514, ao ponderar as enormes despesas que Portugal fazia não apenas para equipar as armadas que descobriam novas terras e ali mantinham o domínio de Portugal, mas principalmente pelos merecimentos e serviços prestados à Igreja no sentido da dilatação fé e mantimento das guerras contra os infiéis do Norte de África, o Papa dizíamos, concedeu, ao Rei português e seus sucessores, as terças de determinados dízimos eclesiásticos do reino e das terras conquistadas ou a conquistar.

Dadas as múltiplas dificuldades na sua arrecadação, o Rei, por acordo com os Prelados, recebeu 153 000 ducados ou cruzados após, em 1516, o referido Papa ter sancionado a Concórdia, pela Bula *Hiis quae pro personarum.*

Como anteriormente fizemos referência, o direito de Padroado não foi concedido plenamente duma só vez, foi antes o resultado de sucessivas concessões, sendo contudo, no reinado de D. Manuel I e na Bula de Leão X, *Dum fidei constantiam,* que se encontra a primeira menção expressa do Padroado real nos territórios ultramarinos.

O pontífice concede primeiramente ao Rei de Portugal o direito de apresentação para todos os benefícios nas terras conquistadas ou descobertas nos últimos dois anos ou futuras, enquanto nas restantes esse direito continuava a pertencer à Ordem de Cristo.[399]

Embora a extensão do Padroado português, quer em África, quer na América, nunca tenha sido contestada, surgiram graves discordâncias entre Portugal e a Santa Sé quanto ao Extremo Oriente. No início, a Santa

---

[398] Veja-se na *Raccolta, ibidem,* (XXXIV) a referência à Concordata entre os Prelados e D. Manuel I, no tempo do Papa Leão X.

[399] Quando o poder temporal se impõe, então o poder espiritual começa a definhar. Se existiram (ou existem) vários cristianismos foi porque não souberam escutar as palavras de Cristo, preferindo impor a sua versão aos outros ao invés de procurar seguir fielmente a sua doutrina.

238   *Das Relações da Igreja com o Estado*

Sé conferiu, aos reis de Portugal, o direito de Padroado na mais ampla extensão territorial, por razões óbvias e a que anteriormente aludimos.[400]

Durante o reinado de D. Sebastião, mas ainda na regência de seu tio, o Cardeal D. Henrique, celebraram-se acordos acerca da soma e forma de pagamento da contribuição eclesiástica para as guerras contra os infiéis e a expansão ultramarina e que foram confirmados pelos Papas Paulo IV e Pio IV e V.

Em 1642, nas Cortes de Lisboa, quando foi confirmada a aclamação de D. João IV, os Prelados do Reino negociaram e assinaram com o Rei, uma Concórdia, composta por 27 capítulos.

A temática central desta concórdia versava: a atribuição das comendas das Ordens militares, de que o Rei era Grão-Mestre; a colocação dos benefícios da apresentação da Coroa; a contribuição da Igreja face às despesas com as guerras de África e expansão no ultramar, bem ainda com a guerra com Castela para a consolidação da independência.

A classe eclesiástica, que havia desempenhado um importante papel no movimento ou causa independentista, também prestou valiosos serviços em missões diplomáticas. Baste referir o Padre António Vieira.

Muito embora a Concórdia tenha entrado em vigor ela nunca foi confirmada por nenhum Papa, como sucedera com as anteriores. Aquando da Restauração da independência nacional, era da maior importância, quer a nível religioso quer político, estabelecer relações com a Santa Sé. Procurou-as D. João IV e desejou-as a Cúria romana, mas muitos entraves se foram colocando só podendo encetar-se relações normais com a Santa Sé, em 1668.[401]

---

[400] Vem a propósito lembrar que o Papa Alexandre VI, pela Bula *Inter caetera,* datada de 4 de Maio de 1493, quando reinava em Portugal D. João II, dividiu o mundo das Descobertas em dois hemisférios: o Oriental para os Portugueses e o Ocidental para os Espanhóis. No ano seguinte, pelo Tratado de Tordesilhas, ficou ajustado entre os dois reinos que a linha divisória seria um meridiano traçado a 370 léguas para ocidente do arquipélago de Cabo Verde (actual 47° W de Gr.).

Sob pena de excomunhão *"latae sententiae"* a ninguém era permitido entrar, sem expressa autorização dos respectivos reis, nas terras reservadas aos mesmos. Contudo, a partir do século XVII, a Santa Sé começou a enviar missionários, independentemente da autorização dos monarcas portugueses, para terras do Oriente em que não se exercia de facto a nossa soberania. Certo é que não revogava nenhum privilégio, usava do seu direito de promover a dilatação da fé o que, na verdade, nunca se encontrou limitado por concessão.

[401] Decorreram 27 anos entre o envio do Bispo de Lamego, D. Miguel de Portugal, como embaixador de D. João IV, a Roma e o estabelecimento das relações entre a Santa

Capítulo IV – Enquadramento Político-Jurídico Português

Omitindo embora muitos Acordos, que poderíamos antes classificar de concessões ou mesmo privilégios concedidos a Portugal e aos seus Reis, sobre as mais diversas temáticas, referiremos um Acordo ou Concordata que já reveste a forma de contrato ou pacto bilateral. Referimo--nos aquele em que se faz menção, entre outros assuntos, à elevação dos Patriarcas de Lisboa ao Cardinalato, ao Tribunal da Nunciatura, ao provimento de alguns benefícios e à contribuição de D. João V para a sustentação da grandiosidade e esplendor do culto na Basílica Patriarcal. D. João V subordinou toda a sua política externa à ideia do engrandecimento nacional e como uma das formas era conquistar-lhe honrarias eclesiásticas, envidou todos os esforços, junto da Santa Sé, a fim de obter privilégios. Delineou as instruções políticas a levar por diplomatas a Roma, no sentido da orientação quanto ao Padroado do Oriente, poderes da Nunciatura e provimento dos benefícios eclesiásticos.

No que dizia respeito à nomeação dos Núncios devia o Papa enviar alguns nomes cabendo ao Rei *"dar a exclusiva aos que entender que não convém"*. Entretanto, D. João V havia valorizado a sua posição ao aceder ao apelo do Papa Clemente XI, auxiliando este na luta contra os Turcos, com o envio de duas armadas.

No entanto, convém fazer referência a todo um imbróglio registado com o não reconhecimento, por parte de D. João V, do segundo Núncio, enquanto o primeiro, D. Vicente Bichi, não fosse elevado ao cardinalato.

O conflito culminou com o rompimento com a Santa Sé, tendo apenas sido sanado no pontificado de Clemente XII. Somente com a Concor-

---

Sé e Portugal. D. João IV faleceu sem que a Santa Sé o reconhecesse como Rei de Portugal. Sob o aspecto religioso havia muitas dioceses vagas e o Papa Urbano VIII não confirmava os bispos apresentados pelo Rei com receio das reacções de Espanha. Em 1644, o clero português decidiu apresentar à Santa Sé os danos que tal situação acarretava aos fiéis, tendo o seu representante, Dr. Nicolau Monteiro, futuro Bispo do Porto, recebido instruções do Rei, sobre a forma em que devia aceitar a confirmação dos bispos eleitos, de modo a salvaguardar os antigos privilégios da coroa portuguesa. Contudo, já com o Papa Inocêncio X, não se modificou a atitude da Santa Sé que, em consistório, resolveu nomear bispos para as igrejas portuguesas sem aludir à apresentação do monarca, pelo que não ficou resolvida a questão. As negociações continuaram por muito tempo tendo se agravado a situação eclesiástica do país. Apenas, em 1670, no reinado de D. Pedro II e com o Papa Clemente X, a Santa Sé nomeou Núncio para Portugal e deu-se início ao provimento dos bispados embora só se ajustasse a fórmula própria em 1740. Vide Documentos no Corpo Diplomático, vol. XII-XIV – Monsenhor Ferreira, *Memórias para a História dum Cisma*, pp. 295-345; BRASÃO, E., (1939), *A Restauração*, Lisboa, pp. 236-330.

data acabada de aludir, feita em 19 de Dezembro de 1737, se tornou definitiva a reconciliação entre Portugal e a Santa Sé.[402]

Em Roma, oito anos mais tarde foi celebrada nova Concordata.[403] Nela era feita referência à afectação dos rendimentos de alguns benefícios eclesiásticos ou de pensões sobre eles impostas para sustentar a Igreja patriarcal e o seu cabido, terminando a mesma com um compromisso:

> *"Prometem-se ambas as partes sem excepção alguma, a total observância de tudo aquilo, como consta acima, que se concordou respectivamente nas presentes folhas, que serão subscritas e sigiladas (...)"*

Às concessões anteriormente obtidas acresceram, no pontificado de Bento XIV, em 1740 e 1748, a promoção dos bispados levada a cabo por apresentação do rei e a atribuição do título de *Rei Fidelíssimo* a D. João V e aos seus sucessores.

O reinado de D. José I (1750-1777) foi dominado pela questão dos Jesuítas e o corte de relações com a Santa Sé resultado dos mal entendidos entre o Governo de Portugal e o Núncio.

A reconciliação foi tentada pelo Papa Clemente XIII, em 1767, através do breve *A quo die,* no qual era exprimido o desejo dum bom relacionamento entre ambas as Cortes. Foram infrutíferos os seus resultados dada também a posição assumida pelo Marquês de Pombal face à expulsão dos Jesuítas.

Com o Papa Clemente XIV, em 1770, reataram-se as negociações que culminaram com a celebração, em Roma, duma Concórdia. Não será de todo descabido fazer referência aos factores subjacentes e a todas as manifestações de intolerância na política religiosa interna portuguesa. Digamos que o seu início poderá ser encontrado ainda no reinado de D. João IV.[404]

---

[402] As negociações levadas a bom termo foram conduzidas por Fr. José Maria da Fonseca de Évora, Embaixador de Portugal, em Roma e que veio a ser Bispo do Porto.
Veja-se as seguintes obras: BRASÃO, Eduardo, (1937), *D. João V e a Santa Sé,* Coimbra e CASTRO, Padre José de, (1939), *Portugal em Roma, I,* Lisboa, pp. 323 e ss..

[403] A Concordata celebrou-se em Roma, a 30 de Agosto de 1745, sendo assinada pelo Ministro Plenipotenciário de Portugal, Comendador Sampaio e por Monsenhor Datário, por parte da Santa Sé.

[404] O alto clero e a Inquisição defendem uma monarquia católica universal e, por esse facto, quando, em Lisboa, se levanta, em 1640, o estandarte restaurador, o coração de muitos pende para a monarquia ibérica, muito embora fossem muitos ainda, os que eram adeptos da independência, contando-se entre eles os jesuítas e o arcebispo de Lisboa. Entretanto, terá interesse referir que, mais concretamente em 3 de Setembro de 1647, a

Capítulo IV – Enquadramento Político-Jurídico Português   241

Mesmo porque a unidade espiritual da Europa, quebrada com a revolta Protestante, teve como consequência a intervenção directa do Estado em matéria religiosa o que limitou os poderes exercidos pelo Papa.

Muito embora Portugal tenha escapado às "guerras de religião" o certo é que foi influenciado pelo direito público elaborado no sentido de evidenciar a supremacia do poder civil.

Relembremos os factos. Já no domínio castelhano se manifestou o Regalismo[405], sendo progressivamente mais nítidas as tendências anti--romanas, não apenas com o absolutismo de D. João V e os cortes de relações entre Portugal e a Cúria romana, mas também de alguns membros do clero que favoreceram as teorias político-religiosas dos galicanos e dos jansenistas.[406]

Foi no reinado de D. João IV, com a intervenção do padre António Vieira, que as ideias de tolerância, para com os cristãos-novos, começaram a afirmar-se. Por alvará de 1649, a que em nota aludimos, isentava-se de confisco a fazenda dos cristãos-novos, tendo o Santo Ofício declarado a excomunhão de todos aqueles que tinham concorrido para a referida publicação, incluindo o Rei, que acabara de falecer.

Entretanto o Padre António Vieira foi chamado à Inquisição de Coimbra e acusado de acreditar em falsas profecias, pelo que foi condenado a reclusão.

Inquisição recorreu secretamente ao Papa Inocêncio X, cujo pontificado decorreu entre 1644 e 1655, e com quem Portugal não mantinha relações. Durante todo este ano de 1647 desenrola-se nos bastidores uma batalha surda, em que se mobilizam doutores de Direito Canónico, inquisidores e conventos.

O Santo Ofício reclama um alvará régio em que se libertava do confisco inquisitorial os cabedais aplicados em mercancia. Em toda esta questão os inquisidores vêem que as vítimas lhes escapam entre os dedos e se fortalecem no aparelho do Estado, o que lhes ameaça o poder.

Consulte-se AZEVEDO, Lúcio de, "Os jesuítas e a Inquisição em conflito no século XVII", *in Boletim de Segunda Classe da Academia das Ciências de Lisboa*, vol. X, 1916, pp. 313-345.

[405] Doutrina política que defende determinadas prerrogativas da monarquia absoluta em assuntos eclesiásticos. *Vide* Dicionário Enciclopédico de Língua Portuguesa, (1992), Lisboa: Publicações Alfa.

[406] Diga-se que tanto o Galicanismo (séc. XIV-XIX) quanto o Jansenismo (sec. XVII) foram doutrinas condenadas pelos Papas. Limitavam a interferência do Papa ao mesmo tempo que permitiam a intervenção do Rei nos assuntos eclesiásticos. As doutrinas jansenistas eram aberrantes da tradição portuguesa, justamente por isso a Universidade de Coimbra, vários Prelados e Ordens religiosas prestaram público assentimento à determinação do Papa Clemente XI emitida pela bula *Unigenitus,* datada de 8 de Setembro de 1713.

242   *Das Relações da Igreja com o Estado*

Dois anos mais tarde, ao recuperar a liberdade, o Padre António Vieira foi a Roma com o propósito de se reabilitar, conseguindo ficar isento da jurisdição dos inquisidores portugueses.[407]

Em 1678, o Papa Inocêncio XI suspendia o Tribunal, mas três anos volvidos, a Inquisição foi de novo autorizada, apresentando mesmo mais tarde, no reinado de D. João V, fases de intensa actividade como atrás referimos, tendo, no reinado seguinte, o Marquês de Pombal usado o Santo Ofício como instrumento da sua política.[408]

Talvez por isso, o Marquês de Pombal tenha cercado o Santo Ofício de regalias e de novo regimento, acusando os jesuítas de lhe diminuírem autoridade. Por decreto de 1 de Setembro de 1774, o Santo Ofício é declarado *"tribunal régio por sua fundação e régio por sua natureza"* e a sua autoridade é confiscada para a coroa, como nos diz Fortunato de Almeida:

---

[407] A intervenção do Padre António Vieira a favor da tomada de posição do Rei foi a causa, talvez primeira, para a sua perseguição. Aliás é o próprio padre que redige a 25 de Março de 1647, a primeira proposta de alvará régio que isentava os cabedais de confisco. Argumenta que o privilégio será extensivo a cristãos novos e a velhos, que sendo o Rei, por direito, senhor dos bens confiscados, poderia deles dispor livremente. O Reino carecia de restauração urgente. São do Padre António Vieira as seguintes observações, depois de apresentar as carestias do reino: "De todo este discurso se colhe com evidência que a conservação do Reino de Portugal, enquanto ele não busca outro remédio, quando menos, é muito duvidosa e arriscada. Assim o julgam todos os políticos do Mundo, que pesem fielmente as forças das monarquias e medem os sucessos pelo poder, e de o sentirem assim, nasce a pouca correspondência que os príncipes da Europa hão tido com este reino; o Papa não recebendo o nosso embaixador."

Perante tal situação, que propostas são apresentadas ao Rei? Haveria que atrair ao reino os mercadores portugueses, espalhados por todos os reinos e províncias da Europa como sugere o Padre António Vieira: "homens de grossíssimos cabedais, que trazem em suas mãos a maior parte do comércio e riqueza do Mundo."

Veja-se Padre António Vieira, *Obras Escolhidas,* Lisboa: Livraria Sá da Costa, 1954, vol. IV, pp. 1-11.

Neste contexto consulte-se Baião, António, "El-rei D. João IV e a Inquisição", *in Anais da Academia Portuguesa de História,* vol. VI, 1942, pp. 11-70.

[408] Portugal perante a Igreja apresentou, tradicionalmente, uma postura fidelíssima, ganhando não apenas o reconhecimento formal, mas o confiante respeito da Santa Sé pelo poder temporal dos nossos monarcas, na prossecução legítima do interesse nacional, sendo que os nossos reis, sempre fiéis a Roma e por nunca pisarem caminhos de heresia ou cisma, bem podiam 'fazer queixume' da acção dos prelados como escreveu D. Afonso V, em carta Régia de 1458. Apenas com o Marquês de Pombal se inicia uma 'guerra' entre o Estado e a Igreja que após período de acalmia será retomada, em 1910, por Afonso Costa, aquando da implantação da República.

"Estas eram as aspirações dos soberanos desde o tempo de D. João III, e, com pequenas e raras limitações, fora aquela na verdade a prática seguida; mas ninguém ousara ainda reduzir semelhantes abusos a texto legal, como fez o ministro de D. José."[409]

O restabelecimento do Beneplácito Régio, abolido em 1487, pode ser considerado como uma das manifestações da política Regalista. Em 1728, D. João V, ao cortar relações com a Santa Sé, ordenou que para usar bula, breve, graça ou despacho do Papa e de seus tribunais, era necessário apresentá-los na secretaria de Estado.

Esta disposição foi renovada e tornada definitiva no ano de 1765, entrando posteriormente na legislação constitucional. Razões várias, primeiro de apoio à Restauração, no tempo de D. João IV, depois pelos serviços prestados nas missões e na cultura em geral, fizeram da Companhia de Jesus um alvo a atingir e a destronar.

Primeiramente pela rivalidade doutras Ordens e do clero secular, depois pela desconfiança dos políticos, sobretudo do Marquês de Pombal, que viram nela uma forte concorrente. A perseguição aos jesuítas estalou em Portugal e nos seus domínios, sobretudo no Brasil, onde a luta entre colonos e jesuítas vinha de longe. Junto da Santa Sé, o Marquês iniciou a sua campanha acusando os padres da Companhia de exercerem comércio ilícito na América e de sublevarem o povo, com falsidades.

Após várias averiguações, levadas a cabo por representantes, primeiro do Papa Bento XIV, depois de Clemente XIII, foram dados como provados os libelos do Marquês. Pouco tempo mais tarde, após D. José ter sido ferido num braço, foi urdida uma versão de atentado contra a sua vida, atentado esse que levou à prisão os seus presumíveis autores: os Távoras e seus cúmplices – os mais influentes jesuítas.

Neste mesmo ano de 1759, era publicada uma lei que classificava os jesuítas como *"desnaturalizados, proscritos e exterminados"* em todo o território português, pelo que muitos religiosos foram deportados, outros encarcerados na Junqueira e em S.Julião da Barra, fazendo-se crer, sendo voz corrente, que todos os males de Portugal, desde o reinado de D. João III, se ficaram a dever aos jesuítas.

O exemplo português alastrou por outros países europeus, sendo de tal modo forte a pressão política que levou o Papa Clemente XIV, em 1773, a publicar o breve *Dominus ac Redemptor* o qual suprimia, em toda

---

[409] Citado por OLIVEIRA, Padre Miguel de, (1994), *Ibidem*, p. 205.

a cristandade, a Companhia de Jesus.[410] Mesmo anos mais tarde, quando o Papa Pio VII restabeleceu o Instituto, Portugal continuou firme no seu propósito de não consentir a sua readmissão em território português.[411]

Mas retomemos o estudo cronológico das Concordatas estabelecidas entre Portugal e a Santa Sé.

As Concordatas estabelecidas no reinado de D. Maria I, revestem claramente a forma moderna de tratados internacionais dado que resultaram de negociações entre a Santa Sé e o Governo, sendo assinadas pelos respectivos plenipotenciários e posteriormente ratificadas pelo Papa e pelo Chefe do Estado, concretamente o Papa Pio VI e a Rainha D. Maria I.

A primeira das quais, celebrada, em Lisboa, a 20 de Julho de 1778, versava sobre as reservas do Papa a determinados benefícios eclesiásticos, como dignidades dos cabidos. Por esta Concordata era concedida à Rainha D. Maria I e aos seus sucessores o direito de apresentarem para os benefícios que vagassem nos meses de Fevereiro, Março, Maio, Julho, Agosto e Novembro, nas dioceses onde as reservas pontifícias estivessem limitadas a seis meses alternados. Nos restantes artigos da Concordata encontram-se estabelecidas normas mais precisas acerca dos referidos provimentos.

Poderá ainda falar-se de Concordata quando nos referimos ao texto aprovado em Roma, no final de Novembro de 1790, pelo mesmo Papa, apresentado através do breve *Romanonum Pontificum* e que se refere ao funcionamento duma Junta, já em exercício, que tinha por missão o exame de livros publicados em Portugal.

Com o advento do Liberalismo ocorreram convulsões na Igreja. O nosso país não foi excepção. Bastará, para se ficar elucidado, recordar a 'deposição', no reinado de D. Maria II, da grande maioria dos Bispos, os quais haviam sido apresentados por D. Miguel, como também a nomeação irregular levada a cabo pelos cabidos de vigários, insinuados pelo Governo e que chefiavam as dioceses.

Estes factos deram origem ao "cisma" do século XVIII, o qual durou um decénio, sendo considerado como uma das páginas mais negras da his-

---

[410] Em 1759, a Companhia de Jesus possuía, em Portugal, 24 colégios e 17 residências. A situação de destaque que tinham na corte, no ensino, nas missões e na cultura em geral granjeou-lhe muitos ódios e desconfianças. Será lícito interrogarmo-nos se o tão propalado "atraso" português não se terá ficado a dever à expulsão da Companhia de Jesus.

[411] Este facto ocorrem em 1814, pelo breve *Sollicitudo omnium ecclesiarum*. Terá interesse referir que não foram apenas os jesuítas o alvo das perseguições pombalinas já que outros Institutos religiosos como a *Congregação do Oratório* e membros do clero secular, como o Bispo de Coimbra, também o foram.

tória eclesiástica portuguesa. Nesse período ocorreu a usurpação, por parte do Estado, dos benefícios eclesiásticos; a extinção das ordens religiosas e dos dízimos, só podendo ser realizadas as ordenações de sacerdotes mediante licença do Governo.

Vivia-se uma época em que se procurava transformar o Homem num ser apenas vocacionado para obter satisfações materiais. No maior número e, se possível, ao nível mais requintado.[412]

A Revolução de 1820 trouxe consigo o Constitucionalismo. As leis discutidas, votadas e escritas em Constituições, para conhecimento universal e entendimento inequívoco. É certo que a Revolução de 1820 não se assumiu, na sua essência, como anti-religiosa, mas, de forma objectiva, relativizou o papel da Igreja na sociedade portuguesa, quer no papel de mediadora entre Deus e os homens, quer como autoridade religiosa.

Inverte-se o lugar da religião como fundamento da sociedade, pois, a Verdade da tradição religiosa e social passou a depender da lei civil, sendo contestada a validade social das congregações religiosas.

A guerra civil de 1832-1834, entre absolutistas e liberais, agravou mais ainda a situação, uma vez que as dificuldades económicas vividas fizeram com que o ministro Joaquim António de Aguiar decretasse a expropriação dos senhorios eclesiásticos e laicos, conduzindo à 'destemporalização da Igreja'.[413]

A Igreja resignou-se perante estas e outras medidas, sendo que, em alguns casos, recorreu a acordos bilaterais. Um deles foi assinado em Lisboa, em Outubro de 1848, pelos plenipotenciários do Papa Pio IX e da

---

[412] Assim se compreende que entre os Iluministas e os Fisiocratas do século XVIII, se tenham deparado tantos sibaritas, tão ciosos dos prazeres mundanos que lhes aborrecia toda a visão transcendente que pudesse limitar o gozo dos mesmos. Às vezes, é apontada a dificuldade revelada, pelos portugueses, ao seu ajustamento à ciência económica como um dos aspectos ligados a um suposto atraso, não faltando quem atribua o mesmo às 'superstições papistas' e à influência dos Jesuítas. Mas talvez não seja despiciendo excluir que os sucessivos insucessos da Economia se possam atribuir à tendência para desligar os factos económicos do próprio Homem, ou para ver neste um ser meramente existencial, alheio a qualquer essência, sem origem nem destino. As regras tradicionais respeitantes aos comportamentos económicos, estiveram, durante séculos, ligados a imperativos religiosos, morais e jurídicos, sendo o enriquecimento, tido por instrumental, passando a um plano de finalidade. Veja-se o conselho do liberal **Thiers:** "Enrichissez-vous".

[413] Veja-se o que a propósito refere FERREIRA, A.Matos, sob o título: "Desarticulação do Antigo Regime e Guerra Civil", *in História Religiosa em Portugal,* coord. AZEVEDO, C. Moreira, vol. 3, Rio de Mouro: Circulo de Leitores, pp. 21-35.

246   *Das Relações da Igreja com o Estado*

Rainha D. Maria II, muito embora pareça não ter sido correctamente ratificado e cumprido.

Nesta Concordata foi acordada a venda dos bens eclesiásticos que haviam sido confiscados; a restauração de cabidos; a reabertura de cinco seminários diocesanos; a substituição do antigo Tribunal da Nunciatura por secções especiais dos Tribunais eclesiásticos. Tratava ainda vários artigos relativos às missões do Ultramar e do problema dos conventos de freiras em vias de extinção dado o facto da proibição de receberem noviças.

Por esta Concordata com a Santa Sé, datada de 21 de Outubro de 1848, o governo liberal veio repor, em parte, o catolicismo como modo de estar na sociedade portuguesa. Contudo, será de referir que a extinção das ordens religiosas, ocorrida em 1821 e 1822, tinha provocado os seus efeitos, sobretudo reduzido o relacionamento entre a Igreja Católica e a população. A base relacional limitava-se ao clero secular, ele próprio funcionalizado pelo Estado.

Pelos tempos fora, os homens sempre foram fazendo cálculos económicos considerando a produção de bens como instrumental, subordinando--a a outros fins. Por outras palavras, os bens eram meios, não constituíam uma meta. É de crer, no entanto, que, gradualmente, com o crescimento social das pessoas ligadas ao comércio, algumas agraciadas com nobilitações, se assistiu a uma inversão de valores.

Face às ideias dominantes, deste período, em que se distingue, primeiramente o Liberalismo, até 1870 e a partir daí desenvolve-se o Laicismo, assiste-se à radicalização do anticlericalismo. A ele se associa, na segunda metade do século XIX, a ideia de 'republicanização' da monarquia como esperança da secularização da sociedade portuguesa.

Poderá mesmo afirmar-se que os finais daquele século e inícios do XX, corresponderam a tempos de perturbações sociais que demoraram a acalmar. Foram tempos de profunda crise religiosa que fez definhar a vida cristã na alma portuguesa.

Façamos um parêntese para referir que, forçosamente, desde os primórdios da humanidade, os homens se debruçaram sobre questões económicas.[414]

---

[414] Diga-se que, sobretudo com o surto capitalista dos séculos XV e XVI, a produção de riquezas deixa de ser meramente instrumental e subordinada aos fins do homem, muito embora se conservem ainda na subordinação às normas morais e jurídicas.

Em suma, na dependência de entendimentos respeitantes aos deveres dos homens e às suas condutas. Mas os renovadores abriram brechas em pontos das matérias económicas

Capítulo IV – Enquadramento Político-Jurídico Português 247

Retomemos os tempos de crise religiosa de que falávamos. Será de relembrar que, enquanto as populações rurais portuguesas se mantiveram fiéis às práticas religiosas tradicionais, as urbanas, sobretudo a classe dirigente, foram sendo atingidas pelo agnosticismo religioso.[415]

e aos comportamentos perante elas. Martinho Lutero, por exemplo, apressou-se a rejeitar, entre outras, a condenação canónica do juro. Esboçando-se a ideia duma ciência económica plena de leis naturais sem obediência nem ao Direito nem à Moral. Com o Iluminismo germânico, o Fisiocratismo francês e o Liberalismo britânico de Adam Smith, essa ideia foi ganhando consistência.

O Iluminismo, radicado, principalmente em Estados onde a cobiça levou à expropriação dos bens da Igreja, assim como a Fisiocracia e o Liberalismo visaram, basicamente, abalar a cultura tradicional dos povos cristãos e assegurar o domínio político da burguesia. Esta, não se contentando com os proveitos que beneficiou sob os antigos regimes, pretendeu que as instituições políticas também se moldassem às suas próprias concepções.

Os povos, por inércia ou por percepção do perigo, procuraram resistir às mudanças. Contudo, as influências insidiosas e o talento de alguns tratadistas acabaram por minar todas as resistências. Todos se julgaram livres, não se dando conta que se tornavam escravos do «bezerro de ouro». Assim, a nova concepção de Economia, não centrada nos comportamentos humanos, que passaram a ser vistos ao nível de ligações necessárias, foi arrastando o homem para a produção de riquezas que passaram a ser o pólo de atracção de todos os interesses das sociedades, que tal como o «bezerro de ouro», contribuiu para novos erros e desastres. Nos séculos XIX e XX, assiste-se ao desenvolvimento dum capitalismo feroz, a par duma reacção dos proletários. Esta revelou-se logo com a Revolução Francesa. A plebe, ao ver derrubados **«o altar e o trono»**, tidos por sagrados durante séculos, concluiu no sentido de que também não lhe competia respeitar o cofre dos burgueses. Assim se explicam múltiplos movimentos revolucionários, que tiveram lugar nos Estados católicos, e que ocorreram sobretudo em 1848, que, muito embora orquestrados e orientados por forças burguesas, tiveram de responder ao apelo dos apetites da plebe. Este também tem sido o nosso caso durante os últimos dois séculos. O capitalismo, para destruir a cultura tradicional, vai despertando os piores instintos da plebe, que, quando dela mais não precisa, acaba por trair e abandonar. É difícil de entender, se apenas nos situarmos no plano humano, que o espírito cristão sobreviva ainda a tamanhas pressões, sobretudo porque os bens económicos, as 'coisas' materiais destinadas a satisfazer necessidades humanas, situam-se, iniludivelmente, no plano instrumental, sendo apreciadas apenas na medida em que servem o homem, considerado na complexidade da sua origem, natureza e destino.

Será de recordar que estas perseguições religiosas, levadas a cabo desde os finais do século XVIII, não se fizeram apenas nos Estados, elas atingiram a própria sede da Igreja. São disso exemplo as invasões dos revolucionários franceses, as revoltas jacobinas com o esbulho dos Estados pontifícios, em 1871.

[415] O homem comum, só muito recentemente começou a tomar consciência do lodaçal onde o lançaram os mitos materialistas, muito embora a Igreja se tenha apercebido, desde logo, dos perigos que estes mesmos mitos, representavam para o Homem. Para tanto bastará recordar as advertências feitas, na Encíclica *Quanto in Dolore,* datada de 1762,

A propaganda anticlerical começa em 1865, com o pretexto da discussão da Concordata e cresce com a questão do casamento civil, tendo o seu apogeu tido lugar no ano de 1870, com as Conferências do Casino.

Como oposição surgiu a reacção neocatólica reforçada com a proclamação do 'dogma da infalibilidade papal'.[416] É em nome da liberdade que se travam as batalhas, quer no campo económico, político, quer mesmo doutrinal. São delas exemplo a queda do Império em França e a perda dos Estados pontifícios.[417]

Afinal, os ventos soprados do Cienticismo, do Positivismo francês e do Materialismo alemão, iam fazendo nascer a convicção de que a fé religiosa era um estádio superado da evolução humana.

Convém, contudo, ter presente que a palavra **Liberdade** assume conotações diferenciadas, pois, onde dominam os protestantes, significa a possibilidade de emancipação dos Católicos. Aí a Igreja floresce como

---

pelo Papa Clemente XIII, ao clero francês, sobre os inconvenientes da política eclesiástica de Luís XV, que, cedendo aos apelos do espírito iluminista, preparava, sem se dar conta, a ruína do próprio trono. Outras encíclicas se seguiram com o mesmo propósito, como é o caso da *Charitas quae,* de 1791, que condena o juramento civil do clero até à *Ecclesiam a Jesu Christo,* de 1821, que condenava as sociedades secretas, especialmente a dos 'carbonários'.

[416] Este dogma foi proclamado no Concílio Vaticano I, a 18 de Julho de 1870. A propósito vem acrescentar a nova reacção neocatólica expressa no meio estudantil coimbrã, no centro académico de Democracia Cristã – CADC (18.01.1903), que irá ter uma forte intervenção na vida social e política do Portugal do século XX. Ao ponto de muitos referirem que devido à existência duma religião de Estado, os sacerdotes se imiscuíam excessivamente na actividade política. A este propósito D. Manuel Clemente interroga-se: "Quando se passaria da oratória decorada e adjectiva à prática da actualidade e substância?" "E quem o poderia fazer num país sem seminários nem estudos filosófico-teológicos capazes?".

Veja-se CLEMENTE, M., "A vitalidade religiosa do catolicismo português: do Liberalismo à República", *in História Religiosa em Portugal, Ibidem,* p. 73.

[417] Como na página anterior fizemos referência, não se pretenderá fazer crer que as novas concepções económicas, de raiz materialista, tenham sido alheias às perseguições religiosas feitas, nos finais do século XVIII, quer nos Estados Católicos quer na própria sede da Igreja. Foi, porém, sob os pontificados de Gregório XVI e Pio IX que os maiores erros do século são analisados de acordo com os ensinamentos da Igreja, sobretudo pelas encíclicas *Miriari vos,* de 1832, *Singulari nos,* de 1834, *Qui Pluribus,* de 1846 e *Quanta Cura,* datada de 1864. Contudo, as denúncias da Igreja ganharam maior relevo com o Papa Leão XIII, primeiro cuidando dos males da sociedade e da posição cristã face ao socialismo, ao comunismo e ao niilismo, nas encíclicas *Inscrutabili Dei consilio* e *Quod Apostolici Muneris,* de 1878, e depois com a sua mais conhecida encíclica *Rerum Novarum,* de 1891.

Capítulo IV – Enquadramento Político-Jurídico Português 249

aconteceu nos Estados Unidos da América e na Inglaterra. O mesmo não se passou nos países católicos, onde pode representar intuitos agressivos, dependendo da atitude e relevância dada pelos governos.

Entretanto, a Igreja revigora-se surgindo movimentos católicos no sentido da defesa e propagação da Fé, contribuindo para uma obra cultural e apologética, crescendo, em simultâneo, o poder espiritual do Papa.[418]

Com o Laicismo, os adversários da Igreja intentam abolir aquilo que denominam como 'privilégios' da Igreja, ou seja, nos Estados Católicos, as Constituições liberais consideram o Catolicismo *'Religião do Estado'*.

São invocadas razões políticas e questões de regime apresentando os Católicos como aliados da Monarquia. Em suma o que pretendem é expulsar a Igreja da vida pública, a qualquer preço, eliminando a ideia religiosa e construindo uma sociedade totalmente secularizada ou laica a que noutro capítulo daremos maior ênfase.

O exemplo veio, sobretudo da França e da Alemanha, enquanto a execução é atribuída à Maçonaria internacional. Vários movimentos levam a termo o cumprimento do programa laicista a partir da neutralidade escolar, culminando com a separação da Igreja e do Estado, que a despoja dos seus bens e seculariza a vida social.[419]

A Igreja, nesta fase laicista, consegue sair ganhando se perfeita for a coesão dos seus membros que devem continuar lutando pela defesa dos valores da humanidade. Uma vantagem acrescida fica a dever-se à não necessidade das mensagens do Papa terem de passar pelo beneplácito antes de chegarem aos fiéis.

No caso português, como atrás fizemos referência, o Liberalismo provocou graves crises. A desorganização das Ordens religiosas, iniciada

---

[418] As Encíclicas de Leão XIII, sendo a mais conhecida a *Rerum Novarum,* de 1891, têm por base os ensinamentos de São Tomás de Aquino, apelam às virtudes do matrimónio cristão e assentam no conceito cristão de liberdade. Foi nele que Leão XIII atingiu o âmago dos males situando-os no âmbito das relações económicas e da chamada «questão social», tida como consequência das transformações dos tempos e do domínio abusivo do capitalismo.

Acrescente-se que os ensinamentos contidos na *Rerum Novarum,* foram seguidos pelos Papas que lhe sucederam. Tanto assim é que, com o actual Papa João Paulo II, a Igreja situa-se, frontalmente, face às injustiças provenientes do mau entendimento quanto a uma ciência económica que se encontra indiferente aos valores humanos e à alternativa que marca a fronteira entre o Bem e o Mal.

[419] Já no século XIX países como o México e o Brasil haviam optado pela lei da separação, o que em França só aconteceu em 9 de Dezembro de 1905. Cfr. OLIVEIRA, Padre M.de, *Ibidem,* p. 226.

250 Das Relações da Igreja com o Estado

ainda no tempo do Marquês de Pombal e aumentada durante o Liberalismo, privou também o Padroado português de muitos missionários.

Dado que Portugal não podia cumprir as suas obrigações missionárias, não obstante as bulas papais que proibiam, sem a anuência do Rei, alterações das circunscrições, o Papa Gregório XVI publicou o breve *Multa praeclara*,[420] o qual quase extinguiu o Padroado português fora dos territórios mais ou menos circunscritos ao domínio lusitano.

Foram graves os conflitos que aconteceram entre os missionários da Congregação *De propaganda Fide* e os missionários do Padroado. O Liberalismo, desde a sua instalação com D. Pedro IV, começou a dar forma legal a disposições opressivas face à Igreja, aparentando reformas.

E é deste modo que se começa a perder, em Portugal, um pensamento político comum, que advinha do século XVI, o da unidade religiosa da Nação. Como referiu o físico alemão Max Planck, *"as novas teorias vingam não por que se convençam os adversários mas porque eles morrem"*.

Estamos em crer que a tragédia de todas as épocas é que muitos querem salvar o Homem, só que vão pelo caminho errado, tentando **negar Deus**. O Homem de todas as épocas procura uma fonte superior que lhe dê ânimo para prosseguir caminho na vida.

Alguns estudos antropológicos revelaram que o Homem vive mentalmente em dois mundos: o sagrado e o profano. Recorre ao primeiro quando se sente inseguro e, ao segundo, para viver em condições conhecidas. E é justamente por isso que a Ciência tenta tornar o misterioso conhecido de modo a diminuir o risco de muitas situações do viver quotidiano, mas, com suas descobertas, cria novas incertezas e outros medos. Mas, a nosso ver, a Ciência será sempre um modo de conhecimento humano, enquanto a Religião é um modo de vida. E, enquanto uns recorrem à Religião para aplacar estes medos e incertezas, outros buscam o pensamento e as práticas da magia para aliviar a ansiedade da incerteza.[421]

---

[420] Acerca deste Breve e do pretenso Cisma veja-se duas obras: FIGUEIREDO, Padre N., (1939), *Pelo Clero de Goa*, Bastorá; LOURENÇO, A., (1947), *Utrum fuerit Schisma Goanum post Breve 'Multa Praeclare' usque ad annum 1849*, Goa.

[421] Aqueles que não recorrem à confiança da Religião procuram muitas vezes na magia e na superstição essa confiança que lhes falta, mas sendo o Homem por natureza religioso poderá também cair na «religião da ciência» como forma de recusa da própria Religião.

Capítulo IV – Enquadramento Político-Jurídico Português 251

Como anteriormente fizemos referência, por decreto de 1834, refe-rendado pelo ministro da Justiça, foram extintos "todos os conventos, mosteiros, colégios, hospícios e quaisquer casas de religiosos das ordens regulares" e, consequentemente, incorporados, os seus bens, na Fazenda Nacional, tendo sido a maioria, vendidos a particulares.[422]

---

[422] Sobre a usurpação de bens eclesiásticos será de referir que a Igreja Católica, como sociedade juridicamente perfeita, tem de igual modo que o poder civil e indepen-dentemente deste, o direito de possuir bens temporais, bens esses necessários para o bom exercício das funções espirituais. Pouco haverá que fazer sem edifícios culturais como são as igrejas, seminários, escolas, casas religiosas e sem o que assegura a subsistência do clero. Os princípios em que se baseia esta doutrina estão consignados nos cânones 1495 e 1499 do Código do Direito Canónico. Esbulhar a Igreja é pecaminoso do mesmo modo que esbulhar um qualquer particular. Porém, será mais gravoso quando esse esbulho é rea-lizado por intermédio do Estado. Há muitos séculos que se têm perpetrado usurpações deste tipo como refere Mons. Lône, Reitor da Universidade Católica de Lille, na sua *His-toire de la Propriété Ecclésiastique en France*, ao mostrar que, desde as primeiras dinas-tias, houve, da parte dos monarcas e dos senhores feudais, 'secularizações' do património da Igreja.

No fim do século XVIII, a Revolução Francesa deu nova oportunidade a grandes usurpações de bens da Igreja. Estes actos serviram de exemplo a várias revoluções que ocorreram em muitos países, incluindo o nosso, sobretudo nos séculos XIX e XX. Assim, ainda em França, a lei contra as Congregações Religiosas, datada de 1 de Julho de 1901 e a Lei da Separação que ocorreu quatro anos mais tarde foram oportunidades para novas espoliações. Não será permitido nem lícito que um Estado se apodere dos bens da Igreja mesmo se socorrendo de eufemismos do tipo 'secularizações' ou 'nacionalizações'. Foram múltiplos os protestos pontifícios contra, por exemplo, o governo italiano, desde Pio IX, antes do Acordo de 1929. Há que recordar também, entre outras, as condenações de Leão XIII contra a usurpação de bens eclesiásticos levada a cabo aquando da proscrição dos reli-giosos em França (Acta *Sanctae Sedis*, 1901, p. 361) e as do Papa Pio X, contra os esbu-lhos perpetrados pelas leis da Separação quer em França (Acta *Sanctae Sedis*, 1906, p. 11) quer em Portugal sobre o património eclesiástico pela Encíclica *Jandudum in Lusitania,* na *Acta Apostolicae Sedis,* de 1911, p. 213.

Resta saber quem deve restituir. Frequentemente as Concordatas regularizam situa-ções falsas de usurpação de bens eclesiásticos, sendo regra que o governo entregue os bens ainda disponíveis. Contudo, Papas houve, como Pio VII, que declararam que os possuido-res de bens eclesiásticos, apesar da culpabilidade do acto, eram autorizados, pela Igreja, a conservá-los, com o objectivo de assegurar a paz religiosa e o revigoramento da Igreja Católica no país. Tal foi o caso expresso no artigo 13.º da Concordata estabelecida, em 1801, entre Pio VII e Napoleão Bonaparte que passamos a transcrever: *"Sanctitas sua pro pacis bono felicique religionis restitutione, declarat eos qui bona Ecclaesiae alienata acquisiverunt, molestian nullam habituros, neque a se, neque a Romanis Pontificibus, suc-cessoribus suis ac consequenter proprietas eorandem bonorum reditus et jura iis inhae-rentia, immutabilia penes ipsos erunt atque ab ipsis causam habentes".* Estados houve,

Diga-se, no entanto, que, contrariamente ao que era esperado, com a espoliação da Igreja, o Estado pouco ou nada lucrou dado que os encargos, antes providos pela Igreja, de muitas obras de assistência e de ensino, foram transferidos para a alçada do Estado.

Em matéria religiosa, a própria Carta Constitucional apresenta disposições contraditórias e de alguma bizarria como sejam os seus artigos 6.º, 75.º e 145.º. Entretanto o clero era perseguido e os templos eram destruídos e profanados. De molde a um maior esclarecimento dos factos seguem-se transcrições de alguns excertos de parágrafos dos artigos mencionados:

Art. 6 *"A religião católica apostólica romana continuará a ser a religião do reino: Todas as outras religiões serão permitidas aos estrangeiros com seu culto doméstico, ou particular, em casas para isso destinadas, sem forma alguma exterior de templo".*

Art. 75 *"Competia ao rei, como chefe do poder executivo, 'nomear bispos e prover os benefícios eclesiásticos' e 'conceder ou negar o beneplácito aos decretos dos concílios e letras apostólicas e quaisquer outras constituições eclesiásticas que se não opuserem à Constituição, e precedendo aprovação das cortes, se contiverem disposição geral".*

Art. 145 *"Ninguém pode ser perseguido por motivos de religião, uma vez que respeite a do Estado e não ofenda a moral pública".*[423]

No reinado de D. Pedro V e pontificado de Pio IX, as relações, que estiveram muito perturbadas no início do Liberalismo, melhoraram, o que

---

como o Polaco, que garantiram à Igreja dotações anuais como recompensa dos bens usurpados. Pelos Acordos de Latrão, celebrados em 11 de Fevereiro de 1929, que compreenderam um Tratado (a Cidade do Vaticano), uma Convenção financeira e uma Concordata, a Itália e o Papa Pio XI ponderaram os prejuízos sofridos pela Sé Apostólica, mas atendendo à situação económica do povo italiano, o Papa declarou: "(...) limitar ao estritamente necessário o pedido de indemnização (...) exigindo uma soma muitíssimo inferior", à que era devida.

[423] Observa-se contradição entre a imprecisão na sua redacção e o espírito destas disposições, para não referir as contradições na sua prática. Foram estabelecidas sanções, através de leis penais, para os crimes praticados contra a religião do reino, embora houvesse liberdade para atacar a doutrina católica, permitindo-se a propaganda para pôr-lhe fim. Foram muitos os casos de irregularidades no governo das Dioceses. Situações houve de duplo governo, sendo o intruso protegido pelo poder civil, enquanto era oculto o exercício do governo legítimo. Deste modo, foi inevitável a desorientação dos fiéis, a par da perturbação da vida religiosa. Entretanto, à sombra da lei, foram-se organizando, diga-se sem grande sucesso, igrejas protestantes.

Capítulo IV – Enquadramento Político-Jurídico Português   253

permitiu estabelecer negociações entre Portugal e a Santa Sé, relativas ao Padroado Português do Oriente.[424]

Destas negociações resultou a Concordata de 21 de Fevereiro de 1857, ficando praticamente restabelecido o Padroado, muito embora ela tenha representado um triunfo para o país o certo é que se revelou, na prática, inexequível na sua globalidade.

Quer a Igreja em Portugal, quer a Coroa foram incapazes de cumprir os compromissos assumidos dado que por falta de religiosos, como missionários, e do clero diocesano não se conseguiu satisfazer as obrigações concordatárias assumidas.

Daí resultou a necessidade de negociar e celebrar nova Concordata, assinada em Roma, no ano de 1886, entre D. Luís I e Leão XIII, pela qual o Padroado Português do Oriente ficou bastante reduzido.

Durante este reinado, de 28 anos, iniciou-se a propaganda das ideias laicistas, ditas democráticas, através de conferências e de artigos publicados na imprensa.[425]

Estava claro o propósito de destruir a Igreja em Portugal. O Positivismo de Comte foi preponderante e teve manifestação pública nas Conferências do Casino Lisbonense, a que anteriormente aludimos, tendo o governo se visto obrigado a interrompê-las porque defendiam doutrinas que eram contra a religião e as instituições políticas do Estado.[426]

É importante que se esclareça que D. Luís quando ascendeu ao trono não estava preparado para reinar, de acordo com Jean Pailler, já aqui citado, ele *"(...) não tinha nenhuma ambição real, nenhuma propensão para a autoridade, nenhuma paixão pela política. Alma de marinheiro (...)"*. E acrescenta: *"Foi um monarca constitucional de um país*

---

[424] Referimo-nos concretamente às duas Concordatas ou Acordos celebrados nos reinados de D. Pedro V e de seu irmão D. Luís I e a Santa Sé, relativamente ao Padroado do Oriente, nos anos de 1857 e 1886, respectivamente.

Veja-se *Raccolta, ibidem,* (CIII e CXXI)

[425] Especialmente *O Século* a quem era incumbida a missão de propaganda nas classes populares.

[426] Estas Conferências, a que anteriormente nos referimos, decorreram em Maio-Junho de 1871, sendo um dos seus promotores Teófilo Braga, que no magistério do Curso Superior de Letras, influenciou, sobremaneira, na fusão das doutrinas positivistas com a propaganda republicana. O próprio Partido Republicano Português, fundado em 1873, tinha, no seu directório, positivistas. Aquando da proclamação da República, em Outubro de 1910, o governo provisório, presidido por Teófilo Braga, procurou cumprir o programa positivista, estabelecendo a laicização da vida pública.

liberal, católico mas anticlerical, governado por ministros que eram pedreiros livres."[427]

Eça de Queirós deixou escrito que D. Luís tinha sido o chefe mais congénere e perfeito para presidir às grandes transformações que o país tinha conhecido. Sucedeu-lhe seu filho D. Carlos I (1889-1908), cujo reinado durou cerca de 19 anos e terminou tragicamente.[428] Neste reinado nenhuma Concordata foi estabelecida com a Santa Sé, muito embora, no final do século XIX, fossem vários os esforços de restauração da vida católica que motivavam a irritação tanto dos monárquicos quanto dos republicanos, tidos como inimigos da Igreja. Uns e outros buscavam pretexto para criarem uma 'questão religiosa' que servisse os seus objectivos políticos.

Alguns incidentes deram origem a que o governo mandasse encerrar algumas casas religiosas como primeira satisfação aos liberais e por decreto de 18 de Abril de 1901 tentou regular a questão dos institutos religiosos obrigando-os a criarem estatutos oficialmente aprovados. O episcopado, por carta de 23 de Abril, entregue pessoalmente a D. Carlos, expôs, de forma clara, a doutrina da Igreja.

O Rei talvez não tenha sido um bom e cuidadoso condutor de povos, nem teria sido fácil sê-lo, mesmo que o quisesse, num regime político estagnado e mergulhado num jogo inglório de lutas partidárias sem terem em conta os interesses nacionais.

Diga-se, em abono da verdade, que D. Carlos foi apanhado, desde o início do seu reinado, nas malhas desse mecanismo democrático parlamentar, de tipo anglo-francês, em que a função do rei era meramente a de, como dizia Thiers, *reinar* mas não *governar*.

---

[427] *Ibidem*, p. 26.

[428] Terá algum interesse referir que neste contexto de crise, a vida religiosa, em Portugal, dependia de governantes que, embora dizendo-se católicos praticavam actos políticos anti-eclesiais das sociedades secretas como nos diz D. Manuel Clemente, *in História Religiosa em Portugal, Ibidem*, p. 108.

Os próprios bispos encontravam-se não só desalentados como impotentes perante a política regalista que os transformava em simples informadores do Ministério dos Cultos. O próprio Cardeal Patriarca de então, D. José Neto, em carta dirigida ao Papa Leão XIII, em Dezembro de 1893, dizia: "Pobre Igreja Lusitana! (...) Há bons prelados, porém, mais ou menos ligados aos partidos que os elegeram; e se acrescentarmos a isso a gravíssima doença do desalento e indiferentismo, em que todos enfermamos, nada se poderá esperar do Episcopado. (...) falta em quase todos ciência bastante, para afrontar as lutas do Parlamento e fora dele."

Capítulo IV – Enquadramento Político-Jurídico Português 255

Fazia parte da Constituição, dita *Carta,* e dentro de tais limites a sua missão era 'deixar correr o marfim'. Culto como era, o Rei conhecia os problemas nacionais, mas não era fácil atacá-los e resolvê-los. A onda republicana, vinha de longe, desde a geração de 70, foi convertida em partido nove anos antes de D. Carlos ter assumido os destinos da Nação. Ela viu-se revigorada, sobretudo com o *Ultimatum* inglês, de 1890, enquanto o país, razoavelmente inculto, com cerca de 75% de analfabetos, não fazia senão viver à margem de toda a vida política consciente e séria.

A Igreja Católica destes tempos, num meio que se secularizava, estava social e culturalmente ultrapassada e teria perdido o seu papel que tivera desde sempre em Portugal não fossem os laços estreitados entre os católicos portugueses e os Papas. Aliás, como refere D. Manuel Clemente ao repetir António Ribeiro de Vasconcelos *"Ao findar do século XIX, a Igreja é aparentemente uma vencida, mas na realidade porém ela é vencedora e poderosa. Privada do poder temporal, tem visto crescer e aumentar extraordinariamente o seu poder espiritual (...)"*[429]

Inferindo-se daqui que a Igreja Católica, em Portugal, no início do século XX, não podia viver no conformismo entre o Estado confessional e a Igreja estatal, sendo a sua condição de luta, estando as raízes da sua fragilidade na extinção das ordens religiosas e no desaparecimento dos centros de formação.[430]

O povo, esse só era bom, embalado no seu amor da terra, para fornecer adeptos fáceis e clientes dóceis àqueles que lhe soubessem cantar, em vários tons, a já gasta ária do *'bacalhau a pataco'* e da vida fácil prometida pelos republicanos. Não será difícil revermo-nos neste filme. Hoje, como ontem, ele repete-se.

---

[429] A referência ao lente de Teologia da Universidade de Coimbra, António Garcia Ribeiro de Vasconcelos, é feita por D. Manuel Clemente *in História Religiosa em Portugal, Ibidem,* p. 108.

[430] Ainda durante o pontificado de Pio IX, pela encíclica *Syllabus,* havia sido lançado um anátema à sociedade divorciada da Igreja, fruto da Revolução Francesa, mas com o novo Papa Leão XIII, eleito em 1878, foram lançadas novas pontes, sobretudo pela encíclica *Rerum Novarum,* em que se aconselhava os católicos a abandonarem a oposição aos regimes liberais, apenas combaterem a legislação que se mostrasse nociva aos interesses e à doutrina da Igreja, devendo os católicos excluir as divergências partidárias. A chamada política do *ralliement.*

Veja-se TRINDADE, M.de Almeida, (1991), *Figuras Notáveis de Coimbra,* Coimbra: Gráfica de Coimbra, pp. 50-52.

Assim foi até que, um dia, D. Carlos despertou dessa espécie de sono letárgico e quis dar início a uma vida nova. Não era a primeira vez que isso se tentava em Portugal. A ditadura foi a última solução. Monárquicos ortodoxos, dissidentes progressistas e regeneradores, e, a encabeçar, o Partido Republicano, lançaram-se numa campanha cruel, uns contra o Rei, os outros contra a Monarquia. A Maçonaria, de Paris, soprava fazendo com que o fogo se ateasse mais e mais.

Entretanto, renascia um fervor religioso que preparou os católicos para a luta que se avizinhava. A propaganda republicana identificava os interesses da Igreja com os da Monarquia, tal como os liberais haviam feito a associação entre religião e absolutismo.

Resultado de todo este quadro: o Regicídio de 1 Fevereiro de 1908. O atentado pôs termo à vida de D. Carlos e do Príncipe herdeiro D. Luís Filipe. O povo, o nosso bom povo, ficou indiferente, apenas alguns, muito poucos, entre eles Ramalho Ortigão e o conde de Arnoso, profligaram o atentado, enquanto os governos tentavam salvar o regime colaborando no ataque à Igreja.

De nada serviu. Dois anos mais tarde chegava ao fim a Monarquia. Alguns, embora não professamente republicanos, ainda alimentaram esperanças optimistas sobre um possível futuro mais feliz para a Nação dentro das novas instituições, pois havia alguns portugueses respeitáveis, de incontestável valor intelectual e moral, entre os seus próceres.

A breve trecho, porém, mais concretamente a partir de 1911, as esperanças desvaneceram-se. Com efeito, havia já na doutrinação republicana de 1909, todo um conjunto de reivindicações, sem nada directamente político.[431]

Um dos pontos era o da reivindicação duma legislação mais secularizada da família e do estado civil dos cidadãos.[432]

---

[431] Será de relembrar a vivência de então feita num ambiente regalista, de intervenção do Estado na vida religiosa do país, sendo ele próprio que apresentava os bispos, nomeava os párocos, carecendo os documentos da Santa Sé do 'beneplácito régio'. As relações entre os Bispos portugueses e a Santa Sé passava por um ministério do Reino: o dos Cultos ou o dos Negócios Estrangeiros.

[432] O casamento civil havia sido reclamado e dera que falar nos tempos de Herculano, Ferrer e Seabra, na segunda metade do século XIX, na época das discussões do Código Civil de 1867 (e que esteve em vigor até 1 de Junho de 1967). Ferrer chegara a inclinar-se para a admissão, em certos casos, duma eventual dissolubilidade do casamento. Por outro lado, o registo civil nas mãos exclusivamente dos párocos dava lugar a algumas

Capítulo IV – Enquadramento Político-Jurídico Português　　257

Esta era a orientação dos republicanos na sua campanha anticlerical e até anti-religiosa, com a marca francesa de Combes, Ferry e Waldeck-Rousseau. Estava reservado à República, instituir o divórcio, o registo civil obrigatório e a laicização da família, juntamente com a separação da Igreja e do Estado. Tudo isto inspirado num radicalismo maçónico e anti-católico, à medida que, na sociedade portuguesa, iam crescendo, por todos os lados, as lutas partidárias, as paixões ideológicas, a violência e o crime.[433]

Iniciava-se assim a consequente perseguição religiosa que culminou com a Lei da Separação de 1911, a que ateriormente aludimos. O primeiro passo havia sido dado por decreto do Ministro da Justiça Afonso Costa. Uma série de portarias e decretos ordenaram o arrolamento dos bens das Congregações e a sua integração no Estado.

Após expulsar e espoliar as Ordens religiosas, coube ao Governo provisório intentar a laicização da vida pública por considerar conveniente satisfazer os anseios liberais e democráticos. Muitos foram os bispos perseguidos, sendo que alguns se refugiaram em Espanha, como foi o caso do de Beja. Quando foi propício, os bispos reuniram-se, em Lisboa e através duma nota Pastoral, embora ressalvando a doutrina da Igreja face ao respeito perante os poderes instituídos, protestaram contra as violências e abusos do novo regime, tendo apresentado algumas normas aos católicos portugueses.[434]

---

irregularidades, produto do desleixo e da rotina. O certo é que os cidadãos não eram só da Igreja, mas também do Estado, e era a este que cabia conhecer a sua condição jurídica e o seu estado civil.

Urgia uma reforma mais consentânea com a evolução dos tempos, logo uma maior secularização das instituições mais relacionadas com a família e o estado civil, incluindo o casamento.

Veja-se sobre o tema, a Dissertação de Mestrado em Gestão e Administração Pública, intitulada Viabilidade do Conservador na mediação do conflito Divórcio, de NUNES, Pedro, (2001), Lisboa: I.S.C.S.P., pp. 75-79.

[433] Queremos deixar claro não ser nosso propósito fazer ou enveredar pelos domínios da História, conquanto alguma vez, mesmo sem darmos por isso, involuntariamente, nos vamos imiscuindo ao socorrermo-nos dela. Trata-se unicamente de enquadramentos e pontos de referência na narrativa que se vai urdindo.

[434] Entre as normas apresentadas destacam-se a de não admitir nem tão-pouco cooperar com a hostilidade ao catolicismo praticada até então. Seria dever de todo o católico procurar, por todos os meios honestos e legais, favorecer a causa da Religião e a Igreja Católica, tentando empenhar-se no processo de abolir a legislação que lhe fosse antagónica.

258　　　*Das Relações da Igreja com o Estado*

Como resposta surgiu então a Lei da Separação, sendo objectivo dos seus mentores acabar com o Catolicismo em Portugal em duas ou três gerações, tal como havia afirmado Afonso Costa, numa sessão da maçonaria:

> *"Está admiravelmente preparado o povo para receber essa lei; e a acção da medida será tão salutar, que em duas gerações Portugal terá eliminado completamente o Catolicismo, que foi a maior causa da desgraçada situação em que caiu".*
>
> Concluindo: *"Saiba ao menos morrer quem viver não soube."*[435]

Há 90 anos, no dia 21 de Agosto de 1911, a Revolução Republicana ganhava expressão em forma de lei: A Assembleia Nacional Constituinte, sancionara, por unanimidade a Revolução do 5 de Outubro, do ano anterior, afirmando a sua confiança nos superiores destinos da Pátria, num regime dito de liberdade e justiça, estatuiu, decretou e promulgou a Constituição Política da República Portuguesa.

Decorreu algum tempo até que a Revolução fosse sufragada pelo eleitorado e sancionada por uma Lei Fundamental, talvez porque a História não deixe sobreviver revoluções que não realizem mudanças e as legislem, em torrente, e de pronto.[436]

Os revolucionários tiveram desde logo um Governo Provisório, chefiado pelo Açoriano Joaquim Teófilo Fernandes Braga, e leis quase concluídas que constituíram os primeiros sinais de mudança de regime. Sinais estes que surgiram com a assinatura de Afonso Costa, ministro da Justiça, nos decretos de expulsão dos jesuítas e o encerramento das congregações religiosas, retomando uma 'guerra' entre o Estado e a Igreja Católica, iniciada pelo Marquês de Pombal. Alguns decretos que se seguiram não fize-

---

[435] Conforme nos é apresentado por OLIVEIRA, Miguel de, *Ibidem*, p. 236.

[436] Na Constituição Portuguesa de 1911 ficaram estabelecidas algumas alterações significativas e que colidem nas relações estabelecidas entre o Estado português e a Igreja. Destacamos do artigo 3.º, do Título II – Dos Direitos e garantias individuais, o seguinte:

§ 5.º O Estado reconhece a igualdade política e civil de todos os cultos e garante o seu exercício nos limites compatíveis com a ordem pública, as leis e os bons costumes, desde que não ofendam os princípios do direito público português.

§ 10.º O ensino ministrado nos estabelecimentos públicos e particulares fiscalizados pelo Estado será neutro em matéria religiosa.

§ 33.º O estado civil e os respectivos registos são da exclusiva competência da autoridade civil.

Capítulo IV – Enquadramento Político-Jurídico Português

ram mais que acentuar a clivagem.[437] Era notória uma inspiração marcadamente anticlerical na actividade legisladora e em 20 de Abril 1911 surgia, tendo como corolário, o decreto que estabeleceu a separação entre o Estado e a Igreja.

Acreditamos que esta situação de separação, por si só, não representaria uma perda para o catolicismo, em Portugal, na medida em que o mesmo deixava de depender de governantes que, assumindo-se como católicos, levavam a cabo a política anti-eclesial das sociedades secretas.[438]

Podemos acrescentar que, dentro deste quadro, as Constituições Liberais são tidas como benévolas para o Catolicismo, tido como religião oficial, prevendo a censura dos Bispos, mantendo, no entanto, a interferência do Rei, na designação dos Bispos e o Beneplácito Régio face a documentos da Igreja.

Em simultâneo foram abolidas as dízimas e outras contribuições de que beneficiava a Igreja, negando-se ao clero regular a capacidade de voto. A efectiva secularização, ocorreu em 1834, com o confisco de mais de 800 conventos, mosteiros, igrejas e escolas, seguida da privatização levada a cabo por Joaquim António de Aguiar. Em 1910, novo confisco veio a ter lugar, associado à expulsão de congregações religiosas.

---

[437] Tal foi o caso de, em 18 de Outubro de 1910, Afonso Costa ter acabado com o juramento religioso nos actos civis, tendo ficado, em seu lugar, a fórmula ainda hoje usada: *"Declaro pela minha honra que desempenharei fielmente as funções que me são confiadas."*

Outro exemplo que veio reforçar essa clivagem com a Igreja Católica, foi a Lei do Divórcio, de 3 de Novembro, em que o Estado passava a aceitar a dissolução do contrato civil de casamento, independentemente da posição da igreja, a qual mantinha a condição da indissolubilidade do casamento. Este será um tema que adiante daremos maior destaque, quando for abordada a 1.ª revisão da Concordata.

Ainda na mesma orientação, mas já em 18 de Fevereiro de 1911, Afonso Costa determinava que todos os casamentos, nascimentos e óbitos, passavam a ser registados, obrigatoriamente, nas conservatórias do registo Civil, embora não tenha sido proibido o registo também nas paróquias.

[438] Como anteriormente referimos no século XIX haviam-se estreitado laços de alguns católicos portugueses com os Papas, numa autêntica condição laical que se fez perante a Igreja e a sociedade, nesta tomavam eles atitudes públicas num meio que se secularizava e, naquela porque possuidores duma elevada instrução religiosa capazes de serem defensores do catolicismo em Portugal. A título de exemplo seja o caso do Doutor Francisco de Sousa Gomes, catedrático de Química, em Coimbra.

Veja-se D. Manuel de Almeida Trindade, (1991) *Ibidem*, p. 56.

260   *Das Relações da Igreja com o Estado*

Mas, como atrás fizemos referência, é considerada uma das maiores ironias da História portuguesa, o 'bom' serviço prestado ao país, pela *Lei da Separação,* na medida em que acabou por ditar o fim do galicanismo do Estado que se arrogava o direito do governo sancionar os escritos pontifícios, de se imiscuir na nomeação dos prelados, de validar a nomeação dos párocos e docentes dos Seminários. E enquanto o Laicismo marcou a 1.ª República, a 1.ª Guerra Mundial, as Aparições de Fátima e a Acção Católica, restabeleceram a Igreja em Portugal.

2.2. *Da Lei da Separação às vésperas da Concordata de 1940*

O expoente máximo dos ataques à Igreja Católica e às suas instituições corresponde à *Lei da Separação,* datada de 20 de Abril de 1911. Os intuitos de que se revestiu explicaram-nos objectivamente os políticos de então.[439] Uma lei, como atrás nos referimos, que visava garantir a liberdade de consciência dos cidadãos e por termo ao catolicismo enquanto religião oficial em Portugal. Com base no articulado desta lei foram confiscados bens da Igreja e o Vaticano cortou relações com Portugal.[440]

---

[439] Tal foi o caso de Magalhães de Lima que concretamente disse: "Dentro de alguns anos não haverá quem queira ser padre em Portugal: os seminários ficarão desertos". Cfr. o artigo do padre Miguel de Oliveira, "A propósito da Lei da Separação" *in Novidades,* de 22 de Outubro de 1966.

O mesmo acontecendo com Afonso Costa que anunciava, em 24 de Abril de 1911, numa sessão magna da Maçonaria, em Braga, o que noutra página se transcreveu e ora, em parte, se repete: "Está admiravelmente preparado o povo para receber essa lei; e a acção da medida será tão salutar, que em duas gerações Portugal terá eliminado completamente o Catolicismo, que foi a maior causa da desgraçada situação em que caiu. (...) Saiba ao menos morrer quem viver não soube." *Ibidem.*

Em 5 de Maio daquele ano contra esta lei protestaram colectivamente os prelados portugueses definindo o seu conteúdo nestes termos: "injusta, opressão, espoliação e ludíbrio." Independentemente desse protesto ela começou a vigorar em 1 de Julho seguinte.

[440] Caberá referir que Afonso Costa ficou para a História como o rosto mais visível da 'cruzada' contra a Igreja Católica. Uma 'cruzada' diga-se que muito influenciaria o ritmo e o sucesso da Revolução Republicana. Em 12 de Outubro de 1912, o papa S. Pio X, na Encíclica *Jamdudum in Lusitannia* condena e rejeita a Lei da separação, do seguinte modo: "Lei que menospreza a Deus e repudia a fé católica; que destrói os contratos celebrados solenemente entre Portugal e a Sé Apostólica, violando o direito natural e o direito das gentes; que esbulha a Igreja da legítima posse dos seus bens; que oprime a própria liberdade da igreja e atenta contra a sua divina constituição".

Capítulo IV – Enquadramento Político-Jurídico Português 261

A primeira Constituição da República, com 87 artigos, distribuídos por 7 títulos, foi a mais parca das leis fundamentais que vigoraram em Portugal.

No seu Título III, Artigo 3.º pode ler-se:

> *"A Constituição garante a portugueses e estrangeiros residentes no nosso país a inviolabilidade dos direitos concernentes à liberdade; à segurança individual, e à propriedade (...)",*

sendo um artigo que abrange 38 pontos, o primeiro dos quais assegura que *"(...) ninguém pode ser obrigado a fazer ou deixar de fazer alguma cousa, senão em virtude da lei"*, enquanto no segundo ficou estabelecido que *"a lei é igual para todos (...)"*, pelo terceiro se afirma que

> *"A República Portuguesa não admite privilégio de nascimento nem foros de nobreza, extingue os títulos nobiliarchicos e de conselho, e bem assim as ordens...".*

Nos artigos seguintes, a Constituição de 1911, acolhe o essencial da legislação do Governo Provisório sobre Liberdade Religiosa:

> *"O Estado reconhece a igualdade política e civil de todos os cultos, e garante o seu exercício, nos limites compatíveis com a ordem pública, as leis e os bons costumes, desde que não offendam os princípios do direito público português."*

Sendo a seguir garantido que

> *"(...) ninguém pode ser perseguido por motivos de religião, nem perguntado por autoridade alguma acerca da que professa"*, acrescentando que *"(...) ninguém pode, por motivo de opinião religiosa, ser privado de um direito ou isentar-se do cumprimento de qualquer dever cívico".*

Noutros tempos foram suscitadas crises, mas sempre se tentou manter ou restaurar a liberdade da Igreja e o respeito pelo seu magistério religioso e influência social. Até então a Igreja estava presente em tudo, em todos os momentos da vida do cidadão português, mas a República retira-lhe espaço, decreto a decreto, artigo a artigo como é o caso dos pontos 9 e 10, do artigo 3.º, em que interfere no culto dos mortos:

> *"Os cemitérios públicos terão carácter secular, ficando livres todos os cultos religiosos, a pratica dos respectivos ritos, desde que não offendam a moral pública, os princípios do direito público, e a lei",*

mas também irá interferir no ensino, ao dizer que:

> *"O ensino ministrado nos estabelecimentos particulares públicos, e particulares fiscalizados pelo Estado, será neutro em matéria religiosa."*

Queiramos ou não reconhecer a primeira realidade do Estado português é a formação católica do seu povo; a segunda, é que a essência da mesma se traduz numa constante da História e embora as crises tenham ocorrido houve e haverá que restaurar ou manter a liberdade e o respeito da Igreja.

E, como se distingue, no Cap. 12, de S. Marcos, haverá que observar escrupulosamente a fronteira – mutuamente benéfica – entre as duas ordens jurídicas soberanas e autónomas **da cidade de Deus e da cidade dos homens.**[441]

A balbúrdia republicana continuou, embora provocando o surgimento de ondas reaccionárias, sem credo político bem definido, conquanto mais ou menos desconfiados da propaganda republicana.[442]

De permeio um novo facto se produziu, em 1914: a Primeira Guerra Mundial, resultante do choque inevitável de imperialismos tal como forças da natureza que, por definição do conceito de *político*, fugiam a todo o tipo de apreciação adequada, por parte dos indivíduos, da moral cristã.

---

[441] O Papa Leão XIII, na Encíclica *Immortale Dei* adverte sobre o benefício da conquista e manutenção da liberdade religiosa decorrente da escrupulosa observância do conselho evangélico de se dar a *"Deus o que é de Deus e a César o que é de César."* Igualmente no Concílio Vaticano II, na *Gaudium et Spes,* cap. IV, se afirma que a Comunidade política e a Igreja "são independentes e autónomas cada uma no seu próprio terreno. Ambas, sem embargo, ainda que por diverso título, estão ao serviço da vocação pessoal e social do homem. Este serviço o realizarão com tanta maior eficácia para o bem de todos, quanto mais sã e melhor for a colaboração entre elas, tendo em conta as circunstâncias de lugar e de tempo."

[442] Tal foi o caso dos *Esotéricos,* grupo de estudantes de Coimbra, monárquicos reaccionários, católicos e conservadores que tiveram em mente chamar a atenção, dar que falar, despertar a massa amorfa, sempre conformista, da opinião pública portuguesa. Deram origem, em 1913, ao Integralismo Lusitano, sendo seu fundador António Sardinha Trata-se dum "Movimento político baseado na ideia monárquica de unificação de tendências políticas e na supremacia do poder real como elemento de unificação, integração, moderação e continuidade. Entre os seus objectivos sublinhe-se o reforço do poder local, o proteccionismo económico e a definição da família como base da unidade da Pátria e uma relação privilegiada com a Igreja".

Veja-se *Dicionário Enciclopédico de Língua Portuguesa,* Lisboa: Publicações Alfa, 1992, p. 621.

Capítulo IV – Enquadramento Político-Jurídico Português 263

Eram factos que, de acordo com Nietzsche, se encontravam *para além do bem e do mal*. Portugal conservou-se, por cerca dum ano, neutral, depois buscou um *casus belli*. Era preciso consolidar a democracia parlamentar e obter, a todo o custo, a guerra contra a Alemanha.[443]

A perseguição aos prelados manteve-se até pelo menos 1917. Neste ano, a 13 de Maio, num lugar chamado Fátima, a Sul de Ourém, ocorreram factos de natureza sobrenatural. Dizia-se que Nossa Senhora tinha aparecido a três pastorinhos.[444]

Entretanto, a 5 de Dezembro, um movimento revolucionário, veio abalar os alicerces da República parlamentar. O Sidonismo foi a reacção contra a permanente demagogia democrática que nos conduzira à guerra.

Sidónio Pais, professor de Matemática, havia sido ministro do Fomento e da Fazenda ainda em 1911, tentou alcançar o equilíbrio entre os dois mundos opostos em que a Nação portuguesa se dividia, República e Monarquia, católicos e *maçons,* mas não teve condições de viabilidade.[445]

Durante o fugaz consulado político de Sidónio Pais, haveriam de alterar-se algumas das disposições mais aberrantes da Lei da Separação e reatar-se as relações diplomáticas com a Santa Sé. Mas nem o restabeleci-

---

[443] Era necessário alcançar a *consolidação* da República. O partido democrático, o mais radical, e a mentalidade revolucionária e maçónica, eram hóstis a todas as tentativas de conciliação com o passado, daí a necessidade de entrar na guerra.

A guerra fazia-se para defender as colónias da cobiça alemã. Esta foi uma das justificações encontradas para calar o povo. O pior é que a Inglaterra também as cobiçava, mas tinham sido os alemães que roubaram Quionga, na foz do Rovuma e provocado um incidente em Naulila, nas margens do Cunene, em Angola. Então provocou-se o incidente no Tejo com navios mercantes alemães e assim a 15 de Maio de 1915, o ministro alemão von Rosen entregou ao governo português a cobiçada declaração de guerra da Alemanha a Portugal. E sob o comando do ministro das Colónias, Norton de Matos, foi preparado, em Tancos, o Corpo Expedicionário Português, formado por 50 mil homens que, em 1916, entrou em campanha, na Flandres, ao lado de ingleses e franceses. O trágico desfecho aconteceu, em la Lys, a 9 de Abril de 1918.

[444] Não pretendemos ocuparmo-nos deste facto, em nenhum dos aspectos nem mesmo social ou religioso, mas será de notar como ele coincidiu com a angústia de tanta gente que ansiava pela paz, com a revolução contra os democráticos de Afonso Costa e com a Revolução soviética, na Rússia.

[445] Sidónio Pais, entre 9 de Maio e 14 de Dezembro de 1918, foi o 4.º Presidente da República, amado pelo povo como um D. Sebastião e tal como ele teve o seu Alcácer Quibir. Como disse Fernando Pessoa: "varreu-o o vento Norte, depois de ter erguido nos seus braços a Pátria". Foi assassinado no Rossio, em Lisboa, tendo, antes de morrer, gritado: "Rapazes, salvem a Pátria!".

264 *Das Relações da Igreja com o Estado*

mento da liberdade religiosa, nem o pulso de ferro do novo Presidente levantado por sufrágio directo do povo, foi suficiente para se poder realizar obra de tão grande envergadura para a época.

Poderá afirmar-se que o Sidonismo foi apenas um homem. Faltaram colaboradores à altura e um programa com raízes numa sólida tradição. De entre os colaboradores, uns, os conservadores, hesitantes e sem firmeza, estavam enfeudados a sistemas de ideias ultrapassadas; outros, os republicanos, momentaneamente desorientados, dominados pela dúvida e pelo medo, aguardavam. Na verdade, este era o ambiente em que o país se encontrava mergulhado.

Foi uma tentativa para se restaurar o império da lei e por cobro à agitação que grassava no país, tendo, por diversos decretos, sido anulados castigos impostos aos prelados e modificadas algumas disposições da Lei da Separação.[446]

O ano de 1919, foi ano de ajuste de contas entre as duas forças: o espírito conservador, representado sobretudo pelos monárquicos, quer integralistas quer constitucionalistas e a demagogia, a quem coube a vitória final. Mesmo os vários abalos que ocorreram nunca conseguiram fazer cair fora da sua base de sustentação o regime republicano.

Os democratas, mesmo com o seu chefe, Afonso Costa, retirado para Paris, continuaram a penetrar em todos os governos, mesmo que por poucos meses. O país estava como um barco sem leme, à deriva no meio das paixões ideológicas, dos interesses plutocráticos e das intrigas. Em 1921 foram vários os assassinatos cometidos, entre eles o do próprio Machado dos Santos.

Tal como Saturno, a República devorava os seus próprios filhos.

Os portugueses pareciam ter perdido a sensibilidade para reagirem contra a anarquia e o crime de tão habituados que estava ao inevitável. A frase *"o país está a saque"* fez época. Os homens da época, tanto bons como maus, se é que podemos adoptar uma atitude manequeísta[447] pare-

---

[446] Cfr. Decretos de 9 e 22 de Dezembro de 1917 e o de 22 de Fevereiro de 1918.

[447] Embora a expressão manequeísta, muito em uso nos nossos dias, resulte um tanto inadequada neste caso, uma vez que advém da Transoxilânia actual Uzbequistão, onde viveram os seguidores do profeta Manés, os manequeístas ou dualistas, considerados pelos árabes como detentores de velhíssimos segredos. No século IX já usavam um sistema de reprodução de textos em papel semelhante à imprensa. Eram placas de madeira com inscrições gravadas relativas à sua religião, cobertas com tinta e sobre as quais pressionavam uma folha de papel. Estavam cerca de meio milénio adiantados a Gutenberg.

Capítulo IV – Enquadramento Político-Jurídico Português 265

ciam manobrados, como marionetas, por forças misteriosas que lhes retiraram a personalidade. Tal como no romance de Júlio Verne, *O Doutor Ox*, a própria atmosfera que os envolvia intoxicava-os.

Afinal, de acordo com Ratzel, os homens são invariavelmente tributários dos climas e influências sociais que respiram. Mas como ensinava Goethe, na substância moral de que somos feitos, somos, em simultâneo, *côdea* e *miolo*, ou, como referia Hegel, indivíduos e sociedade: *espírito subjectivo* e *objectivo*.

O português é uma mistura perigosa de comodista e sofredor. Em Portugal, passado o ambiente tumultuoso, fruto da mudança social que adveio da revolução foi acontecendo, a partir de 1927, a recristalização e nalguns casos a acomodação aos novos ambientes políticos em muitos sectores do espírito público nacional.

Em 1928, após a segunda chamada do Professor Oliveira Salazar para o governo e da consequente instauração da sua ditadura financeira, ocorreu uma sensível reviravolta em muitos espíritos.

Os fanatismos abrandaram e uma nova *espécime* de políticos começou a assumir os principais papéis na vida pública. Esta emergência para a vida pública foi apodada, consoante os oportunismos, de *penetralho, reviralho* e *adesivos* da Nova República.[448]

Entretanto haviam sido restabelecidas as relações diplomáticas com a Santa Sé, reconhecendo-se deste modo, ao menos de facto, a personalidade jurídica da Santa Sé como pessoa de Direito Internacional. A primeira República durou 16 anos. Agora restaurava-se não só as finanças como também as liberdades religiosas. [449]

---

[448] Os Conservadores passaram a dominar por *penetralho* os que entraram ao serviço do Estado e que até à data, por motivos políticos, estiveram afastados dele; por *reviralho*, os intransigentes da velha guarda e por *adesivos* os convertidos à República nova.

[449] A 'natureza das coisas' inculca no espírito humano certos fins racionais que ele não pode nem deve, só porque não são, desconhecer. Os partidos políticos, ontem como hoje, sempre por natureza pouco atentos, deixaram de ter presentes as palavras de Clemenceau ao dizer-nos que, assim como a Guerra era coisa demasiado séria para a deixarmos apenas nas mãos dos generais, do mesmo modo a Democracia era coisa demasiado delicada para que a deixássemos apenas na mão dos políticos.

Convém enquadrar todo o contexto onde se inseriram essas mudanças sociais: A Legião Vermelha fora contida e de fora sopravam ventos propícios à revisão das democracias parlamentares.

Assim, em 1921, com Mussolini, surgia o advento do fascismo italiano; em 1923, instaurava-se, pela mão de Primo de Rivera, a ditadura espanhola e, em 1930, na Alemanha, Hitler obtivera a vitória nas eleições para o *Reichstag*.

3. Entretanto, a Concordata de 1940

3.1. *Um estudo da sua génese*

Os governos, a partir da Presidência de Sidónio Pais, mantiveram as relações diplomáticas com a Santa Sé, mas apenas na vigência do chamado Estado Novo[450], foi publicado o decreto 11 887, de 6 de Julho de 1926, no qual, embora de forma precária, foi reconhecida a personalidade jurídica das Igrejas, ou melhor das suas organizações ou associações.

Deste modo, poder-se-á afirmar que as relações entre a Igreja e o Estado só melhoraram, de forma significativa, a partir da Revolução de 28 de Maio de 1926. Surgiu então a dúvida se se encontraria válida a Concordata de 1886 acerca do Padroado, devido à situação imposta pela Lei da Separação. Por via desta dúvida, a Santa Sé e o Governo português celebraram um Acordo ou Protocolo, como é referido no respectivo no texto.

Trata-se duma autêntica Concordata ou Tratado, dada a forma como foi celebrado, pois, ocorreram negociações entre a Santa Sé e Portugal, registando-se a assinatura dos plenipotenciários a que se seguiu a respectiva ratificação.

Neste Acordo, assim designado no seu título, mantinha-se o Padroado pleno em quatro Dioceses e semi-Padroado noutras quatro, mantendo-se a apresentação do candidato ao Episcopado pelo Presidente da República, por proposta da Santa Sé.[451]

No tempo em que foi ratificado, o Acordo de 1928, foi considerado como um triunfo da diplomacia portuguesa, dadas as convulsões políticas, sobretudo das que sobrevieram da implantação da República, pois, existia o receio do Padroado ser extinto.

No art. IV do Acordo, ficou previsto os limites de algumas Dioceses que, quando fosse conveniente, seriam fixados e porventura alterados como veio a acontecer pelo Acordo ratificado, segundo as normas das

---

[450] A 'aventura' da Constituição Republicana, aprovada em 1911, terminaria com o golpe militar de 28 de Maio de 1926, dando origem ao Estado Novo, mas apenas em 1933 entraria em vigor uma nova Constituição da República Portuguesa

[451] Anteriormente, quando nos referimos ao Padroado Português do Oriente, fizemos referência às Dioceses em questão, concretamente: Goa, onde se inseriu a de Damão que foi extinta; a de Cochim, Meliapor e a de Macau.

Capítulo IV – Enquadramento Político-Jurídico Português 267

Concordatas, no ano de 1929. Poder-se-á assim ajuizar da influência dos diplomas de Pio XI na evolução da sociedade.

Podemos considerá-los sob o seu aspecto jurídico-social, na certeza de que a sociedade moderna se desenvolveu tendo por base as relações que se estabeleceram entre o Poder temporal e o Poder espiritual, por outras palavras, na concórdia entre os direitos do Estado, que na sua esfera é soberano, e os da Igreja, que são divinos.

As Concordatas desta época correspondiam à necessidade de estabelecer a paz interior e reparar as resultantes da guerra, mas também foram longamente preparadas, pela Santa Sé, desde os pontificados de Leão XIII, Pio X e Bento XV. Muito embora a política da Santa Sé pareça mudar de Papa para Papa, o que acontece é que a mudança tem muito de aparência e pouco de real.

No meio das circunstâncias históricas mais díspares, independentemente das tendências pessoais dos Pontífices, a realidade mostra que a orientação geral do governo da Igreja é praticamente a mesma e isto porque a Igreja, em todos os países do Mundo, e nas diversas épocas históricas, tem sempre como objectivo último procurar Deus em cada Homem.

Na primeira parte do pontificado de Pio IX (1846-1878), foram estipuladas 18 Concordatas ou Acordos, tendo atingido, nesta época, o seu auge a política concordatária da Igreja. Foi também neste pontificado que alguns dos mais graves erros do século foram analisados à luz dos ensinamentos da Igreja.[452]

Mas, após a invasão dos Estados Pontifícios, pelas tropas de Piemonte e da queda do poder temporal, em 1870, a que atrás fizemos referência, as relações da Santa Sé com os Estados estiveram em crise, de tal

---

[452] Contudo, algumas Concordatas ou Acordos não foram cumpridas, não passando de meras formalidades. Foi o caso da Concordata de Pio IX com Nicolau I da Rússia que punha termo às perseguições aos católicos no império do Czar, mas o governo russo não cumpriu o acordado. A Concordata de 1851, em Espanha foi um exemplo conseguido, pois, trouxe a paz religiosa depois das guerras carlistas, conquanto a república a tenha considerado revogada, a Santa Sé não a revogou de imediato pelo que se manteve *de jure* por muito tempo. Enquanto em Portugal, o Tratado de 1857, com D. Pedro V teve por finalidade o Padroado do Oriente.

Veja-se a história das negociações entre a Santa Sé e o governo de então em ALMEIDA, Fortunato, *História da Igreja,* IV, p. 34, mas também foram fortes os ataques desferidos pelos liberais à Igreja, com fraco conhecimento da doutrina canónica, cujo paradigma está patenteado no opúsculo *A Concordata de 21 de Fevereiro,* de Alexandre Herculano.

modo que quando o seu sucessor, Leão XIII, assumiu o pontificado tinha apenas relações cordiais com a Espanha e a América espanhola e correctas com o império Austro-Húngaro.[453]

O Papa Leão XIII, como já fizemos referência, conseguiu melhorar as relações entre a Santa Sé e alguns governos conseguindo mesmo vencer o *Kulturkampf,* movido pelo chanceler alemão Bismark, contra a Igreja, erguendo o prestígio internacional do Papado.[454]

O seu sucessor, Pio X, deu continuidade à obra reformadora, muito embora tenha assistido ao rompimento da França e de Portugal com a Santa Sé, o que obrigou o Papa a condenar duas leis dirigidas a espoliar, oprimir e, se viável fosse, exterminar a Igreja.

Como fizemos referência, apenas em 1918, com o seu sucessor, o Papa Bento XV, Portugal restabelecia relações diplomáticas com o Vaticano, pondo termo a uma interrupção de oito anos, tendo a França, após o armistício, feito o mesmo.[455]

Com sua diplomacia reprimiu o cisma, que ameaçou retirar da Igreja, com o apoio do poder civil e com pretextos patrióticos, uma das nações produto da guerra, a Checoslováquia.

---

[453] Refira-se a Concordata estipulada, em 1872, entre Pio IX e Garcia Moreno, Presidente do Equador.

[454] A título de exemplo relembre-se o facto de ter sido escolhido como árbitro no conflito entre o Império alemão e a Espanha sobre a posse das ilhas Carolinas. Por outro lado, as encíclicas de Leão XIII, cujo pontificado decorreu entre 1878 e 1903, imprimiram à Igreja uma orientação intelectual e social que visaram a restauração da filosofia tomista e a actividade social dos católicos. O Ocidente era abalado pelos progressos científicos, enquanto a burguesia jacobina assenta o seu poder e o proletariado operário consciencializa-se da sua existência como classe social. Leão XIII, sem multiplicar os anátemas, mas também sem abandonar o depósito da fé, esforçou-se por distinguir os temas incompatíveis com a doutrina católica das realidades do mundo moderno que já não é cristão. Saiu vencedor da luta contra a *Kulturkampf,* na Alemanha e na Suíça, preconiza a ligação dos franceses à República e estabelece as pazes com a Bélgica. O Papa acalenta também o projecto de manter contactos com o governo inglês, multiplicando-se as conversões dos ingleses ao catolicismo. Favorece, de igual modo, a expansão do catolicismo nos Estados Unidos, prevenindo os fiéis contra o 'americanismo', através da carta apostólica *Testem benevolentiae,* de 1899.

[455] O facto é mais relevante na medida em que foi um dos autores da Lei da Separação, o ministro Briand, quem diligenciou para restabelecer as relações diplomáticas entre a França e o Vaticano. Também a Inglaterra, desligada de Roma desde Henrique VIII, havia quatro séculos, instituiu uma representação junto do Vaticano, embora não sem protestos de protestantes anglicanos fanáticos.
Veja-se *Annuaire Pontifical* de 1923, p. 47.

Capítulo IV – Enquadramento Político-Jurídico Português 269

Em 1922, com Pio XI e as suas encíclicas de orientação social e doutrinal, verifica-se um aumento da acção dos leigos, um maior empenho na evangelização dos infiéis e o estabelecimento de relações pacíficas entre a Igreja e os Estados.[456] Para um melhor esclarecimento atente-se neste excerto:

> "*A Igreja não está ligada a nenhuma forma de governo, contanto que fiquem salvos os direitos de Deus e da consciência cristã, não sentindo dificuldade em se entender com as diversas formas de governo, sejam monárquicas ou republicanas, aristocráticas ou democráticas.*"[457]

Toda esta análise da conjuntura feita às diversas relações entre Estados e a Igreja, desde Pio IX, permite evidenciar que os ventos da mudança não sopraram apenas em Portugal, digamos que varreram a Europa.

Em Junho de 1931, após o discurso do Professor António de Oliveira Salazar, na Sala do Risco, lançavam-se as bases para a nova Constituição da República que seria aprovada em 1933.[458] Assim nascia a

---

[456] São exemplo, de toda esta acção renovadora, a encíclica *Studiorum ducem* associada à reforma das faculdades canónicas, bem como as encíclicas *Quadragesimo anno, Casti connubii* e outras como a de 3 de Junho de 1933 que condenava a lei espanhola das Congregações Religiosas.

[457] Veja-se a última Encíclica referida na nota anterior, datada de 1933. Será de referir que do pontificado de Gregório XVI ao de Pio XII, o projecto democrático moderno foi sendo analisado e foram apresentadas críticas várias. Embora, digamos que numa posição de *outsider,* tendo a atitude papal, perante a democracia, passado da hostilidade, com Gregório XVI e Pio IX, à tolerância, com Leão XIII e Pio XI, e a uma certa admiração por parte de Pio XII.

Mas o certo é que a Igreja não considerou a Democracia como uma forma de governo implicada pela doutrina social da Igreja, ela é sempre tida como uma realidade 'fora' dela, até mesmo como uma realidade que não raras vezes se ergueu contra a Igreja.

Com o Concílio Vaticano II e o Papa actual, João Paulo II, a posição católica oficial aprovou a democracia como a forma de governo que maior probabilidade tinha de dar forma aos princípios fundamentais da ética social católica: personalismo, tido como princípio dos direitos humanos; bem-comum, o princípio do comunitarismo; solidariedade, o princípio relacional ou da amizade cívica e a subsidiariedade, como princípio da sociedade civil.

Veja-se a este título *Sollicitudo Rei Socialis,* 38-40; *Centesimus Annus,* 10 e WEIGEL, George., (2000) *Testemunho de Esperança: A biografia do Papa João Paulo II,* Lisboa: Bertrand.

[458] Terá algum interesse referir o seguinte: o Professor Doutor António de Oliveira Salazar foi membro activo do **C.A.D.C.**, de Coimbra (Centro Académico de Democracia Cristã, criado a 18 de Janeiro de 1903), juntamente com o futuro Cardeal Patriarca Manuel Gonçalves Cerejeira (1929-1971). Estes dois grandes homens seguiram quase *pari passu*

270   *Das Relações da Igreja com o Estado*

primeira forma do Estado Orgânico Corporativo, antiliberal e antiparlamentar.[459]

Pelos artigos 45 e 46, da Constituição de 1933, admitiu-se a possibilidade das organizações e associações religiosas terem existência civil bem como personalidade jurídica, mantendo-se as relações diplomáticas entre o Estado português e a Santa Sé, ficando reconhecida a personalidade jurídica 'internacional' da mesma.

Por outras palavras, a Constituição de 1933 reconhecia a independência da Santa Sé, ou da Igreja, perante os poderes civis, podendo, por conseguinte, negociar com ela convenções.

Correndo embora o risco de nos repetirmos se dirá que o profano e o sagrado, o político e o eclesiástico estiveram inseparavelmente ligados. O Estado e a Igreja prestaram mútuo auxílio e no sistema de conjunção de esforços, salienta-se a concessão do Direito de Padroado, estabelecida pelos Papas aos nossos Monarcas. Errónea será a ideia de que este direito tenha sido concedido plenamente e duma só vez. Resultou antes de sucessivas concessões que anteriormente apresentamos.

Não nos cabe agora apresentar os direitos e os deveres que compreendia o Padroado português porque seria repetirmo-nos, antes referir, sumariamente, a decadência do Padroado que foi afectado por causas idênticas à do Império.

Na base encontra-se, segundo cremos, o resfriamento do nosso idealismo heróico, a subjugação ao domínio castelhano e no mesmo período a intrusão dos holandeses e ingleses no nosso império e comércio, a que mais tarde se seguiu a perseguição à Igreja e, por último, o desmoronar do Império.

3.1.1. *Um breve olhar sobre o Padroado do Oriente*

O próprio sentido da economia documental também se nos impôs ao espírito. Não nos será possível ir mais além do que '*um breve olhar*', mesmo porque a acção missionária portuguesa foi demasiado profícua e

---

os respectivos destinos atingindo os dois Capitólios de Portugal. Aí chegados e, por conveniência política das boas relações entre o Estado e a Igreja, afastaram-se de modo a não comprometer o Sacerdócio ou o Império.

[459] Vinha de encontro aos interesses dos Integralistas e dos filósofos da doutrina social da Igreja patenteada nas Encíclicas. Por sua vez a ditadura do 28 de Maio de 1926 deixara assim de ser ditadura para se tornar num Estado constitucional *sui generis,* muito embora o ódio ideológico tenha levado a que continuassem a chamar-lhe 'ditadura'.

Capítulo IV – Enquadramento Político-Jurídico Português 271

digna duma outra abordagem que outros e muito mais doutos o fizeram.[460]
É sempre conveniente refrear o sonho e dominar a ânsia do óptimo.Poderá
dizer-se que a epopeia missionária de Portugal terminou com a extinção
das Ordens religiosas. Durante meio século, apenas uns poucos sacerdotes, saídos, normalmente de Goa, lembrava o nome português pela África
e Oriente. Algumas igrejas foram arruinadas enquanto o paganismo e o
protestantismo conquistavam os povos.

No Portugal europeu, apareciam protestos contra as pretensões da
Santa Sé, consideradas atentatórias da dignidade nacional e dos direitos da
Coroa, mas ninguém cuidava de prover as terras de missão de pessoal idó-
neo, como reclamava a Igreja.

A consciência nacional só acordou quando se apercebeu dos perigos
por que passava a nossa soberania em territórios espiritualmente abandonados. O interesse pelas colónias fez renascer o interesse pelas missões,
mas era tarde, pois, o Estado apenas auxilia a obra missionária como elemento de nacionalização não se propondo a dilatar a Fé, sobretudo consciente da falta de recursos humanos.[461]

Diminuída a nossa capacidade e competência para satisfazer as
necessidades das missões, aumentou o cuidado da Santa Sé em provê-las.

Após a Lei da Separação de 1911, o Padroado ficou numa situação
jurídica dúbia, embora o Estado continuasse a subsidiar os seus missionários, mesmo trabalhando fora dos domínios portugueses.

Com a Revolução de 28 de Maio de 1926 e o reestabelecimento das
relações entre o Estado e a Igreja, inquiriu-se sobre a validade da Concordata de 1886 acerca do Padroado.[462]

---

[460] Sobre esta temática veja-se Documentação para a História das Missões do
Padroado Português do Oriente, coligida e anotada por António da Silva Rego, Lisboa:
Fundação Oriente (1996).

[461] De entre os institutos religiosos missionários tiveram algum relevo a Congregação dos Padres do Espírito Santo, a Companhia de Jesus, os Salesianos de S. João Bosco,
as Franciscanas Hospitaleiras Portuguesas e as Missionárias de Maria, bem como as Irmãs
da Ordem de S. José de Cluni.

Algumas destas ordens estavam em missão, numa fase de progresso, quando a
implantação da República lhes veio fazer secar as fontes. Por exemplo, o colégio de Cernache do Bonjardim foi laicizado acabando-se com as suas casas de preparação missionária. Contudo, os governos republicanos rapidamente reconheceram que não lhes trazia
vantagens dispensar as missões católicas como se pode inferir pela promulgação dos
Decretos 6 322, de 24 de Dezembro de 1919 e 8 351 de 26 de Agosto de 1922.

[462] Os valores históricos da Nação tinham como conceito estratégico nacional a
missão colonizadora e evangelizadora, pois, nos séculos XV e XVI, os portugueses consi-

272 Das Relações da Igreja com o Estado

Manter-se-iam em vigor os privilégios concedidos ao Estado português relativamente às missões do Oriente, dado que Portugal deixou de ser confessional e católico, tornando-se agnóstico e perseguidor da Igreja?

Certo é que os Acordos de 1928 e 29 estabelecidos entre Portugal e a Santa Sé, acerca do nosso Padroado do Oriente, denominados por convenção, não conseguiram arrancar o Padroado da precária situação que a Lei de Separação de 1911, o colocou.

Pelos motivos que são apontados sumariamente no preâmbulo do Acordo de 1928, a que anteriormente aludimos, a Santa Sé e o Estado português celebraram a Concordata que se limitou à parte religiosa do Padroado.

Após a independência da Índia (União Indiana, em 1948), Portugal, pelo acordo assinado em 1950, renunciou aos seus direitos de Padroado ou de Semi-Padroado relativamente às dioceses de Goa e Macau, esta com territórios chineses e duas paróquias em Malaca e Singapura.[463]

---

deravam-se "(...) mandatários da Cristandade para levar o Evangelho aos povos mergulhados nas trevas do paganismo", preocupando-se com a conversão dos naturais ao catolicismo. Apesar de ultrapassado o fervor missionário, permaneceu, de acordo com o Professor Marcelo Caetano, "(...) nos métodos coloniais portugueses o interesse pelas almas, o desejo de conquistá-las, a ânsia de tornar os colonizados semelhantes aos colonizadores". Veja-se CAETANO, M., (1951), *Tradição, princípios e métodos da colonização portuguesa*, Lisboa: Agência Geral do Ultramar, pp. 32 e 33.

Acrescente-se que os princípios e mesmo os métodos da acção colonial portuguesa do século XX, foram consequência e resultado da longa experiência colonial, desde o século XV, formada em todas as partes do mundo onde a influência lusa chegou. Anteriormente à Revolução de 1820, a organização dos territórios ultramarinos, para efeitos de governo e administração, não era uniforme, embora com princípios comuns. Para cada caso, os portugueses encontraram uma fórmula própria, respeitadora da índole de cada povo, e a tendência foi, mesmo após o Acto Colonial, em 1852, conservar o direito consuetudinário vigente nas sociedades indígenas. A este propósito veja-se o Decreto de 11 de Novembro de 1869. Para um maior aprofundamento desta questão veja-se as duas obras de CUNHA, J. S., 1951, *O Sistema Português de Política indígena. Princípios gerais*, Lisboa: Agência Geral do Ultramar, p. 16 e *Questões ultramarinas e internacionais I e II*, Lisboa: Ed. Ática, 1961, pp. 93 e 131.

[463] Ainda depois da Concordata de 1940 e do Acordo Missionário, surgiram alguns acordos bilaterais entre a Santa Sé e Portugal, revestidos embora de forma menos solene. Tal foram os casos do Acordo de 18 de Julho de 1950; do Acordo de 1952, sobre a redução dos dias santos; o de 31 de Dezembro de 1974, em que Portugal reconheceu a soberania da Índia sobre os territórios de Goa, Damão e Diu, tendo de seguida renunciado ao direito de Padroado naqueles territórios, que ficou reduzido à Diocese de Macau. Registaram-se outros pequenos acordos com a Santa Sé relacionados com o Vicariato e Ordinariato castrense, bem como o Protocolo Adicional à Concordata (de 7 de Maio de 1940),

Capítulo IV – Enquadramento Político-Jurídico Português   273

Timor, em 1941, constituíra-se Diocese separada de Macau, integrando-se no mesmo regime das dioceses portuguesas de África, desvinculando-se assim do Padroado Português do Oriente. Portugal, em 1974, reconheceu a soberania da Índia sobre os territórios de Goa, Damão e Diu tendo, posteriormente renunciado ao direito de Padroado naqueles territórios, que ficou reduzido à Diocese de Macau.

Como se pode depreender do que ficou dito, todas as Convenções, Concórdias, Acordos e Concordatas entre a Santa Sé e o Estado português, tiveram carácter pontual e restrito, destinando-se a solucionar conflitos bem definidos e concretos. Aliás, diga-se que a missão histórica portuguesa está correlacionada com a consciência moral que lhe é adstrita pelo Padroado do Oriente.[464]

E assim se chega à Concordata de 1940, a qual se apresenta com um carácter diferente. É de âmbito geral, tendo como objectivo *"(...) regular por mútuo acordo e de modo estável, a situação jurídica da Igreja Católica em Portugal, para a paz e bem da Igreja e do Estado"* que ainda se encontrava numa situação de contornos mal definidos, especialmente devido à Lei da Separação.[465]

---

entre a Santa Sé e a República portuguesa, publicado no Diário do Governo, I Série, n.º 79, de 4 de Abril de 1975.

[464] Acrescente-se que a missão histórica portuguesa está nitidamente expressa no art. 2.º do Acto Colonial, ao ser referido que "(...) possuir e colonizar domínios ultramarinos e de civilizar as populações indígenas que neles se compreendam exercendo também a influência moral que lhe é adstrita pelo Padroado do Oriente (...)". Na generalidade, o colonizador português também não assumiu posturas rácicas contra as populações autóctones. Em 1961, Adriano Moreia, Ministro do Ultramar, acabaria com o Estatuto do indígena. Justifica o fim do Estatuto, pois, uma vez que a principal razão era o respeito pela vida privada das diversas etnias, "(...) concluímos pela oportunidade da sua revogação, em termos de ficar claramente esclarecido que o povo português está submetido a uma lei política que é igual para todos, sem distinção de raças, de religião ou de teor cultural predominante", *in* MOREIRA, A., (1961), *Política de Integração*, Lisboa, p. 14.

Esta foi a postura colonial portuguesa, enaltecia pelo Papa João Paulo II, ao referir, em 8 de Junho de 1992, em M'Banza Congo: "(...) Angola tem quinhentos anos de encontros de culturas, situação que a maioria dos povos de África não conhece. Isso faz de vosso país um povo distinto, que não se pode incluir simplesmente numa determinada corrente que arrasta os países da África Austral. Nuns, os colonizadores viveram entre colonizados. Aqui, os colonizadores, apesar de tudo, conviveram com os povos que encontraram". *In insegnamenti di Giovanni Paolo II,* "Angola", Vaticano: Libreria Editrice Vaticana, Janeiro de 1992, p. 1788.

[465] Conforme texto Introdutório da Concordata de 1940, que assim começa: "Em nome da Santíssima Trindade Sua Santidade o Sumo Pontífice Pio XII, e Sua Excelência

3.2. Especificidades do Regime Concordatário de 1940

3.2.1. O Direito comum concordatário

Não foi por acaso que referimos que a Concordata de 1940 apresenta um carácter diferenciado dos anteriores acordos celebrados entre a Santa Sé e Portugal. Todos os acordos, convénios ou concordatas da Santa Sé com os governos receberam o nome genérico de pactos concordatários.

Assim, no pontificado de Pio XI, que decorreu entre 1922 e 1939, os pactos ou as convenções celebradas com a Polónia (1925), Lituânia e Roménia (1927), Itália (1929), Letónia (1932), Alemanha e Áustria (1933), Baviera (1934) e Jugoslávia (1935), englobam uma sistematização geral de todas as relações entre a Santa Sé e o Estado, daí serem designadas oficialmente de Concordatas.

Em 1929, os convénios com o Grão Ducado de Baden e com a Prússia, foram designados oficialmente por *Sollemnis conventio,* dado que o seu objectivo era apenas regular parte dos problemas normais de política eclesiástica. Aliás a convenção solene com a Prússia foi anterior à Concordata celebrada com o *Reich,* após o triunfo do nacional-socialismo que resolve o problema escolar, algo que não caberia à convenção fazê-lo.

Pela mesma ordem de ideias o acordo celebrado com a Checoslováquia recebeu oficialmente a designação de *modus vivendi,* enquanto, em 1926, à convenção com a França tratando dum assunto particular foi dado o nome de acordo ou *concordia* no texto latino, o mesmo acontecendo com o acordo celebrado entre a Santa Sé e Portugal, acerca do Padroado do Oriente, em 1928, a que anteriormente fizemos referência.[466]

---

o Presidente da República Portuguesa, dispostos a (...)." Era então Presidente da República o Sr. General Carmona.

Não será de todo um despropósito referir que as conversações entre o Estado português e a Santa Sé foram longas e que apenas a 22 de Abril de 1940, o Núncio Apostólico em Portugal comunica ao Dr. Mário de Figueiredo que a Santa Sé está pronta a assinar a Concordata e o Acordo Missionário. Em 1 de Junho deste mesmo ano o Doutor Oliveira Salazar e o Núncio Apostólico Ciriacci trocam, no Palácio das Necessidades, em Lisboa, os instrumentos de ratificação dos Tratados com a Santa Sé.

Veja-se BRANDÃO, Fernando de C., (2002), *História Diplomática de Portugal – uma cronologia,* Lisboa: Livros Horizonte, p. 318.

[466] Concretamente trata as honras litúrgicas concedidas, no próximo Oriente, aos seus representantes.

Capítulo IV – Enquadramento Político-Jurídico Português 275

Não será necessário uma análise muito minuciosa das últimas concordatas para se verificarem semelhanças entre elas, embora dentro da diversidade das suas respectivas disposições.[467]

Sintetizando diremos que as concordatas de Pio XI garantem à Igreja a liberdade de se reger e administrar por suas próprias leis, e, por tal motivo, as disposições do Código do Direito Canónico foram sendo reconhecidas na legislação civil dos Estados concordatários.

Todas elas estão impregnadas do referido Código, o que de antes não acontecia. Anteriormente à codificação do Direito Canónico, decretada por Pio X, a legislação da Igreja constituía-se por uma acervo de cânones, decretos conciliares, leis extravagantes, bem como decisões e decretos de vária ordem, que dada a sua complexidade e incertezas que consequentemente suscitavam eram de difícil aplicação, quer no quotidiano dos fiéis, quer nas relações da Igreja com o Estado.

Este deixou de ser um ponto negativo apontado para a não celebração de textos concordatários. Um outro aspecto das concordatas prende-se com o problema da colaboração do poder eclesiástico e as autoridades civis na escolha dos sacerdotes que governarão as dioceses. Este problema já se colocava na Questão das Investiduras gerando conflito entre os imperadores alemães e a Igreja.

Em Portugal, durante o regime monárquico, o governo exercia enorme influência na provisão dos benefícios eclesiásticos de toda a ordem, em certa medida por privilégios legitimamente conseguidos, mas, noutros casos por clara usurpação.

O mesmo sucedia noutros Estados europeus. Pela Lei de Separação, francesa de 1903 e portuguesa de 1911, os respectivos Estados renunciaram espontaneamente a esses privilégios.

Com a promulgação do Código do Direito Canónico, pelo can. 1450, foram proibidas quaisquer concessões futuras de privilégios de apresentações canónicas e de padroados. A Igreja está decidida a manter este princípio, porquanto as Concordatas de Pio XI reconhecem à Igreja a liberdade de escolha dos seus ministros garantindo que as suas nomeações são independentes de direitos de apresentação ou de Padroado.

---

[467] Será de referir que Pio XI, denominado 'Papa das missões', empenha-se na formação e exaltação do clero autóctone, fazendo sair da sombra o ecumenismo católico. Foi um pontificado entre duas guerras. A miséria, o desemprego e a anarquia lançaram os povos em posições extremas, enquanto as ditaduras proliferavam em terreno propício.

276 *Das Relações da Igreja com o Estado*

Contudo, a fim de evitar alguns conflitos de carácter político, sobretudo em Estados mais perturbados, a Igreja estatuiu o 'direito de cortesia', pelo qual informa, confidencialmente, o Estado, do nome dos indigitados para as nomeações episcopais. A Santa Sé convida o governo a apresentar as objecções de carácter político que tiver face aos indigitados.[468]

Uma outra 'regalia' é concedida pela Igreja ao Estado. Trata-se do facto do presbítero designado para o episcopado prestar juramento de fidelidade perante o Chefe de Estado, antes de receber a sagração episcopal.

Nos pactos concordatários é igualmente ponto clássico afirmar o respeito pelo património eclesiástico dando-lhe um estatuto legal.

Em todas as Concordatas de Pio XI é reconhecida a plena capacidade jurídica, às pessoas, associações, e instituições eclesiásticas e a faculdade de administrarem livremente o seu património apenas com a tutela rigorosa e estatuída pelo Código de Direito Canónico.[469] Também corresponde a uma generalização, presente em todas as concordatas, a garantia da liberdade de associação religiosa.[470]

Por outro lado, é concedida a isenção, total ou não, do pagamento de impostos aos estabelecimentos religiosos de educação ou beneficência.[471]

---

[468] Trata-se dum estilo diplomático, designado por *droit de regard,* e a título exemplificativo refira-se o contido na convenção de 1928, em que foi concedida tal prerrogativa ao governo português, pelos artigos VI e VII, relativamente às dioceses do Padroado pleno quanto às restantes. Um outro exemplo diz respeito ao referido como 'objecções de carácter político' presente no *modus vivendi* celebrado entre a Santa Sé e a Checoslováquia.

[469] O realismo de Pio XI (1922-1939), patente em 30 encíclicas, levou-o a oferecer a todos os católicos condições jurídicas sadias que lhes permitia desempenhar o seu papel na sociedade. Assinou dezoito concordatas, sobretudo com os novos Estados nascidos dos tratados de paz, mas também, em 1929, com a Itália (Acordos de Latrão) pondo fim à «questão romana» e com a Alemanha, em 1933, que o desiludiu. Algumas das Concordatas causaram certa estranheza como a com a Letónia protestante, a Roménia ortodoxa e a Cecoslováquia laica. Talvez queiram significar a necessidade ou vontade que este Papa sentiu em distinguir o plano espiritual do temporal.

[470] Convirá referir a não existência de generalização das imunidades do clero católico dada a existência de em alguns Estados de maioria protestante se estabelecerem Concordatas. Assim, o clero são isentos do serviço militar e dispensados de cargos públicos não conformes com o seu estatuto. Parece que também, nalguns casos, de Acordos entre a Santa Sé e Estados, se evitou a palavra concordata por causa da animosidade que este nome incutia a muitos protestantes e socialistas.

[471] Eram deste teor as regras pelas quais se regia o Estado português, só que alegando dificuldades financeiras e uma igualdade imaginária tem vindo a retirá-las. Veja-se o caso da retirada do subsídio histórico à Universidade Católica e do Decreto-Lei n.º 56/2001, de 19 de Fevereiro que revoga a anterior legislação (Decreto-Lei n.º 37-A/97, de 31 de

Capítulo IV – Enquadramento Político-Jurídico Português   277

Reciprocamente, a Igreja, concordatariamente, promete colaboração desinteressada com as autoridades no que concerne ao bem público.[472] Outro ponto, que as Concordatas, preparadas e celebradas durante o pontificado de Pio XI, têm em comum, diz respeito ao reconhecimento oficial da actividade da Acção Católica, ou seja, da participação dos leigos no apostolado da Igreja, excluindo o carácter político.[473]

Múltiplas questões se poderão colocar. Será subserviência por parte da Igreja? Será que as regalias presentes em todas as concordatas a que aludimos, são compatíveis com o sistema jurídico da separação da Igreja e do Estado, para que tendem as constituições dos Estados?

Janeiro). Alguns Bispos portugueses como D. João Alves, ex-bispo de Coimbra, actual responsável pela Comissão Episcopal para as Comunicações Sociais da Igreja Católica e o arcebispo de Évora, D. Maurílio Gouveia, manifestaram-se contra o referido Decreto-Lei por não considerarem o porte pago um privilégio ou uma benesse, mas antes o reconhecimento dum alto serviço prestado à comunidade nacional e como tal deveria ser considerado como uma forma de serviço público. Face à mesma controvérsia, em editorial do boletim *Agência Ecclesia,* órgão de informação da Conferência Episcopal Portuguesa, de Outubro de 2001, o Director do Secretariado Nacional das Comunicações Sociais da Igreja Católica, Padre António Rego, escreveu:

"O corte parcial do porte pago à Imprensa Regional (mais de 400 títulos são católicos e são esses que mais vão sofrer); a confusão que se espalha sobre o estatuto das aulas de Educação Moral e Religiosa Católica, e a retirada imprevista de subsídio histórico à Universidade Católica Portuguesa, revelam que não estamos perante acidentais coincidências, mas face a um projecto no mínimo ambíguo." E acrescenta: *"Estas confusões do Governo não atingem apenas os católicos. Avançam com a sobranceria do Estado que sufoca muitas energias criativas que qualquer povo tem direito a colocar ao serviço da comunidade".*

[472] Somos de opinião que a questão escolar e a educação são problemas de importância fundamental tanto para o Estado quanto para a Igreja e que esta é a melhor escola de civismo e obediência às autoridades constituídas. Veja-se o art. 14.° da Convenção dos Direitos das Crianças, 20 de Novembro de 1989, Nova Iorque e publicado no Diário da República Portuguesa, de 12 de Setembro de 1990. Ainda neste âmbito, a Santa Sé, através da sua diplomacia, conseguiu, por via concordatária, garantias de liberdade religiosa e justiça escolar e não apenas em nações católicas. Geralmente, nas concordatas, é reconhecida à Igreja plena liberdade de ensino confessional dentro do quadro das leis de cada Estado e os seus delegados são autorizados a ministrar, nas escolas oficiais, ensino religioso aos filhos de pais católicos.

[473] É notório, por exemplo, na Concordata com a Jugoslávia, o comprometimento da Santa Sé em proibir o clero de toda a intervenção na direcção dos Partidos políticos se o Estado o julgar necessário. Um outro exemplo está presente na Concordata com a Alemanha, de 1933, em que a Santa Sé manifestou o desejo de dissolver o Partido político do Centro muito embora este defendesse os direitos da Igreja.

Entre nós não faltou quem entendesse existir contradição entre o regime de separação dos dois Poderes, o espiritual e o temporal, e o sistema concordatário. As últimas Concordatas mostram que podem existir tanto em Estados cuja religião oficial seja o catolicismo como nos que os católicos estejam em minoria.

Em ambos os casos, esses pactos concordatários são autênticos tratados entre Estados, de tal modo que a parte contraente, que faltasse aos artigos estipulados, seria culpabilizada da violação do direito internacional.

Afinal, onde sobejam factos dispensam-se os argumentos, pelo que não se encontra contradição entre os dois sistemas, separatista e concordatário. Consideramos mesmo que o conceito jurídico de separação da Igreja e do Estado, em bom rigor, é negativo, pois, implica que, em certo momento, o Estado deixou de reconhecer o serviço religioso como sendo um serviço público.

O conceito de separação não inclui, a nosso ver, a ideia de hostilidade, nem de amizade ou indiferença entre os dois Poderes. Será perfeitamente plausível uma separação entre a Igreja e o Estado, desde que as partes não faltem aos compromissos assumidos.

Quando o Estado luta com a Igreja não considera o serviço religioso como serviço público, vivendo, por isso, em regime de separação, sendo esta separação sectária apenas desonra a parte que viola os acordos. O mais sensato seria estabelecer entre a Igreja e o Estado uma união moral com separação económica e administrativa.

Casos houve, em Portugal, em que o catolicismo como religião do Estado, quase não deu origem a uma união meramente administrativa com separação moral.[474]

Após a implantação da República, os católicos portugueses, tal como os franceses, e perante a tolerância de Leão XIII face à Democracia, tinham resolvido separar de forma definitiva, a religião da política.

Mais uma vez há que enquadrar o momento em que se começa a delinear as pretensões de estabelecer uma nova Concordata. Vivia-se um período agitado e crítico da história da Europa. Portugal, ameaçado desde de 1931, pela agitação dos deportados democráticos, da chamada Revolta da Madeira e pelos 'ventos' que sopravam de Espanha, não podia deixar de sentir-se numa zona de 'baixas pressões'.

---

[474] Este foi o caso da monarquia liberal, entre 1834 e 1910. Destas lições da História se devem tirar ensinamentos tanto em rigor negativo como positivo.

Capítulo IV – Enquadramento Político-Jurídico Português

O período de 1931 a 1936, ano em que começa a guerra civil de Espanha e do termo desta até ao final da Segunda Guerra Mundial, foi um período expectante sobretudo para um país neutro como o foi Portugal.

Foi um jogo, obrigatoriamente jogado em que a política de Salazar foi a dum hábil jogador com todas as peças. A guerra civil espanhola produziu, em Portugal, um clima de instabilidade. Todos os partidários do Estado Novo, todos os monárquicos e conservadores de qualquer tendência estiveram do lado dos nacionalistas espanhóis e, consequentemente, do general Franco.

Na imprensa da Inglaterra, de Neville Chamberlain, tratava-se os nacionalistas espanhóis de 'rebeldes', enquanto a França dava, não apenas facilidades na fronteira como voluntários combatentes.

Os acordos das potências para a não intervenção na guerra foram pura mentira diplomática, sendo que a guerra civil espanhola foi o prelúdio duma guerra europeia. Como disse o Professor Salazar: *"era uma guerra internacional num território nacional"*.[475] Russos soviéticos, alemães nazis e italianos fascistas batiam-se em território espanhol, não apenas pelas respectivas ideologias como também pelo ganho da experiência.

Experiência essa que foi posta à prova em 1939. A política de expansão de Hitler começou a obter vitórias com relativa facilidade até entender solucionar o problema deixado pela última guerra, do chamado *'corredor polaco'* através da Prússia. Era a guerra, de novo.

Portugal mantém-se neutral e através de crises, ansiedades e sobressaltos, Salazar não perde de vista o projecto iniciado, no ano de 1937. Trata-se da negociação duma Concordata e dum Acordo Missionário com a Santa Sé. Começada ao tempo de Pio XI, fora conduzida pelo Cardeal Pacelli.

---

[475] Assim nos salvamos porque a sorte das armas em Espanha decidiu a favor dos nacionalistas caso contrário Portugal ter-se-ia queimado qual prédio contíguo a um incendiado. A grande batalha da luta entre o comunismo e o Ocidente ficou adiada, embora nos tenhamos 'mobilizado' espiritualmente, sobretudo com a Legião e a Mocidade portuguesa, tendo Salazar sabido aproveitar o entusiasmo antiliberal e anticomunista. O mais era certamente muito perigoso naquele momento, pois, estava-se nas vésperas da Segunda Guerra Mundial, a qual se anteviu na guerra civil de Espanha e talvez um pouco antes com a subida de Hitler ao Poder, em Janeiro de 1933. Não pretendemos, de modo algum, passar por críticos de política internacional nem fazer a história de ambas as guerras, apenas apresentar, como estudiosos, a nossa análise.

280   *Das Relações da Igreja com o Estado*

Após a nova Constituição da República, aprovada em 1933, se assegurara também a 'liberdade de culto e de organização das demais confissões religiosas'. No plano meramente social e político era urgente restaurar a liberdade negada à Igreja.[476]

Sem olharem à realidade da vida portuguesa de então e entendendo de modo incorrecto o conceito actual de liberdade religiosa, alguns terão arguido de selectiva a que na época se assegurou aos católicos portugueses.

Talvez ignorem que sempre se garantira a liberdade de culto e de organização, aos muçulmanos, por exemplo na Guiné e em Moçambique e as escolas independentes das missões católicas, não se dificultando a actuação das missões protestantes.[477]

Não pretendendo arvorar em juizes da oportunidade para a celebração duma Concordata, no entanto, face à legislação civil e à conjuntura internacional, consideramos que havia chegado o momento propício à sua realização.

Por mais paradoxal que possa parecer, nenhum diploma legal preparou melhor o caminho para um pacto concordatário, entre o Estado português e a Santa Sé, do que a Lei da Separação de 1911.

Muito embora não tenham sido estes os seus objectivos, muito pelo contrário, pois, de acordo com o próprio legislador, visava destruir a Igreja em duas gerações, o certo é que o plano do diploma separatista consistiu em substituir o regalismo da monarquia liberal que camuflava o regalismo de cariz jacobino, não apenas violento como grosseiro. No sistema do regalismo monárquico seria quase impossível a realização duma Concordata justa e completa com a Santa Sé.

Digamos que a Lei da Separação serviu para destruir os grilhões que atrofiavam a vida da Igreja. Contudo, a Lei da Separação esbarrou com a resistência dos fiéis e do clero e recebeu a condenação da Santa Sé, pelo que se tornou inexequível, tendo recebido o golpe fatal com os Decretos de 22 de Fevereiro de 1918 e de 6 de Julho de 1926.

---

[476] Na Constituição de 1933, em seu artigo 45, foi reconhecida a personalidade jurídica da Igreja e a sua liberdade, bem como ficou assegurada a liberdade de culto às demais confissões religiosas.

[477] Em reformas do Ministério da Educação foi assegurado o ensino religioso nas escolas, havendo a possibilidade dos pais dos alunos requererem dispensa, enquanto nas leis laborais se faziam reflectir os ensinamentos do magistério da Igreja, nomeadamente dos Papas Leão XIII e Pio XI.

Capítulo IV – Enquadramento Político-Jurídico Português 281

Urgia estabelecer a paz entre o Estado e a Igreja, a espiritualização superior do Estado e a liberdade religiosa sem ofender nem limitar a **liberdade de César**.[478]

3.2.2. *A aplicação da Concordata*

O destino universalista da Igreja advém-lhe do próprio sentido missionário em que se fundamenta, sendo que todas as suas atitudes de disponibilidade e de tolerância inscrevem-se no sentir e viver o Evangelho.

As Concordatas entre a Santa Sé e os Estados reflectem justamente esse aspecto universalista que a tolerância exercita na experiência da disponibilidade. Certo é que a missão da Igreja não é de ordem política, nem tão-pouco de ordem económica ou social, mas antes de ordem religiosa.

Aliás, como é referido na *Gaudium et Spes "(...) desta missão religiosa fluem uma missão, luz e forças que podem servir para estabelecer e consolidar a comunidade humana segundo a lei divina."*[479]

Os Acordos estabelecidos entre a Santa Sé e os Estados inscrevem-se neste sentir de missão da Igreja que tem como objectivo a salvação cuja universalidade, como diz João Paulo II, na encíclica *Redemptoris Mission,*

"(...) não significa que ela se destina apenas àqueles que de maneira explícita crêem em Cristo e entraram na Igreja. Se é destinada a todos, a salvação deve ser posta concretamente à disposição de todos."[480]

A Igreja, pelos mais variados meios, comunica aos homens não apenas

"(...) a sua vida divina mas ainda projecta, de certo modo, sobre todo o universo, o reflexo da sua luz, sobretudo sanando e elevando a dignidade da pessoa humana, formando a coesão da sociedade e dando à actividade diária dos homens um sentido e um significado mais profundo."[481]

---

[478] A Europa está em guerra e Salazar, um autêntico *laico*, dá uma nota de tranquilidade olímpica como diz Franco Nogueira, *Salazar*, vol. III, Porto: Livraria Civilização Editora, p. 273.

[479] Cfr. *Gaudium et spes*, 42.

[480] Veja-se *Redemptoris Mission*, 10.

[481] Cfr. *Gaudium et spes*, 40.

282 Das Relações da Igreja com o Estado

A nossa Concordata de 1940, serve de exemplo e patenteia o esforço da Santa Sé e do Estado para manter os valores que os ancestrais portugueses defenderam e proclamaram por toda a parte. As negociações apresentam períodos diferenciados de acordo com algumas fontes.

Assim, em termos de negociações próximas, estas datariam de três anos antes, enquanto em termos de negociações mais remotas, de que se tenha conhecimento, estas reportam ao ano de 1929.[482] Só após o Movimento de 28 de Maio de 1926, o governo português procurou integrar a vida nacional nas suas tradições, sendo que, no que respeita às relações com a Igreja, o documento com maior relevância foi a Constituição de 1933.[483]

A forma de governo define-se, pelo seu artigo 5.° como 'República unitária e corporativa', e o Estado, pelo artigo 4.°, só reconhece como limites da sua soberania a moral e o direito. Enquanto no artigo 8.°, entre os direitos e garantias individuais dos cidadãos fica consignado a liberdade e a inviolabilidade de crenças e práticas religiosas, bem como a liberdade de ensino.

O Estado, por esta Lei Fundamental, assegura a defesa da Família reconhecendo-lhe o primeiro lugar na acção de educar e instruir (artigos 12 e 42), sendo que no ensino ministrado pelo Estado é referido o atendimento à formação das virtudes morais, orientadas *"(...) pelos princípios da doutrina e moral cristãs, tradicionais do país"*, não dependendo as escolas particulares de autorização para o ensino religioso, conforme o artigo 43.°.[484]

Por seu turno, no texto do artigo 46 pode ler-se:

> *"Sem prejuízo do preceituado pelas concordatas na esfera do Padroado, o estado mantém o regime de separação em relação à Igreja Cató-*

---

[482] De acordo com o Arquivo Histórico-Diplomático, Ministério dos Negócios Estrangeiros, Secretaria de Estado, Secção da Cifra, telegrama da Legação do Vaticano, n.° 41 de 19.08.29 e também no Espólio do Embaixador Teixeira de Sampaio, ofício n.° 104-A, maço 6.

[483] A Constituição de 1933 reconhece e garante, como atrás já o dissemos, a existência civil e a personalidade jurídica da Igreja e de suas associações. Mantém as relações diplomáticas do Estado com a Santa Sé, garante o respeito à disciplina e hierarquia eclesiástica, prometendo também auxiliar as missões do nosso Padroado, preceitua um ensino conforme com a moral cristã nas escolas públicas, tende a proteger e manter a família. Veja-se art. 11, 42, 45, 46, 48, entre outros, a que adiante faremos maior apreciação.

[484] Posteriormente, pela Lei 1 041, de 11 de Abril de 1936, não apenas o Ministério da Educação Nacional introduziu a disciplina de Educação Moral, mais tarde denominada de Religião e Moral, como determinou a colocação de Crucifixo nas salas de aula.

lica e a qualquer outra religião ou culto praticados dentro do território português, e as relações diplomáticas entre a santa Sé e Portugal, com recíproca representação."

Consagrados os princípios de justiça e de liberdade religiosa na Constituição do Estado restava apenas fazê-los passar da abstracção à realidade, dando-lhes vida concreta nas leis e nas instituições, o que só seria viável com o acordo prévio com a Santa Sé.

É certo que, pelo Decreto 11887, datado de 6 de Julho de 1926, já havia sido reconhecida personalidade jurídica às corporações de culto católico; permitido o ensino religioso nas escolas particulares e concedido o direito de aposentadoria aos ministros católicos que aquando da institucionalização da República exerciam funções religiosas quer por apresentação ou nomeação do Estado.

Também é verdade que pelo Estatuto Missionário, de 13 de Outubro de 1926, Portugal pôde fundar nas suas Colónias um prolongamento cristão da metrópole. O Estatuto Missionário garantia e reconhecia os mesmos princípios que, geralmente, são o fundamento das bases estipuladas nas futuras Concordatas da Santa Sé.

Por seu turno, o Acto Colonial, pelo seu artigo 5.º e a Constituição, no seu art.1.º, afirmam, insistentemente, a unidade moral e a solidariedade do Império colonial com a Metrópole. Assim sendo, ninguém poderá admitir que, em matéria religiosa, vigorem princípios diversos na metrópole e nas províncias ultramarinas. Por conseguinte, tudo leva a crer, que os textos legais facilitam e exigem uma Concordata com a Santa Sé.

Esta era a base clara e justa para as negociações diplomáticas: *tornar uniforme na Metrópole e nas Colónias a legislação em matéria religiosa e, por outro lado, dar vida concreta às disposições da própria Constituição.*

Com a comemoração do 8.º centenário da Fundação de Portugal e 3.º da Restauração, era chegada a oportunidade de regular, de modo estável e por mútuo acordo, a situação jurídica da Igreja Católica em Portugal. Pretendia-se com isso a paz e maior bem tanto da Igreja quanto do Estado.

Vivia-se um período difícil para a vida do País e para o governo dirigido pelo Professor Doutor Oliveira Salazar. Em 1936 rebentava a Guerra Civil Espanhola e, três anos mais tarde, em 1939, a segunda Guerra Mundial.

É sabida a posição tomada: apoio sem reservas à causa nacionalista espanhola, e estrita neutralidade em face da Segunda Guerra Mundial. Uma coisa, porém, era a posição do governo, outra era a opinião pública fortemente agitada e conturbada por esses mesmos acontecimentos.

No entanto, Oliveira Salazar retoma os novos acordos com a Santa Sé. A Concordata, sendo uma aliança com a Santa Sé, assegura ao Estado a benevolência e a disposição favorável daquela. Fundamenta, na opinião pública, maioritariamente católica, um estado de espírito que, por pressupor a aprovação do governo pela Igreja, torna difícil aos católicos hostilizarem um regime político de que a Santa Sé surge como aliada.[485]

É então que o Professor Salazar, com o apoio do Presidente da República, Óscar Carmona, submete os acordos estabelecidos com a Santa Sé, à Assembleia Nacional. A guerra continuava na Europa. Perante a ofensiva de Adolfo Hitler havia soçobrado a Áustria, a Checoslováquia, a Polónia, a Bélgica e os Países Baixos.

A França, após a queda da Dinamarca e da Noruega, não tardou a estar vencida e ocupada pelos Alemães.[486]

Os textos assinados com a Santa Sé partem da premissa da formação católica do povo português desde a formação do Reino. Ninguém ignora os conflitos tidos, ao longo de oito séculos de História, entre Portugal e a Igreja, mas permaneceu no sangue do povo a vocação apostólica e universal do catolicismo, daí, os acordos terem como matéria de base a liberdade religiosa e a organização missionária do Ultramar português e, consequentemente, a garantia do Padroado do Oriente.

Contudo, o indesmentível benefício da paz religiosa, do respeito pela causa católica e pelos direitos da Igreja, que viriam a estar consagrados na Concordata, só seria possível consegui-los se houvesse o reconhecimento geral do acatamento do preceito de manter nas mãos de **"César o que é de César"**. Sem o cumprimento desse preceito, não teria sido consentido politicamente, a Salazar, dar **"a Deus o que é de Deus"**.

---

[485] Assim se pode ler na obra de FRANCO NOGUEIRA, *Salazar, ibidem*, p. 272.

[486] Convém recordar que a guerra foi-se tornando gradualmente mais brava. Na própria França, em Vichy, constituiu-se um novo governo francês com a presidência do marechal Pétain, mas sob a tutela do III Reich. Faltou muito pouco a Hitler para se julgar senhor da Europa como Napoleão. Portugal, mantendo-se neutral, teve de aguentar firme e encontrar alianças.

Havia, por conseguinte, que manter bem separados os domínios da Igreja e do Estado. É esta a posição do Presidente do Conselho de Ministros, nas mãos de quem fica os acordos com a Santa Sé:

> *"Melhor se defende e robustece o Estado a definir e realizar o interesse nacional nos domínios que lhe são próprios do que pedindo emprestada à Igreja força política que lhe falte."*[487]

E a seguir esclarece: *"Digamos por outras palavras: o Estado vai abster-se de fazer política com a Igreja, na certeza de que a Igreja se abstém de fazer política com o Estado."*

E justifica-se ao declarar que *"(...) a política corrompe a Igreja, quer quando a faz, quer quando a sofre."*

É mesmo considerado perigoso para o Estado adquirir

> *"a consciência de tal poder que lhe permita violentar o céu, e igualmente fora da razão que a Igreja partindo da superioridade do interesse espiritual, busque alargar a sua acção até influir no que o próprio Evangelho pretendeu confiar a César."*

Esses acordos completam, na parte missionária, a obra política do Acto Colonial, o que contribuía não apenas para a consolidação do Império como para *"(...) reintegrar Portugal sob este aspecto na directriz tradicional dos seus destinos."*[488]

A marca deixada, pela Concordata, representava não apenas um triunfo político como um importante acto histórico. Após mais de três anos de delicadas e difíceis negociações, entre Portugal e a Santa Sé, assinava-se, a 7 de Maio de 1940, no Vaticano, a *Concordata* e o *Acordo Missionário*.

Tratou-se da primeira convenção, deste género, celebrada no pontificado de Pio XII. Contudo, não podemos ignorar que as negociações mais remotas haviam sido iniciadas em Agosto de 1929, logo após ter sido assinado o Acordo, no âmbito do Padroado Português, a que anteriormente aludimos.[489]

---

[487] Veja-se FRANCO NOGUEIRA, *ibidem*, p. 273.

[488] *Ibidem*.

[489] Em publicação de 8 de Maio de 1940, o *Osservatore Romano,* a respeito da assinatura da Concordata, refere que: "Desde a publicação da nova Constituição (de 1933)

286 *Das Relações da Igreja com o Estado*

A ideia que havia inspirado o Governo português foi definida, pelo Presidente do Conselho, nos seguintes termos:

"Não tivemos a intenção de reparar os últimos trinta anos da nossa história, mas de ir mais longe, e, no regresso à melhor tradição, reintegrar, sob este aspecto, Portugal na directriz tradicional dos seus destinos."[490]

Em 25 de Maio de 1940, a Assembleia Nacional, em sessão extraordinária, ratifica a *Concordata* e o *Acordo Missionário*.[491] Pelo texto Concordatário é reconhecida a personalidade jurídica da Igreja Católica no plano nacional e internacional.[492]

Sendo igualmente garantido o livre exercício da sua autoridade e organização, bem ainda assegurada a plena liberdade de culto, privado ou público; reconhecido efeitos civis aos casamentos canónicos e a sua indissolubilidade, de acordo com a doutrina;[493] restituindo-se-lhe o que era possível dos esbulhos que sofrera;[494] sendo promovido o esforço missionário e acautelado o Padroado do Oriente.

---

pensou-se na celebração de uma Concordata com a Santa Sé". Após a ratificação, o *Osservatore Romano* publicou, entre 4 e 7 de Junho, do mesmo ano, alguns artigos sobre a Concordata, da autoria do Prof. Guanella, sob o título genérico: *Il Concordato fra la Santa Sede e la Republica Portoghese.*

[490] Excerto do Discurso do Doutor Oliveira Salazar proferido perante a Assembleia Nacional. Serviram de plenipotenciários por parte de Pio XII, o Cardeal Luís Maglione, secretário do Estado do Vaticano e por parte do Presidente da República Óscar Carmona, o General Eduardo Marques, Presidente da Câmara Corporativa; Doutor Mário de Figueiredo, professor da Universidade de Coimbra; Doutor Vasco de Quevedo, ministro junto da Santa Sé.

[491] Acrescente-se que a Câmara Corporativa havia emitido o seu parecer sobre a *Concordata* e o *Acordo Missionário* a 22 de Maio deste mesmo ano. A lei n.º 1 984, de 30 de Maio, aprovou-a, tendo a troca de instrumentos de ratificação ter-se feito, em Lisboa, a 1 de Junho de 1940.

[492] A perseguição religiosa havia-se institucionalizado na I República. Havia que repor a fronteira entre as duas ordens jurídicas soberanas, pois, e pelas palavras de Mons. Dr. José Filipe Mendeiros, Vigário Geral da Arquidiocese de Évora, em Conferência proferida em 15 de Dezembro de 1966: "Infelizmente a Revolução de 5 de Outubro de 1910, feita no nosso País sob a égide do positivismo agnóstico e do maçonismo laicizante, não só discutiu Deus, senão que procurou bani-lo violentamente das consciências, das famílias, das escolas, enfim, de todos os sectores da vida nacional".

[493] Quanto aos casamentos civis, o divórcio iria manter-se.

[494] Durante a I República, os Paços Episcopais, seminários e igrejas foram declarados bens do Estado e buscou-se a ingerência política no próprio culto. Sucederam-se os assaltos e os arrolamentos. Tal foi o caso do Convento das Trinas, do Colégio dos Jesuí-

Diga-se contudo, que a Concordata não modificou *de facto* o Padroado e o semi-padroado, mas influiu talvez na sua situação *jure*, garantindo-o expressamente no artigo XXIX.[495]

Por seu turno, o *Acordo Missionário,* nos seus 21 artigos, versa, entre outros, a divisão eclesiástica das nossas colónias; a sujeição da nomeação de bispos com direito de sucessão à aprovação do governo; a responsabilidade dos Bispos perante o Governo português; o reconhecimento das corporações missionárias, os seus subsídios e a submissão dos missionários estrangeiros às autoridades portuguesas.

O processo para a preparação desta convenção foi, não apenas longo como pensado ao pormenor. O Governo havia elaborado um projecto de Concordata, o qual foi entregue pelo Doutor Oliveira Salazar ao Núncio Pedro Ciriaci, em Julho de 1937, após uma prévia preparação das negociações formais.[496]

Franco Nogueira,[497] destaca o facto do Cardeal Cerejeira ter entregue, em Março de 1937, ao Professor Oliveira Salazar, Presidente do Con-

---

tas, em Campolide; da residência dos Lazaristas, em Carnide e do Quelhas, onde foram assassinados padres, tendo outros sido encarcerados no Arsenal ou em Caxias.

O próprio Afonso Costa arrolou as Oficinas de S. José; o Convento de Arroios; o dos Franciscanos, à Graça; o do Sacramento, em Alcântara e o do Desagravo. Convidou jornalistas republicanos espanhóis a assistirem aos interrogatórios feitos, por ele próprio, enquanto ministro da Justiça, aos jesuítas prisioneiros no Forte de Caxias.

Outras formas de perseguição relacionam-se com a reposição das leis despóticas de Pombal e de Joaquim António de Aguiar; a supressão do ensino católico e encerramento dos estudos teológicos na Universidade; a abolição do juramento religioso e do feriado dos dias santos associada à faculdade de transferência, para outro dia da semana, do próprio descanso de Domingo.

Cfr. PABÓN, Jesus, *A Revolução Portuguesa,* pp. 128-139.

[495] Daí as palavras de congratulação proferidas pelo Presidente do Conselho, na Assembleia Nacional. Veja-se *Diário das Sessões,* n.º 89, de 27 de Maio de 1940, a que anteriormente fizemos referência.

[496] No Arquivo da Embaixada de Portugal junto da Santa Sé (Arquivo da Embaixada do Vaticano, Diversos, 1919-30), há uma cópia de carta sobre um projecto de concordata, sem identificação do seu autor nem data, mas dirigida a César Mendes.

O referido projecto encontra-se estruturado em duas partes: Introdução, onde são explanados alguns princípios ou aspectos relevantes e, na segunda são apresentados 44 artigos. Após várias situações dúbias, sobretudo por falta de interesse por parte de Portugal já que o Cardeal Pacelli afirmou não existirem negociações tendo sido devolvido um projecto ao Núncio. De acordo com Ciriali, as relações entre Portugal e a Santa Sé, 'não eram boas nem más'.

[497] Veja-se a biografia de Salazar, elaborada por Franco Nogueira. NOGUEIRA, A. F., (1978), *Salazar,* 3.º Volume, *As grandes crises, (1936-45),* Coimbra, pp. 116-118.

288   *Das Relações da Igreja com o Estado*

selho de Ministros, na altura também Ministro dos Negócios Estrangeiros, das Finanças e da Guerra, um projecto de Concordata.[498]

Numa *1.ª fórmula* do que iria ser o texto concordatário encontram-se algumas remissões, elaboradas por Salazar, para a legislação interna, constitucional e ordinária.[499]Trata-se dum texto de 15 artigos tendo o mesmo merecido tradução italiana e sido impresso em Roma, após o que foi submetido a uma apreciação, por algumas individualidades.[500]

Após algumas reuniões, levadas a cabo, durante quatro meses, pelo grupo encarregue de apreciar e dar o seu parecer sobre o texto, assessorados pelo Patriarca e pelo Núncio Apostólico, abrem-se as negociações diplomáticas em ordem à Concordata, processo que fica concluído, com o texto da *6.ª fórmula,* em 1 de Junho de 1940, e com a troca dos instrumentos de ratificação, no Palácio das Necessidades.[501]

---

[498] Nos anos de 1936 e 37 encontram-se na revista *Brotéria* alguns artigos escritos pelo Padre António Durão, jesuíta doutorado em Filosofia e Direito Canónico, sob os títulos *Uma Concordata com a Santa Sé, Concordata e Direito Interno e Relações Igreja-Estado.* Será de realçar que os fundamentos dos seus escritos remetem para comparações com outras Concordatas como a Austríaca e Russa. De todos estes escritos se poderá inferir do interesse em estabelecer uma Concordata entre o Vaticano e o Estado português a fim de regular por esse meio a situação religiosa no nosso país.

[499] Em 1940, algumas delas foram publicadas na *Brotéria* e na *Lumen,* mas também em textos oficiais, veja-se *Diário das Sessões,* n.º 88, de 23 de Maio, pp. 60-61, aquando da 'apreciação na especialidade' levada a cabo na Câmara Corporativa.

[500] Conforme documento no Arquivo Histórico Diplomático – Ministério dos Negócios Estrangeiros (AHD-MNE/SE), Concordata e negócios com a Corte de Roma, caixa 1 010, Depósito do Palácio Velho. Neste texto já se encontram muitas expressões que passaram para o texto definitivo, embora muitos outros não o tenham sido como o aspecto curioso do artigo 9.º, 2.º parágrafo: "O toque dos sinos é parte integrante da manifestação de culto e por isso mesmo compete à hierarquia eclesiástica regular o seu uso." Este uso havia merecido uma portaria, designada, jocosamente de *Portaria dos sinos,* datada de 26 de Junho de 1929, do então Ministro da Justiça e Cultos, Mário de Figueiredo, pela qual era autorizada a realização de procissões e o toque dos sinos a qualquer hora.

[501] O grupo de individualidades indicadas pelo Professor Oliveira Salazar para apreciarem o texto, era constituído pelo Secretário geral do Ministério dos Negócios Estrangeiros Embaixador Luís Teixeira de Sampaio, pelo Ministro da Justiça Manuel Rodrigues Júnior e pelo Director da Faculdade de Direito de Coimbra Mário de Figueiredo, que foi encarregue, pelo grupo, de redigir outro texto conhecido como *2.ª fórmula* que após várias redacções irá, posteriormente, dar origem a uma *4.ª* que, por sua vez, será apreciada pelo Cardeal Cerejeira, a pedido de Salazar e de novo por Mário de Figueiredo, até que após quatro meses de trabalhos e as impressões favoráveis do Núncio Ciriaci, este recebe oficialmente do Ministro dos Negócios Estrangeiros, em 14 de Julho de 1937, o texto projecto do Governo Português.

Capítulo IV – Enquadramento Político-Jurídico Português

O projecto tem a ideia fundamental duma Concordata de separação entre Estado e Igreja, mantendo cada um as competências próprias dentro da sua ordem. O Cardeal Patriarca, D. Manuel Gonçalves Cerejeira, ao apreciar a Concordata na generalidade das suas disposições, afirmou:

> *"A Concordata não restaura o antigo regime concordatário, não cria uma Igreja de Estado, não agrava em nada o Orçamento do Estado.*
>
> *É certamente o estatuto mais completo desde há séculos que regula as relações da Igreja e do Estado em Portugal. E forçoso é confessar que foi elaborado num alto espírito de justiça e de verdade.*
>
> *O Estado aceita a Igreja como ela é. Encontra o facto católico, não só como um facto nacional, mas ainda como o facto fundamental da vida histórica da Nação – e tradu-lo juridicamente".*[502]

Por esta convenção, o Estado português reconhece a personalidade jurídica da Igreja Católica, sendo-lhe garantido o livre exercício da sua autoridade, organização e culto, quer fosse privado ou público.

Transformara-se em realidade o sonho dos dois militantes do Centro Académico de Democracia Cristã (C.A.D.C.), de Coimbra, Professor Salazar e Cardeal Cerejeira, em nome do Estado e da Igreja de Portugal.[503] Também através desta Concordata é-lhe admitida a sua jurisdição interna, assegurada que foi a liberdade de magistério e de culto, reconhece-se à Igreja a propriedade dos seus bens, exceptuando os ocupados por serviços públicos, ao mesmo tempo que o Estado português reconhece efeitos civis ao casamento canónico.[504]

---

[502] Cfr. *Código do Direito Canónico,* Braga: Edições Theologica, 1984, Apêndice 2, pp. 1116-1126.

[503] Ambos foram membros do Centro Académico de Democracia Cristã. Cumprira-se o desejo de paz entre o Estado e a Igreja, a liberdade religiosa, diga-se *sem ofender nem limitar a liberdade de César.*

[504] Não apenas se reconhecem os efeitos civis como a sua indissolubilidade. Esta foi a forma de reconhecer o que havia sido destruído pelas chamadas 'Leis de Família', atinentes a destruí-la e publicadas de modo acintoso no dia de Natal de 1910, na sequência da lei do divórcio. Segui-se o registo civil obrigatório com precedência necessária sobre os Sacramentos do Baptismo e do Matrimónio que, de algum modo, se propunha substituir.

A 'Lei da Separação', de 1911, representou o culminar da escalada que fiava o objectivo de 'em duas ou três gerações eliminar completamente o catolicismo em Portugal.'

Veja-se *O Tempo,* 27 de Março de 1911.

A lei, que já nos mereceu reflexão, reduzia a Igreja Católica ao estatuto de simples associação particular sem personalidade jurídica. Vinham dos tempos de Pombal as trope-

290 *Das Relações da Igreja com o Estado*

Como complemento de certas disposições foi publicado o decreto-lei n.° 30 615, de 25 de Julho de 1940, pelo qual ficou regulada a forma de processo do casamento bem como o regime da propriedade eclesiástica. Sem dúvida, a Concordata representava a concretização duma aspiração antiga do Professor Oliveira Salazar. Num discurso, deixou expressa a sua posição no sentido da necessidade de restaurar a liberdade negada à Igreja Católica, ao afirmar:

> *"Esta atitude nos levou a considerar o Poder moralmente limitado e nos tem valido não cometermos o erro ou o crime de deificar o Estado, a força, a riqueza, a técnica, a beleza ou o vício. Compenetrados do valor, da necessidade na vida duma espiritualidade superior, sem agravo das convicções pessoais, da indiferença ou da incredulidade sinceras, temos respeitado a consciência dos crentes e consolidado a paz religiosa. Não discutimos Deus"*.[505]

Por seu turno, Pio XII, ao receber as credenciais das mãos do Embaixador de Portugal, afirmaria:

> *"(...) Sentimo-nos unidos àqueles cuja clarividência corajosa e realizadora soube criar em Portugal o estado de coisas e o estado de espírito*

---

lias contra o primado de Roma, seguindo-se as perseguições do liberalismo vintista, mandando, por Decreto de Outubro de 1822, "fechar para sempre mosteiros e conventos".

Os inimigos da Religião não desarmavam e, em momentos dispersos do fim da Monarquia, tinham dado sinal a que o Rei D. Carlos tentou por cobro. Foi, porém, na I República que a perseguição religiosa se institucionalizou, sendo de remarcar, embora correndo o risco de nos repetirmos, as palavras de Mons. Dr. J. Mendeiros, em conferência, proferida em Évora, em 1966: "Infelizmente a Revolução (...) feita sob a égide do positivismo agnóstico e do maçonismo laicizante, não só discutiu Deus, senão que procurou bani-lo violentamente das consciências, das famílias, das escolas, enfim, de todos os sectores da vida nacional." Veja-se nota 493.

Acrescente-se, como atrás já o referimos, que em 12 de Outubro de 1912, o Papa Pio X, na Encíclica *Jamdudum in Lusitannia* condenara e rejeitara a Lei da Separação, afirmando tratar-se duma *"(...) lei que menospreza a Deus e repudia a fé católica; que destrói os contratos celebrados solenemente entre Portugal e a Sé Apostólica, violando o direito natural e o direito das gentes; que esbulha a Igreja da legítima posse dos seus bens; que oprime a própria liberdade da Igreja e atenta contra a sua divina constituição."*

Muito embora e sobretudo no consulado de Sidónio Pais se tenham alterado algumas das disposições mais aberrantes desta Lei e se haja reatado as relações diplomáticas com a Santa Sé, o certo é que sòmente com o Professor Oliveira Salazar se verá perpassar o decisivo contributo para a restauração da liberdade religiosa em Portugal.

[505] Veja-se *Salazar, Discursos*, vol. II, p. 131.

Capítulo IV – Enquadramento Político-Jurídico Português 291

que constituem o preliminar indispensável aos felizes acontecimentos do ano presente (a Concordata e o Acordo Missionário), não menos importantes para a Igreja e para o Estado."[506]

A obra da Igreja assentava em dois pilares: a lúcida e firme obra do Episcopado aliada à corajosa fé do português que, para manter a autoridade que lhe fora confiada, tinha de estar atento, apegado a um frio realismo e aos limites políticos que condicionavam a sua acção. O benefício da paz religiosa, do respeito pela causa católica e pelos direitos da Igreja, que foram consagrados na Concordata, só o pode conseguir mediante o reconhecimento do preceito de conservar nas mãos de *'César o que é de César'*, sem o que lhe não teria sido politicamente consentido *'dar a Deus o que é de Deus'*. Para encerrar o seu discurso, proferido perante a Câmara Corporativa, o Professor Oliveira Salazar usou as seguintes palavras:

> *"Regressamos com força e pujança de um Estado renascido, a uma das grandes fontes da vida nacional, e, sem deixarmos de ser do nosso tempo por todo o progresso material e por todas as conquistas da civilização, somos nos altos domínios da espiritualidade os mesmos de há oito séculos.*
>
> *Marcá-lo por tal maneira é certamente um triunfo político e um grande acto da história.*"[507]

Por esta Concordata, a Igreja reconhece o Padroado Português no Oriente e as missões do Ultramar ficam sujeitas à autoridade dos Bispos, cujas nomeações devem ser comunicadas previamente ao Governo, a fim de saber se este tem objecções de carácter político geral.

A cláusula das missões do Ultramar ficarem sujeitas à autoridade dos Bispos, tinha como consequência a isenção dos missionários nos territórios portugueses em relação à Congregação da Propagação da Fé, tornando os Bispos responsáveis pela missionação.[508]

---

[506] Na época o Embaixador de Portugal era o doutor Carneiro Pacheco. *In* 40.º Ano, Vol. II, p. 207.

[507] Conforme *Salazar, Discursos,* vol. III, p. 242.

[508] Passadas quase duas décadas, os interesses de Portugal passaram a colidir com os interesses antagónicos da União Soviética, dos E.U.A. e do Vaticano. Não referindo os interesses das potências de cada Bloco, sobejamente conhecidos, bastará aludir que a Santa Sé, particularmente a Sagrada Congregação para a Propaganda da Fé, desejava

292   *Das Relações da Igreja com o Estado*

Trata-se dum mecanismo de defesa do Estado em relação ao velho conflito Padroado / *Propaganda Fide,* que provocara injustiças e numerosos conflitos, tendo sido proposto pelo governo que a sede das negociações da Concordata devia ser Lisboa. O Professor Salazar, como obreiro de todo este percurso, tinha consciência de que

> *"A primeira realidade que o Estado tem diante de si é a formação católica do povo português; a segunda é que a essência desta formação se traduz numa constante da história. Nascemos já como nação independente, no seio do catolicismo; acolher-se à protecção da Igreja foi sem dúvida acto de alcance político, mas alicerçado no sentimento popular. Tem havido através da história incidentes e lutas entre os reis e os bispos, os governos e o clero, o Estado e a Cúria, nunca entre a Nação e a Igreja."*[509]

Poder-se-á afirmar que, no domínio religioso, a primeira correcção essencial está contida na Constituição de 1933, aprovada em plebiscito nacional, no ano seguinte à ascensão do Professor Oliveira Salazar à Presidência do Conselho de Ministros.

Na Constituição, no seu artigo 45.°, foi reconhecida a personalidade jurídica da Igreja Católica e a sua liberdade, assegurando-se às demais confissões religiosas também a liberdade de culto.[510]

A resposta à proposta portuguesa foi dada por Eugénio Pacelli, tendo o texto sido considerado "(...) *digno de interesse"*, estando a Santa Sé "(...) *disposta a proceder em consequência."*[511]

A satisfação da exigência do local das negociações ser Lisboa foi considerada uma excepção e uma honra para Portugal, mesmo porque

---

acabar com os direitos de Padroado que Portugal detinha sobre as províncias ultramarinas, não tendo qualquer interesse em estar com os portugueses quando o Império se desmoronasse.

[509] *Ibid. Salazar,* Vol. III, p. 232.

[510] No tempo do Ministro da Educação, Carneiro Pacheco, através de reformas, foi assegurado o ensino religioso nas escolas, sem prejuízo dos pais dos alunos poderem requerer dele dispensa. Também nas leis do trabalho se reflectiram os ensinamentos da Igreja, sobretudo fruto do magistério dos Papas Leão XIII e Pio XI.

[511] Os Cardeais, membros da Sagrada Congregação dos Negócios Eclesiásticos Extraordinários, ao apreciarem a proposta tiveram palavras elogiosas para o Professor Salazar: "trabalha com tacto mas eficazmente, para atenuar os danos sofridos pela Igreja em Portugal."

Veja-se o Arquivo Histórico Diplomático-Ministério dos Negócios Estrangeiros / / Espólio Teixeira de Sampaio, maço 6.

Capítulo IV – Enquadramento Político-Jurídico Português

outras Concordatas com Portugal, como as de 1857 e 1886 e os Acordos de 1928 e 1929, tinham sido negociados em Roma.[512]

Entretanto Pacelli ocupara, em 12 de Março de 1939, a cadeira de S. Pedro, como Pio XII, o que provoca uma certa demora nas negociações a que se aliam alguns impasses relativos a três pontos: expropriações; fórmula da nota reversal sobre casamentos de consciência e penalidades a aplicar aos párocos que celebrem casamentos sem estarem certos de que estes podem produzir efeitos civis.

As posições endureceram, pois, a questão centra-se no problema da competência da Igreja em conflito com a do Estado, sobretudo no que concerne ao casamento. A Santa Sé insistia no direito da Igreja realizar casamentos que não tivessem efeitos civis correndo-se o risco da ruptura das negociações.

A resposta final da Santa Sé chegou a 22 de Abril, em que esta declara "estar pronta a assinar os acordos, desistindo da sua última posição", sendo assinada a Concordata e o Acordo Missionário, no Vaticano, em 7 de Maio de 1940, faltando apenas a ratificação em Portugal.[513]

Em documentos que consultamos, são feitas referências à necessidade de regular por meio duma Concordata a situação religiosa. Lê-se na biografia de Salazar, escrita pelo Embaixador Franco Nogueira:

> *"A negociação da Concordata fora conduzida com o cardeal Pacelli. Por morte de Pio XI, Pacelli subira ao trono pontifício com o nome de Pio XII; e com este e o Cardeal Maglione, agora Secretário de Estado, prosseguiam as negociações.*
>
> *Salazar conservava a orientação superior e a palavra final, mas as conversas, o estudo e elaboração dos textos são confiados a Teixeira de Sampaio e Mário de Figueiredo; e na sombra, como mediador e apazigua-*

---

[512] Apenas há registo doutra excepção – o caso da Concordata assinada entre Napoleão e Pio VII, cujas negociações decorreram em Fontainebleau.

[513] A vinte de Abril, após o retiro anual dos Bispos portugueses, em que estiveram presentes o Patriarca das Índias Orientais, os Bispos de Angola e Congo, Cabo Verde, Macau e o Prelado de Moçambique, foi assinada a Pastoral sobre os Centenários e feito o voto da construção do monumento a Cristo Rei, pedindo duas graças: uma para Portugal ser poupado à 2.ª Guerra Mundial; a outra pela graça de Portugal ter um Estatuto no qual o Estado reconhecesse à Igreja a sua liberdade e direitos, ou seja, por outras palavras a Concordata.

Veja-se a este título o número de Outubro de 1973 do "Mensageiro do Coração de Jesus", sob o título *A Concordata, dom de Deus,* da autoria de Fernando Leite e texto sobre a Pastoral colectiva *in Lumen,* Revista de cultura, 4, (1940), 348-359.

294   *Das Relações da Igreja com o Estado*

dor de atritos, actua o Cardeal Cerejeira (...) no decurso de mais de dois anos e de forma intermitente, haviam conseguido apurar um texto baseado nas propostas iniciais portuguesas e tendo em conta as observações da Santa Sé".

Vejamos agora alguns dos reflexos desta Concordata de 1940. Dispõe a Concordata, no artigo 9.º, que serão cidadãos portugueses os arcebispos e bispos residenciais, os seus coadjutores *cum jure successionis* e os párocos, bem ainda os reitores de seminários e directores e superiores de institutos. Cabe à Santa Sé antes de proceder à nomeação dum arcebispo, bispo ou coadjutor, para provimento das dioceses, salvaguardado o disposto no Padroado e Semi-Padroado, comunicar ao governo português o nome do escolhido.

Este preceito prende-se com determinadas objecções de carácter político que contra esta pessoa possa existir, se passados um mês sobre a comunicação não houver resposta é tacitamente dado como aceite.

Tanto na Concordata como no Acordo Missionário ficou convencionado a divisão eclesiástica do Ultramar por dioceses e circunscrições missionárias autónomas.[514] De acordo com o estatuído no artigo 6.º do Acordo, Pio XII publicou a bula *Sollemnibus Conventionibus* ficando por ela estabelecida a divisão eclesiástica do Ultramar português.[515]

---

[514] Sendo a forma de provimento das dioceses igual, quer no Continente quer no Ultramar, estas "(...) serão governadas por bispos residenciais e as circunscrições missionárias por vigários ou prefeitos apostólicos, todos de nacionalidade portuguesa".

[515] Esta bula foi publicada a 4 de Setembro de 1940, tendo a mesma sido executada por decreto do Núncio apostólico, Mons. Pedro Ciriaci, em 12 de Janeiro de 1941. A divisão eclesiástica do Ultramar português ficou estabelecida do seguinte modo:
 – O território de Angola com a província eclesiástica de Luanda, cuja arquidiocese englobava os distritos de Cabinda, Congo, Zaire, Luanda, Malange e Cuanza Norte e Sul; a diocese de Nova Lisboa, abrangendo os distritos de Moçâmedes, Benguela, Huíla e Huambo; a diocese de Silva Porto com os distritos do Bié, Moxico e Lunda; e a diocese de S. Tomé que foi desanexada de Lisboa.
 – Em Moçambique foi constituída a arquidiocese de Lourenço Marques, abrangendo os distritos de Lourenço Marques e Inhambane; a diocese da Beira a englobar os distritos de Tete, Quelimane e Beira; e a diocese de Nampula com os distritos de Moçambique e Porto Amélia.
 – A diocese de Cabo Verde e a missão *sui juris* na Guiné.
Após a Concordata e no ano de 1950, logo a seguir à independência da União Indiana, Portugal firmou com a Santa Sé um Acordo pelo qual se desligaram do Pa-

Capítulo IV – Enquadramento Político-Jurídico Português

No que concerne ao Padroado e Semi-Padroado, a Concordata fez a ressalva das convenções anteriores. O Padroado constituía uma província eclesiástica, tendo por metrópole a arquidiocese de Goa e Damão, tendo os bispados de Dili, Macau e Cochim como seus sufragâneos. Portugal conservava o direito de Semi-Padroado na arquidiocese de Bombaim e na diocese de Coulão e nas suas respectivas sufragâneas.

A esfera do Padroado português no Oriente foi sendo gradualmente diminuída, desde a Concordata de 23 de Junho de 1886. Por ela, Portugal perdeu a diocese de Malaca e ficou a exercer o Padroado pleno nas dioceses de Goa, Damão, Macau, Cochim e Meliapor, e o semi-padroado nas de Bombaim, Coulão, Mangalor e Trichinópoli.

Para as dioceses de pleno padroado, Portugal conservava o direito de apresentação dos bispos, enquanto para as de semi-padroado, escolheria de três nomes propostos pelo arcebispo de Goa.

Pelo Acordo datado de 15 de Abril de 1928, entre a Santa Sé e Portugal, as disposições desta Concordata de 1886 foram modificadas, tendo sido reduzidas a quatro as dioceses de Padroado pleno, por supressão da diocese de Damão, cujos territórios se anexaram a Bombaim ou a Goa.

O Arcebispo de Bombaim passar a ser, alternadamente, de nacionalidade portuguesa ou britânica, ficando o provimento das dioceses para as de Padroado pleno (Goa, Cochim, Macau e Meliapor) a cargo da Santa Sé que no caso de não oferecer 'dificuldade de ordem política' seria, no prazo de dois meses, apresentado oficialmente pelo Presidente da República, enquanto, no caso de semi-padroado (Bombaim, Coulão, Mangalor e Trichinópoli) era a Santa Sé que, após a escolha definitiva do candidato, o dava a conhecer ao Presidente da República que tinha um mês para o apresentar.

Por outro Acordo, este assinado em 11 de Abril de 1929, foi regularizada, territorial e jurisdicionalmente a diocese de S. Tomé de Meliapor constituída pelo de S. Tomé e o de Tanjor.[516]

Resumindo diremos que os Acordos de 1928 e 29, concluídos no período pós revolucionário que deu lugar ao denominado Estado Novo, foram, de acordo com os apoiantes, considerados como uma vitória para a

---

droado português os territórios fora da nossa soberania. A partir de 1955 foram criadas novas dioceses em Angola e Moçambique, tendo a missão da Guiné sido elevada a Prefeitura apostólica.

[516] Veja-se a Constituição Apostólica *ad Spirituale,* datada de 3 de Julho de 1929.

296 *Das Relações da Igreja com o Estado*

diplomacia portuguesa; enquanto para os seus opositores foram tidos como uma derrota para a referida diplomacia.[517]

Como justificativas os opositores apresentavam a supressão da florescente Diocese de Damão que se alargava aos territórios indianos de Bombaim, abrangendo cerca de cem mil católicos. Para os apoiantes, a vitória residia no facto do Padroado ter sido reerguido e tomado consistência na medida em que se encontrava, se não extinto, pelo menos numa posição jurídica muito delicada.

De facto o Padroado não foi modificado pela Concordata de 1940, contudo talvez ela tenha influído na sua situação *de jure*, pois, garante-o expressamente no art. XXIX, como anteriormente fizemos referência.

Daí provêm as palavras de congratulação do Professor Oliveira Salazar, na Assembleia Nacional, as quais passamos a transcrever, pois, aqui cabem, muito embora corramos o risco de as repetir:

> *"O Padroado do Oriente (...) foi finalmente salvo e consolidado, como era aliás de justiça, devido ao esforço português, mas não era talvez de direito estrito, no qual a Igreja se estribava. Embora reduzido de extensão e de importância (...) o Padroado do Estado Português em territórios estranhos à sua soberania é o público reconhecimento da nossa evangelização e marca, através dos tempos, o prestígio espiritual de um povo que, alargando pelo mundo as fronteiras da Pátria, ainda estendeu mais a fé do que o Império."[518]*

Por Acordo posterior sobre o Padroado do Oriente, por força das alterações resultantes da independência da Índia, nesta região, reduziu-se aquele aos territórios de Goa, Damão e Diu.[519] Do Padroado retiraram-se as Dioceses indianas de Cochim e Meliapor tendo-se extinguido

---

[517] Tanto os Decretos de 22 de Fevereiro de 1918 como o de 6 de Julho de 1926, embora não tivessem ousado revogar explicitamente a lei de Separação de 20 de Abril de 1911, modificaram-na o suficiente para deixar de mutilar a Igreja. Por diversos motivos esses dois decretos não satisfizeram a consciência católica pelo facto de terem sido promulgados sem o acordo prévio com a Santa Sé. Faça-se, no entanto, justiça ao patriotismo e inteligência de seus autores que certamente julgaram não ser possível fazer algo de diferente e melhor.

[518] Conforme "Diário das Sessões" da Assembleia Nacional, n.º 89 de 27 de Maio de 1940.

[519] Trata-se do Acordo assinado, no Vaticano, entre a Santa Sé e o Governo Português, datado de 18 de Julho de 1950, que resultou da independência da União Indiana, em 15 de Agosto de 1947, até à altura integrada no Império britânico.

o semi-padroado constituído na Concordata de 1886 correspondendo à Arquidiocese de Bombaim e às Dioceses de Mangalor, Quilon e Trichinópolis.

Resta-nos a questão de apresentar o que ficou dos quatro artigos missionários da Concordata, do Acordo e do Padroado. As partes em causa – Santa Sé e Portugal – nunca os denunciaram ou sequer declararam extintos ou revogados.

Muito embora após a descolonização, na década de 70, tenham deixado de ter campo de aplicação, continuou em vigor o Padroado na Diocese de Macau, onde o governo local manteve o respeito pelos compromissos, nomeadamente os financeiros, derivados das disposições concordatárias.[520] O mesmo aconteceu com as disposições do Acordo Missionário e os artigos correlativos da Concordata de 1940, que se mantêm em plena vigência na Diocese de Dili, sendo que até ao ano de 2000, Portugal se manteve como potência administrante de Timor Leste.[521]

Existe, no entanto, uma disposição que podia ser cumprida e o seu não cumprimento não significa ausência de obrigação legal. Tal é o caso da ajuda devida aos missionários portugueses que serviram as missões na Ásia e em África.[522]

Por três vezes, e de forma mais marcante, em períodos relativamente recentes da História de Portugal se verificou a espoliação dos bens eclesiásticos.

Assim aconteceu, pela primeira vez, no tempo de D. José I, por ordem do Marquês de Pombal, pela Lei de 3 de Setembro de 1759, tendo sido expulsos os Jesuítas e confiscados os seus bens.

A segunda vez ocorreu pelo Decreto de 28 de Maio de 1834, a mando de Joaquim António de Aguiar, tendo sido extintas as Ordens religiosas e

---

[520] O território deixou de manter-se sob administração portuguesa, em Dezembro de 1999.

[521] Trata-se de ver cumprido, por parte de Portugal, as obrigações para com a Igreja diocesana, na parte viável, mesmo porque a nomeação do bispo de Dili, tal como o de Macau, foi realizada salvaguardando as disposições concordatárias por parte da Santa Sé, muito embora Portugal não exercesse *in loco* e *de facto*, o poder político e administrativo aquando da nomeação do Bispo de Dili.

[522] Referimo-nos aos missionários de idade avança ou doentes, impedidos de trabalhar, que ainda durante a época colonial e que posteriormente regressaram a Portugal, sobretudo os religiosos dado que aos diocesanos o Estatuto Missionário lhes retirou, cremos que injustamente, tal direito.

298 *Das Relações da Igreja com o Estado*

se procedido à usurpação dos Conventos, muitos dos quais ainda hoje em ruínas e completo abandono.[523]

Temos de ter em conta, antes de fazer qualquer juízo acerca deste período da História, que eram outros os homens, eram outras as situações, as ideias e as convicções, mas também outras eram as modas, a política e o modo de viver a religião.

Por último, *the last but not the least,* a Lei da Separação, datada de 20 de Abril de 1911, pelo Dr.Afonso Costa, em que se procedeu ao esbulho dos haveres da Igreja em geral.[524]

Privada das liberdades fundamentais para o desempenho da sua missão, a Igreja vê-se despojada também de meios e instrumentos representativos da sua acção cultural. Aludindo aos desacatos ocorridos a partir de 1832, escritores como Ramalho Ortigão, atribuem a uns carácter anónimo, a outros cumplicidade oficial, referindo-se concretamente aos Jerónimos, Madre de Deus e Batalha.

Diga-se, no entanto, que noutros países, semelhantes atropelos também ocorreram, com actos mais ou menos semelhantes, só que os mesmos souberam procurraram regressar à paz restituindo, na medida do possível, os bens usurpados ou indemnizando a entidade prejudicada.

Com ou sem Concordatas, nos países da Europa em processo de libertação dos regimes marxistas e nos novos países africanos, assim se tem procedido.

---

[523] Reportamo-nos à transição da monarquia absoluta para o regime liberal, no momento em que, por decreto, Joaquim António de Aguiar extinguiria todos os conventos, mosteiros, colégios, hospícios e casas religiosas de ordens regulares.

[524] Refira-se ainda que o decreto atrás mencionado, de 28 de Maio de 1834, foi posto de novo em vigor, em 8 de Outubro de 1910. Por conseguinte, logo após a implantação da República, determinando que os bens das associações ou casas religiosas de todo o país, em número de 480, fossem mandados e declarados pertença do Estado. Existem, publicadas pela Imprensa Nacional de Lisboa, em 1842, as contas correntes dos objectos preciosos em ouro, prata e jóias que pertenceram aos conventos suprimidos. Com a promulgação da Lei da Separação das Igrejas e do Estado, em Abril de 1911, declara-se que "todos os bens eclesiásticos, desde as catedrais, igrejas, capelas, bens imobiliários e mobiliários destinados e aplicados ao culto público da religião católica, devem ser avaliados e reinventariados, sem necessidade de avaliação nem de imposto de selo, e que os mobiliários de valor se entreguem à guarda de juntas de paróquia ou sejam remetidas aos depósitos ou aos Museus". A mesma lei determinava, no artigo 76, que se organizassem museus regionais de Arte e apesar do enérgico protesto do episcopado Português através duma Pastoral colectiva, cumpriram-se as deliberações tomadas, tendo o Estado português se apropriado de grande parte do património da Igreja.

Capítulo IV – Enquadramento Político-Jurídico Português

Após a Revolução de 28 de Maio de 1926, o novo regime manteve a separação do Estado e da Igreja, embora não de forma sectária, pois, fora garantida a liberdade de religião para todos os cidadãos e reconhecida a importância da formação religiosa e moral para a sustentação e desenvolvimento da sociedade.[525]

Muito embora houvesse quem dissesse ser a nova República uma República sem republicanos, como a Monarquia derrubada em 1910 tinha sido uma Monarquia sem monárquicos, mas tinham-se restaurado as liberdades religiosas. Tinham desaparecido os 'formigas'.

Digamos que a Legião Vermelha fora contida, enquanto, em Coimbra, se reorganizava o C.A.D.C.. Contudo, não devemos ignorar que do estrangeiro sopravam ventos mais propícios à revisão da política. Em 1921, ocorrera a 'marcha sobre Roma' e o advento do fascismo com Mussolini, enquanto, em Espanha se instaurava a ditadura de Primo de Rivera. Muitos acreditaram, como referiu Cabral Moncada, numa conferência para comemorar o 1.º de Dezembro de 1927, que existiam três forças capitais que se opunham à nacionalização da República: *o comunismo bolchevista, o judaísmo financeiro e a maçonaria internacionais.*

Foi nesta atmosfera, diga-se bastante complexa, que se desenhou a nova Constituição. Consideramos conveniente transcrever os artigos 45.º e 46.º do Título X "Das relações do Estado com a Igreja Católica e demais cultos", da Constituição Política da República Portuguesa, de 11 de Abril de 1933, mesmo para um possível esclarecimento de atitudes que têm vindo à praça pública neste momento em que tanto se fala em equiparações entre confissões religiosas e privilégios da Igreja:

"Art. 45.º. *É livre o culto público ou particular de todas as religiões, podendo as mesmas organizar-se livremente de harmonia com as normas da sua hierarquia e disciplina, constituindo por essa forma associações ou organizações a que o Estado reconhece existência civil e personalidade jurídica.*

Ponto único. Exceptuam-se os actos de culto incompatíveis com a vida e integridade física da pessoa humana e com os bons costumes."

"Art. 46.º. *Sem prejuízo do preceituado pelas concordatas na esfera do Padroado, o Estado mantém o regime de separação em relação à Igreja Católica e a qualquer outra religião ou culto praticados dentro do território português, e as relações diplomáticas entre a Santa Sé e Portugal, com recíproca representação.*"

---

[525] Cf. Decreto n.º 11 887 de 6 de Julho de 1926.

300 *Das Relações da Igreja com o Estado*

Deste modo, gradualmente, abriu-se a possibilidade da assistência religiosa nas escolas, nos hospitais, nos quartéis e nas prisões.[526] No entanto, em Portugal, nas negociações para a Concordata de 1940, ficou condicionada a restituição ou indemnização dos bens usurpados pela Lei da Separação, exceptuando-se aqueles que, não tendo sido vendidos ou afectos a serviços públicos, se encontravam nas mãos do Estado, na maioria por estarem em ruínas ou inaproveitáveis.

Na altura alegou-se que a ajuda financeira concedida às missões portuguesas poderia ser considerada indemnização supletiva. A Igreja condescendeu, embora consciente da injustiça teve presente, no seu espírito, a velha máxima de que valia mais *'um mau acordo que uma boa demanda'* para a consumação da harmonia e da paz do que benesses materiais. Contudo, a troca foi apenas uma justificação ilusória, pois a ajuda às Missões, embora útil à Igreja, na sua acção civilizadora insubstituível, não era uma inovação na medida em que já acontecia anteriormente.[527]

O Acordo Missionário e a legislação complementar apenas eram a regulamentação do apoio financeiro, diga-se, em abono da verdade, com algum aperfeiçoamento e em novos moldes. No entanto, por parte do Estado não era um auxílio gratuito na medida em que as Missões foram, sem os meios financeiros adequados, encarregues do ensino e da assistência sanitária das populações autóctones ou indígenas.

A Igreja, que tinha como principal objectivo a evangelização, cuja primordial componente era a promoção, através de mais cultura e melhor qualidade de vida, não negociava com o Estado a venda dos seus serviços. Contentava-se apenas com a precária e escassa ajuda no intuito de melhor servir.

Tenhamos a coragem de admitir que se a língua e a cultura portuguesas são um valor definitivamente adquirido nos Países Africanos de

---

[526] Consulte-se o Decreto n.º 27 085 de 14 de Outubro de 1936, sobre a reforma do ensino liceal. Outro exemplo elucidativo encontra-se no Decreto n.º 26 643 de 28 de Maio de 1936 sobre a reorganização dos serviços prisionais e na Lei n.º 1 961 de 1 de Novembro de 1937, sobre o recrutamento e serviço militar em que se previa a possibilidade de assistência religiosa aos militares.

[527] Mesmo os Governos anteriores à Revolução de 1926 ajudavam as Missões. Exceptuando o período posterior aos arrobos anticlericais da República, aliás atenuados pelos governadores em Angola e Moçambique, repita-se o que se referiu anteriormente sobre a triste experiência das chamadas Missões 'laicas', verificaram-se, em 1919, alterações com o Decreto n.º 6 322 de 24 de Dezembro que foi aperfeiçoado pelo 'Estatuto Orgânico das Missões', no Decreto 12 485, de 15 de Outubro de 1926.

Língua Oficial Portuguesa (PALOP), tal facto deve-se mais à Igreja do que ao Estado português, mesmo porque o ensino nos lugares mais recônditos do antigo ultramar português se ficou a dever essencialmente às Missões.

A campanha contra a Igreja missionária, desencadeada, por motivos políticos escravos da ideologia marxista, em parte da opinião pública portuguesa, foi ampliada pelos inexperientes governantes dos novos países fruto da descolonização portuguesa iniciada em 1974.

Entenderam apenas que o seu ideário incluía em geral a luta contra a religião e, em particular, a perseguição à Igreja. Por todo o lado propagandearam a identificação de colonialismo com religião, sobretudo católica.

Não levou muito tempo para que o povo entende-se a importância da missão civilizadora e promocional da Igreja e renegasse os políticos acusadores.[528] Naturalmente, porque os legisladores não são perfeitos, em determinados pontos da legislação portuguesa, promulgada de forma unilateral, em complemento do Direito concordado, houve certos aspectos reprováveis.

Mas estes, muito pouco, terão influído no comportamento dos missionários. Se algum foi menos isento, fê-lo ao sabor das simpatias ou antipatias pessoais. Para além do respeito devido às leis e às autoridades constituídas, no caso de não serem manifestamente injustas, não competia à Igreja ou aos missionários julgar, a sua missão era outra. Assim sendo,

---

[528] Sempre houve, mesmo no seio da Igreja, quem apresentasse algumas razões de discordância entre as relações Estado/Igreja. Veja-se um dos casos mais falados – o do Bispo do Porto, D. António Ferreira Gomes, mas talvez não totalmente bem entendido, como o actual Cardeal Patriarca D. José Policarpo, tem referido publicamente. Em carta a Oliveira Salazar, datada de 13 de Julho de 1958, afirmou D. António:

"O problema enorme, histórico e decisivo, é este: pode ou não pode, o católico ter dimensão política? Este é o problema da Igreja Portuguesa *hic et nunc*; o grande e como que único problema da Nação, mas por via de consequência: perdida a Igreja na alma do povo, estará perdida a Nação. (...)" E em quatro pontos, dos quais destacamos apenas os dois primeiros, interroga o Presidente do Conselho: "Primeiro – Tem o Estado qualquer objecção a que a Igreja ensine livremente e por todos os meios, principalmente através das organizações e serviços da Acção Católica e da imprensa, a sua doutrina social? Segundo – Tem o Estado qualquer objecção a que a Igreja autorize, aconselhe e estimule os católicos a que façam a sua formação cívico-política, de forma a tomarem plena consciência dos problemas da comunidade portuguesa, na concreta conjuntura presente, e estarem aptos a assumir as responsabilidades que lhes podem e devem caber como cidadãos católicos?"

302 *Das Relações da Igreja com o Estado*

o funcionamento das missões, no quadro geral criado pela Concordata e Acordo Missionário, decorreu sem graves dificuldades produzindo resultados positivos.[529]

Na perspectiva da Igreja, era honroso, para Portugal, o lugar que ocupavam, no continente africano, os territórios sob sua administração, aquando do fim do 'Ciclo do Império'. E, não obstante a guerra civil nalguns dos PALOP (Países Africanos de Língua Oficial Portuguesa) e a intolerância que os subjugou, após a independência, continuaram a manter uma forte ligação à Igreja Católica, muito embora existisse na Guiné e em Moçambique, uma importante implantação do Islamismo, mesmo anterior à nossa chegada.

Cumpre-nos referir, como fruto da nossa vivência naqueles territórios ultramarinos, a tolerância e o respeito que existia entre as várias comunidades com registos religiosos diferentes. Acreditamos que aqui reside a prova do bom acerto da Concordata e Acordo, na sua vertente missionária.

3.3. *Concordata, Acordo Missionário e a vocação missionária portuguesa*

Para saber se uma Concordata pode ser, em Portugal, tão somente a conciliação precária de duas forças antagónicas ou antes a comunhão de esforços entre a política da Nação e a liberdade evangelizadora, fazendo uma parte da outra, bastará entender a vocação de Portugal no Mundo. Convém não descurar que foram os portugueses que lançaram os fundamentos, com a dilatação do Cristianismo, da unidade moral do Homem no Mundo.[530]

---

[529] Para um estudo mais aprofundado sobre os resultados da vigência plena do Acordo Missionário, entre os anos de 1940 a 1975, consultar os dados recolhidos na 4.ª edição do Anuário Católico de Portugal, de 1941 e na Agenda LIAM, de 1976. Verificou-se um aumento significativo sobretudo no número de missionários e no de católicos, que triplicaram.

[530] Foram ainda alguns os nossos méritos, hoje perfeitamente banidos do nosso ensino. Portugal, cumprindo o preceito do "Não matarás", foi o primeiro país a abolir a pena de morte para os crimes políticos em 1852 e para os comuns em 1867. A luta contra a pena de morte vem, no entanto, de bem longe. Lembremos um Santo Agostinho, um Voltaire.

Mas sobretudo um **Victor Hugo** que soube sublinhar esse rasgo civilizacional por-

Capítulo IV – Enquadramento Político-Jurídico Português 303

Tenhamos em conta que os textos concordatários de 1940, incluindo os referentes à actividade missionária, deverão situar-se, para bem serem interpretados, no contexto nacional e internacional da época.

Assim, recordemos alguns factos. Após o fracasso sócio-político da 1.ª República, procurava-se unir os portugueses em torno de valores capazes de atrair e dinamizar a nação portuguesa. A dicotomia Monarquia/ /República, por conseguinte, o regime político, deixou de ser posta em causa. Buscavam-se denominadores comuns capazes de concitar os portugueses no sentido de os polarizar.

No plano internacional, vivia-se uma premonitória época de reedição da trágica experiência da primeira guerra mundial, com uma guerra civil em Espanha que ponha em jogo interesses específicos portugueses, tendo surgido entre Portugal e a Grã-Bretanha algumas discordâncias.[531]

Os denominadores foram encontrados no desenvolvimento económico e cultural, com referências permanentes ao passado histórico e seus valores que enraizavam nos defendidos pela Igreja Católica e na tradição missionária impulsionada pelas exigências civilizadoras da nossa condição de Estado colonial.

Foi neste contexto que se cogitou, no ano de 1937, o projecto de negociação duma Concordata e dum Acordo missionário com a Santa Sé.[532]

---

tuguês nestes termos: "Outrora íeis à frente no oceano; hoje, proclamar princípios é mais belo do que descobrir mundos. Por isso eu clamo: glória a Portugal."

Mas também não será despiciendo relembrar um outro grande nome do século XVI, que lutou contra ela, a quem já nos referimos: Thomas Moro, instituído por João Paulo II como Patrono dos governantes e dos políticos.

Na sua *Utopia*, curiosamente posta na boca dum português, condena a pena de morte contra os ladrões, dizendo: "A morte é um castigo demasiado injusto e mesmo prejudicial para o bem comum. Uma punição demasiado cruel para castigar o simples roubo, e contudo insuficiente para o impedir." Ao que acrescenta: "Deus ordenou-nos: não matarás... Ora se Deus não deu a homem algum o poder de tirar a vida a outrem, ou mesmo a si próprio, como poderia ficar isento do mandamento divino quem, embora cumprindo uma lei humana, tirasse a vida a outrem?" Por estas e por outras opiniões, principalmente por não ter querido reconhecer o poder espiritual do Rei, foi Thomas More morto, mas também foi santo.

[531] Sobretudo quanto à forma de executar a política de não-intervenção e porque "Portugal se tem oposto a que a não-intervenção funcione em detrimento do nacionalismo espanhol, surge o *'ódio de que somos objecto'* por parte de terceiros países", conforme nos diz FRANCO NOGUEIRA, A., (1987), *Salazar III – As grandes crises (1936-1945), Ibidem*, p. 113.

[532] Perante o problema de Espanha, "a Santa Sé, de início reticente, começa a aproximar-se do governo de Burgos, e nesse sentido Oliveira faz junto do Cardeal

O projecto consagra a separação absoluta entre o Estado e a Igreja, muito embora o Estado reconheça a personalidade jurídica da Igreja Católica, respeitando a sua hierarquia e disciplina garantindo o exercício da sua autoridade e organização própria como sociedade de direito público.

No texto concordatário inserem-se quatro artigos referentes à problemática missionária.[533] O facto é inédito neste tipo de diplomas como também é singular o Acordo Missionário, concluído na mesma data e anexo à Concordata e igual o seu valor. Os referidos artigos dizem respeito à organização eclesiástica do Ultramar português; ao reconhecimento estatal da personalidade jurídica das organizações territoriais e corporações, bem ainda ao apoio financeiro; ao recurso a missionários que não tenham nacionalidade portuguesa, mas que estarão subordinados aos Bispos locais e à ordem jurídica vigente nos territórios onde exercem a sua actividade.

No artigo 29.°, é feita menção à vigência das Concordatas e outros Acordos referentes ao Padroado, nestes termos precisos

> *"São consideradas em vigor as disposições da Concordata de 21 de Fevereiro de 1857, ressalvadas pela Concordata de 23 de Junho de 1886, umas e outras na parte não atingida por acordos posteriores, designadamente pelos de 15 de Abril de 1928 e de 11 de Abril de 1929 e por esta Convenção".*

Um dos problemas que necessitava ser resolvido e versado com especial desenvolvimento era o da organização religiosa do Ultramar Português. Havia que completar a obra política do Acto Colonial com a sanção da posse espiritual conferida pela Santa Sé e com a nacionalização da obra missionária portuguesa.

De acordo com o Professor Oliveira Salazar, existiam três questões fundamentais a resolver com a Concordata e o Acordo Missionário: *liber-*

Pacelli, secretário de Estado, diligências claras e prementes". FRANCO NOGUEIRA, A., *Ibid*, p. 116.

Entretanto, a imprensa havia noticiado as conversas tidas entre o Cardeal Pacelli e o governo francês, tendo vindo a público o desinteresse mútuo na negociação duma Concordata. Ainda de acordo com Franco Nogueira, foi justamente no Verão de 1937, perante as dificuldades existentes, que Salazar toma a iniciativa destas negociações a que atribui muita importância e entrega ao Núncio Apostólico o projecto da Concordata.

[533] Concretamente, quase no final, do artigo 26.° ao 29.°.

dade religiosa; organização missionária no Ultramar Português e a garantia do Padroado do Oriente, tendo, no entanto presente que "(...) o Estado vai abster-se de fazer política com a Igreja, na certeza de que a Igreja se abstém de fazer política com o Estado. Isto *pode e deve ser assim*".[534]

Acrescente-se que a ideia base da Concordata se pode sintetizar por estas palavras do Presidente do Conselho, proferidas perante a Assembleia Nacional:

> *"Não tivemos a intenção de reparar os últimos trinta anos da nossa história, mas de ir mais longe, e, no regresso à melhor tradição, reintegrar, sob este aspecto, Portugal na directriz tradicional dos seus destinos. Regressamos, com a força e a pujança de um Estado renascido, (...), somos nos altos domínios da espiritualidade os mesmos de há oito séculos".*

Ao que o Cardeal Patriarca, apreciando, na generalidade, as disposições concordatárias, apontou:

> *"É certamente o estatuto mais completo que regula as relações da Igreja e do Estado. (...) O Estado português aceita a Igreja como ela é. Encontra o facto católico, não só como um facto nacional, mas ainda como facto fundamental da vida histórica da Nação e tradu-lo juridicamente".*[535]

Os conteúdos da acção missionária portuguesa seriam desenvolvidos e concretizados no Acordo Missionário.[536] Será, pois, à luz dele que iremos tentar compreender e dissecar os referidos quatro artigos da Concordata a que aludimos. Permitam-nos antes avançar com duas considerações prévias:

Primeiro, sobre o objectivo das missões no Ultramar português ficarem sujeitas à autoridade dos Bispos. Em segundo, saber qual o motivo da inserção destes artigos na Concordata, uma vez que foram reproduzidos quase na integra, no Acordo Missionário?

---

[534] Veja-se *Discurso de 25 de Maio de 1940. Ibidem.*

[535] Veja-se *Código do Direito Canónico*, Lisboa: Edição Rei dos Livros, 1991, pp. 1116-1126.

[536] De harmonia com o estatuído, no art. 6.º do Acordo, o Papa Pio XII publicou a bula *Sollemnibus Conventionibus*, em 4 de Setembro de 1940.

306 *Das Relações da Igreja com o Estado*

Remetemo-nos agora a emitir opinião, dentro dos nossos razoáveis limites, sobretudo cognitivos, sobre a primeira das questões.

A intenção, por parte do governo, de incluir esta cláusula terá sido a de retirar à *Propaganda Fide* o poder disciplinar sobre os missionários.

A *Propaganda Fide* era considerada como tradicional inimiga do Ultramar português e ao tornar os bispos responsáveis pelos missionários e sendo que a nomeação dos arcebispos e bispos residenciais estava dependente da concordância do governo português, ficava impossibilitado qualquer apostolado contra os interesses portugueses no Ultramar.

Por outro lado, a Igreja reconhece o Padroado e o semi-Padroado de Portugal no Oriente. Por conseguinte, nesta Convenção ocorre um equilíbrio de concessões mútuas e isto é sublinhado pelo Chefe do Governo, Professor Oliveira Salazar, perante o Núncio ao dizer-lhe e parafraseando Franco Nogueira que pode a Santa Sé aproveitar esta oportunidade, ou aguardar outra mais remota.[537]

Quanto à segunda questão: estaria subjacente o intuito político de afirmar a unidade político-administrativa existente entre Portugal e as suas Províncias Ultramarinas ou Colónias, sendo essa uma das pretensões do Governo – ver consolidada e veiculada esta unidade.[538] Por seu turno, a Igreja pretendia interligar os dois Acordos, o que potenciava eficácia jurídica, aliás como acontecera, em 1929, com os Acordos de Latrão estabelecidos entre a Santa Sé e o Estado Italiano.

---

[537] Veja-se FRANCO NOGUEIRA, A., *Ibid,* p. 118. Esta referência é sobretudo feita por duas ordens de razão: uma prende-se com o secretismo imposto ao projecto; a outra relaciona-se com as possíveis dificuldades em negociar uma concordata com outro ministro dos Negócios Estrangeiros Português.

[538] Diga-se que era conhecida a desorganização religiosa do Ultramar Português e como haviam sido supridas por outras actividades fora da nossa tradição e orientação, "à sombra do Acto de Berlim e do Tratado de Saint-Germain; nem de como a falta de entendimento com Roma foi não só libertando as missões da sua subordinação às autoridades eclesiásticas portuguesas, como reduzindo a acção destas." *In* Discurso do Professor António de Oliveira Salazar, de 25 de Maio de 1940. *Ibidem.*

Era necessário procurar remediar os males que a Lei da Separação causara sobretudo a precária situação em que deixou o Padroado do Oriente, mesmo depois dos acordos de 1928 e 29. Parafraseando o Professor Oliveira Salazar dir-se-á que o Padroado do Estado português em territórios alheios à nossa soberania não representava mais que o público reconhecimento, por parte da Santa Sé, da nossa missão evangelizadora, marcando o prestígio espiritual dum povo, o português, que soube alargar mais a Fé do que o próprio Império.

Capítulo IV – Enquadramento Político-Jurídico Português 307

Ao anexar-se Concordata e Tratado evitava-se a denúncia dum sem por em causa o outro. Foi seguido o exemplo de anteriores Acordos, aliás, diga-se, bem estudados por Oliveira Salazar.[539]

Digamos que mesmo que um dos dois documentos fosse suspenso sempre restariam algumas disposições relacionadas com as Missões, a não ser que, anulado o Acordo se derrogassem os artigos correspondentes na Concordata.

Não terá sido por mero acaso, ou por simples cortesia que o Cardeal Patriarca de então, D. Manuel Gonçalves Cerejeira, considerou o Acordo como "um acto magnífico de fé e confiança no esforço missionário de Portugal".

Mas vejamos de seguida, dum modo mais pormenorizado, o Acordo Missionário, tido como complemento do regime concordatário, tendo em conta a sua relevância para a sociedade portuguesa pluricultural.

No início das considerações do Acordo Missionário pode ler-se:

"Que na dita Concordata (1940) nos artigos XXVI-XXVIII estão enunciadas as normas fundamentais relativas à actividade missionária; Que durante as negociações para a conclusão da mesma Concordata o Governo Português propôs que as ditas normas fossem ulteriormente desenvolvidas numa Convenção particular."

E é justamente isto que é o Acordo Missionário. A Santa Sé e o Governo Português decidiram estipular um acordo "(…) *destinado a regular mais completamente as relações entre a Igreja e o Estado no que diz respeito à vida religiosa no Ultramar Português, permanecendo firme tudo quanto tem sido precedentemente convencionado a respeito do Padroado do Oriente."*

Pode inferir-se da análise das disposições *concordadas* ou *acordadas* que este constitui o documento capital da história da ocupação cristã das nossas Colónias ou Províncias Ultramarinas. De acordo com as palavras do Cardeal Cerejeira, nunca a Santa Sé havia assinado um estatuto tão amplo e transcendente sobre o regime missionário representando o mesmo, um acto magnífico de fé e confiança no esforço missionário de Portugal.

---

[539] Como refere Franco Nogueira: "De 14 a 19 daquele mês (Março), Salazar estudou concordatas entre a Santa Sé e outros países, e respectiva legislação. Em 19, enviou o projecto, conjuntamente com as notas que tomara, a Teixeira de Sampaio, Manuel Rodrigues, Fezas Vital e Mário de Figueiredo". *Ibidem,* nota das pp. 116 e 117.

308 *Das Relações da Igreja com o Estado*

Certo foi que variados diplomas prepararam o ambiente legal para o Acordo Missionário de 1940. De entre eles foque-se o Decreto 8 351, datado de 26 de Agosto de 1922, cujo artigo 2.° dizia:

> *"Em cada colónia, haverá um director de Missões, que será o superior hierárquico dos missionários, a quem compete a orientação geral e a orientação superior das Missões, a nomeação, a colocação, transferência e exoneração de todo o pessoal."*

Este mesmo princípio serviu de base às disposições do *Estatuto Orgânico das Missões Católicas Portuguesas* pelo qual se define, de acordo com as palavras do Padre J. Alves Correia, com precisão a imposição do missionário e que o Estado utilizou a sua colaboração retribuindo ao subsidiar colégios e pagando os seus serviços não se imiscuindo contudo na subordinação hierárquica nem na disciplina interna.[540]

O Governo português, de harmonia com o Acordo Missionário e pelo decreto-lei n.° 31 207, datado de 5 de Abril de 1941, promulgou novo Estatuto Missionário, onde declara que *"as missões católicas portuguesas são consideradas instituições de utilidade imperial e sentido eminentemente civilizador."*[541]

Em Dezembro de 1939, o Cardeal Cerejeira, Patriarca de Lisboa regozijava-se, acerca da negociação da Concordata, nestes termos:

> *"A Santa Sé nunca foi tão longe em concessões, nos acordos com países católicos. Ainda hoje me admiro como na Concordata não exigiu indemnizações, nem sequer a restituição do fundo da Igreja e Congregações (q. está no Ministério da Justiça)".*[542]

No Acordo ficou convencionado que *"A Santa Sé continuará a usar da sua autoridade para que as corporações missionárias portuguesas intensifiquem a evangelização dos indígenas e o apostolado missionário"*.[543]

Em Junho de 1940, Pio XII enviou ao episcopado português a Encíclica *Saeculo exeunte octavo*. Nela, após evocar as glórias religiosas de Portugal, relacionadas com a epopeia dos Descobrimentos e acção civilizadora, alertava para os problemas missionários, incitando as Ordens e Congregações religiosas a devotarem-se ao apostolado.[544]

---

[540] Este diploma foi publicado pelo decreto 12 485, de 13 de Outubro de 1926.
[541] De acordo com o artigo 2.°.
[542] Carta ao Professor Oliveira Salazar. Veja-se FRANCO NOGUEIRA, A., *Ibidem*, p. 261.
[543] No artigo 19.
[544] Veja-se *Novidades*, de 2 de Julho de 1940.

4. Poder do Estado e jurisdição da Igreja

4.1. *Interdependência com desígnios comuns?*

De acordo com a *Teoria dos Poderes Distintos Convergentes*[545] a ordem natural, à qual pertence o Estado, e a ordem sobrenatural, na qual se inclui a Igreja, encontram uma unidade de origem em Deus, formando--se por vias diversas.

Enquanto a ordem natural procede de Deus mediante a criação e luz da razão,[546] a formação da cidade provém da própria natureza eminentemente social, sendo aperfeiçoada pela razão.

A *Teoria dos Poderes* afirma ainda que a autonomia intrínseca da ordem natural, visto ter meios, fins, direitos/deveres, leis e poder próprios. Para além disso defende a tese de que o que pertence à ordem natural cabe no âmbito da competência da sociedade civil, enquanto o que concerne à ordem sobrenatural diz respeito à competência da Igreja, podendo acontecer que certas realidades, sob variados aspectos, sejam pertença do poder civil e do poder eclesial.

De tudo isto se pode inferir que o Estado e a Igreja são duas entidades supremas, autónomas, independentes e exteriores entre si. Não cabendo ao Estado impor qualquer religião nem à Igreja servir-se dele como instrumento eclesiástico. Assim sendo esta Teoria reclama uma autêntica, apta e conveniente colaboração entre os dois poderes dado que ambos convergem e se encontram ao serviço da promoção integral da pessoa.

Esta colaboração não se deduz apenas dum critério de utilidade prática, mas antes da razão intrínseca dos fins para que ambas as entidades se encontram determinadas: o da Igreja, no sentido da salvação do Homem; o do Estado no bem-comum. As fontes das quais derivam os princípios morais e políticos que regem os homens podem agrupar-se em: lei natural, lei revelada e as convenções não naturais da sociedade. Poderá dizer-se que entre a fonte da lei revelada e as restantes, no que respeita ao seu objectivo principal, não existe qualquer paralelo, mas não podemos ignorar que são elas, em conjunto, que podem conduzir à felicidade dos humanos.

---

[545] Esta Teoria foi elaborada pelos publicistas de Direito Público Eclesiástico com base na Doutrina Social da Igreja, sobretudo a partir do Papa Leão XIII. Veja-se FERRANTE, J., (1964), *Summa Iuris Constitucionalis Ecclesiae,* Roma, pp. 389-406.

[546] Conforme refere S. Tomás de Aquino.

310 Das Relações da Igreja com o Estado

Por conseguinte, poderá daqui também inferir-se, como disse Cesare Beccaria, que as três categorias distintas de virtude e de vício: a religiosa,a natural e a política, não devem estar nunca em contradição entre si, mesmo porque nem todas as consequências e obrigações que resultam duma resultam das outras. Assim sendo, nem tudo o que é exigido pela lei revelada exige a natural; nem tudo o que esta exige é igual ao exigido pela lei social.

Contudo, é muito importante estabelecer limites ao que resulta desta convenção, ou seja, dos pactos expressos ou tácitos dos homens, pois é esse o limite da força que um homem pode, de modo legítimo, exercer sobre o outro sem especial mandado do Ser supremo. De tudo isto se poderá concluir, ainda dentro do aconselhado por Beccaria, que a noção de virtude política pode ser qualificada de variável, enquanto a natural será objectiva se a ignorância ou as paixões dos homens a não obscurecessem, sendo a noção de virtude religiosa sempre una e constante, porque revelada por Deus.

Abra-se a História e ver-se-á que as leis, embora sejam ou devam ser pactos de homens livres, foram, maioritariamente e apenas, instrumento das paixões fortuitas duma minoria ou nasceram duma necessidade momentânea. Este não deveria ser o caminho.

O projecto da Igreja e do Estado, essencialmente distintos e teleologicamente independentes, mas que asseguram, paralelamente, a realização da pessoa humana está bem expresso na proposta de D. António Ferreira Gomes:

> *"Em vez duma sociedade em que tantos procuram pensar o Estado à maneira da Igreja (diríamos sem cuidado de vernaculidade, pensar o Estado em Igreja) e em que alguns pensam a Igreja em Estado, com as inevitáveis incompreensões e rivalidades, poderíamos idear as duas sociedades essencialmente distintas e teleologicamente independentes, na fidelidade à própria substância e aos próprios fins, da qual resultasse um paralelismo de marcha, útil precisamente na medida da sua independência e especificidade."*[547]

Esta concepção tem por base a Doutrina Social da Igreja, especificamente a de Pio XII. A Igreja embora não sendo detentora dum modelo

---

[547] Estas são palavras de D. António Ferreira Gomes, enquanto Bispo de Portalegre, na conferência proferida, em Coimbra, no CADC (Centro Académico para a Democracia Cristã) subordinada ao título: *Economismo ou Humanismo?, in* Endireitai as veredas do Senhor!, Porto, 1970, p. 337.

Capítulo IV – Enquadramento Político-Jurídico Português 311

detalhado da sociedade humana, através da promoção dos valores morais e religiosos autênticos, continua a infundir, na sociedade, nas culturas e nas civilizações, um 'espírito', o de Cristo, de tal modo que sob a forma de orientações gerais, se manifeste a verdade acerca do Homem.

Trata-se duma função carismática da Igreja na sociedade. Para melhor explicar o influxo da Igreja na Sociedade, D. António elaborou o conceito de Igreja como 'Família de Deus', que harmoniza a liberdade com a justiça, como podemos melhor compreender através da seguinte passagem:

> *"Há duas exigências fundamentais, dois postulados irrefragáveis da personalidade humana, que com essa personalidade se podem assimilar, porque existem onde ela existe, acabam onde ela acaba.*
> *Chamam-se esses fulcros da personalidade humana justiça e liberdade: a liberdade pela qual o homem é uma consciência, uma responsabilidade, uma autonomia; a justiça pela qual o homem se cumpre em si mesmo e para com os outros, na ordem transcendente e na ordem social."*[548]

Deste modo, um Humanismo, que **nega Deus**, tenta concretizar a liberdade como absoluto, como realidade total ou panteísta, sendo 'sucedâneo laico da própria virtude, força e providência de Deus.'[549]

Enquanto a Santa Sé pouco ou nada mudou no dogma e na moral, embora evoluindo no culto e quase nada na sua organização interna, o Estado (ou os Estados), embora quase desligado de princípios absolutos, tem-se vindo a adaptar à variabilidade das circunstâncias, vai cedendo a múltiplas exigências dos tempos, ora alargando ora restringindo os seus fins, tendo multiplicado ou diversificado a sua acção, reforça ou abranda a sua autoridade e se "(...) *muito da sua actividade de hoje é passageira imposição da moda, muito corresponde também a necessidades reais da vida em sociedade, a aspirações irresistíveis do corpo social".*[550]

Mas não podemos ignorar que cada homem tem o seu ponto de vista e que cada um, em diferentes momentos, tem um ponto de vista diverso.

Acreditou-se (acredita-se?) que o desenvolvimento indefinido e incontrolado da autonomia do poder e das possibilidades dos mais pode-

---

[548] *Ibidem* p. 135. De acordo com D. António Ferreira Gomes o maior problema da consciência do Homem, que data de há muitos séculos, resulta de proclamar uma liberdade sem justiça ou vice versa.

[549] *Ibidem* p. 136.

[550] Veja-se a antologia *Não Discutimos a Pátria, Ibidem*, p. 79.

312 *Das Relações da Igreja com o Estado*

rosos traria consigo a felicidade e o bem comuns. Muito embora hoje se tenha a consciência de que um potencial de desenvolvimento comporta, em si, um custo desumano de miséria física e moral, traduzido na escravidão dos mais fracos e na exploração do Homem.

Seria este, segundo alguns, o preço a pagar pelo progresso e pela civilização.[551] Afinal, onde entra em colisão toda esta expansão e volubilidade do Estado com a atitude conservadora da Igreja?

Tentemos responder a esta questão. Se, por um lado, o Estado se tem visto forçado a condicionar a liberdade do indivíduo face às necessidades da sociedade, pondo o destaque da sua actividade no carácter meramente civil, por outro reivindica para si a formação do indivíduo, vigiando e dirigindo, a seu bel-prazer, a actividade intelectual. Mas limita também a posse de bens e estabelece normas para quase tudo. Regula até o esforço e o lazer.

É, no entanto, também capaz de atacar tudo e qualquer um que lhe limite estes princípios. Ataca, por exemplo, a verdade e a consciência quando estas se sobrepõem às contingências. É certo que estas pouco ou nada têm a ver com a política e organização do Estado, mas o Homem e a sociedade, a vida e seus fins, são, afinal, a essência de toda a sua acção. Deve ser para eles e por eles que se deve organizar o Estado.

Contudo, o liberalismo do século XIX criou-nos o 'cidadão', indivíduo separado da sua célula, a família, da sua classe e meio cultural, dando-lhe o direito de intervir na constituição do Estado. Aí pretendeu colocar a fonte da soberania nacional.

A defesa da liberdade da Igreja face a indevidas ingerências do Estado é, ao mesmo tempo, uma defesa em nome do primado da consciência, da liberdade da pessoa face ao poder político. O desenvolvimento pode produzir efeitos secularizantes, com maior incidência nuns locais do que noutros, todavia, pode provocar, de igual modo fortes movimentos de contra-secularização.

Ainda de acordo com D. António Ferreira Gomes, o Humanismo Liberal preconiza a liberdade 'como absoluto, não a liberdade para o homem, mas a liberdade infinitamente livre, como razão e fim de si mesma.'[552]

---

[551] Charles Darwin já ensinara que a vida se alimenta da vida e Nietzsche afirmou que o advento do super-homem não podia dispensar uma classe de escravos, cujo destino é a escravidão apesar do Cristianismo. Veja-se COPLESTON, F., (1953), *Nietzsche, Filósofo da Cultura,* Porto, pp. 115-143.

[552] *Pio XII e o Mundo Melhor in* Endireitai as veredas do Senhor!, Porto, 1970, p. 136.

Capítulo IV – Enquadramento Político-Jurídico Português   313

Por outro lado, o Humanismo de inspiração Marxista, reivindica a justiça como direito absoluto, que deve proporcionar, a cada um, o seu lugar e terá de ser o mesmo para todos.[553]

O caminho mais seguro talvez seja o de não se absolutizar nem a justiça nem a liberdade, entrando em linha de conta com a fraternidade entre os homens, mas então aparece a proposta:

> *"Só na prossecução dum absoluto se pode encontrar o equilíbrio entre os dois absolutos da liberdade e da justiça, só num ideal verdadeiro se podem levar a coalescer dois ideais verdadeiros mas contrários. Esse ideal e esse absoluto é a fraternidade entre os homens: Família de Deus!"*[554]

Deste modo apenas a Igreja poderá conduzir a essa harmonização, na sociedade, das exigências da justiça e da liberdade, pois, como refere D. António Ferreira Gomes

> *"A secularidade das sociedades modernas levou o Estado à laicidade e a um agnosticismo, com compreensão a favor ou incompreensão a desfavor, para as confissões religiosas. Em qualquer hipótese, não aceitará o argumento de direito divino".*

E acrescenta D. António F. Gomes:

> *"(...) Mas também não é preciso, nas condições de autêntica 'modernidade'. A liberdade religiosa que a Igreja reclama para si, e que podia soar a privilégio é hoje doutrina universal.*
>
> *Mal se pode falar da alma na sociedade secularizada (e até em certa teologia!) mas fala-se, com 'fé religiosa', na dignidade da pessoa humana, nos direitos fundamentais, na liberdade de associação, de expressão, de pensamento, de comunicação, de ensinar e ser ensinado, etc..*
>
> *São estas as vias possíveis do homem para a Transcendência, é este o 'caminho fundamental da Igreja'".*[555]

Afinal, à medida que a prosperidade aumenta, os indivíduos tendem a perder de vista a dimensão espiritual, principalmente religiosa, que dera sentido à recompensa diferida e a adoptar uma lógica de recompensa ins-

---

[553] Corresponde à justiça apesar da liberdade, que impõe como custo o aniquilamento da consciência individual.

[554] *Ibidem*, p. 138

[555] Veja-se FERREIRA GOMES, D. A., (1986), *Cartas ao Papa, Sobre alguns problemas do nosso tempo eclesial*, Porto, p. 84.

314 *Das Relações da Igreja com o Estado*

tantânea. O drama da cultura actual talvez resida na falta de interioridade, sem ela o Homem põe em risco a sua própria integridade.[556]

Será possível, aos Estados, escapar da crença de que 'tudo não passa de matéria', o que, por seu turno, resulta dum excessivo 'gosto pelos prazeres materiais'?[557]

Sempre se esperou do Estado o ajustamento das leis imutáveis aos condicionalismos, a declaração do que é justo ou injusto, mas também a defesa da tranquilidade das suas populações e fronteiras, quer fosse por via policial, diplomática ou até mesmo militar. Estas são funções relativamente às quais nenhum de nós poderá, no exercício da sua cidadania, admitir qualquer espécie de renúncia.

Poderá ser considerado grave que o Estado abandone actividades que desde sempre lhe couberam ou que passou a exercer em consequência do esbulho da Igreja e das instituições eclesiásticas, ocorrido nos finais do século XVIII e continuado no XIX e XX.

Será de recear que de tal abandono possa advir, a curto prazo, sérios malefícios para a tranquilidade e bem-estar das populações, alguns dos quais já são notórios.[558]

---

[556] Não serão de desprezar, independentemente da crença religiosa de cada um, as palavras do Papa João Paulo II quando ao falar, recentemente, aos jovens europeus lhes pediu para serem os realizadores e artífices de paz, emitiu também um apelo no sentido da Europa se manter fiel às suas raízes cristãs, que não se encontre fechada sobre si própria, mas antes aberta ao diálogo e à colaboração com os outros povos do Mundo.

O Papa apela para a construção duma Europa que seja farol de civilização e estímulo de progresso para o Mundo, empenhada a juntar os seus esforços e a colocar a sua criatividade ao serviço da paz e da solidariedade entre os povos.

[557] De acordo com as expressões de A. Tocqueville. Ele considerou que "se algum dia os homens chegassem a contentar-se apenas com os bens materiais, tudo leva a crer que, pouco a pouco, perderiam a arte de os produzir". Veja-se TOCQUEVILLE, Alexis de, *De la Democratie en Amerique,* Paris: Calmann Lévy, ed. 1888, vol. II, II parte, Capítulos XV e XVI.

[558] Facilmente se admite que certos serviços de assistência social, entre elas a hospitalar e actividades de ensino, não sejam exclusiva ou essencialmente funções do Estado. Durante séculos estiveram confiadas a instituições eclesiásticas. Foram absorvidas pelo Estado devido às hostilidades movidas, por cobiça de uns e sectarismo de outros às referidas instituições. Resta-nos levantar a questão de sabermos se, depois dum já longo período de quase exclusividade estatal, a falta de eficácia, eficiência, nalguns casos e até inércia, bem ainda os condicionalismos permitirão que o Estado lhes renuncie. Não será de ignorar que mesmo no referido regime de quase exclusivo do Estado, foi admitida a coexistência, com estabelecimentos privados, seja hospital, de assistência e de

Capítulo IV – Enquadramento Político-Jurídico Português 315

A Religião pode ser entendida como o suporte duma ética de recompensa diferida numa sociedade livre, contudo há que ter em atenção que ela enfrenta, sobretudo em tempos de cepticismo, um forte processo de desgaste.

Questiona-se então como poderá ser restabelecida a recompensa diferida se ela se apoia sobretudo na religião e esta, por seu turno, se encontra em declínio, não cabendo aos governantes impô-la? Será que não cabe aos governantes desencorajar a lógica da recompensa instantânea apresentando cada progresso como sendo resultado dum esforço?

Se todos convergissem de modo a demonstrar que a recompensa diferida é a chave para a prosperidade a longo prazo, estariam, deste modo, a contribuir para o encorajamento das pessoas e a levá-las a preocuparem-se com o seu futuro, mesmo no sentido do Desenvolvimento Sustentável de que tanto se apregoa. Por seu turno, esta preocupação conduziria ao alargamento das suas perspectivas e consequentemente a aproximarem-se, gradualmente, das crenças religiosas, sendo a Religião a melhor garantia de que as perspectivas humanas se manterão elevadas.[559]

Digamos que o papel da Religião é enfatizado na preservação da dignidade do Homem e, reside na religião a restrição mais equilibrada para o gosto pelo bem-estar material. Segundo Tocqueville a alma "(…) *tem necessidades que precisam ser satisfeitas e, por muito que tentemos distraí-la de si mesma, ela depressa acaba por se aborrecer, inquietando-se e agitando-se no meio dos prazeres dos sentidos.*"[560]

---

ensino. Sobretudo, neste último caso, a nível do ensino superior, casos há que sob a capa de 'coo-perativa' funcionam empresas capitalistas, naturalmente subsidiadas pelo Estado que têm, na maior das vezes, apenas preocupações lucrativas. Quanto aos hospitais, assistência aos pobres e desprotegidos também coexistem os mesmos interesses, cabendo ao Estado a sua fiscalização atenta. Pena que os povos não sejam suficientemente lestos no entendimento dos embustes, mas por mais lerdos podem ser mais duros nas suas reacções.

[559] Este poderá ser, de acordo com Alexis de Tocqueville, "o único meio que resta para, após um grande desvio, os trazer de volta à fé". *Ibidem,* Capítulo XVII. Esta resposta traduz uma combinação das ideias de John Locke, Edmund Burke e Adam Smith. Tanto num sistema de liberdade natural, como diria Smith, como num sistema de direitos naturais à vida, à liberdade e à propriedade, no dizer de Locke, levarão o Homem a melhorar as suas condições materiais através do seu próprio esforço. Se esta relação for respeitada, num sistema de liberdade natural – permitindo às pessoas através dum processo evolutivo de tentativa e erro, como se diz actualmente, encorajará as pessoas a preocuparem-se com o futuro, o que reconduzirá à religião.

[560] Veja-se TOCQUEVILLE, A. de, *Ibidem,* II volume, II parte, capítulo XII.

316   *Das Relações da Igreja com o Estado*

Parece-nos que se enfrenta o desafio da quadratura do círculo: como preparar os homens para serem livres quando, mesmo em democracia, se atacam as crenças religiosas?

A este respeito Tocqueville afirmou: *"O despotismo pode dispensar a fé, mas a liberdade não"*.[561]

Ter-se-á de admitir que a Democracia bem sucedida precisará, inevitavelmente, duma instrução moral baseada na fé religiosa. Para atingir tais objectivos há que persuadir os 'partidários' da Religião e da Democracia a unirem esforços. Vejamos alguns pontos.

Em todas as Concordatas celebradas a partir de Pio XI se reconhece a plena capacidade jurídica às pessoas, associações e instituições eclesiásticas, bem como a faculdade de administrarem, de forma livre, o seu património apenas com a tutela estatuída pelo *Código de Direito Canónico*. De igual modo, em todas elas têm sido garantidas as liberdades de associação religiosa e de modo mais ou menos extensamente as imunidades do clero católico.[562]

No domínio financeiro, pela maioria das Concordatas é concedida isenção, total ou parcial, de impostos aos estabelecimentos religiosos de educação e de beneficência, entre outros e na hipótese de algum ministro da Igreja ser acusado judicialmente, tem a garantia de ser tratado com respeito devido ao seu carácter.[563]

Reciprocamente e quando é desejo do Estado, a Igreja compromete-se concordatariamente colaborar, de forma desinteressada, com as autoridades, em tudo o que se relacionar com o bem público.

Pelas Concordatas contemporâneas à nossa de 1940, como é o caso das da Itália, Lituânia e da Jugoslávia, foi prestada homenagem ao *Código de Direito Canónico* ao reconhecerem e garantirem ao casamento religioso a plenitude legal de seus efeitos canónicos e civis.[564]

---

[561] *Ibidem*, I, II, IX.

[562] Verifica-se sobretudo nas Concordatas celebradas com nações cismáticas ou de maioria protestante, em que os governos, prescindindo do carácter religioso das imunidades eclesiásticas as julgam justificadas por graves motivos de natureza moral. Deste modo, os membros do clero são isentados do serviço militar e dispensados de cargos públicos que não estejam de acordo com o seu estado.

[563] Facto digno de registo foi o verificado no dia 23 de Novembro de 2001, em que sua Santidade o Papa pediu perdão, via Internet, às vítimas de abusos sexuais perpetrados por membros do clero.

[564] Foi este um dos pontos bastante controversos da nossa Concordata (artigos 22.º ao 25.º), sendo que o artigo XXIV mereceu o protocolo adicional à Concordata entre a

Capítulo IV – Enquadramento Político-Jurídico Português 317

E como disse Cesare Beccaria, em *Dos Delitos e das Penas: "Felizes aquelas poucas nações que não esperaram que o lento movimento das coincidências e das vicissitudes humanas fizesse suceder ao ponto extremo do mal um encaminhamento para o bem, mas abreviaram os momentos de transição com boas leis"*.[565]

Para podermos viver em sociedade temos, necessariamente de sacrificar parte da nossa liberdade individual, tornada inútil pela incerteza de ser conservada, para podermos usufruir do restante em paz e tranquilidade. A soberania da Nação é, justamente, constituída pelo somatório de todas as parcelas de liberdade sacrificadas a cada um e que revertem para o bem-comum. A sociedade deve tender, aliás, como bem referiu Beccaria *"(…) para a máxima felicidade repartida pelo maior número"*.

Em nosso entender a educação e a questão escolar, foram e serão sempre problemas de importância capital para a Igreja e para o Estado e nesta matéria a diplomacia da Santa Sé tem conseguido, por via concordatária, boas garantias de liberdade religiosa e justiça escolar, sendo reconhecida à Igreja plena liberdade de ensino confessional dentro do quadro das leis de cada Estado.[566]

Santa Sé e a República Portuguesa, em 15 de Fevereiro de 1975. Mesmo entre os Católicos, como foi o caso do Professor Doutor Pinto Coelho, estes artigos e a Concordata em geral mereceram alguns reparos como o que passamos a descrever e nos foi contado pelo nosso Professor Doutor Adriano Moreira. A celeuma ocorreu entre o Doutor Jaime Gouveia, Professor de Princípios Gerais de Direito e Direito de Família, e o Ministro Pires de Lima. Indagou, este último, publicamente das razões que levavam o primeiro a ser contra a Concordata tendo obtido como resposta: "O Sr. Ministro pode vir à aula, a entrada é livre, assim ficará a saber porque sou contra a Concordata".

[565] *Ibidem,* p. 62.

[566] Normalmente é permitido ministrar nas escolas oficiais o ensino religioso católico aos filhos de pais católicos. Actualmente, em Portugal, tem-se verificado atritos neste domínio a que já nos referimos, mas que se têm agudizado, tendo os responsáveis do Secretariado Nacional de Educação Cristã (SNEC) vindo a público mostrar-se surpreendidos com a interpretação que está a ser feita ao Decreto-Lei n.° 6/2001 de 18 de Janeiro.

A título de exemplo: os padres da Arquidiocese de Évora referiram que *"embora se preveja no n.° 5 do art. 5.° do mesmo diploma que a referida aula* (Educação Moral Religiosa Católica) *se possa incluir no desenvolvimento de projectos que contribuam para formação pessoal e social dos alunos, ao abrigo da autonomia das escolas"*. As dúbias interpretações estão a provocar alterações ao regime até agora em vigor.

Para o Conselho Presbiteral da referida Arquidiocese, o que está a acontecer vem na sequência *"da progressiva governamentalização do ensino em Portugal, pondo em causa*

318 *Das Relações da Igreja com o Estado*

A Igreja, quer por via concordatária quer através de Bulas e Encíclicas, tem vindo a eliminar todo o pretexto a que suspeitem ter ela intenções de domínio político dentro dos Estados. Nalguns casos vai mais longe ao ponto de se comprometer e proibir o clero de toda a intervenção na direcção dos partidos políticos.[567]

Será de inquirir se todas estas 'regalias e restrições' serão compatíveis com o sistema jurídico da separação do Estado e da Igreja. Se visto em conceito jurídico é negativo, pois, acreditamos que a separação entre Estado e Igreja, sobretudo numa nação como a nossa, onde a cultura é eminentemente católica, não traz proveitos na medida em que o Estado deixa de reconhecer o serviço religioso como serviço público.

Será, de todo, melhor estabelecer entre o Estado e a Igreja uma união moral de parceria com separação económica e administrativa. Esse sistema poderá satisfazer as exigências da ortodoxia mais ferrenha pouco importando que lhe seja dado o nome de separação dos dois Poderes. Aliás, como disse Camilo Cavour, patriarca do Liberalismo: **"A Igreja livre no Estado livre"**, mas encontrando espaço comum e com efeitos de mutualismo.

No século XIX, muitos políticos liberais, como Cavour, sinceramente ou não, defenderam como regime ideal, de relações entre o Estado e a Igreja, a separação absoluta dos dois Poderes, de tal modo que, embora vivendo um ao lado do outro, seguissem por caminhos paralelos, sem se tocarem, desconhecendo-se ou ignorando-se, mas sem entrarem em conflito.

Os factos têm vindo a demonstrar que a separação absoluta é absurda e examinada na prática é irrealizável. Há que rejeitar esta utopia reconhecendo-se e garantindo-se a justiça das principais reclamações da Igreja, à qual pertence a maioria da nação portuguesa, sendo os cidadãos do Estado português, 'cidadãos de duas cidades'.

---

aquilo que os números claramente traduzem e que representam a opção inquestionável das famílias de incluir esta área educativa no currículo escolar". Recorde-se que, a nível nacional, frequentam a disciplina de E.M.R.C. cerca de 325 mil alunos, sendo a mesma leccionada por 1 500 docentes.

Acrescente-se que num Mundo conturbado como o nosso não deverá ser de desprezar a escola de civismo e obediência que a Igreja representa.

[567] São bons exemplos desta preocupação os textos concordatários da Jugoslávia e da Alemanha. No caso alemão foi mesmo, por vontade da Santa Sé, dissolvido o partido político do Centro, apesar dos valiosos serviços em defesa dos direitos da Igreja. Veja-se CORNWELL, J., *Ibidem* p. 130

Capítulo IV – Enquadramento Político-Jurídico Português 319

Não passará duma quimera, a vã tentativa de separar num mesmo homem, que é em simultâneo filho da Igreja e súbdito do Estado, as manifestações do espírito, que na sua forma mais elevada constituem o sentimento religioso, das restantes manifestações da sua actividade no seio da família, do trabalho, em suma da sociedade.

Querer separar duas ordens que se completam será o mesmo que pretender o impossível e ir contra a natureza das coisas. Pela justiça e pela sabedoria há que procurar que ambos os Poderes: temporal e espiritual, do Estado e da Igreja, independentes entre si nas suas esferas próprias se auxiliem, evitando que se hostilizem e concorram, em parceria, para o bem-estar do Homem.

Assim o exigem a paz, a harmonia social e o desenvolvimento da Nação. Afinal, o Poder, no seu sentido político, refere-se à capacidade de impor a nossa vontade a outros, de levá-los a fazer o que queremos que façam.![568] Muitos dos problemas que ora se colocam em Portugal e que estão à espera de solução poderiam ser resolvidos numa base de justiça e de verdade por uma revisão séria da Concordata.

Será possível, no estado actual da opinião pública, em Portugal e nas condições da nossa sociedade, levar a cabo a revisão da Concordata?

Não ignoramos que, mesmo falando-se nos *media* em liberdade religiosa e em revisão da Concordata, em algumas mentes abundam preconceitos e lavra alguma ignorância em matéria religiosa.

Alguns assustar-se-ão pensando que uma revisão agora virá acabar com a Igreja, outros que se irá inaugurar uma época de intolerância religiosa, dar poder à Igreja, restaurar talvez a Inquisição![569]

Cabe ao governo e à Igreja informar e esclarecer a população sobre esta matéria e não apenas repetir que o Estado português é laico. A sua Constituição é personalista. O simples facto do Estado português ser laico não deve impedir a prática religiosa dos seus cidadãos.

O Estado português pode não ter uma religião, mas tem uma moral que é cristã.

---

[568] De acordo com Owen Harries, director da revista *The National Interest,* na palestra da Dominante em Relações Internacionais na Universidade Católica, em 5 de Dezembro de 2000.

[569] Será aconselhável reconhecer que em Portugal mesmo a Inquisição foi o que foi, por vontade dos monarcas e por desejo e consentimento da maioria da Nação. Não restam dúvidas que foi D. João III quem exigiu a Inquisição à Santa Sé, o Cardeal D. Henrique deu-lhe força e foi o Marquês de Pombal quem lhe deu títulos majestáticos por interesses de poder temporal.

4.2. Um Estado Laico?

Cada vez mais se fala em Estado laico. Concretamente, que Estado é este? Ele apresenta-se incapaz de compreender o direito da Igreja de anunciar o Evangelho a todos os povos?

Não corresponde ao Estado Totalitário moderno, cuja exaltação da sua autonomia se traduz numa 'sacralização profana' como o Estado hegeliano que pretende encarnar o **'logos'** do mundo.[570]

Também não se trata do Estado Liberal que, embora proclamando-se religiosamente neutro, pretende encerrar a religião nas igrejas evitando com cautela toda e qualquer possibilidade da prática religiosa poder informar a vida profissional pública.[571]

Nele não se inclui o Estado ético que pretende ser a fonte de todos os valores, sem reconhecer normas morais objectivas anteriores e superiores a ele e que exalta a razão do Estado como norma suprema da sua conduta.[572]

Não se trata de considerar o Estado como confessionalmente ateu, incapaz de permitir a realização da racionalidade da pessoa e que apenas poderá permitir uma liberdade religiosa restrita à de culto, encorajando, a par, a destruição de todas as tendências religiosas do Homem, provocando uma discriminação desumana entre crentes e não-crentes, agindo, deste modo, contra os direitos fundamentais da pessoa. Também não se encontrará abrangido o Estado confessional do tipo fundamentalista islâmico que na sua Constituição elege uma religião própria, excluindo todas as restantes formas religiosas.[573]

O **Estado laico** deverá ser identificado com o Estado pluralista, incapaz de julgar em matéria religiosa, mas que é capaz de reconhecer os direitos fundamentais da pessoa como o primeiro e mais forte esteio do bem comum.

Digamos que se trata dum Estado que se sente impotente para discernir o fenómeno religioso, mas é capaz de prestar homenagem à dignidade da pessoa humana, reconhecendo o direito à liberdade religiosa, não somente como direito individual, mas também na sua vertente social.

---

[570] Veja-se MATTAI, G. (1971), *Morale Política*, Bolonha, p. 267.
[571] Cfr. *Ibidem*, p. 268.
[572] *Ibidem*, p. 271.
[573] *Ibidem*, p. 274.

Capítulo IV – Enquadramento Político-Jurídico Português   321

Por outras palavras: reconhecendo este direito civilmente quando as pessoas, no exercício da sua crença, actuam em conjunto, dado que as comunidades religiosas são exigidas não apenas pela natureza social do Homem como da própria Religião.

O Estado laico que professa, de forma autêntica, a sua fé no reconhecimento da dignidade da pessoa humana,[574] não poderá deixar de poder actuar e desenvolver, perante o seu sistema jurídico, o direito à liberdade religiosa, na sua vertente social, dentro dos limites da justiça, moralidade e paz públicas.[575]

Sob o ponto de vista social, cremos que a prática livre e equilibrada duma religião pode contribuir para a integração social harmoniosa das pessoas, para uma vivência cívica mais rica e plena. Em nosso entender, são factores determinantes de integração social o reconhecimento público e o direito à visibilidade, a liberdade de expressão, de associação e de prática religiosa.

Repita-se o que atrás se disse: o Estado deve abster-se de fazer política com a Igreja, na certeza de que o oposto também aconteça.

Será perigoso para qualquer Estado adquirir a consciência dum tal poder que lhe permita violentar o espiritual, assim como o será para a Igreja, partindo da superioridade do interesse espiritual, pretender alargar a sua acção até imiscuir-se naquilo que o próprio Evangelho pretendeu confiar a *'César'*.

Sobre a questão da laicidade apenas se deixa, em jeito de tópico, algumas, ainda que breves reflexões, dado que a iremos abordar, em capítulo próprio, quiçá com maior profundidade e interesse, mas o curso dos nossos pensamentos arrastou-nos para além do assunto que vínhamos tratando, a cujo esclarecimento nos devemos remeter.

Nos tempos que correm, a Igreja enfrenta um problema de fundo: a natureza da própria modernidade e a resistência à mudança. A socie-

---

[574] Neste âmbito veja-se não apenas o proposto nalgumas Constituições de alguns países, como também o caso da *Carta dos Direitos Fundamentais da União Europeia,* proclamada pelos Presidentes do Parlamento Europeu, do Conselho e da Comissão, a 7 de Dezembro de 2000, em Nice, na qual se apresenta um Capítulo sob o tema Dignidade.

[575] Ainda antes de se iniciar a segunda metade do século XX, já A. Latreille e J. Vialatroux haviam tentado interpretar o significado do que devia ser entendido por Estado Laico.

Veja-se a este propósito VIALATROUX, J.; LATREILLE, A., "Christianisme et Laicité", *in Esprit* n.º 160, Outubro de 1949, pp. 256 ss.. Cfr. COURTNEY, M. J., "La Déclaration sur la liberté religieuse" *in Nouvelle Revue Théologique 88,* 1966, p. 57.

322   *Das Relações da Igreja com o Estado*

dade competitiva, a sociedade do bem-estar gerou uma cultura materialista.

Todos nós, como actores e autores dessa sociedade, devemos ter consciência da contradição entre a cultura que a domina e a cultura que identifica a comunicação da Igreja. Tempos houve em que a Igreja desempenhava praticamente todas as funções sociais: ela desenhava e delimitava o campo económico; fiscalizava, apoiando ou esconjurando agrupamentos e colectividades; legitimava a conquista; ditava a lei no mundo cristão; era a lei; definia normas e valores.

Coube à Igreja assegurar a estabilidade normativa e a integração social em todo o mundo cristão. Praticou abusos e as sequelas têm vindo à tona nos recentes ataques à Igreja. E como tem culpas no passado não lhe restou outra alternativa a não ser a de pedir perdão.

Foi justamente isto que fez o Papa João Paulo II. Em nome de todos, mas pediu perdão, não desculpa, pois, ao fazê-lo não condicionou o pedido à aceitação. Duvidamos, no entanto, se esse pedido de perdão, feito um pouco por todo o lado, mas sobretudo em Israel, foi compreendido na sua dimensão verdadeiramente libertadora. No entanto, talvez tenha conseguido a solução para o bloqueio que condiciona, de forma sistemática, a comunicação da Igreja com o Estado, o que só terá êxito se a radicalidade do Papa for seguida por todos.[576]

---

[576] Na continuidade dos ensinamentos do Papa Paulo VI, João Paulo II reafirmou a *"disponibilidade para o diálogo"*, mas como não podia deixar de ser, embora alguns não queiram entender, sem renunciar *"à verdade divina, constantemente professada e ensinada pela Igreja"*. Ele próprio, logo no início do seu pontificado, que já atingiu um quarto de século, recordou na encíclica *Redemptor Hominis,* de 1979, a importância da *"prioridade da ética sobre a técnica e a superioridade do espírito sobre a matéria"*.

Assim, sendo a civilização demasiado materialista, corre o risco de condenar o Homem a ser *"escravo dos sistemas económicos"*. Reafirma que a pessoa não pode subordinar-se à planificação económica. São apontados, na encíclica *Sollicitudo Rei Socialis,* de 1987, os perigos do uso imoderado e irracional dos bens. Reprova a idolatria do dinheiro, da ideologia e da tecnologia, chegando a denunciar *"a ineficácia e a corrupção dos poderes públicos"*. Dum modo muito particular nesta mesma encíclica estão sublinhados alguns aspectos do desequilíbrio mundial, sobretudo as desigualdades resultantes do sistema internacional do comércio, que beneficia alguns Estados em detrimento de outros, mesmo quando funciona agências da O.N.U., como a O.M.C. (Organização mundial do Comércio).

Por sua vez a encíclica de 1991, *Centesimus Annus,* que assinalou o centenário da *Rerum Novarum,* de Leão XIII, denunciou os malefícios do neo-colonialismo e as formas aberrantes do consumismo, fazendo referência às drogas e à pornografia que não visam

Capítulo IV – Enquadramento Político-Jurídico Português 323

A mensagem da Igreja, de acordo com o seu Catecismo, é uma mensagem de entrega humana, fundada no que existe para além de nós. Acreditamos que essa mensagem só poderá ter acolhimento e frutificar na Família.

A Família, mais do que o modelo cristão de responsabilidade, é o modelo contemporâneo, por excelência, de responsabilidade. Por duas razões: por cultivar o dar em função de gerações futuras e por cultivar o dar sem exigir reciprocidade.

Contudo, não podemos ignorar que se a Família está em crise, nesta sociedade, apresenta-se à Igreja um problema objectivo de comunicação. Daí que a luta em favor da família é a estratégia essencial da Igreja dos tempos de hoje.

Assim sendo, tanto o Estado quanto a Igreja, têm de encontrar, como instituições interessadas no bem-estar do Homem, o seu conceito de comunicação. Será dele que derivam todos os valores fundamentais com que organizam a sua comunicação, devendo a Igreja ter por base o conceito de presença e não o de poder.

Compreende-se a dificuldade em interiorizar esta diferença, tendo em mente o relevo da Igreja na nossa História e as ligações ao poder. A Igreja terá de ser um sinal, que indica o caminho. Não castiga nem proíbe.

A Igreja confronta o Homem com a possibilidade do eterno e com as suas consequências, admitindo-se que o ser humano é um consumidor espiritual. A Igreja deve identificar as necessidades e os constrangimentos do Homem. Ela tem por dever e interesse, o não se remeter à defesa no processo comunicacional.[577]

---

mais que preencher o vazio espiritual destes tempos. Nela também é manifestado o receio de que os sistemas democráticos tenham perdido a capacidade de decidir de acordo com o bem-comum dos povos e das Nações.

A doutrina da Igreja, sob o pontificado de João Paulo II, não se circunscreveu à necessidade duma revisão da ciência económica, à luz dos ensinamentos da Igreja, pois, todas as questões fundamentais respeitantes à natureza do Homem, à sua origem e ao seu destino têm sido tratadas, face à complexidade da vida actual.

Digamos que são ensinamentos que dizem respeito a toda a humanidade, independentemente de serem ou não católicos. Apelam ao necessário ajustamento entre a Fé e a Razão. Dizem-nos acerca da necessidade duma revisão profunda da Economia, a qual deve voltar a subordinar-se a um Direito e a uma Moral heterónimos, que não dependam dos caprichos e do parecer de improvisados legisladores.

[577] Não entendemos como e por quê a Igreja se remete, no processo comunicacional, sempre para a mesma temática e os mesmos estigmas, ao invés de se adaptar aos novos tempos jurisdição que lhe compete.

324   *Das Relações da Igreja com o Estado*

A Igreja vê-se submetida a forças opostas: àqueles que não vêem a sua salvação senão na imutabilidade ou quando muito numa estabilidade assegurada por uma hierarquia obediente, opõem-se os que a consideram não como uma sociedade estabelecida, mas antes como um Povo, cuja fé, vivificada pela acção no Mundo, pode enfrentar todos os riscos.

Fala-se duma Igreja «em crise». Não será essa «crise» testemunha duma vitalidade ligada ao carácter da sua própria vocação – a de ser o veículo do Evangelho?

Por seu turno, na sociedade moderna há uma «crise» de vínculos profundos e de confiança.[578] Por seu turno, há que não ignorar o papel da acção social da Igreja e a sua ajuda a milhares de seres humanos.[579]

O Catecismo da Igreja Católica apresenta-nos um expressivo quadro da doutrina da Igreja, a propósito das relações entre o Homem e a Sociedade. De acordo com o mesmo, a sociedade *"(...) é indispensável à realização da vocação humana. Para atingir esse fim, tem de ser respeitada a justa hierarquia de valores, que 'subordina as dimensões físicas e instintivas às dimensões interiores e espirituais' ".*[580]

Estruturas sociais injustas podem dificultar ou mesmo impossibilitar a realização do plano de Deus e a vivência da pessoa como cristão. Daí a Igreja "(...) apelar para as capacidades espirituais e morais da pessoa e para a exigência permanente da sua *conversão interior*, para se conseguirem mudanças sociais que estejam realmente ao seu serviço".[581]

Com as ascensões, sociais e políticas, muitas delas apressadas, sobretudo dos séculos, XIX e XX, celebraram-se tratados de paz que visaram a humilhação e a destruição dos povos vencidos, quando não havia possibilidade de destruí-los. Daí resultaram ressentimentos que mais não fizeram que alimentar os braseiros de novas guerras e hecatombes.

---

[578] Em diferentes resultados de sondagens recentes chegou-se à mesma conclusão: os níveis de confiança dos portugueses uns nos outros é muito baixo.

[579] De acordo com os números fornecidos pela Conferência Episcopal Portuguesa, em 2000, acerca da dádiva da Igreja à sociedade portuguesa, eles são expressivos: 753 instituições de ensino, 28 centros especiais de educação, 161 orfanatos ou casas de infância, 300 creches, 464 casas para idosos e deficientes, 23 hospitais, 965 centros sociais, tendo 70 % das instituições particulares de solidariedade social a presença da Igreja. Faltando referir as paróquias e os movimentos de solidariedade a elas associados.

[580] Veja-se Catecismo da Igreja Católica, n. 1886.

[581] *Ibidem* n. 1888.

Capítulo IV – Enquadramento Político-Jurídico Português   325

Através dos *media* e da educação, caberá à Igreja intervir, a fim de colmatar esta falha, com a sua presença como factor estratégico de testemunho e de formação no quadro dos valores cristãos.[582]

Muito embora a Igreja não proponha nenhum sistema nem proíba os seus fiéis de optarem por um deles, apela para que a sua escolha não recaia sobre um que contrarie as normas da moral e não observe a tolerância, que representa afinal o respeito por uma liberdade igual nos outros.[583] Justamente neste sentido, a Igreja tenta preservar a equidistância para com os excessos do socialismo e do capitalismo asseverando que

> *"Um sistema que sacrifica os direitos fundamentais das pessoas e dos grupos à organização colectiva da produção, é contrária à dignidade humana. Toda a prática que reduz as pessoas a não serem mais que simples meios com vista ao lucro, escraviza o homem, conduz à idolatria do dinheiro e contribui para propagar o ateísmo".*[584]

---

[582] Será de esperar que, ao menos nas escolas ditas católicas, se abordem temas baseados nos ensinamentos de ordem económica e demográfica contidos nas encíclicas, mesmo correndo o risco do desafio a interesses criados à sombra de construções passadas e ultrapassadas, que já causaram pesados sofrimentos e muitos amargos de boca aos povos. Factos há que nos são muito caros e que estão referidos nas encíclicas, mas praticamente ignorados nos saberes escolares. Não queremos com isto dizer que tenhamos lido toda a obra dos pontificados que aqui citamos. Seria demasiada presunção e falta de verdade da nossa parte. Mas lemos o bastante para nos permitir facilmente reconstruir as ideias globais, um pouco como no caso do osso de Cuvier.

Um desses factos diz respeito à coexistência de largos recursos naturais inaproveitados e de milhões de desempregados, subempregados e de gente que passa fome. Depara-se-nos, como vem referido, por exemplo, na encíclica *Laborem Exercens*, a rejeição às teses neo-maltusianas, enunciadas continuamente, de harmonia com as quais a Natureza avara em meios produtivos, não permitiria um regular desenvolvimento das populações, pelo que importaria restringir a natalidade, quando, na verdade, o que falta em vastíssimas regiões, é gente que pense e desbrave conscientemente os factores naturais de produção. Mas o que acontece é que muitas populações são obrigadas a movimentos migratórios que podem bem ser considerados 'contra natura'.

Afinal, como ouvimos, alguns anos atrás, num colóquio na Universidade Aberta – "Os seis mil milhões que somos bem cabemos todos a assistir a um mega concerto na superfície que corresponde ao nosso Algarve". O mesmo se diz face à escassez de água no planeta daqui por uns vinte anos. Bem se pode dizer que a muitos falta estudar o "ciclo da água". Quando muito poderá a água ser cada vez menos potável, mas a necessidade aguça o engenho.

[583] Cfr. *Ibidem*, n. 2425.

[584] Cfr. *Ibidem*, n. 2424.

326 *Das Relações da Igreja com o Estado*

A marca cultural e política do Ocidente é a separação dos dois poderes: o político e o religioso. Mesmo nos momentos de maior aberração política, nenhum *César* conseguiu conquistar, em seu proveito, os dois poderes. A tentação, se a houve, residiu em subordinar o poder político ou o poder religioso, mas não foi além duma peripécia.

Tendencialmente, a cultura política do Ocidente, é uma cultura *laica*, devendo-se essa singularidade, quase na totalidade, à mensagem do Evangelho, tendo em conta que o lugar de Deus é, por excelência, aquele que a própria humanidade não pode ocupar.

No Ocidente, precisamos da caução de Deus para a nossa prática política, não sendo fácil conceber-se, o político sob a influência divina, mas também não é fácil separá-lo dela. Nós, os ocidentais, fazemos parte dum Mundo dividido, o que não ocorre com os povos do Oriente, como os do Japão e da Índia, culturas de não-Deus e com os povos que seguem o Islamismo, mas por outros motivos.[585]

Há todo um espaço de interferência profunda e constante entre o domínio religioso e o domínio político, é quase uma tradição. Apenas com extrema dificuldade o domínio religioso e o político, através do complexo processo de modernidade, reivindicaram as respectivas autonomias.[586]

Por mais absurdo que tudo isto possa parecer, apenas a cultura ocidental, que na verdade fez Deus seu prisioneiro antes de concluir pela sua morte e agora parece apostar na sua *revanche*,[587] concebeu os seus confli-

---

[585] Nas culturas que se afastam do catolicismo, ou do cristianismo, o homem do laicismo ficou impregnado duma paradoxal aura de religiosidade. O Islão, embora tido como uma das Religiões do Livro, encarna a osmose entre a crença e a política, sendo uma tradição identitária. A crença, inscrita no Corão, faz parte da existência e determina os comportamentos éticos, políticos e culturais. A sua pulsão histórica foi e continua sendo, como temos assistido ultimamente no Afeganistão e no Paquistão, conquistadora e não evangelizadora. É uma religião não étnica, como o judaísmo, mas cultural.

[586] Em pleno século XXI, em Itália, existem partidos políticos que se intitulam laicos (como se não fosse normal que todos o fossem) justamente por serem cristãos, resultantes da separação entre a Humanidade e Deus.

[587] Nietzsche decretou *a morte sociológica de Deus*, mas não resistiu a formular uma das mais inquietantes interrogações: "Como vamos agora viver sem Ele?".

Tanto a modernização económica como a social globalizaram-se, ocorrendo, em paralelo, um renascimento universal da religião. Este renascimento, que atravessou continentes e civilizações, foi denominado por Gilles Kepel, *La revanche de Dieu*. Na década de 70, a tendência para a secularização e para a acomodação da religião com o secularismo tomou o sentido inverso. Aconteceu uma nova abordagem religiosa, de sentido contrário

Capítulo IV – Enquadramento Político-Jurídico Português   327

tos, particularmente os da esfera política como de combates religiosos se tratassem. Isto significa que, apenas no Ocidente, a Política teve ou tem honras de religião.[588] E mesmo nesta era pós-cristã, à nossa maneira, fazemos das relações entre Deus e nós portugueses, não uma política, mas uma espécie de ideologia sacralizadora da nossa acção na História e no Mundo. Durante séculos, fomos um povo de evangelizadores que conserva, ainda hoje, uma cultura de crença.

A necessidade da caução de Deus continua a fazer parte da nossa prática política e só com muita dificuldade as esferas política e religiosa reivindicam, como se assiste, às suas respectivas autonomias.[589]

5. Um estudo histórico-jurídico da Concordata de 1940

Retornemos ao nosso ponto fulcral. As Concordatas recentes, entre elas se incluiu a nossa de 1940, mostram que a Igreja procura manter o clero e a Acção Católica o mais distante possível de toda a actividade política. A crise da Igreja que se declarou, de forma aberta e oficial, através da encíclica de João XXIII, *Mater et Magistra,* em 1961, e do Concílio Vaticano II, que se lhe seguiu em 1962-65, veio aclarar o papel da Igreja na defesa e conservação da Humanidade.

Pela primeira vez na História, exceptuando a matéria do dogma, a Igreja mostrava-se aberta à compreensão de variadas exigências e reclamações do mundo moderno. A liberdade em religião, como direito inalie-

---

à adaptação dos valores seculares, recuperadora duma base sagrada para a organização da sociedade, abandonando o modernismo falhado como resultado do afastamento de Deus.

Veja-se KEPEL, G., (1994), *Revenge of God: The Resurgence of Islam, Christianity and Judaism in the Modern World,* Pennsylvania State: University Park, p. 64.

[588] Ao longo da História, as denominadas 'guerras religiosas' não passaram de conflitos políticos e antagonismos culturais mascarados de confrontos religiosos. Paradoxalmente, como forma de humanizar estes confrontos políticos Deus era chamado em nosso auxílio. Quando ficou claro que esse conflito do Poder não era de Deus muito menos da sua responsabilidade, mas dos homens interpostos, tornou-se inviável ou inútil a caução de Deus.

[589] É verdade que Jesus nasceu em Belém de Judá, judeu, mas bem poderia ter nascido europeu ou americano, pois não se pode ser Homem abstractamente, como numa espécie de extraterritorialidade espiritual. Ele soube desafiar todas as leis e tabus. Por Ele é proclamada a rejeição da lei externa. Nada havia Nele que não se destinasse a todos, independentemente da origem e do credo.

328 — Das Relações da Igreja com o Estado

nável do espírito humano e não apenas como o menor de dois males, foi reconhecida por aquela encíclica.

As reformas na doutrina da Igreja, sobretudo na sua posição face ao Estado, no referente à liturgia do culto, à disciplina do clero e às relações entre ele e as demais confissões cristãs, foram espantosas. A Igreja fruto do Concílio de Trento, do século XVI, estava ultrapassada, mas também o estava a do antimodernismo do início do século XX. Viram-se mesmo, substancialmente ampliadas, as suas concessões às ideias sociais de Leão XIII e Pio XI. As armas com que respondia aos ataques dos protestantes, dos racionalistas, dos jansenistas e dos demais, eram outras e não mais as armas dos interditos e dos anátemas doutros tempos.

A Igreja, na sua defesa contra eles e contra o *ateísmo*, já não respondia com a rigidez indomável dos seus dogmas teológicos nem tão-pouco definia outros. A todos estendia a mão e ia ao encontro de todos num verdadeiro espírito ecuménico. O Papa passou a estar como itinerante ao serviço da Igreja. Aos poucos vai surgindo uma nova compreensão do cristianismo e do papel da Igreja no Mundo – se quisermos uma autêntica 'cristianização' do cristianismo na sua mensagem de paz e amor aos homens de boa vontade.

O Mundo carece, em harmonia com o ambiente patologicamente angustiante desta era que vivemos, de mais Verdade e Amor do que de ideias; mais caridade autêntica; mais **'fé crença afectiva e unitiva'** do que uma **'fé puramente instrutiva e explicativa'**.[590]

A generalização dos princípios morais é um processo lento e angustiante na evolução humana. Demora séculos a produzir efeitos, mas uma vez atingidos tendem a ser irreversíveis.

A Igreja terá de trazer ao Homem de hoje, na sua mensagem, uma nova versão, o mais existencial e compreensiva e menos teórica e abstracta possível, das verdades do cristianismo. Essa versão terá de ser tolerante, unitiva e conciliadora, possível. E não será isso que estamos a assistir?

Da evangelização à formação de cultura e à mudança política: tem sido esta a estratégia pública de todo o pontificado de João Paulo II.[591] Pela Bula *Incarnationis Mysterium,* que convocou o Ano Jubilar, o Papa João Paulo II convidou as Igrejas Particulares a organizarem encontros ecuménicos e inter-religiosos. Estes encontros inter-religiosos pela paz,

---

[590] Para usarmos a linguagem de Blondel.

[591] Sobre esta temática veja-se o ensaio de George Weigel sob o título "John Paul II and the Priority of Culture" *in First Things 80,* Fevereiro de 1998, pp. 19-25.

Capítulo IV – Enquadramento Político-Jurídico Português 329

liderados pela Comunidade de Santo Egídio, deram continuidade ao encontro de Assis, em que o Papa convidou os principais chefes religiosos para, com ele, rezarem pela paz.[592]

Contudo, é inegável que tal evolução envolve graves riscos para a própria Igreja. Era preciso assumi-los. Esse drama é o inerente a toda a vida que evolui e se modifica. Sem profundas transformações nenhuma forma concreta de vida, principalmente sendo milenar, se desenvolve e se mantém. *Viver* significa transformar-se continuamente e o cristianismo e a Igreja, na sua componente de realização humana, não estão isentos dessa lei.

Sem dúvida que o registo histórico ficará melhor servido e os termos do compromisso da Igreja com a Democracia melhor percebidos se os aspectos públicos do pontificado do actual Papa forem entendidos como uma série de variações sobre um grande tema: a inalienável dignidade e o valor da pessoa.

É necessário reconhecer que o papel da Igreja na sociedade não colide com o do Estado. Ela tem a missão de conservar e defender a essência cristã e será tanto mais importante quanto mais ela consiga trazer aos homens uma nova versão, o mais existencial e compreensiva das eternas verdades do Cristianismo.[593]

---

[592] O encontro sob o tema *Oceanos de Paz* teve lugar em Lisboa, entre 24 e 26 de Setembro de 2000. Acrescente-se que a instituição do Ano Jubilar remonta ao Antigo Testamento. Trata-se duma tentativa de dinamizar o Ano Sabático prescrito para todos os sete anos, que está na origem do Ano Jubilar, a celebrar de 50 em 50 anos, abrindo com a festa do Grande Perdão. "De 7 em 7 anos a terra ficará em repouso, e o que nela espontaneamente se produzir, será para os pobres e estrangeiros". Cfr. *Ex* 23, 10-12.

[593] Autocrítica e necessidade de diálogo foram as palavras mais ouvidas no primeiro dia do encontro inter-religioso que reuniu, em Lisboa, em Setembro de 2000, como em nota anterior referimos. O grande lema desse encontro, promovido pela Comunidade de Santo Egídio, foi unir e ao mesmo tempo respeitar as diferenças.

Mais do que dar respostas é necessário ir ao fundo dos problemas que podem ser sintetizados no princípio da unidade dentro da diversidade, ou seja, respeitar as diferenças, contrariando a tendência actual de tudo globalizar, o que inclui as crenças, que são do foro íntimo e individual. Esta análise passou por apresentar publicamente os erros cometidos no passado, numa autêntica autocrítica assumida por todas as confissões. Talvez se tenha compreendido que a humanidade vive um momento decisivo de franqueza. O diálogo tem, no entanto, de prosseguir e atravessar oceanos não se deixando afundar nas tempestades dos mesmos.

Importante que seja tido em consideração por todas as igrejas em todas as religiões e em todos os contextos políticos e culturais. "Por seu turno, o Presidente da Catalunha,

330 *Das Relações da Igreja com o Estado*

O Homem de hoje vive, move-se e agita-se num 'tempo' de aceleração diferente do que era antes.

É como se a idade da tecnologia o tivesse também a ele tecnificado, como se os meios de comunicação, das máquinas, na sua louca rapidez, se tivessem transferido a ele, para a sua alma e pensamento.[594] Caminhamos

---

Jordi Pujol, levou o testemunho da coexistência, afirmando que" Optava pelo termo «convivência», dado que ela exige sempre um grande esforço de reciprocidade, no qual é fundamental a empatia".

Foram três dias de encontro inter-religioso em Lisboa, em que cada confissão, com as suas formas peculiares de oração, se uniram numa oração ecuménica e em que o perdão reescreveu a História.

[594] Face à questão: Será que a convivência entre crentes e não crentes será fácil?, proposta por Jordi Pujol, moderador da sessão que decorreu no pequeno auditório do Centro Cultural de Belém, em Lisboa, o último dos oradores, D. José Policarpo, respondeu: "Penso que o diálogo é possível, mas não será fácil, mesmo porque o diálogo é uma atitude humana extraordinariamente exigente: pressupõe o saber escutar o outro" e acrescentou: "Vivemos numa cultura em que impera a 'sofreguidão da palavra' e, de certa forma, o seu esvaziamento e dizer o indizível da fé não é fácil" alertando para o perigo de "Não embarquemos em entusiasmos sincronistas de culturas, porque ainda temos uma longa caminhada a fazer para o encontro do diálogo." Por sua vez, o Dr. Mário Soares, assumindo-se como não crente, aceitou dialogar a partir da consciência do Bem e do Mal, dizendo ser este o ponto que une o Homem, enquanto Vicenzo Paglia, bispo italiano, aceita dialogar no sentido da procura duma «ética mundial», mas "robustecida com o sentido da vida e da história." e acrescentou: "Afinal, será possível viver sem uma qualquer fé?" O tema "Religiões, Coexistência e Paz no Médio Oriente" mereceu, por exemplo, da parte do príncipe jordano El-Hassan Bin Talal, moderador da Conferência Mundial da Religião e da Paz, as seguintes palavras "(...) a questão do Médio Oriente significa petróleo, armamento, fundamentalismo, extremismo, mas nunca se fala de questões como as da 'segurança humana', 'a antropologia da dor', 'a dignidade do Homem', a normalidade está ausente dali e deixa-se de lado o conteúdo humano." E terminou perguntando: "Quando começará a ser dada prioridade aos povos do Médio Oriente?" Por sua vez o rabi de Haifa, Shear-Yashuv Cohen, salientou a importância dum longo processo de educação para a paz naquela região, que deveria "começar pelos próprios líderes religiosos, pois se as soluções práticas devem ser deixadas aos políticos, a inspiração dessas medidas deve vir dos religiosos" e lembrou que o Templo erguido por Salomão à glória de Deus estava destinado "a todos os povos e não apenas aos judeus" e terminou afirmando que "Jerusalém devia unir-nos, numa oração conjunta, sendo possível orar de diferentes maneiras no mesmo local". Do painel "A cultura da coexistência" registaram-se as palavras do primeiro ministro, António Guterres, que salientou o papel da Igreja dizendo que esta "(...) alertou não apenas os crentes mas todos os homens de boa vontade para a necessidade de reflectirem sobre o importante que é compreender a diferença (...) o importante que é esquecer a desconfiança e o medo e encontrar formas de cultura de coexistência na sociedade portuguesa" e acrescentou "Esse papel que a Igreja teve em Portugal e que eu aqui reconheço

Capítulo IV – Enquadramento Político-Jurídico Português

para a estandardização do Homem. Numa palavra, para o estonteamento do espírito, perdidos que foram os antigos valores da personalidade humana, como que falta 'humanidade' ao próprio Homem.

Pela Concordata, o Estado português reconheceu a dimensão institucional da Igreja. As relações com o Estado justificam-se na medida em que a Igreja é promotora de valores objectivos, considerados essenciais e prioritários para o evoluir positivo da própria sociedade.[595]

Tornando nossas as palavras do rabi de Haifa, Shear-Yashuv Cohen, que na nota da página anterior fizemos referência, há que proceder a um longo processo de educação para a paz devendo esta começar pelos próprios líderes religiosos, pois se as soluções práticas devem ser deixadas aos políticos e governantes, a inspiração dessas medidas deve vir dos religiosos.

Em nossa opinião, perante os desafios que se colocam à sociedade e os conflitos entre a Igreja Católica e o Governo português e face à legislação civil actual, impõe-se uma nova revisão da Concordata de 1940.[596]

Rememorando o que noutro capítulo fizemos referência e de acordo com a opinião comum vigente, as Concordatas assemelham-se, em tudo, a tratados internacionais. Trata-se de convenções ou acordos entre a Santa Sé e um Estado, convenções essas estabelecidas entre a Igreja Católica

---

como homem político é muito importante que seja tido em consideração por todas as igrejas em todas as religiões e em todos os contextos políticos e culturais." Por seu turno, o Presidente da Catalunha, Jordi Pujol, levou o testemunho da coexistência, afirmando que "Optava pelo termo «convivência», dado que ela exige sempre um grande esforço de reciprocidade, no qual é fundamental a empatia".

Foram três dias de encontro inter-religioso em Lisboa, em que cada confissão, com as suas formas peculiares de oração, se uniram numa oração ecuménica e em que o perdão reescreveu a História.

[595] Neste capítulo das relações da Igreja com a sociedade veja-se Concílio Vaticano II, Constituição dogmática *Lumen gentium,* n.º 8.

[596] Como é do conhecimento público, o Estado português e a Santa Sé concluíram a revisão da Concordata, mas quer o secretário de Estado do Vaticano, Ângelo Sodano, quer o Ministro dos Negócios Estrangeiros, Martins da Cruz, não se manifestaram disponíveis em revelar o teor da revisão do documento que rege, desde 1940, as relações bilaterais entre o Estado português e a Santa Sé. Após dezoito rondas negociais, sabemos que o novo 'texto concordatáro' ficou concluído em Dezembro de 2002. O pedido de revisão da Concordata foi iniciativa do Estado português e evocava "desajustamentos ao fim de 60 anos e de inúmeras mudanças no mundo para a sua adequação à Constituição portuguesa". Julgamos saber, embora não oficialmente, que os sectores da Educação, património e fiscalidade dominaram as prioridades revisionadas.

num país, representada pelo Papa e o país representado pelo seu Chefe de Estado. Tal como os Chefes do Estado personificam e representam a Nação a que presidem, assim o Papa personifica e representa tanto a Santa Sé como a Igreja, pois, de ambas é, e em simultâneo, Chefe.

Por conseguinte, a soberania pontifícia e a personalidade jurídica da Igreja são dois conceitos inseparáveis. Essa soberania e a capacidade jurídica da Santa Sé são manifestas no direito internacional de nossos dias. A própria actividade da Santa Sé, seja no campo jurídico seja no campo diplomático, o demonstra.[597]

Deste modo, o Estado que com a Santa Sé convenciona, pelo menos implicitamente, reconhece-a como pessoa de direito público internacional. Recorrendo à terminologia usada pelos tratadistas de Direito Internacional, assentamos como princípio que a existência duma sociedade ou agrupamento com interesses próprios e distintos, com uma vontade capaz de os dirigir, dentro do acatamento à ordem pública, implica a existência duma pessoa jurídica.

Assim sendo, as Concordatas entre a Santa Sé e os Estados, no seu aspecto exterior e formal, têm manifestamente todas as características de autênticos tratados de direito internacional entre duas nações soberanas.

Contudo e perante o facto de não se tratar de estipulações entre duas Nações, mas antes entre duas Sociedades soberanas e independentes, denominam-se as Concordatas como convenções intersocietárias. Por outro lado, sendo a Igreja um poder essencialmente espiritual e o Estado um organismo de carácter temporal, ocorre indagar se essa semelhança é meramente externa ou se, pelo contrário, traduz uma identidade essencial entre concordatas e tratados internacionais.

Por outras palavras: será que esses pactos concordatários estabelecem obrigações jurídicas e recíprocas entre o poder civil e o religioso, como ocorre com os tratados diplomáticos entre as nações, ou, pelo contrário, as concordatas não passam de meras convenções sem carácter decisório e possíveis de serem revogáveis a beneplácito do Estado?

---

[597] A título exemplificativo em Portugal, no ano de 1911, foram abolidas as relações diplomáticas com a Santa Sé, pelo Governo Provisório da República, que igualmente deixou de reconhecer a personalidade jurídica quer da Santa Sé, quer da Igreja e suas instituições no nosso país. Mas já em 1919, durante a presidência de Sidónio Pais, foram restabelecidas as relações diplomáticas, reconhecendo-se deste modo, ao menos *de facto*, a personalidade jurídica da Santa Sé como pessoa de Direito internacional.

Capítulo IV – Enquadramento Político-Jurídico Português 333

Em nossa opinião e perante a doutrina, tanto o Estado como a Santa Sé são independentes nas suas áreas específicas e dos seus convénios, pactuados por via concordatária, derivam obrigações de justiça mútuas e invioláveis. Por conseguinte, as Concordatas são autênticos Tratados diplomáticos, no sentido rigoroso do termo.

Face ao direito positivo actual e pondo de lado possíveis considerações dogmáticas, as Concordatas entre a Santa Sé e os Estados são verdadeiros tratados de direito internacional, do que se infere que a Igreja Católica goza de personalidade jurídica e soberana no âmbito das nações.

Assim sendo, o Estado não pode eximir-se da obrigação de reconhecer as pessoas morais, tutelando a sua existência e favorecendo as suas actividades.[598] De acordo com a Constituição Política de 1933 (tit. IV) ficou estabelecido que era incumbência do Estado não apenas autorizar, isto é, reconhecer, os organismos corporativos, mas também promover e auxiliar a sua formação.

Estes mesmos princípios não vigoram apenas em direito interno, mas também em direito internacional, pois, admite-se que o reconhecimento dum novo Estado pelas outras nações é meramente *declaratório, não é atributivo.*

Por outras palavras: os governos ao reconhecerem um novo Estado não lhe dão existência jurídica, apenas se limitam a verificar que ele existe com todos os direitos e deveres próprios da comunidade internacional.[599]

---

[598] O que diga-se desvia-se um pouco da realidade portuguesa actual, conforme, entre outros, o que se encontra consagrado no Decreto-Lei n.º 6/2001 de 18 de Janeiro, a que atrás fizemos referência e que tem provocado um certo mal-estar entre os responsáveis pela Igreja Católica, em Portugal e o actual Governo da República.

[599] Formados e deformados, à luz eganadora do jacobinismo, alguns falsos estadistas do século XX desconheceram os ensinamentos anteriores ao enraizamento iluminista, muito embora tivessem, por vezes, recorrido a excertos dos precursores reformistas e renascentistas. Por vezes, foram ter a Maquiavel. Outra sorte, bem diversa e porventura mais favorável, teria sido a dos povos, na actualidade, se os seus governantes tivessem tido tempo para não só conhecerem com assimilarem alguns escritos de pensadores clássicos. Ousaremos referir-nos às obras, com flagrante actualidade porque intemporais, de S. Tomás de Aquino, dominicano; dos jesuítas, do século XVII, Luís de Molina ou Francisco Suárez, mas mesmo que abjurassem estes e preferissem autores profanos poderiam ter escolhido, da mesma época, os escritos de Diego Saavedra Faxardo, que participou no Congresso de Munster, pondo-se aí termo às «guerras de religião» que devastaram Estados europeus, ao estabelecer-se um honroso tratado de paz, quer para protestantes quer para católicos. Nos tratados de paz será tão necessária a franqueza como na guerra.

334   *Das Relações da Igreja com o Estado*

Em direito interno, o Estado deve a si próprio o reconhecimento das associações religiosas particulares, dioceses, paróquias ou outras, respeitando a índole própria e legítima de cada uma com parte da Igreja Católica.

Assim também, em Direito externo, deve o Estado reconhecer a Santa Sé qual ela é como pessoa jurídica de carácter universal, do mesmo modo que reconhece a personalidade jurídica dos Estados, os quais gozam da sua independência legítima.

A celebração de Acordos, *Modus vivendi* e Concordatas entre a Santa Sé e os Estados é uma prova da soberania pontifícia. Bastará verificar que os pactos concordatários, tanto pela sua forma externa como pelo seu valor jurídico, são verdadeiros tratados diplomáticos, isto é, tratados de direito internacional, só viáveis entre duas soberanias.[600]

Em Portugal, faltando textos concordatários, após 1911 e até 1940, que lhe dessem foros de convenção internacional, a representação diplomática recíproca entre Portugal e a Santa Sé, restabelecida com Sidónio Pais, foi posteriormente garantida pelo artigo 45.° da Constituição Política de 1933, inserido no Título X – **Das relações do Estado com a Igreja Católica e do regime dos cultos**[601], cujo texto se regista:

> *"É livre o culto público ou particular da religião católica como da religião da Nação Portuguesa. A Igreja Católica goza de personalidade jurídica, podendo organizar-se de harmonia com o direito canónico e constituir por essa forma associações ou organizações, cuja personalidade jurídica é igualmente reconhecida.*
>
> *O Estado mantém em relação à Igreja Católica o regime de separação com relações diplomáticas entre a Santa Sé e Portugal, mediante recí-*

---

[600] Dada a sua elaboração e forma externa, tal como acontece nas demais negociações diplomáticas, a Santa Sé e os Estados começam por designar os seus respectivos plenipotenciários, os quais discutem, entre si, os pontos de litígio entre os dois poderes e quando chegam a acordo assinam os artigos da concórdia sob reserva de ratificação e, só depois, o Papa, em nome da Santa Sé e os órgãos competentes, em nome do Estado, ratificam os artigos do pacto e os promulgam para valerem quer como lei eclesiástica quer como civil. O Estado ao pactuar uma Concordata com a Santa Sé, reconhece-lhe capacidade jurídica para negociar logo uma pessoa soberana em direito internacional. Deve pois, ser rejeitada a teoria *legalista ou jurisdicionalista* que afirma serem as concordatas meros privilégios do Estado concedidos à Igreja e que o poder civil respeitará por conveniência e não por dever jurídico e por tal pode revogá-los a seu arbítrio.

[601] Aprovada por plebiscito de 19 de Março de 1933, sendo esta é a redacção do Título de acordo com a Lei n.° 1 885, pois, a primitiva era: Das relações do Estado com a Igreja Católica e demais cultos.

Capítulo IV – Enquadramento Político-Jurídico Português 335

proca representação, e concordatas ou acordos aplicáveis na esfera do Padroado e outros em que sejam ou venham a ser reguladas matérias de interesse comum".[602]

Por outro lado, pelo artigo 46.°, o Estado Português assegura

"(...) também a liberdade de culto e de organização das demais confissões religiosas cujos cultos são praticados dentro do território português, regulando a lei as suas manifestações exteriores (...)".[603]

Estes são alguns dos factos, podendo deles retirar-se a conclusão significada pelas palavras proferidas pelo Embaixador do Brasil quando felicitou Pio XI, pelos Acordos de Latrão,[604] em nome do corpo diplomático:

"Os Papas, depois da queda do poder temporal continuaram a ser soberanos como dantes, porque potências soberanas não teriam delegado nos seus embaixadores e ministros a missão de defender os seus interesses perante uma pessoa destituída de qualidade para os receber, isto é, uma pessoa que não gozasse dos atributos da soberania".[605]

Assim sendo, fácil se torna inferir que a representação diplomática da Santa Sé foi, desde sempre, uma prova visível e irrefutável da soberania pontifícia, deduzindo-se mais provas do carácter internacional da Santa

---

[602] Cfr. Constituição Política da República Portuguesa, 1968, 6.ª Edição, Coimbra Editora, Lda., pp. 24 e 25.

[603] *Ibidem,* pp. 25 e 26.

[604] Trata-se dos acordos, a que já fizemos referência, celebrados entre a Santa Sé e a Itália. O governo italiano, em 1870, colocou embaraços de vária ordem, entre eles o da recusa de participação da Santa Sé nos Congressos internacionais.
Estava ainda em causa a *Questão Romana.* A Itália anticlerical, temia que o Papa se servisse dessas ocasiões para levantar os problemas da sobredita Questão, mas em 1899, por ocasião da primeira conferência da Paz na capital dos Países Baixos, e, por intervenção do jurisconsulto Louis Renault, representante da França, no artigo 60 da Convenção de Haia, a palavra Estado foi substituída pela palavra Potência.
Assim, a Santa Sé, embora tivesse perdido o poder temporal, foi tida como uma Potência ficando aberto espaço para o Vaticano, colaborar em futuros Congressos de paz. Mais tarde e pelo *Tratado de Latrão,* é reconhecido o direito anteriormente negado à Santa Sé, porém, esta, no artigo 24.°, demarca-se renunciando a toda a intervenção nas competições políticas e temporais dos Estados, não renunciando, contudo, a intervir nas relações internacionais quando se trate de assuntos do âmbito da sua natureza espiritual e dos valores humanos que na sua doutrina defende.

[605] Cfr. *Documentation catholique,* Paris, 1929, p. 1478.

336 *Das Relações da Igreja com o Estado*

Sé, do facto da sua participação em Congressos, da actividade da diplomacia pontifícia do Vaticano como árbitro da paz quer interna de alguns Estados quer a nível europeu.

Quanto ao seu valor jurídico torna-se evidente que as Concordatas da Santa Sé obrigam por direito das gentes, tal como os tratados entre duas nações soberanas. O Estado ao pactuar uma concordata com a Santa Sé, reconhece implicitamente que esta tem capacidade jurídica para negociar com os poderes públicos da nação, sendo deles independente.

Será inadmissível a asserção de que uma Concordata entre o Estado e a Santa Sé seja um pacto entre o poder civil e os fiéis católicos residentes no seu território. A Igreja Católica é una e tem como chefe o Papa e é com ele que os acordos ou pactos são celebrados.

É o Pontífice Romano que tem, em simultâneo, jurisdição suprema e imediata tanto sobre todas as Igrejas e corporações religiosas como sobre cada um dos seus fiéis, enquanto pessoas.

Logo, a Concordata é um tratado entre o poder civil e o poder do Papa como representante supremo da Igreja Católica.[606] Nos textos concordatários não faltam afirmações explícitas, quer por parte do poder civil quer por parte da Santa Sé, sobre o valor jurídico destes autênticos contratos bilaterais, encontrando-se também estipulado que dificuldades surgidas acerca da interpretação dos seus artigos, serão resolvidas por combinação amigável de ambas as partes pactuantes.[607]

---

[606] A este respeito veja-se dois exemplos: Na *Concordata dos 40 artigos,* estabelecida entre o Papa Nicolau IV e o rei português D. Dinis, os procuradores deste prometeram, em Roma, em nome do nosso monarca e comprometendo os seus sucessores, que tanto ele "como aqueles que hão-de reinar no dito reino após ele, a guardarão e cumprirão cumpridamente e para todo o sempre, e cada uma das coisas que em as ditas mesmas respostas são conteúdas, fazendo como a natureza de cada uma delas pede".

D. Afonso III, resolveu os conflitos com o bispo do Porto, nas Cortes de Leiria de 1254, tendo outros, mais graves, com o Papa Inocêncio IV. D. Dinis foi encarregue, pelo pai, para dirimir outros conflitos, tendo entrado em negociações com os prelados portugueses com quem celebrou 2 Concórdias: a 1.ª, de 11 artigos, em 7.2.1289 e outra de 40 artigos, cinco dias mais tarde, que vieram a ser confirmadas pelo Papa Nicolau IV, como no início desta nota fizemos referência, na bula *Occurrit nostrae considerationi,* de 7 de Março de 1289.

Veja-se SOUSA COSTA, A. D., "As Concordatas portuguesas" *in Itinerarium* 12 (1966), pp. 24-46.

[607] O outro exemplo que pretendemos registar diz respeito à condenação da lei francesa da separação, levada a cabo por Pio X, em 1906, que reza assim: "Entre a Santa Sé Apostólica e a Nação Francesa havia uma convenção com obrigações recíprocas para

Por conseguinte, e sem necessidade de acudirmos a mais provas sobre a natureza jurídica das Concordatas como pactos de direito internacional, bastará reflectirmos sobre as denominações oficiais das concordatas que, por si sós, atestam tratar-se de verdadeiros pactos de justiça, ou bilaterais entre a Igreja e o Estado

O poder legislativo do Estado não fica restringido, nem tão pouco diminuído, por estabelecer concordatas com a Santa Sé, justamente porque sendo elas convenções que têm por objecto regular, de comum acordo, os assuntos de interesse de ambos os poderes temporal e espiritual, transbordam do direito interno da nação para entrarem na esfera do direito internacional.

Várias objecções têm sido colocadas face ao facto do Estado ser soberano e independente não podendo ceder numa concordata irrevogável a jurisdição que tem sobre todos os seus súbditos, apresentando um contra-senso jurídico admitir-se a coexistência de duas soberanias distintas, no mesmo território – o Estado e a Igreja.

Por seu turno, de acordo com alguns canonistas, como o Cardeal Tarquini, a Igreja concede ao poder civil privilégios de carácter espiritual, isto é, prerrogativas que pertencem por direito divino à Igreja e que esta cede ao Estado obrigando-se este a guardá-los.

Em alguns artigos das Concordatas há obrigações de fidelidade e noutros de justiça, mas todos têm afinal carácter de verdadeiras obrigações para ambas as partes. Quando muito poder-se-á afirmar que as obrigações do Estado são todas de justiça comutativa.[608]

---

ambas as partes, como nos tratados que é costume estipularem as nações entre si." Nessa Concordata, tal como no caso português atrás referido, o Papa e o Chefe do Estado Francês haviam-se obrigado não apenas a si como aos seus sucessores, a serem fiéis ao pacto sujeitando-se aos princípios que regulam, afirmando a dado passo: "Segundo o direito das gentes, os tratados celebrados entre as nações e, por conseguinte, não podia ser anulado pela vontade arbitrária de uma só das partes pactuantes".

Assim também aconteceu com a condenação apresentada, pelo mesmo Papa, Pio X, face à lei da separação portuguesa de 1911, como já nos referimos anteriormente, declarando-a não apenas injusta como expoliadora, sacrílega e como um exemplo de desrespeito do direito e das gentes. Por outro lado, apresentou um louvor à atitude de resistência passiva, tomada pelo clero e fiéis. A encíclica da condenação *Jamdudum in Lusitania,* está datada de 24 de Maio de 1911. Na realidade, os canonistas ortodoxos ensinam que as concordatas são *pactos bilaterais,* sendo a sua observância obrigatória tanto para o Estado como para a Igreja, quer sob o ponto de vista jurídico quer moral.

608 Esta é a *Teoroa ecletica,* defendida pelo canonista P. Wernz, que embora aceitando as razões do Cardeal Tarquini, admitiu não poder a Igreja assumir obrigações de jus-

338   *Das Relações da Igreja com o Estado*

Não será, no entanto, lícito admitir que no mesmo território coexistam várias soberanias da mesma natureza, justificando-se deste modo a repulsa de certos governantes déspotas face à admissão de ensinamentos dogmáticos da Santa Sé que ponham em causa certos direitos inatos da monarquia de direito divino.[609]

Hoje, um pouco por todo o lado, ainda se assiste a perseguições à Igreja, algumas em nome da neutralidade e da separação absoluta da Igreja, muito embora nenhum Estado se arrogue o direito de dirigir as consciências dos fiéis católicos em oposição ao Papa.[610]

Os Estados modernos apresentam-se como organismos de carácter laical, excluindo da sua competência a direcção religiosa das consciências e o exercício público do culto. Assim sendo não existirá conflito de soberania entre o Estado e a Igreja, mesmo porque a finalidade do Estado, por confissão própria, meramente económica e política, enquanto a finalidade da Igreja será, essencialmente, moral e religiosa.

Concluamos acerca da natureza jurídica das concordatas.

Estas, como convenções celebradas entre o Estado e a Santa Sé, objectivam regular e de comum acordo, os assuntos que dizem respeito a ambos os poderes. Tendo a natureza de autênticos Tratados Internacionais obrigam, por direito, tanto o Estado como a Igreja, sendo os artigos simultaneamente preceitos civis, promulgados pelo Estado e leis eclesiásticas, promulgadas pelo Papa.

Nos privilégios, de carácter espiritual, que o Papa concede, obriga-se a mantê-los e guardá-los devido ao seu carácter sagrado e por tratar-se dum pacto de fidelidade. Por seu turno, nos artigos que apresentam interesses temporais e económicos, a obrigação de serem respeitado é de justiça comutativa quer para o poder religioso quanto para o civil.

---

tiça cumulativa face aos privilégios espirituais que concede ao Estado, advertindo que ela também cede interesses materiais ao sanar usurpações do seu património. Contudo, será esta a teoria que melhor traduz a realidade dos factos.

[609] A título exemplificativo diga-se que até a própria comunicação dos bispos com Roma era reputada desnecessária como ocorreu com a ruptura entre o Papa, no reinado de D. José I. Tais máximas, que visavam estabelecer igrejas nacionais e cismáticas, não se compadeciam com a celebração de Concordatas com a Santa Sé verdadeiramente obrigatórias para o Estado. Estas máximas foram condenadas pelo Concílio do Vaticano e pelas encíclicas papais, sobretudo de Pio IX e Leão XIII.

[610] Não restam dúvidas que este século XXI, por mais tresloucadas que se apresentem as mentes de alguns governantes, não é uma época propícia nem à teocracia nem ao cesaro-papismo.

Capítulo IV – Enquadramento Político-Jurídico Português 339

As dúvidas que poderão ser suscitadas no cumprimento ou interpretação de algumas das determinações concordatárias deverão, como se de qualquer outro tratado se tratasse, ser resolvidas de comum acordo. Como pactos que são, também as Concordatas estão sujeitas à caducidade por mútuo consentimento das partes.[611]

Também poderia cessar a concordata cuja observância se tornasse impossível, quer física quer moralmente, de acordo com o princípio *ad impossibilia nemo tenetar* que é condição implícita em todos os pactos.[612]

Resta-nos saber se as Concordatas celebradas com o poder civil serão ou não profícuas ao desenvolvimento e vida da Igreja Católica. Acreditamos que favoreçem ambas as partes, mas não serão imprescindíveis. A concórdia entre os dois poderes pode existir sem necessidade de pactos concordatários, justamente quando, nas nações, os cidadãos têm muito presente o sentimento de justiça e o respeito das consciências alheias.[613]

Mas quando estas condições não ocorrem, as concordatas, lealmente observadas, são de grande utilidade, não pelos benefícios que concedem à Igreja, mas principalmente por impedirem conflitos religiosos, tornando-se num instrumento de paz social. Julgamos ser esse o caso português.

---

[611] Como se pode inferir da regra primeira do direito das Decretais do Papa Gregório IX, L. IX, Tit. 41, C. 1: *omnis res per quascumque causas nascitur, per easdem dissolvitur*. A raridade do carácter temporário das concordatas é um facto, mas existe o caso da concordata celebrada com a Letónia, em 1922, cuja duração era de 3 anos, renováveis tacitamente ano a ano, ressalvando o direito de denúncia com 6 meses de antecedência. Por este exemplo mais se espelha o carácter contratual destes acordos.

[612] De acordo com declarações do Papa Bento XV, no Consistório de 21 de Novembro de 1921, uma concordata pode cessar quando sucederem mudanças radicais na ordem política de tal modo profundas que delas nasçam novos Estados, como foi, por exemplo, o caso da 1.ª Guerra Mundial.

São considerados novas pessoas morais, compreendendo-se que os privilégios antigos das concordatas não subsistam. Conduto, se essas transformações consistirem apenas na alteração de regime político, a concordata poderá subsistir, como foi o caso mais marcante que aconteceu com a concordata napoleónica, que esteve em vigor, em França, de 1802 a 1905.

Por ocasião do Concílio Vaticano I, em 1870, o governo austríaco denunciou a sua Concordata, pretextando a sua caducidade devido à mudança introduzida na Constituição da Igreja, ou seja, por ter sido celebrada com a Santa Sé antes de ter sido definido o dogma da infalibilidade pontifícia. Contudo, definições do género sempre a Igreja as fez quer antes de 1870 quer após esta data.

[613] Veja-se o caso da Comunidade Anglo-saxónica e Norte americana, em que os valores humanos persistem sem grande necessidade de pactos concordatários.

6. O Valor da Concordata de 1940 no Ordenamento jurídico português

6.1. *A Concordata e a Ordem Constitucional portuguesa*

A Concordata de Maio de 1940, celebrada entre a Santa Sé e Portugal, encontra-se marcada por um circunstancialismo histórico que se insere num período conturbado da História – a 2.ª Grande Guerra.

Por outro lado, a sua longevidade, mais de 60 anos, é contrastante com a evolução da sociedade e a complexidade jurídico-política de Portugal. No decurso da sua vigência, Portugal conheceu dois regimes políticos, intercalados por uma revolução, duas Constituições (a de 1933 e a de 1976) e várias revisões constitucionais, concretamente oito.[614]

Com esta introdução pretendemos constatar duas realidades: a capacidade de resistência e respectiva adequação às realidades portuguesas da Concordata; e a possibilidade de sobre ela se proceder a interpretação objectiva e actualista, só assim se explicando a sua subsistência.

A partir da Constituição de 1976, não se registou qualquer alteração substancial do quadro geral que tem caracterizado o relacionamento das diversas confissões religiosas com o Estado Português, o mesmo ocorrendo no domínio da liberdade religiosa em sentido estrito.[615]

---

[614] Da primeira fizeram-se três, enquanto da última se fizeram cinco, respectivamente nos anos de 1982, 1989, 1992, 1997 e 2001 (conforme publicação no Diário da República, datado de 12 de Dezembro de 2001).

Esta última revisão constitucional ficou a dever-se essencialmente à necessidade de aceitar a jurisdição do Tribunal Penal Internacional. Assim, no artigo 2.º é aditado. no n.º 7, com a seguinte redacção: "Portugal pode, tendo em vista a realização de uma justiça internacional que promova o respeito pelos direitos da pessoa humana e dos povos, aceitar a jurisdição do Tribunal Penal Internacional, nas condições de complementaridade e demais termos estabelecidos no Estatuto de Roma". Muito embora esta revisão se insira no uso dos poderes previstos na alínea *a*) do artigo 161.º, da competência da Assembleia da República, acontece que, sendo a Constituição a lei fundamental do Estado português regendo-se por ela os restantes institutos, nela se reflecte a precipitação do legislador, neste caso constitucional, mais preocupado com a árvore esquece-se da floresta.

Assim, é clamoroso o facto de Macau, que tendo saído da administração portuguesa, em Dezembro de 1999, continue na Constituição, artigo 292.º, sob a epígrafe Estatuto de Macau, revelando falta de atenção, fraca sistematização e omissão de objectivos que devem presidir à revisão duma constituição.

[615] Veja-se, face à caracterização desse quadro, SOUSA e BRITO, J., "La situation juridique des Églises et des Communautés Religieuses Minoritaires au Portugal", *in Le*

Capítulo IV – Enquadramento Político-Jurídico Português 341

Mais, contrariamente às anteriores, a Constituição de 1976 não formula especificamente limites à liberdade religiosa como realiza em relação a outros direitos, antes "(...) aplica-se-lhe, com a necessária razoabilidade, a cláusula geral de limites do artigo 29.°, n.° 2, da Declaração Universal".[616]

Aliás, de acordo com o art. 16.° da própria Constituição, os direitos fundamentais consagrados nela não *"excluem quaisquer outros constantes das leis e das regras aplicáveis de direito internacional"*, devendo os mesmo ser interpretados e integrados *"de harmonia com a Declaração Universal dos Direitos do Homem."*[617]

Tentaremos, a partir daqui, estabelecer a articulação entre a Concordata e a actual ordem constitucional portuguesa, considerando tanto aspectos formais quanto substantivos. No que aqui nos interessa, as revisões do quadro constitucional apenas alterou alguns aspectos de pormenor o regime estabelecido pelo texto original da Constituição de 1976.

O Estado português continua a caracterizar-se pela separação Estado-Igreja a que acresce a garantia, em termos amplos, da liberdade de consciência, religião e culto, quer no plano individual quer no colectivo.

Contudo, a liberdade de consciência e de religião, excluindo a de culto, não pode ser suspensa em estado de sítio, sendo a separação das Igrejas do Estado limite material da própria revisão da Constituição o que significa uma garantia acrescida da liberdade religiosa no plano constitucional.[618]

A exemplo das experiências constitucionais anteriores, como o caso do *laicismo republicano* da Constituição portuguesa de 1911 e a consideração da Religião Católica como a *religião da Nação portuguesa* ou a *religião tradicional da Nação portuguesa* no regime autoritário da Constituição de 1933, poderá afirmar-se que o quadro constitucional instituído, em

---

Statut Legal des Minorités Religieuses dans les pays de l'Union Européenne, Thessaloniki-Milano, 1994, p. 235 e ss..

[616] A redação do n.° 2 do artigo 29.° cuja epígrafe é *Deveres e limites dos direitos*, é a seguinte: "No exercício destes direitos e no gozo destas liberdades ninguém está sujeito senão às limitações estabelecidas pela lei com vista exclusivamente a promover o reconhecimento e o respeito dos direitos e liberdades dos outros e a fim de satisfazer as justas exigências da moral, da ordem pública e do bem-estar numa sociedade democrática." Veja-se Miranda, Jorge (1988), *Manual de Direito Constitucional,* Tomo IV, Coimbra: Coimbra Editora, Lda, p. 358.

[617] Consoante art. 16.° da C.R.P., nos n.os 1 e 2.

[618] Assim se configura o artigo 288.°, alínea *c*): "As leis de revisão constitucional terão de respeitar: A separação das Igrejas do Estado".

342 *Das Relações da Igreja com o Estado*

1976, fez deslocar a questão religiosa do plano da caracterização do Estado para a esfera dos direitos fundamentais.

Não se pode ignorar a multiplicidade de laços que unem a Nação e mesmo o Estado português e a Igreja Católica. Contudo, a Constituição da República portuguesa de 1976 não contém nenhuma referência distintiva, contrariamente às anteriores e a outras constituições de Estados com características culturais, no âmbito religioso, semelhantes às nossas.[619]

Sendo a Igreja Católica, em Portugal, a confissão maioritária, o quadro de referência do seu relacionamento com o Estado português continuou assente na Concordata de 1940, revista em 1975, no que se refere à questão do Divórcio.[620]

Trata-se, sem dúvida, duma invulgar capacidade de sobrevivência dum texto historicamente tão marcado quanto este, pois, não apenas o 'Estado português' que a celebrou era substancialmente diverso do de hoje, como também era outra a 'Igreja Católica' porque anterior ao Concílio Vaticano II e à *Dignitatis Humanae*.[621]

Contudo, há quem veja nesta capacidade de sobrevivência um anacronismo, mesmo uma impossibilidade jurídica posteriormente ao texto constitucional de 1976, associando-se essa capacidade da Concordata à possibilidade de se poder "proceder a interpretação objectiva e, na medida do razoável, actualista – só assim a Concordata tem subsistido e poderá continuar a subsistir".[622]

No entanto, esta capacidade de sobrevivência não poderá ser efectivamente compreendida se ignorarmos o papel que o entendimento, embora com um certo grau de ambiguidade, da jurisprudência tem logrado alcançar, maioritariamente assumida no Tribunal Constitucional, face à

---

[619] Veja-se o caso das Constituições Espanhola e Italiana.

[620] Pelo Decreto n.° 187/75, datado de 4 de Abril, foi alterado o artigo 24.° da Concordata desaparecendo a renúncia à 'faculdade civil' de requerer o divórcio decorrente do casamento canónico. Veja-se LEITE, António, "A Concordata e o Casamento", *in A Concordata de 1940,* Lisboa, 1993, pp. 272 e segs..

[621] Muito embora haja quem veja uma linha de continuidade do *Syllabus* à *Dignitatis Humanae,* outras há que perante uma análise histórica põem em causa este entendimento.

Veja-se respectivamente: COSTA SEABRA, J. da, "Liberdade Religiosa e Concordata" *in A Concordata de 1940,* Lisboa 1993, pp. 86 e segs.;

SOUSA e BRITO, José de, no seu voto de vencido, no Acórdão n.° 174/93, do Tribunal Constitucional *in diário da República,* II Série, de 1 de Junho de 1993.

[622] Veja-se MIRANDA, Jorge, "A Concordata e a Ordem Constitucional portuguesa", *in A Concordata de 1940,* p. 69.

Capítulo IV – Enquadramento Político-Jurídico Português

Igreja Católica, através da leitura das disposições constitucionais respeitantes à liberdade religiosa e às relações Igreja-Estado.

Será também de referir que quanto às restantes Igrejas e comunidades religiosas o quadro legal específico de referência, exterior à Constituição, a Lei n.° 4/71, de 21 de Agosto, vem igualmente do passado mantendo uma vigência pouco mais que formal. Com efeito, poucas são as disposições da referida lei que não cessaram a vigência quer por inconstitucionalidade superveniente quer se tenham tornado redundantes ou até mesmo desnecessárias face a disposições posteriores e ao texto constitucional.[623]

A partir da década de 90, do século XX, temos vindo a assistir ao acentuar da tendência de encarar o fenómeno religioso no plano legislativo como algo não necessariamente reportado à confissão maioritária, sendo que diversas disposições legais especificamente dirigidas à Igreja Católica têm colocado importantes desafios de igualdade, particularmente, à jurisdição constitucional, tendo culminado com a Lei da Liberdade Religiosa.[624]

Dada a natureza desta Concordata, tratando-se duma convenção internacional, se aplicam os princípios gerais do Direito dos Tratados.[625] Aliás, o fenómeno religioso porque faz parte da consciência humana e se manifesta em grandes movimentos colectivos tem projecção política e jurídica. Tem repercussões no Direito Internacional e não deixa de ser considerado nas Constituições dos Estados. De acordo com os tipos de Estado, regimes políticos e épocas assim atingem maior ou menor relevância as relações entre poder público e confissões religiosas. Sendo a Concordata um tratado levantam-se problemas face ao Direito interno português.[626]

---

[623] Veja-se o Parecer n.° 119/90, da Procuradoria Geral da República, no *Diário da República* II Série de 30 de Abril de 1991.

[624] Aprovada no Parlamento, em 26 de Janeiro de 2001. Aliás, D. José Policarpo, Patriarca de Lisboa, manifestou o seu regozijo, em Fátima, aquando da Conferência Episcopal Portuguesa, por esta nova Lei enquadrar as outras confissões religiosas, até agora reguladas por 'instrumentos de situação muito precários, porque a única coisa que existia era uma Lei de 1971 que não servia'.

[625] Encontra-se excluída a concepção das concordatas não serem verdadeiros tratados porque não regeriam relações interestaduais, mas sim relações e questões eclesiásticas. Mesmo porque as concordatas, por assegurarem a liberdade religiosa quer individual quer institucional, incluem-se no movimento de protecção internacional dos direitos do Homem.

[626] Mesmo tendo em conta a Convenção de Viena sobre Direito dos Tratados, de 1969, que afirma considerar-se apenas tratados os estabelecidos entre Estados, o certo é que a Convenção de Viena não passa duma codificação sendo que muitas das suas normas são consuetudinárias passadas a escrito, as quais poderão ser aplicáveis às concordatas. Tal

344 *Das Relações da Igreja com o Estado*

Assim, o primeiro prende-se com o modo como se procede a incorporação ou recepção do Direito internacional convencional na ordem interna e o da posição relativa das normas de Direito internacional provenientes das normas de Direito interno, constitucional e ordinário. Precisamente porque os Estados não são os únicos sujeitos de Direito internacional e sendo a Santa Sé, um dos membros fundadores da comunidade internacional, que não deixou de ter personalidade jurídica internacional, aliás, reconhecida por vários Estados, ao celebrar-se entre um Estado e a Santa Sé uma concordata, esta como Tratado Internacional que é não tem de se circunscrever a matérias a priori apenas internas.

Assim sendo, as Concordatas, ao assegurarem a liberdade religiosa, individual e institucional, inscrevem-se numa linha precursora da defesa dos Direitos Humanos. Pelo artigo 8.° da C.R.P. de 1976, no seu ponto 2, embora possa receber interpretações diversas, parece prevalecer uma recepção plena do Direito internacional, já que as normas *"(...) constantes de convenções internacionais regularmente ratificadas ou aprovadas vigoram na ordem interna após a sua publicação oficial e enquanto vincularem internacionalmente o Estado Português."*

Curiosamente, a redacção deste artigo pouco difere do aditamento feito ao artigo 4.° da Constituição de 1933, pela revisão constitucional de 1971, ao dizer que as normas *"(...) de direito internacional vinculativas do Estado Português vigoram na ordem interna desde que constem de tratado ou de outro acto aprovado pela Assembleia Nacional ou pelo Governo e cujo texto haja sido devidamente publicado".*

Quando, em 1940, foi assinada a Concordata, prevalecia a ideia da recepção plena do Direito internacional que se encontrava consignada no art. 26.° do Código Civil de 1867 e no art. 6.° do Código Comercial.[627]

Posteriormente esta orientação foi alvo de crítica com diferentes vertentes e observações que por razões de vária ordem nos sentimos na impossibilidade duma referência mais alongada. Assim sendo, a Concordata vigora directamente, como Direito internacional, na ordem interna portuguesa, aplicando-se a relações e situações da vida, sendo passível de ser invocada por todos como imbuída de direitos e deveres. De acordo com

---

é o caso das normas sobre a entrada em vigor dos tratados (art. 6.° e segs.); sua observância, interpretação e aplicação (art. 26.° e segs.) e também sobre revisão, nulidade, extinção e suspensão (art. 39.° e segs.).

[627] Cfr. MIRANDA, J., *A Concordata e a ordem constitucional portuguesa, Ibidem,* p. 71.

Capítulo IV – Enquadramento Político-Jurídico Português   345

Jorge Miranda, falta, pelo menos nas nossas últimas duas Constituições, a de 1933 e a de 1976, preceito expresso sobre o lugar que as normas de Direito internacional ocupam na ordem interna, quer face às leis constitucionais quer às leis ordinárias.

Contudo, não se poderá ignorar a existência de supremacia das normas constitucionais sobre as internacionais convencionais, resultado da função da Constituição como estatuto jurídico fundamental e da própria soberania do Estado.

Por outro lado, não se pode deixar de reiterar a supremacia das normas internacionais vinculativas do Estado português sobre as normas legais ou internas. São múltiplas as razões que o justificam.

Comecemos pelo princípio geral do Direito segundo o qual alguém que se vincule a outrem, por meio de Tratado, não poderá posteriormente, por acto unilateral, esquivar-se ao que se obrigou.

A conveniência em harmonizar a ordem interna com a internacional será outra justificativa a que se associa a lógica da recepção automática que se frustaria, caso o Estado viesse, por lei, dispor em contrário ao invés de denunciar uma convenção internacional. As normas internacionais vinculativas também têm supremacia sobre as normas legais internas pelo prescrito no art. 8.º da Constituição, a que atrás aludimos, e pela distinção entre leis comuns e de valor reforçado que traduzem apenas diferentes funções ou subcategorias no domínio das leis ordinárias.[628]

Caso se emita uma norma interna contrária à internacional implica a não obrigatoriedade da norma interna por ineficácia, competindo aos tribunais em geral a verificação da respectiva contradição.[629] Por seu turno, os tribunais nas questões que tenham de decidir não podem aplicar normas que estejam em oposição aos tratados internacionais.[630]

Por conseguinte, as normas concordatárias tendo força jurídica inferior às normas constitucionais, têm contudo força jurídica superior às das normas legislativas e regulamentares. Cabe aos tribunais, incluindo o Constitucional, apreciar a conformidade de qualquer norma concordatária

---

[628] Veja-se arts. 115.º, 280.º e 281.º da Constituição que, segundo Jorge Miranda, *ibidem*, em nada contende com o Direito internacional, p. 73.

[629] De acordo com o art. 205.º da actual Constituição de 1976 e que é similar ao art. 63.º da Constituição de 1911 e ao art. 123.º da de 1933 e que tem por base o princípio da fiscalização difusa da validade e de eficácia das normas jurídicas.

[630] De acordo com a redacção do artigo 207.º "Nos feitos submetidos a julgamento não podem os tribunais aplicar normas que infrinjam o disposto na Constituição ou os princípios nela consignados", como será o caso.

346 *Das Relações da Igreja com o Estado*

com a Constituição e a conformidade de qualquer norma de Direito ordinário interno português com as normas concordatárias, sendo certo o que atrás se afirma – as normas concordatárias têm força jurídica superior à das normas legislativas e regulamentares.

Parafraseando Jorge Miranda, poder-se-á contestar o controlo jurisdicional sucessivo das normas de tratados internacionais por discrepância com o princípio essencial da boa-fé nas relações internacionais bem assim o controlo da constitucionalidade das normas concordatárias, dado a Concordata assumir supremacia em significação jurídica, tendo em atenção, não apenas a sua forma solene, como também a relevância do seu objecto.

Aliás, o art. 7.° da Constituição italiana, de 1947, equipara a recepção das normas dos Acordos de Latrão, de 1929, a título de normas constitucionais.

Nem a Constituição portuguesa de 1933, incluindo a revisão de 1951, a qual garantiu a existência de concordatas ou acordos com a Santa Sé,[631] nem na Constituição de 1976 se encontra nada que confira força jurídica específica à Concordata de 1940 e já então na revisão de 1951, em vigência.

Nada justificaria configurar a Concordata com a Constituição, seja pelo princípio da legitimidade democrática do Estado português quer a Santa Sé, o admitiria.

Como anteriormente referimos, nenhuma Concordata celebrada durante o pontificado de Pio XI reclama para a Igreja católica a mínima parte de poder político, de acordo com as disposições do *Código de Direito Canónico* (can. 139). A revisão da Constituição de 1933, levada a cabo em 1951, consideraria a religião católica como a *'religião da Nação Portuguesa'*...[632]

---

[631] Garantido no art. 45.°.

[632] Conforme o artigo 45.° da Constituição de acordo com a Lei n.° 2 048, de 11 de Junho, que não deixara de reiterar a regra da separação.

No artigo 46.° ficaria traçado um tratamento diferenciado dela e das demais confissões religiosas nos seguintes aspectos: Enquanto que as relações entre a Igreja Católica e o Estado seriam objecto de Concordatas e outros acordos com a Santa Sé, as relações com as outras confissões religiosas dependeriam da lei, a qual regularia 'as manifestações exteriores' dos respectivos cultos; a personalidade jurídica das organizações e associações católicas continuava a ser reconhecida *ope legis* enquanto das demais confissões era apenas reconhecida; ficava proibida às confissões não católicas a 'difusão de doutrinas contrárias à ordem estabelecida' o que se justifica pela base católica da própria cultura portuguesa que assimilara valores próprios e consuetudinários.

Capítulo IV – Enquadramento Político-Jurídico Português   347

O princípio da separação da Igreja do Estado foi, constitucionalmente consignado, pela primeira vez, no artigo 45.° da Constituição de 1933. Mas foi a Concordata de 1940 que marcou uma nova fase nas relações Estado-Igreja.

Ela soluciona parte do contencioso entre a Santa Sé e o Estado português e propõe regular, de modo estável, a situação jurídica da Igreja Católica em Portugal. Não podemos esquecer a História que com o seu mostruário de instituições políticas e religiosas que morreram, se revezaram ou até mesmo rejuvenesceram, nos permite estar avisados de que nada se cria para a eternidade e tudo se deve conservar imutável no tempo.

O que nos preocupa é saber se têm sido focados, devidamente, os problemas centrais da comunidade nacional e se, através de reformas de toda a ordem se tem presentes as verdadeiras necessidades e possibilidades da Nação.

O Protocolo Adicional, datado de 15 de Fevereiro1975, a que anteriormente nos referimos, foi celebrado após a Revolução de 1974, serviu para confirmar a Concordata existindo consenso, mais ou menos alargado, quanto à necessidade da sua existência embora com revisão.[633]

Existem riscos que uma ruptura da Concordata poderá trazer, entre eles as situações de vazio jurídico e possíveis confrontos entre o Estado e a Igreja, bem mais gravosos dos que ultimamente se têm feito sentir.[634] Questiona-se se um Tratado Internacional, como é o caso da Concordata, pode estabelecer distinções e se se justifica a dupla vigência da Concordata de 1940, como estatuto jurídico básico da Igreja Católica, em Portugal, e a Lei de Liberdade Religiosa.[635]

Igualmente se questiona se existem normas na Concordata e da legislação ordinária que desrespeitem os princípios constitucionais da liberdade e igualdade religiosa. Domina o entendimento, entre os órgãos de fiscalização da constitucionalidade, de que os Princípios constitucionais aceitam

---

[633] Este Protocolo confirma a Concordata nos novos condicionalismos políticos, ora gerados, assinalando a sua não intangibilidade, tendo sido estabelecido entre a Santa Sé e o Governo Provisório.

[634] Continua existindo a celebração de concordatas e de outras convenções, quer de carácter geral quer especial, entre a Santa Sé e vários Estados. A maioria das concordatas são de separação e não de união como as celebradas anteriormente a João XXIII (1958-1963).

[635] Aprovada no Parlamento em 26 de Abril de 2001 e que veio substituir a Lei n.° 4/71 onde estava o essencial da regulamentação das confissões não católicas. Trata-se da Lei n.° 16/2001, de 22 de Junho.

348   *Das Relações da Igreja com o Estado*

um tratamento diferenciado das várias confissões, dado o modo como elas se encontram difundidas e do seu peso na sociedade.[636] O que não seria admissível era um tratamento privilegiado ou mesmo discriminatório duma ou doutra confissão.[637]

Mesmo porque um tratamento diferenciado, ao repelir o arbítrio, deve assentar numa cuidada ponderação de situações e valores. Completando diremos que deve prevalecer a regra da liberdade, independentemente do número de fiéis que professem esta ou aquela religião, sendo devido a todas as organizações religiosas legitimadas o gozo dos mesmos direitos constitucionais e legais.

Perante o que se acabou de enunciar não fica impedida a subsistência de regras específicas como as que se encontram na Concordata mais que não seja por conta da força da realidade histórico-cultural tanto mais que as normas nela instituídas correspondem a critérios objectivos, necessários e adequados à nossa realidade sociológica e em nada ferem a Constituição.[638]

6.2. A evolução do regime concordatário de 1940

Apenas se entenderá bem o alcance e o significado da nossa Concordata de 1940 se se tiver presente a situação jurídica da Igreja em Portugal antes deste ano, ou se quisermos ser mais precisos, anteriormente a 1937.

Durante a monarquia liberal, o catolicismo continuou sendo a religião oficial da Nação e do Estado, como se pode inferir pelo artigo 6.° da

---

[636] Como são os casos: do Acórdão n.° 423/87 do Tribunal Constitucional, de 27 de Outubro de 1987 *in Diário da República*, 1.ª série, n.° 273, de 26 de Novembro de 1987 e do anterior Parecer n.° 17/82, da Comissão Constitucional, de 20 de Maio de 1982 *in Pareceres XIX*, pp. 253 e segs.

[637] De acordo com a Declaração Conciliar sobre Liberdade Religiosa, no seu artigo 6.°: "Se, em razão das circunstâncias particulares dos diferentes povos, se atribui a determinado grupo religioso um reconhecimento civil especial na ordem jurídica, é necessário que, ao mesmo tempo, se reconheça e assegure a todos os cidadãos e comunidades religiosas, o direito à liberdade em matéria religiosa". Compete à autoridade civil "tomar providências para que a igualdade de cidadãos nunca seja lesada, (...) por motivo religioso" e completa alertando para que não ocorra discriminação entre os cidadãos.

[638] De acordo com Jorge Miranda são raras as normas da Concordata que estão desactualizadas e as que podem ser consideradas inconstitucionais. Miranda, J., *Manual de Direito Constitucional*, p. 361.

Capítulo IV – Enquadramento Político-Jurídico Português 349

Carta Constitucional. De facto, porém, a Igreja encontrava-se submetida a uma forte dependência administrativa estatal muito pouco edificante e proveitosa para o dia-a-dia dos católicos e da Igreja, em particular. Após a implantação da República, em 1910, o Governo Provisório promulgou várias normas não apenas laicizantes como anticatólicas[639] e conectou, por conveniência diga-se, Igreja com Monarquia.

A lei da Separação, instituída em 1911, não se limitou a separar administrativamente a Igreja do Estado, o que até seria oportuno como já referimos, mas antes instituiu um regime persecutório, pois, enquanto proclamava a liberdade de consciência e de culto sujeitava, de facto, a Igreja e respectivas associações e instituições a uma dependência ou mesmo subjugação ao Estado.[640]

Este regime foi sancionado pelas Constituintes e manteve-se mais ou menos estável até à Presidência de Sidónio Pais.[641] Contudo só com o Movimento de 28 de Maio de 1926, foi reconhecida a personalidade jurídica das igrejas,[642] mas apenas a Constituição de 1933, e o *Acto Colonial* vieram garantir a liberdade religiosa e de culto para todas as religiões.[643]

Por sua vez, o Código Administrativo de 1936, veio por em prática o referido preceito constitucional, libertando, da tutela do Estado, certas associações religiosas. Mesmo após todas estas alterações e do surgimento do Regulamento Geral publicado pelos Bispos, o certo é que subsistia um vazio normativo.

Faltava pois, regular a situação jurídica da Igreja em Portugal e pôr em prática alguns preceitos da Constituição. A legislação, muita dela, não

---

[639] Veja-se o caso da obrigatoriedade do casamento civil, o divórcio, o registo civil obrigatório, a abolição dos dias santos e que culminou com a Lei da Separação a que fizemos algumas referências.

[640] Assim consta dos seus artigos 1.°, 2.°, 6.° e 7.°.

[641] Veja-se o Decreto 3 685 de 28 de Fevereiro de 1918.

[642] Este reconhecimento ficou estabelecido pelo decreto 11887, de 6 de Julho de 1926. Concretamente era reconhecida a personalidade jurídica a certas associações ou corporações religiosas, sem a dependência do Estado como fora instituída pela Lei da Separação.

[643] Veja-se os artigos 3.°, 8.° e 46.° da Constituição e art. 23.° do Acto Colonial que asseguraram a possibilidade de todas as religiões poderem constituir associações e organizações, às quais o Estado português reconhecia existência civil e personalidade jurídica. Pelo art. 45.° da Constituição de 1933, o Estado "mantém em relação à Igreja Católica o regime de separação com relações diplomáticas entre a Santa Sé e Portugal mediante recíproca representação, e concordatas ou acordos aplicáveis na esfera do Padroado e outros (...)".

350   *Das Relações da Igreja com o Estado*

apenas desactualizada como também enferma do regime anterior, precisava ser concertada com o normativo constitucional.

Talvez teoricamente fosse suficiente resolver a situação de descontentamento e satisfazer as exigências legítimas dos cidadãos católicos por um acto unilateral do Estado. Por ele seriam executados os preceitos constitucionais, mas seria de todo quase inviável, dada a necessidade de tomar medidas por ambas as partes: o Estado e os católicos portugueses que, na prática, não podiam ser resolvidas sem um mútuo entendimento.[644]

Perante problemas demasiado complexos e de difícil solução prática impunha-se um acordo com a Igreja, mesmo porque era esta a prática corrente na época entre a Igreja e os Estados. Tanto mais que a Santa Sé, em casos semelhantes, se havia mostrado condescendente e pouco exigente. Assim também aconteceu em Portugal com a celebração da Concordata, em 1940.[645]

O Estado português tinha, e ainda tem, como principal realidade a formação católica do seu povo e como segunda realidade é que a essência desta formação se traduz numa constante da História. Não apenas o Estado nasceu no seio do catolicismo como se acolheu à protecção da Igreja. Não admira pois, que a nossa vocação, embora com alguns esquecimentos pelo meio, tenha sido sempre apostólica e missionária. A Igreja renunciou a quase tudo, tendo-se limitado a ficar com o que pudera conservar e procurado, isso sim, obter o seu reconhecimento e a liberdade de acção para o bem das almas.[646]

---

[644] O caso mais marcante refere-se à usurpação por parte do Estado dos bens eclesiásticos. Primeiro as leis liberais e depois as disposições da Lei da Separação expoliaram a Igreja dos seus bens muitos dos quais fruto de dádivas dos seus fiéis. Alguns destes bens estavam agora afectos a serviços públicos, enquanto outros haviam sido vendidos em haste pública., o que dificultava a sua restituição ou a correspondente indemnização.

[645] Veja-se pelas palavras do Patriarca de Lisboa, Cardeal Cerejeira, como mediador na sombra, como ele próprio se impressionou com a condescendência da Santa Sé: "A Santa Sé nunca foi tão longe em concessões, nos acordos com países católicos. Ainda hoje me admiro como na Concordata não exigiu indemnizações, nem sequer a restituição do fundo da Igreja e Congregações (q. está no Ministério da Justiça)". O Patriarca de Lisboa insiste na restituição do que fora expropriado à Igreja, e apela para o Professor Oliveira Salazar, como Presidente do Conselho de ministros, em nome da velha amizade.

Cfr. Carta do mês de Dezembro de 1939 do Cardeal Cerejeira ao Professor Salazar, *in* Franco Nogueira, A., *Salazar, As Grandes Crises (1936-45), Ibidem,* p. 261.

[646] Mantinha-se o interesse de separação entre Igreja e Estado por ambas as partes, aliás, como havia pretendido e preconizado o Professor Oliveira Salazar, em 4 de Outubro de 1922, por estas palavras: "Que o Pontífice Romano tem o direito de, no interesse supe-

Não podem ser consideradas vantagens, por não constituírem autênticos privilégios, o simples reconhecimento, garantido por um contrato bilateral, os legítimos direitos da Igreja e consequentemente dos católicos portugueses.

Aliás, convém recordar que dum regime de religião de Estado, com tolerância das demais confissões religiosas, que se vivia na monarquia absoluta e que as Constituições formais foram sempre consagrando dado o compromisso com a tradição, fez-se a passagem abrupta para um regime de separação, embora com reconhecimento constitucional da liberdade de consciência e de religião, sendo, ainda hoje, considerado um limite material de revisão constitucional e um dos direitos que não podem ser suspendidos mesmo em estado de sítio.[647]

Recordando as Constituições da monarquia liberal dir-se-á que todas elas tinham em comum a declaração da religião católica apostólica romana ser a religião do Estado.[648] Contudo havia a distinção perante o modo como encarar a manifestação de religião das pessoas.

Assim, na Constituição de 1822, o venerar a Religião era um dos deveres dos cidadãos, admitindo aos Bispos o direito de censura dos escritos públicos acerca de dogma e moral.[649]

Tanto a Carta Constitucional como a Constituição de 1838 estabeleciam que ninguém podia ser perseguido por motivos religiosos desde

---

rior da Igreja em determinado país, dar aos respectivos nacionais o sentido ou orientação geral da política a seguir nas conquistas das liberdades religiosas, nenhum de nós o nega. (...) Se negamos ao Chefe da Igreja a competência para em questões em que se encontram indissoluvelmente ligados o interesse nacional e o interesse religioso, marcar aos católicos uma atitude (...)."

E perante a situação conflitante entre o católico ser cidadão do país e da Igreja e poder exercer actividade política, esclarece o seu ponto de vista: "Todo o cuidado é pouco em bem distinguir os documentos pontifícios onde se expõe a doutrina da Igreja acerca das relações entre os dois poderes civil e eclesiástico, em que se definem os limites para além dos quais a Igreja se não reconhece o direito de intervir na manifestação da actividade política individual, e aqueles documentos em que para casos concretos o Chefe da Igreja resolve dar instruções concretas também que, digamo-lo uma vez mais, nada repugna admitir que importem uma restrição da nossa liberdade e uma derrogação dos princípios gerais." *In Inéditos e Dispersos políticos,* Oliveira Salazar, A., Bertrand Editora, pp. 289 e 290.

[647] Veja-se artigo 288.°, alínea *c*) e n.° 6 do artigo 19.°.

[648] De acordo com os artigos 25.°, 6.° e 3.° respectivamente da Constituição de 1822, 1826 e 1838.

[649] Veja-se MIRANDA, J., *Ibidem,* p. 350.

que respeitasse a religião do Estado.[650] Mas, muito embora a Igreja Católica gozasse da prerrogativa de ser quase exclusiva face às demais religiões, dado o número reduzido de fiéis das demais, o certo é que o Rei, nas três Constituições, exercia o seu direito de interferência na designação dos Bispos.

Por outras palavras, existia a tendência do Estado se imiscuir na vida da Igreja o que corresponderia a uma diminuição efectiva da sua liberdade.[651]

O conflito religioso estabelecido aquando da proclamação da República deveu-se, essencialmente, ao anticlericalismo difundido, sobretudo, entre a população urbana e ao positivismo e jacobinismo do Partido Republicano.

Na legislação do novo regime estão presentes intenções anticatólicas e *laicistas* como se poderá inferir da Constituição de 1911, mas sobretudo da Lei da Separação de 22 de Abril do mesmo ano, a que, em diversos momentos anteriores, fizemos referência.

Se por um lado garantia, de modo formal, a liberdade de consciência e de crença com a igualdade política e civil de todos os cultos,[652] por outro são nítidas as medidas restritivas da actividade da Igreja Católica, como são os casos, não únicos, da extinção da Companhia de Jesus e demais congregações religiosas e ordens monásticas e da neutralidade, em matéria religiosa, do ensino ministrado nos estabelecimentos públicos e particulares fiscalizados pelo Estado.[653]

E, como atrás fizemos referência, apenas em 1918 haveria de acontecer o período de acalmia deste conflito entre o poder civil e o religioso. Por seu turno, o regime instituído pela Constituição de 1933, procurou o apoio dos católicos e apresentou soluções normativas conducentes à liberdade religiosa dos mesmos, não apenas numa dimensão individual, mas sobre-

---

[650] Cfr. arts. 145.°, 4.° e 11.°.

[651] O caso da introdução do casamento civil, embora facultativo, instituído no Código Civil de 1867, exemplifica as relações Estado/Igreja, com a diminuição da liberdade da Igreja bem como a tendência do Estado em imiscuir-se na vida interna da mesma.

Veja-se OLIVEIRA MARTINS, "Liberdade de Culto", in *Política e História – 1868--1878*, Lisboa: Guimarães Editores, 1957, pp. 69 e segs.

[652] De acordo com os n.os 4 e 5, do art. 3.°.

[653] Veja-se os n.os 6, 7, 8 e 9 do artigo 3.° que estipulavam que ninguém podia ser perseguido, sequer perguntado, por motivo religioso, sendo livre a prática de todos os cultos religiosos, todavia, simultaneamente, pelos n.os 10 e 12 do mesmo art. 3.° restringia-se o ensino da religião e extinguiam-se congregações católicas.

Capítulo IV – Enquadramento Político-Jurídico Português 353

tudo numa dimensão institucional de liberdade de organização, aliás, de todas as confissões a que o Estado reconhece personalidade jurídica.

Contudo, será de referir que logo na 1.ª revisão e após as Leis n.º 1885 e 1910, respectivamente de 23 de Março e de 23 de Maio de 1935, ocorreram restrições neste direito de livre organização e prescreveu-se que o ensino ministrado pelo Estado teria por objectivo a formação das virtudes morais, virtudes essas "(…) *orientadas pelos princípios da doutrina e moral cristãs, tradicionais do País"*.

Com a última revisão da Constituição de 1933, levada a cabo pela Lei n.º 3/71, de 16 de Agosto, foi declarada a liberdade de culto e de organização de todas as confissões religiosas "cujas doutrinas não contrariem os princípios fundamentais da ordem constitucional",[654] referindo-se, em seguida, à religião católica, sendo esta qualificada como "religião *tradicional* da Nação Portuguesa."[655]

Não é nosso intento analisar exaustivamente a Concordata de 1940, mas apenas mostrar que a maioria das suas normas não contradizem as regras de liberdade e igualdade instituídas na nossa Lei Fundamental.

Sendo, como afirma Jorge Miranda, "poucas as normas desactualizadas e as que devem ter-se por inconstitucionais."[656] Certo é que a nossa Concordata de 1940 não estabelece a confessionalidade do Estado português, muito embora abra com a invocação da Santíssima Trindade, conforme costume de tais documentos assinados em países católicos, nela mais nada demonstra a intenção de restabelecer a religião católica como religião do Estado.

Mesmo por que os artigos 45.º e 46.º da Constituição de 1933, então em vigor estabeleciam a igualdade de todas as religiões perante a lei e a consagração do princípio da separação entre o Estado e qualquer religião, o que equivale ao entendimento da não admissão duma religião do Estado.

---

[654] Cfr. arts. 45.º e 46.º. Por seu turno, a matéria de Liberdade Religiosa da Lei n.º 4/71, de 21 de Agosto, é incluída na reserva de competência legislativa da Assembleia Nacional, nos artigos 8.º, parágrafo 2.º e 93.º, alínea *d*).

[655] Será de salientar o caso da invocação do nome de Deus no articulado constitucional, o que é invulgar em Direito comparado, ao declarar a liberdade de culto e de organização de todas as confissões religiosas:

"O Estado, consciente das suas responsabilidades perante Deus e os homens (...)", salvaguardando as confissões religiosas "cujas doutrinas não contrariem os princípios fundamentais da ordem constitucional".

Cfr. MIRANDA, J., *Manual de Direito Constitucional, Ibidem,* p. 353.

[656] Cfr. MIRANDA, J., *Ibidem,* p. 361.

Na revisão constitucional de 1951 foi tido em conta o facto da maioria dos portugueses tradicionalmente seguir a religião católica, e, por isso foi considerada como a religião da Nação, mas não do Estado. Reconhecendo este facto, contudo, nem a Concordata nem o Estado atribuem à Igreja uma situação de favor, como teremos oportunidade de mostrar ao fazermos a análise da Concordata.

Na Concordata apenas estão fixadas, em bases precisas, a situação jurídica da Igreja Católica, em Portugal, tendo em atenção os princípios da liberdade religiosa e dos direitos dos cidadãos católicos portugueses.[657]

No seu art. 1.º, o nosso país reconhece a personalidade jurídica da Igreja Católica, o que leva a que como pessoa colectiva de Direito Internacional possa agir na ordem interna de Portugal.

As "relações amigáveis com a Santa Sé serão asseguradas na forma tradicional por que historicamente se exprimiam", o irrefutável exemplo do princípio de actuação entre dois Estados em que se mantêm as relações diplomáticas entre a Santa Sé e Portugal, mediante "um Núncio Apostólico junto da República Portuguesa e um Embaixador da República junto da Santa Sé."[658]

A Santa Sé, ou melhor a Igreja, é reconhecida como sociedade jurídica independente e assim sendo, a Concordata estipula-se entre um Estado temporal, concretamente o português, e uma sociedade religiosa espiritual, mas visível e externa. Mesmo porque sendo tão íntima a ligação entre os bens temporais e sobrenaturais, tão forte o influxo mútuo, deve existir acordo entre ambas as sociedades para que promovam o bem do Homem, ainda que de ordem diversa, acordo esse estabelecido em bases jurídicas, por meio de convenção.

Como anteriormente referimos, as relações diplomáticas com a Santa Sé haviam sido interrompidas, de forma unilateral, pelo Governo Provisório da I República, embora tivessem sido restauradas pelo Presidente Sidónio Pais e posteriormente mantidas pelos sucessivos governos. Tais relações significam o reconhecimento da personalidade jurídica internacional da Santa Sé e encontravam-se explicitadas no art. 45.º da Consti-

---

[657] Muito embora o Código Administrativo de 1936 tivesse dado execução ao preceito constitucional de libertar as associações religiosas duma certa tutela do Estado, certo é que faltava um diploma que regulasse a situação jurídica da Igreja em Portugal, mesmo porque na legislação ainda existiam resquícios do regime de perseguição instituído pelo Governo provisório da I República.

[658] De acordo com os artigos 7.º e 8.º da C.R.P..

Capítulo IV – Enquadramento Político-Jurídico Português 355

tuição de 1933, sendo tal facto reconhecido no texto concordatário, a "personalidade jurídica da Igreja Católica", como instituição de direito internacional.

Pelos artigos 2.° e 3.° fica garantida, à Igreja Católica, o livre exercício da sua autoridade "na esfera da sua competência, tem a faculdade de exercer os actos do seu poder de ordem e jurisdição sem qualquer impedimento", bem como a liberdade de se organizar de acordo "com as normas do Direito Canónico". É aplicado o princípio fundamental da liberdade religiosa, proclamado na Declaração Universal dos Direitos do Homem, da Organização das Nações Unidas (O.N.U.) e igualmente inscrito nos pontos n.° 1 e n.° 4 do art. 41.° da actual Constituição Portuguesa.[659]

---

[659] Também se encontrava proclamado na Constituição de 1933, nos artigos 45.° e 46.° e a Lei da Separação também tinha inscrito nos artigos 2.° e 3.° princípio semelhante, mas nos seguintes não apenas restringia como sujeitava de tal modo as actividades da Igreja Católica, sendo reservada a organização do culto e de toda a vida religiosa às associações ditas culturais, formadas exclusivamente por leigos, isentas da autoridade eclesiástica e sujeitas ao Estado. Por tal motivo estas associações foram condenadas por Pio X e os Bispos opuseram-se à sua constituição.

A Lei da Separação não reconheceu a Igreja apenas a tolerava como sociedade meramente privada, como está inscrito no art. 181.°. Uma das arbitrariedades desta Lei foi a exigência do *beneplácito* para poderem ser publicados os documentos emanados da Santa Sé e dos Bispos. Diga-se, no entanto, que esta exigência tinha surgido no reinado de D. Pedro I e sido renunciada no de D. João II, tendo essa prerrogativa sido de novo introduzida, embora de forma provisória, no reinado de D. João V e definitivamente no reinado de D. José, com o Marquês de Pombal. Tanto a Constituição de 1822, pelo art. 123.°, como a Carta Constitucional, pelo art. 75.°, consideravam o *beneplácito* como uma prerrogativa do Rei.

Foram vários os Prelados que, por a não terem acatado, foram desterrados. As próprias populações aproveitavam-se das situações anómalas e perseguiam os párocos de certas igrejas. A título de exemplo, citamos o caso de Monsenhor José Gomes, o qual foi perseguido, quando era pároco numa freguesia de S. Miguel, tendo sido acolhido e estado sob a protecção da Família **Medeiros Arrenegado**, a fim de não ser molestado por alguns paroquianos da dita freguesia. Mais tarde foi pároco da Igreja do Senhor Santo Cristo dos Milagres.

O *beneplácito* foi negado, por alguns governos da I República. Veja-se a encíclica *Jandudum in Lusitânia,* de Pio X, à qual já algumas vezes fizemos referência, nela é protestada a Lei da Separação. O beneplácito acabou por cair em desuso tendo, em 1918, sido revogado. Na Concordata de 1940, no seu art. 2.°, o *beneplácito* ficou expressamente revogado "A Santa Sé pode livremente publicar qualquer disposição relativa ao governo da Igreja (...) sem necessidade de prévia aprovação do Estado" pois, era inconsequente no regime de liberdade religiosa admitido em Portugal.

356 *Das Relações da Igreja com o Estado*

O art. 4.° garante às organizações e associações a capacidade de possuírem e administrarem bens e deles disporem livremente, equiparando-as às demais pessoas colectivas civis. Ficaram, deste modo, libertas do regime de tutela do Estado a que a Lei da Separação as manietara. O que está de acordo com os pontos n.ᵒˢ 1 e 2, do art. 46.°, da Constituição de 1933 e que expressa esta garantia da seguinte forma: *"Os cidadãos têm o direito de, livremente e sem dependência de qualquer autorização, constituir associações"* e também gozam da liberdade de prosseguirem os seus fins *"(...) sem interferência das autoridades públicas (...)"*.

Ainda no artigo 4.° da Concordata se especifica que se as associações ou organizações para além de fins religiosos

> *"se propuserem também fins de assistência e beneficência em cumprimento de deveres estatutários ou de encargos que onerem heranças, legados ou doações, ficam, na parte respectiva, sujeitas ao regime instituído pelo direito português (...)"*

Diga-se que em tudo se equiparam às demais pessoas jurídicas da mesma natureza. O que vem provar, pelo menos neste domínio, que a Concordata não criou à Igreja uma situação privilegiada.

Tais prerrogativas cabem no âmbito da Constituição portuguesa nos seus artigos 62.° e 63.°, respectivamente pontos n.° 1 e n.° 5, sendo

> *"A todos garantido o direito à propriedade privada e à sua transmissão em vida ou por morte, nos termos da Constituição."* e *"O Estado apoia e fiscaliza, nos termos da lei, a actividade e o funcionamento das instituições particulares de solidariedade social e de outras de reconhecido interesse público sem carácter lucrativo, com vista à prossecução de objectivos de solidariedade social (...)"*

Pelo artigo 5.° fica garantido à Igreja a possibilidade de *"(...) cobrar dos fiéis colectas e quaisquer importâncias destinadas à realização dos seus fins (...)"* algo que pela Lei da Separação não era permitido, pois, tudo era realizado através das 'culturais' que tinham de aplicar um terço do que recebessem em obras de assistência. A Igreja em Portugal continua a viver exclusivamente da generosidade dos fiéis.[660]

---

[660] Fica claro que o Estado não tem a seu cargo subsidiar o culto, nem tão-pouco organizar nenhum sistema de tributação religiosa entre os fiéis como acontece em certos países.

Capítulo IV – Enquadramento Político-Jurídico Português

No artigo 6.º, está facultada a possibilidade dos bens, outrora património da Igreja, lhe serem restituídos. Reconhece-se, por este artigo, à Igreja a propriedade dos bens que estavam na posse do Estado e de particulares, mas ressalva-se os que *"(...) se encontrem actualmente aplicados a serviços públicos ou classificados como 'monumentos nacionais' ou como 'imóveis de interesse público'"*, que representavam a maioria.[661] Sendo que, quer os 'monumentos nacionais', quer os de 'interesse público' ou que venham a sê-lo num futuro até cinco anos, ficariam na posse do Estado, mas *"com afectação permanente ao serviço da Igreja."*

Como contrapartida, a cargo do Estado, ficava a conservação, reparação e restauração de acordo com a Autoridade eclesiástica a fim de evitar perturbações no serviço religioso; enquanto à Igreja *"incumbe a sua guarda e regime interno, designadamente no que respeita ao horário de visitas, na direcção das quais poderá intervir um funcionário nomeado pelo Estado"*.

Convém recordar que muitos pertences da Igreja continuaram (continuam) na posse do Estado, tendo a Igreja apenas recebido o que havia podido conservar e se encontrava na sua posse em 1940. Não se registou nenhuma indemnização, sendo de admitir o alto espírito de renúncia por parte da Igreja e que é revelada na Concordata, o que nos leva a concluir que apenas o interesse espiritual guiou a Igreja a celebrar esta Concordata com Portugal.

O Estado português reconhece à Igreja a propriedade dos bens que ela de facto ainda conservava, o que significa transformar em situações de direito certas situações de facto, não criando situações jurídicas contrárias aos factos da época.

De acordo com todos estes preceitos não se manifestou nenhuma generosidade por parte do Estado, antes pelo contrário, o que se revela na Concordata é uma renúncia por parte da Igreja.

O mesmo se pode inferir do artigo 7.º ao acrescentar um sentido de salvaguarda de actos futuros semelhantes aos do passado, pois, garante que

---

[661] Pela Lei da Separação muitos bens imóveis e objectos destinados ao culto, alguns foram parar a museus, outros foram declarados pertença do Estado. Ainda hoje muitos liceus, quartéis, hospitais e serviços públicos de importância estão instalados em antigos conventos ou outras casas de que a Igreja foi espoliada, quer durante a monarquia liberal quer na República. O mesmo se diga de muito do património de museus e bibliotecas públicas, para não se referir muitos dos bens vendidos pelo Estado.

"Nenhum templo, edifício, dependência ou objecto do culto católico pode ser demolido ou destinado pelo Estado a outro fim, a não ser por acordo prévio com a Autoridade eclesiástica competente ou por motivo de urgente necessidade pública, como guerra, incêndio ou inundação".

E tanto assim é que acrescenta: *"No caso de expropriação por utilidade pública, será sempre ouvida a respectiva Autoridade eclesiástica, mesmo sobre o quantitativo da indemnização."*

Foi esta a forma encontrada para obviar à tentação dos poderes públicos se apropriarem do património da Igreja como tinha acontecido tantas vezes, em Portugal, através dos tempos. O artigo 8.° isenta de imposto ou contribuição o património da Igreja, como também é conferida isenção o exercício das actividades espirituais eclesiásticas. O que é compreensível dado serem edifícios de utilidade pública que, em geral, também se encontram livres de tributos pela nossa legislação. Isentam-se "(...) os seminários ou quaisquer estabelecimentos destinados à formação do clero (...)", por se tratarem de instituições de ensino e educação, em conformidade com o artigo 44.° da Constituição em vigor na época, que permitia os subsídios às escolas particulares.

A isenção de imposto ao múnus sacerdotal parece-nos justificada pelo modo como viviam os sacerdotes e se praticava a actividade sacerdotal em Portugal, quase exclusivamente das esmolas dos fiéis.[662]

Sendo certo que temos assistido, a partir dos anos noventa, ao acentuar da tendência de encarar o fenómeno religioso no plano legislativo como algo não necessariamente reportado à confissão maioritária, não é menos verdade que diversas disposições legais especificamente dirigidas à Igreja Católica, colocaram importantes desafios de igualdade, particularmente, à jurisdição constitucional.

---

[662] De acordo com jurisprudência do Supremo Tribunal Administrativo encontram-se isentos de contribuições e impostos os templos e demais bens destinados à conservação dos edifícios bem como à sustentação do culto, e, por consequência, os bens dos seminários que se destinam a auxiliar na formação dos candidatos ao sacerdócio.

Contrariando esta posição está o Parecer publicado na 2.ª série do Diário do Governo, datado de 29 de Setembro de 1970, emanado da Procuradoria Geral da República. Contudo se dúvidas houvesse sobre a interpretação do artigo 8.° da Concordata, estas dever-se-ão solucionar por mútuo acordo, conforme o previsto no artigo 30.° do mesmo diploma que estipula o seguinte: "Se vier a surgir qualquer dúvida na interpretação desta Concordata, a Santa Sé e o Governo Português procurarão de comum acordo uma solução amigável".

Capítulo IV – Enquadramento Político-Jurídico Português 359

A Educação constitui um domínio particularmente sensível de actuação da liberdade religiosa, aqui entendida como liberdade de ensino de qualquer religião servindo de teste ao princípio da separação Igreja--Estado, entendido como não confessionalidade do ensino público.[663] Convenhamos que são múltiplas as situações em que a moral portuguesa se evidencia como cristã.[664]

Na última parte do artigo 8.º da Concordata de 1940 é afirmado que "não poderão ser onerados com impostos ou contribuições especiais." os bens ou as entidades eclesiásticas, para desta forma se precaver duma tentação, comum nos Estados, de imporem contribuições especiais aos bens das entidades religiosas, como aconteceu pela Lei da Separação.

No artigo 9.º enuncia-se que os Arcebispos, Bispos e demais membros do clero deverão ter nacionalidade portuguesa. Embora se considere uma disposição quase desnecessária, pois, pelo menos na Metrópole, praticamente todos eles eram cidadãos portugueses.

---

[663] Gomes Canotilho refere a propósito que a *'escola laica'* afirma-se como espaço de tolerância, em que os direitos das minorias (políticas, religiosas, económicas) são defendidos, diversamente do 'ensino particular confessional' que proclama o 'direito à diferença' através do 'ensino confessionalmente crismado'.

Veja-se GOMES CANOTILHO, J. J., (1992), *Direito Constitucional,* 5.ª edição, Coimbra, p. 498.

[664] Talvez não seja descabido, a título de exemplo, referir o art. 559.º do Código de Processo Civil português (DL. 183/2000, de 10 de Agosto) e que, de seguida, se transcrevem os seus 3 pontos. Comecemos pela sua titulação: Prestação do juramento. "1 – Antes de começar o depoimento, o tribunal fará sentir ao depoente a importância moral do juramento que vai prestar e o dever de ser fiel à verdade, advertindo-o ainda das sanções aplicáveis às falsas declarações. 2 – Em seguida, o tribunal exigirá que o depoente preste o seguinte juramento: «Juro pela minha honra que hei-de dizer toda a verdade e só a verdade». 3 – A recusa a prestar o juramento equivale à recusa a depor."

Acrescente-se que as fontes deste artigo do C.P.C. actual se encontra nos artigos 576.º e 572.º do Código de processo Civil de 1939 e 1961, respectivamente. Por sua vez a actual versão do ponto n.º 2 deve-se à alteração introduzida pela redacção do Decreto--Lei n.º 368/77, de 3 de Setembro. Esta forma de juramento (compromisso de honra) não era admitida pelo Código de 1876 (art. 220.º).

Pelo Decreto de 18 de Outubro de 1910, passou a ser a única admitida. À semelhança do de 1939, o Código actual começou consagrando um sistema *sui generis* de juramento religioso e juramento civil, laico ou de honra. Contudo o Decreto-Lei n.º 368/77, de 3 de Setembro, dando nova redação ao n.º 2 do artigo 559.º, admitiu apenas o juramento pela honra, mais consentâneo com a nova mentalidade religiosa do estado Português.

Veja-se ANDRADE, M., (1979), *Noções Elementares de Processo Civil,* Coimbra, p. 260, nota 1.

360   *Das Relações da Igreja com o Estado*

Contudo, compreende-se a salvaguarda na medida em que, no Ultramar português, razões especiais o justificam, as quais especificaremos ao abordarmos o Acordo Missionário, muito embora qualquer interessado na prática religiosa facilmente poderia adquirir, por naturalização, a cidadania portuguesa.[665] Por seu turno, o art. 10.º determina que cabe à Santa Sé antes de nomear um Arcebispo ou Bispo, salvaguardado o disposto no padroado e Semi-Padroado, comunicar ao Governo, o nome da pessoa escolhida "(...) a fim de saber se contra ela há objecções de carácter político geral". Trata-se do direito de pré-notificação que é alvo de críticas por motivos diversos.

Entre as declarações apresentadas diz-se que é contrário ao Concílio Vaticano II, o qual preconiza para a Igreja total liberdade na nomeação dos seus Bispos, mas também por razões que se prendem com a intromissão do Estado nos assuntos da Igreja, logo violando a separação Igreja-Estado e o art. 2.º deste mesmo diploma que garante à Igreja Católica "(...) o livre exercício da sua autoridade: na esfera da sua competência, tem a faculdade de exercer os actos do seu poder de ordem e jurisdição sem qualquer impedimento".

Por outro lado, poder-se-á criticar o preceito estipulado sob o ponto de vista de se intrometerem na escolha e designação dos Prelados motivos de ordem política, a que a Igreja deve ser alheia.

Perante tais factos, consideramos que as críticas podem ser rebatidas. Primeiramente será conveniente referir que vai longe o tempo do privilégio que os países católicos gozavam de designar ou apresentar os candidatos ao Episcopado e que fizeram parte de numerosas disposições concordatárias. Diga-se que este privilégio, embora mitigado, subsiste em alguns países e a sua abolição tem sido um dos motivos de revisão concordatária.[666]

---

[665] Este artigo da Concordata embora não viole a actual C.R.P.(Constituição da República Portuguesa) pode ser interpretado de forma diversa nos pontos n.os 2 e 1.º, dos artigos 13.º e 15.º, respectivamente, pois, "Ninguém pode ser (...) privado de qualquer direito (...) em razão de território de origem (...)", ou mesmo porque "Os estrangeiros (...) gozam dos direitos e estão sujeitos aos deveres do cidadão português.", ficando, contudo, salvaguardado, no ponto n.º 2 do artigo 15.º e n.º 1 do 16.º da C.R.P..

[666] Este foi, por exemplo, o caso de Espanha, em que um dos principais motivos aduzidos a favor da revisão da concordata foi justamente esse: o governo designar ou apresentar os candidatos ao Episcopado e a Igreja dar, posteriormente, a instituição canónica – Privilégio antigo, dos países católicos, que subsistiu até ao século XX.

Capítulo IV – Enquadramento Político-Jurídico Português   361

No caso português, o estabelecido na nossa Concordata nem se assemelha ao *agrément* que os governos costumam dar à nomeação dos representantes diplomáticos estrangeiros. É comum a Santa Sé antes de proceder à nomeação dum Bispo pedir informações diversas e, por este artigo, comprometeu-se a pedi-las também ao governo. Há, pois, que distinguir entre o consentimento necessário ou verdadeiro e a comunicação no sentido de pedido de informação.

O consentimento necessário é o caso do dado pelo Governo à nomeação do representante diplomático estrangeiro, de modo a que o mesmo não possa ser acreditado no país, nem pode continuar no desempenho da sua missão diplomática, se lhe faltar o *agrément,* ou seja, o consentimento do governo.

Enquanto que, no caso vertente, a Santa Sé antes de proceder à nomeação ausculta o governo, mas mesmo que o parecer deste não seja favorável, ela pode nomear a pessoa indicada, pois, a opinião do governo não equivale a um veto ou a um *agrément.* Cabe à Santa Sé, no caso do parecer do governo ser desfavorável, ajuizar se convém ou não nomear o candidato.[667] Num outro sentido é também analisado o conceito de *"(...) objecções de carácter político geral"*. Será razoável analisarmos que tais objecções só poderiam revestir-se deste carácter, não sendo de todo razoável pedir a um governo que se manifeste acerca do carácter ou idoneidade doutrinal ou moral dum determinado prelado.

Aliás, ao governo só lhe restava pronunciar-se sobre o aspecto político. Entendida desta forma, não se pode considerar esta disposição como contrária à letra ou ao espírito do Concílio Vaticano II.[668]

Deverá também referir-se que, contrariamente ao que se encontra estabelecido noutras concordatas e acordos, na concordata portuguesa de 1940 não se impõe aos Prelados o chamado 'juramento de fidelidade' ao

---

[667] Assim tem procedido a Santa Sé em muitos países em que não há concordatas, tal é o caso da França, ou mesmo havendo concordata ela não impõe diligências de tal ordem. Normalmente, dado que à Igreja não lhe interessa alimentar conflitos com os governos, procura assegurar-se da não existência de objecções que desaconselhem esta ou aquela nomeação.

[668] Terá algum interesse referir-se que embora celebrada 26 anos mais tarde que a nossa, a Concordata celebrada com a Argentina (10 de Outubro de 1966) apresenta, textualmente, no seu art. 3.º, as mesmas palavras que se encontram no nosso art. 10.º. Diga-se ainda que a Argentina, por esta Concordata, renunciou aos privilégios, de que gozava e que havia herdado, enquanto colónia Espanhola, respeitantes à apresentação, pelo seu governo, dos candidatos ao Episcopado, a que anteriormente aludimos.

362 *Das Relações da Igreja com o Estado*

respectivo Estado. Por outro lado, este artigo também é alvo de críticas, concretamente ao não permitir que a designação dos Bispos não se realize por eleição do clero e dos fiéis.

Num tempo como o actual em que de certezas se morre ao mesmo tempo que morrem as certezas (L. Sciascia), a verdade não muda e permanece idêntica e quando se enfeitam os discursos, ofuscam-se as ideias, pelo que se for isso que pretendem o clero e os fiéis, em Portugal, sobre o modo de designação dos Bispos, será necessário rever a Concordata também neste artigo.

Mas continuemos o nosso propósito. O sentido crítico dum trabalho desta natureza considera-se correctamente perspectivado quando procede a uma reflexão alargada lançando os alicerces duma possível (re)visão o mais séria possível.Naturalmente que temos os nossos juízos de valor.

Mas se muitas vezes a descrição se alonga é porque pretendemos formular com o rigor possível os juízos de realidade expressos. Não intentamos julgar, mas antes conhecer e compreender. Sem concessões.

Continuamos este nosso percurso que, na preocupação de reduzir a linhas simples a expressão das ideias mais complexas, tomamos, por vezes, como morto e passado aquilo que ainda é presente.

Analisemos agora o art. 11.º da Concordata de 1940, o qual estipula que, *"No exercício do seu ministério, os eclesiásticos gozam da protecção do Estado, nos mesmos termos que as autoridades públicas"*.

Teoricamente poderá parecer que colide com o princípio da igualdade instituído no art. 13.º da C.R.P., actualmente em vigor, principalmente pelo ponto n.º 2 que estipula que:

"Ninguém pode ser privilegiado, beneficiado (...)", mas em nosso entender muito embora todos os cidadãos devam gozar da 'protecção do Estado' o certo é que, na prática, esta prerrogativa não passa também do dever do Estado de garantir a ordem pública e assegurar o livre exercício do direito à liberdade religiosa.

Aliás, a própria Lei da Separação, no seu art. 12.º, apresentava disposição semelhante só que relativa aos ministros de todas as religiões. Mais uma vez cabe-nos inferir que nenhuma análise documental deve ser realizada com a abstracção do tempo e do contexto onde se insere.

O art. 12.º tem por objectivo garantir o segredo que o clero deve guardar, não apenas da confissão como também em outros actos do seu ministério. É comum um sacerdote ser procurado para solucionar problemas diversos e dar conselhos. Por este artigo é-lhes reconhecido o direito de guardarem segredo absoluto acerca destes assuntos.

Capítulo IV – Enquadramento Político-Jurídico Português 363

O sigilo religioso, nada tem de particular. Ele será o equivalente ao 'segredo profissional', que deve ser respeitado em virtude da própria liberdade religiosa. Esta garantia concordatária é perfeitamente justificável na medida em que cabe ao sacerdote a possibilidade de lhe ser permitido recorrer ao sigilo religioso quando inquirido por magistrados ou outras autoridades acerca dos factos ou fenómenos de que tenha conhecimento por via do seu sagrado ministério.

É neste seguimento que se entende o texto do art. 13.º,

> *"Os eclesiásticos são isentos da obrigação de assumir os cargos de jurados, membros de tribunais ou comissões de impostos, e outros da mesma natureza, considerados pelo Direito Canónico como incompatíveis com o estado eclesiástico".*

Em nosso entender, não se trata, de forma alguma, dum privilégio antes de aceitar que certos cargos são considerados, pelo Direito Canónico, como incompatíveis com a actividade sacerdotal, pelo que justifica a garantia concordatária.

Muito embora o recurso a jurados seja raro no nosso actual sistema jurídico de direito processual, ao servir de jurado um sacerdote poderia incorrer num grave conflito de consciência, na medida em que estes têm o dever de se pronunciar sobre a culpabilidade dos arguidos ou réus.

Cargos como os relativos a tribunais ou comissões de impostos são mal-queridos pela população, sobretudo em meios pequenos arriscando-se a quem desempenhasse tais cargos a comprometer seriamente a acção sacerdotal. Por tal motivo, compreende-se que a Santa Sé tenha procurado garantir aos sacerdotes esta imunidade, conveniente e necessária, julgamos, para o desempenho das suas funções.

Por seu turno, o art. 14.º prevê a prestação de serviço militar pelos sacerdotes e clérigos, mas sob a forma de assistência religiosa e sanitária. Muito embora seja tido, por alguns, como um privilégio, sobretudo em tempo de guerra, o certo é que este artigo concordatário não isenta nem os sacerdotes nem os clérigos do serviço militar, apenas determina a forma de o cumprir.

É uma forma de cumprir o mandamento *"Não matarás"*. Mais, por motivos idênticos, as leis civis isentam de tais obrigações outros cidadãos como é o caso dos 'objectores de consciência' (direito garantido no n.º 6 do art. 41.º da actual C.R.P.) .

Tanto na nossa Concordata de 1940, como noutras, a Santa Sé tem procurado não isentar os sacerdotes e clérigos do cumprimento do serviço militar, mas antes intentar para que o prestem da forma mais conforme ao seu estado que é a assistência religiosa às forças armadas e em formações sanitárias.

No caso dos seminaristas procede-se do mesmo modo que com os universitários, aguardam pelo fim do curso para a prestação do serviço militar. Foi este o caso aquando da guerra dita do Ultramar, em que o Estado, em virtude deste artigo concordatário, preferiu que os seminaristas cumprissem o serviço militar já como capelães, não os sujeitando a duas comissões de serviço.

Este artigo tem afinidade com o 18.° na medida em que, o Estado Português, nele, *"(...) garante a assistência religiosa em campanha, às forças de terra, mar e ar e, para este efeito, organizará um corpo de capelães militares que serão considerados oficiais graduados."*

Uma das consequências do princípio da liberdade religiosa é a possibilidade das forças armadas poderem ter assistência religiosa.[669] Por várias razões, principalmente por a Europa estar no início da II Guerra Mundial, a Santa Sé procurou que aos militares católicos fosse assegurada a devida assistência religiosa, principalmente quando em campanha.

Compreende-se, pois, a posição tomada pela Santa Sé tanto mais conhecendo o passado recente de Portugal, muito embora se desconhecesse a não intervenção portuguesa neste conflito. Certo é que aos militares católicos portugueses foi assegurada a devida assistência religiosa, sobretudo em campanha.

Ao Estado, como se veio a verificar na década de sessenta, cabe o dever de lhes proporcionar os meios necessários à efectivação da assistência religiosa com a criação dum corpo de capelães. Deste modo, os sacerdotes enquadram-se num serviço organizado de assistência religiosa especial, aliás, como acontece na generalidade dos países ocidentais, mesmo em nações de minoria católica.[670]

---

[669] Aquando da nossa intervenção militar na Primeira Grande Mundial, pelo maçonismo que dominava, não teria sido permitida a assistência religiosa aos soldados que partiram para a Flandres e para África. Só com a intervenção da opinião pública, dos próprios soldados e de pressões das potências aliadas, sobretudo Inglesa, foi publicado o Decreto 2 942 que permitiu a assistência religiosa, embora de forma precária, não tendo, por exemplo, os capelães direito a vencimentos. Após a guerra cessou a assistência religiosa às forças armadas.

[670] Veja-se o caso do Reino Unido, Estados Unidos da América, Alemanha e Países Baixos. Nestes países, a que se associam a Espanha, Itália e a Bélgica, entre outros, os capelães formam um corpo auxiliar das forças armadas, tendo os seus membros a gra-

Capítulo IV – Enquadramento Político-Jurídico Português 365

Por sua vez, o art. 15.º prevê a punição do uso indevido do hábito eclesiástico e do exercício abusivo da jurisdição e das funções eclesiásticas quando tal for comunicado oficialmente pelas autoridades da Igreja. Não significa isto um privilégio, mas antes uma forma de prevenir um crime de burla dado que o uso indevido do hábito ou do exercício abusivo das funções eclesiásticas podem induzir em erro, principalmente as pessoas mais simples, que convém defender.[671]

Pelo art. 16.º assegura-se, à Igreja Católica, o livre exercício dos actos de culto quer privado quer público. Resume-se a uma consequência da liberdade religiosa e está de acordo com o art. 41.º da C.R.P., sobretudo nos seus pontos n.os 1 e 4, mas que também é recordado na Declaração conciliar *Dignitatis humanae*.[672]

No art. 17.º é dada permissão ao sacerdote para dar assistência espiritual nos *"(...) hospitais, refúgios, colégios, asilos, prisões e outros estabelecimentos similares do Estado, das Autarquias locais e institucionais e das Misericórdias (...)"*.

Esta especificação resulta do sectarismo dominante que impedia tais acessos, assim, por este artigo concordatário, a Igreja procurou assegurar a liberdade de assistência religiosa aos católicos internados nestes estabelecimentos.

Igualmente pelo princípio da Liberdade Religiosa, o Estado, pelo art. 19.º da Concordata, compromete-se a providenciar no sentido de tornar viável, a todo o católico ao seu serviço ou que é membro das suas organizações, "o cumprimento regular dos deveres religiosos nos domingos e dias festivos", nomeadamente o preceito da missa.

---

duação referente aos serviços que prestam. É também este o sistema português, prestando os capelães uma comissão de serviço como qualquer miliciano. Nos países em que imperou ou impera o laicismo, os capelães não se encontram integrados no quadro das forças armadas. Equiparam-se a outros civis que lhes prestam serviços. Contudo, quando em campanha e de acordo com os tratados e convenções internacionais, integram-se nas forças armadas beneficiando das respectivas garantias e imunidades militares.

No caso português e dada a lei da Liberdade Religiosa ainda não se justifica a assistência religiosa de outras confissões dado ser diminuto o número de militares pertencentes a outras religiões. Assim, aliás, acontece no Reino Unido e Estados Unidos da América, onde prestam assistência religiosa aos militares, capelães católicos, protestantes e judeus.

[671] Semelhante disposição encontra-se também no art. 15.º da Lei da Separação.

[672] Veja-se n.os 4 e 5. Acrescente-se que idêntico direito também já era reconhecido nos artigos 7.º e 8.º da Lei da Separação, muito embora o exercício desse direito fosse cerceado nas disposições regulamentares seguintes que deixavam ao arbítrio do Estado e das 'culturais' a organização ou permissão do culto.

366   *Das Relações da Igreja com o Estado*

Ainda na actual Constituição, no seu art. 41.º, ponto n.º 1, é considerada inviolável *"A liberdade de consciência, de religião e de culto"*, pelo que se mantém este direito concordatário.

Nos artigos 20.º e 21.º abordam-se os problemas do exercício da liberdade de ensino consignada na Constituição de 1933, pelo art. 8.º, n.º 5. Reconhece-se à Igreja e às suas organizações a liberdade de criarem seminários e escolas particulares paralelas às do Estado e a não dependência de autorização do ensino religioso nas mesmas.[673]

O Estado pretendeu, no art. 20.º, ver assegurado que *"(...) no ensino das disciplinas especiais, como no da História, se tenha em conta o legítimo sentimento patriótico português"*.

O art. 21.º, na sua 1.ª parte, reconhece que *"O ensino ministrado pelo Estado nas escolas públicas será orientado pelos princípios da doutrina e moral cristãs tradicionais do País"* e acrescenta, como consequência deste facto, que será ministrado o ensino da religião e moral católicas *"(...) nas escolas públicas elementares, complementares e médias aos alunos cujos pais, ou quem suas vezes fizer, não tiverem feito pedido de isenção."*.[674]

Por sua vez, os professores que ministrariam o ensino da religião e moral católicas seriam *"(...) nomeados pelo Estado de acordo com ela;"* leia-se Autoridade eclesiástica.

Este preceito concordatário encontrava-se em perfeita consonância com o art. 43.º, parágrafo 3.º da Constituição de 1933, segundo o qual o ensino ministrado nas escolas públicas será orientado pelos princípios da doutrina e moral cristãs tradicionais no país.

Diga-se que este ponto está conforme a doutrina das Declarações Conciliares tanto no aspecto da liberdade religiosa como no da educação cristã, pois, afirma-se que se violam os direitos dos pais *"(...) quando os*

---

[673] Veja-se que são utilizados os mesmos termos com que o artigo 44.º da Constituição, em vigor na época, garantia tal liberdade a todos os portugueses. Esta liberdade foi negada à Igreja pela Lei da Separação bem como a liberdade de ensino religioso nas escolas e cursos particulares, direito que havia sido reconhecido, por Decreto, em 1926.

Pela Lei da Separação só foi permitido, em todo o país, existirem cinco seminários e mesmo assim sujeitos ao Estado que organizava os respectivos estudos conforme artigos 102.º, 184.º e 189.º.

Na actual Constituição, pelo ponto n.º 5 do artigo 41.º, é garantida a liberdade de ensino de qualquer religião.

[674] Este é um dos factos mais ignorados ou quiçá propositalmente mais omitidos porque relevante da liberdade religiosa.

filhos são obrigados a frequentar aulas que não correspondem às convicções religiosas dos pais, ou se impõe um tipo único de educação do qual se exclui totalmente a formação religiosa".[675]

Ainda no âmbito do art. 21.° é garantido o ensino de religião e moral católicas

> *"Nos asilos, orfanatos, estabelecimentos e institutos oficiais de educação de menores, e de correcção ou reforma, dependentes do Estado, será ministrado, por conta dele, o ensino da religião católica e assegurada a prática dos seus preceitos".*

São várias as críticas a esta parte do artigo na medida em que o Estado se compromete a que seja ministrado o ensino da religião e assegurada a sua prática. Convenhamos, no entanto, que as mesmas carecem de algum fundamento. Conforme dados estatísticos, a maioria dos portugueses é católica, mesmo que muitos não sejam praticantes, mesmo assim a maioria baptiza os filhos. O Concílio recomenda que os baptizados devem receber educação religiosa católica. Dado que alguns pais, por variadas circunstâncias, não o podem fazer, cabe ao Estado suprir esta incapacidade dos progenitores, ministrando essa educação aos internados nos estabelecimentos estaduais para educação de menores. Se assim o não fizesse estaria a violar a legítima liberdade religiosa e educacional das famílias, não apenas recomendada pelo Concílio Vaticano II como também reconhecida pela Constituição.

A Educação constitui um domínio particularmente sensível de actuação da liberdade religiosa, aqui também entendida como liberdade de ensino de qualquer religião conforme o ponto n.° 5 do art. 41.° da actual Constituição e serve de teste ao princípio da separação Igreja-Estado. É assim natural que algumas das mais importantes questões suscitadas nestes dois artigos se tenham colocado a propósito de questões educativas, concretamente quanto ao ensino da religião nas escolas públicas.

Não obstante, a produção legislativa não tenha sido, sob o ponto de vista quantitativo, muito significativa salienta-se o Despacho Normativo n.° 6-A/90[676] que, a partir de proposta da Conferência Episcopal Portuguesa, fixa as habilitações que devem ter os professores da disciplina de Educação Moral e Religiosa Católica nos ensinos Básico e Secundário.

---

[675] Veja-se o n.° 5 da Declaração do Concílio Vaticano II.

[676] Trata-se de legislação dos Ministérios das Finanças e da Educação, em 31 de Janeiro de 1990.

368   *Das Relações da Igreja com o Estado*

Ainda no domínio legislativo, concretamente quanto à Universidade Católica Portuguesa, foi estabelecido, pelo Decreto-Lei 128/90, o seu enquadramento no sistema de ensino superior português, deste diploma salienta-se que o Estado assume a obrigação de apoio, nomeadamente financeiro.[677]

O Tribunal Constitucional, em Fevereiro de 1993, apreciou a constitucionalidade de dois diplomas: as Portarias n.º 333/86, datada de 2 de Julho e a 831/87, de 16 de Outubro, referentes ao ensino de Religião e Moral Católicas nas escolas públicas.

O primeiro dos referidos diplomas refere-se ao ensino primário e, diz ser da responsabilidade da Igreja Católica, o ensino dessa disciplina, possibilitando que o professor da mesma fosse o próprio professor das restantes matérias, estabelecendo que, relativamente aos alunos que a não frequentem, sejam apresentadas diversas modalidades de ocupação do tempo, enquanto decorressem as aulas de Religião e Moral.[678]

O segundo desses diplomas regula o ensino da disciplina de Religião e Moral Católicas nas Escolas Superiores de Educação e nos Centros de

---

[677] O referido Decreto-Lei data de 17 de Abril de 1990. Aliás, a Universidade Católica Portuguesa foi oficialmente reconhecida pelo Decreto-Lei n.º 307/71, de 15 de Julho, que a define como "pessoa colectiva de utilidade pública", tendo como objectivos, de acordo com art. 1.º, o de "ministrar o ensino de nível superior em paralelo com as restantes Universidades Portuguesas". No preâmbulo deste diploma estabelece-se a distinção entre "estabelecimentos destinados ao ensino eclesiástico" e os de "ensino de nível superior paralelo ao do Estado".

Os primeiros estão associados ao 3.º parágrafo do art. 20.º da Concordata no qual se refere ser "livre a fundação de seminários ou de quaisquer outros estabelecimentos de formação ou alta cultura eclesiástica" subtraindo o seu 'regime interno' à fiscalização do Estado.

Os segundos, os de ensino superior paralelo ao do Estado reportam-se ao 1.º parágrafo do citado artigo que, como atrás referimos, refere textualmente o seguinte: "As associações e organizações da Igreja podem livremente estabelecer e manter escolas particulares paralelas às do Estado".

Aqui também se gera controvérsia ao dizer-se que se trata duma leitura abusiva do texto concordatário que não abrange o ensino superior.

O certo é que apenas no Decreto-Lei 128/90 se define a Universidade Católica como "(...) instituição da Igreja Católica, canonicamente erecta ao abrigo do artigo XX da Concordata". No momento este apoio tem sido posto em causa.

[678] Como anteriormente referimos cabe aos pais, ou quem suas vezes fizer, fazer pedido de isenção, o que está não apenas conforme o art. 21.º da Concordata como o art. 67.º, no seu ponto n.º 2, alínea *c*), da constituição da República Portuguesa: "Incumbe, designadamente, ao Estado para protecção da família: Cooperar com os pais na educação dos filhos;".

Capítulo IV – Enquadramento Político-Jurídico Português 369

Formação de Professores do ensino básico e de educadores de infância, concretamente nos ensinos médio e superior públicos.

O entendimento do Tribunal Constitucional, com sete votos a favor e seis contra, foi no sentido de que a Constituição não proibia, impondo até, por força do dever de cooperação do Estado com os pais na educação dos filhos, que seja facultada à Igreja Católica a possibilidade desta ministrar o ensino da Religião e Moral Católicas.[679] Dessa possibilidade de ministrá-lo nas escolas públicas, decorre que seja facultada a formação nessa área, nas escolas que preparam os professores que poderão, também, ensinar essa disciplina, se o não for por sacerdotes como anteriormente.

Porém, a possibilidade do professor de Religião e Moral Católicas (E.R.M.C.) e das restantes matérias ser a mesma pessoa, foi entendida como não pondo em causa a não confessionalidade do ensino público, não obstante ser um ensino 'da Igreja' e não do Estado.[680]

Por fim, o Tribunal Constitucional, embora considere não poder o Estado abster-se de conceder um tratamento semelhante às restantes confissões, mesmo que minoritárias, entende que isso traduz não numa *inconstitucionalidade por acção,* mas antes comporta uma *inconstitucionalidade por omissão* que não cabia ao Tribunal apreciar.[681]

O entendimento do conceito de separação e não confessionalidade do ensino público em que se baseiam essas discordâncias, recusa a ideia de que a coincidência na mesma pessoa do professor de E.R.M.C. e das

---

[679] Conforme o Acórdão n.º 174/93. Veja-se Diário da República II Série de 1 de Junho de 1993 e também na Revista de *Legislação e de Jurisprudência,* ano 126, pp. 201 e ss..

[680] O Estado português não assume qualquer confessionalidade na sua Constituição da República, contudo, convém não ignorar que a maioria do povo português é católica, muito embora com uma grande percentagem de não praticantes, logo a nação é, maioritariamente católica.

[681] Para melhor entendermos este argumento do Tribunal Constitucional convém apresentar alguns esclarecimentos: a C.R.P., no seu artigo 283.º, comporta justamente, no seu ponto n.º 2, o seguinte – "Quando o Tribunal Constitucional verificar a existência de inconstitucionalidade por omissão, dará disso conhecimento ao órgão legislativo competente", simplesmente a posição do Tribunal Constitucional resulta de não estar em causa, no Acórdão 174/93, um processo de fiscalização dessa natureza.

Tratou-se duma decisão polémica, aliás como se pode inferir de alguns comentários e do tom discordante dos votos de vencido dos Conselheiros Luís Nunes de Almeida, António Vitorino e Ribeiro Mendes. O Acórdão "absolveu normas que padecem de flagrante, patente e inequívoca inconstitucionalidade, atingindo elementos essenciais de arquitectura do regime jurídico-político plasmado na Constituição da República".

restantes matérias do primeiro ciclo do ensino básico, não significa um assumir, pelo Estado, do ensino da religião católica e uma dupla, e inconstitucional, representação do Estado e da Igreja.[682]

No ano de 1993, o Tribunal de Contas emitiu algumas decisões respeitantes às condições práticas de ensino, em escolas públicas, da disciplina de formação religiosa por parte de confissões diversas da Igreja Católica.[683] A possibilidade de frequência destas aulas, restrita apenas aos segundo e terceiro ciclos do ensino básico, foi facultada a quem o pretenda, porém, não existe uma definição legal das habilitações desses professores, o que levou o Tribunal de Contas a recusar o 'visto' a contratos celebrados que iriam leccionar as respectivas disciplinas.[684]

Ainda no âmbito do ensino da disciplina de Educação Moral Religiosa Católica será de salientar a interpretação que tem sido feita, por várias entidades, ao Decreto-Lei n.° 6/01, de 18 de Janeiro.

Um dos exemplos diz respeito à apreciação feita, em Conselho Presbiteral, pelos padres da Arquidiocese de Évora. A mesma foi apresentada nos seguintes termos:

> *"Embora se preveja no n.° 5 do art. 5.° do mesmo diploma que a referida aula se possa incluir no desenvolvimento de projectos que contribuam para formação pessoal e social dos alunos, ao abrigo da autonomia das escolas".*

---

[682] É, no entanto, significativa a crítica apresentada quanto à posição vencedora no Acórdão quanto ao entendimento dum regime de privilégio duma confissão como *inconstitucionalidade por omissão*. Uma solução, para evitar possíveis desigualdades entre minorias, residiria e de acordo com o Conselheiro Sousa e Brito, na extensão da regulamentação levada a cabo pelo Estado, desde logo, e referimo-nos a este caso concreto, às demais confissões religiosas.

[683] A competência deste tribunal reside na fiscalização da legalidade das despesas públicas. Veja-se o Acórdão n.° 286/93.

[684] Trata-se do Despacho Normativo n.° 104/89, de 16 de Novembro que prevê a contratação, pelas escolas, de pessoal docente proposto pela confissão respectiva. O *visto* do Tribunal de Contas, relativamente aos contratos que envolvam despesas públicas, no caso concreto o salário do professor que iria leccionar a disciplina de Religião e Moral Evangélicas, funciona como condição de eficácia, pelo que, na sua ausência, o contrato não produz efeito.

No ano lectivo de 1992/93, funcionaram 34 aulas, no todo nacional, sendo a única confissão que recorreu ao previsto no referido Despacho Normativo. Convém referir que na sequência do Acórdão do Tribunal Constitucional n.° 423/87, a freqüência da disciplina de religião e Moral Católicas nas escolas públicas, depende da aceitação expressa, aliás, como se encontra no art. 21.° da Concordata.

Capítulo IV – Enquadramento Político-Jurídico Português 371

As dúbias interpretações provocaram alterações ao regime até agora em vigor.[685] De acordo ainda com nota do referido Conselho Presbiteral, o que está a acontecer *"(...) vem na sequência da progressiva gover- namentalização do ensino em Portugal, pondo em causa aquilo que os números claramente traduzem e que representam a opção inquestionável das famílias de incluir esta área educativa no currículo escolar"*.[686]

Numa sociedade, mesmo com separação entre Igreja e Estado, a escola confessional pode até ser pública, desde que exista uma relação confessional, doutrinária ou ideológica entre o Estado e dada confissão religiosa, ou entre o Estado e entidades que assumam uma opção de carác- ter religioso, gerando essa relação escolas públicas confessionais. Porém, normalmente, numa sociedade com separação da Igreja e do Estado, como a generalidade das europeias, a escola confessional tende a ser privada ou tratada como tal. Neste caso, a fundamentação do exercício da liberdade é, reportando-nos à doutrina católica, parcialmente autónoma.[687]

---

[685] Recorde-se que a nível nacional, de acordo com dados estatísticos do ano lec- tivo de 2000/2001,frequentaram a disciplina de E.M.R.C., cerca de 325 mil alunos, sendo a mesma leccionada por 1 500 docentes.

[686] De acordo com o Decreto-Lei 323/83, a disciplina de Educação Moral e Reli- giosa, católica ou de outras confissões, é parte integrante do currículo, clarificando que a mesma deve ser dada pelo professor ou por alguém mandatário para o efeito, prevendo ainda a ocupação dos alunos que não estejam inscritos.

[687] Aliás, Pio XI, na *Divinis Illius Magistri,* a fim de fundamentar esta posição, começa por se situar no âmbito do direito divino: a missão atribuída por Cristo à Igreja – "Ide e ensinai todas as gentes", a qual só pode ser exercida se à Igreja e suas instituições for dado acesso ao ensino e se houver a forma específica de ensino que é a Escola Cató- lica. Com a Declaração Conciliar *Gravissimum Educationis* opera-se uma reformulação mais objectiva com referência ao mundo moderno.

Não parte apenas do direito divino, próprio de ensinar, passa a advir da necessi- dade do pluralismo social e da inserção da Igreja numa sociedade livre ou do direito da Igreja e dos cristãos, no âmbito da sociedade actual educar-se de acordo com as suas próprias convicções. Ou seja, sem prejuízo desse direito ter outros fundamentos, o seu enquadramento mais geral numa sociedade pluralista, com cristãos e não-cristãos, visará a liberdade religiosa e de consciência de todos os homens. Veja-se *Pacem in Terris,* de João XXIII.

Haverá ainda um outro fundamento que abarca o plano dos valores que tem a sua base na Escola Católica. De certo modo, há fundamentos próprios e específicos do pensa- mento católico para a liberdade de ensino, embora não devam, sob pena de se pôr em causa a própria liberdade, traduzir-se em privilégios. Veja-se esta intenção manifestada, a pro- pósito de liberdade religiosa, na *Gaudium et Spes* e na *Dignitatis Humanae.*

372 *Das Relações da Igreja com o Estado*

A Escola Católica não pretende, segundo podemos inferir, ser uma modalidade privilegiada, mas antes igual às outras em dignidade, na medida em que é isso que decorre da igual posição e cidadania de todas as pessoas numa sociedade livre.[688]

Trata-se dum projecto educativo próprio, que entronca na missão da Igreja, a qual só pela liberdade dos homens pode e quer realizar-se. As soluções oferecidas pelas políticas públicas são diversas; o que interessa é que, para a liberdade dos cidadãos na escolha de 'aprender e ensinar', seja garantida a equiparação entre as escolas privadas e as públicas, inclusive no seu custo.[689]

Não são aqui possíveis maiores desenvolvimentos. Bastará, para ficar claro, um pensamento que parece ter sido afastado dos ambientes legislativos nacionais, desfasados, sobretudo, da Doutrina Social da Igreja, o que comporta ao Estado o seu efectivo desempenho na função subsidiária com a respectiva autonomia da sociedade civil. Referimo-nos concretamente à necessidade de afirmação dos deveres fundamentais sociais e não apenas dos direitos, no sentido da inadiável educação para a cidadania.

Defendemos a ideia da necessidade de valorizar a responsabilidade dos cidadãos, ou seja, os seus deveres, e não apenas os seus direitos. Na Declaração Universal dos Direitos do Homem encontram-se referidos, de forma breve, apenas num único artigo, os deveres.

Dado que vivemos num Mundo conturbado, em intensa transmutação, com a velocidade e a permanente aceleração imprimidas e potenciadas pela tecnologização da sociedade problematizam-se novas questões engendradas pelas preocupações ético-axiológicas que decorrem da investigação científica e das suas implicações sociais, que importa aludir.

E porque se torna, a cada dia, mais imperativo referir que as pessoas, porque iguais e livres, são sede de direitos próprios e inalienáveis, mas também porque importa reconhecer que, por essa mesma dignidade que define os seus direitos, são não apenas autores como intérpretes das necessárias respostas ao exercício dos direitos dos seus semelhantes.

Com base em princípios doutrinais e constitucionais, ficam, deste modo, esclarecidas e apresentadas bases para resolver a questão da articulação entre iniciativa estatal e privada, em matéria de ensino, de forma

---

[688] Este é um dos pontos da Concordata que foi revisto, embora ainda não se conheçam as alterações.

[689] De acordo com a liberdade que se encontra, constitucional e legalmente, garantida. Veja-se: respectivamente, o art. 43.º da C.R.P. e o art. 1886.º do Código Civil.

Capítulo IV – Enquadramento Político-Jurídico Português 373

a integrar o subsistema particular no sistema global, de tal modo que a rede estatal não constitua um monopólio de concorrência desleal do Estado contra a liberdade de ensino dos cidadãos.

Permita-se-nos uma citação retirada da encíclica do Papa João Paulo II, a *Centesimus Annus* e que embora repetida vem a propósito. Referindo-se ao Estado social, diz-nos, a certa altura que, nos últimos anos, se assistiu:

> *"(...) a um vasto alargamento dessa esfera de intervenção, o que levou a constituir, de algum modo, um novo tipo de Estado, o «Estado de Bem--Estar».*
>
> *Esta alteração deu-se em alguns países para responder, de modo mais adequado, a muitas necessidades e carências, dando remédio a formas de pobreza e privação indignas da pessoa humana".*[690]

Assim, o Papa reconhece a valência da intervenção positiva do Estado, mas não deixa depois de destacar os excessos duma intervenção desnecessária ao afirmar, mais adiante, que

> *"(...) não faltaram, porém, excessos e abusos que provocaram, especialmente nos anos mais recentes, fortes críticas ao «Estado de Bem-Estar», qualificado como «Estado assistencial».*

Não tendo deixado de completar que

> *"As anomalias e defeitos, no Estado assistencial, derivam de uma inadequada compreensão das suas próprias tarefas. Também neste âmbito se deve respeitar o princípio da subsidiariedade: uma sociedade de ordem superior não deve interferir na vida interna de uma sociedade de ordem inferior, privando-a das suas competências, mas deve antes apoiá-la em caso de necessidade e ajudá-la a coordenar a sua acção com a das outras componentes sociais, tendo em vista o bem comum.*

João Paulo II, relembra ainda que:

> *"Ao intervir directamente, irresponsabilizando a sociedade, o Estado assistencial provoca a perda de energias humanas e o aumento exagerado do sector estatal, dominando mais por lógicas burocráticas do que pela preocupação de servir os usuários e com um acréscimo enorme de despesas".*

---

[690] Veja-se Encíclica *Centesimus Annus*, n.º 48.

Neste mesmo sentido, no documento fundamental do Concílio Vaticano II, a Constituição pastoral *Gaudium et Spes*, encontra-se outro alerta aos cidadãos e aos governantes quando a estes lhes é pedido para se preocuparem em:

> *"(...) não impedir as associações familiares, sociais e culturais, os corpos e as instituições intermédias, ou em privá-los da sua acção legítima e eficaz, mas antes se esforçarem por promovê-los activa e ordenadamente. Preocupem-se, por seu lado, os cidadãos, individualmente ou em grupo, em não atribuir à autoridade pública um poder excessivo, [e evitem] reclamar de uma maneira inoportuna vantagens ou auxílios demasiados que diminuem a responsabilidade das pessoas, das famílias e dos grupos sociais"*.[691]

A escolha do tipo de ensino ou instituição escolar deve, pois, caber às pessoas e às famílias e não ao Estado ou outras forças socialmente dominantes. Interligado com o Princípio da Subsidiariedade está o da Proporcionalidade, como anteriormente aludimos.

A este propósito se refere o constitucionalista Professor Jorge Miranda ao dizer que este Princípio *"(...) está sobretudo ao serviço da limitação do poder político, enquanto instrumento de funcionalização de todas as actuações susceptíveis de contenderem com o exercício de direitos ou com a adstrição a deveres"*.[692]

Acrescentando ainda, após várias considerações, que a invocação do bem-estar *"(...) não poderá servir para, em nome da efectivação dos direitos económicos, sociais e culturais, se sacrificarem hoje quaisquer liberdades públicas"*.[693]

É, pois, no âmbito dum ensino livre que fundamentalmente se situa o núcleo da natureza da escola, sendo certo que esta tem, por um lado, a liberdade de educação da pessoa e da família e o ensino livre no âmbito de todo o sistema de ensino; por outro, a especificidade própria da escola confessional, cuja natureza coloca dois problemas próprios: o da missão da Igreja Católica e o do carácter globalizante do ensino, considerando que as exigências, quer sejam individuais quer sejam das famílias e do próprio conceito de educação, como que obrigam a que o ensino seja glo-

---

[691] Como se lê na Constituição Pastoral *Gaudium et Spes*, n.º 75, 2.

[692] Veja-se MIRANDA, J., (1993), *Manual de Direito Constitucional, Tomo IV, Direitos Fundamentais*, Coimbra, p. 216.

[693] *Ibidem*, p. 269.

Capítulo IV – Enquadramento Político-Jurídico Português

bal, mas que, do ponto de vista institucional, ele se integre em estruturas de liberdade.

De acordo com o Concílio Vaticano II, pela *Gravissimum Educationis, 8,* apreende-se o papel da Escola Católica:

> *"A presença da Igreja no campo escolar manifesta-se de modo particular por meio da Escola Católica. É verdade que esta busca, não menos que as demais escolas, fins culturais e formação humana da juventude. Assim, a Escola Católica, enquanto se abre convencionalmente às condições do progresso do nosso tempo, educa os alunos na promoção do bem da cidade terrestre, e prepara-os para o serviço da dilatação do reino de Deus, para que, pelo exercício de uma vida exemplar e apostólica, se tornem como que o fermento salutar da vida humana".*

A luta dos Estados liberais da Europa católica contra o ensino da Igreja, fez criar a situação paradoxal de colocar um ensino estatal privilegiado, porque gratuito e obrigatório a par dum ensino privado, formalmente livre, mas sem a cobertura social dos seus custos, portanto caro e discriminatório.

A este propósito vê-se sublinhado ainda, na referida encíclica, que

> *"Os pais, cujo primeiro e inalienável dever e direito é educar os filhos, devem gozar de verdadeira liberdade na escolha da escola. Por isso, o poder público, a quem pertence proteger as liberdades dos cidadãos, deve cuidar, segundo a justiça distributiva, que sejam concedidos subsídios públicos de tal modo que os pais possam escolher, segundo a própria consciência, com toda a liberdade, as escolas para os seus filhos".*[694]

Enquanto, através da Declaração *Dignitatis Humanae,* 5, é defendido que o dever de educar é pertença de cada família *"(...) pelo facto de ser uma sociedade com direito próprio e primordial, compete o direito de organizar livremente a própria vida religiosa",* sendo acrescentado que aos pais assiste o direito de *"determinar o método de formação religiosa a dar aos filhos, segundo as próprias convicções religiosas".*

Cabe, no entanto, à autoridade civil reconhecer aos pais esse direito violando-se o mesmo quando se *"se impõe um tipo único de educação, do qual se exclui totalmente a formação religiosa".*

Conquanto o que se disse mais não se pretende do que articular as responsabilidades do Estado com o proposto no art. 21.° da Concordata de

---

[694] Veja-se *Gravissimum Educations, 6.*

1940: *"O ensino ministrado pelo Estado nas escolas públicas será orientado pelos princípios da doutrina e moral cristãs tradicionais do País"* e com os fundamentos da liberdade de ensino.[695]

As sociedades têm os seus limites determinados, tal como as pessoas que as compõem. Feliz da Nação onde as leis não são uma ciência, sendo estranho que numa Constituição, quem detém o poder receia cada cidadão.

A experiência e a razão já demonstraram que a probabilidade e a certeza das tradições humanas diminuem à medida que se afastam das suas origens. Pois, como disse Beccaria, se não existe um momento estável do pacto social, como resistirão as leis à força inevitável do tempo e das paixões?

Por conseguinte, com os valores que regem a Igreja, dado que a dimensão social deste direito, não meramente formal, é cada vez mais incompatível com a mera abstenção estadual, impondo a sua promoção activa para acontecer liberdade equitativa de ensino com igualdade de condições não apenas de oportunidade como de escolha de acesso para todos.

Prosseguindo a nossa análise dos artigos concordatários que exprimem o relacionamento Igreja-Estado cumpre-nos agora abordar o art. 22.° e seguintes. Até ao momento presente apercebemo-nos que, como em

---

[695] Existe uma diversificada expressão, em textos legais, sobre a liberdade de ensino, não apenas em Direito Interno como de Direito Internacional. De entre os primeiros, remete-se ao Professor Jorge Miranda. MIRANDA, J., *Manual de Direito Constitucional,* tomo IV, *Ibidem,* 1993, pp. 372 e ss..

Quanto aos textos de Direito Internacional e Comunitário Europeu, e de acordo com *Organization Internationale pour le Développement de la Liberté d'Enseignement – La Libertad de Enseñanza – Instrumentos Internacionales,* refere-se a Declaração Universal de Direitos do Homem, art. 26.°, n.° 3; Declaração Americana dos Direitos e Deveres do Homem, art. 12.°; Declaração dos Direitos da Criança, Princípio 7; Pacto Internacional de Direitos Económicos, Sociais e Culturais, art. 13.°, n.ºs 1, 3 e 4; Protocolo Adicional n.° 1 à Convenção Europeia para a Salvaguarda dos Direitos do Homem e Liberdades Fundamentais, art. 2.°; Declaração sobre a Eliminação de Todas as Formas de Intolerância e Discriminação Baseadas na Religião e Convicção, art. 5.°; Pacto Internacional dos direitos Civis e Políticos, art. 18.°, n.° 4; Convenção Relativa à Luta contra as Discriminações no Âmbito do Ensino, art. 5.°, Resolução sobre a Liberdade de Ensino na Comunidade Europeia, aprovada, em 1984, pelo Parlamento Europeu.

Será também de referir os arts. 10.° e 14.°, respectivamente sobre a Liberdade de pensamento, de consciência e de religião e o Direito à educação, inseridos na Carta dos Direitos Fundamentais da União Europeia, proclamada em Nice, em 7 de Dezembro de 2000.

Capítulo IV – Enquadramento Político-Jurídico Português 377

todas as acções humanas, a realidade ou o modo pragmático de realização concreta, sofre, bastas vezes, desvios ou deficiências de execução.

Bastará a todo o momento apelar ao bom-senso e saber remediá-los, à luz dos princípios estipulados. Os arts. 22.º, 23.º, 24.º e 25.º da Concordata referem-se ao casamento. Perante assunto polémico e dado que o art. 24.º foi alterado pelo Protocolo Adicional, em 1975, permita-se-nos uma análise um pouco mais aprofundada da situação anterior, de modo a ver-se melhor as alterações introduzidas pela Concordata e as razões das mudanças introduzidas pelo referido Protocolo.

No nosso país, até ao Código Civil de 1867, não havia o casamento meramente civil. Apenas era admitido o casamento canónico que comportava, em si, todos os efeitos civis. A sua validade era julgada pela Igreja e as respectivas sentenças ou dispensas do casamento não consumado ou rato tinham valor no foro civil.[696] Entre os defensores de que tudo continuasse como estava, ou seja, os que defendiam a doutrina católica e tradicional, sobressaiu o Visconde de Seabra, autor do projecto do Código Civil.

Por conseguinte, o casamento civil, foi reclamado e dera muito que falar desde os tempos de Seabra, Ferrer e Herculano, na segunda metade do século XIX, justamente aquando das discussões do projecto do Código Civil de 1867.[697]

Por um lado, como anteriormente referimos, o registo do estado civil, nas mãos exclusivamente dos párocos, dava ensejo a algumas irregularidades, produto da rotina e muitas vezes do desleixo. Por outro lado, os cidadãos não eram só da Igreja, mas também do Estado, e seria a este que pertencia conhecer a sua condição jurídica e o seu estado civil.

Com efeito, tudo isto parecia reclamar uma reforma que fosse mais consentânea com a evolução dos tempos. De toda esta controvérsia nasceu a introdução do casamento civil em Portugal.[698]

---

[696] O projecto do Código fez surgir uma forte polémica na imprensa dado que se mantinha a mesma situação face ao casamento e sentenças. Alexandre Herculano, em vários opúsculos reunidos nos *Estudos sobre o Casamento Civil,* levou a cabo a defesa do casamento civil para todos e não apenas para os não baptizados.

[697] A ideia duma maior secularização das instituições mais relacionadas com a Família e o estado civil, incluído o casamento, não foi apenas defendida pelos republicanos na sua campanha anticlerical e até nitidamente anti-religiosa, mas também por académicos com orientações católicas como é disso exemplo Luís Cabral Moncada que, em 1909, publicou alguns artigos sobre o tema, no jornal *O Século.*

[698] Encontra-se no Título II – Dos contractos em particular, nos termos do art. 1056.º "O casamento é um contracto perpetuo feito entre duas pessoas de sexo diferente,

378 *Das Relações da Igreja com o Estado*

Passou a partir de então a existir, em Portugal, duas formas legais de casamento: a civil e a canónica reconhecidas pelo Estado e com plenos direitos civis e de cuja validade apenas julgavam os tribunais eclesiásticos conforme a letra do art. 1069.°

> *"O casamento catholico só produz effeitos civis, sendo celebrado em conformidade com as leis canonicas recebidas n'este reino, ou por ellas reconhecido, salvas as seguintes disposições"*

apresentadas nos artigos 1070.° e 1071.°:

> *"A lei canonica define e regula as condições, e os effeitos espirituaes do casamento; a lei civil define e regula as condições, e os effeitos temporaes d'elle."*

e

> *"O ministro da igreja, que celebrar algum casamento contra o que dispõe o artigo 1058.°, incorre nas penas comminadas na lei penal 'ex vi art. 1082.°' ".*

Desta forma, passaram a coexistir, em Portugal, as duas formas legais de casamento: a canónica reconhecida pelo Estado e com plenos efeitos civis, cuja validade só era reconhecida pelos tribunais eclesiásticos e a civil, disciplinada pela lei civil.[699]

Foram ainda alguns os católicos seduzidos, que mesmo não sendo republicanos, aderiram à sua doutrinação a qual, nesse ponto, comportava um sector de reivindicações sem nada directamente de político. Estava-se em 1909 e o ponto em concreto dizia respeito à reivindicação duma legislação mais secularizada da família e do estado civil dos portugueses.

No que concerne à evolução da Família portuguesa poder-se-á admitir que, devido à fundação da nossa nacionalidade só ter ocorrido no século

---

com o fim de constituírem legitimamente a família", sendo complementado pelo art. 1081.°, que rege as normas para a celebração do casamento.

Pelo art. seguinte, o 1057.°, fica assente que "Os catholicos celebrarão os casamentos pela fórma estabelecida na igreja catholica. Os que não professarem a religião catholica celebrarão o casamento perante o official do registo civil, com as condições, e pela fórma estabelecida na lei civil".

[699] Por ela e *de facto* também podiam optar os católicos. Trata-se do regime de casamento civil facultativo.

Veja-se Leite, A., (1946), *Competência da Igreja e do Estado sobre o matrimónio*, Porto, pp. 135-147.

Capítulo IV – Enquadramento Político-Jurídico Português

XII, as repercussões sentidas foram limitadas e tipificadas com a família cristã comunitária da Idade Média.

O modelo medieval de Família, a que nos referimos, manteve as suas características até ao advento da Era Industrial, pelo que se poderá inferir que as Ordenações Afonsinas, Manuelinas e as Filipinas não apresentaram alterações significativas ao Direito que se ocupa das relações familiares.

A Família foi e continuará sendo, esperamos nós, a génese da sociedade, onde se deve conjugar dar e receber, ensinar e aprender, sobretudo a ser. Não se poderá, porém, ignorar que, ao longo dos séculos, foram diversas as influências exteriores que se fizeram sentir em Portugal. Cada homem, como os metais, tem uma temperatura de fusão, que o torna mole, por mais bem formado que esteja. Virgílio adverte que, por vezes, a história faz justiça com o decorrer do tempo, pelo que recordar aqui alguns factos poderá ajudar, depois.

Refira-se, concretamente, as ideias manifestadas por Ferrer, que na segunda metade do século XIX, na altura das discussões do Código Civil de 1867, a que anteriormente aludimos, chegou mesmo a admitir a eventual dissolubilidade do casamento, em certos casos.[700]

Com a introdução do casamento civil a par do católico ocorre um forte impacto sobre a estrutura familiar. Digamos que apenas se mantinha a indissolubilidade do casamento como ideal. Enquanto na doutrina religiosa o casamento era um 'sacramento', para o Estado ele apenas representava uma instituição *sui generis* de efeitos vinculatórios, não um simples contrato distratável à vontade das partes.

---

[700] Veja-se também o referido em nota anterior sobre a forte ascendência de pensadores como Alexandre Herculano ainda que contra a vontade dos mais conservadores, colocando a par do casamento católico a modalidade de casamento civil. Nas alterações legislativas preconizadas no século XIX tiveram forte influência as ideias Liberais e Iluministas.

O aceso debate gerado aquando da aprovação do projecto do Código Civil de 1867 acerca do casamento, "matéria que há muito se encontrava no domínio do Direito Canónico e que agora se pretendia colocar no domínio cível, com a consagração do casamento civil a par do casamento católico".

Veja-se NUNES, P., (2001), *Viabilidade do Conservador na mediação do conflito divórcio e a fronteira entre dois mundos,* U.T.L.-I.S.C.S.P., Tese policopiada, p. 62.

A propósito da polémica sobre a introdução do casamento civil em Portugal consulte-se:

ALMEIDA e COSTA, M. J., (1989), *História do Direito Português,* Coimbra: Livraria Almedina, pp. 389 e 412; RODRIGUES, S., (1987) *A Polémica sobre o Casamento Civil (1865-1867),* Lisboa.

380 *Das Relações da Igreja com o Estado*

Mas foi com a implantação da República, em 1910, que se acentuou a laicização da família, momento em que foram publicados diplomas com inspiração ideológica revolucionária. No ano de 1910, o divórcio passou a ser admitido, enquanto forma de dissolver a relação conjugal, independentemente da forma de celebração do casamento.[701]

Estava, pois, reservado à República instituir o divórcio, o registo civil obrigatório e a laicização da família, juntamente com a separação da Igreja e do Estado.[702] Diga-se que em termos marcadamente inspirados num radicalismo anti-católico, referido por muitos como maçónico, dificilmente aceitável pelos católicos.[703]

O divórcio pode ser defendido como remédio extremo para alguns casos, não em nome dum individualismo ultraliberal, sem limites, desa-

---

[701] Menos de um mês após a proclamação da República, a 3 de Novembro, o Governo Provisório instituiu o divórcio, muito facilitado, que nunca existira antes em Portugal, nem mesmo para os casamentos civis, que embora raros tinham começado a realizar-se após 1895. A 25 de Dezembro de 1910 foram publicadas as denominadas **Leis da Família**, onde se instituía a obrigatoriedade do casamento civil. Por outras palavras, o Estado, a partir daí, só reconhecia validade ao casamento civil, passando o canónico a ser uma cerimónia, meramente particular, sem efeitos civis.

[702] Acrescente-se que o Código do Registo Civil, publicado a 18 de Fevereiro de 1911, tornava obrigatória a precedência do acto civil sobre o casamento religioso, sob penas graves. Nada mais impróprio dado o não reconhecimento dos efeitos civis do casamento religioso. Foi assim que, por todos os lados, se viveram as paixões ideológicas republicanas, entre lutas partidárias, violência e leis absurdas, do novo regime até 28 de Maio de 1926. Até certa medida poderá entender-se estas sanções uma vez que nos meios mais pobres ou mais apegados ao catolicismo, quase todos limitavam-se a adoptar o casamento canónico não recorrendo ao acto civil, mesmo por que o processo civil era bastante dispendioso e complicado. O certo é que, sobretudo as camadas mais humildes da população, se viram quase impossibilitadas de realizar o casamento civil e, consequentemente, de contraírem o católico, dado que os párocos, receando as denúncias feitas por elementos anticlericais ou anticatólicos, não se atreviam a celebrar o casamento religioso antes da cerimónia civil.

Por conseguinte, o número de casamentos católicos diminuiu, em boa parte também porque sendo quase todos os funcionários do novo Registo Civil anticlericais aproveitavam a obrigação legal do casamento civil para investirem contra o casamento canónico, apresentando, aos nubentes, a formalidade do casamento católico como algo de inútil.

[703] Foi no ano da implantação da República, em 1910, que o divórcio passou a ser admitido, em Portugal, como forma de dissolver a relação conjugal, independentemente da forma de celebração do casamento, a consagração do casamento civil tornou-se obrigatória, por todos quantos quisessem contrair matrimónio tendo surgido os registos civis privativos, os quais vieram substituir os registos canónicos, nos actos relacionados com o estado civil, registo este obrigatório. Veja-se NUNES, Pedro., *ibidem,* p. 66.

Capítulo IV – Enquadramento Político-Jurídico Português 381

gregador da família, mas antes no domínio dum interesse social bem compreendido.

Muitos são ainda os que mantêm o ideal da indissolubilidade do casamento, mas não baseado na doutrina religiosa do 'sacramento', com que o Estado nada tem a ver, antes no interesse da instituição Família, não vendo o casamento como um qualquer contrato distratável à vontade das partes. Casos há em que a moralidade pública tem mais a sofrer com a indissolubilidade imposta do que com o divórcio devidamente justificado.

Assim sendo, ao Princípio *"Quod Deus conjunxit homo nom separet"* haverá que contrapor o de *"quod natura separet homo conjungere nequit"*

Na realidade, apesar da faculdade do Código Civil de 1867, praticamente todos os portugueses casavam catolicamente, baptizavam os filhos e tinham enterro religioso, consequentemente o registo paroquial, que tinha valor civil, desempenhou o seu papel a par do registo civil, pelo que não surgiram problemas.[704]

Contudo, após a publicação das disposições do Governo Provisório da República, surgiram as reclamações da consciência católica. Com a presidência de Sidónio Pais e a consequente diminuição da perseguição religiosa, os católicos começaram a ver satisfeitas algumas das suas reclamações.

De facto, até 1918, era 'perigoso' manifestar desacordo com as medidas anticatólicas dos primeiros anos da República. A Igreja era conotada com Monarquia e tudo era interpretado como hostilidade contra o novo regime, com as consequentes perseguições e represálias. Durante o brevíssimo consulado de Sidónio Pais (09 de Maio de 1918 a 14 de Dezembro de 1918) foi não apenas possível restabelecer as relações diplomáticas com a Santa Sé, como também protestar contra o próprio princípio do casamento civil obrigatório, como único a que se reconhecia efeitos legais.

Para os partidários do casamento civil para os católicos, o casamento é um acto meramente natural regulado pela lei civil como os demais con-

---

[704] Aliás será de referir que o próprio Alexandre Herculano mesmo após toda a campanha que levou a cabo a favor do casamento civil, casou catolicamente, na Sé de Lisboa, alguns dias antes da promulgação do Código Civil de 1867. No ano de 1895, em Lisboa, cria-se a Associação para o Registo Civil que não reclamava apenas a instituição do registo civil, cuja utilidade não era contestada, mas foi sobretudo utilizada para propagandear medidas de laicização da sociedade portuguesa, como o reconhecimento do casamento civil como único a ser reconhecido pelo Estado, o divórcio, a abolição dos dias santos e a cremação, entre outras disposições manifestamente anticatólicas.

382 *Das Relações da Igreja com o Estado*

tratos, sendo o sacramento do matrimónio apenas uma bênção dada pelo sacerdote, em nome da Igreja.

De acordo com a doutrina católica, admitida pela teologia, o sacramento do matrimónio representa o próprio contrato pelo qual um homem e uma mulher dão e recebem o direito mútuo aos actos matrimoniais, e, pelo cân. 1012, entre baptizados não pode resultar verdadeiro casamento que não seja sacramento. Assim sendo, os católicos perante o oficial do Registo Civil, embora declarassem publicamente que se recebiam por marido e mulher, na realidade era um simulacro, pois, só prestavam tal consentimento perante a Igreja. Logo, este sistema apresentava uma grave violação da liberdade de consciência e religiosa, que se dizia respeitar.

Aliás, o Estado apenas reconhecia o casamento civil como verdadeiro, logo, o que era reconhecido era uma simulação imposta. Mesmo presumindo-se a inexistência de intuito anticatólico, embora claramente manifesto nas Leis da Família do Governo Provisório, a que fizemos referência, tal sistema é nitidamente ofensivo para a consciência católica.[705]

Porventura, tal sistema induzia também, sobretudo os menos esclarecidos, a admitirem como verdadeiro casamento o acto civil, sendo os nubentes tentados a acreditar que a partir daquele momento estavam casados faltando-lhes apenas a formalidade de confirmarem, na Igreja, uma situação estabelecida.[706]

A verdade é que não sendo os cidadãos só da Igreja, mas também do Estado, a este pertencia as decisões jurídicas. Neste período da história assistiu-se a uma cada vez maior secularização das instituições mais relacionadas com a família, o que incluía, necessariamente, o casamento.

Esta era a orientação dos republicanos numa campanha não apenas anticlerical como anti-religiosa, de marca francesa. Os católicos de então, sobretudo, como se disse, a partir de 1918, reclamaram o estabelecido na lei face à dissolubilidade do casamento.[707] Mas também reclamaram a

---

[705] Pelo que aludimos muito embora prevaleça em países como, por exemplo, a Bélgica e a França.

[706] Acrescente-se que era este o intuito dos legisladores na medida em que se procurava imitar, no casamento civil, a forma canónica de celebração. Assim, a lei do casamento civil obrigatório conduz à separação do contrato, da competência do Estado, do sacramento que apenas vem dar a benção da Igreja.

[707] Aliás, a lei estabelecia que o casamento era dissolúvel e aplicava o divórcio mesmo aos casados catolicamente, antes ou depois de 1910, o que conduzia à convicção de que todo o casamento era um contrato dissolúvel por vontade das partes, com as consequentes práticas nefastas.

Capítulo IV – Enquadramento Político-Jurídico Português 383

precedência obrigatória do casamento civil, por o considerarem um acto ilógico, na medida em que não existia reconhecimento legal da validade civil do casamento canónico.[708]

Em toda esta evolução ocorreu o momento histórico a que nos reportamos em todo este capítulo – a Concordata de 1940, que veio dar um passo à retaguarda, não no sentido negativo do termo, mas antes repor a legitimidade dos católicos. Por ela se desconhece a dissolução do casamento católico, mediante o divórcio, aplicado exclusivamente aos casamentos celebrados sob a forma civil.

As disposições da Concordata relativas ao casamento foram executadas e regulamentadas, pelo Governo português, no Decreto n.° 30 615, de 25 de Julho de 1940, e, seguidamente os seus preceitos foram integrados no Código de Registo Civil, de 1958 e no Código Civil, de 1966.

A todas as justas reclamações que ora deixamos sumariamente apresentadas, veio satisfazer o art. 22.° da Concordata, pois, o Estado Português passou a reconhecer

"(...) efeitos civis aos casamentos celebrados em conformidade com as leis canónicas, desde que a acta do casamento seja transcrita nos competentes registos do estado civil".

Reconhece-se, deste modo, que os cidadãos não são apenas do Estado, mas também da Igreja, cabendo àquele conhecer a sua condição jurídica e o seu estado civil, estabelecendo-se colaboração entre as entidades eclesiásticas e o Estado como se infere do mesmo artigo.

Dele se retira esta passagem: *"As publicações do casamento far-se-ão não só nas respectivas igrejas paroquiais, mas também nas competentes repartições do registo civil."*[709]

---

[708] Como anteriormente referimos, tais atitudes, dada a complexidade e elevado custo do processo civil, causou um aumento do concubinato, em Portugal. Acrescente-se que, para os baptizados, pelo cân. 1055, parágrafo 2.°, o contrato matrimonial é o próprio sacramento, sendo o casamento civil imposto aos católicos que não reconheciam o acto como um verdadeiro casamento. Tratava-se, pois, duma grave violação da liberdade religiosa e de consciência contrária até ao que a própria Lei da Separação dizia dever respeitar-se.

[709] No articulado do artigo 22.° estão estabelecidas as regras pelas quais o pároco se deve reger para serem reconhecidos os efeitos civis aos casamentos celebrados em conformidade com as leis canónicas. Deste modo, os católicos não têm de ir ao Registo Civil simular o consentimento matrimonial que a lei eclesiástica e a sua consciência apenas lhes permitem prestar perante a Igreja.

384   *Das Relações da Igreja com o Estado*

Complementa-o o art. 23.° ao reconhecer que *"O casamento produz todos os efeitos civis desde a data da celebração se a transcrição for feita no prazo de sete dias."*

É, pois, pela Concordata de 1940 que se voltou ao sistema do Código Civil de 1867 sendo admitidas, pela lei, duas formas de casamento: a meramente civil e a católica. Com a diferença de que antes todos os casamentos eram indissolúveis.

O articulado inicial do art. 24.° impedia o divórcio dos casados canonicamente, pois,

> *"Em harmonia com as propriedades essenciais do casamento católico, entende-se que, pelo próprio facto da celebração do casamento canónico, os cônjuges **renunciarão** à faculdade civil de requererem o divórcio, que por isso não poderá ser aplicado pelos tribunais civis aos casamentos católicos."*

Contudo, este articulado foi alterado pelo anteriormente referido Protocolo Adicional de 1975,[710] passando a ter a seguinte forma:

> *"Celebrando o casamento católico, os cônjuges assumem por esse mesmo facto, perante a Igreja, a obrigação de se aterem às normas canónicas que o regulam e, em particular, de respeitarem as suas propriedades essenciais.*
>
> *A Santa Sé, reafirmando a doutrina da Igreja Católica sobre a indissolubilidade do vínculo matrimonial, recorda aos cônjuges que contraírem*

---

[710] Este Protocolo, tido pela Santa Sé como *Acta Apostolicae Sedis 67*, 435-436, foi publicado no Diário do Governo, 1.ª Série, n.° 79, de 4 de Abril de 1975, lendo-se no seu preâmbulo que "A Santa Sé e o Governo Português, afirmando a vontade de manter o regime concordatário vigente para a paz e o maior bem da Igreja e do Estado, tomando em consideração, por outro lado, a nova situação apresentada pela parte portuguesa no que se refere à disposição contida no artigo XXIV da Concordata de 7 de Maio de 1940, acordaram no que se segue:" concretamente o novo texto do referido artigo supra transcrito.

O Protocolo Adicional foi integrado na nossa ordem jurídica interna pelo Decreto-Lei n.° 261/75, de 27 de Maio, vindo revogar o então art. 1790.°, do Código Civil, de 1966, que consagrava a indissolubilidade do casamento católico pelo divórcio. Os tribunais civis passaram a ter competência para declarar o divórcio de todo e qualquer casamento, ainda que celebrado sob a forma católica ou canónica. Restou no Protocolo a ideia de existir um dever de consciência moral dos cônjuges católicos, para não pedirem o divórcio, permanecendo, contudo, em casos especiais, a possibilidade de pedirem, à Santa Sé, a anulação do casamento como se entende pelo articulado do artigo 25.° da Concordata.

Capítulo IV – Enquadramento Político-Jurídico Português 385

*o matrimónio canónico o grave **dever** que lhes incumbe de se não valerem da faculdade civil de requerer o divórcio".*[711]

Assim, a diferença reside, essencialmente, entre as palavras: *'renúncia'* e *'dever'*.

Verifica-se, deste modo, que, pelo Protocolo Adicional, surge, por parte da Santa Sé, um certo apelo aos casados catolicamente para que ponderem sobre a doutrina da Igreja acerca da indissolubilidade do vínculo matrimonial.[712]

Aliás, como diz Antunes Varela

> *"A permissividade ou lassidão da lei converte em causas de ruptura definitiva muitas desavenças que, com um pouco de contenção do sistema, não passariam de arrufos facilmente sanáveis pelo tempo."*[713]

O facilitismo, diremos nós, neste como em outros casos, prejudica mais do que ajuda, mas cada pessoa tem o seu ponto de vista; cada pessoa, em diferentes momentos, tem um ponto de vista diverso. As leis são as condições sob as quais pessoas independentes e isoladas se unem em sociedade, cansadas que estão de gozar uma liberdade tornada inútil pela incerteza de ser conservada.

Quantas vezes não sacrificamos parte da liberdade para gozar a restante com tranquilidade e segurança. A soberania da Nação é justamente constituída pelo somatório de todas as parcelas de liberdade sacrificadas ao bem comum. Sendo certo que nenhum de nós fez dádiva gratuita de parte da sua liberdade com vista ao bem comum.

---

[711] Os destacados de "renunciarão" e de "dever" das transcrições do texto do art. 25.º são nossos. Acrescente-se que este foi o único artigo da Concordata de 1940 a ser revisto, terminando o Protocolo Adicional por referir que "Mantêm-se em vigor os outros artigos da Concordata de 7 de Maio de 1940." e que "O presente Protocolo, cujos textos em língua portuguesa e em língua italiana farão igualmente fé, entrará em vigor logo que sejam trocados os instrumentos de ratificação", sendo assinado na Cidade do Vaticano, a 15 de Fevereiro de 1975, pelos representantes: da Santa Sé – Giovanni Card. Villot e de Portugal – Francisco Salgado Zenha.

Acrescente-se que este Protocolo Adicional foi celebrado num período conturbado da História de Portugal, menos dum ano após a Revolução abrilina de 1974.

[712] O destacado é nosso com o intuito de demarcar a diferença.

[713] Veja-se ANTUNES VARELA, J. M., (1996), *Direito da Família,* Lisboa: Livraria Petrony, Lda, p. 49.

386 *Das Relações da Igreja com o Estado*

Mas o curso dos nossos pensamentos transportou-nos para além do assunto que estávamos a esclarecer. Retomemos o caminho por onde caminhávamos.

Pelo art. 25.°, da Concordata de 1940, reserva-se aos tribunais e outras repartições eclesiásticas competentes,

> *"O conhecimento das causas concernentes à nulidade do casamento católico e à dispensa do casamento rato e não consumado, (...). As decisões e sentenças destas repartições e tribunais, quando definitivas subirão ao Supremo Tribunal da Assinatura Apostólica para verificação, e serão, depois, com os respectivos decretos daquele Supremo Tribunal, transmitidas, pela via diplomática, ao Tribunal da Relação do Estado, territorialmente competente, que as tornará executivas e mandará que sejam averbadas nos registos do estado civil, à margem da acta do casamento".*

Tal medida é uma consequência do art. 22.°.

Reconhecendo o Estado o casamento canónico, só à Igreja compete decidir se determinado casamento tem ou não validade, dissolvendo-o nos casos em que a doutrina considera possível, aliás, como também era reconhecido pelo Código Civil de 1867 e no seguinte, de 1966, pelos artigos 1625.° e 1626.°.[714]

Assim se pode entender pelo prescrito no art. 1086.° e seguinte, do Código Civil de 1867: *"O Casamento catholico só póde ser annullado no juízo ecclesiastico, e nos casos previstos nas leis da egreja, recebidas n'este reino".*

Enquanto, o art. 1087.° enuncia que:

> *"A jurisdicção do juizo ecclesiastico limita-se, todavia, ao conhecimento e julgamento da nullidade; e todas as diligencias ou actos de indagação que devam praticar-se, serão deprecados à competente auctoridade judicial civil".*

Por seu turno, pelo art. 1088.°, são estipuladas as regras que cabem à autoridade civil, a quem será comunicada oficialmente a sentença proferida no juízo eclesiástico.

---

[714] Aliás, resulta do art. 1587.° do C.C. que "O casamento é católico ou civil" sendo que "A lei civil reconhece valor e eficácia de casamento ao matrimónio católico nos termos das disposições seguintes". Veja-se os articulados dos art. 1588.° a 1590.°. Pelo art. 1596.° "O casamento católico só pode ser celebrado por quem tiver a capacidade matrimonial exigida na lei civil.".

Capítulo IV – Enquadramento Político-Jurídico Português 387

Assim se pode entender pelo seu texto: "(...) à auctoridade ecclesiastica só competirá transmittir ao parocho, perante quem tiver sido celebrado o casamento, uma certidão da sentença, para ser averbada à margem do respectivo registo", conforme o previsto no art. 2450.º do mesmo Código.[715]

Pelo novo Código Civil de 1966, nos artigos supra referidos, o Estado português continua a reconhecer a competência dos tribunais eclesiásticos face à invalidade do casamento católico quando, pelo art. 1625.º, assume, *ipsis verbis* o que se encontra na primeira parte do art. 25.º da Concordata de 1940

> "*O conhecimento das causas respeitantes à nulidade do casamento católico e à dispensa do casamento rato e não consumado é reservado aos tribunais e repartições eclesiásticas competentes*".

Enquanto no n.º 1 do art. 1626.º se repete a 2.ª parte do articulado do art. 25.º da Concordata com subtis alterações do género: "*(...) que as tornará executórias, independentemente de revisão e confirmação, e mandará que sejam averbadas no registo civil*" em vez de "*(...) que as tornará executivas e mandará que sejam averbadas nos registos do estado civil, à margem da acta de casamento*".

Acresce que, no ponto 2, do art. 1626.º, é estabelecida a possibilidade do tribunal eclesiástico poder requisitar aos tribunais judiciais portugueses "*(...) a citação ou notificação das partes, peritos ou testemunhas, bem como diligências de carácter probatório ou de outra natureza.*"

Quanto à intervenção, em todo este processo, dos Tribunais da Relação ela é meramente executória, na medida em que o Estado português, pelo art. 22.º da Concordata, para os casamentos canónicos admitia a ordem jurídica canónica relativa ao matrimónio. Assim o confirma o art. 1626.º do Código Civil de 1966 que transcreve textualmente o artigo 25.º da Concordata, acrescentando "(...) independentemente da revisão e confirmação".[716]

---

[715] De acordo com o referido artigo do Código Civil de 1867 "Nenhuma declaração, emenda, rectificação, additamento, ou alteração seja de que natureza fôr, poderá ser feita nos assentos do registo civil, senão em virtude de sentença passada em julgado, proferida pelos tribunaes judiciaes, salvo, no caso, de que tracta o artigo 1088.º."

[716] Pelo exposto não cabe aos Tribunais da Relação verificarem nem confirmarem as sentenças dos Tribunais eclesiásticos como se de sentenças estrangeiras se tratassem, as quais só surtem efeitos em Portugal, após serem verificadas pelos nossos tribunais, ou seja, necessário se torna saber se são conformes com a ordem jurídica nacional e serem então confirmadas, o que não é o caso.

388   *Das Relações da Igreja com o Estado*

De facto, reconhecendo o Estado o casamento católico, só à Igreja compete decidir da nulidade de determinado casamento, ou dissolvê-lo nos casos em que, de acordo com a sua doutrina, tal é viável.[717]

Neste quadro concreto, a Concordata de 1940, a fim de dar maiores garantias ao Estado Português, estipulou que as sentenças depois de definitivas ou as dispensas do casamento rato e não consumado, seriam enviadas ao Supremo Tribunal da Assinatura Apostólica para verificação e só então seriam transmitidas, por via diplomática, ao Tribunal da Relação do Estado.[718]

Na análise que temos vindo a fazer à Concordata, para apreciarmos o fundamento de certas críticas que lhe têm sido feitas nestes mais de 60 anos de vigência, acerca dos artigos 22.º ao 25.º, resta-nos ainda fazermos um cotejo alargado das referidas normas concordatárias.

São vários os reparos que iremos fazer. Comecemos pelo próprio princípio do casamento civil obrigatório.[719]

Quanto era opressivo da consciência católica mostra-o o facto da grande maioria dos nubentes portugueses optarem pelo casamento católico. Ao Estado, deve interessar que o casamento se realize com a devida seriedade e dignidade, a fim de lhe ser reconhecido os efeitos civis. Por isso, na Concordata, estipula-se que a acta seja transcrita no Registo do

---

[717] O direito canónico, para que seja obtida a declaração da nulidade, exige duas sentenças conformes que podem ser obtidas nos tribunais diocesanos de 1.ª e 2.ª instância.

[718] A nossa Concordata de 1940, tal como dispôs a Concordata italiana de 1929, remete as sentenças definitivas para o Supremo Tribunal da Igreja a fim deste proceder à sua verificação e posteriormente serem enviadas ao competente Tribunal da Relação que mandará que sejam averbadas à margem do assento do casamento no Registo Civil, dando--lhes efeitos civis.

[719] Será oportuno referir que, em 1941, cerca de 82% (81,8%) dos casamentos foram canónicos, aumentando progressivamente até atingir o seu valor máximo, de cerca de 91%, no ano de 1960. Desde então, tem-se registado um declínio, tendo sido de 88,5% no ano de 1968. As causas serão múltiplas que não caberá neste trabalho apresentar.

Acrescente-se ainda que de acordo com o Instituto Nacional de Estatística, em Portugal, o número de casamentos católicos, em 1999 foi de 45 673, sendo 23 037 o número de casamentos sob a forma de celebração civil. No ano 2000, (de acordo com os últimos dados disponíveis em 21 de Janeiro de 2002), foi de 41 331 o número de casamentos realizados sob a forma de celebração católica, sendo de 22 421 o número de casamentos sob a forma de celebração civil. Referente ao ano de 1999, de acordo com a mesma fonte, o número de divórcios foi de 17 881, enquanto apenas no 1.º trimestre de 2000, o total de divórcios foi de 4 550 (únicos dados disponíveis até à data).

Capítulo IV – Enquadramento Político-Jurídico Português 389

estado civil, para o que os párocos devem enviar a respectiva cópia no prazo de três dias.

Será também do interesse do Estado que, no casamento, se observe a ordem jurídica portuguesa e muito embora a Igreja tenha reivindicado competência exclusiva em matéria de casamento dos baptizados, por se tratar dum sacramento, o certo é que acedeu em que o processo preliminar para o casamento canónico corresse em simultâneo nas competentes repartições do Registo Civil.[720]

Poderá afirmar-se que, após a celebração da Concordata de 1940, a realização do casamento foi mais facilitada, pois, o pároco tem, de acordo com o art. 1597.º do C.C., a capacidade de fazer o requerimento em ordem a ser instaurado o processo preliminar nas Conservatórias do Registo Civil.[721]

Em virtude do princípio da Liberdade Religiosa que invocámos como justificativa para o art. 22.º da Concordata, igual medida devia ser adoptada para com os que professam outras confissões religiosas, reconhecendo-se-lhes efeitos civis ao casamento conforme as suas crenças, muito embora não sejam, em número, tão representativos quanto os casamentos canónicos.[722] Mas, sem dúvida que, de toda a Concordata de 1940, foi o

---

[720] Referimo-nos concretamente ao Processo preliminar de publicações, veja-se artigos 1610.º a 1614.º do Código Civil de 1966, que se referem sobretudo a impedimentos e autorizações. Ou seja, regra geral não se celebrarão casamentos canónicos de pessoas que não possam fazê-lo civilmente, exceptuando-se os casamentos urgentes. Aliás, o articulado do artigo 1596.º do C.C. de 1966 diz textualmente que: "O casamento católico só pode ser celebrado por quem tiver a capacidade matrimonial exigida na lei civil".

Deste modo, ocorreu com este Código Civil, uma alteração unilateral do sentido do art. 22.º da Concordata na medida em que o Decreto 30 615 que deu execução à mesma, exceptuava expressamente a obrigação do pároco enviar o duplicado do casamento canónico quando este não pudesse ser transcrito. Trata-se duma alteração unilateral na medida em que, pelo artigo 30.º da Concordata, "Se vier a surgir qualquer dúvida na interpretação desta Concordata, a Santa Sé e o Governo Português procurarão de comum acordo uma solução amigável."

[721] Apresentando dupla vantagem: os nubentes não necessitam deslocar-se às Conservatórias que não raras vezes ficam distantes das suas residências, nem de até lá se dirigirem para a celebração do casamento. Por outro lado, pelos artigos 30.º e 31.º do Decreto 30 615, que deu execução à Concordata, o casamento tornou-se bastante menos oneroso, o que veio aumentar a taxa de nupcialidade, o que fez também de imediato e consequentemente diminuir o número de filhos ilegítimos.

[722] Contudo, será de ter em conta que, para a maioria dos protestantes, o casamento civil é admitido como válido, sendo o casamento um acto puramente contratual, pelo que,

390   *Das Relações da Igreja com o Estado*

art. 24.º aquele que, desde o início, maior celeuma levantou, tanto assim foi que foi o único a fazer parte da primeira revisão concordatária a que aludimos.

Poder-se-á mesmo afirmar que foi o único seriamente atacado. A Igreja sempre defendeu a indissolubilidade do casamento, sobretudo, relativamente em razão de o considerar um sacramento. Aliás, são múltiplas as suas condenações ao divórcio. Se bem entendermos, mesmo na nova redacção do art. 24.º, inserida no Protocolo Adicional, é um facto que a Santa Sé apela

> *"(...) reafirmando a doutrina da Igreja Católica sobre a indissolubilidade do vínculo matrimonial, recorda aos cônjuges que contraírem o matrimónio canónico o grave dever que lhes incumbe de se não valerem da faculdade civil de requerer o divórcio".*

E por tal facto, mesmo admitido o divórcio civil, o casamento canónico será único não podendo nenhum dos cônjuges voltar a realizá-lo. O Concílio Vaticano II, pela Constituição *Gaudium et Spes,* renova a condenação do que chama *"epidemia do divórcio".*

Não nos caberá apresentar argumentação a favor ou contra o divórcio, apenas nos apraz repetir que o facilitismo a que se chegou, em nossa opinião, em nada favorece a pessoa e muito menos a família e, consequentemente a sociedade.[723]

Não pretendemos insistir neste ponto, no entanto, permitam-nos referir que as críticas ao art. 24.º da Concordata não vieram exclusivamente do sector anticatólico, mas também de alguns que se confessavam católicos.[724]

---

para eles, não constitui violação da liberdade religiosa o casamento de acordo com a forma prescrita nas leis do Estado.

Para os muçulmanos, o problema é mais complexo dado que Alcorão permite a poligamia, pelo que tais casamentos entrariam em conflito com a ordem jurídica portuguesa, cristã e ocidental, em que prevalece a monogamia.

[723] Referimo-nos concretamente ao Decreto-Lei 272/2001, de 13 de Outubro.

[724] Desde a década de 60, do século XX, que a polémica acerca deste artigo se intensificou, será de referir a entrevista concedida pelo então Presidente do Conselho Prof. Marcelo Caetano e publicada no *Diário de Notícias* de 23 de Outubro de 1969, na qual foi exposto o sistema vigente no País tendo ele referido que o mesmo salvaguardava a liberdade dos cidadãos na medida em que lhes permitia optar por uma das formas de casamento reconhecido pela lei: o civil, com a possibilidade de divórcio ou o canónico, sem eles. Contudo, o Prof., face à afirmação do jornalista de que havia muitos católicos que preten-

Alguns dos argumentos aduzidos referem-se ao artigo concordatário apresentar uma presunção de renúncia, considerando-se inadmissível a mesma face a situações objectivas ou que a mesma se deve fazer expressamente pela forma prescrita na lei.

O próprio Código Civil de 1966, pelo seu art. 1790.°, apresentava a conclusão lógica ao adoptar a verdadeira interpretação do estipulado nestes termos:

"Não podem ser dissolvidos por divórcio os casamentos católicos celebrados desde 1 de Agosto de 1940, nem tão-pouco os casamentos civis quando, a partir dessa data, tenha sido celebrado o casamento canónico entre os mesmos cônjuges".

Acredita-se que tal fórmula foi adoptada por razões de ordem prática com o intuito de não obrigar o Governo a alterar a lei do divórcio que, sendo recente, era ainda considerada como uma das leis base e intangíveis da República, como ficou patente no artigo do Código Civil atrás referido.

Mais ainda foi criticado o facto do verbo 'renunciar' apresentar-se no tempo verbal futuro e não pretérito, sendo objectivo demarcar que o novo regime apenas se aplicava aos casamentos canónicos celebrados a partir daquela data. Assim, o Estado por que considerava como unicamente válido o acto civil, o qual era dissolúvel pela lei do divórcio, achou

---

diam a revogação deste artigo da Concordata, redarguiu: "Talvez. Admira-me mesmo (se é que alguma coisa nos tempos que vão correndo, possa causar admiração) ver padres exprimir publicamente opiniões favoráveis à dissolução do casamento canónico, e não assistir a nenhuma reacção dos meios oficiais católicos contra tais opiniões". E mandando 'carta a Garcia', acrescentou: "Se a Igreja estiver disposta a rever neste ponto ou noutros a Concordata o Governo de bom grado o fará".

À questão sobre se haveria possibilidade do Estado denunciar a Concordata, o mesmo respondeu: "Poder, pode. (...) O País nada tinha a ganhar com a abertura de uma questão religiosa". Veja-se a compilação dos discursos e outras declarações do Presidente de Conselho, *in Mandato Indeclinável*, Lisboa, 1970, p. 46. A resposta veio pronta da Igreja, nestes termos, pelo sr. Cardeal Patriarca, Gonçalves Cerejeira, em carta ao seu Presbítero: "(...) Não posso ficar silencioso, perante factos que escandalizam todo o Povo de Deus, contribuindo para a ruína da Igreja. Não me referirei a palavras inconvenientes por parte de pessoas da Igreja, mas que a não representam – palavras que poriam em causa o regime de relações entre a Igreja e o Estado, nomeadamente sobre a indissolubilidade do casamento canónico".

Cfr. *Obras Pastorais* de D. Manuel Cerejeira, Vol. VII, Lisboa, 1970, p. 287.

por bem não alterar a natureza do contrato matrimonial uma vez celebrado.[725]

Uma outra objecção estava relacionada com a possível inconstitucionalidade deste artigo 24.°. De acordo com ela, não havia igualdade dos cidadãos perante a lei, sendo este um dos princípios consignados na Constituição.[726]

Certo é que a igualdade preconizada pelos legisladores significa a exclusão de qualquer privilégio e não a proibição de desigualdade de entre situações diferentes, pelo que no caso vertente a lei oferecia e oferece dois tipos de casamento: o civil e o canónico.

Afinal, cabe aos cidadãos optarem livremente por um deles e como qualquer opção implica sempre uma renúncia nunca será de excluir que as situações e os deveres e direitos são diversos, sem violação do preceito constitucional.

No regime da Concordata, além da diversidade ser estabelecida entre situações que para o Estado estão sujeitas à livre opção, ocorre real diferença objectiva de situações dado se ter apelado para as propriedades essenciais do casamento católico. Ao Estado competia, como aliás o fez, dar ao cidadão a liberdade de escolha pelo casamento civil dissolúvel, ou pelo casamento canónico, indissolúvel.

Depois, cada casal tem de assumir as consequências das suas opções, realizadas livremente. Não encontramos, pois, nenhuma privação dum direito por motivos religiosos, nem, consequentemente, inconstitucionalidade material do referido artigo desta Concordata.

Aliás, admitindo-se a renúncia ao divórcio ou o dever de se não valerem da faculdade civil de o requerer, menos se poderá arguir a inconstitucionalidade material de tal disposição. Essa dualidade de regimes matri-

---

[725] Será de realçar que a propósito da crítica ao tempo do verbo 'renunciar' ser futuro e não pretérito, o Professor Mário de Figueiredo, um dos negociadores da Concordata de 1940, esclareceu, em devido tempo, o assunto no seu discurso proferido na Assembleia Nacional, aquando da ratificação da Concordata, nestes termos: "Foi propositadamente mal redigida essa disposição, porque há lá um *renunciarão* onde a redacção pedia *renunciam*. Foi para que não se duvidasse de que só se aplicava aos casamentos católicos celebrados depois da Concordata que a disposição foi assim redigida".

Veja-se *Diário das Sessões*, n.° 89, de 27 de Maio de 1940.

[726] Anteriormente pelo art. 5.° da Constituição de 1933, hoje pelo art. 13.° da Constituição de 1976 (5.ª revisão – Lei Constitucional n.° 1/2001) *Diário da República* – I Série-A, de 12 de Dezembro de 2001.

Capítulo IV – Enquadramento Político-Jurídico Português

moniais está conforme com a Declaração conciliar sobre a Liberdade Religiosa que afirma:

> *"A autoridade civil deve tomar providências para que a igualdade jurídica dos cidadãos – a qual também pertence ao bem comum – nunca seja lesada, clara ou larvadamente, por motivos religiosos, nem entre eles se faça qualquer discriminação".*[727]

Digamos que, pela Concordata de 1940, o Estado passou a reconhecer o casamento canónico não violando a consciência dos seus cidadãos católicos que o reconhecem como sacramento, de natureza diferente e superior ao casamento civil. Violava a consciência desses católicos ao impor-lhes e apenas reconhecer, como até então, o casamento civil, mais ainda ao considerar o casamento dissolúvel.

No sistema vigente até à celebração da Concordata de 1940, registava-se uma dupla violação da justa Liberdade Religiosa. O Estado passou então a admitir a indissolubilidade do casamento canónico, até 1975, não por motivos religiosos, dado que não se assume Estado confessional, mas simplesmente porque respeita a vontade dos católicos de celebrarem livremente um casamento indissolúvel, de acordo com a doutrina que professam.

Por conseguinte, o Estado não impõe uma forma de casamento aos seus cidadãos, antes lhes oferece duas formas distintas, pouco lhe interessando se o fazem por motivos religiosos ou outros. A lei, como os direitos e deveres, existe para os cidadãos dotados de razão e liberdade. Ela exprime um ditame da razão que o homem tem de observar a fim de não contrariar a própria natureza, sendo uma das suas funções orientar aqueles a quem se dirige.

Também surgiu como objecção ao referido artigo a suposta falta de responsabilidade por parte de alguns nubentes que optaram pelo casamento católico por razões que se prendem, por exemplo, com a vontade dos pais, por costume ou por pressão social e não por verdadeiras convicções católicas.

---

[727] Veja-se o proclamado no Concílio Vaticano II, na Declaração sobre a Liberdade Religiosa, n.º 6, a que se acrescenta o n.º 4 e 13.º e a que normalmente não se atende pois, há que ter em atenção quando se argumenta neste contexto que os católicos constituem uma comunidade – a Igreja, a quem é devida por direito a imunidade necessária *para se reger pelas suas próprias normas.* Como comunidade que é reclama para si a liberdade, enquanto é uma sociedade de pessoas que *gozam do direito de viver na sociedade civil segundo as normas da fé cristã.*

394 *Das Relações da Igreja com o Estado*

Em oposição, poder-se-ia arguir que se tratava dum efeito de irreflexão o que seria grave e que poderia ser corrigido, aliás, como o foi para aplacar tais controversas, apresentando aos nubentes, cursos de preparação matrimonial que ainda hoje persistem. Uma outra objecção contra o sistema concordatário diz respeito à possibilidade de originar situações irregulares na medida em que impedindo o divórcio e o consequente casamento dos divorciados, o texto concordatário impossibilitava a legalização de novas situações.[728]

Como daqui se infere, tudo, ou quase tudo, serviu de argumento contra o casamento católico e a renúncia à faculdade civil de requer o divórcio. Terá de admitir-se que o princípio do divórcio pode conduzir, mais facilmente, à desagregação e dissolução da instituição família, base da sociedade.[729] A Concordata, concretamente em relação aos artigos 22.° e 24.°, contribuiu para promover o bem comum, a dignidade e estabilidade da família portuguesa, não obstante as dificuldades que criou a algumas pessoas.

Como fizemos anteriormente referência, a Concordata é um Tratado intersocietário e como tal deve ser respeitado. Como fez referência o Concílio Vaticano II, "as profundas transformações da sociedade contemporânea, apesar das dificuldades a que dão origem, revelam a verdadeira natureza de tal instituição".[730]

---

[728] Este não era, de todo, um argumento válido, na medida em que, por analogia, países como a Suécia, o Reino Unido e os Estados Unidos se tinha registado um número alarmante de pessoas a viver em concubinato, sem se importarem em legalizar a situação pelo casamento mesmo que apenas civil, o mesmo sucedendo com a França, país de há muito com divórcio livre e que assistiu à generalização do concubinato atribuindo-lhe as leis sociais os mesmos efeitos que ao casamento.

[729] São vários os elementos estatísticos que vêm contrariar as teses apresentadas, inclusive, sobre a possibilidade do divórcio contribuir para um novo casamento. Cerca de 2/3 dos divorciados não voltam a casar. Ocorreu com o Protocolo Adicional à Concordata e até ao surgimento da nova Constituição da República de 1976, uma grave inconsequência na medida em que se permitia a alteração do art. 24.°, mas persistia o princípio constitucional, art. 43.°, parágrafo 3.° que orientava o ensino "segundo os princípios da doutrina e moral cristãs, tradicionais no país". Regista-se uma autêntica contradição, na medida em que, ao permitir dissolver o casamento canónico, está a ir contra a doutrina católica que afirma a indissolubilidade do casamento.

[730] Refere-se concretamente o casamento e a família. Cfr. *Gaudium et Spes*, n.° 47. Poder-se-á afirmar que a dignidade, que é dizer a libertação, da mulher começou com o cristianismo. No mundo onde é mínima a influência da civilização cristã, a mulher continua afastada do mundo do homem, não participa activamente nos destinos da sua pátria e é justamente ela que educa e não quebra este círculo vicioso.

Capítulo IV – Enquadramento Político-Jurídico Português 395

Serão inúmeras as situações objectivas, criadas voluntariamente por contratos que, por vezes, num determinado momento, desejamos modificar sem o podermos fazer ou para não faltarmos à palavra dada ou para mantermos os compromissos que assumimos.

Não se encontra no casamento canónico concordatário discriminação por motivos religiosos, mas antes respeito e fidelidade a uma situação voluntariamente criada pelos cidadãos, aliás como ainda hoje acontece em que o maior número de casamentos realizados continuam sendo canónicos.[731]

Para terminar a análise da Concordata de 1940 dir-se-á que os arts. 26.º a 28.º referem-se aos territórios ultramarinos.[732] Dada a descolonização efectuada na década de 70, poderá afirmar-se que só se aplicam *de jure* em Timor Leste.[733]

O convencionado, quer na Concordata quer no Acordo Missionário, vieram solucionar problemas que se relacionavam com a situação jurídica das missões no passado.[734] No entanto, há que deixar claro que a matriz

---

[731] Veja-se nota 674, desta dissertação, conforme dados do I.N.E. (Instituto Nacional de Estatística).

[732] Estes artigos, relativos às missões ultramarinas, foram, a pedido do Governo português de então, mais especificados noutro documento – o *Acordo Missionário,* o qual foi assinado, conjuntamente com a Concordata, a 7 de Maio de 1940 e posteriormente ratificados.

Importa referir que o Acordo Missionário tem o mesmo valor jurídico que a Concordata, muito embora trate com pormenor assuntos mais concretos permitindo uma revisão a qualquer momento independentemente de ser necessário alterar a Concordata. Tudo isto se pode inferir através duma leitura ponderada do prólogo do referido Acordo, seja por estes ou outros parágrafos:

"Que durante as negociações para a conclusão da mesma Concordata o Governo Português propôs que as ditas normas fossem ulteriormente desenvolvidas numa Convenção particular; A Santa Sé e o Governo Português resolveram estipular um acordo destinado a regular mais completamente as relações entre a Igreja e o Estado no que diz respeito à vida religiosa no Ultramar Português (...)".

[733] Diga-se que até ao ano 2000 se aplicou a Macau e que, em breve, deixará de se aplicar a Timor.

[734] Não será possível deixar de admirar o trabalho levado a cabo, durante séculos, por missionários em territórios ultramarinos. Não levaram apenas o nome de Cristo a povos distantes como também o nome de Portugal, mesmo a muitos que não estiveram sujeitos à coroa portuguesa. Contribuíram para a grande epopéia dos Descobrimentos e promoveram a evangelização dos povos. O primeiro golpe dado à actividade missionária ocorreu com o Marquês de Pombal, no século XVIII, ao expulsar a Companhia de Jesus, ordem que maior número de missionários tinha em diáspora pelos nossos territórios ultra-

laica do regime da época permaneceu, desde logo, consagrada aliás, constitucionalmente e nem com a Concordata de 1940, diga-se que respeitadora do princípio da separação, não se procedeu a qualquer alteração. Assim se explica, por exemplo, que tenha sido natural uma particular sensibilidade na defesa simbólica de certos valores e princípios, como, na II República, não se ter tocado no calendário comemorativo republicano.

Foi sentida, na época, a necessidade *"absoluta da Concordata para a defesa da soberania e do prestígio no ultramar"*. Com ela se atingiu a reconciliação da Nação católica consigo mesma e se alcançou o acordo para a política imperial portuguesa.

Por seu turno, o Acordo Missionário completou a *"(…) obra política do Acto Colonial com a sanção da posse espiritual conferida pela Santa Sé, e com a nacionalização da obra missionária que se integra definitivamente na acção colonizadora portuguesa"*.

O Padroado do Estado Português, sobretudo em territórios para além da nossa soberania, representava o público reconhecimento da nossa acção evangelizadora.[735]

6.3. *Da aplicação concordatária de 1940 e do Acordo Missionário*

Recomecemos este estudo indo um pouco atrás no tempo, de molde a melhor entender as dificuldades que o país vivia há quase um século. Em 1834, a tarefa que esperava a monarquia liberal era árdua.

No plano económico, Portugal não conseguira superar a ruptura provocada pela independência do Brasil, em Setembro de 1822. Faltavam-lhe meios para participar na revolução industrial, enquanto no plano social, a maioria da população continuava camponesa. Por seu turno, após uma guerra civil, no plano institucional e político, a estabilidade da Coroa era precária.

A política do regime liberal foi dominada pela questão da descentralização política, da desamortização dos bens do clero e também pela ela-

---

marinos, mas também na China, cujos efeitos se fez sentir de imediato. Depois as lutas liberais e a consequente extinção dos institutos religiosos no século XIX conduziram à extinção da actividade missionária ao que se seguiu o conflito com Roma acerca do Padroado Português do Oriente.

[735] Veja-se "Sentido e oportunidade da Concordata", de 7 de Maio de 1940 e discursos do Professor Oliveira Salazar *in* Revista *Brotéria,* vol. XXX, Lisboa, Janeiro-Junho, 1940, pp. 635-683.

Capítulo IV – Enquadramento Político-Jurídico Português 397

boração dum novo Código Civil. A ideologia liberal, nitidamente anticlerical, levou à extinção das ordens religiosas e à venda dos bens do clero, o que só beneficiou a burguesia das cidades e dos campos.

Deste modo, longe de ser uma reforma social e ainda menos uma reforma agrária, ela só fez agravar o sistema da propriedade. Mais, com esta "reforma", o estatuto dos trabalhadores agrícolas piorou, na medida em que os novos proprietários, animados pelo objectivo do lucro, não tinham preocupações de índole humanitária, contrariamente às ordens religiosas.[736]

Em compensação, a monarquia liberal acabou por deixar como legado, em 1867, um Código Civil original que perdurou até aos nossos dias. A progressão da ideia republicana ia acontecendo, tendo ganhando novo fôlego com a proclamação da III República, em França, em 1871 e depois com a proclamação da República do Brasil, em 1889, sendo que o passo decisivo foi dado com o *Ultimato Inglês,* de 1890.[737]

Entretanto, a Igreja em Portugal, acalmados que foram os conflitos políticos do segundo quartel do século XIX, recompôs-se um pouco, embora precariamente, das graves perturbações advindas do liberalismo. Na metrópole, voltaram a instalar-se, progressivamente, institutos religiosos, alguns dos quais se dedicaram à actividade missionária.

Alguns governos, preocupados com a fraca ocupação portuguesa em terras de além-mar e sobretudo porque outras potências se iam instalando em territórios africanos mal ocupados por Portugal, apesar dos preconceitos e sectarismos contra as ordens religiosas, foram permitindo e favorecendo as missões ultramarinas.[738]

Contudo, com o advento da República, em 1910, novos conflitos surgiram com a dissolução de várias ordens religiosas e sobretudo com a

---

[736] A par desta pior situação sócio-económica gerada, também não se registou melhoria nos sistemas quer de culturas, quer de rendimentos. Com as sucessivas reformas, o regime não encontrou um rumo, variando entre a centralização e a descentralização. Outras hesitações, contradições e experiências veio, a República a herdar da Monarquia.

[737] Os republicanos não aceitaram, de ânimo leve, a capitulação perante a Inglaterra. Esta foi uma ameaça real para as instituições da monarquia constitucional.

[738] Alguns elementos maçónicos não perdoavam aos governos estas tolerâncias, que mais não eram do que meio de consolidar a ocupação portuguesa, apelando ao cumprimento da Lei de 1834 que proscrevia as ordens religiosas. Em 1901, foi publicado um diploma que permitia a instalação de alguns institutos religiosos com o fito de prover os estabelecimentos de assistência e caridade, mas também prover o Ultramar de pessoal religioso que servia, essencialmente, para consolidar a ocupação portuguesa daqueles territórios.

398   *Das Relações da Igreja com o Estado*

expulsão dos jesuítas das missões em Timor, Macau e Moçambique, mas também do território indiano do Padroado Português.[739]

A 15 de Abril de 1928 e a 11 de Abril do ano seguinte foram celebradas Concordatas entre Portugal e a Santa Sé, relativas ao Padroado e ao Semi-Padroado Português do Oriente, mantendo-se latentes alguns dos problemas criados à Igreja.

O mal vinha de longe. São considerados principais motivos da decadência da acção missionária portuguesa a submissão a Castela (1580--1640); as lutas da Restauração que se lhe seguiram; a expulsão dos Jesuítas pelo Marquês de Pombal, no século XVIII e as invasões napoleónicas, no início do século XIX.

Por sua vez, em 1930, a 8 de Junho, foi publicado o Acto Colonial que após revisão passou a ser considerado matéria constitucional e, como tal, integrado no articulado do art. 133.° da Constituição de 1933.[740]

---

[739] Pelo art. 189.°, a *Lei da Separação* mandava reformar o Colégio das Missões Ultramarinas de Cernache do Bonjardim, o qual, aberto em 1855, teve por missão formar sacerdotes para as dioceses ultramarina, sendo o mesmo submetido à orientação do Estado; enquanto pelo art. 190.° da referida Lei eram proibidas as missões estrangeiras criando-se dificuldades às portuguesas, muito embora se ressalvasse o Padroado Português do Oriente e os compromissos internacionais impostos.

No ano de 1913, por decreto de 22 de Novembro, aplicava-se as disposições da Lei da Separação, embora de forma mais atenuada pois, permitiam-se a continuação das missões que seriam progressivamente substituídas por 'missões laicas', as quais reverteram em fracasso tanto mais que com a saída dos missionários portugueses expulsos, missionários estrangeiros os substituíram sem ser permitido ao governo impedir tal entrada, em virtude dos compromissos assumidos por tratados internacionais.

Mas só depois da Presidência de Sidónio Pais, como já fizemos referência, se registou uma progressiva acalmia da perseguição religiosa, tornando-se possível o estabelecimento de novo, em Portugal, de institutos missionários e que se expandiram no Ultramar.

Digamos que só a partir de 1919, com o Decreto n.° 6322, de 24 de Dezembro e, depois o Decreto n.° 8351, de 26 de Agosto de 1922, ambos do Ministro das Colónias, se reactivava a actividade missionária, sendo que através do Decreto n.° 12485, de 13 de Outubro de 1926, o Comandante João Belo, promulgou o Estatuto Orgânico das Missões Católicas Portuguesas da África e Timor, a génese do Acordo e do Estatuto Missionário. É por este decreto que foram fixadas bases razoáveis à situação jurídica das nossas missões ultramarinas.

[740] O Regime apresenta marcas de inspiração católica, ao considerar, no art. 24.° do Acto Colonial, as Missões como instrumentos de civilização e influência, e ao proteger e auxiliar os estabelecimentos de formação missionária, traçando novas perspectivas à missionação.

Veja-se CRUZ, M. B., (1997), *As negociações da Concordata de 1940, in Análise Social,* Lisboa, p. 821.

Capítulo IV – Enquadramento Político-Jurídico Português   399

Pelo mesmo diploma, no art. 23.°, era assegurada a Liberdade Religiosa, enquanto no art. 24.° se definia o princípio fundamental do regime jurídico das missões católicas.[741] O sentido e finalidade do Acordo Missionário bem como os arts 26.° a 29.° da Concordata, por ele explicitados, deverão ser entendidos e interpretados à luz deste preceito constitucional.[742]

Não sendo o Estado Português confessional, dado que separado da Igreja Católica ou de outra confissão religiosa, tornou-se premente favorecer e auxiliar as missões por serem consideradas instituições de ensino e promoção dos povos ultramarinos autóctones. Não poderão restar dúvidas, como diz Silva Rego, que a história missionário começa no século XVI, estando a actuação missionária da Igreja Católica, em terras onde os por-

---

[741] Aliás, completando o que se diz na nota anterior, as disposições do Acto Colonial, dividido em quatro títulos, aprovado pelo Decreto n.° 18570, de 8 de Julho de 1930 foram, por força da Lei n.° 2048, integradas no texto constitucional, e em consequência foi suprimido o art. 1.°. Na sua maior parte, passou a constituir o Título VII – Do ultramar português. O art. 133.° da Constituição de 1933 corresponde ao art. 2.° do Acto Colonial cuja redacção era a seguinte: "É da essência orgânica da Nação Portuguesa desempenhar a função histórica de (possuir e) colonizar domínios ultramarinos e de civilizar as populações indígenas que neles se compreendam, exercendo também a influência moral que (lhe) é adstrita (pelo) ao Padroado do Oriente". As palavras entre parentesis foram as alteradas ou suprimidas aquando da integração no texto constitucional.

[742] Este princípio esclarece que no ultramar, as missões católicas portuguesas são "(...) instrumentos de civilização e de influência nacional", concluindo que os estabelecimentos de formação do pessoal, que irão compor quer o Padroado Português quer os serviços das missões, serão tidos como instituições de ensino e como tal "(...) terão personalidade jurídica e serão protegidos e auxiliados pelo Estado". O art. 23.° do Acto Colonial corresponde ao art. 139.° da Constituição de 1933 com o seguinte texto: "O Estado assegura nos seus territórios ultramarinos a liberdade de consciência e o livre exercício dos diversos cultos, com as restrições exigidas pelos direitos e interesses da soberania de Portugal, bem como pela manutenção da ordem pública, e de harmonia com os tratados e convenções internacionais". Por sua vez, o art. 24.° do Acto Colonial, do qual apresentamos, na nota anterior excertos, tinha o seguinte texto inicial: "As missões religiosas do ultramar, instrumento de civilização e de influência nacional, e os estabelecimentos de formação do pessoal para os serviços delas e do Padroado Português, terão personalidade jurídica e serão protegidos e auxiliados pelo Estado, como instituições de ensino", tendo, ao ficar incluso no art. 140.° da Constituição de 1933, recebido a seguinte redacção: "As missões católicas portuguesas do ultramar e os estabelecimentos de formação do pessoal para os serviços delas e do Padroado terão personalidade jurídica e serão protegidos e auxiliados pelo Estado, como instituições de ensino e assistência e instrumentos de civilização, nos termos das concordatas e mais acordos celebrados com a Santa Sé".

400   *Das Relações da Igreja com o Estado*

tugueses chegaram com a sua cultura, sempre relacionada com as actividades políticas, económicas, sociais e religiosas da Metrópole.[743]

Elas tiveram o seu reflexo nos povos e estrutura dos territórios que a Santa Sé confiou a Portugal para evangelizar. Com o ambiente de paz e acalmia religiosa, da década de 30 e com a aplicação destes diplomas foi possível o desenvolvimento e acção concertada das missões católicas e do Estado. No entanto, problemas específicos foram surgindo cabendo, sobretudo à Igreja, resolvê-los. Tal foi o caso da existência duma única diocese num território tão vasto como Angola, o mesmo acontecendo com Moçambique que nem diocese formava, tendo missionários independentes do Bispo residente em Lourenço Marques.

Factos religiosos, não raras vezes, têm consequências políticas podendo favorecer determinadas ambições, como foi o caso da infiltração de missionários italianos em Moçambique, promovida por Mussolini, no intuito de, após ter ocupado a Etiópia, em 1936, preparar a penetração política naquela nossa província ultramarina. Portugal encontrava-se prisioneiro dos acordos que havia acertado com a Santa Sé e que lhe negava o direito de opôr-se à entrada de missionários estrangeiros nos territórios sob a sua jurisdição, dependendo exclusivamente da Santa Sé, a subordinação de tais missionários às autoridades eclesiásticas locais.[744]

Por tudo isto urgia que se estabelecessem negociações com a Santa Sé de forma a dirimir estes e outros conflitos latentes.[745] Não são pois, de admirar as palavras expressas na introdução da Concordata:

---

[743] Veja-se REGO, A. S., (1961), *Lições de Missionologia,* Lisboa: Estudos de Ciências Políticas e Sociais, n.° 56, Centro de Estudos Políticos e Sociais da Junta de investigações do Ultramar, Ministério do Ultramar, pp. 296 e 297.

[744] Moçambique formava, na altura, apenas uma Prelazia não chegando a formar uma verdadeira Diocese, existindo ali alguns missionários independentes, embora com protesto do Prelado de Moçambique, o que impunha negociações com a Santa Sé a fim de sanar esse grave problema que embora de carácter religioso o era também político.

[745] Para melhor se entender toda esta complexa querela convém recordar o estipulado no art. XI da Convenção de Saint-Germain-en-Laye, datada de 10 de Setembro de 1919 e aprovada pela Lei n.° 1 265 de 15 de Maio de 1922 e ratificada a 7 de Outubro e que diz o seguinte: "(...) As potências signatárias protegerão e favorecerão, sem distinção de nacionalidade ou de culto, as instituições ou empresas religiosas, científicas ou de caridade, criadas ou organizadas pelos súbditos das outras potências signatárias e dos Estados membros da Sociedade das Nações, que aderirem à presente Convenção, que tendam a guiar os indígenas na senda do progresso e da civilização (...)". Por conseguinte, a liberdade de consciência e o livre exercício de qualquer culto ficam

Capítulo IV – Enquadramento Político-Jurídico Português

"Sua Santidade o Sumo Pontífice Pio XII, e Sua Excelência o Presidente da República Portuguesa, dispostos a regular por mútuo acordo e de modo estável a situação jurídica da Igreja Católica em Portugal, para a paz e maior bem da Igreja e do Estado"[746]

Ao que acrescenta um maior alcance e significado as seguintes palavras:

"Resolveram concluir entre si uma solene Convenção que reconheça e garanta a liberdade da Igreja e salvaguarde os legítimos interesses da Nação Portuguesa, inclusivamente no que respeita às Missões Católicas e ao Padroado do Oriente".

Por estas palavras da Concordata de 1940 e pelo Acordo Missionário, não obstante a obrigação internacional anteriormente por nós assumida, os missionários católicos serão, em princípio, portugueses e se o não forem estarão sujeitos a autoridades eclesiásticas portuguesas.[747]

Procurou-se assim evitar o perigo que podiam representar missões estrangeiras católicas para a soberania portuguesa.[748] Estabeleceu-se ainda,

---

garantidos a todos os súbditos dos Estados membros da S.D.N. e mais, os missionários terão o direito de entrar e circular no território africano a fim de levarem a cabo a sua obra religiosa.

[746] António Óscar de Fragoso Carmona, Presidente da República Portuguesa de 1928 a 1951.

[747] Trata-se pois, dum triunfo diplomático português, na medida em que pelo art. 26.° da Concordata e pela especificação dada no primeiro artigo do Acordo Missionário, a Santa Sé concordou em que, no Ultramar português, só se podem estabelecer missionários com a aprovação do Governo.

[748] A este propósito e como complemento do que se refere na nota anterior transcrevemos o texto do referido artigo: "A divisão eclesiástica do Ultramar Português será feita em dioceses e circunscrições missionárias autónomas. Dentro de umas e de outras podem ser erectas direcções missionárias pelos respectivos prelados, de acordo com o Governo. Os limites das dioceses e circunscrições missionárias serão fixados de maneira a corresponderem, na medida do possível, à divisão administrativa".

Sendo no art. 27.° esclarecido que "A vida religiosa e o apostolado missionário nas dioceses serão assegurados pelo respectivo bispo residencial (...). As corporações missionárias reconhecidas estabelecerão em Portugal Continental ou ilhas adjacentes casas de formação e de repouso para o seu pessoal missionário".

Pode ainda ler-se no mesmo artigo que a essas "casas de formação e de repouso" é não apenas "reconhecida a personalidade jurídica" como também serão "subsidiadas pelo Estado."

No art. 28.° da Concordata de 1940 e 2.° do Acordo Missionário declara-se que, quando não existirem missionários portugueses em número suficiente, cabe aos Prelados, pelo art. 28.° da Concordata e 7.° do Acordo Missionário, que a nomeação das direções missionárias, não recaindo em cidadão português, só poderia ser concretizada após ouvido o Governo.

Pelo dito art. 28.° da Concordata e 2.° do Acordo é permitido, aos Ordinários das dioceses e circunscrições missionárias, chamar missionários estrangeiros *"(...) quando não haja missionários portugueses em número suficiente"*, mas com o acordo da Santa Sé e do Governo português.

Contudo, exige-se que os referidos missionários *"(...) declarem submeter-se às leis e tribunais portugueses"*, ao que se acrescenta:

> *"(...) Todos os missionários, do clero secular ou de corporações religiosas, nacionais ou estrangeiras, estarão inteiramente sujeitos à jurisprudência ordinária dos prelados das dioceses e circunscrições missionárias, no que se refere ao trabalho missionário".*

Embora se repita o que anteriormente dissemos, procurou evitar-se que as missões católicas estrangeiras entrassem no espaço português e quando isso não fosse de todo possível ao menos que não pusessem em

---

"(...) de acordo com a Santa Sé e com o Governo, chamar missionários estrangeiros, os quais serão admitidos nas missões da organização missionária portuguesa, desde que declarem submeter-se às leis e tribunais portugueses. Esta submissão será a que convém a eclesiásticos".

E acrescenta ainda que **todos** os missionários, no que se refere à obra missionária, "(...) estarão inteiramente sujeitos à jurisprudência ordinária dos prelados das dioceses e circunscrições missionárias".

Por tudo isto se infere que, a partir de 1940, não poderá existir, em actuação no Ultramar Português, missionários independentes, evitando-se o perigo que podiam representar para a soberania portuguesa. Por seu turno todos os Bispos residenciais e os Vigários ou Prefeitos Apostólicos deverão ter nacionalidade portuguesa e para a sua nomeação a Santa Sé comunicará ao Governo português o seu nome para este verificar se existe ou não objecções de carácter político geral.

O mesmo acontecendo "Quando dentro de cada diocese ou circunscrição missionária forem estabelecidas novas direcções missionárias, a nomeação dos respectivos directores, não podendo recair em cidadão português, só será feita depois de ouvido o Governo Português" – art. 28.°.

Não se trata dum possível veto do Governo, dado que, como atrás referimos, é dada liberdade à Igreja de proceder ou não à nomeação no caso da resposta do Governo ser desfavorável.

Trata-se, a nosso ver, não duma intervenção do Estado, mesmo porque existe autonomia e independência dos dois poderes (temporal e espiritual), mas tal como diz o próprio Concílio (veja-se *Gaudium et Spes,* n.° 76) deve acontecer boa cooperação entre a Igreja e o Estado de modo a que ambos contribuam para o bem-estar da pessoa.

Capítulo IV – Enquadramento Político-Jurídico Português 403

perigo a nossa soberania ao desviarem-se do carácter espiritual e religioso porque *"(...) inteiramente sujeitos à jurisdição ordinária dos prelados (...)"* e submetidas *"(...) às leis e tribunais portugueses. Esta submissão será a que convém a eclesiásticos. (...)"*.

Poderá parecer intervenção do Estado na actividade missionária, mas tratar-se-á antes, a nosso ver, dum vínculo de boa cooperação entre Igreja e Estado. Esta independência, na respectiva área de acção, requer que o Estado não se sirva da Igreja, nem esta daquele para atingirem os seus objectivos.

Assim, nem o Estado se deve imiscuir no campo específico da Igreja, pretendendo dirigir os actos religiosos ou servir-se dela para os fins políticos que lhe são próprios, nem a Igreja o deve tolerar, mas também o Estado não pode consentir que alguns dos ministros da Igreja se sirvam da suas condições especiais para fins políticos.

Será o "respeito por cada pessoa, que levará a Igreja a cooperar com os Estados sem se confundir com eles. Não sacralizando sistemas, lembrará a transcendência da pessoa, que qualquer deles terá de respeitar e servir".[749]

Foi possível, à Igreja, pela Concordata e pelo Acordo Missionário, desenvolver a sua missão nos nossos territórios ultramarinos. Pelo art. 6.º, do referido Acordo, através da Bula *Sollemnibus conventionibus,* datada de 4 de Setembro de 1940, foram criadas em Angola, as Arquidioceses de Luanda e as dioceses de Nova Lisboa e Silva Porto, bem como em Moçambique foram criadas a Arquidiocese de Lourenço Marques e as Dioceses da Beira e de Nampula. Por sua vez, foi criada também, por desmembramento da de Macau, a Diocese de Timor.

Com a Concordata e o Acordo Missionário, as relações entre a Santa Sé e o Estado português normalizaram-se. Punha-se, deste modo, termo à questão religiosa levantada com o Liberalismo e agravada com a República. Com estes dois novos instrumentos, o Estado garantiu à Igreja Católica, o livre exercício da sua autoridade na esfera da sua competência e recebia dela o apoio da sua acção civilizadora.

Ainda como consequência do Acordo Missionário registou-se um aumento significativo do número de missionários e de católicos, tendo-se formado, em Angola, as Dioceses de Benguela, Carmona, Malange, Luso, Sá da Bandeira e S. Salvador. Por seu turno, em Moçambique, foram constituídas as dioceses de Inhambane, João Belo, Porto Amélia, Quelimane,

---

[749] Veja-se CLEMENTE, Manuel, (2000), *Ibidem,* p. 128.

404   *Das Relações da Igreja com o Estado*

Tete e Vila Cabral, entre outras. Por seu turno, a Guiné, depois de desmembrada da Diocese de Cabo Verde, tornou-se Prefeitura Apostólica. Digamos que, de entre os artigos 26.° ao 28.°, o que talvez tenha tido menor interesse no domínio dos princípios fosse o 27.°. No entanto, ele apresentou maior relevância prática, pois, era garante da livre organização da Igreja no Ultramar, reconhecendo personalidade jurídica tanto às dioceses e circunscrições missionárias quanto aos institutos religiosos consagrados ao apostolado nas missões.[750]

Se a maior parte das missões católicas, em África, estavam dependentes da *Propaganda Fidei,* nos territórios portugueses elas estavam sujeitas a um regime de Padroado. Após a assinatura da Concordata de 1940 e do Acordo Missionário, o enquadramento canónico fazia-as depender da Secretaria de Estado do Vaticano, através da Nunciatura Apostólica, em Lisboa.[751]

As missões Católicas ficaram com liberdade para exercerem formas de actividade que lhes eram próprias não só de evangelizar, como as de fundar e dirigir escolas, e os missionários, não sendo funcionários do Estado, eram tidos como pessoal em serviço especial de utilidade nacional e civilizadora que deviam consagrar-se exclusivamente à difusão da fé católica e à civilização da população indígena.[752]

---

[750] Veja-se o que atrás foi dito a respeito do art. 24.° do Acto Colonial e depois transcrito, com algumas alterações pela Lei n.° 1 900, para o art. 140.° da Constituição de 1933.

[751] Será de acrescentar que esta situação nem sempre foi bem entendida ou melhor aceite por alguns missionários estrangeiros, os quais sentiram dificuldade em se adaptarem e, sobretudo, aceitarem as normas concordatárias estabelecidas entre Portugal e a Santa Sé. Veja-se COSTA, D.E.G., (1996) *A obra missionária em Moçambique e o Poder político,* Braga: Ed. Franciscana, pp. 12-25; e REGO, A. S., (1940) *O Padroado Português do Oriente – esboço histórico,* Lisboa: Agência Geral das Colónias, pp. 78-114.

[752] Assim se pode ler nos artigos: 15.° do Acordo Missionário e 14.° e 80.° do Estatuto Missionário. Vem a propósito referir que no caso dos missionário serem estrangeiros deveriam, antes de integrar as missões portuguesas, declarar expressamente a renúncia às leis e tribunais da respectiva nacionalidade, submetendo-se aos equivalentes portugueses. Será de acrescentar que na medida do possível, a divisão administrativa nas colónias portuguesas correspondia aos limites das dioceses e circunscrições. O que diga-se não trouxe benefícios para a Igreja na medida em que, por diversas vezes, o Estado se intrometeu no seu poder e jurisdição. O mesmo aconteceu no domínio oposto. Durante a denominada Guerra do Ultramar, alguns elementos do Clero actuaram contra o Estado (tal foi o caso das homilias do Bispo de Nampula e do padre Hastings, na cidade da Beira).

No caso de Moçambique, não eram raros os casos em que diversas comunidades religiosas a exercer o seu múnus no território, com o objectivo de preservarem estatutos

Capítulo IV – Enquadramento Político-Jurídico Português 405

No interior, havia sempre um chefe de povoação nativo que falava português, havia uma escola onde se aprendia o idioma e se cantava o *Hino*, mas onde também coexistiam dialectos indígenas. A língua portuguesa, para além dos desvarios e das guerras civis que persistiram mesmo após a 'descolonização'.

Ainda hoje é garante duma certa unidade de comunicação entre povos diversos, que coabitam nestes territórios, outrora designados, genericamente, de *Ultramar português*. Consciente da função desempenhada pelas corporações missionárias, o Estado português subsidiava-as como ficou estabelecido pelo art. 9.º do Acordo Missionário

> *"(...) Na distribuição dos ditos subsídios, ter-se-ão em conta não somente o número dos alunos das casas de formação e o dos missionários nas colónias, mas também as obras missionárias, compreendendo nelas os seminários e as outras obras para o clero indígena. Na distribuição dos subsídios a cargo das colónias, as dioceses serão consideradas em paridade de condições com as circunscrições missionárias".*

Para além destes subsídios o Governo, pelo art. 10.º, comprometia--se a *"(...) conceder gratuitamente terrenos disponíveis às missões católicas"* contribuindo, deste modo, para o desenvolvimento e o surgimento de novas.

No mesmo intuito e por lhes reconhecer personalidade jurídica admite-se, pelo mesmo artigo, que possam receber *"(...) subsídios particulares e aceitar heranças, legados e doações."* isentando-os, pelo artigo 11.º, de impostos ou contribuições e além disso, ficavam isentos *"de todos os direitos aduaneiros as imagens e outros objectos de culto".*

Mas também, para além destes subsídios e isenções, o Governo Português, pelo art. 12.º do Acordo, *"garante aos Bispos residenciais, como Superiores das missões (...) e aos Vigários e Prefeitos Apostólicos*

---

ameaçados e outros interesses, colaboravam ora com a FRELIMO, ora com a administração portuguesa. O Clero Católico que se identificava e estava comprometido, através do Acordo e do Estatuto Missionário, com o poder colonial, na sequência do Concílio Vaticano II, durante a guerra procurou, por vezes, descomprometer-se. Este tipo de actuação foi mais flagrante com as missões protestantes, muitas das quais foram responsáveis, pela sua actividade educativa, pela formação de vários elementos dos grupos que actuaram no teatro de guerra contra a política portuguesa ultramarina. A aliança das comunidades islâmicas, no território de Moçambique, com o poder português foi, sobretudo, de conveniência, mas teve um sinal de coerência, na medida em que o recorte ideológico da FRELIMO não se coadunava com a doutrina islâmica.

honorários condignos e mantém-lhes o direito à pensão de aposentação".

Contudo, não lhes é concedido o direito a ajuda de custo para viagens e deslocações, como acontece com todo o pessoal missionário que, pelo art. 14.°, *"(...) terá direito ao abono das despesas de viagem dentro e fora das colónias".*

Existe a preocupação com a saúde do pessoal missionário na medida em que se lhes exige que seja apresentado, ao Governo,

> *"(...) atestado médico, que comprove a robustez física necessária para viver nos territórios do Ultramar, sem necessidade de outras formalidades. Se o Governo, por fundados motivos, julgar insuficiente o atestado médico, poderá ordenar novo exame que será feito na forma devida por médico de confiança (...)"*

Por seu turno, quando por motivo de doença ou em gozo de licença graciosa, haja lugar a viagens de regresso à Metrópole, por parte do pessoal missionário, ainda que propostas pelos respectivos prelados, as mesmas terão de ser *"(...) autorizadas segundo as normas vigentes para os funcionários públicos".*[753]

Reconheçamos que foi grandiosa a obra realizada pelas missões católicas no ultramar, que tivemos a possibilidade de usufruir, apesar do número reduzido de pessoal e de recursos. Como atrás enunciamos, pelo art.15.° do Acordo Missionário ficou garantida a livre expansão das missões e o exercício de actividades que lhe são próprias, pelo seguinte texto:

> *"As missões católicas portuguesas podem expandir-se livremente, para exercerem as formas de actividade que lhes são próprias e nomeadamente a de fundar e dirigir escolas para os indígenas e europeus, colégios masculinos e femininos, institutos de ensino elementar, secundário e profissional, seminários, catecumenatos, ambulâncias e hospitais."*

E por se verificar a necessidade de sacerdotes portugueses prestarem assistência espiritual a cidadãos portugueses que viviam em territórios vizinhos das nossas províncias ultramarinas, tal era o caso da Rodésia, hoje Zimbabué e da África do Sul.

---

[753] Veja-se o art. 14.° do Acordo Missionário e como pelo texto do art. 17.° não lhes é reconhecido o estatuto de funcionários públicos a que adiante faremos menção.

Ainda no art. 15.º do Acordo Missionário, encontra-se esta possibilidade ao estipular-se que

> *"De acordo com a Autoridade eclesiástica local, poderão ser confiados a missionários portugueses os serviços de assistência religiosa e escolar a súbditos portugueses em territórios estrangeiros."*[754]

E como se tinha consciência da necessidade do uso da língua portuguesa para mais facilmente se desenvolver **"a actividade educacional e civilizadora"** e a unidade nacional, muito embora se reconheça à Igreja a liberdade de escolha da língua materna dos indígenas para a prática religiosa, estabelece o art. 16.º do Acordo Missionário que

> *"Nas escolas indígenas missionárias é obrigatório o ensino da língua portuguesa, ficando plenamente livre, em harmonia com os princípios da Igreja, o uso da língua indígena no ensino da religião católica."*

A fim de dar cumprimento a estas disposições, de acordo com a Igreja, o Estado Português publicou o Decreto 31 207, datado de 5 de Abril de 1941, que pormenoriza e regulamenta a execução das disposições da Concordata e do Acordo Missionário.[755]

Por ele se estabelece que o ensino dito rudimentar, onde houver missões, seja confiado ao pessoal missionário, o que facilitava a acção do Estado. Para confiar tal ensino, das classes primárias, eram necessárias pessoas que soubessem as línguas nativas e fossem residentes em locais ainda não civilizados, só através dos missionários seria viável tal tarefa de expandir a língua portuguesa e o ensino rudimentar.[756]

---

[754] Foram várias as Congregações religiosas instaladas, muitas vezes precariamente como tivemos a ocasião de constatar, que fundaram e dirigiram escolas de vários níveis de ensino não apenas para os indígenas como para europeus.

[755] Este Decreto também ficou conhecido por Estatuto Missionário, muito embora não apresente inovações de princípios regulamenta a execução das disposições do Acordo e do texto concordatário.

[756] Por exemplo, em Moçambique, este ensino foi entregue às missões, muito embora não se tenha desenvolvido como seria de desejar não tanto por culpa daquelas, mas antes pelas reduzidas ajudas financeiras cedidas pelo Estado. Por outro lado, a acção da religião islâmica exercia uma forte influência sobre as populações autóctones, que já existia mesmo antes dos portugueses lá chegarem, no século XVI.

No sentido de promover ainda mais a educação no Ultramar, o Governo publicou o Decreto-Lei n.º 45 908, datado de 10 de Setembro de 1964, pelo qual passava grande parte do ensino primário das mãos das missões para a administração do Estado, sobretudo nas regiões com maior desenvolvimento.

408 *Das Relações da Igreja com o Estado*

Convém não ignorar que as escolas foram os principais centros de que a Igreja se serviu para evangelizar. O art. 17.º, do Acordo, estabelece uma norma óbvia, mas de necessário esclarecimento na medida em que, pelo art. 14.º se estabelecia um certo paralelismo. Assim, pelo texto deste artigo se esclarece que

> *"Os Ordinários, os missionários, o pessoal auxiliar e as irmãs missionárias, não sendo funcionários públicos, não estão sujeitos ao regulamento disciplinar nem a outras prescrições ou formalidades a que possam estar sujeitos aqueles funcionários".*[757]

Dado que o Estado subsidiava as missões necessário se tornava estipular como o foi, pelo art. 18.º do Acordo Missionário, que cabia aos Prelados e Superiores das corporações missionárias manter o Governo informado, através dum relatório anual, *"sobre o movimento missionário e a actividade exterior das missões"*, excluindo-se, obviamente, a meramente religiosa.

Pelo apresentado no art. 19.º do Acordo Missionário, que praticamente, na essência, lhe põe termo, a Santa Sé compromete-se a *"usar da sua autoridade para que as corporações missionárias portuguesas intensifiquem a evangelização dos indígenas e o apostolado missionário".*

Não ficam dúvidas que o nosso país tinha interesse em que se desenvolvesse a acção missionária, tida, como atrás fizemos menção, como uma actividade não apenas civilizadora como educacional.

Uma última palavra sobre o texto concordatário, que em termos de princípios, encerra com o art. 30.º. Nele se declara que *"Se vier a surgir qualquer dúvida na interpretação desta Concordata, a Santa Sé e o Governo Português procurarão de comum acordo uma solução amigável".*

Ao longo da sua vigência, uma ou outra divergência tem surgido, mas tudo sanável, contudo foram muitos e continuam existindo os seus críticos. Aliás, como os há de todas as coisas feitas que *"(…) parecem ter muito mais trabalho do que quem as faz. É a legião que, depois das decisões e dos efeitos, sugere a outra coisa. **Nunca antes. Depois.** Analisam, discutem, acrescentam, tiram, lamentam".*[758]

---

[757] Diga-se que durante a monarquia liberal, a maioria dos ministros da Igreja foram considerados, para muitos efeitos, como autênticos funcionários públicos.

[758] De forma magistral e com grande actualidade se pode ler do Professor Doutor Adriano Moreira sobre os críticos das coisas feitas "Fica-lhes claríssimo que devia ser de

Capítulo IV – Enquadramento Político-Jurídico Português   409

Entretanto, desde 1940, outros Acordos foram celebrados entre Portugal e a Santa Sé. Tal foi o caso do Acordo, pelo qual a Igreja suprimiu dias santos como o da Epifania, o de S. José, Ascensão e de S. Pedro e S. Paulo, tendo visto, em contrapartida, os restantes dias santificados reconhecidos como feriados nacionais.[759]

Em 1966, foi acordado com a Santa Sé as modalidades do estabelecimento do Vicariato castrense.[760] Por último, refira-se, mais uma vez, a revisão da Concordata levada a cabo em 1975 e que apenas se submeteu a revisão o art. 24.° que inicialmente impedia o divórcio dos casados canonicamente, tendo sido alterado pelo Protocolo de 1975.

Procuramos mostrar qual o valor e o sentido da Concordata e do Acordo Missionário. Embora não sendo imprescindíveis, o certo é que a Concordata de 1940 foi muito útil para regular a situação jurídica do catolicismo numa Nação como a nossa e serviu para solucionar diversos problemas que diziam respeito tanto ao Estado quanto à Igreja.

Convenhamos que dificilmente a Concordata e os Acordos podem receber soluções convenientes para ambas as partes, com medidas unilaterais de cada uma delas. Não será, pois, de admirar que, pela Concordata e Acordo Missionário, o Estado português se tenha defendido de atentados contra a soberania nacional ou da integridade do território português.

Pelo menos procurou assegurar que os missionários não se servissem da religião para concretizarem fins políticos de outros Estados. Por outro lado, será lícito interrogarmo-nos se o Estado, através destes Acordos, não colocou a Igreja, através sobretudo das missões, ao seu serviço. Portugal

---

outra maneira. (...) Descobrem sempre que a outra coisa era a indicada. Para o passado. Para o futuro, esperam. De erro em erro, assim lhes parece o mundo depois de acontecido. A monarquia errada. A república errada. A ditadura errada. A democracia errada. A guerra errada. A paz errada. Sempre o mau caminho, a decisão pior, a palavra imprópria, a obra dispensável". Aos outros cabe decidir "(...) entre mil caminhos, seguir por um. Naquele dia. No exacto instante. Fazendo do trabalho comentário, e da acção a prece. Sabendo dos riscos e a confiar em que os outros depois farão melhor. Tomando a responsabilidade do erro para não ter a da inacção."

Veja-se MOREIRA, A., *Tempo de vésperas,* 4.ª edição, Lisboa: Editorial Notícias, p. 73.

[759] Trata-se do Acordo celebrado em 1952 e corresponde aos dias 6 de Janeiro, 19 de Março, 29 de Junho e o da Ascensão uma festa móvel.

[760] Em seguimento do estipulado no art. 18.° da Concordata. e que garante, entre outros, a assistência religiosa em campanha às forças armadas.

410 · Das Relações da Igreja com o Estado

tinha todo o interesse em que a acção missionária se desenvolvesse como actividade educacional e civilizadora. A resposta pode vir-nos do Concílio ao afirmar que:

> *"No domínio próprio de cada uma, comunidade política e Igreja são independentes e autónomas. Mas, embora por títulos diversos, ambas servem a vocação pessoal e social dos mesmos homens. E tanto mais eficazmente exercitarão este serviço para bem de todos, quanto melhor cultivarem entre si uma sã cooperação, tendo igualmente em conta as circunstâncias de lugar e tempo".*[761]

Na época em que a nossa Concordata foi assinada alguns foram os que vaticinaram que ela poderia vir a servir de modelo para futuros acordos entre a Santa Sé e Estados modernos. Assim aconteceu justamente porque ocorreu, sobretudo em matéria religiosa, mas não exclusivamente, um grande pluralismo que, com o passar dos tempos, se tem vindo a acentuar. Por outro lado, os Estados não são mais, salvo algumas excepções, confessionais como outrora e preconizam a separação entre o Estado e a Igreja bem ainda a plena liberdade religiosa, a qual foi posteriormente proclamada pelo Concílio Vaticano II, sobretudo na Declaração *Dignitatis humanae*.

Perfunctoriamente diremos que nas páginas anteriores tentamos mostrar não apenas o valor como também o sentido das Concordatas em geral e, em particular, a de 1940. Embora não parecendo teoricamente necessárias, o certo é que elas, na prática, são imprescindíveis, ou para recorrer a um termo menos forte, são de grande utilidade, na medida em que permitem regular a situação jurídica do catolicismo numa Nação como a nossa. Mas servem também, as Concordatas para solucionar, de forma satisfatória e não unilateral, muitos conflitos que tanto interessam ao Estado como à Igreja.

Convirá acrescentar que tentamos demonstrar que as Concordatas são conformes às disposições conciliares e não põem em causa a mútua independência, nas respectivas esferas de acção, quer do Estado quer da Igreja.

Tentamos demonstrar que a Concordata de 1940 não instituiu para a Igreja um regime de privilégio. Antes garantiu a liberdade religiosa dos católicos portugueses e permitiu assegurar que o direito à liberdade reli-

---

[761] De novo remetemos para a *Gaudium et Spes*, n.º 76.

Capítulo IV – Enquadramento Político-Jurídico Português 411

giosa não se funda na disposição subjectiva da pessoa, mas antes na sua própria natureza.[762] Reconhecendo, por outro lado, **o que é de Deus e o que é de César,** sem esquecer a incidência comum, do Estado e da Igreja, no serviço da pessoa.

Pela Concordata de 1940, instaurou-se uma situação jurídica mais justa e clara para a Igreja Católica em Portugal, dando não apenas satisfação às legítimas reivindicações e aos direitos da Igreja, como também se reconheceu, na sequência de arrastadas polémicas, a consistência própria das realidades temporais sem as desligar do respeito por cada pessoa, levando a Igreja a cooperar com o Estado sem, no entanto, se confundir com ele.

Cabe à Igreja e ao Estado não sacralizar sistemas, relembrando a transcendência da pessoa, que ambos têm por obrigação respeitar e servir.[763] Mesmo porque a religião e a espiritualidade são dos factores culturais com maior relevância para o homem, dado que lhe conferem um sentido de vida e ajudam a estruturar os seus comportamentos e valores.

São ainda hoje alguns os que consideram um obstáculo para a autonomia dos homens, das sociedades ou das ciências, a ligação íntima entre a religião e a actividade humana. Há, no entanto, que entender por autonomia das realidades terrenas o que é referido pela *Gaudium et Spes: "(...) as coisas criadas e as próprias sociedades têm leis e valores próprios, que o homem irá gradualmente descobrindo, utilizando, organizando, é perfeitamente legítimo exigir tal autonomia (...)".*[764]

Repetindo ainda o documento anterior diremos que quer a comunidade política quer a Igreja, nas suas respectivas esferas de acção, são independentes e autónomas, estando, embora a títulos diversos, ao serviço da vocação pessoal e social dos mesmos homens.

Ambas serão tanto mais eficazes e eficientes *"(...) quanto melhor cultivarem entre si uma sã cooperação, tendo igualmente em conta as circunstâncias de lugar e tempo".*[765]

---

[762] Como foi assegurado pela *Dignitatis humanae,* 2.

[763] Relembra-se o apresentado em *Gaudium et Spes,* 76, pelas seguintes palavras: "A Igreja que, em razão da sua missão e competência, de modo algum se confunde com a sociedade nem está ligada a qualquer sistema político determinado, é ao mesmo tempo o sinal e salvaguarda da transcendência da pessoa humana".

[764] Veja-se *Gaudium et Spes,* 76.

[765] *Ibidem.*

412 *Das Relações da Igreja com o Estado*

Poder-se-á afirmar que a Concordata de 1940 e o Acordo Missioná-rio,[766] são tidos como instrumentos jurídicos de alto valor e significado para as relações entre a comunidade política e a Igreja Católica no nosso país.

Os dois documentos serviram para sanar, em bases claras e justas, um período difícil das relações Estado/Igreja, onde se incluíram perseguições, usurpações e violências contra a Igreja e os católicos, em Portugal.

Tanto a Igreja quanto o Estado Português, através da Concordata de 1940 e do Acordo Missionário, salvaguardaram as suas independências e firmaram as bases da colaboração indispensável nas áreas em que têm de concorrer para atingir o bem-comum.

Por outro lado, sobretudo a Concordata, não apenas serviu de modelo, como foi um documento precursor.[767] Um quarto de século depois a Igreja celebrou o Concílio Vaticano II que veio alterar profundamente os conceitos do *Jus Publicum Ecclesiasticum.*

Na verdade, a nova ordem de relações entre o Estado e a Igreja, de cooperação activa com base no respeito mútuo da área de competência específicas de cada parte, veio a considerar-se adequado à doutrina consagrada pelo Concílio.[768]

Perspectivando a referida Pastoral, não cabe ao Estado, em matéria religiosa, uma mera função passiva e neutral, compete-lhe sim assumir de forma eficaz a

"(...) protecção da liberdade religiosa de todos os cidadãos e proporcionar condições favoráveis ao desenvolvimento da vida religiosa, de modo que os cidadãos possam realmente exercer os direitos da religião e cumprir os seus deveres".[769]

Apercebemo-nos que não será por meio de normas unilateralmente promulgadas, por cada uma das partes, seja Estado ou Igreja, que se con-

---

[766] Veja-se o *Acordo Missionário* como uma Convenção particular, como anteriormente referimos, que o Governo português e a Santa Sé resolveram estipular. Este Acordo, ratificado a 1 de Junho de 1940, em simultâneo com a Concordata, especifica os artigos XXVI a XXIX, relativos às missões ultramarinas, da Concordata. O *Acordo Missionário*, como se pode ler no seu prólogo, foi destinado a regular as relações entre o Estado e a Igreja, no que concerne à vida religiosa no Ultramar português, mantendo-se tudo quanto havia sido convencionado a respeito do Padroado do Oriente.

[767] Seja exemplo a da Argentina, celebrada em 1966.

[768] Atente-se no que anteriormente se refere e que está expresso na *Gaudium et Spes,* 76.

[769] Cfr. *Declaração sobre a liberdade religiosa,* n.º 6

Capítulo IV – Enquadramento Político-Jurídico Português   413

seguirá atingir a definição adequada, justa e oportuna dos direitos e deveres inerentes a cada uma. Será pelo acordo de ambas as partes, livremente estabelecido que se pode atingir o bem-comum.

Daqui se infere que somente através de acordo de ambas as partes será possível concretizar os limites da ordem pública e do bem-comum nesta nossa Nação católica, que o Concílio apela quando enuncia esses direitos e deveres. Estes limites são, por natureza, contingentes e variáveis de acordo com as "circunstâncias de lugar e tempo".[770]

Por esta Concordata e pelo Acordo Missionário, foi possível, em nosso entender, abrir uma nova era de paz religiosa verdadeiramente proveitosa quer para a Igreja quer para o Estado Português. Com a aplicação dos princípios instituídos foi possível o desenvolvimento da actividade da Igreja em "sã cooperação" com o Estado, o que permitiu, por exemplo, a estabilidade e dignificação da célula da sociedade, bem como a expansão da acção evangelizadora.

A Fé e o interesse material, aliados, sempre se auxiliaram mutuamente. Vejamos o que disse D. Manuel I, em 1497, aos capitães que lhe foram apresentar os seus cumprimentos de despedida:

> *"A mais principal coisa, que trago na memória, depois do cuidado de vos reger em paz e justiça é como poderei acrescentar o património deste meu reino, para que mais liberalmente possa distribuir por cada um o galhardão dos seus serviços".*

De seguida, nas palavras do monarca, aparece o objectivo missionário a nortear o empreendimento: *"(...) em as quais partes pero que sejam muito remotas da Igreja Romana, espero na piedade de Deus que não somente a Fé de Nosso Senhor Jesus Cristo seja por nossa administração publicada e recebida, com que ganharemos galardão ante ele, e fama e louvor acerca dos homens".*[771]

A Concordata de 1940 e o Acordo Missionário vieram, pois, sanar as feridas existentes na consciência nacional e tornar juridicamente possível a paz religiosa neste país. Estava salvaguardada a independência de ambas as partes.[772]

---

[770] De acordo com *Gaudium et Spes,* 76.

[771] Cfr. Barros, J. de, *Década I,* Livro LV, cap. I.

[772] Será de destacar a acção civilizadora e educacional das missões católicas em terras do Ultramar português, mas não podemos deixar de referir também o papel das

414 *Das Relações da Igreja com o Estado*

Enquanto, em simultâneo, se firmavam as bases indispensáveis, ontem como hoje, para a colaboração nas esferas em que, tanto à Igreja como ao Estado cumpre concorrer para o bem-comum, pois, embora a títulos diversos, ambas as comunidades, política e religiosa, "servem a vocação pessoal e social dos mesmos homens. E tanto mais eficazmente exercitarão este serviço para bem de todos, quanto melhor cultivarem entre si uma sã cooperação".[773]

7. Uma Súmula necessária

Será tempo de considerar os vários pontos substantivos ligados à Concordata. Como diz Jorge Miranda, "(...) a quase totalidade das suas normas, se correctamente interpretadas, não contradizem as regras de liberdade e da igualdade", sendo raras as que se encontram desactualizadas e as que se podem considerar como inconstitucionais.[774]

---

missões protestantes, sendo notável o seu trabalho no aspecto educacional e sanitário. Sendo disso exemplo, no caso moçambicano, a missão Suíça de Chicumbane, que além de templos, internatos e escolas, tinha também dispensários e hospital.

Veja-se GONÇALVES, J. J., (1961), *Projecção do protestantismo na África Portuguesa,* Lisboa: Ed. ICSPU.

Quanto à Igreja Católica, na sequência da Concordata de 1940 e do Acordo Missionário, desenvolveu-se um dinâmico processo de evangelização. Através do acordo, o Vaticano enviou missionários para Moçambique, entre eles destacam-se: os Padres de Burgos, os Brancos de circulação mundial, os Padres de Verona e os da Consolata, principalmente italianos, apoiados pelo Bispo da Beira D. Sebastião de Resende, que se viu, após conflitos diversos, considerado como uma referência anti-salazarista. Não será, de todo, despiciendo reafirmar as ligações entre os guerrilheiros, ditos *'turras',* com a população autóctone, mas também com as missões. Acrescente-se que depois da aplicação do Tratado de Berlim de 1885, a divisão dos territórios africanos, fez-se duma forma ilógica, a 'régua e esquadro', separando grupos étnicos sem intentar uma unidade da identidade étnica com a nacional. A título de exemplo recorde-se os makondes e os makuas que ocupavam território Moçambicano, mas também Tanzaniano e do Malawi. A chegada de reforços militares metropolitanos, a partir da década de 60, também alterou, de certo modo, comportamentos.

Sem pretendermos aprofundar e entrar no domínio da política, consulte-se ANTUNES, J. F., (1996), *Jorge Jardim; Agente Secreto,* Lisboa: Bertrand Editora.

[773] Cfr. *Gaudium et Spes,* 76.
[774] Veja-se MIRANDA, J., (1988), *Ibidem,* p. 361.

Comecemos pelas normas desactualizadas. Os arts. 26.°, 27.° e 28.°[775] dizem respeito aos nossos territórios ultramarinos, por conseguinte, após a descolonização, entre 1974 e 1975 e a entrega do território de Macau à soberania Chinesa, no ano de 1999, só se aplicam *de jure* em Timor Leste (Lorosae), até que este território atinja a sua independência, o que está para breve dada a fase de transição que decorre com o acompanhamento da ONU.[776]

---

[775] Trata-se de normas historicamente demarcadas e com elas pretendeu-se preservar mais os interesses do Estado Português que os interesses da Igreja Católica, como a seu tempo referimos. Por exemplo, pela Lei n.° 1/76 de 17 de Fevereiro, o território de Macau foi considerado como encargo do Estado a dotação do Padroado do Oriente, sendo reconhecidos os subsídios às corporações católicas aí estabelecidas.

[776] Após quase 450 anos de presença portuguesa, (1557) muito embora esta longa estadia fruto dos sucessivos triunfos da armada portuguesa sobre os piratas que infestavam aquela parte da costa chinesa, apenas no século XIX é que Macau teve o seu estatuto jurídico-político definido.

Este estatuto veio a ser definido na sequência do Protocolo de Lisboa e do Tratado de Pequim, datado de 1887 e negociado pelo governador Tomás de Sousa Rosa com a China, em que esta reconhece a ocupação perpétua de Portugal sobre o território de Macau. No entanto, Portugal já havia, de forma unilateral, proclamado o 'estabelecimento de Macau' como parte integrante do território português na Constituição de 1822, estatuto sempre confirmado pelos sucessivos documentos constitucionais. Pela Constituição da República Portuguesa de 1976, contudo, Macau deixou de ter o estatuto de colónia passando a ser Território sob administração portuguesa.

As negociações para a entrega de Macau à China tiveram o seu epílogo em 1987, pela assinatura da Declaração Conjunta Luso-chinesa que fixou a data da 'reversão' de Macau para 20 de Dezembro de 1999, como efectivamente ocorreu. Nela se definiram as linhas orientadoras que regerão a Região Administrativa Especial de Macau durante 50 anos. Macau pode considerar-se como o fecho, diga-se a única passagem com mérito, do ciclo da administração portuguesa ultramarina garantindo-se de forma pacífica a continuidade da presença portuguesa e o perpetuar da memória colectiva enriquecida pela partilha. Partilha que começou no século XVI, como se pode inferir pelas palavras de D. Melchior Carneiro, em carta enviada, em 1575, ao Padre Geral Jesuíta, *"Mal cheguei, abri um Hospital onde se admitem tanto cristãos como pagãos."* Nesta carta ele dava conta dos seus esforços de assistência, sendo este o mais antigo hospital europeu na China que ficou conhecido como de S. Rafael., hoje ocupado pelo Consulado Geral de Portugal, na RAEM.

Como notou **Mao Tsé-Tung** (1893-1976), a presença de Portugal na China diferenciava-se das outras presenças ocidentais, por não ter sido imposta. Durante o longo e difícil processo da ONU sobre a descolonização portuguesa, a China, que teve o mesmo procedimento em conferências internacionais sobre esta temática, não permitiu que Macau fosse tida como colónia e que pudesse ser incluído nos territórios portugueses a autonomizar. Veja-se a propósito *Forum Macau – A Presença Portuguesa no Pacífico*, Lisboa: Edição do I.S.C.S.P., 1999, pp. 9, 31 e 295.

416 *Das Relações da Igreja com o Estado*

Tendo em atenção os parâmetros constitucionais verifica-se que o art. 1.º da Concordata corresponde a uma norma declarativa, resultando a sua eficácia na ordem interna portuguesa, como explica o Professor Jorge Miranda, da integração sistemática dos Direitos Internacional e Interno.

Por outras palavras e parafraseando o mesmo autor, dir-se-á que a Igreja Católica não é uma pessoa colectiva de Direito público português dada a sua universalidade e face à regra da separação. Contudo, trata-se duma pessoa colectiva de Direito Internacional e como tal nada impede que aja na ordem interna portuguesa.[777]

Por sua vez, o normativo concordatário dos arts. 2.º a 8.º; 12.º a 14.º e 16.º a 20.º, está conforme à Constituição da República Portuguesa, na medida em que cumpre ao Estado respeitar a liberdade religiosa dos cidadãos e assegurar a prática dos respectivos actos de culto.[778] De igual modo se deverá ter em conta algumas das regras dos arts. 22.º a 25.º da Concordata que poderiam ser ampliados a casamentos não católicos. Contudo, convém relembrar que se trata duma medida correcta e justa, em virtude do princípio da liberdade religiosa, que invocamos para justificar o art. 22.º da Concordata.

O mesmo princípio se deve adoptar para com os seguidores de outras confissões religiosas, reconhecendo-lhes efeitos civis ao casamento de acordo com suas crenças. No entanto, e como atrás fizemos referência, o problema não se coloca com a mesma acuidade como para os católicos.

Não apenas por ser diminuto o número de casamentos acatólicos, face ao número de casamentos canónicos, mas essencialmente por motivos outros que se prendem com a não sacramentalidade do matrimónio, por exemplo assumida pelos protestantes.[779] Para estes o casamento civil é admitido como válido. Logo, para eles, não constitui violação da liberdade

---

[777] Veja-se MIRANDA, J., (1988), *Ibidem,* p. 361.

[778] Refira-se que estas normas se devem alargar, com as necessárias adaptações, através de acordos, conformes à nova Lei da Liberdade Religiosa a que já aludimos e que iremos num próximo capítulo aprofundar, se devem alargar, dizíamos, às demais confissões não católicas de acordo com o número de fiéis que a praticam em Portugal.

[779] De acordo com os dados disponíveis pelo I.N.E. relativos ao recenseamento de 1991, dos 8 380 947 da população residente com doze ou mais anos, apenas 6 903 185 responderam à pergunta sobre religião. Destes 6 527 595 assumiram-se como católicos, enquanto 225 582 disseram não ter religião. Os ortodoxos correspondem a 11 322; os Protestantes – 36 974; Outra Cristã – 79 554; Judaicos – 3 523; Muçulmanos – 9 159; Outra não cristã – 9 476. Em termos de percentagem os Católicos representam 94,5% da população que respondeu.

Capítulo IV – Enquadramento Político-Jurídico Português   417

religiosa o casamento prescrito pelas leis do Estado, dado se tratar dum acto meramente contratual civil.[780]

Por outro lado, os arts. 2.º a 4.º; 22.º, 23.º e 25.º devem ser analisados face ao princípio do pluralismo das ordens jurídicas e da não exclusividade da nossa ordem jurídica, como refere J. Miranda, aliás, como se refere o art. 8.º da nossa Constituição.[781]

Por sua vez, são tidos como inconstitucionais, pelo Professor Jorge Miranda, os seguintes artigos da Concordata de 1940: 11.º, 15.º e 1.ª parte do art. 21.º. Os dois primeiros são-no por implicarem uma intervenção do Estado na vida interna da Igreja Católica. Mas recapitulemos. O art. 11.º estipula que *"No exercício do seu ministério, os eclesiásticos gozam da protecção do Estado, nos mesmos termos que as autoridades públicas".*

Teoricamente poderá parecer um privilégio e talvez possa ser considerado, só que, pelo art. 13.º da Constituição, todos gozam da protecção do Estado. Logo, na prática, não passa do dever do Estado de garantir a ordem pública assegurando o livre exercício do direito à liberdade religiosa.[782]

O art. 15.º pune o uso indevido de hábito eclesiástico ou religioso, bem como o exercício abusivo quer de jurisdição quer de funções eclesiásticas, após comunicado oficial por parte das autoridades da Igreja.

Não pode ser considerado um privilégio, na medida em que, a nosso ver, se trata efectivamente dum crime de burla, pois, quem assim age pode induzir, sobretudo as pessoas mais simples, em erro, o que é do interesse do Estado defender. Tal norma encontra-se enquadrada no art. 29.º da Constituição, no seu ponto 2.[783]

Pelo mesmo autor, a 1.ª parte do art. 21.º é também considerada inconstitucional face ao articulado do art. 43.º da actual Constituição que estipula o seguinte nos seus três primeiros pontos: *"1. É garantida a liber-*

---

[780] Perante os casamentos entre judeus não se têm registado reclamações pelo que supomos que não há dificuldades na celebração do acto civil. Com os islâmicos, o problema é mais complexo. Na medida em que, na metrópole, a partir de 1975, se concentrou uma alargada comunidade vinda essencialmente de Moçambique, há que ter em conta que pelo Corão é admitida a poligamia. Tal facto está em flagrante contradição com a ordem jurídica portuguesa, cristã e ocidental. O problema não se tem colocado e a eles não lhes repugna o acto civil do casamento.

[781] Cfr. *Ibidem,* p. 363.

[782] Cumpre-nos uma outra vez referir que a Lei da Separação, no seu art. 12.º, assumia a mesma disposição face aos ministros de todas as religiões.

[783] Disposição semelhante encontra-se no art. 15.º, da Lei da Separação.

418 *Das Relações da Igreja com o Estado*

dade de aprender e ensinar; 2. O Estado não pode programar a educação e a cultura segundo quaisquer directrizes filosóficas, estéticas, políticas, ideológicas ou religiosas; 3. O ensino público não será confessional".

Ou seja, o Estado não pode atribuir-se o direito de programar a educação e a cultura segundo determinadas directrizes, por conseguinte, não pode afectar o pluralismo filosófico, político, ideológico ou religioso na educação e na cultura.

De acordo também com o art. 41.º, n.º 5, e porque *"o ensino público não é confessional",* não poderá, por conseguinte, ser orientado de acordo com os princípios de qualquer religião, no caso a católica, como determinava a Constituição de 1933.[784]

Contudo, isso não significa quer o desconhecimento do fenómeno religioso e sua importância na prossecução do bem-comum, quer a não existência do ensino de religião 'em liberdade e igualdade nas escolas públicas'.

Apenas se afirma, pelo art. 43.º, n.º 3, da Constituição, em vigor, que *"O ensino público não será confessional."* O próprio princípio da liberdade religiosa impede a realização da norma. No art. 21.º trata-se dos problemas do ensino, ou melhor do exercício da liberdade de ensino que se encontrava consignada na Constituição de 1933, pelo art. 8.º, 5.º que apenas fazia menção à *"Liberdade de ensino."*

Por outro lado, pelo art. 43.º, parágrafo 3.º, de acordo com a Lei n.º 1910, de 23 de Maio de 1935, como referimos em nota anterior, *"O ensino ministrado pelo Estado visa, (...) as virtudes morais e cívicas, orientadas aquelas pelos princípios da doutrina e moral cristãs, tradicionais do país".*

O art. 21.º da Concordata começa o seu texto por uma reprodução do princípio constitucional, anteriormente transcrito, *"O ensino ministrado pelo Estado nas escolas públicas será orientado pelos princípios da doutrina e moral cristãs tradicionais do País".*

---

[784] De acordo com o art. 43.º, parágrafo 3.º, "O ensino ministrado pelo Estado visa, além do revigoramento físico e do aperfeiçoamento das faculdades intelectuais, à formação do carácter, do valor profissional e de todas as virtudes morais e cívicas, orientadas aquelas pelos princípios da doutrina e moral cristãs, tradicionais do País." Enquanto, o art. 41.º, n.º 5, da Constituição de 1976, com o texto actualizado pela 5.ª revisão, de 2001, pode ler-se: "É garantida a liberdade de ensino de qualquer religião praticado no âmbito da respectiva confissão, bem como a utilização de meios de comunicação social próprios para o prosseguimento das suas actividades".

Capítulo IV – Enquadramento Político-Jurídico Português 419

E, de seguida, tira-se a conclusão lógica: *"(...) Consequentemente ministrar-se-á o ensino da religião e moral católicas nas escolas públicas elementares, complementares e médias aos alunos cujos pais, ou quem suas vezes fizer, não tiverem feito pedido de isenção".*

Aqui residiu a contestação de muitos católicos e a chamada de atenção para a inconstitucionalidade do artigo, na medida em que, pelo art. 41.º, ponto 5.º, da actual Constituição, o ensino se estendem a outras religiões, pois, *"É garantida a liberdade de ensino de qualquer religião praticado no âmbito da respectiva confissão (...)"*.[785]

Das questões de inconstitucionalidade suscitadas em torno da Concordata ou de leis a ela conexas, até agora, apenas a respeitante ao ensino religioso católico nas escolas públicas foi levada ao tribunal Constitucional. Contudo, não foi posto em causa de forma directa o art. 21.º da Concordata, o que esteve em questão foram as disposições do Decreto-Lei n.º 323/83, de 5 de Julho, de regulamentação da matéria.[786]

Em complemento da Constituição e da Concordata encontram-se alguns diplomas avulso com matérias referentes às obrigações do Estado dando garantias e tornando efectiva a liberdade religiosa.

São deles exemplos: Quanto ao ensino de Religião, disciplina de Educação Moral e Religiosa nas Escolas públicas, o Decreto-Lei n.º 6/2001, de 18 de Janeiro; Quanto à assistência religiosa nos estabelecimentos tutelares de menores, o Decreto-Lei n.º 345/85, de 23 de Agosto.

---

[785] De acordo com o art. 1886.º do Código Civil de 1966, aprovado pelo Decreto-Lei n.º 47 344, de 25 de Novembro de 1966, cabe aos pais decidir sobre a educação religiosa dos filhos menores de 16 anos. Não podendo os pais intervir nas convicções religiosas dos filhos após esta idade, o que se traduz, no domínio restrito em causa, em autêntica maioridade como refere Moitinho de Almeida, *Reforma do Código Civil*, 1981, p. 146, *in* NETO, A., (1996) *Código Civil (Anotado)*, 10.ª edição actualizada, Lisboa: Ediforum.

Acrescentemos que no texto inicial do Código Civil, pelos arts. 1881.º e 1882.º, alíneas *a)* era ao pai que competia orientar a educação dos filhos, enquanto a mãe era apenas ouvida. Isto implicava desigualdades e eventuais conflitos entre os pais.

[786] Pelo Acórdão n.º 423/87, de 27 de Outubro de 1987, o Tribunal Constitucional não considerou inconstitucional a existência de ensino religioso católico nas escolas públicas, apenas considerando como inconstitucional a sua imposição aos que o não quisessem do ónus de assim o declararem. A liberdade de aprender implica a de receber ensino religioso, mas pedido positivamente e não como uma resultante. Aliás, o Tribunal Constitucional pareceu acolher a opinião de que aquele Decreto e outros diplomas não poderiam ser considerados inconstitucionais por preverem ensino ou assistência religiosa católica, antes o poderiam ser por não preverem o ensino das demais religiões, ou seja, por omissão.

420 *Das Relações da Igreja com o Estado*

A maior parte desses diplomas, como o que prevê assistência religiosa às Forças Armadas, circunscreve-se à religião católica, deixando de fora as demais confissões o que se torna um desfavor. Mas será que dentro das Forças Armadas existem seguidores de outras religiões, em número suficiente, que o justifiquem? Nestas circunstâncias tornam-se objecto de crítica, não por preverem ensino e assistência religiosa, mas antes por não integrarem as demais religiões com certa representatividade no país.

No entanto, estes diplomas não podem ser considerados inconstitucionais por acção, mas antes o podem ser, embora parcialmente, por omissão, conquanto se possa aplicar o princípio da igualdade.

Poderão, no entanto, ser, este e outros diplomas, susceptíveis de apreciação, o que levaria ao desencadeamento do mecanismo proposto no art. 283.º – *Inconstitucionalidade por omissão,* no ponto n.º 2, a que anteriormente aludimos e que estabelece: *"Quando o tribunal Constitucional verificar a existência de inconstitucionalidade por omissão, dará disso conhecimento ao órgão legislativo competente".*

Mas também poderá ser evocado o ponto n.º 4.º, do art. 282.º da Constituição Portuguesa em vigor, apontando os efeitos de inconstitucionalidade ou de ilegalidade, de determinado diploma, por *"razões de equidade (...)"*

Por último um corolário óbvio. A Concordata de 1940 não estabelece a confessionalidade do Estado, muito embora abra com a invocação da Santíssima Trindade, segundo era costume de tais documentos assinados em países católicos.

Nada mais nela demonstra a intenção de restabelecer a religião católica como religião do Estado. Aliás, a própria Constituição de 1933, então em vigor, estabelecia a igualdade de todas as religiões perante a lei.[787]

---

[787] No Título X, intitulado "Das relações do Estado com a Igreja Católica e demais Cultos", da Constituição de 1933, pode ler-se no art. 45.º, após a Lei n.º 1 885, de 23 de Março de 1935: "É livre o culto público ou particular de todas as religiões, podendo as mesmas organizar-se livremente, de harmonia com as normas da sua hierarquia e disciplina, e constituir por essa forma associações ou organizações a que o Estado reconhece existência civil e personalidade jurídica".

Pelo texto primitivo o art. 46.º dizia: "Sem prejuízo do preceituado pelas concordatas na esfera do Padroado, o Estado mantém o regime **da separação** em relação à Igreja Católica e a qualquer outra religião ou culto praticados dentro do território português, e as relações diplomáticas entre a Santa Sé e Portugal, com recíproca representação." O destacado é de nossa autoria.

PARTE II

CAPÍTULO V
Das Revisões da Concordata de 1940

1. A primeira revisão da Concordata – O Protocolo Adicional de 1975

Façamos um esboço rápido duma história curta e recente. Ninguém ignora os laços históricos entre a Nação portuguesa e a Igreja Católica. Há quem entenda não valer a pena contemplar o passado, quer remoto quer recente, dada a complexidade e celeridade dos momentos presentes, os quais deviam mobilizar todas as nossas atenções, com abstracção de tudo quanto já foi e não mais será.

Contudo, afigura-se-nos que essa mesma complexidade reclama a análise do passado mesmo que recente. Dado que não dispomos, humanamente, para visionar e prevenir o futuro, com todas as dificuldades que ele nos possa vir a oferecer, senão dos elementos referentes ao passado. Será nele que deparamos com ensinamentos respeitantes a constantes reacções dos homens, que, de forma natural ou necessária, mesmo que se comportem de forma imprevisível, hão-de repetir-se no futuro, muito embora com variações resultantes de admissíveis mutações e condicionalismos.

No entanto, mesmo essas mutações não se mostram tão profundas a tal ponto que suscitem atitudes completamente novas. Afinal, a História bisa-se. Talvez por não existir novidades na essência da natureza humana.

O presente não é mais que uma junção, de contornos mais ou menos arbitrários, que reúne áreas dum passado recente e previsões respeitantes a um futuro também ele próximo. Afinal só conhecemos o passado, pior ou melhor, nele buscando basear as nossas visões do futuro, no pressuposto da regularidade do sentido do futuro e de algumas, ainda que acentuadas, variações de condicionalismos.

424 *Das Relações da Igreja com o Estado*

Para melhor se entender certas estipulações concordatárias e o regime que delas adveio, como é o caso vertente – os artigos 22.º a 25.º da Concordata de 1940, que dizem respeito ao casamento católico, dito *canónico concordatário*, valerá a pena ter presente a situação precedente. Assim, convém recordar que, em Portugal, até ao Código Civil de 1867, não havia o casamento meramente civil. Apenas existia o canónico regulado pelas leis da Igreja e que tinha efeitos civis. Apenas à Igreja competia a celebração do casamento, julgar da sua validade e da separação dos cônjuges bem como das dispensas do casamento rato e não consumado.Todos os pressupostos e respectivas sentenças levadas a cabo pela Igreja tinham valor exclusivo no foro civil, como anteriormente referimos.

As leis civis limitavam-se a regulamentar determinados efeitos civis e separáveis do casamento.[788] Deste modo, poderá inferir-se que até ao Código Civil de 1867, não existiam nem eram reconhecidos, em Portugal, casamentos civis. De facto apenas se aceitavam os casamentos celebrados conforme os ritos da própria religião católica. E como, no século XIX, foram aumentando o número dos não católicos, sentia-se a necessidade de estabelecer outra forma de casamento – o civil.

Por tal motivo, o Projecto de Código Civil propunha como solução o casamento canónico para os católicos e o meramente civil para os não católicos. Submetido a discussão pública este projecto desencadeou acesa polémica como jamais fora vista.[789]

Como resultante e em síntese ficou a introdução, em Portugal, do casamento civil facultativo mesmo para os católicos.[790]

---

[788] Como as Ordenações que regulamentaram, entre outras, as sucessões, as prerrogativas sociais dos cônjuges, a sua capacidade contratual, o regime de bens, dotal e da incomunicabilidade das dívidas.

[789] Sobre o assunto veja-se RODRIGUES, Samuel, (1987), *A polémica sobre o Casamento Civil (1865-1867),* Lisboa: Instituto Nacional de Investigação Científica, bem ainda a posição assumida por Alexandre Herculano, a que anteriormente fizemos referência.

[790] No Título II – Dos contractos em particular, Capítulo I – Do casamento, Secção I – Disposições gerais, do Código Civil de 1867, ficou estipulado o seguinte: Art. 1056.º *O casamento é um contracto perpetuo feito entre duas pessoas de sexo differente, com o fim de constituirem legitimamente a familia.* – Art. 1081.º pr.; e no Art. 1057.º *Os catholicos celebrarão os casamentos pela fórma estabelecida na igreja catholica. Os que não professarem a religião catholica celebrarão o casamento perante o official do registo civil, com as condições, e pela fórma estabelecida na lei civil.*

Capítulo V – Das Revisões da Concordata de 1940　　425

Dentro das leituras possíveis dos dois artigos desta Secção I – Das disposições gerais do casamento, do Código Civil, destacavam-se duas:[791]

- que o casamento civil estava reservado aos não católicos, admitindo-se como válido para os católicos apenas o casamento canónico;
- ou que o casamento civil era facultativo para os católicos.

Muito embora a primeira interpretação tenha sido considerada como mais óbvia o certo é que foi a segunda que prevaleceu. Tudo isto teve como significado que, em Portugal, após a entrada em vigor do Código Civil, aprovado por Carta de Lei de 1 de Julho de 1867, no reinado de D. Luís, o casamento civil passou a ser facultativo para os católicos. Contudo, por razões várias, das quais se destacam os sentimentos católicos da generalidade da Nação portuguesa e o não ter sido devidamente organizado o Registo Civil, o número de casamentos civis, entre os católicos, foi diminuto até ao início da República.

Por sua vez, como anteriormente referimos, o Governo Provisório decretou, em 3 de Novembro de 1911, a admissão do divórcio. Esse decreto seria aplicável quer aos casamentos civis quer aos casamentos católicos.[792]

---

[791] Esta foi, no entanto, a interpretação que prevaleceu, na medida em que, pelo art. 1081.º, remissivo no próprio art. 1056.º, se estipulara que: *Para a celebração do casamento devem os contrahentes, ou seus procuradores, comparecer na repartição do registo civil, cujo official haja de exarar o assento do contracto, salvo se, por motivo de doença, algum dos contrahentes não comparecer pessoalmente e não se fizer representar por procurador, porque em tal caso irá o official do registo civil ao logar onde este contrahente estiver. Na presença dos contrahentes, ou de seus representantes, e das testemunhas, o official lerá os artigos 1056.º e 1057.º do código, das testemunhas, o official lerá os artigos 1056.º e 1057.º do codigo, e perguntará em seguida a cada um dos contrahentes, se permanece na resolução de celebrar o casamento por aquella fórma e, com resposta affirmativa de ambos, lavrará o assento do casamento com as formalidade prescriptas n'este codigo, sem que possa haver inquerito prévio ácerca da religião dos contrahentes.*
O sublinhado é nosso e tem como objectivo salientar a proibição feita, ao oficial do Registo Civil, acerca da religião dos nubentes. Por conseguinte, estes, mesmo sendo católicos, podiam solicitar o casamento civil, não sendo lícito ao oficial negá-lo a ninguém, mesmo porque não podia inquirir sobre a religião dos nubentes. No parágrafo único pode ainda ler-se: *Na repartição do registo civil será o casamento celebrado perante duas testemunhas, e fóra d'ella perante seis.*
[792] Assumindo o Decreto um carácter retroactivo, o mesmo não acontecendo com o estipulado aquando da celebração da Concordata de 1940, em que só se passou a aplicar, a renúncia ao divórcio, aos casamentos católicos celebrados após a Concordata.

Por outro lado, no Natal deste mesmo ano eram publicadas as Leis da Família, pela primeira das quais era instituído o casamento civil obrigatório. A partir daí o Estado Português só admitiu, como válido, o casamento civil, considerando o canónico sem qualquer relevância civil, apenas mera cerimónia privada.

Toda esta situação suscitou inúmeros problemas que a Concordata veio, em parte solucionar, criando outros com as alterações legais introduzidas e as consequências resultantes.

Quem não se situe correctamente nas circunstâncias da época, talvez não atinja a dimensão do problema. Por isso, começaremos por dizer, aliás, mesmo correndo o risco de nos repetirmos que o art. 24.º da Concordata foi aquele que provocou, desde logo, mais críticas. Podemos mesmo afirmar que foi o único que foi seriamente atacado desde o início. O texto da polémica, que ora se repete, era o seguinte:

> *"Em harmonia com as propriedades essenciais do casamento católico, entende-se que pelo próprio facto da celebração do casamento canónico, os cônjuges renunciarão à faculdade civil de requererem o divórcio, que por isso não poderá ser aplicado pelos tribunais civis aos casamentos católicos".*

A Igreja sempre defendeu a indissolubilidade do casamento. Afirma-o, em relação aos baptizados, em razão de ser um sacramento.[793]

Cumpre-nos examinar o valor da argumentação que contra este artigo desde logo foi aduzida, com as consequentes reclamações para a sua abolição ou revisão que veio a ocorrer em 1975.

Durante algum tempo essas críticas provinham essencialmente de sectores anticatólicos ou de acatólicos.[794] Independentemente dos sectores de origem das críticas, este artigo concordatário começou por merecê-las ao apresentar uma presunção de renúncia, argumentando-se que, em situações objectivas, aquela é inadmissível, ou que a mesma se deve ater expressamente pela forma prescrita na lei.

---

[793] O próprio Concílio Vaticano II, na *Gaudium et Spes,* n.os 47 e 49, o condena e considera 'a epidemia do divórcio' alarmante e um problema social grave dado que conduz à desagregação da sua célula – a família.

[794] Veja-se, no entanto, que em 1969, um jornalista, do *Diário de Notícias,* que entrevistou o então Presidente do Conselho, Professor Marcelo Caetano, refere que parecia existirem muitos católicos que desejavam a revogação da Concordata neste ponto. Entrevista publicada a 23 de Outubro de 1969.

Capítulo V – Das Revisões da Concordata de 1940

Diga-se, no entanto, que a fórmula foi adoptada por razões de pragmatismo na medida em que assim não era o governo obrigado a alterar a lei do divórcio, a qual era não apenas recente, mas também tida como uma das leis basilares e intangíveis da República.[795]

Um outro sentido que as críticas tomaram foi o tempo verbal. O *renunciarão* serviu para marcar o novo regime, o qual não se aplicaria aos casamentos canónicos celebrados anteriormente a Agosto de 1940.[796]

O Estado português, até à ratificação da Concordata, considerava apenas como válido o casamento civil, o qual era dissolúvel pela lei do divórcio, logo acordou que não podia alterar a natureza do contrato matrimonial, uma vez celebrado.[797]

Outra objecção relacionava-se com a tentativa de considerar inconstitucional este artigo concordatário, na medida em que se dizia que o mesmo ponha em causa a igualdade dos cidadãos perante a lei.[798]

Contudo, fazendo a leitura do princípio consignado no art. 5.° da Constituição, tal não se poderá inferir dado que o legislador definiu concretamente as situações em que se exige que haja igualdade entre as pessoas colocadas em situações do mesmo tipo objectivo, não proibindo a desigualdade perante situações diferentes.

---

[795] O Código Civil, no art. 1790, adoptou, por conclusão lógica, a interpretação do estipulado da seguinte forma: "Não podem ser dissolvidos por divórcio os casamentos católicos celebrados desde 1 de Agosto de 1940, nem tão-pouco os casamentos civis quando, a partir desta data, tenha sido celebrado o casamento canónico entre os mesmos cônjuges".

[796] A este propósito leia-se o discurso proferido, pelo Professor Mário de Figueiredo, negociador da Concordata, a 27 de Maio de 1940, na Assembleia Nacional. *in Diário das Sessões*, n.° 89.

[797] O mesmo princípio devia ter sido aplicado, em 1910, assim não aconteceu por serem outros os tempos.

[798] Para um melhor esclarecimento reportemo-nos ao art. 5.° da Constituição que expressamente dizia: "O Estado Português é uma República unitária e corporativa, baseada na igualdade dos cidadãos perante a lei, no livre acesso de todas as classes aos benefícios da civilização e na interferência de todos os elementos estruturais da Nação na vida administrativa e na feitura das leis."

Ao que objectivava no parágrafo único "A igualdade perante a lei envolve o direito de ser provido nos cargos públicos, conforme a capacidade ou serviços prestados, e a negação de qualquer privilégio de nascimento, nobreza, título nobiliárquico, sexo ou condição social, salvas, quanto à mulher, as diferenças da sua natureza e do bem da família, e, quanto aos encargos ou vantagens dos cidadãos, as impostas pelas diversidades das circunstâncias ou pela natureza das coisas".

428 *Das Relações da Igreja com o Estado*

Um outro argumento evocado para considerar este artigo concordatário inconstitucional prendia-se com o art. 8.°, n.° 3, em cujo texto se afirmava que

"A liberdade e a inviolabilidade de crenças e práticas religiosas, não podendo ninguém por causa delas ser perseguido, privado de um direito, ou isento de qualquer obrigação ou dever cívico. Ninguém será obrigado a responder acerca da religião que professa, a não ser em inquérito estatístico ordenado por lei".

Foram então evocados motivos religiosos, inseridos no texto do art. 24.° da Concordata, os quais privavam, os que se casavam catolicamente, do direito de pedir o divórcio. Daqui se inferia que o artigo era inconstitucional e portanto, deviam os tribunais declarar a sua inconstitucionalidade material e consequentemente retirar o seu valor jurídico na ordem civil portuguesa.

Não caberá aqui arguir contrariamente na medida em que já o fizemos nesta dissertação. Baste dizer-se que ao Estado apenas competia respeitar a consciência dos católicos dando a todos os cidadãos a liberdade de escolha entre: o casamento civil dissolúvel e o canónico indissolúvel.[799]

Argumentações houve no sentido de que quer a fidelidade quer a indissolubilidade deveriam ser absolutas e espontâneas, mas nunca impostas. Deste modo, os católicos estariam colocados em situação de inferioridade por lhes serem impostas regras como obrigação, representando tal facto uma incapacidade de se dirigirem a si próprios. Com este tipo de

---

[799] O que repita-se, essa diversidade de regimes está conforme a Declaração conciliar, n.° 6, sobre Liberdade Religiosa que passamos a citar: "A autoridade civil deve tomar providências para que a igualdade jurídica dos cidadãos nunca seja lesada, (...) por motivos religiosos, nem entre eles se faça qualquer discriminação". Muitas vezes retirando um texto do seu contexto não se consegue mais do que arranjar um pretexto que serve de argumento a teorias absurdas como esta: aduzir-se que do Concílio poderiam surgir textos a favor do Divórcio.

A propósito e na linha de preocupação pela crise interna da Igreja (ontem como hoje) recordamos aqui as palavras do Papa Paulo VI ao Cardeal Cerejeira, na sua peregrinação a Fátima, em Maio de 1967, "(...) Vejo na noite das trevas os operários da divisão, da dúvida, do desânimo, da frustração, entrando no próprio interior da Igreja... e toda uma orquestração para substituir ao reino de Deus a quimera de um paraíso na Terra, com uma Igreja sem a 'Loucura da Cruz'."

In RODRIGUES, J. P., (2000), *Salazar, Memórias para um perfil,* Lisboa: Edições Pró-Homem. Lda., p. 81.

Capítulo V – Das Revisões da Concordata de 1940

argumentação ignora-se, crê-se que propositalmente, que a primeira função da lei é a de orientar.[800]

Assim sendo, os católicos, ao constituírem uma comunidade, à qual é devida as suas próprias normas, têm o direito de possuir leis que os ajudem no fortalecimento do cumprimento dos seus ideais, pois, o Estado, como dissera Salazar, no discurso de 25 de Maio de 1940,

"(…) tem-se visto forçado a condicionar cada vez mais a liberdade dos indivíduos a necessidades e escopos colectivos; marca a cada passo mais e mais o carácter puramente civil da sua actividade".

Como nota, o próprio Concílio, afirma que *"(...) as profundas transformações da sociedade contemporânea, apesar das dificuldades a que dão origem, revelam a verdadeira natureza de tal instituição".*[801]

Julgamos que as considerações apresentadas foram suficientemente comprobativas não apenas de que o art. 24.º não colidia com a doutrina conciliar como também não se opunha à Constituição, mas também, e essencialmente, para demonstrar quanto ele foi criticado e como à primeira tentativa de enfraquecimento, fosse do Estado fosse da Igreja, ele seria o pretexto primeiro para a revisão da Concordata.[802]

---

[800] Enquanto sociedade de pessoas, a Igreja reclama para si a liberdade dos seus membros gozarem do direito de viver na sociedade civil conforme as normas da fé cristã como ficou expresso pelo Concílio Vaticano II na *Declaração sobre a Liberdade Religiosa*, n.º 4 e n.º 13.

Um outro argumento aduzido contra o sistema da Concordata baseava-se também nas palavras do Concílio sobre Liberdade Religiosa, n.º 6, em continuidade ao anterior texto que citamos, ao referir que: "Não é lícito ao poder público impor aos cidadãos, por força, medo, ou qualquer outro meio, que professem ou rejeitem determinada religião, ou impedir alguém de entrar numa comunidade religiosa ou dela sair".

O texto foi aproveitado no sentido de identificar o sistema como anticonciliar, na medida em que o Estado praticamente impedia de sair da religião católica, um católico, casado canonicamente, que embora pudesse mudar de religião que permita o divórcio, não o poderia obter.

[801] Texto da Constituição *Gaudium et Spes*, n.º 47, que se refere concretamente ao casamento e família.

[802] A título de exemplo da pressão que se vinha exercendo sobre o Governo veja--se a resposta dada, por este, em 21 de Abril de 1970, à questão levantada pelo Deputado Dr. Francisco Sá Carneiro, informando-o de que não estavam em curso negociações com a Santa Sé relativamente à revisão do texto concordatário nem o Governo tomara ainda disposição sobre o assunto.

430   *Das Relações da Igreja com o Estado*

Registe-se ainda que com os artigos 22.° e 25.° da Concordata, desde o início, se geraram conflitos que não escaparam aos negociadores da Concordata e suscitaram, alguns deles, divergências, que fizeram perigar a sua assinatura na data aprazada.[803]

Houve também disposições severas em termos de interligação processo civil / processo canónico, muitas delas contrárias à correcta interpretação do art. 22.° da Concordata. É certo que por ocasião das negociações para a Concordata foram postos em questão os casamentos celebrados *por motivos de consciência*.[804]

Havia-os de duas ordens: aqueles que, por se oporem totalmente à ordem jurídica portuguesa não podiam ser transcritos, logo não produziam efeitos civis[805]; e os que, embora não existisse impedimento civil, havia exigência de licença ou proibição.[806]

---

[803] Veja-se o que a propósito é dito por um dos negociadores da Concordata, o Professor Doutor Mário de Figueiredo em *A Concordata e o Casamento,* Lisboa, 1940, p. 60.

[804] Tais eram os casos, entre outros, de interdição por demência, da existência de casamento civil anterior não dissolvido ou com impedimento civil não dispensável. Os negociadores portugueses exceptuaram os dois primeiros casos.

[805] Os *casamentos secretos* e os *por motivos de consciência,* eram casos em que por causa grave que lhes justifica a autorização deve evitar-se que seja a situação denunciada para não provocar um escândalo público. Em casos excepcionais, eram celebrados casamentos canónicos, que por não poderem realizar-se civilmente, não tinham processo preliminar civil e, por conseguinte, não eram transcritos não produzindo efeitos civis. Aos negociadores da Concordata, o problema suscitou divergências a ponto de, nas vésperas da sua celebração, ter ocorrido a possibilidade da sua não realização.

Pelo art. 22.° da Concordata, a Igreja comprometia-se a só autorizar casamentos que pudessem ser transcritos e, consequentemente, produzir efeitos civis? A Santa Sé, não prescindia de que, por graves motivos de ordem moral, a Igreja permitisse casamentos que o Estado não reconhecesse e logo carecessem de efeitos civis. Tanto mais que os assim casados, a todo o momento podiam ser denunciados pelo Ordinário, como previa o cân. 1106, caso intentassem celebrar o casamento civil com outra pessoa.

Eram designados por *casamentos de consciência* previstos no Código de Direito Canónico de 1917, pelos câns. 1104-1107 e por *casamentos secretos* no Código de 1983, pelos câns. 1130-1133. Trata-se de casamentos que só podem realizar-se por causas graves e que devem permanecer secretos.

Um dos negociadores da Concordata, concretamente o Professor Doutor Mário de Figueiredo, apresentou como exemplo o caso do casamento de pessoas que viveram em concubinato e que se tornado público iria provocar um escândalo. Figueiredo, M., *Ibidem,* p. 60.

[806] Foi o caso mais difícil de resolver. Deles eram exemplo os casamentos de menores, pessoas com pensões de sobrevivência, os de professoras primárias, de enfermeiras

Digamos que se tratou de assuntos com um certo melindre e, por conseguinte difíceis de negociar. Por um lado, os negociadores portugueses consideravam que a Igreja não podia celebrar casamentos sem os transmitir ao Registo Civil, para efeitos de transcrição, considerando tal facto como *fraudes à lei*.

Por outro lado, a Igreja, na sua atitude de considerar exclusiva a sua competência de estabelecer impedimentos e determinar o modo de celebração do matrimónio canónico, não podia negar, aos nubentes, o direito de se casarem.

Não sendo participados os casamentos canónicos efectuados pela Igreja ao Registo Civil, nem transcritos, os cônjuges não seriam demitidos ou não perderiam certas regalias.

O Governo Português como que obrigou, à última hora, a Santa Sé a ceder. Devido a estas negociações, no próprio dia da assinatura da Concordata, ou seja, a 7 de Maio de 1940, foram trocadas duas notas verbais, que a seguir se transcrevem e que não foram tornadas públicas.

Por elas, a Santa Sé aceitou que estes casamentos mesmo quando autorizados pelo Ordinário 'por grave motivo de ordem moral' seriam, em geral, comunicados ao Registo Civil para serem transcritos e produzirem efeitos civis, mesmo com consequências graves para os cônjuges.

Mas, a Santa Sé, introduz a expressão *per quanto sarà possibile* admitindo que possam existir casos em que se autorizem casamentos canónicos que não possam ser reconhecidos civilmente, por contrários à ordem civil portuguesa.

Vejamos primeiro a *Nota Verbale* da Santa Sé, assinada no Vaticano, a 7 de Maio:

> *"La Santa Sede, riaffermando la dottrina catttolica dell'esclusiva competenza della Chiesa a stabilire impedimenti per il matrimonio cristiano e dolentedi dover fare di chiarozini circa la costante norma della lei seguita per il bene delle anime, adotterà in Portogallo la stessa attitudine adottata*

---

dos hospitais do Estado, de diplomatas que não podiam casar-se com estrangeiros, os de oficiais das Forças Armadas que tinham restrições ao casamento. No caso de se realizarem tais casamentos civis contra estas proibições ficavam sujeitos à demissão ou outras sanções como perda de determinados benefícios. Como não tinham impedimento canónico, a Igreja não podia negar-lhes o direito de casar. No caso dos mesmos não serem participados ao Registo Civil, ou seja transcritos, os cônjuges não perderiam o seu lugar ou regalias.

432   *Das Relações da Igreja com o Estado*

in Italia per evitare, per quanto sarà possibile, l'esistenza di matrimoni religiosi che non producano effetti civili".[807]

A *Nota Verbal* do Governo Português, assinada em Roma, no mesmo dia, é do seguinte teor:

> *"O Governo Português compromete-se a não estabelecer no direito interno sanções contra os párocos que deixem de denunciar, para efeitos de transcrição, os casamentos cuja imediata celebração seja autorizada pelo Bispo por graves motivos de ordem moral e que não possam ser transcritos. A fórmula – que não possam ser transcritos – abrange não só os casamentos a que, segundo o direito interno, não seriam atribuídos, em qualquer caso, efeitos civis, mas também os que, nos termos dos cânones 1104 e seguintes do Código de Direito Canónico, não podem ser comunicados, e isto enquanto se conservarem secretos, quer dizer, enquanto o Ordinário, utilizando as faculdades que lhe confere o cânone 1106 do referido Código, os não denunciar. O Governo Português declara que, quanto a sanções, procurará estabelecer só aqueles que sejam consentâneas com o estado eclesiástico".*

Na prática só ficariam isentos de comunicação os casamentos secretos e os que não pudessem ser transcritos, por grave motivo de ordem moral. Digamos que houve mesmo desfasamento.[808]

A *Nota Verbal* do Governo é objectiva, clarificando expressamente o não estabelecimento de sanções aos párocos que não comunicarem ao Registo Civil a celebração de casamentos canónicos autorizados pelo Ordinário que não possam ser transcritos.[809]

---

[807] Devido a estas negociações, no dia da assinatura da Concordata, 7 de Maio de 1940, foram trocadas as duas notas verbais transcritas e que muito embora não tenham sido tornadas públicas, se encontram no Arquivo do Ministério dos Negócios Estrangeiros e que foram concretizadas quer na legislação canónica quer na civil que deram execução à própria Concordata de 1940.

[808] Como consequência, a Santa Sé teve de declarar, por decreto regulamentar – *Instrução*, n.º 52, datado de 21 de Setembro de 1946, que: *"Os cônjuges não podem opor-se à participação do casamento à repartição do Registo Civil, visto que o Pároco tem por dever de ofício fazer tal participação, excepto nos casos mencionados no n.º 48".* As excepções são os *casamentos se consciência secretos* e os que não podem ser transcritos. Veja-se Acta *Apostolicae Sedis (AAS)* 33, 1941.

[809] As disposições da *Nota Verbal* foram concretizadas no Decreto-Lei 30 615, de 25 de Julho de 1940, que, como atrás se refere, executou a Concordata. Veja-se Leite, A., (1946), *Competência da Igreja e do Estado sobre o matrimónio*, Porto: Apostolado da Imprensa, cap. II, pp. 37-67.

Capítulo V – Das Revisões da Concordata de 1940   433

Pondo de lado factos e pormenores que só o tempo fará entrar no quadro histórico em exacta perspectiva, poderá dizer-se que a primeira grande oportunidade de revisão da Concordata ocorreu no final de 1974.

Justamente num período conturbado da História recente de Portugal. Registe-se que a Santa Sé aceitou negociar com o Governo provisório, mesmo antes da eleição da Assembleia Constituinte. Começa-se por entabular negociações entre a Santa Sé e Portugal a propósito do art. 24.º da Concordata. Nesta época, a Santa Sé consultou a Conferência Episcopal Portuguesa acerca deste artigo.

Por sugestão do Professor Doutor António Leite, a Conferência Episcopal, dado que se iria ceder acerca do divórcio, recomendou que fossem alteradas algumas disposições do Código Civil relacionadas com os casamentos que não pudessem ser transcritos.[810]

Como resposta à Santa Sé, o Governo acedeu alterar os artigos em causa, voltando-se à posição anterior à sua publicação. Assim, pelos Decretos-Lei 251/75 e 495/77, foram alterados os arts. 1599.º, n.º 2 e 1656.º, alínea *a*) do Código Civil, o Governo Português deu a sua con-

---

[810] Diga-se que no art. 14.º do Decreto-Lei 30 615 era proibido que o pároco oficiasse em casamentos em que não tivesse a certidão do Registo Civil justificativa da não existência de entraves ao casamento civil, sob pena de desobediência qualificada, convertida em multa. Eram excepção os casos previstos na alínea 3, do art. 22.º da Concordata e da Nota Verbal do Governo português, relativos aos casamentos de *consciência* e *urgentes,* os quais não podiam ser transcritos. São casos raros e apenas por graves motivos de ordem moral de que é juiz o Ordinário diocesano. O art. 12.º, n.º 3, do referido Decreto-Lei preceituava que todos os casamentos fossem transcritos e, por conseguinte, obtivessem efeitos civis, exceptuando primeiro dois casos, depois acrescentou-se, em 1977, pelo Código Civil, um terceiro. As duas primeiras excepções, a que anteriormente aludimos, dizem respeito: ao impedimento devido à existência dum casamento civil anterior não dissolvido (este caso poderia suscitar o levantamento da hipótese do crime de bigamia); à interdição por demência verificada por sentença com trânsito em julgado (diga-se, no entanto, que em casos destes, a Igreja nunca autorizaria tais casamentos, o que seria mesmo considerado nulo canonicamente); o terceiro caso dizia respeito ao casamento de menores com menos de 16 anos, a quem podia ser concedido casamento canónico quando houvesse razões graves como seria o caso duma gravidez, neste último caso quando fosse atingida a idade núbil, o casamento podia ser transcrito. A desobediência qualificada, a que estava sujeito o pároco, caso oficiasse casamento que se não pudesse celebrar civilmente, era punida no art. 188.º do Código Penal então vigente, com pena de 3 meses de prisão, agravada com pena de seis meses de multa. No Código Penal de 1983, pelo art. 348.º, n.º 2, a pena poderia ir até dois anos e multa até 100 dias. No actual Código Penal, pelo art. 248.º pode ser punido com pena de prisão até dois anos ou com pena de multa até 240 dias, sendo sempre este o caso – a pena convertida em multa.

434   *Das Relações da Igreja com o Estado*

cordância expressa ao que a Embaixada de Portugal, junto da Santa Sé, havia declarado:

> *"O Governo Português tendo em consideração as razões apresentadas à Delegação Portuguesa pela Delegação da Santa Sé no decurso das conversações havidas no Vaticano em Janeiro findo acerca dos artigos da Concordata de 7 de Maio de 1940 relativos ao casamento, dá a sua concordância ao que lhe é solicitado pelo Conselho para os Assuntos Públicos da Igreja, em nome da Santa Sé".*[811]

Foi deste modo alterada a alínea *a)* do art. 1656.° do Código Civil de 1967, ou seja, isentava o pároco da obrigação de remeter o duplicado do assento apenas no caso dos casamentos *de consciência secretos,* tendo sido acrescentado "(...) *bem como os casamentos celebrados nos termos do art. 1599 deste Código (casamentos urgentes) que não possam ser transcritos"*.

Passando, deste modo, a ter uma redacção conforme com o disposto no art. 15.° do Decreto-Lei 30 615.[812]

Por sua vez, os arts. 17.° e 19.° do mesmo Decreto, estabeleciam as normas para os casamentos urgentes.[813] Aliás, de acordo com o art. 22.° da Concordata, o casamento canónico ainda que não fosse transcrito no Registo dentro de 7 dias após a sua celebração, produzia alguns efeitos civis entre os cônjuges, pois, de acordo com a *c)* do art. 1601.° do Código Civil constitui impedimento para o casamento civil com terceira pessoa.

Mas também, o mesmo art. 22.°, da Concordata, evoca que

> *"(...) O pároco que, sem graves motivos, deixar de enviar a cópia da acta, dentro do prazo, incorre nas penas de desobediência qualificada; e o funcionário do registo civil que não fizer a transcrição no tempo devido incorrerá nas penas cominadas pela lei orgânica do serviço".*

---

[811] De acordo com LEITE, António, *Ibidem.*

[812] Será de referir que foram encontradas algumas contradições no Código do Registo Civil face a este artigo do Código Civil.

[813] Tal é o caso da *a) do* art. 206.° que se reporta aos casamentos de menores de 16 anos, situação mais frequente. O referido artigo considera que tais casamentos devem ser, de imediato, comunicados ao Registo Civil para evitar que os nubentes celebrem casamento civil com outra pessoa. Argumento pouco convincente dado que quando atingida a idade nubil, o casamento é transcrito. Até lá não podem realizar casamento civil. No entanto, prevalece a legislação do Código Civil.

Capítulo V – Das Revisões da Concordata de 1940 435

Continuando este estudo caberá referir que as críticas e reclamações foram várias aos artigos da Concordata sobre o casamento, mas era muito maior a contestação feita ao art. 24.º Estas críticas, com o decorrer do tempo, foram-se intensificando e, na década de 60, como anteriormente referimos, vinham de todos os quadrantes da sociedade portuguesa.

Tal situação levou, em finais de 1972, o Presidente do Conselho de Ministros, Professor Marcelo Caetano, a dirigir uma breve exposição, por intermédio da Nunciatura Apostólica, à Santa Sé, acerca do art. 24.º da Concordata.[814]

Pouco tempo depois aconteceu a revolução de 25 de Abril de 1974 e com ela a contestação subiu de tom. Por sua vez, o Governo provisório fez saber à Santa Sé, que perante tais reclamações não poderia manter, por mais tempo, o art. 24.º da Concordata.

Elaborado pela Procuradoria Geral da República, foi apresentado um memorando denominado *Revisão da Concordata*. Nele foram referidos os arts. 24.º e 25.º da Concordata, concretamente divórcio e causas concernentes à nulidade do casamento católico, fundamentando-se que os efeitos civis do casamento devem pertencer à ordem jurídica do país Por ele se pedia a denúncia do art. 24.º, com a insinuação velada de no caso da Santa Sé não aceder, denunciar-se-ia esse artigo senão toda a Concordata.

---

[814] Ainda de acordo com António Leite, nesta exposição do Presidente do Conselho, podia ler-se: "Não deseja o Governo ser infiel aos compromissos assumidos na Concordata acerca do divórcio, mas, durante as últimas três décadas, a pressão social era muito forte no sentido de levar os indivíduos a celebrar religiosamente o seu casamento.

Pessoas sem fé ou de fé imperfeita contraíram assim um sacramento para o qual lhes faltava compreensão e disposição, apenas para satisfazer as exigências do meio em que viviam. Resultou daí e de certas transformações da mentalidade que afectaram padrões morais e crenças religiosas, um grande número de situações irregulares que são fonte de dramas individuais e sobretudo de graves consequências para os filhos.

Por este motivo e porque um grande número de cônjuges não teve plena consciência dos efeitos da opção oferecida pela lei". Era proposto então que os efeitos do art. 24.º, a não concessão do divórcio aos casados catolicamente, se aplicasse aos casamentos celebrados após 1 de Janeiro de 1973. Propunha-se um maior esclarecimento desses efeitos e, deste modo, "os casados catolicamente já não terão mais desculpa para se queixarem dos efeitos do modo de casamento que escolherem."

Para que a não concessão do divórcio só abrangesse os casamentos católicos realizados após 1 de Janeiro de 1973, seria reformulado o art. 1790 do Código Civil. Não se conhece seguimento, dado pela Santa Sé, a esta exposição.

Argumentava-se que os portugueses casados catolicamente não se encontravam em paridade com os restantes portugueses em especial quanto à dissolução do casamento e que tratando-se de efeitos civis e da validade dum acto jurídico, estes devem pertencer aos tribunais que integram a ordem jurisdicional do Estado.

A proposta apresentada dizia respeito à reformulação dos arts. 22.º a 25.º da Concordata, sendo argumento base o facto dos efeitos civis do casamento católico serem os mesmos que a lei portuguesa estabelecia para o casamento civil.

Por tal facto, o divórcio serviria para dissolver qualquer deles, católico ou civil.

No referido memorando, da Procuradoria Geral da República, era defendida a posição assumida no art. 25.º da Concordata face aos actos que produzem efeitos civis e que por tal deviam pertencer aos tribunais do Estado.

Assim sendo, caberia a estes julgar da validade desses actos bem como às suas consequências, mesmo que para tanto tivessem de basear-se nas leis canónicas.[815]

Por conseguinte, foi emitida a proposta do referido artigo 25.º ser reformulado e passar a ter o seguinte texto: "O conhecimento das causas concernentes à nulidade e dissolução do casamento católico é da competência dos tribunais que integram o poder judicial do Estado".

---

[815] Como que a prever tal objecção o Professor Mário de Figueiredo, havia justificado o referido artigo do seguinte modo, na sua obra *A Concordata e o Casamento*, a páginas 94: "Este princípio é apenas uma consequência lógica de se ter atribuído eficácia civil ao casamento celebrado em harmonia com as leis canónicas. Se o direito português tivesse recebido, nesta matéria, como fonte de direito interno o direito canónico, ainda se compreendia que os tribunais portugueses tivessem competência para o aplicar, não como direito canónico mas como direito português com o mesmo conteúdo". E acrescenta, contudo: "(...) o direito português não recebeu o direito canónico como fonte do direito interno; atribuiu eficácia a um acto celebrado de harmonia com o direito canónico. Logo, são os órgãos competentes para aplicar esse direito que hão-de decidir se o acto foi ou não celebrado de harmonia com ele. Mais: é de harmonia com ele que o casamento há-de dissolver-se, nos casos em que isso é possível, mesmo que tenha sido validamente celebrado. Só por decisão do órgão eclesiástico competente pode ser anulado ou dissolvido um casamento canónico."

Terão ainda as decisões e sentenças de subir ao Supremo Tribunal da Assinatura Apostólica a verificá-las e só depois, pela via diplomática, serão transmitidas ao Tribunal da Relação do Estado. Digamos que é o direito canónico que fixa a competência sem necessitar da fiscalização das autoridades civis.

Maquiavel, em *O Príncipe* (1513), referiu que

"Os desejos do homem são insaciáveis. A sua natureza impele-os a desejarem todas as coisas, mas o destino apenas lhes permite ter algumas. Isto faz com que vivam permanentemente num estado de descontentamento que até os faz desdenhar aquilo que têm".

Já outros filósofos, de Platão a Sto Agostinho, abordaram esta visão pessimista da natureza humana, só que o seu pessimismo foi temperado pela possibilidade duma redenção pelo idealismo ou pelo cristianismo.

A natureza humana é o que é. Capaz do melhor e do pior. Por isso nos continuamos a bater por ideais que têm a ver com a moral. As escolas devem esforçar-se por formar cívica e moralmente os cidadãos para viverem não apenas em liberdade, mas a paz, em justiça e em espírito de entreajuda. Não nos iludamos: o ser humano continua tendo, *semper promptus* a ser estimulado, o espírito de agressividade e o eterno conflito entre *eros* e *tanathos*.

Vinte séculos de civilização cristã, a pregar o amor ao próximo, o desapego a tudo aquilo que é material, não conseguiram mais do que manter essa utopia. Mas retomemos o nosso ponto anterior. Face à proposta apresentada para alteração do art. 25.º da Concordata esta não foi aceite pela Igreja, acabando por prevalecer o bom senso, mesmo porque os argumentos pecavam por falta de consistência e coerência.

É sabido que, normalmente, as decisões e sentenças dos tribunais estrangeiros relativas a cidadãos nacionais, salvo convenção em contrário, carecem de revisão e confirmação dos tribunais portugueses. Os tribunais portugueses verificam se estão conformes com a ordem jurídica portuguesa e só depois produzem efeitos em Portugal.

Ora, no caso das sentenças eclesiásticas de declaração de nulidade dos casamentos e da consequente produção de efeitos civis, havia ficado assente, ainda que não consignado expressamente no texto concordatário, que não havia necessidade de tal revisão e confirmação pelos tribunais portugueses.[816]

---

[816] Tal como a Concordata Italiana de 1929, no seu art. 34.º, também a nossa Concordata de 1940, havia estabelecido que as sentenças ou outras decisões dos tribunais ou outros organismos eclesiásticos, quando definitivas, deviam ascender ao Supremo Tribunal da Assinatura Apostólica, com sede em Roma.

438   *Das Relações da Igreja com o Estado*

Tenhamos em atenção que para tais sentenças, previstas no art. 25.°
da Concordata, terem efeitos civis, elas são enviadas, depois de verificadas pelo Supremo Tribunal da Assinatura Apostólica, por via diplomática,
ao Tribunal da Relação territorialmente competente, *"(...) que as tornará
executivas e mandará que sejam averbadas nos registos do estado civil,
à margem da acta de casamento"*.[817]

Esta foi a forma encontrada para dar maiores garantias ao Estado
e quando acontecem problemas relativos a certos efeitos separáveis de
ordem civil, como os relacionados com o património, é dada competência
aos tribunais civis para dirimirem tais conflitos.

Do exposto se pode inferir que os tribunais eclesiásticos não têm
jurisdição coerciva e que o Decreto-Lei 30 615, no seu artigo 24.°, dispôs
que os referidos tribunais poderão

> *"(...) requisitar aos tribunais judiciais a citação ou notificação das
> partes, peritos ou testemunhas, bem como a prática de actos de indagação
> e quaisquer diligências que entendam convenientes".*

Acrescente-se que ao ser transcrito, neste mesmo artigo, o texto do
art. 25.° da Concordata, após referir que as sentenças dos tribunais eclesiásticos são transmitidas *"(...) ao Tribunal da Relação do Estado, territorialmente competente, que as tornará executivas (...) independentemente
de revisão e confirmação"*.

Esta mesma disposição passou a fazer parte, muito embora de forma
simplificada, do art. 1626.°, do Código Civil.[818] Aliás, a Igreja, pelos

---

[817] Este Supremo Tribunal da Igreja não tem a tarefa de confirmar ou homologar as
sentenças ou decisões dos tribunais ou organismos eclesiásticos, mas apenas verificar se
o processo correu em conformidade com as leis canónicas e se as sentenças em favor da
nulidade estão conformes entre si, na medida em que as sentenças da primeira instância
dos tribunais diocesanos têm recurso obrigatório para a segunda ou ulterior instância.

Só quando haja duas sentenças definitivas conformes a favor da nulidade é que é
considerado nulo o casamento e os cônjuges ficam livres e, se assim o entenderem, podem
contrair novo casamento.

[818] Diga-se que já o art. 1625.° é bem explícito neste sentido ao referir-se à competência dos tribunais eclesiásticos diz textualmente: "O conhecimento das causas respeitantes à nulidade do casamento católico e à dispensa do casamento rato e não consumado
é reservado aos tribunais e repartições eclesiásticas competentes".

Por sua vez, o texto do art. 1626 especifica o expresso no art. 25.° da Concordata:
"1. As decisões dos tribunais e repartições eclesiásticas, quando definitivas, sobem ao

Capítulo V – Das Revisões da Concordata de 1940

cânones 1055, 1692-1696, sempre reivindicou para si, pelo menos nos países católicos, a competência da separação judicial de pessoas, reservando aos tribunais civis a separação dos bens decorrente da separação das pessoas.[819]

Embora não expresso em nenhum artigo concordatário, encontra-se inciso no Decreto-Lei 30 615, no supra citado art. 25.°, o seguinte: "As disposições da lei civil relativamente à separação de pessoas e bens são aplicáveis aos casamentos católicos quando tenham sido transcritos", que permanece como um direito, há muito adquirido, do Estado português. Por sua vez, o Código de Direito Canónico de 1983, embora reafirme a competência da Igreja para decretar a separação dos cônjuges, também admite que esta mesma competência possa ser atribuída aos tribunais civis.[820]

Há que esclarecer um ponto que pode parecer dúbio. Aos Tribunais Eclesiásticos não compete dissolver casamentos canónicos, antes declarar a sua nulidade ou que foram inválidos no momento da sua celebração, devido à existência de algum impedimento ou dum vício de forma ou de consentimento que conduza à sua nulidade.

A "dispensa" ou "dissolução" do casamento rato e não consumado, cada vez mais raro, inserto no art. 25.° concordatário, não se pode, de modo algum, equiparar ao divórcio.Perante o que se acabou de apresentar

---

Supremo Tribunal da Assinatura Apostólica para verificação, e são depois, com os decretos desse Tribunal, transmitidas por via diplomática, ao tribunal da Relação, territorialmente competente, que as tornará executórias, indepen-dentemente de revisão e confirmação, e mandará que sejam averbadas no registo civil". Enquanto no seu ponto 2 acrescenta: "O tribunal eclesiástico pode requisitar aos tribunais judiciais a citação ou notificação das partes, peritos ou testemunhas, bem como diligências de carácter probatório ou de outra natureza".

[819] Assim era também na Itália, só que após a Concordata de 1929, o Governo italiano insistiu para que fosse recusada a competência da Igreja. No art. 34.° da Concordata Italiana foi declarado que "Quanto às causas de separação de pessoas a Santa Sé consente que sejam julgadas pela autoridade judicial civil". No primeiro projecto da nossa Concordata de 1940 havia um artigo semelhante, mas a parte portuguesa objectou que tais causas de separação de pessoas já, nas reformas judiciárias de 1832 e 1852, e, principalmente, no Código Civil de 1867,no seu art. 1206, haviam sido, sem protestos da Igreja, considerados da competência dos tribunais civis. Por isso, não seria razoável, acrescentar tal disposição na Concordata, dado tratar-se de concessão dum direito que o Estado português já usufruía há mais dum século.

[820] Os cônjuges podem recorrer ao tribunal civil, quando a decisão canónica não reproduzir efeitos civis, obtendo previamente a licença do Bispo da Diocese. Veja-se cân. 1692, parágrafo 2.°.

440 *Das Relações da Igreja com o Estado*

como propostas levadas à Santa Sé, pela Procuradoria Geral da República e após ter consultado a Conferência Episcopal Portuguesa sobre todas as propostas, a Santa Sé chegou à conclusão que seria preferível aceder num artigo, mantendo o resto da Concordata que era muito importante para a Igreja.

Embora contra os princípios instituídos, a Santa Sé teve, em Janeiro de 1975, de transigir quanto ao art. 24.° da Concordata. Em contrapartida seria levada a cabo a alteração dos arts. 1599.° e 1656.° do Código Civil.[821]

A alteração do art. 24.° ficou consignada no Protocolo Adicional à Concordata entre a Santa Sé e a República Portuguesa de 7 de Maio de 1940. As negociações bem como a sua assinatura tiveram lugar em Roma.

A partir de 15 de Fevereiro de 1975 estava aberta a porta para os casados catolicamente, após a entrada em vigor da Concordata, poderem requerer, aos tribunais civis, a sentença de divórcio.[822]

---

[821] O governo português alterou, posteriormente, pelo Decreto-Lei 261/75, de 27 de Maio, o artigo 1599.°, n.° 2, cuja redacção é a seguinte: "A dispensa do processo preliminar não altera as exigências da lei civil quanto à capacidade matrimonial dos nubentes, continuando estes sujeitos às sanções estabelecidas na mesma lei". Assim foi substituída a palavra *infractores* por *nubentes,* tendo *a posteriori,* sido pedido ao governo, pelo Prof. Doutor António Leite, a alteração da parte final do mesmo artigo que dizia:

"(...) ficando estes sujeitos às sanções estabelecidas na lei". Pelo Decreto-Lei n.° 496/77 o final do artigo passou a ser como se lê no início desta nota. Poderá, à partida parecer irrelevante, mas na verdade faz toda uma diferença na medida em que "sanções estabelecidas na lei" tanto poderiam ser *sanções penais* como *civis* e o que importava era estabelecer que seriam apenas as da lei civil. Estas sanções da lei civil são quase as referidas nos artigos 1649 e 1650, respectivamente, sanções especiais referentes ao *Casamento de menores* e ao *Casamento com impedimento impediente.*

Por outro lado, sofreu também alteração o art. 1656.°, *a*) que diz respeito à dispensa de remessa de duplicado. Assim, o pároco ficava isento da obrigação de remeter o duplicado do assento não apenas no caso dos casamentos de consciência (secretos), mas também "(...) aos casamentos celebrados nos termos do artigo 1599 deste Código (Civil) e que não possam ser transcritos."

[822] O Protocolo de 15 de Fevereiro de 1975 foi aprovado, para ratificação, pelo Decreto-Lei 187/75 de 4 de Abril, tendo sido ratificado em Lisboa a 23 de Abril. Ao I artigo, acrescentou-se um II, a pedido da Santa Sé, que foi concebido nos seguintes termos: "Mantêm-se em vigor os outros artigos da Concordata de 7 de Maio de 1940". A estes acresce um III artigo nos termos habituais das cláusulas relativas às línguas dos textos e à sua entrada em vigor.

Capítulo V – Das Revisões da Concordata de 1940 441

O Protocolo Adicional inicia-se da seguinte forma:

"A SANTA SÉ E O GOVERNO PORTUGUÊS, afirmando a vontade de manter o regime concordatário vigente para a paz e o maior bem da Igreja e do Estado, tomando em consideração, por outro lado, a nova situação apresentada pela parte portuguesa no que se refere à disposição contida no artigo XXIV da Concordata de 7 de Maio de 1940, acordaram no que se segue".

Sendo o I dos três artigos que o compõem o artigo 24.°, único da Concordata a ser alterado apresenta o seguinte teor:

"O artigo XXIV da Concordata de 7 de Maio de 1940 é modificado da seguinte forma:
«Celebrando o casamento católico, os cônjuges assumem por esse mesmo facto, perante a Igreja, a obrigação de se aterem às normas canónicas que o regulam e, em particular, de respeitarem as suas propriedades essenciais. A Santa Sé, reafirmando a doutrina da Igreja Católica sobre a indissolubilidade do vínculo matrimonial, recorda aos cônjuges que contraírem o matrimónio canónico o grave dever que lhes incumbe de se não valerem da faculdade civil de requerer o divórcio»".

O sentido e o objectivo do novo artigo 24.° da Concordata foi apresentado na *Nota* do *L'Osservatore Romano,* datado de 16 de Fevereiro de 1975, bem como na *Nota Pastoral sobre a modificação do artigo da XIV Concordata* da Conferência Episcopal Portuguesa, de 13 de Fevereiro do mesmo ano.[823]

Digamos que face ao princípio da indissolubilidade do matrimónio sempre defendido pela Igreja, esta reafirma-o, pelo novo texto do artigo 24.° da Concordata, recordando aos católicos a sua obrigação moral de não requererem o divórcio.[824]

---

[823] Veja-se a edição portuguesa do *L'Osservatore Romano,* datado de 23 de Abril de 1975.

[824] Como se pode ler na *Verbo, Enciclopédia Luso-Brasileira de cultura,* Volume VI, em especial os cap. V – Juízo sobre o Divórcio – 1) "Os partidários do Divórcio têm recorrido a toda a espécie de argumentos para o justificar – argumentos que dizem históricos, filosóficos, jurídicos, psicológicos e sociológicos. (...) A) No aspecto jurídico invocam (...) a natureza de contrato atribuída ao casamento, alegando que a vontade que o cria o poderia igualmente dissolver. Mas a verdade é que o contrato se destina, por natureza, a criar um vínculo que, mal é produzido, logo se emancipa da vontade que o gera, e para suprimir esse vínculo é necessário um outro".

442 *Das Relações da Igreja com o Estado*

Pode dar a impressão de que nos estamos a afastar do caminho, mas parece-nos necessário mencionar a responsabilidade da Igreja em indicar caminhos, mas não obrigar a segui-los. A solução secularista óbvia para a desordem é subordinar tudo ao poder político, como dizia T. S. Eliot.

Após a sua ratificação, a Concordata, constitui uma lei interna, quer para o Estado quer para a Igreja.[825]

Se bem observarmos o teor deste artigo, aliás, como noutra parte desta mesma dissertação chamamos a atenção, ele não contém nenhum preceito que o Estado possa impor, mas apenas uma simples afirmação de princípios relativos à indissolubilidade do casamento católico e à referência do dever moral dos casados catolicamente de se absterem de recorrer ao divórcio.

Podemos de tudo isto inferir que não cabe ao Estado o direito de dissolver um casamento celebrado canonicamente de forma indissolúvel e em cuja celebração não teve intervenção directa cabendo-lhe apenas a tomada de conhecimento para efeitos civis.

Quando muito, cabe aos tribunais civis decretar a dissolução dos efeitos civis desta forma de casamento, mas não mais do que isso, pelo simples facto de que ele continua como válido no ordenamento canónico em que foi celebrado.

Mas os legisladores portugueses foram mais longe e para que não restassem dúvidas ou possível não concessão do divórcio aos matrimónios

---

[825] Da mesma fonte da nota anterior, pode ler-se, a pp. 1588 e 1589, 2) "Hoje o Divórcio mostra-se claramente o que foi em todos os tempos. Generalizado nos povos antigos pela depravação do homem abandonado à sua natureza decaída, e eliminado depois pelo Cristianismo, ele apresenta-se, hoje, por um lado, como manifestação de ódio à Igreja e meio de a combater e, por outro, como fruto de concepções antinaturais do casamento e da própria vida.

O Divórcio tem sido apresentado como sendo uma questão essencialmente anti-religiosa. O acérrimo adversário do Divórcio, Auguste Comte (1798-1857), lamentou ter o Divórcio se tornado **numa questão de política religiosa,** afirmando que "(...) o grande princípio social da indissolubilidade do casamento não tem outro vício essencial além de ter sido dignamente consagrado pelo catolicismo." Quer em França e Itália quer em Portugal tem sido assim que se tem apresentado a defesa do Divórcio. Por mais que se deseje atacar o regime concordatário anteriormente estabelecido, neste domínio do casamento, o certo é que havia a livre opção entre o casamento civil e o católico como sacramento. Ora um sacramento não pode ser abolido. Não havia, pois, desigualdade ilícita e a existir o processo legítimo de a remediar seria o de abolir totalmente o Divórcio. Veja-se: *Juízo sobre o regime concordatário português, Ibidem,* pp. 1592-1594 e SILVA, D. Gomes da, (1966), *O Projecto de Código Civil à Luz da Doutrina Católica,* Lisboa.

Capítulo V – Das Revisões da Concordata de 1940

canónicos, na Constituição de 1976, após referir no art. 36.°, n.° 1 que "Todos têm o direito de constituir família e de contrair casamento em condições de plena igualdade" acrescenta, no n.° 2, do referido artigo que: *"A lei regula os requisitos e os efeitos do casamento e da sua dissolução, por morte ou divórcio, independentemente da forma de celebração"* estabelecendo, deste modo, que o casamento, quer seja civil quer seja canónico, produz iguais efeitos civis.

Para concluir bastará dizer que, finalmente, o sistema actual parece satisfazer os interesses dos católicos e do Estado. Contudo, na verdade, um ou outro cidadão mais laicista não tolera que o casamento canónico seja reconhecido pelo Estado como verdadeiro casamento, preferindo o casamento civil obrigatório que vigorou, em Portugal, desde 1911 até 1940.

E o Protocolo Adicional, de 15 de Fevereiro de 1975, termina afirmando que se mantêm "(...) *em vigor os outros artigos da Concordata de 7 de Maio de 1940.*" e que *"O presente Protocolo, cujos textos em língua portuguesa e em língua italiana farão igualmente fé, entrará em vigor logo que sejam trocados os instrumentos de ratificação"*.

2. A implantação do divórcio noutros países concordatários

2.1. *Alguns casos paradigmáticos*

Nas sociedades pluralistas ocidentais, tem ocorrido, desde a segunda metade do século XX, uma progressiva implantação do divórcio, imposto pela lei civil, a qualquer tipo de casamento, seja ele civil, canónico ou outro.

O início deste percurso talvez seja possível identificá-lo com a chamada *"Lei Fortuna"*, na Itália, promulgada em 1 de Dezembro de 1970.[826] Será de referir que esta lei socorreu-se dum eufemismo para aplicar o divórcio ao casamento canónico. Assim, enquanto para o casamento civil, o juiz pronuncia a sentença de dissolução do casamento, para o canónico, o juiz

---

[826] Muito embora tivesse sido promovido, por parte de personalidades italianas, da cultura e da ciência, um referendo para abrogação da lei, o certo é que o mesmo só se realizou a 12 de Maio de 1974, tendo o mesmo recebido o 'sim' de mais de 13 milhões de italianos.

444 *Das Relações da Igreja com o Estado*

apenas declara a cessação dos efeitos civis.[827] Digamos que por osmose e imitação se vão implantando divórcios noutros países concordatários.

Comecemos, embora correndo o risco de repetirmos o que dissemos anteriormente, por dizer que este foi o caso de Portugal. Entre 1940 e 1975, o ordenamento jurídico português apresentava, neste âmbito, um sistema dualista: casamento civil dissolúvel por divórcio, desde o Decreto de 3 de Novembro de 1910, conhecido como *Lei do Divórcio* e casamento canónico indissolúvel, de acordo com a Concordata de 1940 com a Santa Sé.[828]

Em Portugal, poderá dizer-se que a campanha, para se aplicar o divórcio ao casamento canónico, foi longa e decorreu desde a *Lei Fortuna Italiana*.

Mas só tem o seu epílogo depois de conseguida a alteração da Concordata de 1940, com o Protocolo adicional de 15 de Fevereiro de 1975, promulgado o Decreto n.º 261/75, de 27 de Março, pelo qual se passa a aplicar o divórcio também aos casamentos canónicos. Cabe ao Estado atender a argumentações lógicas, do ponto de vista estritamente humano, enquanto problema de natureza social e moral, onde o interesse público, em geral e da família, em particular, deve estar acima de seguidismos ou de qualquer conjectura religiosa.[829]

---

[827] Pelo art. 2.º da Lei Fortuna é dito que "Nos casos em que o matrimónio tenha sido celebrado com rito religioso e regularmente transcrito, e o juiz, uma vez esgotada inutilmente a tentativa de conciliação prescrita no art. 4.º, entenda que a comunhão espiritual e a unidade de vida entre os cônjuges não pode ser mantida ou restabelecida pela existência de uma das causas previstas no art. 3.º, pronunciará a cessação dos efeitos civis correspondentes à transcrição do matrimónio".
Cfr. Il Diritto Ecclesiastico, 1970, p. 339.

[828] A Lei do Divórcio aplicava-se, em Portugal, aos casamentos contraídos tanto pela forma civil quanto pela canónica ou católica, admitindo-se o divórcio litigioso e por mútuo consentimento. Assim vigorou até à Concordata de 1940, entrando em vigor em 1 de Agosto de 1940, introduzida no ordenamento jurídico nacional através dos artigos 61.º e 62.º, do Decreto-Lei n.º 30615, de 25 de Julho de 1940. Esta alteração, como diz Pedro Nunes, "(...) foi aceite porque se aplicava exclusivamente aos casamentos católicos, que escolhendo aquela forma de celebração renunciavam à faculdade civil de requererem o divórcio, que, por esta razão deixou de poder aplicar-se, pelos tribunais civis, aos casamentos católicos (art. XXIV da Concordata)".
Veja-se NUNES, P., *Viabilidade do Conservador na Mediação do conflito – Divórcio. Ibidem*, p. 93.

[829] Foi essencialmente devido a alguns abusos no requerimento do divórcio que a doutrina católica procurou moralizar o casamento, invocando a sua natureza sobrenatural

Em Espanha, a implantação do divórcio, ocorreu em 1981, conforme o art. 85.º do Código Civil, regido pela Lei 30/1981, de 7 de Julho, nestes termos: *"O matrimónio dissolve-se, seja qual for a forma e o tempo da sua celebração, pela morte ou declaração de falecimento de um dos cônjuges e por divórcio"*.

Na Argentina, seis anos mais tarde, é introduzido o divórcio, no seu sistema de casamento civil obrigatório, pela Lei n.º 23515, de 3 de Junho de 1987, rejeitando a opção dos contraentes por um casamento indissolúvel, conforme art. 230.º do Código Civil *"É nula toda a renúncia de qualquer dos cônjuges à faculdade de pedir a separação pessoal ou o divórcio vincular ao juiz competente, assim como toda a cláusula ou pacto que restrinja ou amplie as causas que dão direito a solicitá-lo"*.

Por sua vez, passou também a ser diferente o articulado do art. 531.º do referido Código argentino que inclui, entre as condições proibidas por lei nos actos jurídicos, a de *"(...) não se separar pessoalmente ou divorciar vincularmente"*.[830]

Mas a campanha a favor do divórcio, prossegue na Europa, depois de ser aplicada na Itália, Portugal e Espanha, atinge a República da Irlanda. Após dois referendos, o primeiro em 1986 e o segundo em 1995, foi ultrapassado, embora de forma dúbia, o obstáculo da norma constitucional que proibia a legalização do divórcio.[831]

---

e conferindo a característica da unidade e perpetuidade a este, com a proibição do divórcio. Daí a expressão do Evangelho segundo São Mateus (XIX, 4-8) *"Quod Dei coniunxit homo non separet"*.

A este respeito diz-nos Antunes Varela que para os Anti-divorcistas admitir a dissolução do casamento católico, através do divórcio, é atentar contra uma das mais essenciais propriedades deste, onde radica a fé e o seu carácter sacramental. O que, naturalmente, implica uma distinção entre as formas de celebração do casamento, para que a argumentação possa diferir.

Veja-se ANTUNES VARELA, J. M., (1996), *Direito da Família*, Lisboa: Livraria Petrony, Lda., pp. 476 e ss..

[830] Conforme J. Gallardo, a rejeição do sistema de divórcio opcional originou acesa polémica na Câmara dos Deputados e na dos Senadores. Cfr. GALLARDO, J. M., "Una alternativa ante la proibición del matrimonio civil indisoluble, *in Diritto Ecclesiastico*, 1990, pp. 161-221.

[831] Assim estabelecia o art. 41.3.2 da Constituição Irlandesa de 1937, elaborada por De Valera: "Não se aprovará nenhuma lei que permita a dissolução do matrimónio".

Veja-se as considerações tecidas a respeito por Fernando Prieto Ramos. RAMOS, F. P., "La legalización del divorcio en Irlanda: un dilema nacional", *in Annuario Derecho Ecclesiastico del Estado*, XIV, 1998, pp. 755 e ss..

446   *Das Relações da Igreja com o Estado*

Será de referir que a implantação do divórcio na Irlanda processou-se de forma pouco ortodoxa.[832] A lei do divórcio entrava em vigor a 27 de Fevereiro de 1997, após ser ratificada, pela Presidente Mary Robinson, em 27 de Novembro de 1996, tendo ela então declarado que, em sua opinião, a votação no referendo de 24 de Novembro de 1995, permitia concluir que "(...) *os valores morais não podem ser traduzidos em leis do Estado*".

Também dentro deste contexto, Ramos permitiu-se concluir que: *"A legalização do divórcio na Irlanda teve, em 1995, mais o carácter de empenho político do que de verdadeiro interesse social da população irlandesa"*.[833]

O referendo serviu para provar que, na Irlanda, existe pluralismo social e que quanto ao casamento coexistem, entre os cidadãos, duas concepções diferentes. Resta inquirir se, ao pluralismo existente não deveria corresponder um pluralismo legal, de tal modo que à Lei do divórcio houvesse outra que tutelasse os que querem a indissolubilidade do seu casamento.

Vejamos um último caso. O projecto de lei do Divórcio noutro país da América Latina – o Chile. Ele foi apresentado no final de 1995, tendo sido aprovado, na generalidade, por maioria de votos da Câmara de Deputados, em 23 de Janeiro de 1997 e em Setembro, do mesmo ano, foi aprovado o texto definitivo do articulado na especialidade.

Contudo, problemas se levantaram quando se pretendeu implantar o divórcio no ordenamento civil em que vigorava a indissolubilidade de todo o casamento. Destacam-se os resultantes da possibilidade de renúncia à acção de divórcio e quanto à retroactividade da lei.

---

[832] Para além das situações pouco claras que envolveram sondagens e resultados dos dois referendos, que nos abstemos de comentar, fica apenas registado o projecto de lei para a 15.ª reforma da Constituição Irlandesa, de 13 de Setembro de 1995, com a proposta da nova redacção do artigo 41.3.2: "Um tribunal designado segundo a Lei poderá conceder a dissolução do matrimónio sempre e quando: *a*) os cônjuges tenham vivido separados pelo menos por quatro anos, ininterruptos ou não, dentro dos cinco anteriores ao início do processo; *b*) não haja possibilidade alguma razoável de reconciliação entre os cônjuges; *c*) o tribunal, atendendo às circunstâncias específicas do caso, considere que estão ou serão atendidas as necessidades económicas dos cônjuges, dos seus filhos e de qualquer outra pessoa afectada segundo o previsto na lei; e *d*) se cumpra qualquer outra condição adicional que a lei estabeleça".

Cfr. VALLS, M.; BERGIN, D., (1997), *The Law of Divorce in Ireland*, Bristol: Jordans. Veja-se ainda O'Shea, P., (1997), *Divorce in Ireland*, Dublin: O'Brien Press.

[833] Cfr. RAMOS, F. P., *Ibidem*, pp. 779-781.

Capítulo V – Das Revisões da Concordata de 1940

De acordo com a norma prescrita no art. 54.°:

"A acção do divórcio é irrenunciável", tendo sido apresentada uma alternativa nos seguintes termos: "A acção do divórcio é essencialmente renunciável pelos cônjuges no momento de celebrar o matrimónio ou, com posteridade, em qualquer momento".

Com esta fórmula estabelecer-se-ia dois modelos de casamento: um indissolúvel e outro não, consoante a vontade livre e expressa pelos cônjuges de renunciar ou não ao divórcio.

Perante esta situação coube enfrentar o problema, alegando razões como a das normas civis, sobre a família, serem de ordem pública, pelo que não podiam depender da disposição dos particulares; além do que a renúncia ao divórcio poderia prestar-se a pressões e abusos de vária ordem. Assim sendo e após votação na Câmara de Deputados chilena, ganharam os defensores da irrenunciabilidade do divórcio. Um outro problema levantado respeitava à retroactividade ou não da lei, sendo a votação favorável à retroactividade da mesma.[834]

Observando os países ocidentais, ainda são apontadas algumas excepções dos que não seguiram o caminho da legalização do divórcio para todos os casamentos, tal é o caso de Malta e da República Dominicana.

A Santa Sé, sempre que teve de ceder perante a opção dos Estados que abandonaram a tutela civil da indissolubilidade, reafirmou o valor da doutrina da Igreja sobre o casamento, nas suas Concordatas ou Acordos.[835] O Papa, nos seus documentos sobre a Família, sobretudo na Exor-

---

[834] A este propósito veja-se o que disse o Deputado Ferrada, na sua intervenção, aquando da votação: "O problema das sociedades actuais, ao qual o legislador deve prestar particular atenção, é este: coabitam entre nós diversas formulações doutrinais, diferentes éticas, distintos modos de ver e apreciar a vida, diferentes tradições e formulações de valores. Do que devem cuidar leis como esta é de não quebrar os equilíbrios que permitem criar os ambientes em que as pessoas podem exercitar – e mais ainda em matérias em que a consciência joga um papel tão importante – a sua própria liberdade para construir a sua família conforme cada um estime, segundo as suas próprias convicções morais; e não que um Parlamento, por uma maioria ocasional, sempre transitória, se lhes impunha (...)". Citado por FUENMAYOR, A., *Repensar o Divórcio,* (2002), Lisboa: DIEL, Lda., p. 44.

[835] Tal foi o caso com Portugal, com atrás referimos, ao analisarmos o Protocolo Adicional, de 15 de Fevereiro de 1975. O mesmo se diga em relação a Espanha, em que, no Acordo sobre assuntos jurídicos, datado de 3 de Janeiro de 1979, art. VI, se pode ler: "A Santa Sé reafirma o valor permanente da sua doutrina sobre o matrimónio e recorda aos

448   *Das Relações da Igreja com o Estado*

tação Apostólica *Familiaris Consortio*, de 22 de Novembro de 1981, rea-firma que

> *"É dever fundamental da Igreja afirmar com vigor a doutrina da indissolubilidade do matrimónio; a quantos, nos nossos dias, consideram difícil ou inclusive impossível vincular-se uma pessoa por toda a vida, e a quantos são arrastados por uma cultura que rejeita a indissolubilidade matrimonial (...). Dar testemunho do inestimável valor da indissolubilidade e da fidelidade matrimonial é um dos deveres mais preciosos e urgentes dos casais cristãos do nosso tempo".*

Com efeito, vivemos numa sociedade pluralista, que, por definição não é uniforme, nem existe nela unidade. Ela substituiu a sociedade cristianizada, caracterizada pela homogeneidade da orientação ética e cultural.

Hoje, uma das principais características da nossa sociedade é justamente o pluralismo ético, mais concretamente o pluralismo de concepções do Bem. Digamos que numa sociedade com esse cariz, a unidade apenas existe em ordem aos direitos e liberdades da pessoa, reconhecidos, por igual, para todos os cidadãos.

O Estado, por consequência, também ele é pluralista não se apresentando como portador de exigências éticas exclusivas. Cumpre-lhe dar garantias aos cidadãos de molde a que o exercício dos direitos sejam uma consequência de possibilidades, tendo entre estas garantias e direitos especial valor, os princípios de liberdade e igualdade consagrados, mas, por vezes, não cumpridos, nas Constituições.[836]

O que está em causa é que estes dois princípios servem de base a um sistema opcional, ou seja, que ocorra um regime de casamento dual, em que se ofereça a todos os cidadãos, independentemente das suas crenças

---

que celebrarem o matrimónio canónico a obrigação grave que assumem de se aterem às normas canónicas que regulam e, em geral, de respeitar as suas propriedades essenciais". Por seu turno com a Itália, a Santa Sé, pela Concordata estabelecida em 18 de Fevereiro de 1984, afirma que: "Ao subscrever a presente regulamentação da matéria matrimonial, a Santa Sé sente a exigência de reafirmar o valor permanente da doutrina católica sobre o matrimónio e a solicitude da Igreja pela dignidade e pelos valores da família, fundamento da sociedade".

[836] A solução consiste na obtenção da tutela da lei civil para quantos pretendam contrair um casamento indissolúvel, por razões de carácter religioso ou não. A Igreja, no Concílio Vaticano II, apresentou a proposta do poder civil dever "considerar sua obrigação sagrada reconhecer a verdadeira natureza do matrimónio e da família e ajudá-la". Veja-se *Gaudium et Spes*, n.º 52.2.

Capítulo V – Das Revisões da Concordata de 1940   449

religiosas, a possibilidade de escolha entre um casamento dissolúvel ou não, sendo que neste caso as leis do Estado reconheçam e protejam.[837]

Os ordenamentos civis ao apresentarem, como único modelo, o casamento dissolúvel, reconhecido e regulado pelas *Leis do Divórcio*, estão a degradar o valor da indissolubilidade e reduzem a sua relevância à esfera privada do dever moral, o que leva as pessoas a pensar que aquilo que a Igreja propõe não é razoável nem aceitável pelas leis do Estado.[838]

Assim aconteceu na Áustria e em Portugal, em que coexistiram, desde 1940 até 1975, duas espécies de casamento, sendo o casamento civil, dissolúvel, enquanto o canónico, dotado de efeitos civis, o não era.

Levanta-se então a possibilidade de existirem dois tipos de casamento civil: um divorciável, outro não, o que contribui para a laicização do problema. A experiência portuguesa, deste último quarto de século leva-nos a pensar que ainda seriam bastantes os que recorreriam a um casamento indissolúvel, na medida em que muitos dos que optam pelo casamento católico, sem nenhuma fé no casamento canónico, o fazem

---

[837] Em todas esta disputa entre divorcistas e anti-divorcistas, quer a nível de ciência, quer do pensamento, assiste-se a uma rigidez de posições e uma falta de efectivo diálogo que merece reflexão, embora sumária da nossa parte.

Normalmente, os divorcistas não negam que a indissolubilidade legal concede à família maior estabilidade do que o regime de divórcio, muito embora não garanta totalmente a sua perfeita estabilidade e apresente, em certos casos, uma espécie de hipocrisia institucionalizada. Desistem do que se reconhece impossível de garantir. Por seu turno, os anti-divorcistas, defendem a ilegitimidade e a inconveniência do divórcio, muito embora sejam capazes de aceitar a sua legalização como tolerância em certos ambientes sociais.

Daqui se pode concluir que, embora os pontos de partida sejam diferentes, existe campo jurídico-político, onde pode acontecer diálogo entre divorcistas e anti-divorcistas. Pensamos que a questão se coloca a nível da confusão estabelecida entre o problema social e o problema religioso do divórcio. Talvez por conveniência procura-se centrar a disputa no domínio da **liberdade religiosa**.

Será que o que se teme é a laicização do problema? Assim sendo a disputa radicaliza-se não tanto no interesse social, ou nos direitos duma maioria ou duma minoria, na estabilidade familiar, mas principalmente no choque de duas concepções do homem e da vida.

[838] Se se prescindir do aspecto religioso, pois, embora não pareça, são justamente os católicos aqueles que se sentem sempre unidos no casamento por fortes vínculos jurídico-canónicos, mesmo que os tribunais civis decretem a dissolução, apoiados que estão pela Igreja na sua luta pela unidade da Família. No caso dos **não** católicos o problema apresenta-se para eles como uma mudança de regime civil, aceitando o tipo de união conjugal e de família que a lei lhes impõe, sem mais recurso que não seja o respaldo da sua própria consciência.

450 *Das Relações da Igreja com o Estado*

porque este lhes oferece uma maior seriedade, solenidade e garantias que o apenas civil não lhes confere.[839]

Efectivamente, o que está em causa é um modelo de eficácia no âmbito público, visto que o casamento não interessa apenas aos cônjuges, mas a todos os que integram a família, e, consequentemente, a toda a sociedade, porque do que for o casamento depende o que ela virá a ser. Para Barbara Whitehead, a nova *ética* do divórcio era, moralmente, relativista, pois, *"(...) não podia haver razões boas nem más para uma pessoa se divorciar; havia razões, (...) tratava-se apenas de trazê-las à luz e de afirmá-las"*.[840]

A cultura do divórcio foi-se impondo em silêncio, mas teve a sua origem em múltiplos factores. Digamos, pelas palavras de Whitehead, que o modo de ver o casamento, só por si, ajudou na modificação da concepção do divórcio. Antes, o divórcio era visto como um acontecimento legal, social e familiar, sendo o impacto para o próprio indivíduo, algo de secundário.

Depois dos anos setenta, do século XX, o seu *locus*, centraliza-se no indivíduo, passando a ser uma experiência subjectiva, marcada pelas

---

[839] Há quem afirme que a explicação está apenas nas pressões sociais, mas donde vêm elas? Estamos em crer que, dados os problemas pastorais que muitos párocos enfrentam, muitas não advêm apenas de católicos praticantes. Se for apenas pela solenidade que se reveste o casamento canónico, então será de pensar que ela pode representar transcendência.

Poderá, no entanto, inquirir-se se não cabe ao Estado zelar pela prudência dos cidadãos, prevendo que estes, frequentemente, contraiam obrigações difíceis de cumprir, devendo as leis compensar as suas imprudências.

Assim, o Estado oferece-lhes recursos, neste caso concreto o regime do divórcio, permitindo aos cidadãos rectificar, posteriormente, decisões comprometedoras. Ou seja, mesmo que num determinado momento das suas vidas os cidadãos pretendam comprometer-se, o Estado deve, com vista ao seu bem futuro, impedi-los de assumir um compromisso definitivo, afinal, o casamento não passa dum contrato que a todo o momento pode ser anulado.

A lei do divórcio, assim vista, não passa duma proibição, por parte do Estado, aos cidadãos de contraírem um casamento perpétuo. É algo de anti-social e imoral um contrato deste género, sendo, por conseguinte, recusado dar-lhe relevância jurídica. A liberdade que é defendida pelo Estado, face aos cônjuges, não é, de todo, a presente, mas antes a futura. A tese divorcista, por conseguinte, não concebe o casamento com uma obrigação jurídica, sendo que a fidelidade não pode ser uma promessa, pois admite que o homem não é senhor dos seus actos.

[840] Cfr. WHITEHEAD, B. D., (1997), *The Divorce Culture,* New York: Alfred A. Knopf, p. 67.

Capítulo V – Das Revisões da Concordata de 1940   451

necessidades, desejos e sentimentos do indivíduo. O divórcio passou a ser um direito individual. Tão-pouco se reconhecem argumentos morais em favor do interesse dos outros no casamento.

A formação duma nova identidade cultural da família adveio duma revisão da sua definição tradicional. A consanguinidade e a adopção cederam perante esta nova definição.

Os laços e as obrigações familiares passaram a ser um fenómeno histórico, sendo o pacto conjugal passível de ser anulado livre e unilateralmente, ficando o bem dos filhos subordinado ao direito à liberdade pessoal dos cônjuges.

Muitas vezes, o próprio 'bem' dos filhos passou a fazer parte da lista de motivos dum divórcio, ao contrário do freio que representava à dissolução do casamento.[841] Anteriormente, o divórcio era tido como o último recurso, porque a indissolubilidade do casamento era a regra, sendo o divórcio a excepção. Para justificá-lo havia que invocar um motivo suficientemente forte como a má conduta dum dos cônjuges, que representava uma das obrigações essenciais do casamento.

Deste modo, citando o exemplo dos Estados Unidos da América, o divórcio 'sanção' (pelo mau comportamento), deu lugar ao divórcio 'remédio ou falência', dito 'sem culpa', baseado na impossibilidade objectiva de ser mantida a convivência conjugal. Passa assim, o divórcio, a ser tido como a solução para uma situação insustentável, prescindindo-se de toda e qualquer referência ao comportamento dos cônjuges, sendo dispensável conhecer as razões ou o culpado pela ruptura. Basta alegar diferenças irreconciliáveis, significando que a lei passa a considerar o divórcio como um direito unilateral o que conduz à privação do valor compromisso do casamento.

Com este sistema, do divórcio sem culpa, D. Kmiec, diz que se registou um aumento considerável dos divórcios nos E.U.A..[842] O divórcio, que anteriormente tinha como maior entrave a presença dos filhos, pois os

---

[841] Os efeitos da crise cultural do final do século XX são bem nítidos na sociedade dos Estados Unidos da América e como eles representam a vanguarda da modernidade, com problemas com especial intensidade e, por vezes, antecipação, têm um papel de 'laboratório social', onde é possível experimentar soluções para problemas que afectam, sobretudo, a civilização Ocidental. A crise da Família é um deles. Nos E.U.A., apresentou, desde longa data, duas modalidades na tradição divorcista: o divórcio sanção e o sem culpa.

[842] Veja-se KMIEC, D. W., "El concepto de matrimonio en el derecho canónico y la experiencia norteamericana actual", in Ius Canonicum, 77, 1999, p. 152.

452   *Das Relações da Igreja com o Estado*

pais tinham a obrigação moral de colocar o interesse da sua prole acima das suas próprias satisfações, começa, a partir da década de 70, do século XX, a gerar uma nova ética.

A nova medida da família passa a ser o bem-estar dos cônjuges, numa apreciação puramente subjectiva e individualista, sustentando-se a ideia de que os filhos vivem melhor com pais divorciados do que com eles casados, mas infelizes.[843] Terá algum interesse analisar a recente experiência que alguns Estados norte americanos nos oferecem, na tentativa de fortalecer a estabilidade matrimonial.

Reforça a ideia que afinal a civilização ocidental poderá estar em crise, mas ainda é capaz de encontrar antídotos para os seus próprios erros. Sendo certo que se exacerbou a autonomia individual e a realização pessoal, será agora tempo de procurar reforçar o sentido da responsabilidade. É tempo de vivificar o vínculo matrimonial e melhorar as relações no seio da família, mas também é tempo de esclarecer com preparação efectiva pré-matrimonial, apelando ao comprometimento de resolver conflitos com ajuda de conselheiros.[844]

Decerto que não cabe ao legislador restaurar na sociedade de hoje a concepção católica do casamento, como comunhão plena de vida, mas a ele compete não favorecer o movimento progressivo e avassalador da desagregação da família, ao compactuar com a dissolução de costumes numa época de visível decadência moral, apondo legislação, sobre o direito da Família, cada vez mais permissiva e demasiado tolerante porque agnóstica.

2.2. *Repensando a uniformidade e igualdade na legislação sobre o Divórcio*

Tenhamos em conta que o divórcio é um instituto muito antigo aparecendo no Antigo Testamento, onde era reconhecida a possibilidade dum cônjuge repudiar o outro, em caso de infidelidade.

---

[843] A este propósito veja-se WHITEHEAD, B. D., *Ibidem,* pp. 67-143. Neste contexto, repita-se o que afirma o Papa João Paulo II: "O Niilismo está na origem da difundida mentalidade segundo a qual não se deve assumir um compromisso definitivo, já que tudo é fugaz e provisório", *in* Encíclica *Fides et Ratio,* de 14 de Setembro de 1998, n.º 46.

[844] Sobre o descalabro e desagregação da família a que tem levado o facilitismo progressivo do divórcio, veja-se PIRES DE LIMA e ANTUNES VARELA, *Código Civil* Anotado, IV, 2.ª ed., p. 393.

Capítulo V – Das Revisões da Concordata de 1940

Quer no direito germânico, quer no romano também era conhecido este instituto. Neste último, a dissolução do casamento pensado enquanto relação jurídica duradoura, ocorreria quando cessasse o vínculo afectivo que lhe servia de base, ou seja logo que deixasse de existir a *affectio maritalis*.[845]

Em 1947, quando a França discutia a reforma do regime de divórcio, alguns juristas, entre eles os professores Henri e Léon Mazeaud, defendiam o respeito pela liberdade de escolha dos cidadãos em matéria tão decisiva para as suas vidas e simultaneamente importante para a vida em sociedade.[846] Contudo, a proposta foi rejeitada pela Comissão de reforma do Código Civil.

Só agora volta a ser repensada a possibilidade duma legislação alternativa para o casamento no sentido de reforçar a sua estabilidade.[847] O que, diga-se, tem razão de ser. Primeiro porque a progressiva legalização (liberalização) do divórcio trouxe consigo o completo abandono da tutela da indissolubilidade por parte da lei civil, sendo as circunstâncias actuais mais propícias à defesa do sistema opcional. Segundo, porque o crescente pluralismo da sociedade e a proliferação das "leis imperfeitas", aliados à recente experiência, no Estado da Luisiana, a partir da lei aprovada em 1997, que introduziu um novo tipo de contrato de casamento. São estes factos que forneceram novos elementos para a ponderação desta temática.

Entenda-se que a indissolubilidade do casamento não é um ideal exclusivo da mensagem cristã. Não podemos negar que se trata duma perspectiva católica. Mas a problemática moral que se levanta a um católico

---

[845] Veja-se ANTUNES VARELA, J. M., (1980), *Dissolução da Sociedade Conjugal*, Rio de Janeiro: Forense Editora, pp. 35 e ss..

[846] Diga-se, no entanto, que foi com a Reforma Protestante que a natureza sacramental do matrimónio sofreu um forte abalo e em França institucionalizou-se o divórcio de três formas: litigioso, por incompatibilidade de génios e por mútuo consentimento. Veja-se, a propósito da história do princípio da indissolubilidade do casamento católico, DAUVILLIER, J., (1933), *Le mariage dans le droit classique de l'Église*, pp. 279 e ss..

Hoje o divórcio é encarado como um instrumento da felicidade dum ou de ambos os cônjuges, perante a constatação da impossibilidade de manter a relação conjugal, nos trâmites ditos normais.

Veja-se LEITE DE CAMPOS, D., (1990), *Lições de Direito da Família e das Sucessões*, Coimbra: Livraria Almedina, pp. 270 e 271.

[847] Esta é também a perspectiva do Professor Amadeo de Fuenmayor, catedrático de Direito Civil na Universidade de Navarra.

serve também a qualquer homem de consciência, no que respeita ao exercício da sua cidadania.

E é esta: em que medida se poderá, honestamente, colaborar na preparação e aprovação duma lei que considera iníqua?

Apenas na medida, e só nela, em que a sua intervenção contribua para diminuir os efeitos nocivos dessa lei. Se não adoptarmos este critério, será difícil a convivência numa sociedade pluralista em que se busca uma cada vez maior justiça social e o bem comum.

Se entendermos a indissolubilidade do casamento como apenas um bem específico da fé cristã, a defesa dessa indissolubilidade pela lei civil só se poderia pretender para o casamento canónico face ao regime civil que tutela a liberdade religiosa. Mas, sendo a indissolubilidade característica de todo o casamento, a sua defesa pela lei do Estado pode fundamentar-se em razões não confessionais em favor de toda a união conjugal, e não apenas do casamento canónico.

O pluralismo ideológico facilita a revisão do regime de divórcio, no sentido de não impô-lo aos que desejarem que a irrevogabilidade do seu contrato seja garantida pela lei estatal. Sob pena de incongruência, o pluralismo permite que se defenda o reconhecimento de todo o cidadão poder optar por contrair um casamento indissolúvel e que o mesmo seja garantido pela lei civil.

Do ponto de vista jurídico, ambas as teses: a do divórcio e a da indissolubilidade do casamento, nascem de dois conceitos distintos de liberdade. Uma nega outra justifica a possibilidade dum contrato irrevogável. Pensando melhor. A discrepância reside em que a liberdade impede ou justifica a exigência, tutelada juridicamente, da mútua fidelidade dos cônjuges.

Assim, quando a lei civil impõe ou rejeita o divórcio, opta por uma das duas concepções antagónicas: a que considera que a liberdade é contrária a todo o compromisso irrevogável, ou a que entende a irrevogabilidade do compromisso como manifestação de liberdade.[848]

---

[848] Em 1792, a tese dos revolucionários franceses que levou a proclamar o regime de divórcio, teve por base que a indissolubilidade do casamento era incompatível com a liberdade humana, diga-se independentemente da vontade dos contraentes do contrato em causa.

A característica fundamental da lei do divórcio consiste em consagrar uma proibição – o Estado proíbe os cidadãos de contraírem um casamento perpétuo. Considera-o imprudente e anti-social. Um contrato de tal natureza seria mesmo imoral, daí que o torne ilegítimo, no sentido de se recusar a dar-lhe relevância jurídica.

Veja-se AZEVEDO, H., "Divorzio: è dunque proibito essere fedele alla propria moglie?" in Studi Cattolici, 140, Outubro de 1972, p. 694.

Capítulo V – Das Revisões da Concordata de 1940   455

Trata-se, em nosso entender, dum pretenso direito humano ao divórcio, concebido como direito de liberdade. Em oposição fala-se, cada vez mais, dum direito fundamental à indissolubilidade do casamento, que cabe à lei civil regular. Em sua defesa invoca-se igualmente a liberdade humana.[849]

Questiona-se então em que bases se podem defender teses tão contraditórias, partindo embora de idêntico fundamento – a liberdade?

Como é possível fazer derivar da liberdade quer o *"direito ao divórcio"*, quer o *"direito a um casamento indissolúvel"*?

No entanto, conceda-se que a identidade do fundamento é apenas aparente, isto porque ao falarem de liberdade, dela têm um conceito diferente. Assim, os defensores do divórcio apoiam na liberdade o direito que cada pessoa tem à sua própria felicidade, perante o que qualquer outro valor se deve submeter; enquanto os partidários da indissolubilidade do casamento afirmam que a liberdade não se assume no arbítrio de cada pessoa devendo ser vivida como fidelidade e como compromisso livremente assumido.[850]

Será, pois, forçoso reconhecer-se que estamos perante duas posições diversas concluindo-se que quando o legislador estabelece um regime de divórcio aplicável a qualquer tipo de casamento está ignorando o princípio da igualdade dos cidadãos perante a lei.

Estamos perante um sistema que apenas atende a uma forma, pois, aplicando o divórcio a todo e qualquer casamento, sendo legítimo esperar que devido ao pluralismo social, a lei proteja a opção dos contraentes que pretendam um casamento indissolúvel.

A necessidade de se apresentar esta modificação reside na inconsistência do argumento de que o regime do divórcio não afecta os que desejam um casamento indissolúvel. Os seus defensores afirmam que a lei não obriga ninguém ao divórcio, ele apenas é optativo. Contudo, o argumento não convence na medida em que ele só seria válido se no sistema legal que admitisse apenas o divórcio por mútuo consentimento.[851]

---

[849] Veja-se COTTA, S., (1970), "La situazione della famiglia nella società attuale", *in Iustitia*, 197.

[850] A este propósito veja-se o que diz MARTINEZ, J. M. D., (1971), "Compromiso y persona humana" *in Ius Canonicum*, XI, p. 197.

[851] Refira-se que em termos de Divórcio, o nosso Código Civil de 1966, apresenta duas formas: por mútuo consentimento e litigioso. Veja-se art. 1775.º, cuja redacção da Lei n.º 47/98, de 10 de Agosto é a seguinte: "1. O divórcio por mútuo consentimento pode

456 *Das Relações da Igreja com o Estado*

Nos dias de hoje, precisamente quando o pluralismo se assume com mais força como valor fundamental duma sociedade livre e democrática, existem dados que permitem equacionar e reconsiderar estes postulados correspondendo a um autêntico factor de progresso na ordenação jurídica da vida social.

Mas, tal como diz João Paulo II, na Encíclica *Fides et Ratio, "O Niilismo está na origem da difundida mentalidade segundo a qual não se deve assumir um compromisso definitivo, já que tudo é fugaz e provisório"*, e esta progressiva legalização do divórcio trouxe consigo uma certa dissolução da família, muito embora a Santa Sé continue reafirmando o valor permanente da doutrina da Igreja sobre o casamento.[852]

A implantação do divórcio, sobretudo em países concordatários, determinou um novo modelo de casamento que se impôs contra o indissolúvel, mas também favoreceu a desarticulação da família estabelecida no casamento indissolúvel.

A indissolubilidade não é um mero efeito do casamento, mas antes o seu modo de ser, a sua configuração natural e quando se altera a estrutura essencial o resultado significa por em risco o equilíbrio moral da família.

Por isso, manter juridicamente indissolúvel um tipo de casamento representa não apenas uma questão de interesse social, como também é uma exigência da própria liberdade.[853] O actual modelo único de casa-

---

ser requerido pelos cônjuges a todo o tempo; 2. Os cônjuges não têm de revelar a causa do divórcio, mas devem acordar sobre a prestação de alimentos ao cônjuge que deles careça, o exercício do poder paternal relativamente aos filhos menores e o destino da casa de morada da família". Acrescente-se que, de Acordo com o Decreto-Lei n.° 272/2001, de 13 de Outubro, foi legislada a transferência de competência decisória em determinados processos de jurisdição voluntária dos tribunais judiciais para o Ministério Público e as Conservatórias do Registo Civil.

Quanto ao divórcio litigioso veja-se o art. 1779.° com a redacção do Dec.-Lei n.° 496/77, de 25 de Novembro "1. Qualquer dos cônjuges pode requerer o divórcio se o outro violar culposamente os deveres conjugais, quando a violação, pela sua gravidade ou reiteração, comprometa a possibilidade da vida em comum; 2. Na apreciação da gravidade dos factos invocados, deve o tribunal tomar conta, nomeadamente, a culpa que possa ser imputada ao requerente e o grau de educação e sensibilidade moral dos cônjuges".

[852] Datada de 14 de Setembro de 1998, n.° 46. Ainda sobre a tendência da relação matrimonial para a perpetuidade e a inalterabilidade, veja-se ANTUNES VARELA, *Direito da Família,* Lisboa: Livraria Petrony, Lda., 1.° vol., 4.ª ed., 1996, pp. 467 e ss..

[853] Coexistem muitas ameaças contra a liberdade, não se podendo ficar com a ideia que ela apenas procede da ditadura. A própria sociedade gera sujeições e agressões, por

Capítulo V – Das Revisões da Concordata de 1940

mento ameaça dissociar as duas instituições: o casamento e, por arrastamento, a família, que se mantiveram, durante séculos, unidos na cultura ocidental.

O Estado pluralista contemporâneo não se apresenta como portador de exigências éticas exclusivistas, como diz Fuenmayor. Numa sociedade pluralista, a unidade tem por base o reconhecimento dos direitos e liberdades da pessoa, garantidos a todos os cidadãos.

Então, se o Estado se declara defensor da liberdade dos cidadãos, como não admite a escolha entre um casamento que possa ser dissolvido e outro que o não seja, conforme a vontade dos contraentes?

O casamento, enquanto instituição, não diz respeito apenas aos cônjuges, ele interessa a todos os elementos do grupo familiar bem como a toda a sociedade, porque do que ele for depende o que a mesma virá a ser.[854]

---

vezes demasiado subtis para serem percebidas. É disso exemplo a incomunicabilidade, a solidão e a falta de estabilidade acometida pelas ideias e afectos.

Perante tais agressões, toda a pessoa necessita do respaldo da família, mas duma família cuja estabilidade possibilite ao indivíduo escapar e libertar-se das agressivas alienações que continuamente o sujeitam. A própria evolução tecnológica e as mudanças sociais que ocorrem duma forma demasiado célere põem em risco o equilíbrio do indivíduo.

A família não se pode confinar apenas a espelhar os respectivos efeitos da sociedade. Terá que suscitar, ela própria, as causas, assumindo-se como agente poderoso que é no processo de socialização e na transformação, através duma educação com valores, da vida social, cultural e até mesmo política. Não deve, como tem vindo a fazer, alijar as responsabilidades que lhe são próprias, transferindo-as para a sociedade, sobretudo para a instituição Escola, seja ela formal ou informal.

[854] Terá algum interesse apresentar, ainda que em traços breves, a recente experiência do Estado da Luisiana, a que nos referimos. Trata-se da introdução do *covenant marriage,* cuja definição legal corresponde a um casamento pactuado ou de aliança que é contraído por um homem e uma mulher, os quais entendem e acordam ser uma relação para toda a vida. É um sistema opcional, podendo os contraentes escolher o regime da nova lei, de 23 de Junho de 1997, ou pela aplicação da lei comum ou *standard.* Os cônjuges que optam pelo *covenant marriage* fazem uma declaração do seguinte teor:

"Declaramos solenemente que o matrimónio é um pacto entre um homem e uma mulher que concordam em viver juntos como esposos durante todo o tempo da sua vida. Nós escolhemo-nos um ao outro depois de pensá-lo detidamente (...) Se, no futuro, sentir-mos especiais dificuldades na nossa união, comprometemo-nos a envidar todos os esforços razoáveis para preservá-lo, incluindo o assessoramento de especialistas".

Os cônjuges aceitam mais dificuldades legais para se divorciarem. De acordo com T. Perkins, o proponente desta lei, ela pretende deter a hemorragia da família americana, no intuito de "(...) remediar o que fez o divórcio por mútuo acordo nos últimos 25 anos:

458 *Das Relações da Igreja com o Estado*

A lei, refere Antunes Varela, *"(…) como que abdicou da sua função morigeradora das populações, adaptando-se docilmente à progressiva degradação dos costumes".*
E acrescenta,

> *"A tese que a sociedade industrial contemporânea, por todos os meios ao seu alcance (…), infiltra nas camadas jovens é a da concepção hedonista ou materialista do casamento".*[855]

A legislação nacional do direito da família, posterior ao Protocolo Adicional de 1975, adoptou e acompanhou, ainda pelas palavras de Antunes Varela, *"(…) com grande receptividade toda esta evolução do direito estrangeiro sobre o instituto do divórcio. O direito português é hoje dos direitos europeus que, com maior amplitude, permite a dissolução do casamento, tanto civil, como canónico, pelo divórcio".*

Por tudo isto, existe, de acordo com Martinez Aguirre, a necessidade duma lei civil não confessional que tutele a indissolubilidade do casamento.[856]
No mesmo sentido se manifesta Navarro Valls, ao dizer que

> *"Na Europa, o Tribunal de Direitos Humanos declarou não contrárias à Convenção de Roma as legislações que mantenham o matrimónio indissolúvel. (…) Face a um caso concreto, o Tribunal de Estrasburgo*

---

multiplicar os lares destruídos pelo divórcio fácil, que produz crianças destroçadas e vidas esfarrapadas".

Associada à figura jurídica do *covenant marriage* foi introduzida a *legal separation,* que havia sido suprimida em 1990. Por ela permite-se a separação legal sem a dissolução do casamento, quer por 'trato cruel' ou quer por 'intemperança habitual de um cônjuge'. A figura do *covenant marriage,* tem vindo a ser introduzida em outros Estados da América, como o do Alabama, Arizona, Arkansas, Califórnia, Colorado, Geórgia, Mississipi, Ohio, Carolina do Sul, Tennessee, Virgínia, entre outros.

Veja-se SPATH, K. S., (1998), "For the sake of the Children: Recapturing the meaning of marriage", *in Notre Dame Law Review, 73,* n.º 99, p. 1571

[855] Enquadrada nesta temática, Antunes Varela refere que: "Embora os argumentos invocados a favor da dissolubilidade do casamento civil não tenham grande força persuasiva, certo é que a grande maioria das pessoas, considerando embora o divórcio um *mal,* (…) tende hoje a aceitá-lo como um *mal necessário (para os outros…)".* Veja-se de ANTUNES VARELA, *Direito da Família, Ibidem,* pp. 480-485.

[856] Cfr. AGUIRRE, C. M., (1996), *Diagnóstico sobre el Derecho de familia,* Pamplona, pp. 214 e 215.

entende que não se pode deduzir do art. 12.° da Convenção um direito ao divórcio incluído na própria noção de matrimónio.

Mais: numa outra sentença posterior, de 1987, estudando o caso anterior, reitera-se que o facto de um país ocupar (...) uma situação isolada nalgum aspecto da sua legislação não implica forçosamente que tal aspecto seja contrário à Convenção, sobretudo num âmbito como o matrimonial, tão estreitamente ligado às tradições culturais e históricas de cada sociedade e às suas concepções profundas a respeito da célula familiar".[857]

Os limites à liberdade e à igualdade individuais e colectivas, expressos, por exemplo, no acesso desigual à educação, a par da morosidade na informação, da dificuldade de expressão real da vontade popular e de subsequente débito de massa crítica na opinião pública, comportam-se como um obstáculo a uma cidadania e democracia plenas.

Persistem alguns paradoxos, potenciando um elenco de eventuais perversões que inibem os cidadãos, neste como noutros contextos, e apesar das múltiplas formas de participação, de serem esclarecidos, responsabilizados e de exercerem, de forma efectiva, a sua cidadania.

3. Que segunda revisão da Concordata?

3.1. *As propostas apresentadas*

Admita-se ou não, a Concordata com a Santa Sé está em crise. A ideia de revisão foi lançada por um dos partidos com menor representatividade na Assembleia da República, o Bloco de Esquerda, no início do ano de 2000. Os dois deputados, dos 230 que compunham a Assembleia, rapidamente contagiaram a maioria dos 115 deputados do Partido Socialista e o tema preencheu a agenda política.

No momento destes factos a confusão era muita e, por isso, sentiu-se o silêncio da Igreja Católica. Para ela, a própria ideia de revisão, correspondia a uma porta para o desconhecido, sempre perigoso.

---

[857] Cfr. VALLS, R. N., "El matrimonio institucional en dos recientes leys estadounidenses", *in Revista de Derecho Privado,* Novembro de 1998, pp. 768 e ss.; FUENMAYOR, A. de, (1992), *El derecho a contraer un matrimonio civilmente indisoluble, Estudos de Derecho Civil II,* Pamplona, pp. 993 e ss..

460 *Das Relações da Igreja com o Estado*

Como algumas vezes se vem referindo, estava-se em 7 de Maio de 1940, quando a Concordata foi assinada. *«Em nome da Santíssima Trindade»*, o Papa Pio XII e o general António Óscar Fragoso Carmona, Presidente da República Portuguesa, celebraram a *"Concordata entre a Santa Sé e Portugal"*. Na mesma data assinava-se o Acordo Missionário. Pela Concordata, como disse Cerejeira, reintegrava-se *"Portugal nas fontes da sua vida espiritual"*; pelo Acordo consagrava-se *"a sua vocação missionária. De ambos os modos é a Nação que interiormente se restaura"*.

Procurava-se, com ela, *"(...) regular por mútuo acordo e de modo estável a situação jurídica da Igreja Católica em Portugal, para a paz e maior bem da Igreja e do Estado."*; com o Acordo Missionário pretendia-se *"(...) regular mais completamente as relações entre a Igreja e o Estado no que diz respeito à vida religiosa no Ultramar português, permanecendo firme tudo quanto tem sido precedentemente convencionado a respeito do Padroado do Oriente."*[858]

Vigentes até hoje, ambos os documentos, Concordata e Acordo Missionário, subsistiram a tudo. A cessação, nos anos de 1974 e 75, dos poderes de soberania sobre o Ultramar fez caducar o Acordo Missionário, mas não levou à sua revogação.

Ambos os documentos representaram, na época, uma dupla 'vitória' para Portugal, sobretudo na questão do Padroado Português.[859] Confrontada

---

[858] Como anteriormente referimos, encontravam-se empenhados a fundo no texto que regulava, afinal, no plano interno, as relações entre o que é do Homem e o que é de Deus, o sr. Cardeal Cerejeira e o Presidente do Conselho Doutor António de Oliveira Salazar. Como plenipotenciário da Igreja, o Vaticano escolhera uma única figura, o Sr. Cardeal Luigi Maglione, enquanto, pela parte portuguesa, escolheram-se o sr. general Eduardo Augusto Marques, antigo ministro das Colónias; o sr. deputado e professor da Faculdade de Direito de Coimbra Doutor Mário de Figueiredo, antigo ministro da Justiça e dos Cultos e o sr. Doutor Vasco Francisco Caetano de Quevedo, como enviado extraordinário e ministro plenipotenciário junto da Santa Sé.

[859] A 'vitória' consistiu no facto das missões católicas, no Ultramar português, ficarem sujeitas à autoridade dos Bispos e não à *Propaganda Fide*, como comenta Franco Nogueira: "Retirava à *Propaganda Fide* o poder disciplinar sobre os missionários. Aquela era tradicional inimiga do Ultramar português; e tornados os bispos responsáveis pelos missionários, e sendo os prelados por sua vez nomeados com a concordância do governo português, ficava impossibilitado qualquer apostolado antiportuguês no Ultramar".

Veja-se Franco Nogueira, *Salazar, Ibidem*, pp. 117 e 118.

A *Propaganda Fide*, fundada em 1622, justamente para contrariar o excessivo controlo de Espanha e de Portugal sobre as actividades missionárias nos territórios incluídos no Padroado. A *Propaganda da Fé* é a Congregação que, na Santa Sé, dirige a acção evan-

Capítulo V – Das Revisões da Concordata de 1940   461

com o sistema jurídico actual, a própria Concordata parece hoje desajustada em apenas alguns pontos a que, em capítulo próprio, fizemos referência.[860]

Como anteriormente referimos, no ano de 1975, levou-se a cabo apenas uma modificação, verificando-se uma única excepção. Estava em causa a pretensão do divórcio por parte dos católicos, casados canonicamente, que, perante o texto concordatário, não era admitido.

A Revolução ocorrera há menos dum ano. Em Portugal, o Movimento Nacional pró-Divórcio ganhava dimensão. Pela Concordata, os católicos, casados canonicamente, não podiam obter, do Estado português, o divórcio. Colocados perante o preceituado no art. 24.°, os negociadores tinham duas vias de negociação.[861]

Uma, a de revogar a norma em questão, eliminando a restrição; a outra a de modificar o artigo em causa, num sentido equilibrado que salvaguardasse os princípios dogmáticos da Igreja, as necessidades práticas do povo católico e as regras fundamentais do Estado laico, supostas pelo ideário revolucionário de Abril. Foi esta a via adoptada.

O novo texto mostra-nos uma subtileza jurídica aliada à diplomática.[862] Se porventura fosse legítimo alimentar qualquer dúvida sobre o

---

gelizadora e missionária. O jesuíta francês Alexandre Rhodes (1591-1660), quando missionou no Oriente, a partir de Goa e Macau, aproveitou o não reconhecimento dos bispos portugueses por Roma, durante a nossa Guerra da Restauração (1640-1668), defendendo a substituição do Padroado por bispos directamente nomeados por Roma. Recrutou então missionários franceses com os quais a *Propaganda Fide* ocupou os territórios do Padroado Português do Oriente.

Esta orientação, contrária à situação historicamente privilegiada de Portugal, havia-se mantido, acentuando-se com as leis anticongregacionistas do Liberalismo e da República que haviam provocado a desorganização missionária no Ultramar.

Com efeito, o Presidente do Conselho, Doutor Oliveira Salazar, tinha a percepção da hostilidade de certos sectores do Vaticano para com os privilégios portugueses na questão do Padroado. Como se pode apreciar no seguinte texto epistolar: "(...) Verdade é que os jesuítas são Propaganda Fide e esta é anti-Padroado e anti-Portugal".

Veja-se ANTUNES, J. F., (1993), *Salazar. Caetano. Cartas Secretas 1932-1968,* Lisboa: Círculo de Leitores, p. 205.

[860] Veja-se, sobretudo, *A Súmula necessária,* nesta Dissertação.

[861] Na época, como atrás fizemos referência, a apresentação do projecto de revisão foi feita pela Procuradoria Geral da República. Era então procurador-geral da República, João de Deus Pinheiro Farinha, Primeiro Ministro, Vasco Gonçalves e Ministro da Justiça, o advogado Francisco Salgado Zenha.

[862] Embora não se tenha referido em espaço oportuno, o novo texto ou Protocolo Adicional foi assinado pelo então Ministro da Justiça de Portugal, Francisco Salgado Zenha e, pela Santa Sé, Giovanni Cardinali Villot.

462 *Das Relações da Igreja com o Estado*

assunto, três artigos de opinião, vindos a público, pela Agência Ecclesia, no primeiro trimestre do ano 2000, a propósito dos termos duma próxima revisão da Concordata, bastariam para dissipar qualquer incerteza.[863] Entre os três autores dos artigos: um representante do alto clero, outro jurisconsulto e um mestre do ensino católico, estabelece-se um consenso e uma complementaridade notáveis.

O arcebispo Primaz Emérito de Braga, D. Eurico Dias Nogueira, escreve que *"Uma concordata é o meio normal e mais adequado para definir o relacionamento de um Estado com a Igreja Católica"*, aproveitando para acrescentar, o que atrás também transcrevemos, ou seja uma passagem do Protocolo Adicional *"Mantêm-se em vigor os outros artigos da Concordata de 7 de Maio de 1940."* ao mesmo tempo conclui que uma próxima revisão do diploma apenas deve considerar alterações tidas como *"necessárias ou convenientes"*.

Relembra, o Arcebispo, que o Acordo de 1940 teve como objectivo por fim a uma profunda crise, de trinta anos, criada pela separação republicana entre o Estado e a Igreja. "Acintosa", assim classifica, D. Eurico, a lei de 1911, a qual, até hoje, a hierarquia católica, não conseguiu revogar.

Por sua vez, o jurisconsulto Prof. Jorge Miranda, de formação confessional, que nos serviu de amparo nas fontes mais importantes, começa pelo fim dizendo que *"Uma leitura atenta da Concordata de 1940 mostra que a quase totalidade das suas normas (...) não contradizem os princípios de liberdade e igualdade da Constituição de 1976"*.

De seguida enumera, de forma sucinta, os preceitos do articulado concordatário, admitindo que em 22 dos artigos concordatários apenas se procurou integrar a Concordata na ordem constitucional vigente na altura da sua celebração. Considera ainda que são muito poucos os artigos que podem ser considerados inconstitucionais, terminando por considerar que *"(...) a Concordata representou no período imediato subsequente a 1974, marcado por instabilidade, um importantíssimo factor de enquadramento*

---

[863] Referimo-nos a três artigos de opinião assinados pelo Arcebispo Primaz Emérito de Braga, D. Eurico Dias Nogueira,, pelo Constitucionalista Prof. Jorge Miranda e pelo Director da Faculdade de Teologia da Universidade Católica, Prof. Manuel Saturnino Gomes.

Estes artigos vieram a público pelo Secretariado Nacional das Comunicações Sociais, órgão da Conferência Episcopal.

Capítulo V – Das Revisões da Concordata de 1940 463

e de segurança jurídica", ao que acrescenta ser de desejar *"(...) sem dramatismo nem precipitação, mas com serenidade e em tempo útil, uma nova Concordata possa ser estabelecida"*.[864]

No referido artigo de opinião, Jorge Miranda assevera que as normas do Acordo Missionário *"são historicamente situadas, com que se pretende preservar não tanto interesses da Igreja quanto interesses do Estado Português"*, afirmação que pode conduzir a interpretações erróneas.

Por sua vez, o Prof. Manuel Saturnilino Gomes aborda a questão de modo diferente. Começa por afrontar os críticos da Concordata, elogiando as posições políticas adoptadas pelo governo de então, classificando de *anti-religiosas* as leis de separação da I República. Marca a sua posição ora afirmando que *"O capítulo dos benefícios fiscais não é intocável: somos o mais abertos possível"*, ora questionando sobre possíveis alterações como *"(...) Manter a situação actual? (...) Isenção unicamente às dioceses e institutos de vida consagrada? (...) Porque não prever a criação de um Instituto ou de um Fundo, para onde revertesse anualmente uma soma atribuída pelo Estado à Igreja?"*

E acrescenta, numa tentativa de modernidade e analogia com as práticas presentes noutros países, uma nova fórmula ou modelo ligado à *"(...) Possibilidade dos fiéis destinarem uma percentagem dos seus impostos em benefício da Igreja?"*.

Concordarão que entre os três artigos assiste-se, não apenas a consenso, como à complementaridade.

Da primeira revisão poderá dizer-se que operou o bom senso. De facto, dado o radicalismo que então se vivia, cresciam as vozes que, à sombra do problema do divórcio dos católicos casados canonicamente, clamavam, afinal, por pôr em causa toda a Concordata.

Rever e alterar um só artigo, o 24.º, ainda que sob um ponto sensível, foi a alternativa realista a perder todo o articulado. Salvou-se o regime concordatário vigente de modo a contribuir *"(...) para a paz e o maior bem da Igreja e do Estado"*.

A Igreja havia tido numerosas lições ao longo da História. Esta foi apenas mais uma. Ela sabe que, a partir do momento em que se adquira

---

[864] Veja-se a abordagem que elaboramos a este propósito e respectivos fundamentos.

464 *Das Relações da Igreja com o Estado*

que a revisão da Concordata é possível, tudo pode acontecer. Como ouvimos dum elemento do pensamento católico mais ortodoxo: *"É preciso não esquecer que cada cabeça cada sentença e, de certo, cada ministro tem seguramente em relação a ela um caderno reivindicativo a apresentar".*

Veja-se, objectivando, se não será verdade. O ministro da Cultura terá reivindicações a apresentar face ao património cultural que integra os bens eclesiásticos; enquanto, o da Educação apresentá-las-á por razão do ensino da religião e moral nas escolas e não só; o das Finanças, tê-las-á a fazer por causa dos benefícios fiscais da Igreja; não esquecendo o da Segurança Social, por via das instituições de solidariedade social religiosas.

Contudo, o que mais preocupará a Igreja será a questão dos *'privilégios'*. Alguns grupos políticos, não obstante as razões 'políticas' que os inspiram, propõem a revisão da Concordata apontando para a isenção fiscal de que beneficia a Igreja Católica.

A Concordata é inegavelmente clara relativamente a este ponto. Com efeito, a Santa Sé beneficia de isenções fiscais. Porém, há que ter presente que este facto só ocorre, ou seja, há isenção de impostos, naquilo que está relacionado com um serviço estritamente religioso. Goza de isenção de impostos apenas no que se relaciona directamente com o exercício do ministério sagrado, à sua preparação e à actividade espiritual nele envolvido.

Pelo artigo 8.º da Concordata diz-se que

> *"São isentos de qualquer imposto ou contribuição, geral ou local, os templos e objectos nele contidos, os seminários ou quaisquer estabelecimentos destinados à formação do clero, e bem assim os editais e avisos afixados à porta das igrejas, relativos ao ministério sagrado, de igual isenção gozam os eclesiásticos pelo exercício do seu múnus espiritual. Os bens e entidades eclesiásticos, não compreendidos na alínea precedente, não poderão ser onerados com impostos ou contribuições especiais".*

No ano a seguir à entrada em vigor da Concordata, surgiu um novo diploma, que foi anexado àquele normativo. Este diploma veio detalhar no sentido das isenções apresentadas na Concordata, agora aplicando-as aos bens da Igreja nas colónias portuguesas e nos territórios das missões bem como a todos os actos estritamente religiosos dos membros do clero nos referidos locais. Contudo, tal diploma comporta em si uma novidade: a criação da isenção do imposto sucessório. Todas as dioceses, circunscrições missionárias, institutos religiosos e demais entidades eclesiásticas,

Capítulo V – Das Revisões da Concordata de 1940   465

quer na metrópole e ilhas adjacentes, quer nas colónias, estarão isentas de pagar imposto sobre os bens herdados ou doados.

Assim se manteve a situação até 1990, data da entrada em vigor do Código do Imposto sobre o Valor Acrescentado, melhor designado por Código do IVA. Sem colidir com o disposto na Concordata, este Código veio criar para a Administração Fiscal a obrigatoriedade de reembolso do IVA, porém com limites quantitativos, ou seja, as aquisições não poderiam exceder determinado montante.[865] Este Código passou também a ser aplicado a instituições da Igreja Católica por aquisição ou importação de bens destinados exclusivamente ao culto religioso e bens destinados à construção, manutenção ou conservação de espaços da Igreja já destinados ao culto.

Nos dias de hoje, relativamente ao IVA, são ainda aqueles princípios que assistem à situação fiscal da Igreja Católica. As dioceses, com suas paróquias e demais instituições da Igreja podem reclamar o reembolso do IVA pago. Contudo, apenas para a aquisição de bens destinados à prática do culto.

Excluídos deste regime se encontram todos os bens ao serviço de cada igreja desde que não estejam directamente afectos ao serviço do culto ou religioso.[866] No respeitante ao imposto sobre o rendimento das pessoas singulares, dito IRS, os sacerdotes da Igreja Católica estão a ele sujeitos quando não exercem serviço exclusivamente religioso-espiritual.[867]

---

[865] Este montante era, na época, de quinhentos mil escudos, montante a partir do qual havia reembolso.

[866] De acordo com nota emitida pela C.T.O.C. (Câmara dos Técnicos Oficiais de Contas) "O regime especificamente aplicável aos eclesiásticos católicos decorre de fonte internacional e da sua inerente primazia face à legislação ordinária interna, não consubstanciando qualquer discriminação relativamente à religião protestante, o que seria aliás contrário aos princípios constitucionais vigentes, pois se esta não beneficia de igual isenção, deve-se ao simples facto de no âmbito da religião protestante não haver sido celebrada convenção no sentido de isentar os seus membros". O que não deve acontecer é retirarem-se privilégios instituídos a uma causa justa. E quando é injustiça a causa do imposto tudo pode acontecer, como diz o Prof. Soares Martinez «Através dos impostos têm-se acrescentado algumas páginas à 'arte de furtar'.»

[867] No caso dum sacerdote, ao serviço da docência leccionar a disciplina de Educação Moral e Religiosa Católica, porque considerada uma actividade de cariz religioso, está isento de pagar IRS. Diga-se, no entanto, que se trata dum privilégio, a que muitos sacerdotes renunciam. Não se deve ignorar que este privilégio abrange todos os docentes de E.M.R. de outras confissões. No caso de leccionarem outra qualquer disciplina, os sacerdotes estão sujeitos ao pagamento do referido imposto.

466 *Das Relações da Igreja com o Estado*

O critério é, por conseguinte, o mesmo relativamente aos restantes impostos.[868]

No século XX, sobretudo na época da euforia socializante, o Estado assumiu-se providencial. Convenhamos que tratou de tudo, muito embora não em termos satisfatórios.[869]

A Igreja só se encontra isenta quando os bens de que dispõe e a actividade que desenvolve dizem respeito à sua missão espiritual.[870] É este

---

[868] Desde a Idade Média que os canonistas sempre fizeram depender a legitimidade e a validade dos impostos, da justiça da causa respectiva. A causa justa do imposto assentava na utilidade comum da sua cobrança. Não obstante as interpretações rígidas das passagens dos Evangelhos respeitantes ao «dinheiro de César», segundo São Mateus, Jesus duvidou da legitimidade do tributo, aconselhando ao seu pagamento apenas para evitar o escândalo. Francisco Suárez (jesuíta espanhol do século XVI, autor de *Defesa da Fé*), mestre de Coimbra e Salamanca, reflectindo o entendimento generalizado, reconheceu o direito de resistência contra a tributação injusta, aconselhando, no entanto, que a resistência ao mesmo decorresse sem escândalo.

Sem pretendermos que a exposição, sobre esta matéria, seja exaustiva, não abdicaremos da oportunidade de apontar algumas circunstâncias que tornam os impostos injustos, por desprovida de causa. Este é o caso presente, mas que também se aplica a outros.

Em primeiro lugar, deverá assinalar-se que a carga fiscal tem sido normalmente estabelecida na base duma suposta capacidade do contribuinte para pagar os impostos. E é em função dessa que se define o montante das despesas do Estado (acrescente-se que muitas delas criadas de forma arbitrária para satisfazer interesses sectoriais que não nos convém explicitar). Este parece-nos ser o primeiro vício, diga-se, aliás, basilar, pelo que diz respeito à justiça/injustiça, da estrutura dos impostos e administração financeira.

Os impostos justificam-se apenas pela determinação prévia das despesas do Estado indispensáveis para a concretização do bem comum e que não possam ser financiadas por outras fontes.

Outro vício de que resulta a injustiça da tributação reside na dependência das ambições do Estado, característico do século XX, que quer providenciar sobre tudo e todos, substituindo-se aos particulares em domínios nos quais as responsabilidades podem ser por eles assumidas. Tais tendências vieram desde os tempos em que o Estado se apropriou dos bens da Igreja e das instituições eclesiásticas. Aqueles bens serviram de suporte ao financiamento das escolas, dos hospitais, dos asilos. A sua expropriação lançou os mais pobres e desvalidos para situações de acentuada penúria, na generalidade dos países europeus. Perante tais situações, o Estado, gradualmente assumiu as tarefas de assistência e do ensino que até então não lhe cabiam.

[869] Veja-se nota anterior.

[870] Grave, porém, foi tê-lo feito descurando as suas funções tradicionais, de defesa das fronteiras, de garante da paz civil e de definição do que é justo e injusto face às nor-

Capítulo V – Das Revisões da Concordata de 1940 467

o caso do imposto sobre o rendimento das pessoas colectivas, designado comummente por IRC, bem como o Sisa e o imposto sobre sucessões e doações.[871]

A Igreja apenas se encontra isenta deste imposto relativamente a bens móveis ou imóveis que adquira ou receba, ou a rendimentos que advenham da fruição desses bens se e quando os mesmos estejam exclusiva e totalmente afectos ao serviço da actividade espiritual.

Neste domínio do 'económico' um certo conflito entre a Igreja e o Estado português surgiu quando, em 1985, foi aprovada a lei do Património Cultural (Decreto-Lei 13/85, de 6 de Julho), surgindo o Instituto Português do Património (IPPC). Meses mais tarde, os bispos portugueses emitiram uma nota pastoral pedindo a revogação do diploma, considerando que o mesmo violava a Concordata.[872]

A lei de 1985 foi entretanto revogada, sendo substituída pela nova lei do património (Lei 107/2001). Por ela o Estado reconhece que a Igreja é detentora duma notável parte dos bens que integram o património cultural português, ao que acrescenta, quase recalcando uma nota pastoral dos bispos portugueses emitida em 1990: *"O Estado respeita, como modo de fruição cultural, o uso litúrgico, devocional, catequético e educativo dos bens culturais afectos a finalidades de utilização religiosa"*.

---

mas de direito aplicáveis. Aí reside a maior gravidade da crise do Estado a que não é, de todo, alheia a injustiça do imposto.

As legislações libertadoras, dominadas por falsos princípios igualitários, costumam orientar-se no sentido de mais agravar o peso dos impostos. O imperador Caracala, em Roma, já assim agiu, querendo aumentar as receitas públicas, decidiu conceder a igualdade a todos os habitantes do Império. Também o nosso primeiro monarca permitiu a permanência de judeus e árabes, em Lisboa, porque deles advinha impostos. Contudo, o agravamento do peso dos impostas, não raras vezes, mais não consegue do que fazer perder o incentivo do lucro ou contribui para que uns se defendam dos esbulhos por meio de fraudes fiscais. O novo catecismo da Igreja Católica manifesta-se também neste sentido, mas abstemo-nos de tecer considerações.

[871] O povo tinha consciência de que as taxas dos impostos não costumavam exceder os dez por cento, estando essa percentagem enraizada de tal modo em Portugal, que os camponeses continuam a falar das décimas, com o significado de impostos. Também, no passado, ainda recente, os rendimentos do trabalho não eram tributados nem as heranças, aliás, foi a legislação de 1911 que, em Portugal, fez aplicar o imposto sucessório, que acabou de ser abolido, para casos específicos, neste ano de 2003.

[872] Por ela, os Bispos deram a entender que o Estado colocava todo o património sob a sua dependência, mas como a mesma lei nunca chegou a ser regulamentada foi como se não existisse.

468 *Das Relações da Igreja com o Estado*

Como conclusão poderá daqui inferir-se que a Igreja Católica goza de benefícios fiscais na modalidade de isenção numa única condição: se e quando o bem ou actividade desempenhada, sobre o qual recai cada imposto, se destina exclusivamente à prática religiosa ou espiritual.

Quer se trate de *privilégios* ou da contrapartida pela prestação de serviços que a Igreja presta à comunidade, a questão não muda de cariz por esta causa. De facto, existem vantagens que são usufruídas pela Igreja que não são alargadas às demais confissões religiosas.

Terá sido por isso que se desenhou, mais uma vez, a ideia de *Liberdade Religiosa*. Dum momento para o outro, no ano de 2000, parece ter surgido, no seio dos partidos políticos portugueses, uma 'mística de laicismo'. O argumento principal é o laicismo do Estado. Este não deve ser confessional, mas é democrático constitucionalmente.[873]

Sendo a Democracia a expressão livre do povo soberano, desde a sua diversidade e liberdade pessoal e institucional, passando pela identidade que a História concretizou, há que ter em conta que a Nação não está ao serviço do Estado, mas antes este ao serviço daquela como sua organização político-administrativa.

Ao Estado cumpre traduzir, no seu ordenamento político-jurídico, a democracia existente no quotidiano social, exigida pelo Povo. Sendo certo que o Estado português não é confessional, a Nação também não é laica.

Primeiro, porque este país, por conhecer os diferentes regimes políticos, nasceu e consolidou-se com base em três instituições: a Igreja Católica, as Forças Armadas e a Universidade. Não poderá nunca ser ignorado o facto da Igreja Católica ser intrínseca ao ser da Nação portuguesa. Na História e ainda hoje, mesmo com as outras legítimas confissões religiosas e com o número de não praticantes. Pode mesmo afirmar-se que a cultura cristã, não ignorando as duas outras do Livro, é indissociável da cultura portuguesa. A quantidade e qualidade das actividades desenvolvidas

---

[873] Conforme artigos 1.º e 2.º da Constituição da República Portuguesa. No 1.º afirma-se: "Portugal é uma República soberana, baseada na dignidade da pessoa humana e na vontade popular e empenhada na construção de uma sociedade livre, justa e solidária". Enquanto, no artigo 2.º, se diz que "A República Portuguesa é um Estado de direito democrático, baseado na soberania popular, no pluralismo de expressão e organização política democráticas no respeito e na garantia de efectivação dos direitos e liberdades fundamentais (...)". Por sua vez, o artigo 16.º da Constituição, no ponto 1, preconiza que: "Os direitos fundamentais consagrados na Constituição não excluem quaisquer outros constantes das leis e das regras aplicáveis de direito internacional".

Capítulo V – Das Revisões da Concordata de 1940　　469

pela Igreja, concretamente nos domínios da Educação, Cultura, Património, Solidariedade Social e Saúde, com comprovados custos *per capita* inferiores aos que as estruturas estatais similares custam ao contribuinte português.

É de tal modo importante e relevante que só por absurdo se poderá remeter a Igreja Católica para a situação de mera associação privada de utilidade pública.[874] O Mundo era um, ficou outro neste virar de século e de milénio.

3.2. *As justificações*

Aceitemos que onde era o Estado-Nação, soberano e com fronteiras, é hoje um Mundo tendencialmente globalizado. O amanhã ficou agora. O desconhecido foi revelado e o cidadão tende a ser de novo, e apenas, indivíduo. As instituições e os modelos que eram sustentáculos, ou deixaram de o ser ou tornaram-se, aos olhos de muitos obsoletas.

Portugal precisa de estabilidade social e não de procurar criar mais uma 'questão religiosa', mesmo porque as outras confissões religiosas não terão nada a ganhar com isso.[875] Por mais ecuménicos que se pretenda ser não terá cabimento colocar a Igreja Católica em pé de igualdade com as demais confissões religiosas.

De facto, existem vantagens que são usufruídas pela Igreja que não são comuns a outras confissões religiosas. Contudo, não será retirando

---

[874] De tudo isto se poderá inferir que é necessário que a organização político-jurídica e administrativa do Estado reflicta sobre todas essas evidências, antes da sua classe política enveredar por caminhos menos propícios. Sobre o património da Igreja em Portugal e o enquadramento das Confissões Religiosas na Constituição da República Portuguesa, veja-se, respectivamente: SILVA, V. P. da, "O Património Cultural da Igreja", *in Direito ao património Cultural / Instituto Nacional de Administração,* Lisboa, 1996, pp. 475-497; CARVALHO, Jordão, "As confissões religiosas e a Constituição", *in: Scientia Jurídica* – T. 45 n.º 259-261, Jan.-Junho, pp. 39-72.

[875] Será de inquirir se o Estado português consegue substituir a Igreja Católica em todas as suas múltiplas actividades, para além das religiosas, nos domínios da Assistência Social, Ensino e Educação, Saúde, entre outros. Será também caso para perguntar se o mesmo Estado pretenderá ressarci-la do muito que lhe foi esbulhado e que se encontra, por exemplo, em muitos museus e bibliotecas do mesmo. Ninguém, em sã consciência, poderá esquecer o papel, com falhas é certo, muitas delas com pedidos de perdão pelo actual Papa, da Igreja na formação de culturas e civilizações. A criação de Escolas, a manutenção e tradução de livros clássicos e documentos serão alguns bons exemplos.

470   *Das Relações da Igreja com o Estado*

a uma que se soluciona o problema. Caberá ao Estado, isso sim, reconhecer, às demais confissões, os seus legítimos direitos. Em causa está rever o regime sobre a matéria decorrente, não da Concordata, mas sim da Lei n.° 4/71, que no parecer do ministro da Justiça,[876] *"não pretendeu estabelecer à partida uma efectiva igualdade de direitos"*, pelo que nela se encontram *"numerosas lacunas de regulamentação, quando não são regras de todo inaceitáveis, no que respeita a confissões não cristãs, que se traduzem, na prática, em discriminações, que têm sido objecto de frequentes denúncias públicas e de queixas perante órgãos de soberania"*.[877]

Por conseguinte, em causa estava todo um conjunto de questões, que sendo, até certo ponto, de igualdade de oportunidades de todas as confissões religiosas, é também, num outro ângulo, de definição da laicidade do Estado e da sua natureza *não confessional*. Deste modo, uma vez mais, tudo passa pela Concordata. A primeira questão que se coloca é que a Concordata não pode ser alterada por legislação interna, por conseguinte unilateralmente, mesmo porque revê-la é rever a Constituição.[878]

Da forma como se discute actualmente o problema parece configurar-se com uma bizantinice jurídica consistente em saber se iria primeiro avançar a revisão da lei sobre a liberdade religiosa ou primeiro a revisão da Concordata.

Por um lado, existe o entendimento de que a Concordata, sendo um Tratado, tem mais força que uma lei da Assembleia da República e, por-

---

[876] Coube a José Vera Jardim, enquanto ministro da Justiça, promover a revisão do regime jurídico da «liberdade religiosa» que fora definido em 1971. Em 24 de Abril de 1996, o referido ministro nomeou uma Comissão de Reforma da Lei de Liberdade Religiosa, comissão essa que foi presidida pelo Dr. José de Sousa Brito, conselheiro do Tribunal Constitucional e pelos juristas Drs. Luís Miguel de Oliveira Fontes e José Meirim da Silva. Esta Comissão foi incumbida de, em seis meses, elaborar um articulado de diploma legal. O resultado do labor da referida comissão deu lugar a uma proposta de lei que esteve em debate na Assembleia da República no mês de Março do ano 2000. Veja-se, em anexo, o respectivo boletim informativo do plenário.

[877] Aquando da nomeação da Comissão. O articulado do diploma foi levado, em 1998, ao Parlamento, mas a iniciativa legislativa acabou por ficar 'congelada', sendo reposta apenas no ano de 2000. A sua reaparição abriria o foco da discussão. O Projecto de Resolução n.° 41/VII, levado pelo Partido Socialista à Assembleia da República, pronuncia-se pela abertura e realização do processo de revisão da Concordata.

[878] Veja-se, a propósito, o articulado do art. 30.° "Se vier a surgir qualquer dúvida na interpretação desta Concordata, a Santa Sé e o Governo Português procurarão de comum acordo uma solução amigável".

Capítulo V – Das Revisões da Concordata de 1940

tanto, uma posterior revisão desse Tratado poria em causa uma lei de liberdade religiosa entretanto aprovada.

Por outro lado, admite-se que é preferível correr esse 'risco', mas ter uma nova lei de liberdade religiosa aprovada antes de partir para a negociação da Concordata. Ou seja, entende-se que essa lei poderá estabelecer os parâmetros da negociação entre o Estado Português e a Santa Sé.

Um assunto considerado muito delicado na abordagem aos "privilégios" de que a Igreja Católica tem usufruído, é a matéria fiscal. O projecto do deputado socialista Vera Jardim sublinha que há "benefícios de que gozam certas pessoas e organizações da Igreja Católica que se consideram ser insustentáveis manter no futuro".

Digamos que, em concreto, o que está em causa é a isenção de IRS para os eclesiásticos, a isenção de IVA concedida às organizações da Igreja e *"isenções de impostos relativamente a actos ou actividades com fins imediatos não religiosos"*.

Ao invés dessas isenções o referido projecto propõe a consignação de 0,5% do IRS à opção dos contribuintes, os quais passariam a indicar na sua declaração de rendimentos a confissão religiosa que beneficiaria do valor desse contributo.

São apontadas, como exemplos, as soluções adoptadas em países como a Espanha e a Itália. No caso de Espanha a solução adoptada corresponde a 0,5239% do IRS, enquanto em Itália a fasquia é mais elevada, correspondendo a 0,8.

Contudo, em Portugal considera-se que *"os cálculos feitos apontam para que uma percentagem de 0,5% seja suficiente para compensar a perda, não só da isenção do IVA, como de outros benefícios"*.

Um outro ponto que gera divergências não apenas no meio político como nos meios religiosos, é a definição de quais as confissões religiosas que podem usufruir de apoios do Estado. O citado projecto estabelece, como condição para a obtenção de apoios, a exigência de trinta anos de actividade organizada em Portugal. No entanto, aceita menos anos de actividade, ou seja, abre uma excepção, nos casos em que a comunidade religiosa tenha sido fundada há mais de sessenta anos.

Continuam problemáticas as questões relacionadas com o Estado continuar a subsidiar o ensino de religião nas escolas públicas, mesmo que apenas em regime opcional, como também o protocolo e cerimonial do Estado. Alguns deputados, sobretudo do Bloco de Esquerda, consideram, no seu projecto de lei sobre Liberdade Religiosa, também ele apresentado a plenário da Assembleia da República, ser

472   *Das Relações da Igreja com o Estado*

"(...) *inadmissível que continue, nos dias de hoje, a introdução de actos ou símbolos religiosos nas cerimónias de Estado, nos estabelecimentos públicos ou na normal programação dos órgãos de informação públicos*".

Assim, e porque a vontade política de rever a Concordata era fraca, a opção foi avançar primeiro com a revisão da Lei sobre a Liberdade Religiosa.[879] Muito embora, desde 1981, as Nações Unidas terem aprovado a Declaração sobre a Eliminação de todas as formas de Intolerância e de Discriminação baseadas na religião ou nas convicções religiosas e a grande maioria das Constituições em vigor terem consagrado a liberdade religiosa, falta ainda atingir o desígnio duma efectiva igualdade e liberdade religiosa como um direito humano. No seio da Igreja Católica poucas são as vozes que clamam pela revisão da Concordata.[880]

Sendo certo, porém, que primeiramente estavam em causa os problemas da não discriminação das várias confissões religiosas. Aparentemente tudo é possível mesmo sem a revisão da Concordata.Contudo, atentos às

---

[879] Referimo-nos concretamente à posição do Primeiro Ministro António Guterres (reportamo-nos a declarações proferidas na Televisão, na primeira semana de Fevereiro de 2000) que, embora admita a revisão da Concordata, considera que esta apenas deverá ocorrer "no momento oportuno, sem qualquer dramatismo e no quadro do bom relacionamento entre o Estado português e a Igreja Católica". Tomando a parte pelo todo, poderá, *a priori*, ser-se levado a ver, nesta declaração do Primeiro Ministro, um sinal de abertura à revisão da Concordata, no entanto, jesuítica no estilo e na intenção, esta asserção visa dois objectivos políticos: um primeiro, porque comprimido neste contexto – socialista e católico convicto, publicamente comprometido com as exigências da fé católica – pretende sossegar os ânimos jacobinos do seu Partido, sendo certo que a Maçonaria, tem no seu seio muitos que pretendem, mais que a revisão, antes a denúncia da Concordata; um segundo objectivo visa sossegar a Igreja, reiterando as noções do *'bom relacionamento'* e do *'momento oportuno'*, bem como o povo, referindo concretamente que ela será oportunamente levada a cabo *'sem dramatismo'*.

[880] De entre estas vozes lembramos D. Eurico Nogueira que, numa entrevista dada a um semanário, no dia 23 de Fevereiro de 1999, inquirido sobre se havia lido o projecto de diploma que revê as relações do Estado com as confissões religiosas, terá afirmado que o ia acompanhando, mas que não queria pronunciar-se acrescentando que "Estou mais interessado neste momento em olhar para as disposições da Concordata e ver em que medida as disposições desta são de manter ou devem ser alteradas ou actualizadas. Há disposições que deixaram de ter interesse, como são as que dizem respeito às missões e o problema do matrimónio que está solucionado em protocolo adicional. Mas gostaria de ver mais esclarecida a questão das isenções fiscais, porque se tem prestado a interpretações contraditórias".
Contudo, outros membros da Igreja Católica, em Portugal, encontram-se distantes desta 'abertura', tal é o caso do Sr. Padre João Seabra que considerou ser a revisão da Concordata de 7 de Maio de 1940 como algo juridicamente inútil e politicamente incorrecta.

Capítulo V – Das Revisões da Concordata de 1940   473

disposições concordatárias, o que delas se infere são normas de precedência da Igreja Católica sobre outras organizações similares, dado ser a religião católica aquela que é a "tradicional do País".

Determinadas normas, a subsistirem, são de facto impeditivas duma legislação sobre «liberdade religiosa» ou sobre a igualdade das religiões consideradas dignas de tal nome, como o diz o legislador do projecto de lei sobre essa matéria. E fá-lo de tal forma pertinente que forçará a Igreja a aderir à própria noção de revisão, como se pode inferir das seguintes palavras: *"Embora na Itália e na Espanha se tenha optado por rever a Concordata, e só depois se tenha procedido à reforma legislativa, em Portugal a resposta só pode ser: por onde se pode, logo que se possa"*, o que significa uma certa reclamação face à Igreja Católica e a necessidade de apresentar uma justificação por se começar primeiro pela revisão da lei da liberdade religiosa antes de fazer a revisão da Concordata.

Legitimamente esta só poderá acontecer por acordo bilateral e continua peremptório *"Por isso, a proposta foi norteada pela preocupação evidente de as suas normas serem substancialmente aplicáveis à Igreja Católica, mesmo quando a sua aplicação imediata a esta é impossibilitada pela Concordata e pelo corpo de legislação complementar dela, até à sua desejável revisão"*.

Mas que artigos se propõe para revisão? Apenas aspectos formais relacionados com o fim do Império português? Ou outros relacionados com os 'privilégios' fiscais e com o património da Igreja?

Este será o nó górdio de toda esta problemática. Legislar sobre "liberdade religiosa" sem antes rever a Concordata, será mesmo excluir a Igreja Católica, sem a qual não há liberdade religiosa?

Não estamos tão certos disso, mesmo porque o fim último de todas as religiões é fazer seres humanos melhores e a maneira mais sensata de atingir o bem-comum será considerar a conciliação de todos os interesses. Tentaremos justificar tal posição e apresentar posições antagónicas.

Os Tratados Internacionais são estabelecidos por forma a garantir a paz numa sociedade, tanto mais isto é verdadeiro quando se sabe que o Mundo de hoje é cada vez mais interdependente e os comportamentos irresponsáveis são cada vez mais perigosos.

Mais do que razões políticas, pesa mais o modo jurídico de solucionar os conflitos. Os Tratados não podem ser muito específicos devendo ser gerais para manterem, de forma prolongada no tempo, a sua vigência.

474 *Das Relações da Igreja com o Estado*

A 3 de Dezembro de 1999 é publicado, no Diário da Assembleia da República, o Projecto Lei n.º 27/VIII. Nele se apresenta a *"Necessidade de reforma do direito das religiões em Portugal"*.[881]

Neste contexto é referido que:

> *"A reforma é necessária porque os dois diplomas jurídicos fundamentais sobre a matéria, de nível infraconstitucional, a Concordata de 7 de Maio de 1940 e a Lei n.º 4/71, de 21 de Agosto, por vezes designada de liberdade religiosa, concebidos no quadro constitucional de um regime de governo antidemocrático, articulam um entendimento da liberdade reli-*

---

[881] Convém recordar que o Concílio Vaticano II decorreu entre 1962-65 e que a Concordata foi revista, pela primeira vez, em 1975 e a Lei referida data de 1970. Embora a República laica tivesse interrompido as relações diplomáticas entre Portugal e a Santa Sé, entre 1910 e 1919, e consequentemente a separar a Igreja do Estado (Lei da Separação), a expulsar os Bispos das suas Dioceses, a confiscar os bens da Igreja, a proibir o uso do traje clerical, a perseguir e desterrar religiosos, o certo é que não conseguiu suprimir o fervor religioso do povo. Desta ofensiva oficial resultou uma atmosfera de sinal contrário. Surgiu uma resistência pacífica e um esforço de paciente reedificação e, deste modo, se reuniram as condições necessárias para uma nova expansão da Igreja que, pela posição estável se conseguiu afirmar e ver reconhecida pela sociedade portuguesa e responsáveis políticos. A Concordata não fez mais do que sancionar um facto consumado, dando-lhe a par do fundamento jurídico, a clareza política e de difusão da sua acção pedagógica. Acrescente-se que tiveram um papel determinante em todas as decisões e execuções certos meios de informação como a Rádio Renascença, as revistas *Lumen,* do Episcopado e a *Brotéria,* dos Jesuítas. É no decurso dos anos 40 e 50 que a Igreja em Portugal se afirma como sociedade e como instituição. No caso português, a Igreja aproximou-se do Estado pelo modelo de relações que existia no seu próprio seio, em parte explicado pela formação e relação de amizade entre o Presidente do Conselho de Ministros, Professor Oliveira Salazar e o Cardeal Patriarca de Lisboa, D. Manuel Gonçalves Cerejeira, desde o tempo em foram estudantes em Coimbra e membros da C.A.D.C..

No entanto, nem todos os sectores da Igreja se identificavam com este modelo. Veja-se o caso mais paradigmático – o do Bispo do Porto (1952-82), D. António Ferreira Gomes, tendo ficado célebre a sua *Carta a Salazar,* na qual defendia um maior respeito pelos direitos humanos, que lhe valeram o exílio. Outras vozes se ergueram, no seio da Igreja, em defesa dos mais pobres e contra a guerra colonial (1961-74), como foi o caso do chamado "Grupo da Capela do Rato", sem esquecermos as posturas críticas de vários Bispos e missionários do Ultramar perante diversos atropelos e injustiças.

Nos anos 60, a sólida estrutura eclesial começou a abrir brechas, aliás, a crise de valores atravessou toda a sociedade. A diversidade das ideias e interpretações do Concílio Vaticano II invadiu o campo da doutrina e da pastoral enfraqueceu a coesão da Igreja como instituição e tornou-a menos eficaz para se ocupar de tarefas socialmente importantes, seja elas educacionais ou de evangelização.

giosa e da separação entre o Estado e as religiões inconciliável quer com a Constituição quer com a doutrina católica firmada no Concílio Vaticano II, as quais são entre si coincidentes na matéria".

E muito embora se faça jus, no texto deste Projecto, ao que a Concordata representou como pacto de pacificação das relações entre a Igreja Católica e o Estado português, pacificação essa iniciada pelos Decretos n.° 3856, de 22 de Fevereiro de 1918 e n.° 11887, de 6 de Julho de 1926, é, no entanto, afirmado que algumas das suas inconstitucionalidades foram retiradas.[882]

Tal foi o caso da "obrigatoriedade, salvo pedido de dispensa, do ensino da religião católica, nas escolas públicas".[883] É dito que o mesmo é declarado inconstitucional nos termos do Acórdão do Tribunal Constitucional, n.° 423/87, que "(...) *não incidiu directamente sobre a norma concordatária, mas sobre a sua aplicação legislativa no artigo 2.°, n.° 1, do Decreto-Lei n.° 323/83, de 5 de Julho"*.

Ainda no mesmo texto é feita referência à inconstitucionalidade do artigo X, a que em tratamento anterior também mencionamos, a que acresce outras, *"(...) que resultavam da equiparação de princípio, estabelecida no artigo XI, dos eclesiásticos às autoridades públicas, quanto à protecção do Estado, foram tacitamente suprimidas, na medida em que não foram acolhidas no Código Penal."*[884] Contudo, continua sem acolhimento, o estipulado no artigo XVIII, mas sem se fazer referência, no entanto ao artigo XIV.

---

[882] De acordo com este texto tratava-se duma inconstitucionalidade o artigo XXIV da Concordata, revisto em 15 de Fevereiro de 1975, presente no Protocolo Adicional, mesmo que anterior à própria aprovação da Constituição de 1976.

[883] Veja-se que o artigo XXI diz concretamente que "O ensino ministrado pelo Estado nas escolas públicas será orientado pelos princípios da doutrina e moral cristãs tradicionais do País. Consequentemente ministrar-se-á o ensino da religião e moral católicas nas escolas públicas elementares, complementares e médias (e também nos asilos, orfanatos e estabelecimentos de educação de menores) aos alunos cujos pais, ou quem suas vezes fizer, não tiverem feito pedido de isenção". Ninguém ignora que mais de 90% dos cidadãos, como afirma Jorge Miranda, *ibidem,* continuam a declarar-se católicos, pelo que apenas a primeira parte do artigo poderia ser considerado como inconstitucional, dado Estado considerar-se laico, mas não os cidadãos.

[884] De acordo com os artigos 307.° e 358.° do C.P., estes não acolheram esta equiparação, o mesmo acontecendo em relação ao artigo XV da Concordata, quanto ao abuso de traje e à usurpação de funções.

476 *Das Relações da Igreja com o Estado*

Continua também a ser dado grande ênfase ao facto da pseudo equiparação dos eclesiásticos a funcionários públicos, que apenas pode ser tida por inferência, na medida em que aqueles estão isentos de imposto sobre o rendimento derivado do exercício da actividade docente apenas de 'munus espiritual'.

Diga-se, no entanto, que estas ilações não se podem retirar do conteúdo do artigo 8.º, como é afirmado, cuja isenção apenas se aplica aos *"(...) templos e objectos nele contidos, os seminários ou quaisquer estabelecimentos destinados à formação do clero, e bem assim os editais e avisos afixados à porta das igrejas, relativos ao ministério sagrado; de igual isenção gozam os eclesiásticos pelo exercício do seu munus espiritual"*, mas antes resultou da regalia atribuída e de algum tempo retirada aos funcionários públicos.

Digamos que o entendimento global deste texto do Projecto de Lei aponta para o facto de, na Concordata de 1940, não estar consagrado um autêntico princípio de separação entre o Estado e a Igreja, nos termos em que resulta da Constituição de 1976 e dos documentos do Concílio Vaticano II.

É antes o entendimento do *"jurisdicionalismo, como sistema em que tanto o Estado como a Igreja admitem a outra parte a intervir em matérias que lhes são essenciais (iura in sacra, atribuídos ao Estado com particularismos religiosos ou ideológicos, a favor da Igreja), e que o desenvolvimento constitucional das revisões de 1951 e 1971 vieram acentuar"*.

É de notar que o mesmo texto dá continuidade a uma série de prelecções sobre o corpo normativo concordatário servir de impedimento à *"(...) própria reestruturação jurídica da Igreja Católica, ou pelo menos, a sua transparência civil, como consequência do novo Código de Direito Canónico."*

E vai mais longe. Após fazer comparações com o que se passou em Itália e a Espanha,[885] afirma-se que *"(...) a Concordata Portuguesa tornou-se manifestamente anacrónica e geradora de anacronismos"*.

---

[885] Concretamente é referido que após a revogação da Concordata Lateranense de 1921 e a sua substituição pelo Acordo de 1984 na Itália e da revogação da Concordata Espanhola de 1953 e a sua substituição pelos Acordos de 1976 e 1979, a nossa Concordata tornou-se anacrónica.

Capítulo V – Das Revisões da Concordata de 1940 477

Aquando do Projecto de Lei n.º 66/VIII sobre Liberdade Religiosa e da Laicização do Estado, publicado no Diário da Assembleia da República, 31 de Janeiro de 2000, de novo se chama à colação os motivos anteriormente referidos. Sobretudo os referentes à urgência de clarificar

> *"(...) princípios legais que traduzam o normativo constitucional respeitante à laicidade do Estado, à liberdade religiosa e à igualdade de tratamento das igrejas e associações religiosas".*[886]

Como primeira necessidade ou necessidade 'central', como também é chamada, está a de

> *"(…) pôr termo à vigência da Concordata entre a Santa Sé e a República Portuguesa de 7 de Maio de 1940. Fulcro do tratamento político-religioso privilegiado da Igreja Católica, com discriminação clara e explícita das demais confissões religiosas – aliás mantida, senão reforçada, pela Lei n.º 4/71, aprovada no período marcelista – ela constitui o nó górdio da normalização democrática da questão religiosa em Portugal".*

A seguir é dada uma justificação desta assunção, com termos comparativos, referidos no seguinte excerto:

> *"(...) as concordatas de entre as guerras, ao menos nos países latinos, foram historicamente formas de a Santa Sé celebrar alianças políticas e ideológicas objectivas com os regimes fascistas e autoritários de Mussolini, Salazar e Franco, mediante as quais a Igreja Católica obtinha largos privilégios espirituais e materiais e ampla liberdade de acção, na metrópole e nas colónias, condicionada ao respeito e ao apoio ideológico à ordem estabelecida".*

Perante as posições assumidas podemos vir a ser considerados como liberais fora de moda, mas, em nosso entendimento, há que rever o passado, pois, não raras vezes, a complexidade do presente reclama essa análise.

Para visionar e prevenir o futuro, com todas as dificuldades que ele possa vir a oferecer-nos, nada melhor que rever o passado, com lealdade. Só nele deparamos com ensinamentos respeitantes a constantes das reações humanas que, naturalmente ou necessariamente, se hão-de repetir,

---

[886] Veja-se Diário da Assembleia da República, II Série-A – Número 16, de 31 de Janeiro de 2000, 289.

478 *Das Relações da Igreja com o Estado*

muito embora, como já o afirmamos, com as variações derivadas de plausíveis mutações e condicionalismos.

São muitos os 'pecados' assacados ao Estado Novo, sobretudo em termos de odienta irresponsabilidade e sem vislumbres de espírito objectivo ou de preocupação de justiça. Geralmente através de juízos plenos de expressões vagas, imprecisas ou até mesmo assentes em factos que carecem de demonstração.

Mas mesmo quando uma análise serena destrói semelhantes juízos, pela força da verdade, não pode concluir-se que durante quase meio século de política portuguesa, não tenha havido erros graves.

Não retiremos o texto do contexto histórico a fim de criarmos um pretexto. Vamos aos factos. Os políticos da I República, conscientes do atoleiro em que o país fora lançado, deixaram aos militares a incumbência de 'arrumarem' a casa, que depois voltariam a administrar já em melhores condições.

Possivelmente tudo assim teria acontecido não fosse a chefia da Revolução ter ido parar às mãos do oficial de Marinha Mendes Cabeçadas.

Com Gomes da Costa e depois Óscar Carmona e também pela acção de jovens militares revolucionários e numerosos intelectuais foi difícil conceber a Ditadura como um simples instrumento de 'limpeza' dos vícios da Administração, em benefício dos políticos profissionais.[887]

A Revolução de 28 de Maio de 1926 que originou a Ditadura e o Estado Novo, que lhe deu continuidade após a Constituição de 1933, foram sempre, ou quase sempre, bastante condicionados pelas continua-

---

[887] Tal era o caso de Afonso Costa, que se auto-exilou em Paris, do carbonário António Maria da Silva e do filo-soviético José Domingos dos Santos, entre tantos outros. Só que quando os elementos autodenominados 'democráticos', assistidos pelos revolucionários profissionais, pela 'formiga branca' e pelos carbonários se aperceberam que a Ditadura não seria apenas uma 'pausa', após a qual Portugal, inerme, seria entregue ao partidarismo e ao parlamentarismo, recorreram à violência.

A Ditadura preferia procurar novos rumos para o País, rumos para um adequado regime constitucional. A violência iniciou-se com os movimentos revolucionários que, começaram por distribuir armamento a civis, tal como tinha ocorrido em 1910, 1915, 1919 e 1921.

Desta feita estava-se no início do ano de 1927 e, embora com elevados custos de toda a ordem, o Governo dominou os insurrectos. Resultando um número elevado de mortos e feridos que mais não fez do que enraizar a Ditadura dada a forte reacção popular avessa às revoluções, às 'bernardas'.

Capítulo V – Das Revisões da Concordata de 1940

das, constantes e persistentes ameaças do 'Reviralho', mas também do 'Penetralho'.

Deste brevíssimo relato, que facilmente se poderia alargar, complementar e documentar, se outro fosse o domínio desta dissertação, se extrai a conclusão de que a Ditadura e o Estado Novo foram bastante condicionados na sua acção, sobretudo por ser maior a necessidade de defender os interesses nacionais do que restituir ao povo português liberdades que há muito lhe tinham sido negadas e que estavam na lógica do regime.

Foi prioritária a reorganização geral do País, particularmente a sua reconstrução financeira. A par dela colocaram-se outros grandes problemas que necessitavam de solução célere.

Foquemos, como primeiro deles, os decorrentes da Guerra Civil de Espanha (1936-39), em que esteve fundamentalmente em causa a comunização ou não do país e, por arrastamento, a de Portugal e do Ocidente em geral.

Nas palavras do General Kaúlza de Arriaga

"A posição de Salazar e dos Portugueses sobre o próprio conflito espanhol e, relativamente a ele, em âmbito internacional, contribuíram muito significativamente, mesmo quase decisivamente, para que a boa causa, a causa não comunista, vencesse em Espanha".[888]

Como continuação deste problema surgiram os referentes à Segunda Guerra Mundial (1939-45), em que o governo da República, apesar da invasão de Timor, primeiro pelos Australianos, depois pelos Japoneses, soube preservar os portugueses dos efeitos mais marcantes da guerra, mantendo-se a neutralidade do país e, consequentemente, da Espanha, essencial aos Aliados, bem como o apoio dado à Causa Aliada com a cedência de facilidades nos Açores, essenciais, para as comunicações marítimas e aéreas, no Atlântico Norte.[889]

Um outro problema que exigiu solução imediata, embora a mesma continue sendo contestada, pois, em todos os tempos surgem os 'críticos

---

[888] Veja-se ARRIAGA, K., (2001), *Novas Sínteses,* Lisboa: Prefácio, p. 14.

[889] Se a Espanha tivesse alinhado com as potências do Eixo, concretamente com a Alemanha de Hitler, "(...) teria tido projecção negativa de dimensão imprevisível no decurso e resultado da guerra". Foi a forma de não acontecer a nazificação da Espanha. *Ibidem,* pp. 14 e 15.

480 *Das Relações da Igreja com o Estado*

das coisas feitas',[890] relacionou-se com a expansão dos regimes democráticos pluralistas que advieram do fim da Segunda Grande Guerra.[891]

Situemo-nos na época.

A Ditadura estabelecida, em Portugal, após a Revolução de 1926, era, por natureza, autoritária, tendo o Estado Novo sido um regime de partido único, mantido o autoritarismo embora limitado pelo Direito e pela Moral cristã. Devido a tal facto, em determinados aspectos, distanciava-se do dos sistemas, em parte contemporâneos de Franco, Mussolini, Hitler e Estaline.

Foi, contudo, com o regime saído da Revolução do 28 de Maio de 1926 que se operou, nas relações Estado/Igreja, a profunda viragem desejada pela consciência católica da maioria do povo português.

O Estado Novo consciencializou-se que a 'questão religiosa' era uma das principais causas do desgaste e descrédito das instituições da I República, por isso se apressou em estabelecer um novo *modus vivendi* com a Igreja Católica.

Dado que as Democracias ocidentais saíram vencedoras da Guerra e muito embora o Mundo se tenha tornado Bipolar, por um lado com os E.U.A., com regime democrático e, por outro, com a U.R.S.S., de regime totalitário, o certo é que prevaleceram e se expandiram, no Ocidente, os regimes democráticos pluralistas.

Delas resultaram fortes pressões sobre Portugal, considerando-se necessário que, após mais de vinte anos de regime autoritário, havia chegado a hora de dar lugar a uma democracia.

---

[890] Cabe referir aqui o imprescindível reconhecimento para uma Cidadania plena, mas é dispensável a legião dos que, como refere o Professor Adriano Moreira, em *Tempo de Vésperas,* "(...) depois das decisões e dos efeitos, sugere a outra coisa. Nunca antes. Depois. (...) Demonstrando que devia ter sido por outra via, ou noutra ocasião, ou com tom diferente. (...) Para o futuro, esperam. De erro em erro, assim lhes parece o mundo depois de acontecido. A monarquia errada. A república errada. A ditadura errada. A democracia errada. A guerra errada. A paz errada.", p. 73.

[891] Mesmo entendendo que a democracia pluralista, como dizia Winston Churchill, *embora sendo um mau, talvez péssimo, sistema de governação dos povos, é o melhor que até agora,* a imaginação dos homens produziu e pôs em vigor. Mas como dizíamos há sempre os que "Descobrem que a outra coisa era a indicada. Para o passado. Para o futuro esperam. (...) Sempre o mau caminho, a decisão pior, a palavra imprópria, a obra dispensável. (...) Finalmente ali estão para julgar. Sobretudo para dizer o que os outros deveriam ter feito. E todavia as angústias da vida é com diferentes respostas que se aquietam. Dadas por homens simples, mas na altura. (...) Decidindo, entre mil caminhos, a seguir por um". Veja-se MOREIRA, A. *Ibidem,* p. 73

Capítulo V – Das Revisões da Concordata de 1940   481

De acordo com Kaúlza de Arriaga assim não aconteceu por

"(...) uma razão decisiva que impedia o estabelecimento (...) dessa democracia pluralista. É que a influência que, em semelhante democracia, poderia surgir e decerto surgiria da parte de movimentos esquerdistas, inclusivamente socialistas-democráticos e socialistas-comunistas, conduziria à impossibilidade de manter a integridade do Conjunto Português – Metrópole e Ultramar, (...)".[892]

Por outras palavras: ao instituir-se, essa democracia pluralista conduziria à perda do Ultramar, aliás, como acabou por acontecer. Iniciou-se então, e aqui se vê a necessidade da Concordata e do Acordo Missionário, a que anteriormente nesta dissertação fizemos referência, uma intensificação da paridade, harmonia e dignificação étnicas, com a coexistência de religiões e da conciliação de culturas tidas como proposições fulcro da *Solução Portuguesa*.

Tais proposições implicavam objectivos a prazo, inicialmente tendenciais para a plenitude de cidadanias, de equivalentes posições e oportunidades, de vigência de iguais direitos e deveres para todo o *Mundo Português*.[893]

---

[892] *Ibidem*, p. 15 e 16. Diga-se que foi travada uma árdua luta face às pressões externas e mesmo internas que foi atenuada, em 1949, pelo ingresso de Portugal na OTAN e em 1959, pela integração de Portugal na EFTA.

O regime português foi assim reconhecido pela Comunidade Internacional Civilizada. Contudo, era necessário proceder ao progresso económico, social e político não apenas do território português, na Europa, mas sobretudo no Ultramar, a fim de manter o conjunto unido.

Havia que encarar o Ultramar Português na plenitude da sua essência específica e única no Mundo. Como diz Kaúlza de Arriaga "É disso consequência o Acto Colonial de 1933, que, alinhando de algum modo com outros países europeus possuidores de territórios no Ultramar, estava imbuído de certo e anacrónico espírito de império." ARRIAGA, K., *Ibidem*, p. 16.

[893] De acordo com os objectivos desta *Política Ultramarina Portuguesa*, do Estado Novo, acreditava-se que seria viável, num prazo relativamente curto, repor anos de atraso e congeminar uma autodeterminação autênticas para os territórios ultramarinos portugueses, objectivando a seu tempo o *modus faciendi* dos vários arranjos políticos possíveis: unidade, federação, confederação, comunidade ao estilo anglo-saxónico, ou separação total.

Não de forma arbitrária, como veio a acontecer, mas antes com a consulta às populações residentes nos diversos espaços ultramarinos portugueses.

Foi com este fundamento e entendimento, mal compreendido por muitos, que o Estado Novo foi confrontado com a chamada guerra do Ultramar (1961-1974). Esta resultou de interesses estranhos que não nos cabe agora nem aqui esmiuçar, mas que teve muito a ver com o manter a todo o custo a integridade do Conjunto Português.

482   *Das Relações da Igreja com o Estado*

A Pátria Portuguesa de então era dotada duma estrutura pluricontinental e duma singular textura étnico-social, encontrando-se acima das ideologias políticas.

De novo em análise, nesse Projecto de Lei n.º 66/VIII, são apresentadas razões de cariz político, quer por parte da Igreja quer por parte de Estados. Revê-se uma certa atitude jacobina em determinadas passagens e justifica-se, de novo, a necessidade de pôr termo à Concordata por comparação, sendo dito que:

> *"(...) esses regimes desapareceram e, em Itália (1976) e em Espanha (1979), as concordatas que lhes estavam associadas também. Em Portugal, a despeito da quase total derrogação prática da Concordata e do Acordo Missionário, ela mantém-se. E, no entanto, o império levou-o à descolonização; o veto político à nomeação dos bispos caiu em desuso; o monopólio do ensino católico nas escolas foi, pelo menos, restringido; a indissolubilidade do casamento católico foi revogada durante a Revolução pelo Protocolo Adicional à Concordata de 1975".*

Colocam-se então algumas questões: Qual a causa de se ter mantido a Concordata, aquando da primeira revisão, levada a cabo em 1975 e a que o próprio texto acabado de transcrever se reporta?

Qual o motivo de tanta pressa em apenas rever e alterar um único artigo da Concordata, o XXIV, num período conturbado, dum passado recente?

Ficou registado, no mesmo texto do Projecto de Lei sobre a liberdade religiosa e da laicização do Estado, que *"(...) o que sobrou da Concordata – o escândalo das isenções fiscais à Igreja – não sustenta, nem moral nem politicamente, a permanência deste instrumento herdado de um passado pouco dignificante de colaboração da hierarquia católica com a ditadura".*

Reservando-nos embora para continuar a abordar o referido Projecto com maior desenvolvimento, esta análise ficaria truncada se não fizéssemos, pelo menos, um breve aceno à responsabilidade de como cristãos repormos a verdade, enquanto membros da sociedade civil.

Temos de ter presente que o Estado Novo, fundado em 1933, foi o herdeiro 'natural', pelas razões conhecidas e anteriormente mencionadas, duma ditadura imposta pelas Forças Armadas, em 28 de Maio de 1926. Foi

Capítulo V – Das Revisões da Concordata de 1940

sobretudo na trilogia *Deus, Pátria e Família* que assentou a edificação do mesmo.

Para tanto basta recordar que, em 1936, nas comemorações do 28 de Maio, levadas a cabo em Braga, Salazar sintetizou estes elementos como base do regime ao dizer:

> *"Não discutimos Deus e a virtude; não discutimos a Pátria e a sua História; não discutimos a autoridade e o seu prestígio; não discutimos a família e a sua moral; não discutimos a glória do trabalho e o seu dever".*[894]

Com o correr do tempo

> *"(...) encontrou-se, por responsabilidade de outros, indirecta ou directamente, sempre perante situações de guerra e pré-guerra ou equivalentes. Foram: a Guerra de espanha [sic] de 1936 a 1939; a II Grande Guerra de 1939 a 1945; os não poucos acontecimentos, ocorridos ainda na década de 40 e na década de 50, que faziam prever e obrigavam a prevenir agressões aos nossos Territórios Ultramarinos; os preliminares, no início de 1961, da nossa última Guerra Ultramarina; e esta última Guerra Ultramarina de 1961 a 1974".*[895]

Dado o clima de guerra torna-se impossível ter lugar a plena liberdade nem todas as liberdades, sendo necessário o estabelecimento de limitações. Repetindo Kaúlza de Arriaga dir-se-á que o *"Estado Novo teve, assim, de manter o autoritarismo indispensável".*

Ao que acrescenta: *"Mas, apesar de tudo isto, o autoritarismo que acabou por se estabilizar era, e muito bem, condicionado pelo Direito e pela Moral Cristã. O Estado Novo era, pois, um Estado de direito e, consideradas certas especificidades étnicas, religiosas e culturais, um Estado de moral cristã".*[896]

À luz do apresentado, não serão muito compreensíveis algumas das asserções contidas no texto do Projecto de Lei que temos vindo a analisar, mesmo porque em confronto directo com a Igreja, pelos métodos e

---

[894] SALAZAR, A. O., «As grandes certezas da Revolução Nacional» *in Discursos*, vol. II, p. 130.

[895] Veja-se ARRIAGA, K., *Ibidem.*, p. 23.

[896] *Ibidem*, p. 23.

484 Das Relações da Igreja com o Estado

eficácia da propaganda, Salazar destaca a acção do comunismo.[897] Como salientou A.C.Pinto, visto em retrospectiva, a conclusão a tirar é que:

> *"Ao cultivar a imagem de uma nação isolada no seu combate pela civilização ocidental em África, o Salazarismo devolveu à controlada opinião pública portuguesa dos anos 60 do século XX um retrato a preto e branco do seu posicionamento internacional.*
> *Na realidade, este isolamento foi bem menor do que a oposição ao Salazarismo desejaria e não exactamente quando mais seria de esperar".*[898]

Mas, no que concerne à actividade do clero, em consonância com o espírito da Concordata, o chefe do Governo demarca-lhe o espaço e limita-lhe as funções:

> *"Assim a Igreja pode cristianizar a nação e pode até cristianizar o Estado; e parece-me dever ficar por aí, pois não pode substituir este nem conduzir os negócios daquela na ordem material ou profana".*[899]

Por esta transcrição ficam bem demarcados os territórios da Igreja e do Estado. E prosseguem os autores do referido Protocolo:

> *"Terminar a vinculação do Estado Português à Concordata – no que muitos católicos estão hoje de acordo – é, pois, a primeira condição para uma clarificação e normalização das relações do Estado Português com as confissões religiosas e para o pleno exercício da liberdade religiosa".*[900]

---

[897] Salazar afirma: "Em face de nós só dois agrupamentos levam na devida conta a formação dos seus adeptos – a Igreja e o comunismo. (...) O comunismo que também quer ser à sua moda religião, trabalha como uma igreja, doutrinando e formando os seus adeptos, com largueza de meios e base científica dignos da melhor escola, mas tão eficientes que, sendo a doutrina comunista antinatural, mesmo contra a natureza consegue fiéis que se lhe entregam inteiramente e por ela morrem, se necessário".
Veja-se SALAZAR, A. O., «Erros e fracassos da era política», *in Discursos,* vol. VI, pp. 376-377.

[898] Veja-se PINTO, A. Costa, (2001), *O Fim do Império Português,* Lisboa: Livros Horizonte, p. 13.

[899] *Ibidem,* pp. 376-377. Veja-se sobre esta temática CARVALHO, Rita, «Salazar e a Concordata com a Santa Sé» *in História,* n.° 31, Ano XIX (Nova Série), Maio de 1997, pp. 4-15.

[900] Este texto, integrado no Diário da Assembleia da República, de 31 de Janeiro de 2000, foi apresentado em 12 do mesmo mês, pelos deputados do Bloco de Esquerda: Luís Fazenda e Francisco Louçã e termina assim, no seu artigo 16.°: "Ficam expressamente revogados o Protocolo Adicional à Concordata da Santa Sé com a República

Capítulo V – Das Revisões da Concordata de 1940　　　　485

Em parte, em manifesta contradição com o que diz Jorge Miranda, na sua obra citada, quando afirma:

> *"Ora, uma rápida leitura da Concordata mostra que a quase totalidade das suas normas, se correctamente interpretadas, não contradizem as regras de liberdade e da igualdade. São poucas as normas desactualizadas e as que devem ter-se por inconstitucionais".*

No texto em causa, é afirmado de forma peremptória, ignorando o estabelecido no artigo 30.° da Concordata, que

> *"(...) é incontornável a competência da Assembleia da República para intervir na desvinculação dos tratados para cuja aprovação seja competente, na opinião consensual de consagrados constitucionalistas como Gomes Canotilho, Vital Moreira e Jorge Miranda". (290)*

A base para pôr termo à vigência da Concordata, de acordo como os subscritores deste Projecto, continua sendo "a subsistência inadmissível do privilégio de que continua a gozar a Igreja Católica de não pagar impostos".[901]

Ainda dentro da mesma óptica é referido que não está em causa apresentar-se como solução tornar tais benefícios, ou privilégios fiscais, extensivos às demais confissões religiosas, isto porque a doutrina que advém do princípio da laicidade do Estado é a inversa, ou seja, as confissões religiosas não devem beneficiar de financiamento do Estado.

De acordo ainda com os subscritores deste Projecto de Lei n.° 66//VIII, é feita uma ressalva, pois, embora a actividade das confissões religiosas pertença, por natureza ao domínio do privado, isto não acontece:

> *"(...) quando desenvolvem actividades de interesse público, sendo sabido que estas são muitas, que são importantes para a colectividade e que, a esse título, devem ser apoiadas. Não fazer isto é manter e agravar a intromissão discriminatória do Estado no domínio das actividades religiosas, onde, em rigor, só lhe compete intervir para assegurar a liberdade de associação e de expressão a todas as confissões em pé de igualdade e nos limites da lei".*

Portuguesa de 15 de Fevereiro de 1975, a Lei n.° 4/71, de 21 de Agosto, o Decreto-Lei n.° 20/90, de 13 de Janeiro, o Decreto-Lei n.° 329/98, de 2 de Novembro e o Decreto n.° 216/72, de 27 de Junho.".

[901] Referem-se concretamente a ser a Igreja Católica, seus membros e instalações, a única associação religiosa que não está sujeita a IRS, IRC, IVA ou a Sisa, classificando tal privilégio como imoral e que fere o princípio constitucional de igualdade de tratamento das confissões religiosas pelo Estado.

486 *Das Relações da Igreja com o Estado*

Mas é justamente aqui que reside o nó górdio de toda esta questão. É notória a contradição. Ninguém, em sã consciência, ignora a quantidade de 'serviço' que é prestado pela Igreja à sociedade portuguesa. Será que faz sentido falar em 'privilégios' da Igreja?

Em 23 de Março de 2000 é apresentado, na Assembleia da República, o Projecto de Resolução n.° 41/VIII, que se pronuncia pela abertura e realização do processo de revisão da Concordata. (em anexo) Este primeiro documento é sobrescrito por treze dos cento e quinze deputados do Partido Socialista, na Assembleia da República.

O texto deste documento apresenta-se numa página, na qual são enunciados factos históricos relevantes como *"O derrube da ditadura e a descolonização (que fez desaparecer o mundo para o qual fora gizado o Acordo Missionário)"*, a que acresce a revisão formal da Concordata e da entrada em vigor da nova Constituição.

Este documento começa por referir a data da negociação e a da aprovação da Concordata de 1940, celebrada entre o Estado português e a Santa Sé, ao mesmo tempo que proclama a sua caducidade dadas as *"profundas mudanças que marcaram a segunda metade do século XX"*, acrescentando que ela consagra *"um regime de reconhecimento preferencial e privilegiado da Igreja Católica"*.

Ao referirem a entrada em vigor da Constituição, no ano de 1976, os subscritores deste Projecto de Resolução, explicitam que a mesma

> *"(…) veio estabelecer, de forma inequívoca e com suprema força jurídica, o quadro aplicável a todas as confissões religiosas, cuja liberdade e cuja igualdade de tratamento no contexto de um Estado laico e de uma sociedade multicultural ficaram plenamente consagradas, gerando alargado consenso".*

A partir daí os mesmos apresentam algumas justificativas referindo que *"Em conformidade, os órgãos de soberania abstiveram-se de exercer prerrogativas concordatárias violadoras do princípio constitucional da separação entre o Estado e as igrejas"*.

E, a dado passo, acrescentam:

> *"Ao longo de mais de duas décadas de democracia, o saudável relacionamento entre o Estado democrático e a Igreja Católica levou a que não fosse colocada em primeiro plano a necessidade de uma revisão da Con-*

*cordata capaz de operar destrinça entre normas merecedoras de convali-
dação e outras tomadas inconstitucionais, caídas em desuso ou sem alcance
prático possível no mundo hodierno".*

Restará perguntar se deixou de existir o *"(...) saudável relacionamento entre o Estado democrático e a Igreja Católica"* para que, dum
momento para o outro várias vozes se levantarem na Assembleia da República com o fito de '*revisão*' ou mesmo de *"desvinculação"* da Concordata.[902]

De acordo com o Professor Antunes Varela, a Concordata é um instrumento jurídico-político que necessita de urgente revisão por assentar
sobre pressupostos históricos ultrapassados pelas circunstâncias.[903]

Contudo, encontra-se envolto num certo secretismo, sobretudo para
a grande maioria dos cidadãos católicos e mesmo clero, todo o processo
de revisão da Concordata, embora se afirme no Projecto de Lei n.º 27/VIII
sobre a Liberdade Religiosa, que

> *"As eventuais dificuldades no processo de revisão da Concordata
> poderão ter sido diminuídas uma vez que se pediu a própria participação
> da Igreja Católica no processo de consulta e discussão do anteprojecto, o
> que decerto facilitará negociações futuras, criando o clima de entendimento
> indispensável para qualquer eventual revisão".*

Por seu turno, o Projecto de Resolução n.º 42/VIII, pronuncia-se pela
abertura e realização do processo de revisão da Concordata de 7 de Maio
de 1940, sendo apresentado à Assembleia da República, a 29 de Março
de 2000.

O texto inicia-se nos seguintes termos:

> *"A Concordata celebrada em 1940 entre Salazar e o Vaticano consti-
> tui um instrumento de legitimação da ditadura portuguesa e do seu império
> colonial, confirmando simultaneamente uma posição de privilégio da Igreja
> Católica e o apoio de parte importante da sua hierarquia ao Estado Novo."*

---

[902] Como pode ler-se no art. 6.º do Projecto de Lei n.º 66/VIII, apresentado pelos
dois deputados do Bloco de Esquerda a que anteriormente aludimos.

[903] Veja-se «A Igreja Católica e as outras confissões religiosas na Lei da Liberdade
Religiosa», *in Forum Canonicum*, 6, n.º 16-17, 1997. O Professor Jorge Miranda, em parecer sobre a mesma temática, adoptou idêntica posição como se pode entender em «Liberdade religiosa em Portugal e o anteprojecto de 1997», *in Direito e Justiça*, 12-2, 1998,
pp. 15 e 23.

488 — *Das Relações da Igreja com o Estado*

A este parágrafo outros se seguem nos mesmos moldes e repetindo o já afirmado no Projecto de Lei n.° 66/VIII, sobre o qual realizamos uma análise mais ou menos circunstanciada. Com efeito, caberá talvez ainda transcrever um excerto elucidativo do posicionamento deste partido político face à Igreja Católica:

> *"A Concordata só foi revista quanto ao direito dos cidadãos casados pela Igreja Católica. A sobrevivência do Tratado manteve assim um regime de privilégio que configurou uma situação inconstitucional gritante, arrastada durante mais de duas décadas em que sucessivamente foram reforçados os benefícios fiscais e outros – a Igreja Católica portuguesa dispõe da única estação privada de rádio do mundo que emite em onda curta, foi-lhe atribuída uma estação de televisão e concedidas inúmeras vantagens e financiamentos para o ensino, além de manter uma presença protocolar em actos públicos que equivale à posição de uma Igreja de Estado."*

Digamos, em bom rigor, que o que a Concordata assegurava à Igreja Católica está assegurado, perdoe-se a repetição, pela Constituição da República e pela Lei n.° 16/2001, de 22 de Junho, dita Lei da Liberdade Religiosa.

Muito embora, seja nossa convicção, de que não torna dispensável a existência duma Concordata, dado que existem matérias que assumem dimensão ou contornos especiais face à Igreja Católica e que, quer esta, quer o Estado português, têm todo o interesse em fixar em regime jurídico que perdure no tempo e seja, no essencial, imune às alterações governativas do país.[904]

Como todas as nações cuja História foi rica, plena de glórias, mas também de dramas, Portugal atravessou épocas de grandes dificuldades. Acreditamos que não terá havido, através da sua vida colectiva de mais oito séculos, fases verdadeiramente idílicas.

Na I República, pelo contrário, os tempos foram dos mais conturbados para o povo português que passou a conhecer ódios profundos que o dividiram. As dificuldades foram vencidas sem contudo afectarem as características gerais da comunidade, sendo que as próprias misérias, sobretudo as de ordem moral não alastraram para o ambiente

---

[904] Será desejável uma revisão ponderada da Concordata, sobretudo porque há matérias como o casamento católico, criação de organizações, dias santificados / feriados, património e práticas de culto que, quer o Estado português quer a Santa Sé têm interesse na fixação dum regime jurídico.

Capítulo V – Das Revisões da Concordata de 1940 489

social. Circunscreveram-se a indivíduos ou a alguns grupos. Isto fez com que o povo português, conservando-se igual a si mesmo, fosse sarando as suas feridas. Por esta via se salvou a continuidade nacional, mesmo em épocas de decadência, desânimos e descrenças. Em cada geração, sobretudo dos meios rurais, vão surgindo os melhores elementos, capazes de restabelecer equilíbrios e fazer crescer a consciência da identidade nacional.

O povo, na sua sabedoria e, sobretudo na sua humildade, vai tendo arrimo para suportar tempestades sem se deixar aniquilar por elas. As verdadeiras misérias só se abatem sobre as comunidades quando elas perdem a capacidade de reacção indispensável à sua sobrevivência.

A mentalidade materialista, já condenada por Aristóteles, apenas vê misérias a nível das carências de bens, das insuficiências na satisfação de apetites animais. A consciência delas abalam e comprometem o decurso da vida social. Certo é que o ser humano, por obediência aos seus instintos naturais, não pode desconhecer as exigências da sua condição material como provou Maslow, mas também renuncia à sua condição humana quando tudo lhes subordina e, é nessa submissão que se encontram as maiores misérias tão características dos nossos dias.

Não há miséria na pobreza quando ela se suporta sem sacrifício da dignidade que provem dos bens do espírito, com o abandono dos quais a pessoa se degrada negando a sua natureza, a sua essência.

As misérias de ordem moral, fruto de apetites desmedidos, que se buscam satisfazer por qualquer via levam os povos à aceitação de outras que se situam a nível político. A ânsia de bens materiais conduz os eleitores a escolher os governantes que mais lhes prometem gozos amplos e poucos ou de preferência nenhuns sacrifícios.

Tais governantes, mesmo dando muito menos do que prometeram, são levados, não raras vezes, a expedientes e a compromissos menos dignos para todos. Em Roma, no período da sua decadência, assistiu-se às plebes a reclamarem dos políticos a garantia de distribuição de trigo e diversão – *«panem et circenses»*.

Os povos que visam apenas metas dum suposto bem-estar material, desprezando os aperfeiçoamentos culturais e morais, caminhando por veredas de crescentes e ilusórias facilidades, geram multidões de ociosos, de viciosos, indiferentes a padrões éticos e até mesmo estéticos, conferindo-se a si mesmos um quase plena incapacidade para criar novas riquezas só se dedicando a delapidar as que herdaram, que haviam sido acumuladas pelos hábitos de trabalho e de aforro que foram perdendo.

Acreditamos que, no caso português, como noutros, quando humanamente tudo parece perdido, acontece que uma nova luz de esperança se acende no espírito dos que para quem, parafraseando Hamlet, *"(...) há mais coisas no Céu e na Terra do que as contidas na Filosofia"*. E, naturalmente, na política também.

4. Afinal, Concordata, sim ou não? – Que prevaleça o bom senso!

Não sabemos se será por estar a decorrer a Semana Santa ou não, o certo é que nos veio à memória o que dizia o latinista António Bacci sobre a diplomacia do Estado do Vaticano:

> *"Nasceu numa tarde triste em Jerusalém, quando o apóstolo Pedro, aquecendo-se à fogueira, deparou com aquela criada que, de dedo em riste, perguntou: 'Também tu és discípulo do Galileu?', e Pedro, estremecendo, respondeu: 'Não sei o que dizes!' Resposta diplomática com a qual não comprometia nem a fé nem a moral."*

Apenas comprometia Cristo. Isto vem a propósito de termos inquirido alguns membros da hierarquia da Igreja portuguesa sobre o Projecto de revisão da Concordata e todos foram "unânimes" em afirmarem que *'Nada sabiam de concreto.'*

Que fazer? Convém calar? O silêncio é de ouro, mas há silêncios que matam: justamente, o caso do silêncio que cala pode confundir-se com o deixar andar as coisas em vez de indagar e acenar à responsabilidade dos cidadãos, sobretudo dos católicos, mas também dos não católicos.

Por isso, apresentaremos as respostas que foram dadas por três personalidades sobre as razões da revisão da Concordata:

– Como comenta a oportunidade de Revisão da Concordata?
– Faz sentido falar em 'privilégios ' da Igreja?

A primeira das respostas é dada por um Padre, doutor em Direito Canónico. De acordo com ele, o Padre Miguel Falcão, face à oportunidade de revisão da Concordata e à possibilidade de reavivar velhos conflitos religiosos, há que considerar que

> *"(...) a nossa Concordata está bem elaborada e soubemos, em determinados momentos de tensão, solucionar conflitos. Aqui reside a sabedoria*

Capítulo V – Das Revisões da Concordata de 1940 491

e prudência de ambos os lados, pois, têm de ser pessoas com sentido jurídico que possam ceder. Temos a experiência pelas nossas leis que o clima de paixão não faz bem, a Concordata e demais tratados internacionais não podem ter esta característica na sua elaboração.

Às vezes há forças que, defendendo determinado ideal, podem despoletar a guerra em vez de trazer a paz. O problema é jurídico e pode resolver-se sem revisões de fundo. O mais importante é resolver a aplicação da Concordata".

Mas, como vimos anteriormente, por afirmação do Professor Antunes Varela, a Concordata sendo um instrumento jurídico-político necessita de revisão por assentar sobre pressupostos históricos ultrapassados pelas circunstâncias.

Perante a segunda questão, a opinião do Doutor Miguel Falcão é pela negativa. O seu *"Não."* é assim explicado:

"É não por que a palavra privilégio também tem um sentido jurídico, há uma lei geral, e quando se vê que determinada instituição merece um reconhecimento especial, usava-se este termo, que actualmente é mal visto, ao significar uma espécie de discriminação".

E acrescenta, apresentando um exemplo:

"Se se reconhece que a Fundação Calouste Gulbenkian é benéfica para o País, é necessário dar-lhe um tratamento peculiar, o mesmo pode acontecer com as várias religiões. Se determinada religião tem uma acção de bem social, é preciso favorecê-la e tratá-la de acordo com a sua realidade. Neste sentido, a Igreja Católica tem feito imenso do ponto de vista da liberdade, de formação e assistência. Em Portugal surgiram outras religiões, e então o Estado pode ver também se algumas delas não podem ter algum tratamento próprio e adaptado. As religiões não são todas iguais e cada sociedade deve ver qual o contributo de cada uma delas e corresponder".

Confrontado com as mesmas questões e inquirido sobre as razões da sua defesa a favor da necessidade de revisão da Concordata, na Assembleia da República, o deputado Socialista, Manuel Alegre, em Fevereiro de 2000, foi peremptório ao declarar que

"Limitei-me a exprimir a opinião que foi a mesma de D. António Ferreira Gomes, bispo do Porto. Aquela que em 1970, quando era deputado da ala liberal, formulou Francisco Sá Carneiro, e aquela recentemente expressa pelo Doutor Antunes Varela, ex-ministro de Salazar".

492   *Das Relações da Igreja com o Estado*

Ao que acrescentou:

"Depois disse que estando ultrapassados os pressupostos históricos que levaram à assinatura da Concordata, esta teria de ser revista antes de legislar. Alguns dos seus artigos e cláusulas já não se aplicam, e outros estão desajustados e em contradição com a Constituição, tendo em conta duas preocupações: modernizar o acordo, seguir o caminho que se seguiu em Itália e França, e ajustar a Concordata às exigências constitucionais, e por outra ajustá-la à necessidade de manter uma estabilidade entre o Estado, a Igreja Católica e outras religiões".

De forma objectiva e contundente, ponderando a sua posição, argumentou:

"Mas eu, como não só hipócrita, não vou dizer que o problema se resolve alargando a outras religiões. Há que ter em conta que a Igreja Católica tem um peso específico em Portugal, mas há que garantir também a laicidade, a neutralidade do Estado e a liberdade religiosa".

Acrescentando:

"É do domínio público que os problemas existem e que o Partido Socialista e o Bloco de Esquerda, apresentaram propostas para a revisão da Concordata. Eu limitei-me a expressar a minha opinião. A última coisa que eu queria era que se reeditassem as guerras antigas. Tem de haver bom senso e tolerância de ambas as partes. Estamos num Estado democrático, com uma Constituição. Há boas relações entre o Estado e a Igreja e as outras religiões. Deve haver um tratamento mais igualitário e devem eliminar-se aspectos que toda a gente reconhece que são caducos."

Perante a necessidade de rever a Concordata, o referido Deputado considera:

"Uma manifestação de intolerância não o fazer, que não se ajusta à realidade actual e está em desacordo com a opinião das pessoas que citei. Isto não é uma questão entre católicos e não católicos, nem entre esquerda e direita. Não tem nada a ver com isso. Tem a ver com a natureza do Estado e com a relação entre este, a Igreja Católica e as outras religiões".

Indo mais longe ao estabelecer diferenças:

"A laicidade do Estado não se confunde com a laicidade na sociedade, estou de acordo nisso com o cardeal D. José Policarpo, e acho que o

Estado não deve ser indiferente ao papel das religiões na sociedade, nem ao papel da espiritualidade, nem ao do sagrado. Apenas acho que o Estado deve ter uma posição, tanto quanto possível, neutra. Não deve ser confessional, nem da religião católica, nem de qualquer outra religião".

Quanto à segunda questão proposta, concretamente a de se saber se fazia sentido falar-se em 'privilégios' da Igreja, foi directo ao assunto:

"Há situações que são de privilégio, sem dúvida nenhuma. Por exemplo, a isenção fiscal para os sacerdotes no exercício do seu múnus é um privilégio, sobretudo quando ele exerce outras profissões. Não faz sentido que os sacerdotes sejam equiparados a funcionários públicos, ou que um capelão militar seja equiparado a um oficial graduado. Assim como o ensino da religião. O Estado até podia, eventualmente, conceder certas facilidades no ensino da religião, mas o local não é a escola. Não me parece que deva ser o Estado a poder financiar o ensino da religião, sobretudo quando ela, às vezes, é ministrada por professores de outras disciplinas. São situações que não são constitucionais".

Questionado sobre se faz sentido, nos tempos que correm, numa Nação maioritariamente católica, existir uma Concordata, numa visão singular, o Senhor Bispo D. Manuel Clemente teceu as seguintes considerações:

"Julgo que faz, pela própria natureza das Concordatas, distintas dos simples Acordos. Estes têm a ver com temas mais específicos, aquelas com a globalidade dos assuntos. Em Portugal, onde o passado e o presente configuram uma presença geral e decisiva da Igreja Católica e das suas instituições na sociedade, é mais oportuna uma Concordata".

Inquirido sobre a nova revisão da Concordata, D. Manuel esclareceu:

"Há matérias datadas, que deixarão de constar no articulado. Haverá porventura novas, a harmonizar por mútuo interesse. A substância permanecerá: reconhecimento da personalidade jurídica da Igreja Católica, com a sua identidade própria de natureza, finalidade, governo interno e expressão pública. A revisão é feia pelo Estado Português e a Santa Sé. Esta tem obviamente em conta a Igreja em Portugal, nomeadamente a Conferência Episcopal Portuguesa".

Toda esta fonte de informação alicerça a objectividade pretendida acerca da importância e oportunidade da revisão da Concordata.

494 — Das Relações da Igreja com o Estado

Afinal, como disse Clemenceau, "Governar é tornar tranquilos os bons cidadãos e tornar intranquilos os desonestos; o contrário é a inversão da ordem natural". Talvez seja a hora de rever a Concordata de 1940, enterrando fantasmas dum passado ainda recente.[905]

Mesmo porque, se pensarmos com realismo, há que oferecer a todos os católicos portugueses as condições jurídicas sadias que lhes permita desempenhar o seu papel na sociedade actual. A Concordata, como acordo entre o Estado e a Santa Sé, visa sobretudo distinguir o espiritual e o temporal. À Igreja cabe a missão e a capacidade de se inserir nas situações temporais do presente, assimilando sem se corromper e fermentando sem desvirtuar.

Como temos vindo a mostrar, o valor e, em alguns aspectos mesmo que decorridas seis décadas, a actualidade da Concordata são irrefutáveis. A recente Lei da Liberdade Religiosa, vem justamente confirmá-lo, na medida que mais não fez do que reconhecer ou conceder às demais confissões religiosas, regularmente estabelecidas no nosso país, o que se encontra estipulado na Concordata de 1940, relativamente à Igreja Católica.

Desde a sua assinatura, a Concordata de 1940 vem sofrendo impugnações e as críticas têm-se apresentado com ciclos de intensidade. Neste ano de 2002 vive-se um de acalmia. Enquanto uns quantos se limitam a pedir ou a exigir a revisão de certos artigos, como em capítulo próprio fizemos menção, outros, bem mais radicais, sem ponderarem determinados problemas que essa atitude levantaria, propugnam a sua abolição.

---

[905] Como afirmou, em entrevista à Veja (n.º 1802, Maio 03), Salman Rushdie, escritor anglo-indiano ' condenado à morte por fanáticos muçulmanos, em 1989, "O hábito de invocar a autoridade divina para legitimar preconceitos, perseguições e atrocidades é muito antigo, mas ressurgiu com força nos últimos tempos. A meu ver, é o problema central do mundo contemporâneo e não está de maneira nenhuma restrito ao universo islâmico. (...) Nos anos 60, quem usava linguagem religiosa em público, num contexto político, era olhado com estranheza. A religião havia se retirado para o campo privado. Nos últimos tempos, contudo, o pêndulo oscilou para o outro lado".

Segundo Rushdie, não deve existir espaço para a religião na esfera política "Estaremos muito melhor com os princípios de separação entre Estado e Igreja estabelecidos pela Revolução Francesa. (...) as coisas tendem a se complicar quando a religião se confunde com o poder e interfere nos processos de decisão política". E acrescenta: "Um grande jornal (norte americano) realizou uma pesquisa e quando perguntaram se votariam num ateu (...) mais de 50% disseram que não. Você é inelegível se duvidar da existência de Deus".

Capítulo V – Das Revisões da Concordata de 1940

Desde sempre os laicistas, anticatólicos ou mesmo os anticlericais a combateram. Para eles não apenas a Lei da Separação de 1911, como as medidas laicizantes e anticatólicas são pontos a reconquistar.[906]

Não vale a pena, perante as suas posições, argumentar que o Estado Português pode ser laico, mas que a Nação não o é. Nem tão-pouco argumentar que a laicidade do Estado não se pode confundir com indiferença perante o papel das religiões na sociedade quer quanto ao papel da espiritualidade quer ao do sagrado.

Mesmo numa época de total secularização e dessacralização da sociedade, as concordatas não devem ab rogar-se. Mesmo perante o fundamento de que a Igreja ao negociar com os Estados perde a sua condição espiritual e sobrenatural para se nivelar às potências temporais, há que não ignorar que o princípio da autonomia plena dos dois poderes, Igreja e Estado, na respectiva esfera de acção, se mantém.[907]

Aliás, o próprio Concílio Vaticano II alerta para estes factos e não deseja situações de privilégio para a Igreja, antes alerta para que seja, em cada caso, verificado se se trata efectivamente de privilégios ou de simples reconhecimento, mesmo só de facto, da Igreja e das suas prerrogativas, por outras palavras: de direitos dos cidadãos católicos, quer individual quer colectivamente considerados na Igreja.[908]

Terá de haver, pois, uma concordância entre a liberdade da Igreja em exercer a sua missão e a liberdade religiosa que deve ser reconhecida como um direito a todas as pessoas e comunidades religiosas, a qual deve ser sancionada na ordem jurídica como se encontra consignado pelo referido documento conciliar.[909]

---

[906] Uma Concordata não vincula o Estado à confissão religiosa católica, aliás, como já fizemos referência. Estes actos, por que afastados do *Syllabus*, causaram surpresa. Tal foi o caso das concordatas assinadas com a Letónia protestante, a Checoslováquia laica e a ortodoxa Roménia, durante o papado de Pio XI (1922-1939), justamente aquele em que a nossa Concordata foi ultimada.

[907] A este propósito veja-se a posição assumida no Congresso Internacional de Direito Canónico, realizado em Roma, entre 14 e 19 de Janeiro de 1970.

[908] Confirme-se a Declaração conciliar sobre liberdade religiosa (n.º 13), que após focar o princípio da liberdade da Igreja exercer a sua missão diz expressamente o seguinte: " Os cristãos gozam, como os outros homens, do direito civil de não serem impedidos de viver de acordo com a sua consciência

[909] Mesmo com o risco de nos repetirmos salientamos o texto da Constituição Pastoral *Gaudium et Spes* (n.º 76) que afirma que a Igreja e o Estado "exercerão tanto mais eficazmente este serviço para bem de todos quanto mais cultivarem entre si uma sã cooperação, tendo em conta as circunstâncias de tempo e de lugar."

496 *Das Relações da Igreja com o Estado*

Perguntamos então, como deverá realizar-se esta cooperação entre a Igreja e o Estado? Como poderá ser reconhecida na ordem jurídica a situação da Igreja e, em simultâneo, ser garantida a sua actividade e os direitos dos cidadãos católicos?

Para uns, numa verdadeira atitude anticlerical, é preconizada a fórmula do reconhecimento destes direitos dos cidadãos se realizar através de leis internas, sem se recorrer a convenções entre autoridades civis e eclesiásticas. Numa palavra: sem ser por meio de tratados ou concordatas celebradas entre a Igreja, leia-se Santa Sé, e o Estado português.

Para outros, mesmo numa situação democrática como a actual, com todo o pluralismo existente, será conveniente manterem-se acordos ainda que adaptados às realidades concretas como é o caso de todos os tratados e acordos mesmo que realizados fora do âmbito religioso.

Efectivamente, em teoria, poder-se-ia prescindir das formalidades inerentes a tais acordos e não deviam ser necessárias concordatas, pois, quer da parte do Estado português quer da parte da Igreja poder-se-iam promulgar leis ou tomar-se medidas que garantissem tanto a respectiva autonomia como a cooperação para o bem comum de que tanto proclama o Concílio Vaticano II.

Mas será de fiar? As leis do Estado sejam ou não relativas a assuntos religiosos são não apenas deficientes como estão em constante mutação e adaptação. Leis unilaterais, mesmo que justas, podem ser revogadas ou modificadas a todo o momento, o que provoca a inconveniente instabilidade.[910]

---

[910] Não raras vezes, por parte dos órgãos legislativos, ocorrem preconceitos e ideias erróneas relativas à Igreja Católica e à sua forma de agir, o que influi decisivamente nas disposições legislativas. A título de exemplo relembre-se as palavras do autor da Lei da Separação de 1911. Segundo confissão pública de Afonso Costa, a lei, manifestamente persecutória, destinava-se a exterminar o catolicismo em Portugal, em poucas gerações.

Detenhamo-nos, por momentos, neste exemplo, no seu «laicismo e anticlericalismo militante». Afonso Costa não era religioso, mas deixou afirmações de alguma tolerância face às demais crenças. Vejamos alguns casos: A Constituição de 1911 declarou «livre culto público de qualquer religião», mas apenas «nas casas para isso escolhidas ou destinadas pelos respectivos crentes, e que poderão sempre tomar forma exterior de templo.». Remeteu mesmo para 'lei especial', a fixação das condições do exercício daquela 'liberdade', e acrescenta como sendo «no interesse da ordem pública, da liberdade e da segurança dos cidadãos». Esta lei foi a lei da separação da Igreja do Estado, com cujo radicalismo coincidiu, em nosso entender, o maior erro político de Afonso Costa.

Que sirva de exemplo, pois, duma assentada, separou o que a história havia unido. São expulsos os jesuítas e confiscados seus bens; o casamento perdeu a dignidade de

Capítulo V – Das Revisões da Concordata de 1940 497

Daqui surge a conveniência, para não dizer que, na prática, existe mesmo a necessidade de se estabelecerem concordatas, a fim de se resolverem de modo satisfatório e de comum acordo, quer para o Estado quer para a Igreja, determinados pontos relevantes que interessam a ambos os poderes e que assegure a situação da Igreja e dos católicos num país.

Mesmo numa sociedade que se diz civilizada, como a nossa, a vida continua exigindo um sem número de tratados, acordos, convenções e outros actos internacionais que de forma contínua se celebram entre os diferentes Estados. Porque não com a Santa Sé?

Teoricamente, tais estipulações não seriam absolutamente necessárias, dado que cada Estado devia, por sua própria iniciativa, tomar determinações e legislar convenientemente, mas assim não acontece visto que, na prática, torna-se indispensável dada a diferenciação de critérios e a insuficiente garantia dos direitos alheios. Bastaria que cada Estado modificasse a sua lei interna a seu bel-prazer para que os interesses dos outros fossem postos em causa.

Não será de todo despiciendo referir que a própria vida porque civilizada exige, a cada dia, um maior número de convenções, mesmo porque a interdependência é uma realidade insofismável nos dias de hoje. De certo que não será por ratificarem tratados que será afectada a soberania das nações. Elas não deixam de ser livres, apenas se comprometem na persecução do bem comum.

Com uma Concordata, como a de 1940, o Estado português e a Santa Sé, reconhecida como pessoa de direito público internacional, apenas fixaram em bases claras e precisas a situação jurídica da Igreja em Portugal, de acordo com os princípios entendidos, na época, da liberdade religiosa e dos direitos dos cidadãos católicos.

Esclareçamos que embora as concordatas não sejam teoricamente necessárias, tornam-se, na prática, úteis como forma de regular a situação jurídica do catolicismo na Nação portuguesa, mas também para solucionar de forma satisfatória muitos problemas que interessam de igual forma quer ao Estado Português quer à Igreja Católica.

---

sacramento e a indissolubilidade; foram proibidas manifestações religiosas fora dos templos, como procissões; foram apropriados pelo Estado os bens das igrejas e congregações e afectos a fins públicos e outros vendidos em haste pública.

Mas quando inquirido, Afonso Costa, afirmou: "Nós não suprimimos as igrejas e pelo facto da própria separação, admitimos que elas existiam (...) o que nós suprimimos foram as relações do Estado com as Igrejas, e não as Igrejas".

Dificilmente se conseguiriam, de forma unilateral, encontrar medidas e receber soluções convenientes para ambas as partes. Em nada as concordatas são contrárias às disposições conciliares e mesmo à mútua independência e autonomia de poderes quer temporais quer seculares.

Depois de termos procurado mostrar o valor e sentido das concordatas, sobretudo da Concordata portuguesa de 1940, será tempo de afirmar que estavam certos todos aqueles que a apontaram como modelo para futuras concordatas entre a Santa Sé e Estados modernos.

Dado o pluralismo em matéria religiosa e a sua não confessionalidade, estes Estados preconizavam a separação da Igreja e do Estado, bem como a plena liberdade religiosa, posteriormente proclamada pelo Concílio Vaticano II.[911]

Na última Concordata portuguesa não fora instituído, para a Igreja, nenhum regime de privilégio, apenas ficou garantida a liberdade religiosa dos católicos e da Igreja que formam. Por ela foi dada resposta às legítimas reivindicações e aos direitos dos católicos portugueses através da instauração duma situação jurídica reputada de clara e justa. Tanto a Concordata de 1940 como o Acordo Missionário puseram fim a um período de perseguição religiosa, em Portugal e iniciaram um período de paz religiosa.

5. A Concordata de 2004 – Atritos sanados?

Muito embora deva haver cautelas em comentar um texto com tão pouca difusão parece haver consenso ao afirmar-se que o novo documento elimina alguns focos de atrito entre a Igreja Católica e o Estado Português, apresentando-se em sintonia com os tempos que se vivem, quer na sociedade, quer no seio da Igreja.

Houve boa vontade, entre Igreja e Estado, para chegarem a este acordo sobre a revisão da Concordata de 1940 que foi benéfica, convenhamos, para a pacificação das relações entre Igreja-Estado, em Portugal. Não se deve ignorar, devendo antes reconhecer-se que a Concordata de 1940, para o seu tempo, apresentou-se com um forte sentido de equilíbrio, o que explica também a sua longevidade.

---

[911] Veja-se Declaração *Dignitatis humanae,* a que, por diversas vezes, aludimos.

Capítulo V – Das Revisões da Concordata de 1940   499

Apesar do sigilo que rodeou as negociações para a revisão da Concordata de 1940, as previsões não ficaram muito aquém das expectativas. Foram múltiplos os factores que conduziram à inevitabilidade desta sua revisão. De entre eles convirá destacar as mudanças sócio-económicas e culturais resultantes, sobretudo de alterações políticas decorrentes primeiro da Revolução de Abril de 1974, depois da adesão, em Janeiro de 1986, à Comunidade Económica Europeia, hoje União Europeia, mas também não será de esquecer as novas regras da Igreja, fruto do Concílio Vaticano II, celebrado entre 1962-65, bem ainda a promulgação da nova Lei da Liberdade Religiosa portuguesa, de 26 de Abril de 2001.

Perante todas estas mudanças, certos articulados da Concordata de 1940 necessitavam ser actualizados. Algumas das suas normas haviam perdido actualidade, enquanto outras não tinham grande aplicabilidade ou mesmo haviam sido extrapoladas quer na sua interpretação quer aplicação. Havia algumas desconformidades entre a Concordata e a Constituição, relativamente à necessidade da Santa Sé ter de comunicar ao Governo português a designação de bispos.

De entre os pontos que mereciam uma conveniente adequação poder-se-á ainda destacar o ensino de Religião e Moral, a missionação, ao reconhecimento de casamentos e de decisões de tribunais eclesiásticos sem revisão de sentenças pelos tribunais portugueses, as instituições sociais e o património da Igreja, para além do direito fiscal, como o caso da isenção do pagamento de imposto por parte dos sacerdotes com actividades laicas, o que representava, segundo alguns, uma violação do princípio constitucional da igualdade.

Por certo existiam alguns pontos de contradição, mas mesmo esses não foram impeditivos da Concordata ter vigorado até agora. Tais pontos foram sanados podendo afirmar-se que a nova Concordata abre novos objectivos nas relações de cooperação entre Estado e Igreja.

Foi após uma série de negociações mantidas em quase absoluto secretismo, que Portugal e a Santa Sé acabaram por assinar, a 18 de Maio deste ano de 2004,[912] a nova Concordata.

---

[912] Dia com um certo simbolismo dado que se trata do 84.° aniversário do Papa João Paulo II. De acordo com Papa, este novo acordo virá favorecer o 'bem comum da Nação'. O Papa, após a assinatura da nova Concordata efectivada por Ângelo Sodano e Durão Barroso, ao receber este último, Primeiro Ministro Português, manifestou "os sentimentos de consideração recíproca que animam as relações entre a Santa Sé e Portugal. Exprimo o meu profundo apreço pela atenção que o Governo e a Assembleia da República portuguesa demonstram em relação à missão da Igreja, culminada na hodierna assinatura."

500 *Das Relações da Igreja com o Estado*

O novo texto concordatário comporta 33 artigos, respeita as relações Igreja-Estado.[913] Mas poderá argumentar-se que o novo documento que rege as relações entre os dois Estados, numa história de mais de 800 anos, na sua essência, não apresenta grandes alterações.

É bem verdade que a Concordata de 1940, com um período de vigência de 64 anos, foi elaborada numa época diversa da actual, quer a nível interno, quer a nível mundial.[914] Mesmo a nível da própria Igreja Católica, foram acontecendo alterações significaticas, portanto o contexto terá de ser diverso.

Mantem-se o anterior sistema vigente na Concordata de 1940, no que concerne ao reconhecimento da personalidade jurídica da Igreja Católica por parte do Estado português, sendo as relações asseguradas por um Núncio Apostólico junto da República Portuguesa e por um Embaixador junto da Santa Sé.

Face à possibilidade de este novo Acordo violar o princípio de igualdade de tratamento do Estado às demais confissões religiosas presentes no país, não ocorre tratamento de excepção uma vez que a própria Lei da Liberdade Religiosa prevê a existência da Concordata e outros acordos com as confissões religiosas.

Acontece, porém, que a Igreja Católica tem uma organização jurídico-internacional através da Santa Sé, logo trata-se de acordos de Direito Internacional. E uma vez que as demais confissões religiosas, existentes em Portugal, não têm uma estrutura jurídico-internacional, então os acordos que possam ser celebrados, entre elas e o Estado português, são do foro do direito interno. Isto significa que não se trata dum privilégio, mas antes uma questão de diferenciação específica perante as suas estruturas.

Duma apreciação singular poderá desde logo inferir-se isso pelo texto do artigo 1.º *"A República Portuguesa e a Santa Sé declaram o empenho do Estado e da Igreja Católica na cooperação para a promoção da dignidade da pessoa humana, da justiça e da paz"*. Ou seja, na sequência do espírito do Concílio Vaticano II, da doutrina social da Igreja e dos Tratados Internacionais, vem declarado o mútuo entendimento entre a Igreja e o Estado português.

---

[913] Do anterior texto concordatário constavam 31 artigos a que se associavam 21 artigos do Acordo Missionário.

[914] Veja-se o que, a propósito, referimos quando apresentamos a sua preparação e as respectivas negociações.

Capítulo V – Das Revisões da Concordata de 1940 501

O próprio Acordo Missionário, anexo à Concordata de 1940, não se extingue, uma vez que esta cooperação vai mais longe, como se pode prever no texto do artigo 4.º, ao ser referido que ambas as partes podem agir em areópagos internacionais a fim de promoverem acções conjuntas, com relevância no espaço dos países de língua portuguesa, ou seja, C.P.L.P. (Comunidade dos Países de Língua Portuguesa).

Fica estabelecido que o Estado pode celebrar protocolos com a Igreja Católica tendo em vista a cooperação internacional. Trata-se, em nosso entender, dum novo Acordo Missionário, conquanto adaptado aos tempos modernos, muito embora, no artigo 31.º seja dito que o Acordo Missionário deixa de existir, ficando, no entanto, ressalvadas situações jurídicas existentes e constituídas ao abrigo da Concordata de 7 de Maio de 1940 e Acordo Missionário.

Refere-se, por conseguinte, à colaboração em acções conjuntas, bilaterais ou multilaterais. A instituição duma comissão paritária, prevista no artigo 19.º da Concordata de 2004, sendo uma proposta inovadora, abre perspectivas de colaboração e tem, por finalidade, desenvolver o princípio da cooperação.

Por sua vez, o artigo 2.º não só respeita como confere a plena liberdade à Igreja no que concerne ao exercício do seu múnus, sem restrição no culto, no magistério e ministério, na jurisdição eclesiástica, sendo complementado pelo artigo 7.º que se refere à protecção dos lugares de culto, evitando-se assim o uso ilegítimo de outras práticas.[915] Ficou, deste modo, salvaguardada a liberdade da Igreja, evitando-se tentações de intromissão por parte do Estado.

Pelo artigo 3.º fica assente que o Domingo, como dia de guarda para os católicos, será respeitado permitindo aos fiéis o cumprimento das obrigações religiosas como a Eucaristia, mas também é prevista a celebração dum Acordo específico face ao reconhecimento dos demais dias festivos.[916] Por seu turno, no que respeita ao reconhecimento, por parte do Estado, de algumas festividades católicas, o Estado português, através desta Concordata de 2004, reconhece no artigo 30.º, as seguintes festividades católicas como feriados nacionais: 1 de Janeiro; Corpo de Deus –

---

[915] Este artigo em pouco difere do seu recíproco da Concordata de 1940.

[916] Acrescente-se que, diferentemente do preceituado no artigo 19.º da Concordata de 1940, não cabe ao Estado providenciar para que os funcionários públicos cumpram os seus deveres religiosos.

502 *Das Relações da Igreja com o Estado*

festa móvel; 15 de Agosto; 1 de Novembro, 8 e 25 de Dezembro. Contudo, será de realçar a não referência à sexta-feira Santa.

No que diz respeito aos artigos 3.º e 4.º da Concordata de 1940 foi realizado um aperfeiçoamento apresentado no artigo 10.º da nova Concordata, na medida em que a Igreja goza da devida liberdade em constituir, modificar e extinguir pessoas jurídicas canónicas, às quais o Estado reconhece personalidade jurídica civil.[917]

Contudo, este reconhecimento obedece a certos requisitos como seja a participação, à autoridade civil, regra geral Governo Civil, pela autoridade eclesiástica competente, das pessoas jurídicas canónicas com a respectiva inscrição em registo próprio do Estado.[918]

A Concordata reconhece, pela primeira vez e à semelhança do que acontece com outros países, a personalidade jurídica da Conferência Episcopal Portuguesa (C.E.P.), sendo uma forma de respeito pela sua identidade estatutária o que lhe permite, no âmbito das suas competências, celebrar acordos e protocolos com o Governo.[919] Por conseguinte, a Conferência Episcopal tem determinadas competências, podendo deliberar sobre certas questões e elaborar decretos gerais em casos especiais e previstos.[920] Tal como acontecia na Concordata de 1940, pelo artigo 9.º da

---

[917] O Estado reconhece, neste artigo 10.º, a personalidade jurídica da Igreja Católica, Conferência Episcopal, dioceses, paróquias, outras jurisdições, institutos de vida consagrada e sociedades apostólicas, criados canonicamente, bem ainda outras pessoas jurídicas canónicas como instituições culturais, sociais, de solidariedade e assistência.

[918] A personalidade jurídica de novas instituições é reconhecida, pelo Estado, por documento apresentado pela autoridade eclesiástica, onde fica expresso a sua identificação, fins da sua criação, órgãos representativos e suas competências. É-lhes reconhecida a acção em prol da comunidade.

[919] De acordo com o Código de Direito Canónico, no seu cân. 447, a Conferência Episcopal é definida como uma "instituição permanente, (…) agrupamento dos Bispos de uma nação ou determinado território, que exercem em conjunto certas funções pastorais a favor dos fiéis do seu território, a fim de promoverem o maior bem que a Igreja oferece aos homens, sobretudo por formas e métodos de apostolado convenientemente ajustados às circunstâncias do tempo e do lugar, nos termos do direito."

[920] Veja-se a Carta Apostólica *Apostolos Suos,* de 21 de Maio de 1998, a qual define o estatuto teológico e jurídico das Conferências Episcopais, como sendo instituições de direito eclesiástico. Não lhes reconhece a categoria dum órgão supranacional nem condiciona a acção dos Bispos nas suas Dioceses. Por conseguinte, de acordo com o documento pontifício, no seu ponto 20, à Conferência Episcopal são-lhe conferidas as seguintes competências: "Na Conferência Episcopal, os Bispos exercem conjuntamente o ministério episcopal em benefício dos fiéis do território da Conferência, mas, para que tal

Capítulo V – Das Revisões da Concordata de 1940

nova, o Estado reconhece a personalidade jurídica das Dioceses, paróquias, jurisdições eclesiásticas, bem ainda a nomeação dos Bispos, desde que o órgão competente do Estado seja notificado nos termos legais. Assim, a Igreja tem a devida liberdade de organização, com a respectiva possibilidade de criação, modificação e extinção, de acordo com o Direito Canónico, cumprindo ao Estado respeitar a sua organização institucional.

Pelo artigo 11.º, as pessoas jurídicas canónicas regem-se pelo direito canónico, tendo a mesma capacidade civil que o direito português atribui às pessoas de idêntica natureza. Por sua vez, no artigo seguinte, as reconhecidas pelo Estado que, para além de fins religiosos, tenham outros de solidariedade e assistencial gozam de idênticos direitos e benefícios atribuídos às pessoas colectivas privadas.

Tendo em atenção o espírito do Concílio Vaticano II, com a separação entre Igreja e Estado, em que cada um é autónomo na sua esfera de acção, não fazia sentido que o governo continuasse a poder manifestar objecções de carácter político face, por exemplo, à nomeação dum Arcebispo ou dum Bispo residencial. O que antes implicava uma prévia consulta ao Governo, como era o caso referido, mas que bem podia ser a de um coadjutor, na Concordata de 2004, a respectiva nomeação ou substituição passa a ser da exclusiva competência da Santa Sé cumprindo-lhe apenas informar, a propósito, o Governo.[921]

Por sua vez, dedicados ao casamento, estão os artigos 13.º ao 16.º que pouco diferem dos artigos 22.º ao 25.º da Concordata de 1940, bem ainda do texto do Protocolo Adicional de 1975 que é, na íntegra, reprodu-

---

exercício seja legítimo e obrigatório para cada um dos Bispos, é necessária a intervenção da autoridade suprema da Igreja, que, através da lei universal ou de mandatos especiais, confia determinadas questões à deliberação da Conferência Episcopal. Os Bispos, tanto singularmente como reunidos em Conferência, não podem autonomamente limitar o seu poder sagrado em favor da Conferência Episcopal, e menos ainda de uma parte dela, quer esta seja o Conselho Permanente, uma comissão, ou o próprio Presidente. Esta verdade está patente na norma canónica relativa ao exercício do poder legislativo dos Bispos reunidos em Conferência Episcopal. A Conerência Episcopal apenas pode fazer decretos gerais nos casos em que o prescrever o direito universal ou quando o estabelecer um mandato peculiar da Sé Apostólica por motu próprio ou a pedido da própria Conferência. Caso contrário, mantém-se íntegra a competência de cada Bispo diocesano, e nem a Conferência nem o seu Presidente podem agir em nome de todos os Bispos, a não ser que todos e cada um hajam dado o consentimento".

[921] Veja-se o artigo 10.º da Concordata de 1940. Contudo, diga-se que o Governo português nunca teve o ireito de veto e mesmo no caso de apresentar objecção de carácter político nada impedia que a Santa Sé procedesse à respectiva nomeação.

504   *Das Relações da Igreja com o Estado*

zido no artigo 15.°, o que significa dizer que os cônjuges católicos assumem a obrigação de respeitarem as regras essenciais do matrimónio, sobretudo, a sua indissolubilidade.

Pelo artigo 16.°, no n.° 2, aplica-se a actuação dos princípios do contraditório e da igualdade para se manterem os princípios da ordem pública internacional do Estado.[922] Com a aplicação destes princípios poderão surgir divergências na ordem jurídica portuguesa, na medida em que o direito comunitário poderá condicionar, em determinadas circunstâncias, a aplicação das decisões do direito canónico.

Fazendo uma análise ao artigo 17.°, nele se encontra reciprocidade no 18.° da Concordata de 1940, embora dele difira apenas pela solicitação, pois, reporta-se à assistência religiosa às Forças Armadas e Policiais e a respectiva jurisdição do Ordinário Castrense. Por ele, o Estado continua, baseando-se na liberdade religiosa,[923] a garantir "(…) o livre exercício da liberdade religiosa através da assistência católica aos membros das forças armadas e de segurança que a solicitarem, e bem assim através da prática dos respectivos actos de culto".

Contudo, ainda no âmbito do artigo 17.°, no seu n.° 3, será de referir as formas de exercício e organização da assistência religiosa, remetendo a respectiva organização e regulamentação para acordos entre as partes interessadas, ou seja, o Estado e a Igreja, neste caso Santa Sé e Conferência Episcopal Portuguesa.[924]

---

[922] Podemos acrescentar que o último parágrafo do artigo 22.° foi eliminado, pelo qual o pároco e o funcionário público eram punidos caso não cumprissem a obrigação, respectivamente, de envio da cópia da acta e da transcrição da mesma. Por sua vez, o artigo 25.°, justamente o que, segundo julgamos saber, maior celeuma levantou nos trabalhos de revisão da Concordata, está reproduzido no 16.°, em 2 pontos, do seguinte modo: "As decisões relativas à nulidade e à dispensa pontifícia do casamento rato e não consumado pelas autoridades eclesiásticas competentes, verificadas pelo órgão eclesiástico de controlo superior, produzem efeitos civis, a requerimento de qualquer das partes, após revisão e confirmação, nos termos do direito português, pelo competente tribunal do Estado", enquanto o n.° 2 deste mesmo artigo, com nova redacção, concede-se atenção especial ao tribunal civil competente que verifica e atesta as decisões do tribunal eclesiástico.

[923] Conforme consta no artigo 13.°, 1, da Lei da Liberdade Religiosa, mesmo em relação a outras religiões e confissões. Esclareça-se que é dado o enfoque que a assistência religiosa é prestada a quem a solicitar, compreendendo, o Estado, a sua importância, mas sem imposição.

[924] A este propósito se definirá legislação posterior, por exemplo, no que respeita à graduação e estatuto dos capelães militares. Ainda no mesmo artigo, o 17.°, no n.° 4, era

Capítulo V – Das Revisões da Concordata de 1940

A garantia do exercício da Liberdade Religiosa, desde que solicitada, é dada pelo artigo 18.º, tal como acontecia no seu correspondente 17.º da anterior Concordata, a pessoas internadas em estabelecimentos de saúde, assistenciais, prisionais e de educação.

Por sua vez, o artigo 19.º, comparado ao 21.º da Concordata de 1940, assegura, sem qualquer forma de discriminação e respeitando a liberdade religiosa, o ensino da religião e moral católicas nas escolas de ensino público não superior.[925]

O Estado português, no âmbito da liberdade religiosa e do dever de cooperar com os pais na educação dos filhos, como está instituído na sua Constituição, garante as condições necessárias para que o ensino da religião e moral católicas seja ministrado nas escolas públicas de ensino não superior, sem discriminação "relativamente a qualquer outra matéria".[926]

Será absolutamente lógico que a idoneidade e competência dos docentes que ministrem esta disciplina seja verificada pela autoridade eclesiástica. Será também da sua exclusiva competência a definição do conteúdo programático do ensino da religião e moral católicas, em conformidade com as orientações gerais do sistema de ensino.

Em 2 artigos, 20.º e 21.º, se apresenta o direito da Igreja Católica fundar seminários e estabelecimentos de formação e cultura eclesiástica. Tal como o proposto na Concordata anterior, apenas num artigo, a Igreja fica com a liberdade de dirigir os seus seminários e escolas sem fiscaliza-

---

feita uma ressalva à possibilidade dos eclesiásticos poderem cumprir as suas obrigações militares sob a forma de assistência religiosa às forças armadas e de segurança, aliás, como estava previsto no artigo 14.º da Concordata de 1940, mas desta feita sem prejuízo do direito que têm a serem objectores de consciência. Acrescente-se que em 14 de Setembro de 2004 foi posto termo à obrigatoriedade do serviço militar, que prevaleceu durante 2 séculos, pelo que este ponto já não se aplica.

[925] Continuamos a insistir neste ponto. Uma boa leitura do artigo 21.º da Concordata de 1940 permite entender que não havia obrigatoriedade no ensino de Moral. Assim continua, pois, os interessados em frequentar a disciplina devem inscrever-se, caso tenham capacidade legal, ou serão os pais ou encarregados de educação a assim proceder. Queiramos ou não admiti-lo a moral portuguesa continua a ser a cristã, por isso, não encontramos bizarria no seu texto: "O ensino ministrado pelo Estado nas escolas públicas será orientado pelos princípios da doutrina e moral cristãs tradicionais do País"

[926] Como referiu o Professor António de Sousa Franco, um dos negociadores da Concordata de 2004, ao dizer que "(...) aquilo que o texto prevê é o respeito pela liberdade religiosa e, em colaboração com os pais na educação dos filhos, o ensino da religião moral e católica nos estabelecimentos de ensino público não superior, sem discriminação relativamente a qualquer outra matéria".

506 *Das Relações da Igreja com o Estado*

ção do Estado. Acrescenta ainda o reconhecimento dos estudos, graus e títulos obtidos nos mesmos.[927]

Situação paralela ao artigo 21.° se encontrava no 20.° da Concordata de 1940, muito embora com aperfeiçoamento uma vez que, tal como noutros artigos, apenas se eliminaram algumas ideias que estavam subjacentes à cultura que dominava na época em que foi elaborada.

Aliás, a liberdade de ensino é um direito que se encontra garantido na Constituição da República Portuguesa, e desde longa data que a Igreja e outras instituições tiveram o direito de criar escolas próprias e de transmitir a sua doutrina, só que não havia equiparação de graus.[928]

A igualdade de oportunidades entre a escola oficial e a privada é uma questão por solucionar, uma vez que o ensino ministrado, nesta última, não é gratuito. Por seu turno, a Universidade Católica, viu formalizada uma situação que já existia pela lei interna, ou seja o do reconhecimento da mesma como Universidade da Santa Sé, criada por uma entidade de direito internacional.

No n.° 3 deste artigo 21.° é tratada a especificidade da Universidade Católica Portuguesa, atendendo-se à sua importância e prestígio é-lhe conferida uma protecção legal concordatária.[929]

---

[927] Como expresso no n.° 3 do artigo 20.°: "(…) é regulado pelo direito português, sem qualquer forma de discriminação relativamente a estudos de idêntica natureza".

[928] Recorde-se que as escolas católicas muito embora seguissem os programas escolares estipulados oficialmente tinham de submeter os seus alunos aos exames finais da 3.ª, 4.ª classes em escolas oficiais, bem como os alunos dos 2.° e 5.° anos, do liceu (mesmo que com médias de dispensa). Os alunos dos seminários que pretendessem sair no final sem seguirem a via eclesiástica não tinham direito a equiparação de estudos. Este conflito só foi sanado com a reforma educativa de 1968, que também abrangeu a equiparação entre os cursos gerais dos liceus e os das escolas comerciais e técnicas portuguesas.

[929] Sobre a sua especificidade e protecção legal pode ler-se "A Universidade Católica portuguesa, erecta pela Santa Sé em 13 de Outubro de 1967 e reconhecida pelo Estado português em 15 de Julho de 1971, desenvolve a sua actividade de acordo com o direito português, nos termos dos números anteriores, com respeito pela sua especificidade institucional". No entanto há que esclarecer que o diploma governamental que regula o estatuto da U.C.P. é o Decreto-Lei 128/90, de 17 de Abril, muito embora os seus Estatutos, aprovados pela Santa Sé, façam menção do reconhecimento obtido pelo Estado pelo Decreto-lei n.° 307 /71, como consta do novo texto concordatário que transcrevemos, tendo o mesmo Decreto-Lei sido revisto pelo n.° 128/90, de 17 de Abril.

Acresce que os cursos desta Universidade, embora os seus graus sejam reconhecidos, não têm sido submetidos ao Governo, enquanto o apoio financeiro, deste àquela, tenha diminuído, causando problemas à sua gestão.

Capítulo V – Das Revisões da Concordata de 1940

Será de salientar a questão do património histórico português, sendo que cerca de 90 % é propriedade da Igreja. Desde 1911 que esta questão tem sido motivo de divergência entre o Estado e a Igreja. A Concordata de 1940 tentou resolver a contenda resultante do confisco de bens à Igreja, quer em 1834, quer em 1910, contemplando, dentro de certas cláusulas, a restituição do património à Igreja.[930]

Na maioria das vezes não são os textos legais que criam os litígios, mas antes são as pessoas que aplicam a lei ou a querem aplicar a seu modo. O artigo 22.°, composto por 3 pontos, versa o património. Tem paralelo com o 6.° da Concordata de 1940, acrescentando quanto à cedência de objectos, o seu n.° 3, o seguinte: *"Em outros casos e por motivos justificados, os responsáveis do Estado e da Igreja podem acordar em ceder temporariamente objectos religiosos para serem usados no respectivo local de origem ou em outro local apropriado"*.

O artigo 23.°, nos seus 4 pontos, reflecte o caminho seguido pelo Estado e pela Igreja em áreas comuns do domínio da cultura. Ambos empenham-se não apenas em salvaguardar como valorizar e fruir dos bens que são propriedade da Igreja Católica ou de pessoas jurídicas canónicas reconhecidas e que são pertença do património cultural português. Digamos que, numa concepção dinâmica, sobretudo dos tesouros do património, este deve estar ao serviço da cultura portuguesa. É a aplicação do princípio de cooperação, expresso desde o artigo 1.°, obrigando-se o Estado a protegê-los. Ambas as partes acordam em criar uma Comissão bilateral no intuito do *"(...) desenvolvimento da cooperação quanto a bens da Igreja que integrem o património cultural português"*.[931]

---

[930] Segundo aquele Acordo, o Estado português reconhece o direito de propriedade da Igreja sobre os seus bens, quer imóveis (igrejas, paços episcopais, seminários e outros), quer móveis como alfaias litúrgicas e outros. A Concordata, face a esta restituição, previu a excepção que respeita aos que se encontravam aplicados a serviços públicos ou classificados como monumentos nacionais ou tidos como de interesse público. Contudo, alguns deles a sua propriedade continua pertença do Estado, tendo a Igreja o direito de utilização. Ao Estado compete o dever de restauro, enquanto à Igreja fica o dever de guarda com ordenação das visitas. É igualmente referido que a Igreja pode utilizar os bens móveis destinados ao culto que se encontrem em museus públicos, em cerimónias religiosas no templo a que pertenciam.

[931] Presume-se que a esta Comissão se entregue a missão de promover e valorizar os bens da Igreja, comprometendo-se, por esta via, o Estado em proceder às acções de identificação, conservação, restauro, segurança e funcionamento destes bens quer sejam

508   *Das Relações da Igreja com o Estado*

Por sua vez, o artigo 25.° reforça este domínio destacando o empenho do Estado na afectação de espaços para fins religiosos e a necessidade duma mútua colaboração entre ele e a Igreja a nível do planeamento territorial.

O artigo 26.° versa as isenções fiscais. A Igreja e as suas instituições desde que dedicadas a fins puramente religiosos continuam isentas de impostos sobre as dádivas dos fiéis para o culto, bem como a distribuição gratuita de publicações informativas e instruções religiosas. Estão isentos de impostos os lugares de culto ou edifícios destinados a fins religiosos, seminários e instituições de formação eclesiástica. Apenas as pessoas jurídicas canónicas prestadoras de serviços diversos dos religiosos, como educação e cultura, comerciais ou outros afins, estão sujeitas a Imposto de Redimento Colectivo (I.R.C.). Por sua vez, os eclesiásticos também ficam sujeitos ao pagamento de impostos, diferentemente do que acontecia e se encontrava estipulado no artigo 8.° da anterior Concordata.[932]

Assim acontece com os eclesiásticos no caso de exercerem funções laicas, ou seja, serem professores ou capelães, passando a estar sujeitos ao pagamento do Imposto sobre o rendimento das pessoas singulares, vulgo I.R.S., pelas suas actividades desempenhadas extra-sacerdócio.

Por sua vez, o artigo 27.° prevê que a Igreja, através da C.E.P., possa aderir ao sistema de receitas fiscais previsto no direito português, o que implica um acordo a ser estabelecido entre os órgãos do Estado e as competentes autoridades eclesiásticas.

Será de destacar o que se encontra estipulado pela Lei da Liberdade Religiosa, no seu artigo 32.°, que refere: *"Uma quota equivalente a 0,5% do imposto sobre o rendimento das pessoas singulares, liquidado com base nas declarações anuais, pode ser destinada pelo contribuinte, para fins religiosos ou de beneficência, a uma igreja ou comunidade religiosa radicada no País, que indicará na declaração de rendimentos,*

---

eles móveis ou imóveis, em igualdade com os bens patrimoniais públicos. Embora exista já, desde a década de 80, alguns acordos com idênticos propósitos, o certo é que agora se prevê a evetualidade de novas celebrações entre ambas as partes, sobretudo nos termos do artigo 28.° que expressa a possibilidade de futuros acordos entre as autoridades competentes do Estado e da Igreja, sobretudo a nível do património, mas também de sectores como a educação e saúde.

[932] Estava estipulado que "(...) de igual isenção gozam os eclesiásticos pelo exercício do seu munus espiritual".

Capítulo V – Das Revisões da Concordata de 1940   509

desde que essa igreja ou comunidade religiosa tenha requerido o benefício fiscal".[933]

Pelo artigo 32.°, tal como acontecia com a Concordata de 1940, será necessária a elaboração, revisão e publicação de legislação complementar por ambas as partes de molde a tornar exequível o acordado na Concordata. De certo que todos estes preceitos implicarão uma certa morosidade atendendo às implicações com o direito português, direito canónico e a própria Lei da Liberdade Religiosa, que embora não tenha repercussões na Igreja Católica, previa a própria revisão da Concordata, podendo servir de fonte de inspiração para a execução de certos acordos.

Como é comum, esta Concordata de 2004, no seu último artigo, o 33.°, delibera que a mesma entrará em vigor após a troca de instrumentos de ratificação substituindo a partir daí a de 1940, o que demorará algum tempo.

De toda esta análise sumária podemos concluir que, na sua essência, a Concordata em pouco difere da anterior, apenas se registaram algumas adaptações, aos tempos modernos, do seu articulado que continha alguns atritos que precisavam ser sanados e aos quais fizemos destaque. Trata-se duma Concordata adaptada à realidade actual, quer da vida da Igreja, quer do Estado, sendo que o novo texto, em alguns aspectos plasmado do anterior, respeita as relações Igreja-Estado. A cooperação entre Igreja e Estado, em domínios diversos, vem reforçar as relações entre ambas as instituições, sendo fundamental o diálogo sincero e vero entre ambas, a fim de salvaguardar, não apenas as respectivas autonomias, como cooperarem na promoção da dignidade da pessoa, da justiça e da paz. Enfim, ambas se comprometem em promover o bem-estar dos cidadãos. Que seja cumprido este desiderato.

---

[933] Na sequência de idênticos acordos entre a Santa Sé e a Itália, e entre aquela a Alemanha, foi estabelecido que os fiéis católicos podem destinar parte dos seus rendimentos à Igreja, cujas receitas passaram a ser geridas por um Instituto nacional eclesial.

CAPÍTULO VI
Pluralismo e Liberdade

1. Os que vingam e os que soçobram

A circunstância do Estado dever observar o princípio da separação das igrejas e confissões religiosas não implica, a nosso ver, que não possa cooperar com elas a fim de promover os valores humanos e democráticos, principalmente dentro do país.[934]

É verdade que, de acordo com a Constituição vigente, o Estado deve ser neutral em matéria religiosa, mas também não pode ser doutrinal, que imponha aos cidadãos quaisquer concepções do Homem, do Mundo e da vida.

Mas como dizia Aristóteles: *"A mentira é, danosíssima porque dispõe de meios para prejudicar"*, por isso há que esclarecer determinados factos.

A tentação de centralizar nas mãos da autoridade, qualquer que ela seja, todas as ideias é demasiado perniciosa. Nem sempre as palavras são mais eloquentes e convincentes do que o silêncio digno para denunciar o absurdo de certas situações anormais.

Enquanto a Igreja deve saber perder continuamente os involutos sistemas habitudinários que fizeram a sua época, os seus privilégios e as suas seguranças passadas, para se adequar aos tempos, a circunstância dum Estado, como o nosso, se dizer *não confessional,* ou seja adoptar o princí-

---

[934] A este propósito do Estado permitir o exercício do direito dos cidadãos viverem na realidade temporal a sua própria fé e de regularem as relações sociais conforme a sua visão da vida e em conformidade com a escala de valores que para os cidadãos resulta da fé que professam, consultar DALLA TORRE, Guiseppe, (1989), *La Questione Scolastica nei Rapporti fra Stato e Chiesa,* Bolonha, p. 79.

pio da laicidade, não implica que haja como agnóstico ou professe o ateísmo ou o Laicismo.

E a nenhum católico, ou cristão, é consentido ser crente sem, ao mesmo tempo, ser credível. Aliás, como afirma o Tribunal Constitucional, no seu Acórdão n.° 174/93, de 17 de Fevereiro, pelos seguintes termos:

> *"O Estado não confessional deve respeitar a liberdade religiosa dos cidadãos.*[935]
>
> *Mas ele só respeita esta liberdade se criar as condições para que os cidadãos crentes possam observar os seus deveres religiosos – permitindo- -lhes o exercício do direito de viverem na realidade temporal segundo a própria fé e de regularem as relações sociais de acordo com a sua visão da vida e em conformidade com a escala de valores que para eles resulta da fé processada e as confissões religiosas possam cumprir a sua missão."*

No ano de 1999, na Recomendação 1396, a Assembleia do Conselho da Europa convidou os Governos dos Estados-Membros a *"(...) promover melhores relações com e entre as religiões"* e ao mesmo tempo que implica as comunidades na defesa de valores e na promoção de ideias inovadoras deve ir *"(...) alargando e reforçando a cooperação com as comunidades e organizações religiosas e muito em especial com as que tenham profundas tradições culturais e éticas entre as populações"*, sobretudo no que concerne às actividades sócio-culturais, mas também *"caritativas, missionárias e educativas."*

Por sua vez, o relator De Puig, como conclusão, sublinha que a sociedade democrática deve não apenas respeitar o fenómeno religioso, dado que as religiões fazem parte da cultura e das tradições do Homem e da sociedade, pelo que é do interesse e da responsabilidade directa do Estado zelar pelo progresso dos seus cidadãos e pelo seu bem-estar cultural e intelectual.

---

[935] Significa isto que a Liberdade Religiosa, enquanto dimensão da liberdade de consciência, art. 41.°, n.° 1 da Constituição, assume também um valor positivo, requerendo do Estado não uma mera atitude omissiva ou uma abstenção, um *non facere,* mas antes um fazer traduzido num dever de assegurar ou propiciar o exercício da religião.

Acrescente-se que a Constituição não proíbe e até impõe em virtude do dever de colaboração dos pais na educação dos filhos que se faculte à Igreja Católica a possibilidade desta ministrar o ensino da Religião e Moral Católicas nas escolas públicas. O acórdão sumariado foi anotado pelo Prof. J. J. Gomes Canotilho, a p. 271, da Revista de Leg. e Jur., 126.

Capítulo VI – Pluralismo e Liberdade

E acrescenta:

"Não se trata de colocar as organizações religiosas num mesmo plano seja qual for o seu lugar na sociedade. Seria absurdo. A democracia resolveu bem este tipo de conflitos através das regras da maioria e da proporcionalidade".

Tem sido entendimento do Conselho da Europa que as Religiões podem ser um agente activo na defesa e promoção dos direitos humanos e dos valores éticos e morais da colectividade, tanto mais que a chamada "crise de valores" reclama este papel social e ético dos cidadãos.

É um fenómeno presente em todas as sociedades do Mundo e, como tal, à Igreja nada do que é humano lhe é estranho. Há também crise na Igreja porque ela está no Mundo e este atravessa-a com as mesmas profundas inquietações de que padece a sociedade. Contudo, estamos em crer, que não são os *valores* que estão em crise, mas antes será a cultura dos valores que se encontra em crise. Do mesmo modo que o Sol não entra em crise quando as nuvens o escondem. Antes de tudo, crise quanto ao significado dos valores morais, crise de autoridade e de um perigoso guisado de cumplicidades.

Todavia o Mundo precisa da Igreja para resolver as suas crises recorrentes, mesmo porque, como disse João Paulo II, na sua Homília Pascal, deste ano de 2002, pelo Mundo fora *"Parece ter sido declarada guerra à Paz."* Sem os caminhos interiores do espírito não se pode seguir direito e com dignidade pelos caminhos exteriores do Mundo, como dizia Ernest Bloch.

Um governo que não aceita a discussão de opiniões diferentes, gradualmente, resvala no regime que entende não precisar das sugestões dos cidadãos, a quem apenas se dá a liberdade de aprovar sem recriminações. O governo que quer zelar pelo bem-estar de todos e quer melhorar, encoraja a crítica, capitalizando as que são justas e permite a circulação dum indispensável humor a fim de não afogar o povo no tédio da indiferença.[936] De uma entrevista a Vargas Llosa, no ano de 2000, retivemos

---

[936] Em Abril de 2001, o ministro dos Negócios Estrangeiros português deslocou-se a Roma a fim de dar início às negociações da revisão da Concordata. De acordo com notícias da Rádio Renascença de 16 de Abril de 2001, o ministro teria uma audiência privada com o Papa, sendo também recebido pelo Secretário de Estado, cardeal Angelo Sodano e pelo responsável dos assuntos diplomáticos da Santa Sé, cardeal Jean-Louis Taurin. Aliás, assistiu-se a um certo atrito entre a posição do governo e a da Igreja Católica acerca da Lei

514 Das Relações da Igreja com o Estado

o seguinte: *"o verdadeiro homem de Estado jamais desobedecerá à voz da sua consciência, sob pena de, a prazo, prejudicar o Estado e perder a alma"*.

Vem tudo isto a propósito do que se tem lido e ouvido acerca de determinados ataques desferidos contra os mentores da Concordata de 1940.

Ontem como hoje, o Mundo continua dividido pelas dissensões da força e pelo paroxismo da violência. Numa época em que as fronteiras caem, tal qual castelos de cartas, sob a força das ambições pessoais, não se pode ser indiferente aos exemplos de pátrias autênticas.

Não será digno menosprezar uma Religião que explica a independência nacional e também a nossa coesão e glórias através dos tempos.

É preciso ser sério e comedido, sobretudo em tempos em que foi banida a renúncia como meio educativo de moldar a personalidade e em que o ser humano se degrada na vertigem do prazer cada vez mais variado, sofisticado e intenso. No fim extremo desta degradação, pode estar a morte desejada como libertadora duma vida de sofrimento e frustração. O *"bezerro de ouro"* considerado por algumas sociedades como o verdadeiro

---

da Liberdade Religiosa, como se pode inferir das palavras do cardeal patriarca de Lisboa, D. José Policarpo, na sua homilia de Domingo de Páscoa de 2001, que acentuou "(...) este Diploma não pode pretender antecipar, em sede parlamentar, a revisão da Concordata, tentando alterar o enquadramento legal da Igreja Católica, garantido pela Concordata em vigor, porque o Parlamento não é a sede de uma possível revisão concordatária, porque os interlocutores são a Santa Sé e o Estado Português e porque é diferente a natureza intrínseca dos Diplomas, prevalecendo a Concordata sobre as leis do parlamento Nacional" Adiantou ainda que "(...) na fase actual do processo e para não atrasar o enquadramento legal das outras confissões religiosas, este Diploma só se pode aplicar à Igreja Católica nos seus princípios fundamentais, aliás decorrentes da Constituição da República e da própria doutrina católica, expressa no Concílio Vaticano II". Terminou especificando que tal não significa da parte da Igreja Católica "(...) nem a recusa de se caminhar para um enquadramento legal de todas as confissões religiosas, que enquadre, no lugar que lhe compete, a Concordata que estiver em vigor, nem o nosso respeito e o nosso apoio a todas as comunidades religiosas, em ordem a um justo e equilibrado estatuto jurídico na sociedade que todos fazemos parte e em cujo progresso queremos estar comprometidos".

Estas palavras vêm de encontro ao referido no Acórdão do Tribunal Constitucional n.º 174/93, a que atrás aludimos, pois, "O Governo tem competência para aprovar actos normativos respeitantes a matérias inscritas no âmbito da competência parlamentar desde que tais normas se limitem a retomar ou a reproduzir substancialmente o que já consta de textos legais anteriores emanados de órgãos de soberania nacional II – No âmbito da reserva legislativa não devem incluir-se os temas que por definição não respeitam ao teor essencial das matérias ali integradas, isto é, aqueles aspectos que pelo seu carácter adjectivo e neutral em nada influenciam a sua dimensão e intensidade integradora".

Capítulo VI – Pluralismo e Liberdade

senhor, inquina todos os sistemas políticos, que é suposto servirem o bem comum. Somos o país menos desenvolvido da União Europeia.

Mas a quem se deve tal desventura? À Igreja que fundou mosteiros e escolas por montes e povoados, que nos fez grandes e respeitados ao redor do Mundo, que espalhou o nome de Deus e a língua nossa pelos continentes, e que ainda hoje reúne, em Fátima, milhões de peregrinos de todas as etnias e grupos sociais?

Muitos são os que reclamam a imediata abolição da Concordata, referindo que o Vaticano é um dos últimos "Estados absolutistas" do Mundo. Acreditamos que conclusões breves e assim apresentadas são traiçoeiras. Este tipo de considerações conclusivas são tentadoras, mas ajudam pouco à compreensão dos efeitos de acordos como é o caso da Concordata.

Foram outros os tempos em que se ultimaram as negociações para a Concordata entre Portugal e a Santa Sé. No momento em que a Nação se preparava para comemorar os seus oito séculos de existência, acontecia a reconciliação com a sua própria essência cristã e católica.

Em 7 de Maio de 1940, um mês antes do início das comemorações, era assinada a Concordata. Poderá ter sido uma simbólica coincidência.[937] Contudo, era desejo de Salazar que a Concordata nascesse no ano em que Portugal celebrava o oitavo centenário, sempre sob a protecção da Igreja.[938]

Com ela ficou assente a dimensão reconciliadora da Nação Católica consigo mesma e também a ajuda para a política imperial portuguesa. De acordo com os próprios comunicados entregues à imprensa era marcante "a necessidade absoluta da Concordata para a defesa da soberania e do prestígio no ultramar", sendo que o Acordo Missionário era o complemento, pois que completava "(...) *a obra política do Acto Colonial com a sanção da posse espiritual conferida pela Santa Sé, e com a nacionalização da obra missionária que se integra definitivamente na acção colonizadora portuguesa*".[939]

---

[937] Diga-se que em Dezembro de 1939 o acordo parecia ter sido conseguido. O Cardeal Cerejeira escrevia a Salazar: "Estes acordos vão ser um grande presente de Natal. Não se podia começar melhor o ano das comemorações". Veja-se FRANCO NOGUEIRA, A., *Ibidem*, p. 261.

[938] Veja-se GARNIER, Christine, (1952), *Férias com Salazar*, Lisboa: Companhia Nacional Editora, 6.ª edição, pp. 186 e 187.

[939] Estes excertos, tal como anteriormente referimos, fazem parte dos apontamentos entregues, pelo Prof. A. O. Salazar, a 7 de Maio de 1940, aos directores dos jornais sobre o *"Sentido e oportunidade da Concordata"*.

Aquando do discurso do Prof. A. O. Salazar, perante a Assembleia Nacional, sobre a Concordata, a que anteriormente nos referimos, foi por ele considerado que "(...) *o Padroado do Estado português em territórios estranhos à sua soberania é o público reconhecimento da nossa evangelização e marca através dos séculos o prestígio espiritual de um povo que, alargando pelo mundo as fronteiras da Pátria, ainda estendeu mais a fé do que o Império*".

Um outro ponto igualmente focado pelo referido estadista diz respeito à primeira realidade que o Estado português tinha à sua frente: "(...) *a formação católica do povo português; a segunda é que a essência desta formação se traduz numa constante histórica.*", pois, já que Portugal tinha nascido como nação independente no seio do catolicismo, agora a Concordata, no regresso *"à melhor tradição"*, vinha reintegrar *"Portugal na directriz tradicional dos seus destinos"*, fazendo com que voltasse a ser, *"(...) nos altos domínios da espiritualidade os mesmos de há oito séculos"*.[940]

Em igual linha de pensamento se manifestou o cardeal Cerejeira ao considerar que os textos da Concordata e do Acordo Missionário eram complementares na medida em que *"(...) um reintegra Portugal nas fontes da sua vida espiritual; e outro consagra-lhe a sua vocação missionária. De ambos os modos é a Nação que interiormente se restaura"*.

Acrescentando que, deste modo,

> *"(...) no limiar do ano glorioso de 1940, levanta-se o arco festivo dos dois documentos memoráveis: a Concordata e o Acôrdo Missionário. Que a Nação inteira passe por baixo dêle, cantando o Te-Deum da paz e reconciliação nacional"*.[941]

Em nome do Estado e em nome da Igreja de Portugal, A. O. Salazar e M. G. Cerejeira, volvidos que foram vinte anos, os dois companheiros dos *Grilos* e militantes do C.A.D.C., de Coimbra, presidiram aos destinos políticos e espirituais da Nação, num período bastante conturbado da História da Europa e do Mundo.

---

[940] Todos os documentos dos quais extraímos estes excertos encontram-se compilados na revista *Brotéria,* vol. XXX, Lisboa, Janeiro-Junho, 1940, pp. 635-683.

Veja-se também sobre esta questão BRAGA DA CRUZ, M., (1998), *O Estado Novo e a Igreja Católica,* Lisboa: Bizâncio, pp. 88-92.

[941] Este excerto faz parte da alocução proferida pelo Cardeal Patriarca de Lisboa, Gonçalves Cerejeira, na Emissora Nacional, em 10 de Maio de 1940, em que anuncia a posição da Igreja Portuguesa.

Haviam cumprido aquilo que julgaram ser uma das suas missões. Passadas crises e ansiedades ficara cumprido o projecto iniciado em 1937 – a negociação duma *concordata* e de um *acordo missionário,* conduzida com o cardeal Eugénio Pacelli[942] e o cardeal Maglione.

Que fique claro que a Concordata de 1940, vigente durante estes últimos 62 anos, não resultou dum processo simples. Conflitos houve entre as propostas apresentadas, demorando meses o ajustamento de pormenores como a fórmula jurídica para personalizar a Igreja, as questões patrimoniais, o estatuto das missões, as dioceses do Ultramar e até os dias feriados.

Ao contrário do que o Cardeal Cerejeira pensava, como diz Franco Nogueira, A. O. Salazar não aceitou algumas das exigências da Santa Sé, sobretudo as referentes justamente ao casamento e seus efeitos civis. O Estado reconhecia a sua validade quando celebrado religiosamente, admitia a sua indissolubilidade de acordo com as regras da Igreja, mas como diz Franco Nogueira:

> *"(...) sendo César defensor do que é de César, Salazar recusa-se a impor ao Estado português a obrigação de admitir efeitos civis a casamentos de urgência, de consciência, ou secretos e que, além de não serem **comunicados** às autoridades, não respeitam os requisitos da lei civil."*[943]

Mário de Figueiredo e Teixeira de Sampaio haviam, durante mais de dois anos, conseguido um texto concordatário com base nas propostas iniciais portuguesas e nas observações da Santa Sé. Contudo, após entrevistas com o Núncio Ciriacci, informam A. O. Salazar de que a Santa Sé estava a caminho da ruptura das negociações, ao que lhes é respondido por este *"Não se pode ir mais além e seja o que Deus quiser"*. E perante a insistência da Santa Sé em não aceitar determinados pormenores, o Professor A. O. Salazar, mantendo-se firme, endurece a sua posição afirmando que:

> *"O governo mantém por ora os compromissos que tomou mas não toma mais, e não presta acerca do assunto quaisquer informações porque não discute com a Santa Sé a matéria de direito interno que não é definido na Concordata".*[944]

---

[942] Aquele que mais tarde viria a ser PIO XII e de quem um grande escritor francês disse um dia: *"Il est si grand qu'on sétonne qu'il puisse avoir pour parents de simples mortales"* (É tão grande que nos espantamos que ele haja tido como pais uns simples mortais).

[943] Veja-se FRANCO NOGUEIRA, A., *Ibidem,* p. 262.

[944] *Ibidem,* p. 262.

518   *Das Relações da Igreja com o Estado*

Perante as evasivas da Santa Sé e as respectivas dilações, o Professor A. O. Salazar acabou por determinar que o representante de Portugal no Vaticano apresentasse ao Santo Padre ou ao Cardeal Secretário de Estado

> *"a expressão de pesar do governo pela forma como têm ultimamente corrido as negociações, pelas demoras inexplicáveis, e pela insistência em pontos secundários a latere da matéria que se encontra discutida e assente, e que estas demoras e insistências correm o risco de fazer soçobrar todo o trabalho feito, tão importante para a Santa Sé como para o governo português".*[945]

Quando finalmente, nos finais de Abril, foi concluído o texto concordatário, o alívio, por parte do Cardeal M.G. Cerejeira, é notório como se expressa na missiva enviada ao seu companheiro dos *Grilos:*

> *"Meu caro António: Agradeço-te do coração o bilhete a comunicar- -me a notícia de que se chegou ao fim nas negociações pa. a Concordata. Deo Gratias! Não podes imaginar a alegria que tive com isso. (...) É um documento q. marcará uma época nova, como os que se contam por séculos. Bem hajas por ela.*
>   *Eu agradeço-te e felicito-te por ela, como Patriarca, como português e como teu amigo. Deus te pagará. Nem Ele te pôs onde estás, com o poder e prestígio q. tens, senão pa. que tu O servisses e à sua Igreja, pa. O fazer reinar em Portugal. (...)"*[946]

E como o mesmo disse, finalmente ficava estabelecida a paz e a harmonia da Igreja e do Estado, pelo reconhecimento dos direitos daquela e garantia dos legítimos interesses deste.

A liberdade de religião, consagrada na declaração Universal dos Direitos do Homem e na Convenção Europeia, é um direito fundamental e inalienável da pessoa. Continua a crescer na consciência dos povos e, por conseguinte, das nações como a nossa, a convicção de que os direitos humanos, porque universais e indivisíveis, não têm fronteiras e de que

---

[945] *Ibidem.* Após demasiadas demoras o Professor A. O. Salazar perdeu as esperanças de que "(...) o novo estudo do Núncio pudesse alterar a atitude de irredutibilidade da Santa Sé, se, como julgo, esta tem sobretudo o intuito de demorar as negociações e ganhar tempo.", p. 263.

[946] *Ibidem*, p. 264.

Capítulo VI – Pluralismo e Liberdade

quem os ofende, ofende a própria Humanidade, como sublinhou João Paulo II. Por outro lado, a Constituição da República Portuguesa coloca, entre os princípios pelos quais se rege Portugal, o respeito pelos direitos humanos, o que o obriga a não postergar os mesmos na sua acção.

Cabe ao Estado defender e promover os valores nacionais, aqueles em que os portugueses, na sua cultura judaico-cristã, se revêem e que contribuem para a preservação e reforço do seu Ser português.[947]

A questão não é apenas e principalmente dos valores que substratam o reforço da nossa identidade, sempre numa perspectiva universalista da pessoa, nem somente da necessária motivação e acesso de todos e de cada um dos cidadãos aos bens culturais, mas também da sua realização plena e tal como disse Kant *"A missão suprema do homem é saber o que precisa para ser homem".*

Afinal o «bezerro de ouro», considerado por algumas sociedades como o verdadeiro senhor, inquina todos os sistemas políticos que é suposto servirem o bem comum.

O grande logro das sociedades modernas é escolher o caminho errado para a realização pessoal. O dinheiro e a posição social resumem os grandes objectivos e ambos configuram o «bezerro de ouro», porta aberta a todas as dependências que justificam todas as aberrações geradas em torno do ser humano.

Virgílio adverte que, por vezes, a História faz justiça com o decorrer do tempo: *Forsan et haec olim meminisse iuvabit*. Recordar estas coisas ajudará, para depois. Mas os factos e eventos históricos da Igreja e do Estado são dificilmente perceptíveis a todos, até à sua raiz; é preciso deixá-los sedimentar no fundo complexo do tempo bidimensional: *o terreno e o divino*.[948]

Enquanto os portugueses quiserem uma coisa e se decidirem por outra, seremos sempre o que parecemos: um país de arrependidos que não

---

[947] Como refere FRANCO NOGUEIRA, p. 276, da obra citada, A. O. Salazar quis arreigar nos portugueses a ideia de que são *um grande povo numa grande nação*, talvez não o tenha conseguido.

[948] Cada homem é um mistério tanto maior quanto o sinal do seu mistério se torna indecifrável. Como dizia Santo Inácio de Loyola: *"Para aqueles que crêem, nenhuma explicação é necessária; para aqueles que não crêem, nenhuma explicação é possível"*.

Mas o difícil trabalho do historiador está em distinguir o autêntico do imaginado, mesmo sabendo que o fantástico faz parte da história, ou melhor, é ela que se move e fermenta o domínio do lendário.

520 *Das Relações da Igreja com o Estado*

percebe o que lhe dizem, nem diz o que percebe. Rumo a algo que não existe.[949]

De acordo com D. José Policarpo, a Igreja terá de sofrer uma reforma nas suas estruturas, pois, era essencial que se operasse "uma transformação qualitativa do sínodo como órgão de colegialidade, a trabalhar ao ritmo dos acontecimentos".[950]

Sobre o processo de revisão da Concordata, actualmente a decorrer entre a Santa Sé e o Estado Português, esclareceu que *"(...) o clima é tranquilo. Mau grado uma certa turbulência na opinião pública. Não há qualquer contencioso."* Sustentando o Patriarca que *"O Governo tem-se portado muito bem. O ambiente que se vive é no sentido de trabalhar depressa e em diálogo construtivo. Devo agradecer a lucidez do Governo".*

D. José recordou que a Concordata *"(…) não se prende apenas com as relações entre a Santa Sé e o estado português, mas significa o reconhecimento da internacionalidade da Igreja Católica."*

Referiu-se também à discussão, em curso, embora muito nos primórdios, no interior da hierarquia católica sobre a criação de novas dioceses em Portugal, na sequência da criação duma nova província eclesial, acrescentando que *" A criação de novas dioceses deve fazer-se em nome do bem da Igreja. Normalmente, só se pensa na proximidade do bispo, mas isso, por si só, não basta ".*

Ao iniciarmos o capítulo sobre o estudo histórico-jurídico da Concordata de 1940, pretendemos saber mais acerca da sua oportunidade e lugar na vida deste país, mas também como este instrumento jurídico inter-

---

[949] É notório o cuidado com que o nosso jornalismo, maioritariamente ateu, graças a Deus, (muito embora consideremos que ser ateu resulta dum excesso de identificação com Deus e que à fé não se ascende por esforço ou demanda), se preocupa demais com as vicissitudes da Igreja Católica. Todas estas boas almas se agitaram, recentemente, perante o possível colapso da Igreja Católica, dada a fragilidade crescente de sua Santidade o Papa João Paulo II. É de louvar tanta preocupação e tanta solicitude de quem diz nada ter a ver com a Igreja, em termos de fé. Contudo, ao longo de dois mil anos, a Igreja acumulou um grande capital de sabedoria e melhor fora que deixassem a Deus o que é de Deus, se querem que César obtenha a parte a que pensa ter direito.

[950] Veja-se entrevista dada pelo Cardeal Patriarca de Lisboa, D. J. Policarpo, ao jornal *Público,* no dia 28 de Maio de 2001, após a sua chegada de Roma onde tomou posse da igreja de Santo António dos Portugueses, que lhe foi entregue pelo Papa João Paulo II, aquando da sua ascensão ao cardinalato.

Capítulo VI – Pluralismo e Liberdade 521

nacional ajudou a alcançar uma estabilidade institucional entre a Igreja e o Estado, bem como resolver determinadas questões.

Dissemos também que ela está prestes a ser alterada, após negociações realizadas, com algum secretismo, ao longo do ano de 2002, entre a Santa Sé e o Estado português.

De que são acordos convenientes e práticos para resolverem, por mútuo acordo, problemas que interessam à Igreja e ao Estado, não ficam dúvidas. Como que constituem, como disse António Leite, "a magna carta que assegure e garanta a situação da Igreja e dos cidadãos católicos num país".[951]

O mesmo acrescenta que, como vimos, esta é uma Concordata de separação, na medida em que praticamente não contém privilégios nem acarreta dependência da Igreja perante o poder civil. Limita-se, como refere António Leite, a "(…) *quase exclusivamente a dar garantias para poder realizar livremente a sua missão*", aliás, como foi possível demonstrar ao analisarmos os artigos concordatários.

Poderá dizer-se, no entanto, que a Concordata contém uma espécie de estatuto da Igreja em Portugal, com garantias para ela e para os católicos da sociedade portuguesa, por forma a poderem livremente viver a sua fé e praticar a sua religião.[952]

---

[951] Cfr. LEITE, A., (1993), *A Concordata de 1940, Portugal – Santa Sé*, Lisboa: Ed. Didaskalia, p. 10.

[952] *Ibidem*, p. 10. Aliás, esta foi apenas mais uma Concordata feita no momento oportuno, pois, ao longo da História de Portugal, foram realizadas várias, tendo merecido a maioria delas a nossa atenção. Dos pactos bilaterais estipulados entre a Igreja e/ou a Santa Sé e Portugal podemos destacar:
- as Concórdias entre D. Sancho I e os Prelados (1210) e entre os Prelados e D. Afonso II;
- as duas Concórdias, estabelecida em 1223-1238, no reinado de D. Sancho II, entre ele e o Arcebispo de Braga;
- as duas Concórdias no reinado de D. Afonso III, em 1243, com o clero;
- as concórdias de D. Dinis, sendo a primeira em 1289;
- as Concórdias de D. João I, D. Afonso V, D. Manuel I, em 1516, e as de D. Sebastião e de D. João IV, no período da Restauração, em 1642. Depois foram celebradas Concordatas nos reinados de D. João V, D. Maria I (1778), D. Maria II (1848);
- a que se seguiram as Concordatas sobre o Padroado do Oriente. Anteriormente à Concordata de 1940 e ao acordo Missionário, concretamente em 1928 e 1929 foram celebrados dois Acordos já num período de acalmia, em que as relações conflituosas entre a Igreja e o Estado se encontravam em fase de dissipação.

Ainda repetindo as palavras de António Leite,

"A Concordata portuguesa era tanto mais útil, direi mesmo necessária, quando se verificava no nosso país uma situação injusta e persecutória como era a criada sobretudo pela Lei da Separação de 1911. Seria praticamente impossível resolver satisfatoriamente esses problemas e reparar as manifestas injustiças e violências cometidas, sem ser por mútuo acordo como de facto se realizou, e direi mesmo que com notável felicidade – como foi notado mesmo no estrangeiro, por meio da nossa Concordata de 1940 (...)".

Há que admiti-lo: o catolicismo e a fé no Deus único e verdadeiro estão profundamente radicados na alma deste povo, nascido à sombra protectora da Igreja de Roma. A existência de Portugal se ficou, em grande parte, a dever ao esforço e à ajuda dos cruzados que vindos do Norte a caminho da Terra Santa aqui fizeram estação de passagem e, não fossem eles, talvez Portugal estivesse hoje cheio de minaretes e povoado de muezins.

E, provavelmente, a *Comunidade de Santo Egídio* não tivesse escolhido Portugal para o Encontro Inter-Religioso, a ligar dois mil anos, dum lugar sagrado donde partiram caravelas que deram ao Mundo outros mundos. Foi assim que um dos primeiros levantamentos sobre as questões religiosas mais gritantes do nosso tempo foi feito em Lisboa. Afinal como alguém disse um dia: *"Uma Cruz basta para dizer, na História, quem é Portugal"*.[953]

Pretendemos com tudo isto dizer que para se elaborar uma nova Concordata ou Acordo com a Santa Sé há que redigir o seu texto no contexto histórico-social, ouvindo as bases, sobretudo o clero diocesano, para exclusiva vantagem dos seus autores. Face à realidade, qualquer acordo, sobretudo desta natureza, não pode conter superficialidades nem incongruências, designadamente no plano da educação. Caso contrário os seus protagonistas, estarão no banco dos réus da História, sob observação em toda a parte, aquém e além Tejo.

Como nos foi dado perceber, a nova Concordata de 2004 parece ter sanado os atritos existentes. Assim parece ter acontecido. Falta assistir à sua exequibilidade.

---

[953] Estávamos no início do ano de 1939 quando foi atribuído ao padre Moreira das Neves, pela Comissão Executiva dos Centenários, o prémio do melhor artigo sobre as comemorações sob aquele título. O artigo em causa foi publicado no jornal católico *Novidades*, de 31 de Dezembro de 1939.

2. Das Liberdades Religiosas

Nos dias que correm e, à primeira vista, quer a tolerância quer a própria liberdade religiosa parecem ser dados adquiridos. Contudo, um olhar mais apurado, fará vermos que ainda não é bem assim. A verdade é que a construção histórica da tolerância e da liberdade religiosa tem sido extremamente difícil de realizar passando do papel aos actos.

A liberdade é um valor essencial ao Homem. Por isso, o Homem moderno considera a liberdade um valor fundamental da existência do indivíduo na sociedade. A liberdade religiosa é parte do conjunto de liberdades ou direitos que configuram o homem livre.

Em 1789, o art. 10.º da Declaração dos Direitos do Homem e do Cidadão contemplava:

> *"Ninguém deve ser inquietado pelas suas opiniões, mesmo religiosas, desde que a manifestação delas não perturbe a ordem pública estabelecida na lei."*

Consta que os defensores das liberdades sentiram este artigo como algo restritivo das suas posições. Mas o facto é que desde então foi nele que se constituiu o pilar simbólico da liberdade de crença, primeiro em França, depois em grande parte do Ocidente.

Não é nosso propósito, no âmbito desta dissertação, reincidir na tolerância em matéria de religião. No entanto, temos de reconhecer que sempre houve muitas dificuldades em estabelecer consensos quanto à tolerância religiosa, porque as religiões sempre andaram associadas ao poder.

Se, por um lado, o problema em si é secular, por outro, coloca-se de novo modo ao Ocidente Cristão, sobretudo a partir do século XVI, dado que até aí a cristandade desempenhava o papel de unificador cultural.

Sem pretendermos fazer história e ultrapassando males que, hoje, todos reconhecem na Inquisição, o que se constata, passados séculos, é que continua a existir uma partilha de erros e de verdades que os homens transmitem e disputam entre si, mercê de modos de estar na vida diferenciados, por razões diferentes, ninguém podendo garantir que a verdade está sempre consigo e o erro sempre com o 'outro'.

Não será pois, de excluir que a tolerância possa ser tida como oposta à liberdade, existindo como que uma oposição latente entre liberdade e

524 *Das Relações da Igreja com o Estado*

tolerância. Esta é tida, por muitos como um valor muito próximo da condescendência. Não respeita de forma suficiente o outro, podendo até caucionar privilégios.

Visto deste modo, parece-nos leal dizer que existe a ambivalência dos valores e a lucidez que a sua compreensão social nos exige. A liberdade tem mais a ver com o reconhecimento positivo do outro, com o seu direito à diferença. Como referimos a liberdade religiosa faz parte do conjunto de liberdades ou direitos que configuram o Homem livre.

Foi assim que o reconheceu a Declaração Universal dos Direitos do Homem em 1948, no seu artigo 18.°: "(...) todas as pessoas têm liberdade (...) de religião". Por sua vez, este direito foi confirmado na Conferência de Helsínquia, em 1976. Nela foram reconhecidos dois pressupostos essenciais:

1 – Reconhecer aos pais o direito de assegurar a liberdade religiosa e moral dos filhos de acordo com as suas convicções;

2 – Proibir que se prejudique um cidadão pelas suas convicções.

Por sua vez, a declaração *Dignitatis Humanae,* do Concílio Vaticano II ocupa-se da liberdade religiosa. Não apenas afirma o direito à liberdade religiosa, como o fundamenta na dignidade da pessoa humana.

E fá-lo nos seguintes termos:

"De harmonia com a própria dignidade, todos os homens, que são pessoas dotadas de razão e de vontade livre e por isso mesmo com responsabilidade pessoal, são levados pela própria natureza e também moralmente a procurar a verdade, antes de mais a que diz respeito à religião. Têm também a obrigação de aderir à verdade conhecida e de ordenar toda a sua vida segundo as suas exigências. Ora, os homens não podem satisfazer a esta obrigação de modo conforme com a própria natureza, a não ser que gozem ao mesmo tempo de liberdade psicológica e imunidade de coacção externa.

O direito à liberdade religiosa não se funda, pois, na disposição subjectiva da pessoa, mas na sua própria natureza".[954]

A liberdade religiosa encontra-se no âmago da problemática dos direitos fundamentais do Homem, contudo, e talvez a justificação seja mesmo esta, ela estar no cerne da questão, trata-se duma aquisição

---

[954] Veja-se *Dignitatis humanae,* 2.

Capítulo VI – Pluralismo e Liberdade

recente, não raras vezes desconhecida e até mesmo negada em muitos países.[955]

O fenómeno religioso teve e continua tendo uma importante projecção cultural, política e jurídica. Não é descurado constitucionalmente repercutindo-se no Direito Internacional.[956] A própria diversidade de

---

[955] No caso português, a *Lei da Separação*, assinada após a implantação da República, desferiu um rude golpe na liberdade de culto, que a Igreja Católica sempre teve desde a fundação da nacionalidade. Os sacerdotes foram submetidos a comissões de culto sob as ordens do Estado, funcionando as paróquias como se fossem departamentos públicos. Os actos litúrgicos foram, por sua vez, proibidos fora das igrejas.

Refira-se igualmente um caso *sui generis*: passados dezoitos anos da entrada em vigor desta lei, o Doutor Mário de Figueiredo, aqui citado aquando dos acordos da Concordata, então Ministro da Justiça, foi forçado a demitir-se apenas por ter autorizado o toque dos sinos nas igrejas.

[956] Na Constituição Portuguesa de 1822, antecipada em relação ao seu tempo, no que concerne aos valores, ideologias e convicções generalizadas, ficou escrita a possibilidade de coexistirem outras confissões religiosas. No art. 25.º, após deixar claro que "a religião **da Nação** portuguesa é a católica apostólica romana", era expressa, no parágrafo seguinte, a permissão 'aos estrangeiros do exercício particular dos seus cultos'. Por esta 'abertura' foi possível, ainda no século XIX, a entrada de diferentes confissões religiosas no país, onde se integravam cidadãos estrangeiros e portugueses. Esta Constituição viria a ter curta e entrecortada vigência por representar um 'produto importado', sem raízes na tradição, costume ou lei fundamental do Reino. Daí ter sido rejeitada, aliás, isso sempre acontece com tudo aquilo ou todos os que têm razão antes do tempo. A inovação, que ela representava, por mais atraente e justificada que fosse, tem de aparecer no momento próprio e na dose certa. Portugal não estava preparado para ela.

Acrescente-se que a Carta Constitucional (de 1826, outorgada por D. Pedro IV), previa, no seu art. 145.º que "ninguém pode ser perseguido por motivos de religião, desde que respeite a do Estado e não ofenda a moral pública". Diga-se, no entanto, que se trata dum indício de liberdade religiosa que permitia o culto particular, privado sem forma exterior de templo.

Contudo, com a República e, pelo art. 2.º, da *Lei da Separação* (20 de Abril de 1911), foi decretado que "a religião católica apostólica romana deixa de ser a religião do **Estado**, e todas as religiões são autorizadas como legítimas agremiações particulares, desde que não ofendam a moral pública nem o direito político português". A mesma lei dispunha que ninguém poderia ser perseguido por motivos religiosos, nem inquirido pelas autoridades acerca da religião professada. Por sua vez a Constituição, revista em 1911, apresentou alguns artigos à Liberdade Religiosa, consagrando a não confessionalidade do Estado, dando plena liberdade de crença a todos os cidadãos, admitindo o carácter neutro ao ensino público.

Não pretendendo, de modo algum, debruçar-nos sobre a evolução dos direitos fundamentais, e em particular sobre o da liberdade religiosa e de culto, nas diversas consti-

526   *Das Relações da Igreja com o Estado*

religiões leva a isso, aliada a outros condicionalismos que ultrapassando o cultural vai enxertar-se no económico e no social colectivo da humanidade.

Mas a própria Igreja Católica, por mais ciosa que se apresente do seu *munus docendi* tem vindo, sobretudo a partir do Concílio Vaticano II (1962-65), a fazer questão de reconhecer os direitos e deveres educativos doutras sociedades. Ela congratula-se com as autoridades civis que, atentas ao pluralismo da sociedade actual e favoráveis à devida liberdade religiosa, *"(...) ajudam as famílias para que possam dar-se aos filhos em todas as escolas uma educação conforme aos princípios morais e religiosos das famílias"*.[957]

O ponto de partida consiste na afirmação de que todos os homens têm direito inalienável à liberdade religiosa que se fundamenta na dignidade da pessoa.[958]

Na ordem natural, a primazia de educar cabe à família, enquanto no domínio do sobrenatural a prerrogativa é da Igreja. Entre estas duas ordens deve existir harmonia e, por sua vez, a acção educativa do Estado deve reger-se pelo critério essencial da subsidiariedade, incumbindo-lhe promovê-la e protegê-la dentro das exigências do bem comum. Toda esta matéria suscita questões e muitas soluções encontram-se no sistema das relações Igreja-Estado, sempre dando ênfase à importância da liberdade religiosa em matéria de relacionamento entre ambos.[959]

---

tuições portuguesas, mesmo porque estamos certos que muitos especialistas já o fizeram, nomeadamente na parte em que, por já ter sido dito, nós não acrescentamos nada de novo, resta-nos apenas referir que a Constituição de 1933, plebiscitada, segue os mesmos princípios da anterior, pois nos seus artigos 45.º e 46.º, consagra que é "livre o culto público ou particular de todas as religiões, podendo as mesmas organizar-se livremente, de harmonia com as normas da sua hierarquia e disciplina".

[957] Veja-se a Declaração *Gravissimum educationis,* 7, de 28 de Outubro de 1965.

[958] Convém, em todo este contexto, advertir que o suporte da acção formativa/ /educativa da Igreja não se restringe aos títulos de carácter sobrenatural. Temos de ter presente que a Igreja invoca um título de índole natural, ou seja, a capacidade de formar que lhe é própria como sociedade humana, capacidade comprovada pela sua acção multissecular de grande mérito. Assim sendo, mesmo perante uma sociedade cada vez mais laica e agnóstica, insensível aos argumentos de ordem sobrenatural, a Igreja continua com toda a legitimidade para educar, independentemente da atitude confessional do Estado.

[959] Sobre a liberdade religiosa. Veja-se FUENMAYOR, Amadeo de, (1974), *La libertad religiosa,* Pamplona: Ediciones Universidad de Navarra, S.A..

Capítulo VI – Pluralismo e Liberdade   527

No contexto não confessional da democracia pluralista pode sempre a Igreja apelar ao título natural a fim de fundamentar o seu direito de liberdade religiosa.[960]

Neste sumariado de considerações sobre a liberdade religiosa convém recordar que a uma determinada confissão religiosa, atentas as circunstâncias peculiares dum povo e a importância histórica que nele assume essa confissão, pode o Estado atribuir um especial reconhecimento civil.

Convém imprimir, à indagação que nos proposemos, uma adequada perspectiva histórica, que permita apreender, além de certos matizes evolutivos de matéria de liberdade religiosa, as sucessivas posições que o Estado português tem tomado, ao longo dos tempos, face a toda esta problemática. Sobretudo parece especialmente interessante acompanhar a questão ao longo das nossas Constituições.[961]

Sobre este pano de fundo histórico, tecido com múltiplos e intrincados fios religiosos e políticos, poderá ressaltar com maior evidência os significados genuínos quer da Concordata quer da Lei de Liberdade Religiosa.[962]

---

[960] Este direito de liberdade religiosa que assiste à Igreja é, muitas vezes, reivindicado devido às dificuldades de aceitação pelo Estado laico da doutrina do dualismo cristão em toda a sua plenitude. Veja-se LOMBARDIA, Pedro, (1984), *Lecciones de Derecho Canónico. Introducción. Derecho Constitucional, Parte General,* Madrid: Tecnos, pp. 63-64.

[961] Aliás, como temos vindo a fazer, embora sumariamente, em notas da página 474. Acrescente-se que pela Concordata de 1940, embora não alterando a filosofia subjacente às leis já em vigor, vem permitir-se que a Igreja Católica se organize livremente, prevendo inclusive a celebração de acordos com o Estado ao nível do ensino, casamento e isenções fiscais, a que atrás nos referimos com algum pormenor.

Com a entrada em vigor da Lei n.º 2 048, de 11 de Junho de 1951, a Constituição de 1933, teve de adaptar-se a alguns princípios consagrados na Concordata. É este o caso do citado art. 46.º que considera a Religião Católica como religião tradicional da **Nação**, sem prejuízo de se continuar a afirmar o regime de separação entre as confissões religiosas e o Estado português. Haverá quem afirme que, em sentido prático, as comunidades não católicas viviam apenas um regime de tolerância, com alguns problemas como o da objecção de consciência face ao cumprimento do serviço militar por parte dalguns crentes de confissões religiosas que não a católica.

[962] Em 1971, elabora-se, em Portugal, uma lei especificamente dedicada à questão da Liberdade Religiosa. Trata-se da Lei 4/71, de 21 de Agosto, a que posteriormente faremos mais detalhada referência.

Em suma, é recomendável perspectivar as normas concordatárias e as da Lei n.º 16/2001 de 22 de Junho, tendo em atenção os seus antecedentes, os seus momentos de origem, as suas dinâmicas evolutivas e o sentido de ambas no presente.[963] Esta parte da tese servirá para comprovar, uma vez mais, os méritos duma 'leitura' do fenómeno jurídico, visto como processo histórico-dialéctico de natureza simultaneamente normativa, fáctica e axiológica.[964]

Um mero olhar normativo-formalista sobre ambos os textos – concordatário e da Lei da Liberdade Religiosa, deixar-nos-ia uma esquálida imagem, escassamente significante, deste intenso capítulo das relações entre o Estado, a Igreja Católica e demais confissões religiosas.

3. 'Braço secular' e Liberdade Religiosa

A história do século XIX é a história da perseguição que o novo poder, dito liberal, move à Igreja, em nome da liberdade e das condenações feitas ao liberalismo por parte da Igreja, em defesa dos direitos de Deus e da liberdade dela própria. Aliás, a conquista da Itália por Napoleão, dando ao filho o título de Rei de Roma, é vista como um *finis ecclesiae*. Por seu turno, a extinção, na maioria dos países europeus, das ordens religiosas e a usurpação dos bens da Igreja, são os principais capítulos desta luta.

Se pretendéssemos contar a história numa perspectiva dialéctica, como normalmente a história da doutrina da liberdade religiosa tem sido apresentada, o ponto de partida seria o antigo regime, tido como um tempo de intolerância e inquisição, em que o *Altar e o Trono* se encontravam aliados na perseguição às consciências.

---

[963] Bom seria que pudéssemos contar, para a rigorosa reconstituição do processo formativo quer da Concordata quer da Lei da Liberdade Religiosa, com os trabalhos preparatórios destes instrumentos normativos. Só que temos de aguardar com a exploração, pelos estudiosos da História, dos espólios dos protagonistas do processo concordatário. Para quem intenta captar o significado pleno duma experiência jurídica queda-se no nível da mera legalidade abstracta estabelecida. Poderão ter existido as melhores intenções no legislador, mas pode acontecer que a vertente da sua eficácia social seja muito diferente.

[964] Veja-se REALE, Miguel, (1980), *Teoria Tridimensional do Direito,* 3.ª ed., S. Paulo: Ed. Saraiva.

Capítulo VI – Pluralismo e Liberdade

Foram os filósofos do século XVIII que, enlevados pelas experiências vindas da Reforma e das guerras de Religião, formularam doutrina sobre a liberdade de consciência. Por sua vez, a Revolução Francesa proclama-a na *Declaração dos Direitos do Homem e do Cidadão*. A Igreja opôs-se com condenações doutrinais e empenhamento político em defesa da velha ordem.[965]

Apenas no século XX ocorre a recuperação da liberdade como valor na área cultural católica, fruto da aceitação dos ideais democráticos por parte da Igreja e como resultado da reprovação retrospectiva das violências totalitárias do período entre a I e a II Guerra Mundial.

A aproximação efectiva entre o catolicismo e o espírito liberal e democrático só acontece pela resistência comum ao totalitarismo, o que conduziu à abertura do caminho, no interior da Igreja, à aceitação da liberdade religiosa e deixava antever o potencial de defesa da liberdade que existe no catolicismo.[966]

Será, no entanto, de clarificar que a doutrina da Liberdade Religiosa não encontra os seus antecedentes históricos no racionalismo iluminista pois, desde São Tomás de Aquino (século XIII) faz parte da história doutrinal da liberdade religiosa.[967]

No intuito de se ultrapassar a aparente oposição entre os variados documentos papais, sobretudo do século XIX, de Gregório XVI [1831-
-1846] (*Mirari vos*) e de Pio IX [1846-1878] (*Syllabus*) e a declaração conciliar *Dignitatis Humanae,* convém recordar que a Igreja depois de ter condenado a reivindicação duma liberdade absoluta, ilimitada e incondicional da pessoa face aos outros e face a Deus, foi reconhecendo que a pes-

---

[965] Como resposta recebe as perseguições religiosas, a prisão do Papa Pio VI, levada a cabo por Napoleão Bonaparte e consequente sujeição da Igreja ao Estado pelos denominados 'artigos orgânicos' da Concordata de Napoleão. Como contra resposta a Igreja condena a Constituição Civil do Clero, restaura a Companhia de Jesus e condena o liberalismo, sobretudo com o *Syllabus*. Estes foram alguns dos pontos maiores desta oposição Catolicismo / cultura da liberdade.

[966] Desde a publicação da Declaração Conciliar *Dignitatis Humanae* que posto em confronto com o *Syllabus* se tem vindo a declarar como tendo sido superada a questão da liberdade religiosa. Celebra-se mesmo a passagem, com algum aproveitamento por parte do jacobinismo, da passagem duma Igreja inquisitorial, intolerante e inimiga da liberdade para uma dialogante, ecuménica e aliada das democracias. Resta saber se estas contraposições correspondem à verdade histórica e à verdade teológica.

[967] A este propósito relembre-se a doutrina de S. Tomás de Aquino sobre tolerância e direitos de consciência. Cfr. S. Tomás de Aquino na *Suma Teológica*.

soa goza do direito, embora relativo e limitado, de exprimir o seu modo de pensar em matéria religiosa.

A *Declaração dos Direitos do Homem e do Cidadão* assumiu uma perspectiva individualista, sendo, no seu artigo 10.º, a *religião* reduzida a uma opinião subjectiva. Os direitos naturais proclamados no art. 2.º da Declaração de 1789 *"(...) pertencem ao homem enquanto sujeito absoluto"*.

O Estado parecia ser a sua origem, conforme as ideias de J. J.Rousseau apresentadas no seu 'contrato social'. É toda uma filosofia anti--católica que impregna o documento. Daí nasce a crítica de Gregório XVI – A liberdade de consciência e a liberdade de opinião 'plena e sem limites', nasce do indiferentismo. Por outras palavras, a liberdade cívica da religião deriva da afirmação filosófica de que todas as religiões se equivalem e que o único critério para a salvação do homem é seguir o caminho da rectidão. Sendo a liberdade absoluta e de consciência que ele condena.

Ao longo do século XIX, não se pode dissociar da reflexão filosófica e teológica sobre a verdade, a revelação cristã, os direitos de Deus e da condenação dos erros do indiferentismo, a reação à proposta jurídico--polítca da liberdade religiosa, como salientou Costa Seabra (1989 – Defensor do Vínculo do Tribunal Patriarcal de Lisboa), pois, as duas questões encontram-se indissociadas quer no plano da reflexão doutrinal quer no da actuação política concreta.

Com o Papa Leão XIII [1878-1903] assiste-se a uma mais explícita evolução doutrinal na medida em que distinguiu, de forma objectiva, a Igreja, povo de Deus, da sociedade civil povo temporal, na *Immortale Dei*, abrindo, desta forma, caminho à afirmação da autonomia da jurisdição civil.

Em 1924, o Papa Pio XI [1922-1939], na sua *Maxima gravissimamque*, recorda a condenação à 'laicidade' feita por Pio X [1903--1914] e reafirma que "sempre que nela haja um sentido ou um propósito hostil ou contrário a Deus e à religião, ou estranho a Deus e à religião, nós rejeitamo-la absolutamente e declaramos abertamente que deve ser rejeitada".

Contudo, embora mantendo-se fiel aos seus antecessores, acrescenta a distinção entre "a liberdade de consciência" e "a liberdade das consciências" com o intuito duma melhor compreensão da doutrina católica, pois, a "liberdade de consciência" pode ser utilizada pelo sistema de pensa-

Capítulo VI – Pluralismo e Liberdade

mento e da acção política do Laicismo significando a independência absoluta da consciência, tida como um absurdo para a religião católica já que o Homem é criado e resgatado por Deus.[968]

Será justamente na encíclica *Non abbiamo bisogno,* datada de 1931, em que condena os abusos do fascismo italiano, que Pio XI declara travar "o bom combate pela liberdade das consciências", mas vai mais longe, seis anos depois, quando enfrenta o totalitarismo nazi e afirma na *Mit Brennender Sorge,* ao afirmar que "o Homem como pessoa possui direitos que lhe advêm de Deus e devem permanecer fora de toda a negação, privação ou entrave por parte da sociedade".

E acrescenta:

> *"O crente possui um direito inalienável a confessar a sua fé e a pô--la em prática pelos meios convenientes. As leis que impedem ou tornam difíceis a confissão da fé e o seu exercício estão em contradição com a lei natural".*

O seu sucessor, Pio XII [1939-1958], segue-lhe as pisadas.[969]

Pio XII enumera os direitos fundamentais da pessoa que devem ser reconhecidos e honrados em todas as sociedades, referindo que "proteger os direitos invioláveis dos homens e velar para que cada um possa facilmente cumprir as suas obrigações, é o dever fundamental de todo o poder

---

[968] Os Padres da Igreja, antes da Teologia Escolástica que complicou mais do que esclareceu até as coisas mais simples, resumiram o ensino do evangelho da seguinte forma: *"Cristo quis ser aquilo que é o Homem, para que o Homem pudesse ser aquilo que Cristo é".* Veja-se São Cipriano, *Os ídolos não são deuses,* 11,5.

Será talvez tempo de começar a cumprir o voto milenar de todas as sabedorias que os Padres da Igreja resumiram nesta fórmula que reputamos de sublime: **Deus fez-se homem para que o Homem se possa fazer Deus.** Assim escreveu Santo Irineu e com ele toda a Patrística (ciência que se ocupa da doutrina dos Santos-Padres em relação à fé, à moral e à disciplina eclesiástica) que assinala a rotura da continuidade que o fim do judeo-cristianismo esconde.

[969] Não será cómodo falar sem paixão deste Papa. Uns descobriram nele um conservadorismo inspirador de medidas ecuménicas ultrapassadas, enquanto outros o consideram um santo. A peça *O Vigário,* de Rolf Huchuth, apresenta este Papa, durante a II Guerra Mundial, recusando condenar os excessos do *Nazismo* e dos campos de concentração, fez avivar querelas. Podíamos discutir o silêncio oficial do Papa, mesmo sabendo do acolhimento feito aos judeus refugiados no Vaticano. Talvez os que mais o criticam não conheçam toda a sua vasta obra e toda a sua tentativa de instauração do espírito cristão em todas as actividades humanas. Dada a situação geopolítica da época, com toda a força de expansão do marxismo,a Igreja teve de ser a «Igreja do Silêncio».

532   *Das Relações da Igreja com o Estado*

público". Mais tarde acrescentará "o direito ao culto de Deus, público e privado, incluindo actividade religiosa da caridade".[970]

Estes preceitos vão culminar na encíclica *Pacem in Terris,* de João XXIII [1958-1963], em que a pessoa é colocada no centro de toda a realidade, ao partir dos direitos e deveres da pessoa na sociedade examinando os fins ou propósitos da comunidade política perante a pessoa e expõe as relações que devem existir entre as comunidades políticas.

Podemos, para concluir, afirmar que a Igreja acredita e passa na sua mensagem que há uma verdade revelada por Deus aos homens, que é meio de salvação e caminho para que todos vivam em comunidade autêntica.

A expressão *liberdade religiosa* teve e tem para a Igreja Católica um sentido determinado. Não é afirmado que o homem possa considerar o problema religioso a seu bel-prazer, sem introduzir obrigação moral e que possa decidir como entender se abraçará ou não uma religião. Isso era tido como indiferentismo religioso, mas também não se poderá afirmar que a consciência humana seja livre no sentido de não estar submetida a nenhuma lei, ou seja, ser livre de qualquer obrigação para com Deus, pois, isto seria Laicismo.

Não poderá também, de acordo com a Igreja, o verdadeiro e o falso terem os mesmos direitos, como se não existisse nenhuma norma objectiva da verdade, o que seria puro relativismo doutrinal. Contudo, também não será admissível que o homem tenha como que um direito de se comprazer tranquilamente na incerteza, o que corresponderia a pessimismo diletante.

Por conseguinte, *liberdade religiosa* será o direito de cada um ao livre exercício da religião de acordo com os ditâmes da sua consciência, não podendo ser a ausência de qualquer coacção externa nas relações pessoais com Deus, que reivindica a consciência. Ela implica, de acordo com Mons. Smedt[971], a autonomia do Homem não *ad intra*, mas *ad extra*.[972]

---

[970] Estes excertos fazem parte das radiomensagens do Papa Pio XII, em tempo de 2.ª Guerra Mundial, respectivamente no dia 1 de Janeiro de 1941 e 24 de Dezembro de 1942 sobre a *Ordem interna das Nações*

[971] Assim foi apresentado na aula conciliar, do Concílio Vaticano II, em nome do Secretariado para a Unidade dos Cristãos, inserido no projecto da Declaração *Dignitatis Humanae.*

[972] Não será *ad intra* dado que o homem não está livre de obrigações no domínio das questões religiosas, enquanto *ad extra* a sua liberdade é lesada quando ele não pode obedecer às exigências da sua consciência em matéria religiosa.

Para um melhor esclarecimento foi proposto que o fundamento ontológico da liberdade religiosa reside na obrigação de busca da verdade objectiva, de lhe aderir e de conformar a vida às exigências dessa mesma verdade.

Poderá inferir-se da *Dignitatis Humanae* que é dever de cada ser humano *"buscar a verdade, sobretudo no que diz respeito a Deus e à sua Igreja, e uma vez conhecida, de a abraçar e guardar"*.

É tempo de concluir que no contexto do ataque ao catolicismo desencadeado quer pelo indiferentismo religioso quer pelo liberalismo e Laicismo, a reafirmação permanente do dever da pessoa buscar a verdade e se conformar com ela, apresenta-se como uma luta em defesa da dignidade da própria pessoa.

O concílio Vaticano II, sintetizou de maneira feliz na *Dignitatis Humanae,* a doutrina da liberdade cívico-política em matéria religiosa, como expressão do dever e direito de cada ser humano buscar a verdade, mas de acordo com a sua natureza e com a modalidade histórica da revelação operada em Cristo.

Essa proclamação pressupõe, contudo, a condenação da liberdade religiosa quando entendida como consequência jurídica do indiferentismo religioso, do agnosticismo, do relativismo doutrinal ou do próprio Laicismo. Será, pois, um anacronismo inconsequente interpretar o texto conciliar *Dignitatis Humanae* à luz dos conceitos jurídico-políticos desenvolvidos a partir das declarações de direitos humano quer de 1789, quer de 1948.

Cabe entender a "liberdade social e política da pessoa e das comunidades em matéria religiosa" apenas à luz da tradição católica. Representa a reflexão última de dois ou vinte séculos sobre a relação entre a razão humana e a procura da verdade, a sua concretização na vida histórica da humanidade e sobre a necessidade da Igreja em encontrar a salvação do Homem. A tradição laicista da Liberdade Religiosa tende a marcar a neutralidade do Estado face às religiões, a tratar as comunidades religiosas como realidades de direito privado e a considerar como contrário à liberdade religiosa e à laicidade do Estado toda e qualquer forma de colaboração do Estado com as igrejas.

O magistério do Papa João Paulo II é bem o exemplo duma autêntica assunção de Liberdade Religiosa. Em síntese, *a liberdade religiosa* é a medida e a constatação de todas as liberdades correspondendo ao fundamento da paz e da segurança mundiais.

O conteúdo de 'liberdade religiosa' não se esgota no direito de professar ou não uma religião, esta ou aquela, de prestar culto a Deus, individual e colectivamente. Inclui o direito de conformar a totalidade da existência com as próprias convicções. Por outras palavras, a Liberdade Religiosa exprime-se no direito de associação, na liberdade de educação, na liberdade de expressão do pensamento, na liberdade de criação, no direito de constituir obras assistenciais e de promoção social de acordo com as próprias convicções religiosas.

DAS CONCLUSÕES E RECOMENDAÇÕES

Temos um sonho: o dos Homens, um dia, não muito distante, para que ainda possamos assistir, se ergam e compreendam que foram feitos para viverem uns com os outros, em sintonia e em unidade, como verdadeiros irmãos, independentemente dos seus grupos étnicos, culturais e dos credos que professam.

Num Mundo, cada vez mais globalizado, faz-nos falta, como diz o Professor Adriano Moreira, *"(…) a revitalização de um centro onde todos se encontrem com todos, cooperando em espírito de responsabilidade partilhada à luz da cidadania mundial filiada na Declaração Universal de Direitos do Homem, objecto de tantas desencontradas leituras e esquecimentos lembrados."*[973] Parafraseando-o ainda diremos que reside na O.N.U. as esperanças deste novo milénio, pois, há que conciliar dois legados: o humanista dos valores com o maquiavélico do poder.

O Mundo do século XXI necessita duma sede de legitimidade que acabe com a *anarquia madura* que tem consentido na existência de povos sem voz, traduzida numa complexa sociedade internacional que submete as relações entre os povos a uma teologia de mercado que aumenta o fosso e gera ou fomenta instintos bélicos.

Só acreditamos no que nós mesmos experimentamos. Desconfiamos das verdades das Igrejas, tal como das ciências e da política. No final do século XX, mais precisamente no pós-guerra e mais ainda na viragem dos anos 70, ninguém atribuiu importância à intuição de Malraux sobre o regresso do religioso – *Le XXIe siècle sera spirituel.*

Não se disse que Deus estava morto? Filósofos, Sociólogos e outros pensadores apostaram na cada vez maior secularização do Mundo. Mas muito embora esta tendência permaneça, ela não é única. O certo é que o desencantamento perante a modernidade traduz-se em novas formas

---

[973] Cfr. MOREIRA, A., (2000), *Estudos da Conjuntura Internacional, Ibidem,* p. 18.

de religiosidade. E Samuel Huntington alerta para o facto de *"Na Europa a civilização ocidental pode também ser minada pelo enfraquecimento da sua componente central, o cristianismo"*. Ele mesmo acrescenta que são cada vez menos os europeus que *"têm crenças, cumprem práticas e participam em actividades religiosas"*, muito embora isto reflicta *"não tanto hostilidade à religião, mas antes indiferença. Contudo, os conceitos, práticas e valores cristãos impregnam a civilização europeia"*.[974]

E socorrendo-nos de Quigley diremos que a sociedade torna-se cada vez mais fraca. Para parar este processo de desgaste legisla-se em vão. Mas o declínio continua.

Os diferentes níveis religiosos, intelectuais, sociais e políticos da sociedade começam a perder em grande escala a confiança da população".[975] E é neste contexto e num processo que quase se vê irreversível, que *"Começam a alastrar na sociedade novos movimentos religiosos. Há uma crescente relutância em lutar pela sociedade, ou mesmo apoiá-la, pagando os impostos"*.

O fundamentalismo islâmico reflecte o repúdio pela influência ocidental, quer europeia, quer americana, sobre a sociedade, a política e a moral dos países islamizados. Os Muçulmanos 'atacam' o Ocidente, para falarmos como Huntington, porque receiam e ofendem-se com o poder do Ocidente e com a ameaça que este representa para a sua sociedade e suas crenças.[976]

Não é pelos Ocidentais aderirem a uma religião 'errónea e imperfeita', mesmo porque se trata e apesar de tudo duma *religião de livro*, mas por não aderirem a qualquer religião.[977] Parafraseando a socióloga Hervieu-Léger, as sociedades modernas e racionais são também aquelas em que prolifera a crença, a par com a incerteza social e individual.

---

[974] Cfr. *Ibidem*, p. 360.

[975] Veja-se QUIGLEY, Carroll, (1979), *The Evolution of Civilizations: Na Introduction to Historical Analysis,* Indianapolis: Liberty Press, pp. 127-166.

[976] Consideram a cultura ocidental não apenas materialista, corrupta, decadente e imoral, mas também como sedutora e daí a necessidade de lhe resistir. Cfr. HUNTINGTON, S., *Ibidem*, p. 250.

[977] Conforme refere Samuel P. Huntington "Aos olhos dos muçulmanos o secularismo ocidental, a irreligiosidade e, portanto, a imoralidade são os piores males que o cristianismo ocidental produziu. Na Guerra Fria, o adversário do Ocidente era o «comunismo sem Deus»; no conflito de civilizações pós-guerra fria, os muçulmanos vêem o seu opositor como o «Ocidente sem Deus»". Veja-se p. 250.

Todos estes fenómenos confirmam a extraordinária fluidez das crenças. Para além dos grupos ditos fundamentalistas, impõem-se novas formas de religião mística, que poderão passar por heterodoxas, mas que não são marginais. Para Harvey Cox, autor de *O Regresso de Deus,* o *pentecostismo* cristão – que privilegia, associada a uma leitura literal da Bíblia, uma experiência directa do divino, presente já hoje nas metrópoles do Terceiro Mundo, será a religião do século XXI.

Afinal a fé não deixou de precisar do «rio de fogo», de acordo com Feuerbach, que nos protege contra a tentação de projectar num Deus, as vontades de poder dos homens; o mesmo «rio de fogo» que Marx e Nietzsche nos incitaram a ultrapassar para levar a fé para além das alienações «religiosas». Aliás, o crescendo de correntes carismáticas, nas Igrejas Católica e Protestante, faz parte do mesmo fenómeno. Estas reconhecem dons de profecia e de cura, atribuindo muita importância à emoção, oração, cânticos e dança. As suas comunidades, plurais em termos etários e de género, fazem também elas, tal como as monásticas tradicionais, opções radicais.

Durante longos anos, as autoridades religiosas, movidas pela desconfiança perante todo o género primário de espiritualidade, não os reconheceram. Hoje, têm um lugar próprio nas Igrejas.

Esta evolução é típica do sentimento religioso do Homem moderno, mais místico do que ético, sendo que a experiência pessoal é mais importante que a adesão colectiva, a emoção e a aventura interior contam mais que o conhecimento e o comprometimento.

Neste início de século e de milénio estamos num Mundo global, materialista, decadente, mas com muitos e grandes desafios espirituais pela frente. Temos agora a possibilidade de iniciar o grande ideal que ficou por concretizar: *o encontro de culturas e religiões a partir do centro, ou identidade simbólica se preferirmos.*

Eliade provou que existe uma tradição mítica comum a toda a humanidade, que os símbolos religiosos são universais e que o sagrado é parte integrante da consciência humana definindo o próprio *Homo Sapiens sapiens.*

Duas teorias gerais de explicação de todos estes fenómenos foram propostas: a do "Fim da História", de Francis Fukuyama e a de "O choque das Civilizações", de Samuel P. Huntington. Ambas demonstram fraquezas perante a complexidade da caótica situação que estamos a viver. De repente os cidadãos sentiram-se abandonados pelo Estado e interrogam-se onde ir buscar arrimo.

538 *Das Relações da Igreja com o Estado*

Um pouco por todo o lado, a educação, a religião, o primado do direito e a moralidade foram destruídos e enfrentar o vácuo moral e espiritual é o grande problema civilizacional que se nos coloca.Todos nós, que vivemos no século XX e continuamos no XXI, temos o dever de deixar essas sementes de força espiritual num Mundo que tolda para uma nova Idade Média, com nova barbárie e senhores feudais. Essas sementes têm de partir do coração, serem lançadas à Humanidade e regadas com o nosso comportamento ético e ainda esperarmos que dêem flores e frutos. Muito para além da nossa frágil personalidade escravizada pelo **ter**, em que o **ser** perdeu valor, está o espírito humano que urge despertar.

Como foi dito: «**Morre e transforma-te**» porque o Uno e o Todo, que temos de reencontrar para que o Homem se torne o deus anunciado pelos Padres da Capadócia, identificam-se com a unidade e totalidade da vida na incessante criação do novo.[978]

A ligação entre os bens temporais e os espirituais, sendo tão grande o influxo mútuo, deve acontecer por um acordo entre a Igreja, sociedade religiosa, de poder espiritual e o Estado com uma sociedade como a actual, até porque democrática, mas cada vez mais secularizada,dessacralizada e pluralista.

Nem a Igreja nem o Estado devem abdicar da sua soberania ou independência. Aquela deve manter-se inteiramente livre a fim de poder exercer, em plenitude, a sua missão evangélica. O Estado deve manter-se na sua esfera de acção do poder temporal, o que, aliás, foi confirmado e corroborado pelo Concílio Vaticano II.

Certo é que no passado houve intromissões da Igreja no domínio das realidades temporais, da competência do Estado, mas o mesmo aconteceu com a ingerência do Estado na vida da Igreja. Algumas destas situações foram sancionadas até por concordatas ou outros acordos, senão pela tolerância prática de um e outro poder.

---

[978] O Oriente, sobretudo através do Taoísmo, apela à descoberta no Uno e no Todo que representam a nossa verdadeira realidade – o acto que constitui o nosso ser, como nos dizia o Professor Doutor Manuel Patrício. Diferentes culturas implicam recurso a uma *Antropagogia* que nos permita adaptar a uma multilinguagem e a uma realidade em que o indivíduo vive, uma multiplicidade de papéis, de forma sincrónica e diacronicamente. Implica, por exemplo, que à Escola, como instituição de formação da pessoa, seja exigido capacitar o indivíduo para uma maior flexibilidade de acções e de valores.

Das Conclusões e Recomendações

Como realizar então esta cooperação salutar entre Igreja e Estado? Como se poderá reconhecer, na ordem jurídica, a situação da Igreja e garantir a sua actividade tal como foi preconizado no Concílio?

Acreditamos que embora seja polémico, dado o actual pluralismo social, será conveniente que existam Concordatas, muito embora com novas fórmulas. Asssumimos esta defesa, embora em teoria não existam dúvidas de que não deveriam ser necessárias concordatas ou outros acordos entre a Igreja e o Estado, pois, bastariam que fossem promulgadas leis que garantissem não apenas a autonomia como também a cooperação para o bem comum. Contudo, as leis do Estado relativas a assuntos religiosos são deficientes e por vezes injustas, nalguns casos persecutórias. Tais leis são unilaterais, mesmo quando justas, podem ser revogadas e criar instabilidade. Já dizia Cesare Beccaria *"Feliz aquela Nação onde as leis não são uma ciência!"*

Acresce que os órgãos legislativos podem, porque formados por homens, estar ligados a preconceitos e terem as suas próprias ideias a respeito desta ou daquela religião, sendo que a sua actuação irá influir nas disposições legislativas. Aqui reside, a nosso ver, a necessidade prática ou se quisermos a conveniência, da existência de Concordatas em que se estabelecem, de comum acordo entre o Estado e a Santa Sé, pontos de convergência entre ambos os poderes que assegurem a situação da Igreja e dos católicos no país.

Tal como no caso da Concordata, celebrada entre a Santa Sé e o Estado, pode mesmo ser aconselhável que aspectos práticos, resultantes da presença e acção das outras confissões religiosas na sociedade portuguesa, sejam considerados em acordos celebrados entre o Estado e essas confissões religiosas.

Nem a Igreja nem o Estado devem abdicar da sua respectiva soberania, certo é que, de acordo com o Concílio, a Igreja não quer nem pode gozar de privilégios, que geralmente são onerosos e iriam, provavelmente, impedi-la de realizar integralmente a sua missão e de se apresentar, perante os homens, em toda a sua genuína pureza. É a própria Igreja quem o diz.

Pedindo emprestadas as palavras a Fernando Pessoa, na sua *Mensagem*, concluímos que marchar às cegas e acertar, guiado somente pelo instinto vital, é dom de animais, que não de seres onde amanheceu a razão. Ou por outras palavras, a dúvida que sempre nos assistiu foi acompanhada pelo desejo de alcançar a certeza pela solidez dos fundamentos e paz da

540 · Das Relações da Igreja com o Estado

consciência pelo acerto premeditado das acções que nos levaram a elaborar e a terminar esta tese, em que *'Foi alma a Ciência e corpo a Ousadia'*.

Permitam-nos afirmar que, neste início do *tertio* milénio, está por cumprir a universalidade do ser humano a partir do seu Eu-espiritual, unidade na centelha divina, diversidade na forma, nas miríades de personalidades humanas, étnicas e nacionais; unidade na essência oculta das religiões, diversidade nas formas religiosas, nas vias que cada pessoa, com o seu livre arbítrio, escolhe para alimentar a sua ânsia atávica do sagrado.

Ninguém, em sã consciência, poderá deixar de problematizar e até mesmo, no mais fundo de si próprio, de pôr em dúvida as ideias aqui propostas. Atrevemo-nos a esperar concitar, com esta dissertação, a curiosidade de espírito, o diálogo e até mesmo a controvérsia.

Vivemos um *kairós,* ou seja um momento histórico de crise, de dúvidas e de levantamento de questões, mas também de decisão inelutável. Como passar da falta de sentido ao sentido? Da decadência ao renascer? Este será, porventura, o debate do começo do século.

A condição primeira de qualquer solução para este problema é a de vivermos este Mundo na sua unidade. Não uma unidade hegemónica, de dominação, mas antes uma unidade sinfónica, em que cada povo dará o seu contributo, com o seu trabalho, cultura e fé, para que todos, a humanidade no seu todo usufrua de possibilidades económicas, sociais e espirituais para que possa desenvolver em pleno o potencial que cada um transporta consigo.

Apenas o esquecimento de muitos, fruto talvez de lamentável ignorância, que tudo invade, com o atrevimento que é seu apanágio, justificará que recordemos que o Estado Democrático, na sua legitimidade, nas suas estruturas e poderes, advém da sociedade civil, culturalmente adulta para poder definir o bem comum que procura e as estruturas apropriadas para o atingir.

Será esta compreensão do Estado, como serviço da comunidade, que fundamenta a sua autoridade democrática. Ao Estado compete conduzir à harmonia do todo que é a comunidade, a diversidade dos elementos, as suas instituições, potencialidades, projectos e objectivos, em ordem ao bem comum, mas sem ignorar que a efectivação dos direitos sociais não é monopólio estatal. Cada pessoa pode pertencer, simultaneamente, a um Estado e a uma Igreja, sendo a tolerância uma questão de consciências e não um direito civil. Aparentemente todas as sociedades conhecem a distinção entre poder temporal e poder espiritual.

Das Conclusões e Recomendações 541

A confusão entre estes poderes é variável, o próprio poder espiritual o é, na nossa tradição, laico ou religioso. Muitos são os que hoje aceitam o divino sob o benefício da dúvida e da liberdade crítica.[979] Todavia, será justo interrogarmo-nos se as confissões religiosas servem para nos dar a autêntica imagem, para dignificar com uma denominação específica e singular as respectivas tradições?

Em certa medida, acreditamos que sim, dado que os vários *credos* representam as *significações* verídicas da figura do sagrado própria de cada religião. Por outro lado, encontramos os seus limites. Eles existem, residindo no facto de com as confissões nos encontramos perante estruturas articuladas, orgânicas, mas também complexas representando quadros doutrinários e estáticas *tábuas* de valores.

As confissões religiosas valem apenas indirectamente, podendo ser assumidas como alusões nominais ou onomásticas. A tradição cristã, denominada de *'verdadeira religião'*, procurou qualificar-se com uma espécie de paráfrase, ou seja, com uma argumentação colateral. Mas 'verdadeira religião' será toda aquela que serve e preserva a dignidade humana.

Aliás, Santo Agostinho, doutor da Igreja, refere-se ao Cristianismo como *'via universal'* exaltando-a em comparação com as outras religiões. Contudo, todas as grandes religiões, todas as grandes tradições parecem reconhecer-se através duma *'via'*. Com efeito, não se poderá silenciar que na tradição chinesa domina o *tau,* na indiana o *rita* e o *asha* na iraniana, enquanto na grega domina o *nómos,* para não falar de *torah* na tradição judaica.

O maior papel das Religiões reside em ajudarem perenemente o Homem a olhar para um horizonte que se situa sempre mais além e que é diferente dum horizonte nacional, económico, político; porque mais extenso, mais universal, eterno e absoluto e que nunca nos desiludirá, antes nos faz vencer o medo e a ansiedade que conduzem às lutas fratricidas para defender os bens terrenos.

Cabe-lhes o papel de apresentar este horizonte último que determina um modo de viver na Terra, dando razões de viver e de esperar, propondo a força de razões últimas da existência como luz que esclarece a condição humana no quotidiano. A graça da Fé pode raiar através do ecumenismo que João Paulo II, de forma tão obstinada, tem vindo a defender.

---

[979] O transcendente e o misterioso da vida preocupam-nos a todos, até aos mais cépticos. Recordemos o que respondeu, um dia, Hemingway a um jornalista quando lhe perguntou se acreditava em Deus: *«Sometimes, at night»*.

As Sagradas Escrituras não nos falam duma Era messiânica milenária, que nos faz crer e esperar um paraíso na Terra. Ensinam-nos, isso sim, que a vida na Terra será sempre uma luta pelo Bem e a esperança da vida eterna, mas também uma esperança de poder estabelecer uma ordem mais justa no Mundo.

O princípio da dignidade da pessoa, com direitos fundamentais independentemente de qualquer estatuto social que lhe seja atribuído; o princípio da subsidiariedade, que respeita os direitos e competências de toda uma comunidade aliado ao da solidariedade, que postula o equilíbrio entre os mais fortes e os mais fracos, fazem parte do património doutrinal da Igreja e do acervo dos Direitos e Garantias dos Estados democráticos.

Como alguém disse a melhor Religião é aquela que nos faz **melhor**. Será mais fácil insistir no paralelo entre as múltiplas religiões que nos permita tentar compreender a possibilidade da humanidade ter um lado divino. Carol Wojtyla tem uma visão dualista da natureza humana. É o biógrafo papal, Michael Walsh, quem refere que sua Santidade João Paulo II, acredita que a pessoa humana *«necessita da sociedade e, simultaneamente, transcende-a»*.

Como temos vindo a reflectir e a expressar, todos nós precisamos de acreditar em algo e muitas poderão ser as reacções face a um Mundo vazio e injusto que muito promete mas que pouco dá. A excessiva proliferação de enganos torna compreensível o temor e a desconfiança, mas cria também, no mundo espiritual, o espaço propício ao surgimento de aproveitamentos menos escrupulosos.

Perante isto há que reafirmarmo-nos interiormente, voltar a encontrar a força que une para além das diferenças de tempo, idade, espaço ou raça. Isso incentiva-nos a prosseguir na reflexão, tendo em mente um 'modelo do Homem e da Sociedade', que redefina as modalidades plausíveis duma autêntica *cidadania planetária,* num Mundo complexo e incerto, em que temos de caminhar com prudência, vigilância, tolerância e abertura para o futuro. Afinal, parafraseando Lucien Sève, a nossa tarefa é menos sermos sábios do que 'favorecer a emergência da sabedoria pública'. Humanismo, paz, tolerância, ou melhor respeito (dir-se-ia e que mais?), quando tudo procura imprimir nas consciências imagens de fanatismo, de intolerância e de guerra. Montesquieu chamou *moderação* à tentativa de ter em conta as exigências contraditórias do Mundo e julgou ver nela a maior das virtudes políticas.

No *Espírito das Leis,* Montesquieu afirmou que *"O bem político tal como o bem moral encontra-se sempre entre dois limites."*, mas tinha consciência que essa era uma via difícil, que muito poucos aceitavam seguir.

Acreditamos que o ser humano necessita da sociedade, mas que também é capaz de a transcender, justamente por isso será conveniente separar as águas deixando a acção social e política ao cuidado do laicado, enquanto a realidade transcendente fica da exclusiva competência da Igreja.

O nosso momento histórico exige pessoas capazes de saber conjugar, com especial sabedoria, a virtude da prudência com a coragem de escolhas ricas de autêntica novidade e de real eficácia histórica para melhor interpretar as mudanças que vão acontecendo.

O Mundo, que deve ser construído, exige cidadãos renovados nas ideias, nas motivações e intenções; que sejam activos protagonistas da actual fase histórica, dando o seu contributo de cidadãos com valores e de crentes à construção dum Mundo mais justo e fraterno, à medida do Homem.

Há que saber distinguir as realidades que permanecem e não se podem desprezar, das que são contingentes, que pouco valem, e se podem deixar de lado. Há necessidade de mais verdade, de mais autenticidade, de mais justiça e tal discernimento deve guiar o quotidiano de todo o cidadão, mesmo o homem político.

Relembrando Kierkgaard, na sua obra *A doença mortal,* vêm-nos à memória a afirmação que o Homem só pode chegar ao seu *eu* autêntico, profundo, para viver uma relação adequada consigo próprio, se conseguir aceitar o facto de ter sido criado e de ser espiritual, logo, infinito, feito para Deus e em simultâneo finito porque criado e existindo numa natureza limitada. Se o Homem, como afirma Kierkgaard, fosse apenas finitude, seria idêntico a si mesmo, tal como uma pedra ou uma flor; se infinito seria Deus. A religião tem como fundamento a experiência do Sagrado, a sua manifestação visível reside no culto ou nas práticas rituais, através delas estão determinadas as linhas de orientação e conduta na sociedade.

A sua *liberdade* resulta porém, do facto que deve reconhecer-se como ser de certa maneira infinito e finito, que deve agir numa síntese contínua, quotidiana, entre infinidade de desejo e finidade de acção, entre possibilidade e necessidade. Da conjunção destes dois aspectos reside a verdadeira *liberdade* do Homem e a sua capacidade de viver em harmonia consigo próprio e portanto de agir harmoniosamente, mesmo na gestão política.

544 Das Relações da Igreja com o Estado

Há que saber discernir aquilo que é penúltimo daquilo que é último e definitivo. Aí reside a forma concreta em que se exerce a responsabilidade *ética*.

Da diversidade, sobretudo étnica e religiosa, a humanidade só deveria retirar benefícios, graças ao encontro dos povos e das culturas. Principalmente com a pluralidade das 'vias' religiosas, isso se esse pluralismo conseguisse inspirar às diversas religiões o sentido da competição pacífica, ao serviço de todos os homens, outra forma da emulação espiritual que prefigure o apelo alcorânico: "Excedei-vos mutuamente nas obras de bem".

E se o nosso propósito foi inevitavelmente marcado por categorias de pensamento mais próximas da tradição católica, mesmo pelo conteúdo, ele prende-se, contudo, mais interrogativo e promotor dum prosseguimento da reflexão comum do que dogmático ou mesmo confesso.

E se toda a *Verdade* é relativa, seja ela científica ou moral, como é possível, pelo princípio da reciprocidade, por outras palavras, a regra de ouro, se encontre tanto na Bíblia como em Confúcio? Será que nos devemos limitar às posições morais de tolerância ou de não intervenção, de cepticismo e convencionalismo ou mesmo de niilismo?

Neste início de século estão bem patentes os abismos de mesquinhez e crueldade a que nos pode levar o endeusamento de ideologias políticas quando, na recusa de **Deus**, se deixa que **César** tome conta de tudo.

Acreditamos que o espírito humano precisa de verdades, de certezas para se poder orientar, mas também nos interrogamos de como tê-las, vivendo num Mundo em intensa transmutação, em que o ritmo da mudança é a maior mudança? Sem pretendermos dar qualquer resposta cabal às nossas próprias interrogações que fomos construindo, deixamos possíveis apontamentos que podem suscitar o debate sobre a procura doutros percursos.

Tentamos demonstrar como o pensamento contemporâneo, por razões de desejo de respostas, regressa à Religião, sobretudo a Cristã, sendo, no caso português, a Igreja Católica a que melhor corresponde às aspirações mais profundas da nossa natureza humana.

Num país como Portugal, com forte presença da Igreja Católica, apesar dos índices secularizadores e de religiosidade privada, cumpre conservar os legados, e como diz o Professor Adriano Moreira, no seu *Tempo de Vésperas*, "(…) *receber de todos, guardar a herança e acrescentar. Não só para sentir que viver não foi inútil. Também para agradecer o que se recebe. Para colocar um marco na estrada. (...) A liberdade de procurar é o caminho. Em busca de alguma coisa que possa compensar as duras penas. E reconciliar cada um com o seu tormento e inquietação".* (p. 85)

Reconhecemos, como diz Sartre, que a assimilação «é um sonho». Primeiro porque o português não está preparado para abandonar totalmente as suas raízes, mesmo que seja laico, ateu ou agnóstico. Depois, porque a sua cultura permanece judaico-cristã. Persistem na sociedade valores positivos de generosidade, de compaixão, de abertura aos 'outros' e mesmo de fé, suficientemente fortes para inspirarem um projecto de vida numa cultura de esperança.

É esse o nosso caminho. Conservar sim a herança do nosso passado, sem seguir modismos, sem estar ao sabor das ondas, não crescendo como trepadeiras, que estendem '(…) *seus braços tímidos à espera de apoio e de consentimento. Com trajectos previstos.(...) Sempre de acordo com os projectos de outros. Inspecionados'.*

Temos de ser pessoas. Será pelas 'brechas desta lástima que passa a esperança. Que a dignidade cresce. Que a liberdade respira. Que um homem pode encontrar o motivo para morrer sem pena de ter vivido', como nos diz o Professor Adriano Moreira.

Mesmo nas sociedades laicizadas, nas quais a influência do religioso se esbateu, quer os valores de laicismo, da pessoa, da democracia quer a distinção entre temporal e espiritual, estão impregnados de cristianismo. Procuramos dissertar com verdade sobre o lugar e o papel das religiões, sobretudo a vertente Católica, no Mundo de hoje e sobre os limites e o papel do Estado e suas relações com a Igreja. Tentamos avaliar os desafios que se colocam aos líderes religiosos e políticos do século XX, na persecução do bem comum.

Falamos sobre os efeitos duma exigência para atrofiar ou deslocar a vida religiosa-espiritual, que caracteriza a vivência actual, defendendo que o espírito científico não é incompatível com o religioso, sendo que a Ciência não basta ao Homem.

Não é difícil medir o eco que a importância cultural do cristianismo ainda hoje desperta. No entanto, este interesse não esgota nem resume a situação actual, pelo menos em Portugal, ele esconde, não raras vezes, uma espécie de descrédito, diríamos mesmo, até nalguns casos ofensas à Fé Cristã que, segundo alguns, estaria em declínio.

A par do tal eco de curiosidade e interesse histórico que falávamos, nos dias que correm, é de 'bom tom' fazer do Cristianismo uma espécie de 'bode expiatório' responsável de determinadas marcas da mentalidade individual ou até mesmo, porque não dizê-lo, do bloqueio da sociedade: uns classificam-no como uma religião que exalta não apenas a passividade como a fraqueza humana; outros, condenam a 'moral judaico-cristã' como sendo demasiado repressiva; enquanto outros ainda denunciam o seu excessivo 'peso' na sociedade.

Sem grandes pretensões não podemos, contudo, essencialmente porque católicos nos assumimos, resignar-nos a ver desaparecer o cristianismo ou a ouvir negar o seu papel e a sua riqueza na história da humanidade, principalmente como alicerce da construção da civilização Ocidental. Na Europa, tal como refere Huntington, a civilização Ocidental pode também ser minada pelo enfraquecimento da sua componente central, o cristianismo.

Admitindo que existem faltas cometidas no decurso da sua longa história, merecerá o cristianismo tantas injúrias e acusações? E porquê desprezar uma tradição que, decerto, tem ainda muito para dar à humanidade? É caso para perguntar, como o fez Benjamim Franklin: *"Se os homens são assim tão maus apesar da ajuda da religião, como seriam eles sem ela?"*.

Temos de afirmar a admiração que nos levantam o descrédito e as críticas de que o catolicismo vem vindo acusado na nossa sociedade. Como é possível entender tais objecções, sob um ponto de vista intelectual? Donde vêm? Se a Igreja parece enfraquecida e a prática do catolicismo minoritária, como explicar que suscite ainda tanta rejeição e hostilidade?

Fala-se de retrocesso da fé e de declínio da Igreja. Mas nem por isso deixa de ser necessário examinar bem a realidade, para além das palavras e dos números e da sua ambiguidade. Mas de que declínio se fala? Acaso significa uma nova paganização, uma crise profunda de valores ou simplesmente um efeito da secularização?

A nossa História comum europeia, nossas sociedades secularizadas são largamente devedoras da visão das pessoas, da história, da liberdade, desenhadas pela fé cristã. Não será inoportuno reencontrarmos sua explicação e interrogarmo-nos sobre o futuro. Em nosso entendimento caberá ao cristianismo insuflar valores fortes, o sentido do Homem e a esperança num progresso possível. Muitos continuam sem perceber que o melhor e mais conveniente é saber quais as funções do Estado e quais as que não lhe cabem; onde ele deve estar e onde deve celebrar-se a sua ausência. É o antigo problema do Estado *prestador* ou do Estado *regulador* que muitos confundem.

É preciso saber esperar e não nos rendermos ao pessimismo dos desiludidos. A civilização em que nascemos tem ainda altos ideais, valores lógicos, estéticos, éticos e religiosos que deixarão sementes. O Homem sempre se apoiou numa religião. Serve-se dela como alimento do espiritual. A religião é elemento de controlo e divulgação da moral, factor essencial para regular a conduta do ser humano em sociedade.

Temos de admitir que o Cristianismo é parte integrante da nossa cultura, ele modelou a nação portuguesa, mas que também esta o modelou. O Cristianismo é hoje o que as sociedades europeias fizeram dele. Elas transformaram-se, material e intelectualmente e transformaram consigo o próprio cristianismo.

Quantas vezes a Igreja Católica, em Portugal, se sentiu abanada, traída, mesmo maltratada? Quantas vezes ela teve de se curvar, esforçando-se por retardar as mudanças que lhe pareciam contrárias à fé, aos bons costumes, à vontade divina? Repetidas vezes perdeu, muitas vezes errou. Afinal, ela é constituída por seres humanos! Mas sendo obrigada a pôr-se em causa tantas vezes, confrontada com uma ciência dominadora que desafia as escrituras, confrontada também com ideias republicanas, laicas e com a própria Democracia, ela, embora comece sempre por resistir, antes de encontrar uma razão, acaba, na maioria das vezes, por ceder nalguns pontos.

Por isso defendemos que a sociedade Ocidental inventou a Igreja de que tinha necessidade. Exagera-se a influência das religiões sobre os povos, negligenciando-se a influência dos povos sobre as religiões. Poderíamos ir mais longe, mas talvez fosse forçar o traço, mesmo por que esta tese não é um tratado de História. Assim mesmo, se fizermos a história comparada do mundo cristão e do mundo muçulmano, justificaríamos a nossa posição: uma religião intolerante, para com judeus, cátaros, huguenotes e infiéis, portadora duma evidente tentação totalitária, acabou por transformar-se numa religião de abertura, com sentido ecuménico. Do outro lado, uma religião com uma forte vocação de abertura, como era o islamismo, acaba, gradualmente, por derivar para uma religião de comportamentos intolerantes, totalitários e fanáticos. O impulso libertador veio de pessoas que se situavam fora do quadro do pensamento religioso.

As igrejas seguiram o movimento, com maiores ou menores reticências. Elas tiveram um papel nesta evolução, mais do que o suscitaram. Não será apenas do ponto de vista individual ou colectivo dos cidadãos que a laicização do Estado é importante. Do ponto de vista religioso também o é uma vez que a promiscuidade com o poder pode corromper a religião. Ao longo da História, e em todas as religiões, temos exemplos trágicos dessa aliança contra-natura.

Como actividade eminentemente espiritual, ética e até mesmo libertadora, a religião não deve estar ao serviço dum Estado ou duma política. O seu papel é o de agir como uma consciência moral, alertando contra as injustiças e as violações da liberdade. Nas culturas que se afastam do cristianismo, o Homem laico ficou impregnado duma paradoxal aura de religiosidade, não sendo fácil, sobretudo no Ocidente, conceber o político sob influência divina, também não é fácil separá-lo dela. O que na História se denomina como 'guerra de religiões' não passou duma máscara de conflitos políticos e antagonismos morais, para os quais se chamou Deus em socorro e desespero de causa.

O impulso libertador, como atrás referimos, veio de pessoas que se situavam fora do quadro do pensamento religioso, sendo que, com maior ou menor resistência, as igrejas seguiram os movimentos. Aqueles que não trazem a religião na alma ficarão satisfeitos com estas últimas palavras, mas vemo-nos na obrigação de recordar que, por exemplo, as piores calamidades do século XX, em matéria de despotismo, de perseguição e de destruição de toda a liberdade e dignidade humana, não podem ser imputáveis ao fanatismo religioso, mas antes a outros que se apresentaram como adversários da religião.

O fanatismo religioso, ainda hoje, está longe de se ter suplantado a estes a que nos referimos. Porventura, o século XX ter-nos-á ensinado que nenhuma *doutrina* é, por si mesma, necessariamente libertadora. Todas podem ser pervertidas, todas têm as suas mãos sujas de sangue: o liberalismo, o nacionalismo, o comunismo, as grandes religiões e até o laicismo. A humanidade inteira é feita de casos particulares, a vida é geradora de diferenças e cada pessoa é dotada duma identidade compósita.

Hoje, o texto-base da futura Constituição União Europeia, considerado bom no tocante aos grandes Princípios, nomeadamente sobre Direitos, Liberdades e Garantias da Pessoa como na consagração constitucional da economia social de mercado, recusa o reconhecimento do papel do Cristianismo na fundação e na cultura europeia, enveredando por referências a outras fontes, histórica e doutrinariamente, menos relevantes. Questionamos, por exemplo, em que medida a Revolução Francesa e o Positivismo foram mais determinantes na construção europeia que o Cristianismo.

Muito lentamente, os portugueses vão descobrindo que as suas maiores inquietações residem, principalmente, no facto do Mundo ter mudado muito e rapidamente quase sem se terem apercebido e de se ter institucionalizado algo que eles próprios deram início quase há cinco séculos e que passou a chamar-se globalização.

Das Conclusões e Recomendações 549

Tal como os Suevos e os Visigodos, os Lusitanos converteram-se ao Cristianismo ariano. De todos os povos invasores, os Lusitanos tiraram partido das suas culturas, nascendo assim uma das principais características que ainda hoje prevalece no português: a sua capacidade de se misturar, de aceitar dos outros o que considera conveniente e rejeitar, de forma silenciosa, sem fazer alarde, aquilo que considera inadequado. O *homo afer tagamus* – o português, poderá desaparecer se não houver quem lhe mantenha viva a alma e o conhecimento acerca deste povo que tem habitado a parte mais Ocidental do continente europeu.

Conserva ainda a capacidade de sobrevivência, mesmo em épocas de grande crise, não se tornando demasiado hostil, nem tão-pouco submisso, mantendo-se fiel a si próprio. Convirá ao português de hoje convencer-se que o futuro do povo depende, sobretudo, dele mesmo. Desde o século XII até aos nossos dias, Portugal tem vindo a construir a sua identidade. Sem a presença dum vincado sentimento religioso, mais concretamente católico, a História deste país torna-se inexplicável. Será injusto menosprezar, com a mentalidade hodierna, o binómio *Fé e Império* apresentado por Luís de Camões, nos *Lusíadas*. Na época significava que a ideia de Pátria não se dissociava da de Religião cristã.

Hoje, a grande maioria dos portugueses continua a definir a sua cultura como cristã e católica. É frágil a lembrança das pessoas, mas a lembrança das construções participa dessa matéria resistente apresentando outro relevo e recorte na memória dos homens. São muitos e diversos os sinais, não apenas presentes nos artefactos (como crucifixos, terços e imagens religiosas) que identificam os portugueses com a fé católica, como ainda as expressões linguísticas que permanecem no dia-a-dia dos portugueses. Digamos que nas entrelinhas dos comportamentos humanos, Deus faz-se presente.

A laicização do Estado, não da Nação, é, sob o ponto de vista religioso, um dado importante, pois a promiscuidade com o poder pode corromper a Religião. Como actividade eminentemente espiritual, ética e libertadora, a Religião não pode nem deve estar ao serviço do Estado, uma vez que o seu principal papel é o de agir como uma consciência moral, sendo o impulso religioso uma tentativa do Homem atingir ou de se elevar até à perfeição. O Homem busca elevar-se até Deus, através dum código de conduta ética. A Religião é também refúgio, refrigério para o sofrimento e desorientação perante um Mundo de horizontes demasiado vagos e ambientes agressivos.

Do ponto de vista social, cremos que a prática livre e equilibrada duma religião pode contribuir para a integração social harmoniosa das pessoas, para uma vivência cívica mais plena e rica, uma vez que as sociedades são, cada vez mais, multiculturais.

A necessária separação Igreja/Estado e a autonomia das actividades humanas exige a redescoberta da experiência cristã, como religação de todas as dimensões da Vida. Muitas vezes confunde-se relativismo com tolerância que é o reconhecimento no outro da liberdade que desfrutamos. Mas é o relativismo que abranda as consciências e nos torna menos pessoas porque retira valor absoluto à vida e nos encaminha para a indiferença.

A História ainda não acabou. O Mundo ainda não é uno. Temos o dever de aprender a coexistir. A História avança a cada instante sobre uma infinidade de caminhos. Liberta-se desse facto, apesar de tudo, algum sentido?

Não o saberemos a não ser «à chegada». Será o futuro o das nossas esperanças ou antes o dos nossos desesperos? Será ele feito de liberdade ou antes de servidão? Será a Ciência e a Tecnologia, instrumentos da nossa libertação ou antes da nossa destruição? Teremos nós sido os assistentes inspirados dum Deus criador? Estamos indo em direcção a um Mundo *melhor* ou afinal em direcção ao *melhor dos mundos*? Caminhámos para uma *guerra de civilizações,* ou antes na direcção da *aldeia global*?

Como descendentes de portugueses, outrora navegadores, estamos convictos que se navegarmos habilmente mantendo o rumo e evitando os baixios, poderemos chegar a *bom porto*. E como advertiu a Águia de Hipona: *"Se vais para um lado o barco parte-se contra as rochas, se vais para o outro devoram-no as ondas; fixa-te no centro para não incorreres nas ciladas de Cila e Caríades".*

Para lá da caricatura, a questão merece ser posta o mais seriamente possível. A construção dum Mundo *melhor,* dum Mundo *justo e livre,* não pode deixar ninguém de fora. A interdependência pressupõe a participação e a inclusão de todos nesta caminhada. Não nos podemos esquecer da pergunta que percorre a história da desumanidade: *"Que fizeste do teu irmão?"*

Atravessamos, com efeito, um tempo desconcertante, no decurso do qual a globalização aparece aos olhos de muitos não como um cadinho enriquecedor para todos, mas antes como uma uniformização empobrecedora e uma ameaça contra a qual nos devemos bater para preservar a nossa própria cultura, a nossa identidade e os nossos valores.

Limitamo-nos, por vezes, a exprimir um sentimento de inquietude relativamente a uma sociedade com menos referências e relativamente desordenada. Procuramos, contudo, não passar uma ideia de intolerância conscientes que, como diz Karl Popper, *ninguém sabe o suficiente para ser intolerante,* mas também porque a *esperança* é absoluta.

Para mudar o Mundo é necessário não apenas sonhar com a construção dum outro diferente. Não é suficiente contentarmo-nos com um Mundo que tem mil milhões de habitantes que vivem prósperos, enquanto os restantes cinco mil milhões comem 'o pão que o diabo amassou'. É tempo de reformular a economia, torná-la solidária, baseada não apenas no 'desenvolvimento sustentável', mas, sobretudo, que coloque a pessoa no centro das suas preocupações. É preciso imaginar uma nova forma de trabalho e da distribuição dos rendimentos, com um mercado a funcionar livremente e para o bem de toda a humanidade.

Ainda há tempo para *utopias* que se possam traduzir em objectivos políticos concretos. Todos sabemos que a *utopia* de ontem pode ser a realidade de hoje. Que se cumpra ao menos o estipulado há mais de meio século, na Declaração Universal dos Direitos do Homem: *"Qualquer pessoa tem direito a um nível de vida suficiente para assegurar a sua saúde, o seu bem-estar e o da sua família, nomeadamente na alimentação, no vestuário, na habitação, nos cuidados médicos, bem como nos serviços sociais necessários".*

Que o Estado deixe de ser *"o mais frio de todos os monstros frios",* de que falou Nietzsche. Definitivamente o Mundo mudou, mas continuamos, em larga medida, a pensar e a agir como se fosse o mesmo. Assim cava-se um fosso maior entre as novas realidades e as velhas instituições; entre os novos problemas que aparecem a cada dia e as velhas respostas; entre os cidadãos que carregam consigo as convicções, comportamentos e valores e os mais novos, libertos, segundo crêem, do fardo da ética e das morais.

Tudo isso nos leva a raciocinar não sobre o *real,* mas sobre o *virtual,* caindo a reflexão em défice. A propagação da cultura do *virtual* torna os colectivos humanos mais vulneráveis ao projecto tecnocêntrico. O Mundo está confrontado com o ímpeto imposto pelo imenso poder tecnológico num ambiente que foi desmistificado e remitificado pelo cientismo, onde apenas subsiste a utilidade económica.

Afinal, vivemos num Mundo que é outro, mas em larga medida funcionamos como se do mesmo se tratasse. Como cidadãos, intervenientes e atentos, sentimo-nos legitimamente inquietos com a prioridade demasiadas vezes concedida pelos poderes públicos aos grupos económicos e aos egoísmos corporativos, em detrimento do bem comum e do interesse de todos. Todos nós, cidadãos deste país e deste Mundo, temos de ser chamados a definir o risco aceitável. Isto não pode caber apenas aos 'especialistas', mesmo por que e repetindo Popper, numa democracia não deve haver nenhum poder incontrolado.

Importa aprender a ter uma boa relação com os paradoxos da Igreja: divina e humana, universal e particular, una e dividida, santa e pecadora. Não se exija da Igreja, de nós mesmos e dos outros, aquilo que não podemos *Ser*.

Vocação missionária se tem designado à tendência universalista, profundamente humana, do povo português, sobretudo devida à sua espiritualidade e ao seu desinteresse. Ninguém ignora a existência, através da nossa História, de incidentes e lutas entre monarcas e bispos, entre governos e clero, entre Estado e Cúria, mas convenhamos que não os houve entre Nação portuguesa e Igreja Católica.

Em Portugal, o catolicismo continua sendo a 'mais orgânica das nossas vivências culturais'. A Igreja Católica está ligada à própria história da nacionalidade e a história deste país explica-se através dum vincado sentimento religioso. Como alguém disse: *em cada português há,* no entanto, e convivendo pacificamente, *uma mesquita, uma sinagoga e um mosteiro de Santa Maria.* Em nós permanece a feira e o templo, o profano e o sagrado.

O ambiente cultural contemporâneo mostra-nos de novo a crise do pensamento e a crítica devastadora dos valores tradicionais. A situação civilizacional do presente acaba por ajudar a ver as tendências e a esclarecer muitos dos mais sérios dilemas da humanidade.

Cabe à Igreja Católica, como instituição, «ser âncora e bússola dessa navegação», contribuir para a Paz, *religando a criatura com o Criador,* caminhando no sentido ecuménico duma verdadeira concórdia, não apenas entre as religiões, mas também com o mundo científico, estabelecendo um patamar de conversa, entendimento e aceitação dos valores humanos fundamentais.

Caso contrário, o Homem de hoje aprofundará o seu sentimento de estranheza perante as palavras que a religião do passado tem para lhe oferecer neste tempo de incertezas. Nas palavras de Kung, será impossível sobrevivermos sem um *ethos* mundial, havendo a necessidade absoluta de se definir uma *ética* para toda a humanidade.

O Mundo de hoje só poderá sobreviver se não se perpetuarem os espaços *éticos* díspares, rivais e, até mesmo, antagónicos. Subsiste a curiosidade de sabermos como se pronuncia quotidianamente a religião e que respostas dá à contínua desvinculação que a tecnociência tende a provocar nas relações entre o Homem e a realidade transcendental.

Tem de existir uma *ética* de referência, cabendo às religiões uma responsabilidade particular pela Paz no Mundo. Estamos convictos, embora conscientes de que, como disse Nietzsche, as convicções sejam mais perigosas para a verdade do que a mentira, que a própria credibilidade e autenticidade de todas as religiões dependem da capacidade de saberem, no momento presente, acentuar aquilo que as une e não o que as divide. Assim também, como disse Paul Valéry, acontece que os homens distinguem-se por aquilo que mostram e assemelham-se por aquilo que ocultam.

Por outro lado, não será suficiente haver apenas concórdia entre as religiões e os seus líderes, pois, se não for conseguida a adesão dos representantes do Mundo político, económico e religioso a um programa ético de acção, qualquer iniciativa desta natureza, por mais bem intencionada que seja, cairá no vazio, como diz Hans Kung. João Paulo II tentou fazê--lo, sob a 'protecção' de Tomás More, que nos primórdios do século XVI, na sua *Utopia,* alertou para diversos factos, entre eles o de Deus não ter dado "a homem algum o poder de tirar a vida a outrem". Ao armistício religioso tem de corresponder o armistício político, caso contrário a ordem mundial tornar-se-á uma miragem. Depois de assistirmos à crise das ideologias, de vivermos o desencanto dos sistemas políticos, a falência dos valores e 'a morte de Deus', estamos presenciando o surgimento de politeísmos diversos que surgiram na esteira do progresso. Será impossível ignorar que o ritmo do progresso tecnológico ameaça ultrapassar a organização política. A legislação, de modo 'ofegante', persegue-o, numa situação insustentável. Apesar de todo o impacto da modernidade, a romanidade e a catolicidade continuam sendo vectores inequívocos da tradição portuguesa.

A nossa herança cultural é singular. Ela é triádica, pese embora a ocidentalização do cristianismo. Afinal, a fé não deixou de precisar do 'rio de fogo', como disse Feuerbach, que nos protege contra a tentação de projectar num Deus, as vontades de poder dos homens.

Também e ao contrário do que pensou Fukuyama, a história recomeçou. Talvez não tenhamos adivinhado, com suficiente argúcia, a possível reacção de muitos face ao que deixamos escrito.

As palavras de João Paulo II, na Exortação Apostólica Pós-Sinodal, recém apresentada, *"Ecclesia in Europa"*, não devem ser ignoradas. Em virtude dos sinais preocupantes de paganização, patentes no projecto da Constituição Europeia, o Papa exorta os católicos a não perderem a identidade cristã, a recuperarem a vida interior, a superarem medos, omissões e infidelidades, prosseguindo no caminho do diálogo ecuménico. A relação da Igreja com os Estados deve pautar-se por uma cooperação sadia. Para João Paulo II, *"a Europa necessita de um salto qualitativo na tomada de consciência da sua herança espiritual. (...) O Evangelho não está contra ti, mas a teu favor"*.

Samuel Huntington alerta para o facto de *"Na Europa a civilização ocidental pode também ser minada pelo enfraquecimento da sua componente central, o Cristianismo"*, sendo de ter em conta que a civilização europeia se encontra impregnada dos conceitos, práticas e valores cristãos. Não é suficiente falar de Moral e de Ética. É necessário que os actos praticados pelos homens sejam o seu reflexo. Assistimos ao esforço de muitos no sentido de abafar uma tradição secular e destruir os alicerces cristãos duma Nação que nasceu e se fez grande à sombra da Cruz de Cristo.

O Estado, num objectivo de coincidência singular entre marxismo e liberalismo económico, vê-se, de novo, condenado a 'dietas de emagrecimento' invocando-se novos proteccionismos. O Estado, como dizia Nietzsche, deixou de ser novamente o "mais frio de todos os monstros frios", enquanto a própria Democracia começa a entrar em descrédito.

Se o Estado for tido mais como garante de direitos do que titular deles, ou seja, fazer controlar o Estado pelo próprio Direito, teremos aí o 'sal' do êxito das sociedades políticas do futuro. Por todo o lado se assiste a este deambular, com sanha semelhante àquela com que Cristo expulsou os vendilhões do Templo, na vã tentativa de destruir ditaduras e apear ditadores. Importa, pois, afirmar a primazia da pessoa humana como um ser interdependente, por conta disso a interdependência, como fenómeno superior que é ao da tolerância, inviabiliza qualquer processo de educação moral do tipo de clarificação de valores do mesmo modo que invalida quaisquer esforços de ensino directo das virtudes.

Se a sinceridade, e não a realidade, é a medida da verdade, então não será a convicção profunda e inabalável de que se possui a verdade, um convite não apenas à arrogância como também à agressão? Não poderá ser o cepticismo humano, baseado em princípios, a melhor fórmula para se atingir um Mundo a viver a Paz?

Neste contexto há muito a reflectir sobre o futuro de Portugal. Até que ponto poderemos encontrar soluções próprias que valham para a parte e para o todo? Formulamos perguntas, tentamos respostas. Cumpre, a todos, procurar as soluções.

Decerto que não encontraremos uma boa solução para os muitos e diversos problemas sociais e políticos colocados pelos factos da diferença e pluralidade, num Mundo sem *verdade*. Um Mundo assim será apenas um Mundo de poder, no qual a *verdade* que impera é a do mais forte. O ecumenismo e o diálogo inter-religioso não devem ser «jogos de equilíbrio» nos quais é necessário que um dos lados ceda para o outro vencer. O dever de solidariedade baseia-se na exigência de que cada pessoa esteja consciente da iludível relação que o une aos outros. Ninguém pode desinteressar-se do 'outro'. Nenhum Estado poderá fazer assentar os seus princípios sociais num bem-estar opressivo, pretendendo que nenhum cidadão venha à praça pública se expressar. Façamos por lembrar as palavras do poeta: *"Falta cumprir Portugal"*.

REFERÊNCIAS BIBLIOGRÁFICAS

ACCATOLI, L., *Quand il Papa chiede perdono*. Milano: Mondadori, 1997.

AGUIRRE, C., *Diagnóstico sobre el Derecho de Família*. Pamplona, 1996.

ALMEIDA, A. R., *Para ler a História da Igreja em Portugal*. Porto: Editorial Perpétuo Socorro, 1996.

ALMEID, F., *História da Igreja em Portugal*. Porto: Portucalense, 1967.

ALMEIDA E COSTA, M. J., *História do Direito Português*. Coimbra: Livraria Almedina, 1989.

ALVES, A., *Dicionário de Latim*. Lisboa: Software Jurinfor, Lda., 1999.

AMERICAN PSYCHOLOGICAL ASSOCIATION, *Publication Manual,* (5.ª ed.). Washington, DC: Autor, 2001.

ANTUNES, J. F., *Salazar, Caetano, Cartas Secretas 1932-1968*. Lisboa: Círculo de Leitores, 1993

ANTUNES VARELA, J. M., *Dissolução da Sociedade Conjugal*. Rio de Janeiro: Forense Editora, 1980.

—— *Direito da Família*. Lisboa: Livraria Petrony, Lda., 1996.

ARRIAGA, K. de, *Novas Sínteses*. Lisboa: Prefácio, 2001.

ARRIGHI, G., *A ilusão do Desenvolvimento*. Petrópolis: Vozes, 1997.

ATLAN, H., *À tourt ou à raison. Intercritique de la science et du mythe*. Paris: Éditions du Seuil, 1994.

BAECK, L., *L'Essence du Judaisme*. Paris: PUF, 1993.

BAIÃO, A., *Episódios Dramáticos da Inquisição Portuguesa*. Porto: Renascença Portuguesa, 1999.

BAUBÉROT, J., *La Laicité, quel heritage?*. Genève: Éd. Labor et Fides, 1990.

BASSET, J-Cl., *Le Dialogue interreligieux*. Paris: Cerf, 1998.

BECCARIA, C., *Dos Delitos e das Penas*. Lisboa: Fundação Calouste Gulbenkian, 1998.

BENSAÚDE, J., *A Cruzada do Infante*. Lisboa: I.N.C.M., 1943.

BESSA LUÍS, A., *Agustina por Agustina*. Liboa: Edições Dom Quixote, 1986.

BOFF, L., *Nova Evangelização (Perspectiva dos Oprimidos)*. Fortaleza: Vozes, 1990.

—— *O Princípio – Terra*. S. Paulo: Ática, 1995.

—— *Saber cuidar: ética do humano – compixão pela Terra*. Petrópolis: Editora Vozes, 1999.

BONALD, L., *Législation primitive*. Paris, 1829.
—— *Mélanges littéraires, politiques et philosophiques*. Paris, 1838.
—— *Théorie du pouvoir politique et religieux*. Paris, 1854.
BORGES, L., *Concordatas e Concórdias portuguesas*. Vila Real, 1953.
BOURDIEU, P., *Les sens pratique*. Paris: Minuit, 1980.
BRAGA DA CRUZ, M., (org.), *Inéditos e Dispersos de António de Oliveira Salazar*. Venda Nova: Bertrand Editora, 1997.
—— *O Estado Novo e a Igreja Católica*. Lisboa: Editorial Bizâncio, 1998.
BRAGA, I., *Os Estrangeiros e a Inquisição Portuguesa*. Lisboa: Hugin Editores Lda., 2002
BRAIDA, P., *L'intervento dello Stato nella nomina dei vescovi*. Roma: Citá Nuova, 1978.
BRANDÃO, F., *História Diplomática de Portugal – uma cronologia*. Lisboa: Livros Horizonte, 2002.
BRAZÃO, E., *Colecção de Concordatas estabelecidas entre Portugal e a Santa Sé*. Lisboa, s.d..
BROCKMAN, J., *The Third Culture Beyond the Scientific Revolution*. New York: Simon and Schuster, 1995.
CAETANO, M., *Tradição, princípios e métodos da colonização portuguesa*. Lisboa: Agência Geral do Ultramar, 1951.
—— *Manual de Ciência Política e direito Constitucional*. Coimbra: Almedina, 1987.
CÂMARA, L. G. da, *Recuerdos Ignacianos – Memorial*. Bilbao/Santander: Mensajero, 1992.
CANTO-SPERBER, M., *Dictionnaire de Philosophie morale*. Paris: Presses Universitaires de France, 1996.
CARMO, H., FERREIRA, M., *Metodologia da Investigação*. Lisboa: Universidade Aberta, 1998.
CEREJEIRA, M. G., *A Igreja e o Pensamento Contemporâneo*. Coimbra: Coimbra Editora, 1924.
—— *Vinte anos de Coimbra*. Lisboa: Edições Gama, 1943.
CHADWICK, O., *Britain and The Vatican during second World War*. Cambridge, 1986.
CHARDIN, P. T. du, *O Fenómeno Humano*. Lisboa: Paulus Apelação, 1998.
CHOMSKY, N., *Estados Párias*. Lisboa: Campo da Comunicação, 2003.
CHRISTOPHE, P., *Pequeno Dicionário da História da Igreja*. S. Paulo: Apelação, 1997.
CHURCHILL, W., *A History of the English People, vol. II*. New York: Barnes & Noble, 1993.
CLEMENTE, M., *Breve História da Igreja Católica*. Lisboa: S. Diocesano Religioso, 1978.
—— *A Igreja no Tempo*. Lisboa: Grifo – Editores e Livreiros, Lda., 2000.

—— *Igreja e Sociedade Portuguesa do Liberalismo à República*. Lisboa: Grifo, 2002.

COELHO, A., *A Inquisição de Évora*. Lisboa: Editorial Caminho S.A., 2002.

CONQUEST, R., *Reflexions on a Ravaged Century*. London: John Murray, 2000.

CORNWELL, J., *Hitler's Pope*. London: Penguin Group, 1999.

COSTA, D. E., *A obra missionária em Moçambique e o Poder Político*. Braga: Ed.F., 1996.

COSTA, E. F. da, *Não discutimos a Pátria – antologia de textos do Prof. Doutor A. O. Salazar*. Lisboa: Nova Arrancada – Sociedade Editora, s.d..

CUNHA, P. D'OREY da, *Ética e Educação*. Lisboa: Universidade Católica Editora, 1996.

DAEHNARDT, R., *A Missão Templária nos Descobrimentos*. Lisboa: Ed. Nova Acrópole, 1991.

DALAI LAMA, *Samsara*. Porto: Edições Asa, 1997.

DAMÁSIO, A., *O erro de Descartes*. Mem Martins: Publicações Europa-América, 1996.

—— *O sentimento de Si*. Mem Martins: Publicações Europa-América, 2000.

DAVIES, P., *The Mind of God*. London: Simon & Schulster, 1992.

DAWKINS, R., *O gene egoísta*. Lisboa: Gradiva, 1989.

DAWSON, C., *Dynamics of World History*. London: Sherwood Sugden Co., 1978.

DEDIEU, J-P., *A Inquisição*. Porto: Editorial Perpétuo Socorro, 1993.

DELORS, J., *Le Nouveau Concert Européen*. Paris: Éditions Odile Jacob, 1992.

DELUMEAU, J., *Aquilo em que acredito*. Lisboa: Temas e Debates, 1996.

DOMINGUES, B., *A Religião dos Portugueses*. Porto: Livraria Figueirinhas, 1988.

DUPUIS, J., *Vers Théologie chrétienne du pluralisme religieux*. Paris: Cerf, 2000.

ECO, U., *Como se faz uma Tese em Ciências Humanas,* 4.ª ed.. Lisboa: Editorial Presença, 1988.

EINSTEIN, A., *Ideas and Opinions*. New York: Bonanza Books, 1954.

ELIADE, M., *O Sagrado e o Profano*. Lisboa: Livros do Brasil, 1999.

ELIADE, M.; KITAGAWA, J., *Studi di storia delle religioni*. Florença: Nuova Sansoni, 1985.

ELIOT, T. S., *Ensaios Escolhidos*. Lisboa: Edições Cotovia, Lda., 1992.

ESPINOSA, B. de, *tratado Teológico Político*. Lisboa, 1988.

EVOLA, J., *Le Taoisme*. Paris: Paradès, 1989.

FALCONI, C., *Popes in the Twentieth Century*. London, 1967.

FAVROD, C-H., *A Antropologia*. Lisboa: Publicações Dom Quixote, 1977.

FERRO TAVARES, M. J., *Os Judeus em Portugal no século XV*. Lisboa, 1981.

FIGUEIREDO, M. de, *A Concordata e o Casamento*. Lisboa. 1940.

FILORAINO, G.; PRANDI, C., *As Ciências das Religiões*. S. Paulo: Paulus, 1990.

FRANCO NOGUEIRA, A., *Salazar*. Porto: Livraria Civilização Editora, 1978.

560   *Das Relações da Igreja com o Estado*

FREIRE, P., *Education for critical consciousness*. New York: The Continuum Publishing, 1973.

—— *Pedagogia do Oprimido*. S. Paulo: Editora Paz e Terra, 1994.

FUENMAYOR, A. de, *La Libertad Religiosa*. Pamplona: Ediciones Univ. de Navarra, 1974.

—— *Legalidad, Moralidad y cambio social*. Pamplona: EUNSA, 1981.

—— *Repensar o Divórcio*. Lisboa: DIEL, Lda., 2002.

FUKUYAMA, F., *O Fim da História e o último Homem*, 2.ª ed.. Lisboa: Gradiva, 1999.

GAADER, J., *O Livro das religiões*. Barcarena: Editorial Presença, 2002.

GARAUDY, R., *Será que precisamos de Deus?*. Lisboa: Temas e Debates, 1996.

GOLEMAN, D., *Inteligência Emocional*. Lisboa: Temas e Debates, 1997.

—— *Emoções que curam/Conversas com o Dalai Lama*. Lisboa: Rocco-Temas & Debates, 2000.

GOMES CANOTILHO, J. J., *Direito Constitucional*, 5.ª ed.. Coimbra, 1992.

GOMES CANOTILHO, J. J.; MOREIRA,V., *Constituição da República Portuguesa, Anotada*. Coimbra: C. Editora, 1984.

GOMES, D. A. F.,*Cartas ao Papa. Sobre alguns problemas do nosso tempo eclesial*. Porto, 1986.

GONÇALVES PEREIRA, A.; QUADROS, F., *Manual de Direito Internacional Público*. Coimbra: Livraria Almedina, 1993.

GONZAGA, J., *A Inquisição em seu Mundo*. São Paulo: Editora Saraiva, 1993.

GRAHAM, R., *Vatican Diplomacy: A study of Church and State on the International Plane*. New Jersey: Princeton University Press, 1959.

GRANERIS, G., *La religione nella storia delle religioni*. Turim, 1935.

GROTTANELLI, V. L., *Ethnologica*, Milano, 1966.

GUIMARÃES, L., *José Hermano Saraiva percorre... Os Labirintos da Memória*. Lisboa: Garrido Editores, 2002.

HALES, E., *The Catholic Church in the Modern World*. London. 1958.

HATCH, A.; WALSHE, S., *Crown of Glory: The Life of Pope Pius XII*. London, 1957.

HEIDEGGER, M., *Ser e Tempo*. Petrópolis: Editora Vozes, 1989.

HERSKOVITS, M. J., *Man and his work*. New York: Blackwell, 1948.

HUNTINGTON, S. P., *O Choque das Civilizações e a mudança na Ordem Mundial*. Lisboa: Gradiva-Publicações, Lda., 1999.

JOÃO PAULO II, *Atravessar o Limiar da Esperança*, Lisboa: Bertrand, 1994.

JOHNSON, G., *Fogo na mente. Ciência, Fé e a busca da Ordem*. Rio de Janeiro: Campus, 1997.

KEPEL, G., *Revenge of God*. Pensylvania State: University Park, 1994.

KIERKGAARD, S., *Either/Or*. New York: Harper & Row, Publishers, 1986.

KLUCKHON, C. & KROEBER, A.L., *Il concetto di cultura*. Bolonha, 1972.

LEITE DE CAMPOS, D., *Lições de Direito da Família e das Sucessões*. Coimbra: Almedina, 1990.

Leite de Vasconcelos, J., *Religiões da Lusitânia*. Lisboa: INCM, 1897.

Lévi-Strauss, C., *Race et Histoire*. Paris: Gonthier, 1996.

Llano, A., *Humanismo Cívico*. Barcelona: Ariel, 1999.

Locke, J., *Carta sobre a Tolerância*. Lisboa: Edições 70, Lda., 1965.

Lombardia, P., *Lecciones de Derecho Canónico. Introducción. Derecho Constitucional*. Madrid: Tecnos, 1984.

Lubac, H., *The Drama of Atheistic Humanism*. San Francisco: Ignatius Press, 1995.

Malraux, A., *François, la fraternité au bord du fleuve*. Paris: Éditions du Cerf, 1971.

Maritain, J., *Christianity and Democracy*. San Francisco: Ignatus Press, 1986.

Marques, A. H. O., *História de Portugal*, 2.ª ed.. Lisboa: Palas Editores, 1976.

Mattai, G., *Morale Politica*. Bolonha, 1971.

Mattoso, J. ,(dir.), *História de Portugal, vol. V, VI e VII*. Lisboa: Círculo de Leitores, 1993/94.

Miranda, J., *Manual de Direito Constitucional,* tomo IV. Coimbra: Coimbra Editores, 1993.

Moncada, L. C., *Memórias*. Lisboa: Editorial Verbo, 1992.

Montaigne, M., *Essais, in Oeuvres complètes*. Paris: Gallimard, 1967.

Moore, R., *The Formation of a Persecuting Society*. New York: Blackwell, 1987.

—— *The Birth of Popular Heresy*. Toronto: University of Toronto Press, 1995.

Moreira, A. J. A., *Política de Integração*. Lisboa, 1961.

—— *Ciência Política*. Lisboa: Bertrand, 1979.

—— *Estudos da Conjuntura Internacional*. Lisboa: Publicações Dom Quixote, 1999.

—— *Tempo de Vésperas*, 4.ª ed.. Lisboa: Editorial Notícias.

Moreira, D., *Planeamento e estratégia da Investigação Social*. Lisboa: Edição ISCSP, 1994.

Morin, E., *Os Sete saberes para a Educação do Futuro*. Lisboa: Instituto Piaget, 2002.

Mouffe, C., *O Regresso do Político*. Lisboa: Gradiva, 1996.

Múrias, M., *Portugal: Império*. Lisboa, 1939.

Nietzsche, F., *Humano, demasiado humano*. Lisboa: Relógio D'Água, 1998.

Oliveira, M., *História Eclesiástica de Portugal*. Mem Martins: Pub. Europa-América, 1994.

O'Shea, P., *Divorce in Ireland*. Dublin: O'Brien Press, 1997.

Pailler, J., *D. Carlos I, rei de Portugal*. Lisboa: Bertrand Editora, 2002.

Paulo VI, *Evangelho aos Homens de hoje*. Braga: Editorial A.O., 1990.

Pascoaes, T. de, *O grito que Deus ouve*. Braga: Editorial A.O., 1995.

Pena-Ruiz, H., *Dieu et Marianne, Philosophie de la laicité*. Paris: PUF, 1999.

PESSOA, F., *Obra Poética*. Rio de Janeiro: Editora Nova Aguilar, 1994.
—— *Livro do Desassossego, (Bernardo Soares)*, 3.ª ed.. Lisboa: Assírio e Alvin, 2001.
PETERS, T., *Science and Theology. The new Consonance*. Colorado: Westview Press, 1998.
PINCKAERS, S., *The Sources of Christian Ethics*. Washington: Catholic U. of America Press, 1995.
PINTO, A. C., *O Fim do Império Português*. Lisboa: Livros Horizonte, 2001.
PLATÃO, *A República*. Lisboa: Fundação Calouste Gulbenkian, 1987.
PLOECHL, W. M., *Storia del diritto canonico*. Milano: Máximo, 1963.
POLKINGHORNE, J., *Science and Christian Belief*. London: Society for Promoting Christian Knowledge, 1994.
POPER, K., *O Universo Aberto*. Lisboa: Publicações Dom Quixote, 1988.
—— *«Liberte et responsabilité intelectuelle». in La leçon de ce Siècle*. Paris: Anatolia, 1988.
PRIETO, A. A., *As seitas e os cristãos*. Lisboa: Edições S. Paulo, 1994.
QUADROS, A., *Fernando Pessoa, Portugal, Sebastianismo e Quinto Império*. Mem Martins: Publicações Europa-América, 1986.
QUIGLEY, C., *The Evolution of Civilizations*. Indianapolis: Liberty Press, 1979.
RAMONET, I., *A Tirania da Comunicação*. Porto: Campo das Letras, 1999.
REALE, M., *Teoria Tridimensional do Direito*. S. Paulo: Ed. Saraiva, 1980.
RÉGIO, J. *Confissões dum homem religioso*. Lisboa: Imprensa Nacional – Casa da Moeda, 2001.
REGO, A. S., *Lições de Missionologia*. Lisboa: Estudos de Ciências Políticas e Sociais, 1961.
RÉMOND, R., *História Crítica do século XX*. Coimbra: Minerva, 1993.
RHODES, A., *The Power of Rome in Twentieth Century*. London, 1983.
RODRIGUES, J. P., *Salazar, Memórias para um perfil*. Lisboa: Edições Pró-Homem, Lda., 2000.
RODRIGUES, S., *A Polémica sobre o Casamento Civil*. Lisboa: I.N.I. Científica, 1987.
ROJAS, E., *El hombre Light – Una vida sin valores*. Madrid: Ediciones Temas de Hoy, 1993.
ROSA, J. C., *Ética e profissão docente*. Lisboa: E.S.E.J.D., 1997.
SÁ, J.; RETO, L., *Vox Populi*. Lisboa: Bertrand Editora, 2002.
SAINT-EXUPÉRY, A., *Lettre à un Otage*. New York: Brentano, 1943.
SALAZAR, A. O., *Discursos de 1943-1950*. Coimbra: Coimbra Editora.
SARAIVA, A. J., *Inquisição e Cristãos-Novos*. Lisboa: Editorial Inova, 1969.
SARAIVA, J. H., (coord.), *História de Portugal (1640-Actualidade)*. Lisboa: Publicações Alfa, 1983.
—— *História Concisa de Portugal*. Mem Martins: Publicações Europa-América, 1978.

Referências Bibliográficas   563

SARTORI, G., *Elementos de Teoria Política*. Madrid: Alianza Editorial, 1992.

SCHEER, L., *A Democracia Virtual*. Lisboa: Edições Século XXI, 1997.

SCHEURMANN, E., *O Papalagui*. Lisboa: Edições Antigona, 1992.

SCHOLDER, K., *The Church and the Third Reich*. London, 1987.

SCHWARZ, F., *A tradição e as vias de Conhecimento*. S. Paulo: Nova Acrópole, 1993.

SEM, A., *O Desenvolvimento como Liberdade*. Lisboa: Gradiva, 2003.

SERRÃO, J. V., *História de Portugal*. Lisboa: Verbo, 1990-2000.

SILVA, D. G., *O Projecto de Código Civil à Luz da Doutrina Católica*. Lisboa, 1966.

SILVA REGO, A. da, *Documentação para a História das Missões do Padroado Português do Oriente*. Lisboa: Fundação Oriente, 1991.

SOUSA, F. A. de, *Novo Dicionário de Latim*. Porto: Lello e Irmão Editores, 1992.

STIGLITZ, J., *A Grande Desilusão*. Lisboa: Terramar, 2002.

TENTORI, T., *Antropologia Culturale*. Roma: Città Nuova, 1966.

TIPLER, F., *A Física da Imortalidade*. Lisboa: Editorial Bizâncio, 2003.

TOCQUEVILLE, A., *Da Democracia na América*. Cascais: Principia, 2001.

TORGA, M., *Diário*. Lisboa: Publicações Dom Quixote,1990.

—— *O Divino e o Homem*. Lisboa: Rei dos Livros, 1993.

TOURAULT, Ph., *História Concisa da Igreja*. Mem Martins: Publicações Europa--América, 1998.

VALLIN, P., *Les Chrétiens et leur histoire*. Paris: Ed. Seuil, 1985.

VALLS, M., *The law of Divorce in Ireland*. Bristol: Jordans, 1997.

VIEIRA, Padre A., *Obras Escolhidas,* vol. IV. Lisboa: Livraria Sá da Costa, 1954.

WEIGEL, G., *Testemunho de Esperança: A biografia do Papa João Paulo II*. Lisboa:Bertrand Editora, 2000.

—— *A Verdade do Catolicismo*. Lisboa: Bertrand Editora, 2002.

WEINBERG, S., *Dreams of a final Theory*. London: Vintage, 1993.

WHITEHEAD, B. D., *The Divorce culture*. New York: Alfred A. Knopf, 1997.

WILSON, E. O., *On Human Nature*. Harvard: Harvard University Press, 1978.

WONG, D. B., *Moral Relativity*. Berkeley: University of California Press, 1984.

ZOHAR, D., *Connecting with our spiritual intelligence*. London: Bloomsbury Publishing, 2001.

Documentos específicos – entre eles documentos policopiados.

A Concordata de 1940, Lisboa, 1993.

Archer, L., *Ciência e Religião – Uma nova perspectiva,* Brotéria, vol. 135, 1992.

Almeida e Carmo, A., *A Igreja Católica na China e em Macau*. Dissertação de Doutoramento, Lisboa: UTL – ISCSP, 1995.

564   *Das Relações da Igreja com o Estado*

Cabral, S., *Fátima Nunca Mais ou Nunca Menos*. Braga: Empresa do Diário do Minho, 2000.

Catroga, F., *A Militância Laica e a Descristianização da morte em Portugal – 1865/1911*, 2 vol. Dissertação de Doutoramento, Coimbra: FLUC, 1988.

Nunes, Patrícia, *Justiça: Futuro Domínio Feminino?*. Tese de Mestrado inédita. Lisboa: Universidade Aberta, Departamento de Sociologia, 2000.

Nunes, Pedro, *Viabilidade do Conservador na mediação do conflito divórcio e a fronteira entre dois mundos*, Tese de Mestrado, Lisboa: UTL – I.S.C.S.P., 2001.

Nunes, R., *Educar para as Cidadanias*, Tese de Mestrado, Lisboa: Universidade Aberta, 1999.

Oliveira, C. M. de, *Atitudes e Comportamentos religiosos dos Portugueses na actualidade*. Tese de Doutoramento em Sociologia da Religião, Évora: Universidade de Évora, 1995.

Silva, L., (1 994), *Ser Português*, Fórum 1994. Braga: Universidade do Minho.

Conferência Episcopal Portuguesa, *Crise de sociedade, Crise de Civilização*, Abril de 2001.

Concílio Ecuménico Vaticano II, *Mensagem do Concílio à Humanidade*, Braga: Editorial A.O., 1987.

Documentos do Arquivo Histórico-Diplomático, Ministério dos Negócios Estrangeiros.

Declarações, Encíclicas e Constituições Pastorais.

Artigos de Jornal e Revistas

Cruz, M. B., *As negociações da Concordata de 1940*, Análise Social, Lisboa, 1997.

Dirks, W., Die Arbeit, Agosto de 1931.

Lieberg, G., *Considerazioni sull'etimologia e sul significato Religio*, Rivista di Filologia e d'istruzione clássica, 1974.

Pacelli, E., *L'Oservatore Romano*, 26 de Julho de 1933.

Vialatroux, J. & Latreille, A., *Christianisme et Laicité*, Esprit, 160, Outubro de 1949.

White, L.A., *The concept of Culture*, American Antropologist, 51, 1959.

Leis, Decretos-Leis e Outros Diplomas Legais

Lei da Separação, de 20 de Abril de 1911.

Lei n.º 1961, de 1 de Novembro de 1937.

Lei n.º 16/2001, de 22 de Junho, (Lei da Liberdade Religiosa)

Referências Bibliográficas 565

Decreto-Lei 128/90, de 17 de Abril.
Concordata de 1940 e Acordo Missionário de 10 de Julho de 1940.
Protocolo Adicional à Concordata, de 4 de Abril de 1 975.
Concordata de 18 de Maio de 2004.
Código do Direito Canónico.
Constituições portuguesas.
Carta dos Direitos Fundamentais da União Europeia.